Reprint Publishing

FÜR MENSCHEN, DIE AUF ORIGINALE STEHEN.

www.reprintpublishing.com

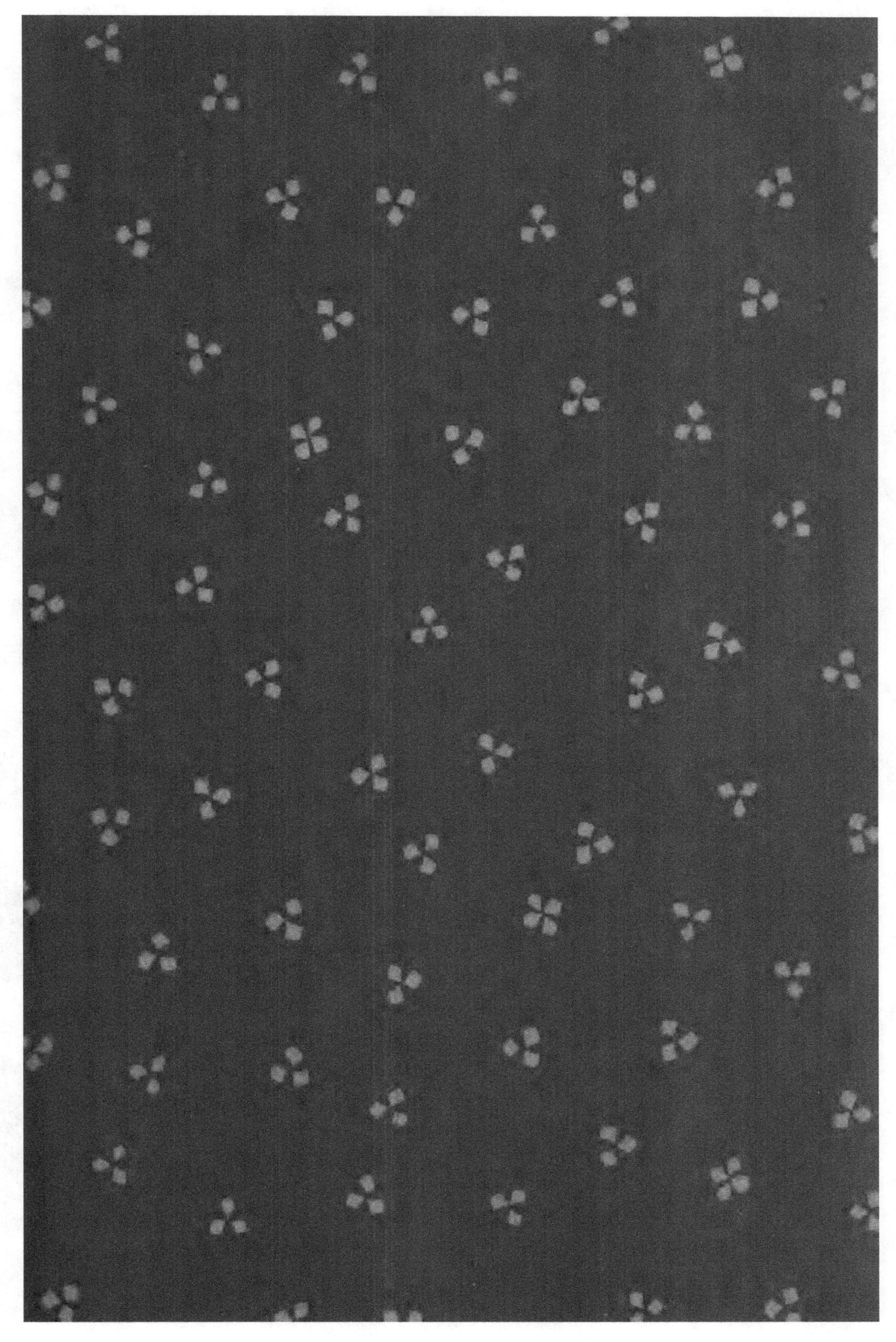

Benedikt Gröndal, Gedenkblatt an die tausendjährige Jubelfeier der Besiedlung Islands.

ISLAND

IN VERGANGENHEIT UND GEGENWART

REISE-ERINNERUNGEN

VON

PAUL HERRMANN

ERSTER TEIL — LAND UND LEUTE

MIT 60 ABBILDUNGEN IM TEXT
UND EINEM TITELBILD

LEIPZIG
VERLAG VON WILHELM ENGELMANN
1907

Alle Rechte vorbehalten

Druck der Kgl. Universitätsdruckerei H. Stürtz A. G., Würzburg.

MEINER LIEBEN FRAU MAGDALENE

Vorwort.

Über Inhalt, Ziele und Form der Darstellung gibt das einleitende Kapitel Aufschluss. Hier will ich die angenehme Pflicht erfüllen, allen denen meinen Dank auszusprechen, die mir bei der Abfassung Teilnahme und Unterstützung zugewandt haben. Zunächst und vor allem gebührt ehrerbietigster Dank Seiner Exzellenz dem Minister der geistlichen Unterrichts- und Medizinal-Angelegenheiten Herrn Dr. v. Studt. Nicht minder schulde ich ausserordentlichen Dank Seiner Exzellenz dem Herrn Ministerialdirektor Dr. Althoff, der die Anregung zur Reise gegeben und durch Gewährung eines viermonatlichen Urlaubs sowie eines Reisestipendiums die mannigfachen Schwierigkeiten beseitigt hat, die sich ihrer Ausführung in den Weg stellten. Es ist mir ein Bedürfnis, das auch an dieser Stelle auszusprechen und noch einmal zu wiederholen, wie ich Seiner Exzellenz dem Herrn Ministerialdirektor für sein auch sonst bewiesenes Wohlwollen verpflichtet bin. Aufrichtig zu danken habe ich auch dem Magistrat und den Stadtverordneten der Stadt Torgau: sie haben sich nicht nur mit dem langen Urlaub einverstanden erklärt, sondern auch, ein Vorbild für weit grössere und reichere Städte, in entgegenkommender Weise die Kosten der Vertretung am Gymnasium übernommen. Der geehrten Verlagsbuchhandlung endlich habe ich nicht nur für die vortreffliche, nicht geringe Ansprüche stellende Ausstattung zu danken, sondern das Buch selbst verdankt ihr Anregung, Plan und Titel. Nur zögernd bin ich anfangs an die Ausarbeitung gegangen, da ich mich ursprünglich auf eine Reisebeschreibung hatte beschränken wollen; aber je mehr ich mich in die Aufgabe vertiefte, um so lockender erschien sie mir, und am Ende hat sie mir wahre Befriedigung bereitet.

Meinem treuen Reisegefährten Herrn cand. phil. Günther Eberhardt aus Torgau danke ich auch an dieser Stelle herzlich für die Bereitwilligkeit, mit der er mir seinen reichen Schatz wohlgelungener photographischer Aufnahmen überlassen hat; ebenso den Herren Photographen *Sigfús Eymundsson* in *Reykjavík* und *H. Schiöth* in *Akureyri*. Alle die Isländer aufzuzählen, die mir auf meine vielen brieflichen Anfragen unermüdlich und ausführlich geantwortet haben, ist unmöglich. Nur zwei Männer darf ich nicht unerwähnt lassen, da ihr tatkräftiger Anteil gelegentliche Unterstützung weit übertrifft, meine lieben Freunde Rektor Professor Dr. *Björn Magnússon Olsen* in *Reykjavík* und cand. jur. *Bjarni Jónsson* aus *Unnarholt* (jetzt in *Seydisfjördur*). Schliesslich hat, wie seit 10 Jahren, so auch diesmal wieder, Herr Prof. Dr. C. Knabe in Torgau mir wertvolle Beihilfe durch Lesen einer Korrektur und sonstige Ratschläge geleistet.

Sollte mir das Schicksal gönnen, noch einmal die ferne Insel und ihre gastlichen Bewohner zu besuchen, die ich aufrichtig lieben gelernt habe, so hoffe ich, Lücken und Mängel, die diesen beiden Teilen noch anhaften mögen, zu verbessern und in einem dritten Teile Aufschluss über die Gegenden zu geben, die mir bisher verschlossen geblieben sind.

Torgau (Elbe), am 2. Oktober 1906.

Zur Aussprache des Isländischen.

þ (genannt þorn, kommt nur im Wortanfang vor) etwa = englisch stimmlos *th* in to think.

ð (genannt eð, kommt nur im Wortinnern oder Wortschluss vor) = englisch stimmhaft *th* in father.

ll etwa wie *ddl*, *falla* (fallen) sprich *faddla*.

rn stets und nn nach Diphthongen wie *ddn*, rl wie *ddl*: *þorn* (Dorn, Buchstabe þ) sprich *poddn*; *steinn* (Stein) sprich *stejdn*; *karl* (Mann) sprich *kaddl*.

f im Anlaut wie im Deutschen, ff wie im Deutschen, sonst wie *w*, vor d, l, n = b; *hafði* (hatte) sprich *habdi*; *gafl* (Giebel) sprich *gabl*; *safn* (Sammlung) sprich *sabn*. Auch Fritz Reuter sprach inlautendes d als *r*, z. B. Born = Bodden (De Tigerjagd, V. 43).

fnd, fnt = m: *hefndi* (rächte) sprich *hemdi*; *jafnt* (gleich) sprich *jamt*.

palatales g wird vor e, i, í, y, ý, ei, ey, æ wie *gj* gesprochen, zwischen Vokalen und i wie j: *degi* (dem Tage) sprich *deji*.

h vor v meist = k; *hvítur* (weiss) sprich *kvítur*.

p vor t (und s) = ft (fs): *eptir* (nach) sprich *eftir*; *(krapsa* „kratzen" sprich *krafsa*). —

Akzente über den Vokalen zeigen die Länge an.

á wird wie deutsches *au* gesprochen, é wie *je* (heute meist auch so geschrieben), æ und œ wie *ai*, au wie *öj*, ei und ey wie langes *ej* in Königsberg, í und ý wie langes *i*, i nach g und k wie *ji*, ó und ö wie langes o und u, u entweder wie *ü* in „hübsch" (*hundur* „Hund" sprich *hüntür*) oder wie ö in „schön" (*munu* „werden"); im Dativ Plural vor dem angefügten Artikel num wie o: *hestunum* „den Pferden" sprich *hestonum*. —

Die Betonung liegt stets auf der ersten Silbe. —

Jede Silbe, ausser der Anfangssilbe eines Wortes, muss mit einem Vokal beginnen, Silbentrennung erfolgt also stets vor einem Vokal; zusammengesetzte Wörter können auch nach den einzelnen Wortgliedern getrennt werden.

Bemerkte störende Druckfehler:

Seite 34 unter der Abbildung: Dyrhólaey.
Seite 74, Zeile 23 lies *Nupstadur* statt *Nupstadir* (NB.: die Endung *stadur* ist jünger als *stadir*).
Seite 90, Zeile 4 und 13 von unten lies Gaimard statt Gairmard.
Seite 145, Zeile 25 lies 1874 statt 1814.
Seite 268, Zeile 16 lies *ad* statt *ad*.
Seite 300, Zeile 5 von unten lies Blefken statt Blefkens.
Seite 350, Zeile 32 lies ihm statt im.

Inhalts-Verzeichnis.

	Seite
Einleitung. Island im Urteil anderer Völker und bei deutschen Dichtern. Zweck und Plan des Buches . . .	1—8
Erstes Kapitel. Von Kopenhagen bis *Reykjavík* . . .	9—46

Länge der Überfahrt von Dänemark, England und Norwegen nach Island. Dampferverbindung mit Island. Abfahrt von Kopenhagen. Der isländische Handel. In der Nordsee. Das isländische Nationallied. Leith. Edinburgh. Roslin. Hawthornden. Der grüne Strahl. Die Orkaden und Shetlandinseln. Thule. Im Atlantischen Ozean. Erster Anblick von Island. Die *Vestmannaeyjar*. Vogelberge. *Reykjanes*. Geirfugl. Im *Faxafjördur*. Ankunft in *Reykjavík*.

Zweites Kapitel. Islands Natur	47—98
Entstehung und geologischer Aufbau	47—56

Basalt. Palagonittuff. Liparit. Dolerit. Die Eiszeit. Klima. Der Name „Island".

Islands Vulkane	56—66

Kegelförmige Vulkane. Lavakuppen. Kraterreihen. Lavaströme. Lavafelder. Lavaformationen. *Surtshellir*. Warme Quellen. Erdbeben.

Islands Gletscher	66—77

Die ältesten Nachrichten über Islands Gletscher: der *Þórisdalr*, Herbert von Vauclaire, Saxo, *Þórdur Vidalín*, Niels Horrebow, *Sveinn Pálsson*. Der *Vatnajökull* und seine Erforschung in der Neuzeit: Howell, Schierbeck, Watts, Thoroddsen, Bruun.

Islands Hochland und dessen Kenntnis in Vergangenheit und Gegenwart	77—84

Besiedelung des Hochlandes im Altertum. Beschreibung des Hochlandes. Ächter. Ruinen von Ächter-Niederlassungen. Alte Wege über das Hochland. Der *Sprengisandur*.

	Seite
Island wird anderen Völkern bekannt. Seine geographische Erforschung	84—98

Reiselust der Isländer. Die ältesten Nachrichten über Island: Merigarto, Herbert von Vauclaire, Giraldus Cambrensis, Bischof Wilhelm, Chronicon Norvegiae, Abt *Arngrimr*, *Arngrimur Jónsson*. Die wissenschaftliche Forschung beginnt mit *Eggert Ólafsson* und *Bjarni Pálsson*, wird fortgesetzt im 19. Jahrh. und erreicht ihren Höhepunkt in *Þorvaldur Thóroddsen* (*Ögmundur Sigurðsson*, Daniel Bruun).

Drittes Kapitel. Geschichte Islands . . . . . 99—127

Islands Besiedlung . . . . 100—103

Die *Landnámabók*. Die Isländer sind Norweger. Godentum. *Úlfljótr*.

Der isländische Freistaat . . . . 103—113

Das Althing. Entdeckung Grönlands und Amerikas. Einführung des Christentums. „Saga". Ari. Zeitalter der Sturlungen. *Gissurr Þorvaldsson*.

Island unter norwegischen und dänischen Königen . . . . 113—125

Verhältnis der Isländer zu den norwegischen Königen. *Járnsíða*, *Jónsbók*. Island mit Dänemark seit 1380 vereinigt. Herrschaft der katholischen Kirche, Niedergang der Bildung, *Rímur*. Einführung der Reformation. Der letzte katholische Bischof auf Island. Anwachsen der Königsmacht. Monopolhandel, Änderung der Verfassung. Kampf gegen das Handelsmonopol. Jörgen Jörgensen. Freiheitskampf der Isländer: Konrad Maurer und *Jón Sigurðsson*. Verbesserung der Verfassung. Die Tausendjahrfeier 1874, Benedikt Gröndals „Gedenkblatt".

Die Gegenwart oder Selbstregierung . . . . 125—127

Letzte Revision der Verfassung. *Hannes Hafstein*, der erste isländische Minister.

Viertes Kapitel. Erster Aufenthalt in *Reykjavík* . . . 128—187

Die Stadt und ihre Umgebung . . . . 128—146

Lage von *Reykjavík*. Die wichtigsten Gebäude: Dom, Althingshaus, Gemäldesammlung, *Tjörn*, Friedhof, Wohnung des Ministers, „Thomsens Magazin", Aussicht vom St. Josephs-Hospital. Schönheit der Sonnenuntergänge in *Reykjavík*. Die isländ. Nationaltracht. Leben auf den Strassen. Die isländische Namengebung. Umgebung der Hauptstadt: *mýri*, *melur*, die heissen Quellen.

Ärzte- und Gesundheitswesen . . . . 146—152

Krankenhäuser. Die hauptsächlichsten Krankheiten auf Island: Hundewurm, Schwindsucht. Der isländische Arzt der Neuzeit und des Altertums.

Erziehungs- und Unterrichtswesen . . . . 152—163

Das Gymnasium. Die Gymnasialbibliothek. Betrieb des Unterrichts, namentlich der alten Sprachen und des Deutschen. Rektor

Inhalts-Verzeichnis. XI

Seite

Ólsen. Umwandlung des Gymnasiums in eine Reformanstalt. Das sonstige Schulwesen. Allgemeine Bildung. Leibesübungen. Das Altertumsmuseum.

Islands Kunstindustrie und Kunst . . . . 163—187

Schnitzereien. Hornlöffel. Brettchenweberei. Stickereien. Malerei. Bildhauerkunst: Thorvaldsen, *Einar Jónsson*. Musik: Tanz und Reigen, Zwiegesang, moderne Komponisten.

Fünftes Kapitel. Erwerbsverhältnisse auf Island . . . 188—256

Landwirtschaft . . . . 188—193

Getreidebau früher und heute. Bestrebungen zur Hebung der Landwirtschaft, Schulen, Gartenbau, Gemüse, Bergengelwurz.

Weidewirtschaft und Viehzucht . . . . 193—234

Wiesenland: Hauswiese *(tún)* und Flurwiese, Weideland. Bodenverbesserung. Heuernte. — Das Schaf: Gestalt, Gewicht, Entwöhnungszeit, Ohrenmarken, Wolle, Melken, Heimtreiben aus den Gemeindeweiden: Hürden, Sortieren der Schafe, Ställe. — Rindviehzucht: Gestalt, Ställe, Milch, Käse, Butter, *Skyr*. — Das Pferd: Aussehen und Eigenschaften, Dienste, Ställe, Fütterung, Packpferde, Reitzeug, Wettreiten, Pferdehetzen, Zahl und Preis der Pferde.

Fischerei und Jagd auf Seetiere . . . . 235—256

Reichtum des Meeres um Island an Fischen. *Vertíd*. Fischfang im Altertum. Wale, Walrecht. Walrosse. Seehundsfang. Entwickelung der Fischerei im 19. Jahrhundert, Sorge der Regierung dafür. Ertrag der Fischerei. Zubereitungsarten des Dorsches. Haifischfang, Tran. Der Dorsch-, Seehunds- und Heringsfang heute. Fremde Fischer an Islands Küsten: Norweger, Amerikaner, Engländer, Franzosen, Deutsche. Walfang der Norweger.

Sechstes Kapitel. Probeausflug nach dem *Hvalfjördur*, *Reykholt* und *Pingvellir* . . . . 257—309

Aufbruch von *Reykjavík*. Mosfell. Esja. Svínaskard. *Reynivellir*. Die isländische Gastfreundschaft. Kosten des Reisens auf Island. Begrüssungen der Fremden. Ritt durch den *Hvalfjördur*, *Þyrill*, *Saurbær*. Die neuisländische Sprache. Verpflegung auf Island. Angebliche Trunksucht. Die isländischen Geistlichen. Reiseausrüstung. *Skardsheidi*, *Skorradalsvatn*. Der Wald auf Island. *Þingnes*. *Stafholtsey*. Aufgaben des Führers. *Reykholt*, Sira *Gudmundur Helgason*, *Snorri Sturluson*, *Snorralaug*. Ein Sonntag auf dem Lande. Verkehrsverhältnisse: Zustand der Wege, Brücken, telegraphische Verbindung mit dem Kontinent. *Lundur*, Nachtquartier in einer Kirche. Über die *Uxahryggir*. Auswanderung nach Amerika. *Þingvellir*, Hotel Valhöll. Beschreibung der Thingstätte: Allgemeines, *Almannagjá*, *Öxará*, Buden der Thingleute, Leben und Treiben hier zur Zeit des Freistaates, *Lögberg*, *lögrétta*. Von *Þingvellir* zurück nach *Reykjavík*.

Siebentes Kapitel. Das isländische Haus . . . . . . 310—325

Das älteste Wohnhaus auf Island und seine einzelnen Teile. Feuerversicherung. Die Aussengebäude und Stallungen. Buntscheckigkeit eines isländischen Gehöftes. Das alte und das neue Bauernhaus. Reinlichkeit. Die *Baðstofa*. Das heutige Bauernhaus. Küche. Unterschied der Bauten des Nord- und Südlandes. Kirchen: ihre Zahl, Stein-, Holz- und Rasenkirchen. Klöster, Haupt- und Nebenkirchen, Kirchhöfe.

Achtes Kapitel. Zweiter Aufenthalt in *Reykjavík* . . 326—376

Ausflüge in die Umgebung . . . . 326—333

Videy, Eiderenten. *Elliðaá. Ragnheiðar-hellir. Hafnarfjarðarhraun, Bessastaðir, Hafnarfjörður.*

Island und Deutschland . . . . 333—351

Deutsche als Missionare und Bischöfe auf Island. Ein isländisches Reisehandbuch des 12. Jahrhunderts. Reformation auf Island. Kenntnis der deutschen Sprache auf Island im 16.—18. Jahrhundert. Paul Gerhardt und Gellert, Goethe und Schiller, die Romantik (Fouqué) und Heine auf Island. Pöstions Verdienste um Island. — Handelsfahrten der Hamburger nach Island, Export und Import. Erinnerungen daran: ein Pfänderspiel „Die Frau von Hamburg", zwei Volkslieder, „Die Handelsreise nach Hamburg" und „Das Lied von Kaiser Friedrich Rotbart".

„Alt-Heidelberg" auf Island. Das isländische Drama . . . 351—363

Bericht über die Aufführung. Besuch bei *Indriði Einarsson*. Inhalt von dessen Schauspiel „Das Schiff sinkt", Kritik darüber. Ursprung des isländischen Dramas. Spielplan der Aufführungen im „Handwerkerhaus" von 1897—1904. Die Schauspielhäuser in *Reykjavík* und *Akureyri*.

Geselliges Leben in *Reykjavík* . . . . 363—376

Besuch bei *Benedikt Gröndal*. Das Schachspiel auf Island. Einladung bei Rektor *Olsen*, ein Bierabend auf Island. Das isländische Kommersbuch. Drei Kommerslieder übersetzt. Die letzten Tage in der Hauptstadt: Ankunft des kleinen Kreuzers „Zieten", Konsul Thomsen. Abschied von *Reykjavík*.

Ein Verzeichnis der Abbildungen befindet sich auf Seite 291, ein solches der Proben aus der isländischen Literatur auf Seite 295, sowie ein Namenverzeichnis und Sachregister am Ende des **II. Teiles.**

Erster Teil.
Land und Leute.

Einleitung.
Island im Urteil anderer Völker und bei deutschen Dichtern. Zweck und Plan des Buches.

Auf der Grenze zweier Erdzonen und zweier Weltmeere, des völkerverbindenden Atlantischen Ozeans und des einsamen Polarmeeres, zwischen 63½ und 66½ Grad n. Br. liegt, seit über 1000 Jahren wohlbekannt und doch auch wieder unbekannt, eine grosse Insel (1870 Geviertmeilen), Island, das Land der Feuergluten und der Gletscherfelder. „Das Herz eines Feuerriesen" nennt Poeck das vulkanische, von Bruchlinien zerklüftete und von Fjorden eingekerbte Eiland, „das im Asenkampfe ihm aus der Brust gerissen und ins eisige Weltmeer geschleudert sei". Die hellen Nächte im Sommer, die langen dunklen im Winter, das farbenprächtige Schauspiel des Nordlichts, die Springquellen und die übrigen heissen Quellen, die Schwefelquellen und die Schlammvulkane, und endlich die vielen, immer wieder ihre furchtbare Tätigkeit offenbarenden Vulkane beschäftigten früh die Phantasie der Völker, zu denen dunkle Kunde von dem Wunderlande gekommen war und schufen allerlei seltsame Märchen und abergläubische Vorstellungen. Diese Fabeln wurden mit Absicht noch vermehrt und die Berichte mit Bewusstsein noch verzerrt, als die Engländer und Hanseaten aus dem isländischen Handel verdrängt wurden. Aus Rache wurde den Isländern alles Hässliche und Schlechte angedichtet, und ein dicker, undurchdringlicher Nebel trennte die trotzige Insel von den Blicken der übrigen Welt bis in den Anfang des vergangenen Jahrhunderts, ja, bis in unsere Tage. Freiligrath, der so gern seinen Pegasus in allen fernen Ländern tummelte, ist einer der ersten deutschen

Dichter, der das vulkanische Eisland besingt. Bei dem Tee von isländisch Moos, den er als Sechzehnjähriger trinken muss, denkt er an den Geysir und die Hekla, die ihn ihm gesandt:

> Auf der Insel, die von Schlacken
> Harter Lava und vom Eise
> Starrt, und den beschneiten Nacken
> Zeigt des arkt'schen Poles Kreise,
>
> Über unterirdschen Feuern,
> In nordlichterhellten Nächten
> Bei den Glut- und Wasserspeiern
> Wuchsen diese bittern Flechten.

Er gelobt, dass, wenn dieser Insel Pflanzen ihm den Lebensbecher reichen, er ihr gleichen wolle —

> Wie rot und heiss
> Hekla Steine von den Zinnen
> Wirft nach der Færöer Eis:
> So aus meinem Haupt, ihr Kerzen
> Wilder Lieder, sprühn und wallen
> Sollt ihr und in fernen Herzen
> Siedend, zischend niederfallen.

Auch **Scheffel** wird nur das von Island gewusst haben, was jedem halbwegs Gebildeten damals bekannt war, als er der Waldfrau im „Ekkehard" die Verse in den Mund legte:

> O Island, du eisiger Fels im Meer,
> Steig auf aus nächtiger Ferne.
>
> Steig auf und empfah unser reisig Geschlecht —
> Auf geschnäbelten Schiffen kommen
> Die alten Götter, das alte Recht,
> Die alten Nordmänner geschwommen.
>
> Wo der Feuerberg loht, Glutasche fällt,
> Sturmwogen die Ufer umschäumen,
> Auf dir, du trotziges Ende der Welt,
> Die Winternacht wolln wir verträumen.

Felix Dahn freilich, der Dichter von „Ein Kampf um Rom", war wohlbewandert in der Geschichte, Literatur und im Rechte des Nordens. Er wusste, dass die Isländer von Norwegern abstammten, die, unzufrieden mit dem Aufkommen des Gesamtkönigtums, vor fast einem Jahrtausend Norwegen verlassen hatten. Aber in kühner, dichterischer Freiheit liess er die letzten Goten nach der Schlacht am Vesuv auf den Schiffen nordischer Wikinger nach Island auswandern:

> Mit Schild an Schild und Speer an Speer
> Wir zieh'n nach Nordlands Winden,
> Bis wir im fernsten grauen Meer
> Die Insel Thule finden.
>
> Das soll der Treue Insel sein
> Dort gilt noch Eid und Ehre ..

Sehen wir von ausländischen Werken ab, wie von Jules Vernes „Reise nach dem Mittelpunkt der Erde", Pierre Lotis „Islandfischer" (1886), Haggards Erzählung „Eric Brighteyes" (1891), Hovards Trauerspiel „Kiartan the Icelander" (1901) und Hall Caines Roman „The prodigal Son" (1904), von denen wir die wichtigsten später noch kennen lernen werden, sowie von dem Trauerspiel des Norwegers Kristofer Janson „Jón Arason" (1867) und von dem Schauspiel „Asgerd" des Dänen Edvard Brandes, dessen Stoff und Charaktere der isländischen *Njálssaga* entnommen sind (1895), so können von neueren deutschen Schöpfungen, die isländische Verhältnisse behandeln, nur wenige genannt werden: in erster Linie das Drama „Isländisch Blut" von Wilhelm Henzen (Leipzig 1903), dem die Geschichte des Skalden *Gunnlaugr Ormstunga* zugrunde liegt. Einen lebendigen und bleibenden Eindruck vom Zauber des heutigen Island bekommt man aus den nordischen Novellen von Margarete Kossak „Krone des Lebens" (Stuttgart 1904). Das Landschaftliche, Ethnographische und Kulturgeschichtliche schildert gut die idyllische Erzählung des Hamburger Schriftstellers Wilhelm Poeck „Islandzauber" (Hamburg 1904): der schlichte isländische Fischerjunge ist als Typus der neuerwachenden isländischen Intelligenz, die sich mit Erfolg bemüht, von fremden, dänischen Kaufleuten loszukommen, recht geschickt gezeichnet. Islands furchtbarste Krankheit, den Aussatz, und die Touristenfahrten der Hamburg-Amerika-Linie verknüpft neuerdings miteinander der Roman von Paul Grabein: „Der König von Thule" (1906).

So erfreulich es also zu begrüssen ist, dass in letzter Zeit sich der Schleier des Geheimnisses gelüftet hat, der um das schneebedeckte, entlegene Eiland lag — in Wahrheit trifft das doch nur für wenige, engbegrenzte Kreise zu, vor allem für Germanisten und Geologen. Seitdem das Interesse für deutsche Altertumskunde wieder erwacht ist, seitdem man weiss, dass ohne Island fast alle nordischen und viele germanische Altertümer untergegangen wären, haben sich Germanisten nicht nur mit der Landeskunde, Sprache und Literatur des isländischen Altertums beschäftigt, sondern auch der Neuzeit die gebührende Beachtung geschenkt. Germanisten von Namen und Ruf haben die beschwerliche, lange Seereise nicht gescheut, um auf Island selbst das höchst eigenartige Volksleben zu studieren, das, dank der Isolierung der Insel, viel von den alten Bräuchen und der alten Lebensweise bewahrt hat. Die alte isländische Literatur war weiteren Kreisen nicht mehr unbekannt. Jetzt erfuhr man mit Staunen, dass im 19. Jahrhundert eine neue klassische Periode der isländischen Literatur angebrochen war. Die entzückende, frische Bauerngeschichte „Jüngling und Mädchen" von *Jón þórdarson Thoroddsen* erlebte in der Übersetzung von Pöstion sogar vier Auflagen (Leipzig, Reclam). Küchler verdeutschte zwei Bände Novellen von *Gestur Pálsson*

(„Drei Novellen vom Polarkreis", „Grausame Geschicke") und vier Erzählungen von *Jónas Jónasson* („Lebenslügen", Reclam). Das erste isländische Drama, „Schwert und Krummstab" von *Indridi Einarsson*, wurde übertragen (von Küchler, Berlin 1900) und zeigte, dass sich auch auf diesem Gebiete verheissungsvolle Keime regten. Die Hauptstärke aber der neuisländischen Dichtung beruht in der Lyrik; sie hat seit dem Ende des 18. Jahrhunderts einen solchen Aufschwung genommen und steht noch heute in so herrlicher Blüte, dass sie verdient, auch im Auslande gekannt zu werden (M. Lehmann-Filhés, Proben isländischer Lyrik, Berlin 1894; Pöstion, Eislandblüten, Leipzig 1905). Ein wahrhaft erquickender, reiner Hauch geht von diesen Gedichten aus. Die Dichter werden nicht müde, die Heimat und ihre Bewohner zu verherrlichen, uns die lachenden Wiesen im Sommer, die gegen den blauen Himmel sich abhebenden Schneeberge, die Schrecken des Winters und die unheimliche Macht des Erdfeuers zu schildern. Das ganze Leben des Isländers, seine Beschäftigungen, Freuden und Leiden gehen an uns vorüber. Am eigenartigsten berühren uns die Totenklagen, die schon die alte klassische Zeit kannte, und die schon in dem tief empfundenen, ergreifenden Gedichte des *Egill Skallagrímsson* „Verlust der Söhne" ihren Höhepunkt erreichte. Eine Gesamtübersicht über die neuere isländische Literatur bot endlich Pöstions Monumentalwerk „Isländische Dichter der Neuzeit in Charakteristiken und übersetzten Proben ihrer Dichtung" (Leipzig 1897), ein Werk, dem nicht einmal Island selbst etwas Ähnliches an die Seite stellen kann.

Geographisch ist Island dadurch interessant, dass wir hier morphologische und anthropologische Tatsachen in einer Art und Weise studieren können, wie sonst nicht wieder. Zumal das Lieblingskind des Geologen ist das eisige Vulkanland. „Dem Forscher begegnet hier ein Vulkanismus, der an die gewaltigen Ausbrüche der Tertiärzeit erinnert, denn noch heutigentags kommen aus meilenlangen Spalten Masseneruptionen zum Vorschein; er kann in der Jetztzeit auf Island die glazialen und fluvioglazialen Phänomene studieren, die am Schlusse der Eiszeit eine so grosse Bedeutung für die Bildung der Oberfläche von Nord- und Mitteleuropa hatten, sowie die Wechselwirkung zwischen Vulkanen und Gletschern besser als sonst irgendwo untersuchen" (Thoroddsen, Island, 1905, S. 1).

Um so schmerzlicher muss es berühren, dass die Mehrzahl bei uns noch immer so ganz verkehrte Ansichten von Island hat, dass die Vorstellung nicht auszurotten zu sein scheint, als ob die Isländer trantrinkende Eskimos und stumpfe Troglodyten seien. Ein deutscher Doktor, namens Kryper, der 1856 Island bereiste, hatte geglaubt, die Isländer seien „Wilde" und sich deshalb statt mit Geld — mit Korallen und Glasperlen versehen (Pöstion, Isländische Dichter, S. 1). Viel Schuld daran, dass immer wieder die abgeschmacktesten

Fabeleien auftauchen, tragen die Reiseberichte oberflächlicher Touristen, die, ohne eine Ahnung von der Landessprache zu haben, fremd neben den Isländern einhergehen und sich für ihre eigene Unkenntnis mit haarsträubenden Beschreibungen rächen. Darum kann auch Island geradezu das klassische Land der entstellten Orts- und Personennamen genannt werden.

Ein Beispiel davon, was an Unsinn den deutschen Lesern bis in die neueste Zeit hinein geboten wird, führt Gebhardt in seiner Übersetzung von Thoroddsens Geschichte der isländischen Geographie an (Leipzig 1898, II, 367/68 Anm. — Vergl. ausserdem Kahle, Beilage zur Allgemeinen Zeitung, 1902, Nr. 13, und Gebhardt, Globus, Bd. 74, No. 4, 1898). Es ist ein Artikel in der „Deutschen Warte", Unterhaltungsbeilage, Berlin, 14. April 1897, Nr. 88. Diese Ausführungen sind so toll, dass ich mir das Vergnügen nicht versagen kann, sie abdrucken zu lassen:

„Die heutigen Einwohner sind kleine verkommene Menschen, die so aussehen, als hätten sie noch nie im Leben eine Freude gehabt oder je was Warmes zu essen bekommen. Gemütskümmerlinge, die alle prächtige Modelle für Ibsensche Stücke wären. Die Männer sind schweigsam, eigensinnig, jähzornig, die Frauen unglaublich fruchtbar. Das harte Klima aber lässt nicht viel Kinder gross werden. Sehr alte Leute sieht man übrigens auch nicht, aber viel Lungenkranke und Gichtbrüchige. Die Häuser werden aus Lava oder aus Torf und Moos gebaut in Verhältnissen, als seien sie für Maulwürfe bestimmt; die Tür so klein, dass man kaum hindurchgehen kann, das Fenster aber so gross wie ein Briefbogen. Geheizt wird mit allem, was zu finden ist, der Rauch kaum herausgelassen, gelüftet nie. Es riecht im Haus recht übel, und dieser Dunst teilt sich einschmeichelnd den Bewohnern mit. Tote Fische und noch tötere Füchse muffen vertraut dazwischen, so dass man begreift, wenn ein Isländer stirbt, dass er zu Tode gestunken ist. Im Sommer geht es nicht über zwölf Grad hinaus, und die Kälte zwingt die Bewohner zu einer nicht beneidenswerten Eskimo-Existenz." Fast so viel Unrichtigkeiten und Verkehrtheiten wie Worte! Mit Recht gibt der Übersetzer Gebhardt seiner Beschämung darüber Ausdruck, dass „eine Redaktion und eine Druckerei sich dazu hergibt, solch erbärmliches Zeug unters Volk gehen zu lassen, das als „literarischer Schund" beinahe noch zu gelinde bezeichnet ist und in dem Gemeinheit des Ausdruckes und Blödsinn des Inhaltes miteinander um den Vorrang streiten".

Wir haben allerdings in neuerer Zeit treffliche Reisebeschreibungen erhalten, wie Baumgartners „Island und die Færöer" (Freiburg 1902, 3. Aufl.), Kahles „Ein Sommer auf Island" (Berlin 1900), Heuslers „Bilder aus Island" (Deutsche Rundschau, Bd. XXII) und Zugmayers „Eine Reise durch Island" (Wien 1903). R. Palleske hat zwei ausgezeichnete Schriften des Isländers *Valtýr Gudmundsson* gut übersetzt „Die Fortschritte Islands im 19. Jahrhundert" (Programm des Gymnasiums zu Kattowitz 1902) und „Island am Beginn des 20. Jahrhunderts" (Kattowitz 1904).

Gleichwohl „ist jede weitere Aufklärung über Island mit Freude zu begrüssen, namentlich wenn in ihr die jüngsten geographischen Forschungen von Thoroddsen und dem eifrigen dänischen Hauptmann Daniel Bruun verwertet sind" (Mogk in Hettners Geogr. Zeitschr., 1905, XI, 630). Und auch Prof. Thoroddsen heisst alle Bücher willkommen, die nach persönlichen Eindrücken mit populären Schilderungen über die jetzigen Verhältnisse auf Island sich an grössere Schichten des deutschen Volkes wenden (Petermanns Mitteilungen, 1900. Lit. Ber., Nr. 256).

Ich wollte, als mir ein gütiges Geschick im Sommer 1904 die Reise nach Island ermöglichte, nicht nur als Tourist die an Naturschönheiten reiche Insel durchstreifen, sondern das Land, dessen Geschichte und Kultur ich als Liebhaber die kärglich bemessene freie Zeit widme, die mir mein mit Arbeit gesegneter Beruf lässt, mit eigenen Augen sehen und vor allem den Schauplatz einiger Sagas kennen lernen, die mir persönlich besonders wert waren. Denn die lebendige Anschauung ist durch keine Bücher zu ersetzen. Dazu kommt, dass der weitaus grösste Teil meiner Reise, die Durchquerung der Südküste und des Ostlandes von einem Deutschen noch nicht unternommen, wenigstens noch nicht beschrieben ist. Ich habe mich bemüht, weder nach der einen, noch nach der andern Seite hin zu übertreiben, gegenüber den vielen Übertreibungen, die andere Touristen begangen haben. Eine gewisse Abwechslung hoffe ich durch die Verteilung des Stoffes erreicht zu haben. Im Rahmen einer Reisebeschreibung suche ich meine Leser über das Wichtigste zu unterhalten und durch die Gegenüberstellung von Vergangenheit und Gegenwart sie über Land und Leute aufzuklären. Darum sollen die Aufzeichnungen auch den Charakter des Selbsterlebten und Selbstgeschauten behalten. Der Laie, der das Buch als Erholungslektüre zur Hand nimmt, der Tourist, der nach diesem Muster sich vielleicht eine Reise nach dem Touristenlande der Zukunft zurecht legt, soll seine Lust an den einfachen Reise- und Naturbeschreibungen, an den kleinen Leiden und Freuden, Enttäuschungen und Überraschungen, dem beständigen Wechsel der Szenerie und Situationen, der Umgebung, der Menschen finden. Gerade bei den einzelnen Personen, die ich kennen gelernt habe, verweile ich länger, ohne, wie ich hoffe, indiskret geworden zu sein, weil ich meine, dass man sich nach dem Einzelnen ein Bild von der Gesamtbevölkerung machen kann. Wer mehr als blosse Unterhaltung wünscht, wer eine Darstellung der Geschichte und Kultur verlangt, wird nach den eingefügten Belehrungen über Fragen literargeschichtlicher, politisch- und kulturgeschichtlicher, sowie volkskundlicher Art und vor allem nach den zusammenfassenden, eingeschobenen Kapiteln greifen. Besonderen Wert habe ich darauf gelegt, ein anschauliches Bild von der Besiedelung der Insel und der Einführung des Christentums zu geben; setzt man die einzelnen zerstreuten Stellen zusammen, so wird man, wie ich hoffe, eine zusammenhängende Übersicht erhalten. Ich habe mich ferner bemüht, als „reisender Geograph", auch abseits meines Studiengebietes wenn auch nicht eigene Forschungen anzustellen, so doch mir Klarheit zu verschaffen über die wichtigsten Erscheinungen der isländischen Natur. Denn, wie Zugmayer richtig bemerkt: der Reisende in Island tritt, sei er auch nicht wissenschaftlich vorgebildet, einer solchen Fülle von Neuartigem und Anregendem gegenüber, dass er ganz von selbst dazu veranlasst wird, die Erscheinungen zu beobachten und womöglich zu ergründen. Da ich dabei Dinge berühren musste, in denen ich mich durchaus als Laie weiss, habe ich mich, unter Zugrundelegung eigner Beobachtungen, an anerkannte Grössen gehalten, eben, wie Mogk es fordert, an Bruun und vor allem an Thoroddsen. Dabei ist es mir nicht darauf angekommen, Einzelheiten zu beleuchten, sondern die Verhältnisse von einem allgemeinen Gesichtspunkte zu betrachten. Der Abschnitt über Islands Natur ist im wesentlichen eine Übersetzung, Verarbeitung und Überarbeitung der zahlreichen Aufsätze Thoroddsens in isländischer, dänischer und schwedischer Sprache.

Der grösseren Bequemlichkeit und leichteren Übersichtlichkeit wegen ist das Buch in zwei Teile zerlegt: der erste, allgemeine, behandelt „Land und Leute, Geschichte und Kultur", der zweite, besondere, gibt den „Reisebericht". Doch ist auf strenge systematische Durchführung verzichtet, um nicht durch trockene Aufzählung und Zusammenstellung zu ermüden: der erste Teil enthält z. B. die Beschreibung der Hinreise, der ersten Tour auf Island selbst und der in der Hauptstadt verlebten köstlichen Tage; der zweite Teil greift wiederholt auf den ersten zurück, holt dort Nichtbesprochenes nach oder sucht dem, das dort nur flüchtig angedeutet und gestreift werden konnte, durch kräftigere Führung der Linien und breitere Ausmalung volleres Leben zu verleihen. Trotzdem wird mancher manches vermissen, nicht alles konnte erschöpfend behandelt werden, und brauchte es nicht, wenn es bereits von Pöstion oder *Valtýr Gudmundsson* geschehen war; dennoch hoffe ich, dass das Gebotene eine Art Nachschlagebuch über Island abgeben wird. Nicht unterlassen darf ich, zum Schluss noch hervorzuheben, dass für die Vergangenheit mit Dankbarkeit Weinholds „Altnordisches Leben" (Berlin 1856) und die „Skandinavischen Verhältnisse" von *Valtýr Gudmundsson* und *Kristian Kaalund* zu Rate gezogen sind (Paul, Grundriss der germanischen Philologie, III, 2. Aufl., S. 407—479).

Glücklich, wem in der Jugendzeit der Schritt
Fern von der Heimat durfte schweifen; sei's,
Dass er geschaut, wie um des Nordens Eis
Der Sonne mitternächt'ge Strahlen sprühn,
Sei's, dass gebettet unter Lorbeerrosen
Er durch das meerhauchfeuchte Grün
Empor zum Himmel sah, dem wolkenlosen.
— — — Ewig jung
Zieht des Genossenen Erinnerung
Mit ihm durchs Leben hin; im spät'sten Alter
Ihn noch umflatternd wie ein Frühlingsfalter.

(F. v. Schack.)

Fig. 1. Erster Anblick von Islands Südküste (Eyjatjallajökull).

Erstes Kapitel.
Von Kopenhagen bis Reykjavík.

Die Entfernung zwischen Kopenhagen und Leith in Schottland beträgt etwa 625 Seemeilen, zwischen Leith und den *Vestmanna eyjar*, der Inselgruppe an der Südküste Islands, 780, zwischen den *Vestmanna eyjar* und *Reykjavík* 120, zwischen Bergen und *Seydisfjördur* an der Ostküste Islands 600 Seemeilen.

Die Länge der Überfahrt von England, Dänemark oder Norwegen nach Island im Altertum ist uns aus verschiedenen zeitgenössischen Quellen bekannt.

„Vom Vorgebirge Alaburg in Dänemark soll es bei gutem Wetter 30 Tage nach Island zu fahren sein," sagt Adam von Bremen (ca. 1075, Gesta pontificum Hamaburgensium IV, 35). „Die Umsegelung Islands dauert 7 Tage, bei scharfem Winde, und wenn er die Richtung günstig wechselt; denn nicht immer soll man gleichen Wind haben. Der Länge nach an Islands Küste hin sind es im Sommer 20 Tagereisen, aber vier in der Breite" (ca. 1312, Kaalund, Historisk-topografisk Beskrivelse af Island II, S. 373—375). „Týli (die ultima Thule des Altertums) liegt sechs Tage Seereise nördlich von England ... es wird dessen in englischen Büchern gedacht, dass Schiffahrt zwischen England und Island stattfand, bevor sich die Norweger auf Island niederliessen (doch wissen wir nicht, wie lange die Überfahrt der Iren nach Island dauerte) ... Erfahrene Männer sagen, dass von *Stadr* in Norwegen (Kap Stat) bis *Horn* im östlichen Island (zwischen *Lón* und *Hornafjördur*) eine Fahrt von sieben Tagen war, und von *Snæfellsnes* (Vorgebirge zwischen *Faxafjördur* und *Breidifjördur*) bis Grönland vier Tage; und so wird gesagt, dass, wenn man von Bergen nach *Hvarf* in Grönland segelt und südlich um Island geht, die Fahrt 12 Tage dauert. Von Hernar in Norwegen (Herlö) soll man in einem fort westwärts segeln nach *Hvarf* in Grönland, und zwar segelt man da soweit nördlich von Shetland vorbei, dass das Land nur bei klarem Wetter zu sehen ist, aber südlich von den Færöern so, dass die

See die untere Hälfte der Felswände verdeckt (infolge der Wölbung der Erdoberfläche), und südlich von Island so, dass man die dort nistenden Vögel und die Wale sieht. Von *Reykjanes* (Rauchvorgebirge, an der Westküste) bis *Jölduhlaup* im (nördlichen) Irland währt es fünf Tage; von *Langanes* (dem nordöstlichen Vorgebirge) im nördlichen Island bis *Svalbardi* (Grönlands Ostküste) im *Hafsbotn* vier Tage; einen halben Tag segelt man von *Kolbeinsey* (eine Schere im nördlichsten Teile des nördlichen Eismeeres 12 Meilen nordwestlich von *Grimsey*, nach holländischer Benennung *Mewenklint*) bis an die unbewohnte Küste Grönlands (*Landnámabók*, Prolog I, 1); erstes Viertel des 13. Jahrh.)¹). Bei gutem Wetter segelt man von Dänemark nach England drei Tage (Adam Brem. II, 30), von *Borgafjördur* an Islands Westküste bis Bergen drei Wochen (Njáls S. 2).

Die Durchschnittsgeschwindigkeit der Handelsschiffe, die eine Besatzung von 10—12 Mann, häufig auch von 20—30, zuweilen von 40 Mann hatten, bei der Fahrt zwischen Norwegen und Island wird auf 3½ Seemeilen in der Wache (4 Stunden) angegeben; das ist etwa dieselbe Geschwindigkeit, die noch heute für die Segelfahrt zwischen Kopenhagen und Island gilt, 3—4 Seemeilen in der Wache (*Valtýr Gudmundsson*, Nordboernes Skibe Kph. 1900). Von einem einzelnen Schiffe wird sogar berichtet, dass es im Jahre 1024 bei ausgezeichnet günstigem Wetter nur 4 Tage von *Trondhjem* bis *Eyrarbakki* im südlichen Island gefahren sei (Ólafs S. h. h. 122 = FMS IV, 256); da die Entfernung etwa 200 Seemeilen beträgt, hat dieses Schiff also in 24 Stunden 50 Seemeilen oder gut 8 Meilen in der Wache zurückgelegt; diese Durchschnittsgeschwindigkeit gehört heutzutage bei der Segelfahrt zwischen Kopenhagen und Island zu den grössten Seltenheiten. Eine Reise von Norwegen nach Island dauerte damals also nicht so lange Zeit, wie heute der schnellste Dampfer von Kopenhagen nach Island gebraucht. Die Islandfahrten der Hamburger im 16. und 17. Jahrhundert, auch wenn sie für dänische Rechnung geschahen, wurden direkt von Hamburg aus unternommen, ebenso direkt nach Hamburg von Island zurück; unter gewöhnlichen Umständen, wenn die Schiffe nicht „vorbistert" waren, dauerte die Fahrt 4 Wochen, doch war ein Schiff im Jahre 1539 18 Wochen auf der See und hatte Island nicht finden können (Baasch, Forschungen zur Hamburgischen Handelsgeschichte 1889, I, 96).

Diese Verhältnisse blieben die gleichen bis zum Jahre 1858, wo das erste Dampfschiff nach Island kam.

Olaus Olavius fuhr 1775 am 3. Juni von Kopenhagen ab und kam am 16. Juli nach *Isafjördur* an der Westküste, 1776 vom 15. Juni bis 16. Juli nach *Husavik* an der Nordküste, 1777 vom 15. Mai bis 26. Juni nach *Husavik*. Henderson verliess am 8. Juni 1814 Kopenhagen und kam am 13. Juli in *Reykjavik* an, zur Rückreise im folgenden Jahre gebrauchte er 17 Tage. Der Dresdener Arzt Thienemann fuhr mit einer Brigg am 5. Juli 1820 von Kopenhagen ab und kam über Arendal in Norwegen erst am 7. September in *Siglufjördur* an der Nordküste an; dieselbe

---

¹) Über dieses einzigartige Buch wird im Abschnitt „Islands Geschichte" nähere Auskunft gegeben, im folgenden abgekürzt als *Lnd*.

Brigg hatte ein andermal aber den Weg von Kopenhagen nach *Vopnafjördur* an der Ostküste in neun Tagen zurückgelegt. Winkler und Maurer fuhren am 17. April 1858 von Kopenhagen ab und erreichten, nach einem Aufenthalte von fünf Wochen auf den Færöern, *Reykjavik* am 31. Mai. Preyer und Zirkel gebrauchten 1860 mit dem eisernen Schraubendampfer „Arcturus" von Leith bis *Reykjavik* sechs Tage.

Die dänische Regierung hatte einen regelmässigen Verkehr mit Island durch ein Segelschiff unterhalten. Als der alte Schoner „Seelöwe" im Herbst 1857 an der Nordküste gescheitert war, trat an seine Stelle der Steamer „Victor Emanuel", ein Schiff von nur 60 Pferdekräften, eigentlich nur für Küstenfahrten bestimmt und für eine Islandfahrt zu schwach gebaut. Aber im Winter ruhte der Verkehr vollständig. Die Nachricht z. B. von dem am 15. November 1863 erfolgten Tode König Friedrichs VII. ging seinen isländischen Untertanen erst am 4. April 1864 zu, den ganzen Winter über war auf Island noch das Kirchengebet für den verstorbenen Landesherrn abgehalten worden. Der schwedische Geolog Paijkull erzählt vom Jahre 1865: zur Aufrechterhaltung der Postverbindung mit Island unternahm „Arcturus" sechs Fahrten jährlich nach Island, die über Schottland und die Færöer gingen und 12—14 Tage dauerten; vom 4.—21. Mai dauerte die Fahrt des Schraubendampfers „Fylla".

Bis 1875 wurde Island von einem einzigen Dampfschiff mit 7 Fahrten besucht, und auf 4 Fahrten wurde nur ein Ort, auf den übrigen zwei angelaufen[1]. Die Dampferverbindung der isländischen Handelsplätze untereinander ist ganz jung. Nicht nur in der Gesetzsammlung für Island vom 1. Mai 1790 und 19. März 1791 (Bd. V, 678—680, 714, 715) wird für Sendungen aus der einen Hälfte der Insel nach der andern der Weg über Kopenhagen als der kürzeste und billigste empfohlen, sondern noch im Jahre 1891 konnte es vorkommen, dass ein Kaufmann aus dem Nordlande seine Waren einem Kaufmann im Westland über Kopenhagen schickte; heute legt der Dampfer die Strecke in 3 Tagen zurück.

Erst nachdem der isländische Landtag der „Vereinigten Dampfschiffgesellschaft" in Kopenhagen (*Det forenede Dampskibsselskab*) jährlich einen beträchtlichen Zuschuss bewilligt hatte, ist ein regelrechter Verkehr eingerichtet. Der Zuschuss betrug 1902/3 je 50000 Kronen, 1904/5 je 65000 Kr., 1906/7 je 30000 Kr. Dafür muss die Gesellschaft 30 Fahrten nach Island veranstalten; die Isländer, die I. Kajüte fahren, können sich II. Kajüte verköstigen; 25 Studenten und 50 Handwerker brauchen für die Hin- und Rückreise nur einfachen Preis zu bezahlen (*Fjárlög fyrir árin* 1906 *og* 1907, C.). Die schnellste Fahrt dauert 9—10 Tage, mit einer Umschiffung der ganzen isländischen Küste mindestens 19 Tage. Zwölfmal umfahren die fünf Dampfer auf der Hin- und Herreise die ganze Insel und legen dabei an 22 Orten an. Ausserdem gibt es zwei private Dampferlinien zwischen Kopenhagen und Island, die 8000 Kr. für Beförderung der Postsachen erhalten: die Dampfschiffgesellschaft

---

[1]) Im Jahre 1882 war eine Familie von Kopenhagen bis nach Islands Südküste $1^1/_4$ Jahre, 1883 eine Dame auf der Fahrt von einem Fjord zum andern statt einen Tag ein volles Jahr unterwegs; Schweitzer, Island 1884, S. 14; Keilhack, Reisebilder aus Island 1885, S. 191; Baumgartner, Island, S. 421.

„Thore" (Thor E. Tulinius in Kopenhagen) unternimmt jährlich 36 Fahrten nach Island mit 6 Dampfern, besucht dieselben Orte wie die erste Linie, legt aber auch in Bergen, Stavanger oder Christiansand an. Die dritte Linie, „Otto Wathnes Arvinger" (Kopenhagen, Stavanger) läuft nur die Ost- und Nordküste an, bis *Akureyri*, macht jährlich 12 Fahrten und besucht höchstens zwölf Küstenorte: bei gutem Wind und Wetter wird *Seydisfjördur* von Bergen aus in kaum 4 Tagen erreicht. Für den Touristen kommen eigentlich nur die Dampfer der „Vereinigten Dampfschiffgesellschaft" in Betracht, da sie, wie ich aus Erfahrung bestätigen kann, allein den Fahrplan streng innehalten und immer *Reykjavík* anlaufen. Die Dampfer der übrigen Linien sind vor allem auf den Frachtverkehr angewiesen und können sich sogar um 8 Tage verspäten, wenn sie auf den einzelnen Stationen zu lange liegen müssen, um Fracht einzunehmen; doch ist auch „Egil" von der letzten Linie im allgemeinen pünktlich, nur muss man dann die Rückreise von *Akureyri* oder *Seydisfjördur* aus antreten. Der isländische Küstenverkehr wird ausserdem von zwei guten Dampfern der „Vereinigten Dampfschiffgesellschaft" besorgt: der eine fährt 6 mal von *Reykjavík* um die Westküste nach *Akureyri* und besucht 35 Orte, der andere fährt 7 mal um die Süd- und Ostküste nach *Akureyri* und hat 27 Anlegeplätze. Zwei kleinere Dampfer, die Geschäftsleuten angehören, befahren ausserdem zuweilen die Südküste, und zwei andere verkehren nach regelmässigem Fahrplane den ganzen Sommer über auf dem *Faxafjördur* und *Breidifjördur* an der Westküste, wozu sie 12000 Kr. und 8000 Kr. Unterstützung erhalten. Für einen Dampfer im *Ísafjördur* sind 5000 Kr., für einen im *Eyjafjördur* 3000 Kr. ausgeworfen. Endlich soll ein Motorboot zwischen den *Vestmannaeyjar* und dem gegenüberliegenden *Rángársandur*, sowie auf dem *Lagarfljót* verkehren (mit 300 und 500 Kr. Zuschuss).

Der heutige Reisende kann also unbesorgt das ferne Eiland aufsuchen, und wer sich, abgesehen von der stärkenden Meerfahrt, mit einem Aufenthalt auf Island von 10—12 Tagen begnügen will, kann nach 4 Wochen mit demselben Dampfer wieder in Kopenhagen sein. Seit 1905 veranstaltet die „Hamburg-Amerika-Linie" jährlich zwei 23 tägige Reisen von Hamburg die schottische Küste entlang, über die Orkaden und Shetlandinseln, von da in 2 Tagen nach Island und von hier nach zweitägigem Aufenthalt nach dem Nordkap in Norwegen. Eine solche Reise kann natürlich nur anregend wirken, nicht eine nähere Bekanntschaft vermitteln. Wird der Touristenverkehr so zunehmen, dass von Hamburg aus direkte Schiffe nach *Reykjavík* fahren, so wird auch die Dauer der Überfahrt bedeutend verkürzt und dafür die Zeit des Besuches der Insel wesentlich verlängert werden. Der kleine Kreuzer „Ziethen", den ich auf Island antraf, hatte von Wilhelmshaven bis *Fáskrúdsfjördur* fünf Tage gebraucht, und einer der bekannten Schnelldampfer der „Hamburg-Amerika-Linie" oder des „Lloyd" würde bis *Reykjavik* nicht mehr als drei Tage gebrauchen. Die nordischen Seevögel brauchen zu ihrer Reise von der Küste Deutschlands nach Island kaum 24 Stunden.

27. Mai 1904.

Mir war doch etwas eigentümlich zu Mute, als ich Freitag, den 27. Mai 1904, morgens acht Uhr auf dem Bodenhoffsplads in Kopenhagen erschien, um an Bord der „Laura" zu gehen. Es war weniger das beklemmende Gefühl, auf drei weitere Monate von Deutschland fortzugehen (einen hatte ich bereits in Kopenhagen verweilt), mit fremden, gleichgültigen Menschen zusammen zu sein und immer nur in fremden Sprachen zu reden, als ein bängliches Grauen vor der langen Seereise und der unausbleiblichen Seekrankheit. Die erste angenehme Enttäuschung bot mir die „Laura" selbst. Ich hatte vor etwa drei Wochen das Schiff gesehen, als es gerade von Island zurückgekommen war: es machte einen kleinen, schmutzigen und recht verwahrlosten Eindruck, die Kommandobrücke war einem „Brecher" zum Opfer gefallen, und dem Salon war übel mitgespielt. Tischler und Glaser waren eifrig bei der Arbeit gewesen, der Rumpf war frisch gestrichen, die dänische Flagge flatterte fröhlich im Morgenwind, und am Bug wehte das isländische Banner mit dem weissen Falken auf blauem Felde. „Laura" ist das älteste Schiff der „Vereinigten-Dampfschiff-Gesellschaft" und ist an die Stelle des „Phönix" getreten, der im Jahre 1881 an der isländischen Küste zerschellt war. Sie ist ein Schraubenschiff von 679 Tonnen mit Schlingerkiel und sehr solid gebaut. Der Kapitän Aasberg gilt für hervorragend tüchtig und ist mit einem hohen dänischen Orden geschmückt, für Rettung aus Lebensgefahr. Die Einrichtung des Dampfers steht der der übrigen Dampfer dieser Linie nach, die Kabinen liegen unten — bei der „Ceres" oben — und sind für vier Personen berechnet, Einzelkojen gibt es nicht; je zwei Betten sind auf der Längsseite übereinander angebracht, und wer das Glück hat, oben zu liegen, muss mit einem kühnen Aufschwung über den andern Schläfer in sein enges Lager hinaufturnen; der Zwischenraum zwischen den beiden Betten ist so eng, dass nur einer darin stehen und sich waschen kann. Da ich für meinen Reisegefährten, Herrn stud. phil. Günther Eberhardt aus Torgau und mich früh genug Plätze bestellt hatte, hoffte ich, dass wir uns allein in die Kajüte teilen könnten; ich war daher wenig freudig überrascht, als mir beim Betreten des engen Raumes eine stattliche, fremde Gestalt den Weg versperrte und brummte ärgerlich ein paar dänische Worte. Wie erstaunt war ich aber, als sich nachher am Deck mein Schlafkamerad mir als Dr. Friedrich Boden, Amtsrichter in Hamburg, vorstellte, und noch dazu als Kollegen, der ebenfalls auf dem Gebiete des

Altnordischen arbeitete und eine Reihe von tüchtigen Einzeluntersuchungen über altnordische Rechtsfragen verfasst hatte. Das war die zweite und angenehmste Überraschung. Er hatte in den Zeitungen von meiner Reise gelesen und wollte sich mir für 14 Tage anschliessen, da er mit der „Laura" wieder zurückfahren musste.

Vereinzelte Droschken fuhren vor, Postwagen auf Postwagen rasselte heran, ich war erstaunt über die Menge Briefsäcke und Pakete, die mitgenommen wurden. Meine isländischen Freunde — in Kopenhagen ist eine Kolonie von 600 Isländern — kamen, um mir Lebewohl zu sagen, und wie Frigg dem Odin, als er sich aufaufmachte, um seine Weisheit mit der eines alten Riesen zu messen, rief mir mein Freund und Lehrer des Neuisländischen zu:

Heill þú farir,
Heill þú aptr komir,
Heill þú á sinnum sér!

(Glück zur Ausfahrt, Glück zur Heimkehr, und Glück auf den Weg!) Kommandorufe erschallen, der Verbindungssteg zwischen Land und Schiff wird eingezogen, die Dampfpfeife lässt einen langen, schrillen Pfiff ertönen, der Maschinentelegraph schlägt an, das stille Wasser des Hafens wirbelt mit schmutzigem Schaum am Heck strudelnd empor, die zurückbleibenden Isländer rufen nach ihrer Sitte uns ein donnerndes, neunmaliges Hurrah zu, und langsam gleitet der Dampfer hinaus, vorüber an der „Langen Linie", der herrlichen Strandpromenade Kopenhagens, vorüber an Klampenborg mit seinen prächtigen Buchenwäldern, vorüber an Schloss Kronborg, auf dessen Terrasse Hamlet der Geist eines Vaters erschien, und in dessen tiefem Keller Holger Danske sitzt, Dänemarks Schutzgeist, und dann hinaus in das Kattegat, dessen hellgrünes Wasser und weisses Schaumgeriesel lustig an den Planken des Schiffes emporlecken. Eine Stunde nach der Abfahrt schon versammelten sich die Passagiere zum Frühstück, das gut und reichlich war, wie überhaupt die Verpflegung an Bord allen gerechten Anforderungen entsprach, die man für vier Kr. täglich stellen kann; sie stand jedenfalls in keiner Weise der Verpflegung der berühmten Dampfer zwischen Hamburg-Bergen-Trondhjem-Nordkap nach. Bei Tisch harrte meiner eine dritte Überraschung: drei Damen aus Schleswig fuhren mit nach *Reykjavik*; unsere weiteren Nachbarn waren ein dänischer Dispacheur, der an der Gründung der neuen „Bank von Island" interessiert war, und ein schwedischer Ingenieur, der für landwirtschaftliche Maschinen, besonders für Zentrifugen, nach Island reiste. Beide Herren sprachen das Deutsche so fliessend, dass an unserer gemütlichen Ecke bald das Wort fiel: wer auf der Reise nach Island kein Deutsch versteht, ist verloren. Die übrigen Reisenden waren zumeist Kaufleute aus Kopenhagen, die eine Inspektionsreise zu ihren isländischen Faktoreien unternahmen. Da wir noch frisch bei Kräften sind, benutze ich die Gelegenheit und schiebe den ersten Exkurs ein: der isländische Handel in Vergangenheit und Gegenwart soll sein Thema sein.

Der Handel unter den Isländern selbst zur Zeit des Freistaates war wegen der Schwierigkeiten des Transports, und weil die Insel überall die gleichen Erzeugnisse hervorbrachte, sehr gering. Immerhin hören wir von vereinzelten Fällen.

þorir z. B. fuhr mit seinem Sommerhandel von einem Bezirk zum andern, er verkaufte in dem einen, was er in dem andern gekauft hatte; von den Hühnern, die er einmal aus dem Südlande nach dem Nordlande brachte, erhielt er den Beinamen „Hühner-Thorir". Ein anderer durchzog mit seinem Kram die ganze Insel und bot Handelsartikel feil (Njáls S. 22).

Um so bedeutender war der auswärtige Handel. Man bezog aus dem Auslande: Bauholz, Mehl, Tuch und Leinwand, verarbeitetes und rohes Eisen, Kupfer, Waffen, Teer und allenfalls auch Wein nebst Wachs. Isländische Ausfuhrartikel waren: Wolle, Wollenzeuge, Schaffelle, Fleisch und Talg, Käse, Butter, Tran, Fische, Falken, Schwefel.

Schon Kaiser Friedrich II. lobt die isländischen Falken als die besten (Hierofalco gyrfalco islandus; *falki*), und solange die Falkenjagd ein beliebter Sport war, hat der isländische Falke auch eine grosse Bedeutung gehabt. Erst 1614 verbot der dänische König den Fang fremder Falkenjäger und den Verkauf dieser Vögel an Ausländer. Die Ausfuhr von Schwefel war früher weit bedeutender als heute, weil die Schwefelminen auf Sizilien noch keine Konkurrenz machten. Im Jahre 1284 hatte der norwegische Erzbischof zu Trondhjem das Privilegium, Schwefel und Falken auszuführen; später wurde er auch von andern ausgeführt, wenn sie dem Erzbischofe nur einen Zoll dafür bezahlten. Vom Ende des 14. bis zur Mitte des 16. Jahrhunderts gehörten alle Schwefelminen im Nordlande einem alten isländischen Häuptlingsgeschlechte. Der Schwefel wurde auf Pferderücken vom See *Mývatn* nach *Húsavík* geschafft und die Minen zuweilen an andere verpachtet. 1563 kaufte die dänische Regierung die Minen billig an und stand sich mit der Ausfuhr vortrefflich. Sie bezog z. B. im ersten Jahre von einem einzigen Schwefelschiffe einen Reingewinn von 10000 Talern. Als der Schwefel später im Preise fiel, wurden die Minen von der Regierung an verschiedene dänische und fremde Spekulanten verpachtet[1]. Doppelspat *(silfurberg)* wird erst seit der Mitte des 17. Jahrhunderts vom *Eskifjördur* ausgeführt, aber erst 1850 wurde die Mine ernstlich in Angriff genommen. Jetzt gehört das Spatbergwerk der Regierung[2].

Zur Zeit des Freistaates war der Handel der Isländer mit dem Auslande recht ansehnlich. Sobald der Sohn mündig geworden war, kaufte ihm der Vater Anteil an einem Handelsschiffe, damit er durch eine Reise ins Ausland die Welt kennen lernte, fremde Waren einkaufte und die heimischen verkaufte, meist Fries und „was sonst die äusserste Thule bereitet" (Schiller, Spaziergang). Nie wieder bis auf den heutigen Tag sind die Isländer so unumschränkte Herren

---

[1] Über die isländischen Schwefellager vergl. Thoroddsen-Gebhardt, I, 151, 222; II, 376; Thoroddsen-Lehmann-Filhés, Das Ausland. 62. Jahrg. 1889. S. 161 ff.

[2] Thoroddsen, Nogle Bemærkninger om de isl. Findesteder for Dobbelspath. Geol. Fören. i Stockholm Förhandl. 1890. XII. S. 247—254.

des Handels gewesen wie damals. Kein ausländisches Schiff durfte in einem isländischen Hafen seine Waren ausladen und feilbieten, wenn nicht zuvor der Gode, der Bezirksvorsteher, die Waren geprüft, ihren Wert bestimmt und für sich selbst ausgesucht hatte, was er haben wollte. Kam ein fremdes, meist norwegisches, Schiff in den Hafen, so legte der Führer seine Landungsbrücke aus, oder zog sein Schiff ans Land. Alsbald waren Buden oder Zelte aufgeschlagen, zu denen man die Waren brachte, und der Marktverkehr war eröffnet. Von weither kamen die Leute angeritten, die ersten waren in der Regel die Goden oder Häuptlinge der Gegend. Da man meist jeden Sommer nur eine Reise übers Meer machte, also den einen Sommer nach Island fuhr und den nächsten zurückkehrte, so suchten die fremden auf Island überwinternden Kaufleute Unterkunft bei den Goden und Bauern. Im Winter verkauften sie den Rest der Waren, die in die eigenen Gebäude des Hofes gebracht waren, in dem sie ihren Aufenthalt genommen hatten, und ritten im Frühling umher, um ausständige Schuldposten einzutreiben. Isländische Kaufleute werden am Ende des 12. Jahrhunderts in Bergen, und 1224 in Yarmouth in England erwähnt. In Trondhjem waren einmal zu gleicher Zeit 300 isländische Kaufleute anwesend. Selbst ein isländischer Priester verschmähte das Handelsgeschäft nicht. Er kaufte Waren daheim auf, fuhr nach Norwegen hinüber, dann nach England, abermals nach Norwegen und wollte von Bergen aus nach Island zurückkehren. Er wurde aber nach Grönland verschlagen und ging dort zugrunde (*Gudmundar bps.* S. 9, 12, 13, 16—17).

Bis gegen die Mitte des 14. Jahrhunderts blieb der Handel frei. Dann beanspruchte der norwegische König den Handel mit Island als Regale, konzentrierte ihn in Bergen, knüpfte ihn an besondere Konzessionen und belastete ihn mit schweren Abgaben; im 15. Jahrhundert waren die Engländer, im 16. Jahrhundert die Deutschen Herren des isländischen Handels. Das unselige dänische Handelsmonopol aber, das von 1602—1786 die isländischen Häfen nur einer begrenzten Anzahl dänischer Handelsgeschäfte öffnete, hat alle Handelsfreudigkeit der Isländer und ihr Handelstalent gebrochen; selbst nachdem Island 1854 volle Handelsfreiheit erhalten hatte, hielt es schwer, die Leute an deren Benutzung zu gewöhnen. Ein Überrest des Monopols ist, dass noch heute die Kaufleute zum grossen Teile Dänen sind, und dass noch bis vor wenigen Jahren der verderbliche Tauschhandel herrschte, an einigen Stellen sogar jetzt noch herrscht. Der Grosskaufmann verlebt den harten Winter angenehm im lustigen Kopenhagen und unternimmt im schönen Sommer Erholungs- und Inspektionsreisen zu seinen in *Reykjavík* oder anderen Handelsplätzen gelegenen Faktoreien. Der Faktor, gewöhnlich ein Isländer, kann selten seinen Handelsplatz verlassen. Und was hat der Faktor alles zu tun! Er muss sich auf den Einkauf und Verkauf aller möglichen Waren verstehen und dafür sorgen, dass sein Lager immer „wohlassortiert" ist. Weil fast jeder Kunde in der Faktorei sein Konto hat und auf Kredit kauft, muss er den ganzen Tag die Feder führen, und zu Hunderten, ja zu Tausenden liegen bei ihm die Rechnungsbücher seiner Umgegend aufgestapelt; nicht selten verlangt und empfängt sogar der Bauer, nachdem er seine Einkäufe auf Kredit gemacht hat, vom Faktor ausserdem noch einen Vorschuss in barem Gelde. Eine Faktorei enthält alles. Thomsens Magazin in *Reykjavik* ist ein richtiges Warenhaus, man kann da kaufen: Möbel, Bilder, Glas und Porzellansachen, Flinten und Petroleum, Stiefel und Zylinder, Materialwaren, Konserven, Champagner, Südweine, Rheinweine, Strohhüte und Seidenstoffe, Eisen-, Blech-, Emaille-, Leder-, Kurzwaren, Kinderspielzeug, Seifen, alle Wohlgerüche Arabiens und Seehundsfelle; in Seitenräumen sind eine Schlächterei, Molkerei, Tischlerei, Bonbonfabrik und Zigarrenfabrik untergebracht. Noch vor 50 Jahren kaufte man nur etwas Kaffee, Zucker, Korn, Eisen, Kohle, Salz, Tabak und Zimmerholz, den Branntwein nicht zu vergessen. Heute findet man den Augen blendenden Schund der Grossstädte, billige Plüschalbums, schlechte Öldrucke, Nippsachen und dergl. mehr selbst bei entlegenen Bauern. Früher waren Schulden beim Kaufmann (*kaupstaðarskuld*) selten und galten sogar für höchst nachteilig — heute steht selbst mancher Wohlhabende bei seinem Kaufmann in Schuld: an ihn verkauft er, was er geerntet, von ihm allein kauft er, was er nötig hat — es ist Tauschhandel. Nur eine hässliche Sitte ist verschwunden: das Verabreichen von Schnäpsen durch den Kaufmann und das Lauern des Bauern auf dieses mit Pfeffer gewürzte Gift. Ein Gläschen für die abgelieferte Ware (*innlagningarstaup*) und eins für die entnommene Ware (*úttektarstaup*; *staup* = kleiner Becher) waren selbstverständlich; je nach der Freigebigkeit auf der einen und der Begehrlichkeit auf der andern Seite wurden mehr und mehr Schnäpse hinzugefügt. Bauern, die in der Nähe des Handelsortes wohnten, lungerten ganze Tage lang in der *búð* vor dem Ladentisch herum und schauten mit hoffenden und flehenden Blicken die Branntweintonne an, bis sie am Abend mit angenehmem Rausch zu Frau und Kindern, oft zu Armut und Schmach heimkehrten (Z. d. Vereins f. Volksk. VI, S. 379).

Nach beendigter Fischerei und Reinigung der Wolle kehren die Bauern wieder nach den Handelsplätzen zurück, um ihre Produkte in Gegenrechnung zu verwerten. Zuweilen dehnt sich der Tauschverkehr über mehrere Tage aus, während deren die Bauern in Zelten wohnen, kochen und schlafen. Bares Geld bekommt der isländische Produzent fast nie heraus. Der Kaufmann zahlt in Waren, und wenn der Bauer mehr bringt, als er entnimmt, so wird ihm der Überschuss gutgeschrieben. So kauft er oft mehr, als er unbedingt braucht, wird zur Verschwendung verführt und kennt keine Sparsamkeit mehr[1]). Da das Lager immer sehr gross sein muss, also viel Kapital zu einem Faktorei-Betriebe gehört und dieses durchschnittlich nur einmal im Jahre umgesetzt wird, sind die Verkaufspreise sehr hoch. Die Preise der isländischen Produkte werden vorläufig zu einem garantierten Minimalsatze ausgerechnet; die endgültige Regulierung findet jedoch erst Ende des Jahres statt, und je nachdem die Exporteure einen mehr oder minder günstigen Markt angetroffen haben, wird dann den Kunden eine Extra-Vergütung gutgeschrieben. Deren Höhe ist ganz willkürlich und hängt oft von der Laune eines einzelnen *fastakaupmadur* ab, d. h. eines Kaufmannes, der ein stehendes Geschäft betreibt, das das ganze Jahr geöffnet ist *(föst verzlun)*. Hat er besonders gute Preise erzielt, oder erachtet er es sonst in seinem Interesse, so beauftragt er seinen Faktor, so und so viele Öre *(eyrir* pl. *aurar)* mehr auf Fische oder Wolle zu zahlen (vergl. Robertson, Mitteilungen der Geogr. Gesellschaft in Hamburg 1878—79 S. 17).

Wanderhändler *(lausakaupmadur)*, die nur an Bord eines Schiffes Handel treiben, mit dem sie in den Häfen umhersegeln und etwa einen Monat an den einzelnen Orten bleiben, gibt es fast gar nicht mehr. Die Zahl der Landkrämer *(sveitakaupmadur)*, d. h. Bauern, die nebenbei etwas Materialwaren verkaufen, ist gering. Im Aufblühen aber sind die Konsumvereine *(kaupfjelag)*, das beste Gegenmittel gegen den Krebsschaden des Tauschhandels. Etwa zehn Familien tun sich zusammen und kaufen en gros ein. Auch verschiedene Bauern des Nordlandes haben sich zusammengeschlossen und in *Húsavík* einen eigenen Laden eröffnet, wo nur sie kaufen können. Viel verspricht man sich auch von der im Frühjahr 1904 gegründeten „Bank von Island", die Noten in Umlauf gesetzt hat; denn die Landesbank von 1885 hat sich als unzulänglich erwiesen. In *Reykjavík* selbst kann der Bauer nur bar gegen bar kaufen und verkaufen.

Nach *Valtýr Gudmundsson* hat sich der Umsatz in den letzten 50 Jahren nahezu versechsfacht. Der gesamte Export betrug 1885 bis ca. 5½ Millionen Kr., 1890 bis 4,1 Mill., 1895 bis 6,1, 1900 bis 9½, 1902 bis 10½ Millionen Kronen, und zwar: Fischereiprodukte bis 8000000 Kr., landwirtschaftliche Erzeugnisse bis 2000000 Kronen, „Diverses" bis 600000 Kr. (Walguano, Federn, Eiderdunen [5923 Pfund, das Pfund 8,5 bis 11 Kr.], Schneehühner [192695 Stück für 43611 Kr.], Fuchsfelle usw.). Da die Insel keine Staatsschuld hat, die Landeskasse sogar über einen Reservefonds von zwei Millionen Kronen verfügt, der aus den jährlichen Überschüssen ge-

---

[1]) Vergl. die Erzählung „Der Kaufmann *Grímur* stirbt" von *Gestur Pálsson*, übersetzt von Küchler in „Drei Novellen vom Polarkreis" (Reclam, Nr. 3607).

bildet ist, seit die isländischen und die dänischen Staatsgelder voneinander getrennt sind (1. April 1871), und da Island keine Ausgaben für Militär hat, so ist anzunehmen, „dass allmählich der isländischen Ware ein weiterer Markt und günstigere Preise gewonnen werden, dass die Aussaat der dunkeln zwei Jahrhunderte vom isländischen Erdreich schwinde" (Heusler).

In der zweiten Kajüte fuhren etwa 12 isländische Studenten mit, die die Ferien daheim verleben wollten oder für immer nach Island zurückkehrten. Bei dem herrlichen Sonnenschein und der ruhigen See herrschte fröhliche Stimmung, Bekanntschaften waren bald gemacht, und mit den Studenten wurden die ersten isländischen Redensarten ausgetauscht. Sie waren noch weit dürftiger als wir untergebracht, nur zwei enge Gelasse standen ihnen zur Verfügung, das eine nannten sie „*Glæsisvellir*" (Paradies), das andere *fjós* (Kuhstall); auch ihre Verpflegung war mit der unsrigen nicht zu vergleichen. Aber mit gutem Humor fanden sie sich in ihr Los, galt es doch, die Heimat wieder zu besuchen, an der die Isländer mit derselben rührenden Treue hängen, wie die Schweizer. Sie wussten: mit dem lustigen Leben in Kopenhagen war es jetzt für lange Zeit, vielleicht für immer, vorbei, und manche Annehmlichkeit des Daseins würden sie künftig nie wieder kosten können, aber sie hatten in Kopenhagen auch vieles nicht gehabt, was ihnen nur „Island, das glückliche Land, die gute, reifweisse Mutter" gewähren konnte.

28. Mai.

Gegen 10 Uhr abends hatten wir Skagen passiert, die nördlichste Spitze von Jütland, waren nach Westen in das Skagerrak gebogen und befanden uns gegen Nachmittag auf der Nordsee. Leider begann es zu regnen. Es war nichts wie graues Wasser und trüber Himmel zu sehen, gegen Mittag forderte der Meeresgott Ægir seine ersten Opfer, verschonte mich aber gnädig und entzog mir auch auf der Weiterreise seine Huld nicht.

Von den Studenten schloss ich mich näher an *Rögnvaldur Ólafsson* an, den ersten künftigen Architekten Islands, der mir viel davon erzählte, wie er schmuckere Kirchen bauen wollte und eifrig auf dem Papier Entwürfe zeichnete. Gut Freund war ich bald mit stud. jur. *Vilhjálmur Finsen*, der Dr. Zugmayer auf seiner Reise 1902 geführt hatte und später auf der ersten Tour mein Führer werden sollte, und mit dem jungen, begabten Maler *Ásgrímur Jónsson*. *Rögnvaldur* sprach ein erstaunlich gutes Deutsch, und auch *Finsen* verstand jedes deutsche Wort, nur dass ihm die Übung im Sprechen fehlte.

Die „Laura" legte etwa 10—11 Seemeilen in der Stunde zurück. Da das Wetter sich aufklärte, stiegen wir auf die Kommandobrücke, beobachteten die vorübersegelnden Schiffe und erfreuten uns an dem lebhaften Spiel einiger Delphine. Der schwedische Ingenieur zauberte Selterswasser und Whisky herbei, an dessen faden Geschmack ich mich nur schwer gewöhnen konnte[1]), und stimmte die dänische Nationalhymne an: „König Christian stand am hohen Mast."

Darauf folgte das norwegische Nationallied: „Ja, wir lieben diese Feste." Die Dichtung rührt bekanntlich von Björnstjerne Björnson her und die Melodie von Richard Nordraak, ist aber aus einem Largo Cantabile von Haydn entlehnt. Und dann begann ein Wettsingen der verschiedenen Nationalhymnen hoch oben auf der Kommandobrücke, das das Rauschen der Wellen und das Brausen des Windes noch übertönte. Ich stimmte zu Ehren des Schweden sein Nationallied an: „Du Land meiner Väter, du felsiges Land."

Damals ahnte noch keiner von uns, dass es so bald zum Bruche zwischen Schweden und Norwegen kommen sollte. Als aber zum Danke beide Herren „Ich bin ein Preusse, kennt ihr meine Farben" zu singen begannen, schickte ich mich an, die Brücke zu verlassen. Denn es erschien mir taktlos, auf einem dänischen Dampfer das Preussenlied zu singen, aus dessen Worten und Tönen man, wie Alphonse Daudet einmal gesagt hat, den Taktschritt der deutschen Bataillone heraushören kann. Aber der Kapitän beschwichtigte lächelnd meine Bedenken. Durch Sturm und Wogenbraus fanden die Klänge auch ihren Weg zu dem „Paradies" und zu dem „Kuhstall" der isländischen Studenten. Sie kamen auf Deck, stellten sich uns gegenüber auf, und nach der Melodie „Heil dir im Siegeskranz" erscholl das isländische Nationallied, dessen ersten Vers ich bereits auswendig konnte[2]):

> Uralte Ísafold,
> Felsenweib ernst und hold,
> Heim hochgepreist,
> Liebe so lang' dir spriesst,
> Als Meer noch Land umschliesst,
> Knab' sich ein Mädchen kiest,
> Sonne noch kreist.
>
> Hier in der heissen Stadt
> Sehnsucht ergriffen hat
> Uns all nach dir;

---

[1]) Wie ich in Edinburgh lernte, bedeutet gälisch *uisge* „Wasser", *usgue baugh* „Wasser des Lebens" = Whisky.

[2]) Das Lied ist von *Bjarni Thórarensen* verfasst und von Fräulein Lehmann-Filhés verdeutscht (Proben isländischer Lyrik, S. 5,6). *Ísafold*, etwa Eiserde, ist eine beliebte dichterische Benennung Islands; die „heisse Stadt" ist Kopenhagen, das Land, das weder Auge noch Nase hat, überhaupt kein Gesicht, ist Dänemark; die „Idioten" in Kopenhagens Strassen lachen über die Isländer, die sie nicht verstehen.

Weltlärm verwirrt uns macht,
Wild unser Sinn entfacht,
Hohlheit und Hochmut lacht
Über uns hier.

Fad ist der flache Gau,
Dunstig die Luft und flau,
Macht matt und blass;
Dies Land, wir lieben's nicht,
Licht ihm und Reiz gebricht,
Ist wie ein Angesicht
Ohn' Aug' und Nas'.

Anders ist's, anzuseh'n
Auf deinem Haupte den
Kopfschmuck schneeweiss;
Seeen und Ströme dein
Glitzernd im Sonnenschein,
Bogiger Bergesreih'n
Bläulichen Kreis.

Uralte Ísafold,
Felsenweib ernst und hold,
Heim hochgepreist;
Schicksalshand segensschwer
Stärke dich mehr und mehr,
So lang' im Sternenheer
Sonne noch kreist.

29. Mai.

Wohl ist die See noch etwas unruhig, aber die Sonne lacht und küsst den Schaum der sich kräuselnden Wogen. Gegen Mittag kommen die schottischen Berge in Sicht; eine Anzahl von Vögeln, die sich auf dem Schiffe niederlassen, um auszuruhen, und eine Flotte von Seglern und Fischerboten künden die Nähe des Landes an. Zwischen den Klippeninseln *May* und *Bass Rock* hindurch dampft die „Laura" in den *Firth of Forth* ein. Der *Bass Rock* ist von Seevögeln wie besät. Als die Dampfpfeife ertönt, fliegt es wie eine Wolke auf, unzählige aber bleiben in ihren Nestern sitzen, die sich den ganzen Berg hinaufziehen, wie auf vielen Etagen. Zwar kenne ich diese Vogelberge von meiner Reise nach dem Nordkap her, und die Weiterfahrt wird uns noch viele solcher Vogelberge zeigen, aber es ist immer ein Schauspiel, dem man mit grösstem Vergnügen beiwohnen kann, wenn die grossen, weissen Vögel (Sula alba) an der dunkeln Felswand auf- und niederschweben, plötzlich wie ein Pfeil in die Tiefe herniederschiessen und nach einiger Zeit sich aus dem Wasser emporheben, die Beute in dem langen Schnabel tragend. Dann fahren wir langsam an dem Leuchtturm und der befestigten Insel *Inch-Keith* vorbei und werfen gegen 7 Uhr Anker; denn wir haben Ebbe und müssen bis gegen Mitternacht hier warten, um mit der Flut einlaufen zu können. Vor uns liegt *Leith*, die Hafenstadt von *Edinburgh*, in dunklem Schweigen und etwas weiter im Hintergrunde die „Königin des Nordens" selbst; im Norden werden undeutlich die riesigen Bogen der Firth of Forthbrücke sichtbar. In den Häusern flammen Lichter auf, und bunte Signallaternen strahlen auf den Schiffen und von den Docks her. Schwarze Wolkenfetzen hängen schwer am Himmel, und nur selten gelingt es dem Mond, sie zu durchbrechen und sein silbernes Licht über das Meer glitzern zu lassen. Die Wellen murmeln und schlagen taktmässig gegen das leise schaukelnde Schiff, feierliche Sonntagsruhe herrscht, selbst auf der „Laura" verstummt aller Lärm, und nur wenige sind noch auf, als um 11 Uhr der Lotse an Bord kommt.

30. Mai.

Da wir vor Dienstag Mittag nicht abfahren, entschliesse ich mich schnell, die 1½ Tage auszunutzen und mit dem ersten Zuge nach Roslin zu fahren. Die Strassen von Leith waren völlig menschenleer, in den hohen, langweiligen, verräucherten Häusern war das Leben noch nicht erwacht, und mit Mühe gelang es mir, den Weg nach dem Bahnhofe zu erfragen. An berussten Fabrikanlagen vorüber — nach ihnen hat Edinburgh seinen Spitznamen „Auld Reeky", die alte Eingeräucherte — trägt mich der Zug nach Edinburgh und durch das Lowland, durch Gärten, Wiesen und Laubwälder nach Roslin. Die Burgruine Roslin Castle, der alte Sitz der aus Frankreich stammenden St. Clairs, aus Scotts „Rosabelle" wohl bekannt, erhebt sich auf einem Felsenvorsprunge, rings umgeben von stattlichen Bäumen, deren Zweige und Blätter überall die zerfallenen Mauern umranken; Efeu, Immergrün und andere Kletterpflanzen haben alles mit einem dichten grünen Teppich umsponnen. Zu Füssen des von vielen romantischen Sagen und Erinnerungen umwobenen Feudalschlosses schlängelt sich in einem engen, waldüberdachten Tale über Wurzelknorren und zerstreute Steine der kleine Fluss Enk dahin. Die Gewölbe sind teils aus den Felsen gehauen, teils daran angebaut, die Burgverliese sind noch am besten erhalten. Aber selbst die Trümmer scheinen noch Zeugnis dafür abzulegen, dass hier in der Mitte des fünfzehnten Jahrhunderts ein Lord herrschte, Grossadmiral und Kanzler von Schottland, dem drei hohe Lords bei Tafel als Haushofmeister, Truchsess und Schenk aufwarteten, dem zweihundert Ritter zu Pferde folgten, und dessen Gemahlin fünfundsiebzig adlige Zofen dienten. Der jetzige Besitzer soll freilich völlig verarmt sein und in der Fremde ein unstetes Leben führen.

Wenige Minuten von dieser Ruine entfernt steht inmitten kurzgeschorener, dichter Rasenbeete, wie sie in England so beliebt sind, von Bäumen und Büschen umgeben, eines der seltsamsten Wunderwerke verzierter Architektur, die Roslin Chapel, deren Bau 1446 von dem berühmtesten der St. Clairs, dem erwähnten Admiral und

Kanzler, in spätgotischem, angeblich spanischem Stile begonnen wurde: die Arbeiter und Baumeister sollen aus Spanien und gewisse Detailzeichnungen aus Rom gekommen sein. Kein Kapitäl und kein Gesimse gleicht dem andern, kein Fenster und kein Bogen wiederholt sich, und je länger man sich in diese Pracht der Pfeiler und der Wölbung vertieft, auf die durch die Spitzbogenfenster ein mild verklärendes Licht fällt, um so mehr empfindet man, wie das Ganze sich entwirrt, und wie auch die schier überreiche Ornamentik an den Knäufen und Pilastern, Baldachinen und Statuen, Schlusssteinzapfen und Architraven sich in eine harmonische Stileinheit auflöst. Aber der höchste Preis kommt dem Lehrlingspfeiler zu, dem Prentice's Pillar, einem Pfeiler aus weisslichem und rötlichem Sandsteine, den vier wundervolle Girlanden umranken, die oben je in ein eigenes Kapitäl auslaufen, so dass das Ganze wie ein kunstvoll verschlungener, phantastisch gestalteter Baum aussieht; darüber schweben Engel mit Musikinstrumenten, während den Sockel ineinander verschlungene Drachen bilden. Dieses Kunstwerk wurde nach der Sage, ähnlich wie die Magdalenenglocke in Breslau, von einem Lehrling während einer Reise des Baumeisters nach Italien ausgeführt; aber der neidische Meister erschlug den Unglücklichen, dessen Talent sein eigenes in Schatten stellte, und der Pförtner zeigt hoch oben an den Wänden drei in Stein ausgehauene Köpfe: den streng blickenden Meister, den Lehrling mit tiefer Narbe an der rechten Schläfe, und die trauernde Mutter. Aber so wunderbar und überwältigend auch die Kapelle wirkt, eine ruhige schlichte Ergriffenheit, wie man von einem christlichen Gotteshause erwarten sollte, kommt nicht recht auf, und Mortimers Worte fielen mir ein:

> Wie ward mir,
> Als mir der Säulen Pracht und Siegesbogen
> Entgegenstieg, des Kolosseums Herrlichkeit
> Den Staunenden umfing, ein hoher Bildnergeist
> In seine heitre Wunderwelt mich schloss!
> Wie wurde mir, als ich ins Inn're nun
> Der Kirche trat, und die Musik den Himmel
> Heruntersteig, und der Gestalten Fülle
> Verschwenderisch aus Wand und Decke quoll!

Da ich den Dampfer verlassen hatte, ohne Kaffee getrunken zu haben, trat ich in das dicht bei der Kapelle gelegene, vornehme Hotel Royal ein. Wie erstaunte ich, als ich in dem liebenswürdigen Besitzer Herrn Soltenborn einen Landsmann kennen lernte! Ich wurde herzlich eingeladen, die Zeit bis zur Weiterreise bei ihnen zu verbringen, und Herr Soltenborn und seine gütige Gattin, ebenfalls eine geborene Deutsche, liessen es sich nicht nehmen, mit mir gegen Mittag nach Edinburgh zu fahren und mir alle Schönheiten der „Queen of the North" zu zeigen.

„Das ist also Edinburgh, dies ist das Edinburgh, von dem wir soviel gehört haben," unwillkürlich kamen mir diese Worte aus Scotts Roman „Der Abt" in den Sinn. Das grosse gotische Denkmal Walter Scotts in der Nähe der Waverley Station (1840 errichtet) gibt sogleich die rechte Stimmung: wie mit einem Schlage steigen romantische Jugendlektüre und -Erinnerungen auf, wird der Geist des Dichters lebendig, und Namen, Inschriften und Gebäude sorgen dafür, dass die anklingenden Saiten nicht so bald zur Ruhe kommen. Der Dichter ist sitzend dargestellt, in tiefe Gedanken versunken, ein Buch in der Hand, sein Lieblingshund Maida liegt ihm zu Füssen. Die Nischen der der Abtei Melrose nachgebildeten Halle nehmen Statuetten ein, ausschliesslich Romanfiguren des Dichters: z. B. Prinz Karl Eduard aus „Waverley", in Hochländertracht, schwingt seinen Degen nach der Princes Street; Meg Merrilies aus „Guy Mannering" streckt prophetisch die Hand aus nach den fernen Bergen des Hochlandes; „Die Lady vom See" steigt aus ihrem kleinen Boote, und „Der letzte Minstrel", nach meiner Meinung die schönste und charakteristischste Gestalt des ganzen Monuments, denkt an sein letztes Lied, während er präludierend in die Saiten greift. Über die Halle erhebt sich ein vollständiger gotischer Spitzturm von etwa 60 m Höhe: so macht das Denkmal den Eindruck einer Kirche, deren Altar man für Walter Scott errichtet hat, und deren Heiligen Gallerien von Helden und Heldinnen seiner Dichtungen gebildet werden. Die Altstadt Edinburghs mit ihren unheimlichen Winkelgassen, in die kaum ein Sonnenstrahl fällt, wo der Wochenschmutz in irgend eine Ecke zusammengekehrt, aber nicht fortgeräumt wird, mit dem *Grassmarket*, in dessen Mitte ein mit weissen Steinen ausgelegtes Kreuz die Stelle bezeichnet, wo in der „guten, alten Zeit" der Galgen stand, mit den *Closes* der *Canongate*, „Chorherrenstrasse", jenem wunderlichen Kreuzungsprodukt von Hof, Mauergang und Sackgasse ist der Schauplatz des „Heart of Midlothian", wie das Stadtgefängnis im Munde des Volkes mit komischem Humor genannt wurde: hier weinte die unglückliche Effy, und von hier trat Jeannie Deans ihre mutige Wanderung an, vorüber an Arthurs Sitz, „der wie ein schlummernder Löwe von ungeheuerem Umfange da lag". „Die Hauptstrasse Edinburghs war damals, wie heute, eine der geräumigsten in Europa. Die bedeutende Höhe der Gebäude, die Mannigfaltigkeit gotischer Giebel, Zinnen und Altane, die von allen Seiten den Gesichtskreis nach oben umkränzten und abschlossen, mochte wohl, verbunden mit der Ausdehnung der Strasse selbst, sogar ein erfahrenes Auge in Erstaunen setzen (Der Abt, K. 17). In der berühmten *Advocate's Library* des *Parlament House* interessiert besonders die Originalhandschrift von Scotts Waverley. Scotts Handschrift ist sicher und fest. In dieser Form kamen die Manuskripte des Dichters an den Verleger, der sie dann für den

Satz abschrieb, und auf diese Weise wurde das Geheimnis so lange und so vollständig gewahrt.

Sir Walter Scott und Queen Mary, wie Maria Stuart in Schottland stets genannt wird, sind die schottischen Nationalgestalten. Am Fusse des Arthur-Sitzes erhebt das schwerfällige und düstere Residenzschloss der schottischen Könige, *Holyrood*, seine dunklen, efeuumsponnenen Gemäuer. Ein kleines, halb backofenartiges Eckhaus soll Maria Stuarts Badehaus gewesen sein. In der zerfallenen frühgotischen Kapelle wurde Maria ihrem schwächlichen und nichtswürdigen Vetter, Lord Darnley, angetraut. Noch zeigt man im Schlosse einen grossen, braunroten Fleck, das Blut, das bei dem Morde Rizzios vergossen wurde. Aber Stimmung will sich nicht einstellen. „Die roten Flecke," sagt Theodor Fontane (Aus England und Schottland, Berlin 1900, S. 255), „die das Gewissen der Lady Macbeth sieht, wo sie nicht sind, werden ewig ihr Grauen für uns behalten; aber es ist vorbei damit, wenn man das Blut tischbreit auf die Diele malt." Dazu kommt, dass die ganze Einrichtung aufs beste erhalten und geordnet ist, wie zum fortgesetzten Gebrauch bestimmt. Auf der Südostecke des Edinburgh Castle liegt das schmucklose Wohnhaus, Queen Mary's Room, wo Maria Stuart drei Monate nach der Ermordung Rizzios den späteren König Jakob VI. gebar. Hier sind auch zwei Bildnisse der unglücklichen Königin. Aus dem einzigen Fenster des Wohnzimmers wurde Jakob VI. wenige Tage nach seiner Geburt in einem Korbe herabgelassen, den steilen Felsen hinunter in die schwindliche Tiefe, wo Anhänger das Kind in Empfang nahmen.

Auch *John Knox' House*, wo der Reformator 1560—1572 wohnte, wirkt nicht sonderlich stimmungsvoll. Aus einem kleinen Eckfenster des ersten Stockes richtete der mutige Mann, Schottlands Luther, seine donnernden Ansprachen an das Volk; an dem unscheinbaren Hause steht die Inschrift: „Love God above all and your Neighbour as your self" (Liebe Gott über alles und deinen Nächsten wie dich selbst).

Die Stadt umschliesst drei stattliche Hügel: *Salisbury Crags* im Südosten, mit Arthurs Seat, einer 820 Fuss hohen, scharfkantigen Doleritkuppe, *Calton Hill* im Ostende (beide sind gleichsam zwei Wächter vor den Toren der Stadt), und fast im Mittelpunkte das *Castle*, ein mittelalterliches Heldenepos. In den Tälern liegen die Strassen der Armut und des Elends, und daran schliessen sich die prächtigsten Bauten an, allein mehr als 160 Kirchen: tiefste Armut neben grösstem Reichtum. Die *Canongate* und die *Highstreet*, die Hauptstrasse der Altstadt, zeigen grell den Gegensatz zwischen ruhmvoller Vergangenheit und schmutziger Gegenwart. In den hohen, düsteren Häusern, an deren Front noch das Wappen manches Vornehmen prangt, hausen heute Menschen, unwürdiger als Tiere.

Vor den elenden Kram- und Whiskyläden stehen Frauen mit verglasten Augen, Kinder spielen in einem Anzuge, gegen den Zigeunerlumpen noch ein Festgewand sind, und Wäschefetzen hängen an eisernen Querstangen zum Trocknen. So verkommene Kinder und schmutzige, dem Schnapsteufel ergebene Weiber habe ich noch in keiner Stadt getroffen. Charakteristisch in dieser Beziehung ist auch das dem Parthenon nachgebildete Nationalmonument auf dem *Calton Hill*, zur Erinnerung an die Schlacht von Waterloo, zwei Säulenreihen neben Nelsons Statue, „Schottlands Stolz und Schmach" — denn das Geld reichte nicht aus, um den Bau fertig zu stellen. Und doch nennt der Schotte mit Recht Edinburgh das „moderne Athen". Denn ganz abgesehen von seiner malerischen Lage und historischen Bedeutung hat auch Edinburgh seinen Piräus-Leith, Akropolis — das Castle, und auch der Calton Hill erinnert mehr als erwünscht an eine schlechte Nachbildung der Akropolis; das Rathaus kopiert den Tempel des Erechtheus, geglückt aber sind die im klassischen Tempelstil gehaltenen Gebäude *Royal Institution* und *National Gallery*; dazu kommen die zahlreichen schönen Monumente berühmter Männer.

Das *Castle* liegt auf einem über 400 Fuss hohen Felsen, der auf drei Seiten senkrecht nach einem herrlichen Parke zu abstürzt und auf der vierten sich langsam nach *Holyrood* senkt. Sein Besuch ist ausserordentlich lohnend, nicht wegen der Krone Schottlands und anderer Regalien, die hier ausgestellt sind, nicht wegen der *St. Margaret's Chapel*, des ältesten Gebäudes in Edinburgh (ca. 1100), auch nicht wegen der Abteilung Hochländer, die die Zitadelle bewachen, stattliche, wohlgewachsene Männer in malerischer Tracht: Bärenmützen, im Gürtel vorn fünf verschiedene Rossschweife (Sporan), kurze Hosen, nackte Knie, sandalenartige Schuhe — sondern wegen der weitumfassenden Aussicht, die man von der höchsten Batterie aus über Edinburgh hat. Die Reinheit der architektonischen Linien, die ruhige Färbung der grauen, acht Stock hohen Felsenhäuser, die dichtbelaubten Abhänge, die plötzlich in malerische Schluchten abfallen, hinterlassen einen unauslöschlichen Eindruck. Gen Süden schweift das Auge über die „silbergraue Brautkrone des Turmes von *St. Giles*," wie Fontane sagt, nach den Bergen Südschottlands, nach Norden über *Granton* und *Leith*, die beiden Hafenstädte Edinburghs, bis zur breiten, blauen Fläche der Forthbucht, an deren nördliches Ufer die *Grampians* herantreten, das Land König Macbeths. Fortifikatorische Bedeutung hat das Castle kaum noch.

31. Mai.

Nach einer prächtigen Nacht in dem grossen, behaglichen Bett des Hotel Royal in Roslin entstand die Frage, wie die Zeit bis Mittag untergebracht werden sollte. Die meisten Touristen besuchen die 2500 m lange Forthbrücke, die mit ihren riesigen Spannungen quer über den Meeresarm geschlagen ist. Aber da Eisenkonstruktionen wohl interessant, nie aber schön zu sein pflegen, begnügte ich mich mit dem Anblicke, den ich aus der Ferne gehabt hatte, und verzichtete darauf, die „ungeheuerlichste aller Brückenkonstruktionen der Welt" zu besichtigen. Herr Soltenborn übernahm gütig abermals die Führung. Wir stiegen unterhalb des Schlosses nach der *North Enk* hinab und verfolgten etwa eine Stunde lang den Lauf des schäumenden Flusses bis *Hawthornden* (Weissdorndickicht). Der Weg war über alle Massen herrlich. Er führt immer das dunkle, steinichte Flüsschen entlang, steigt bald über vorhängende Felsen und verliert sich in dichtes Gebüsch, geht bald in die Tiefe hinunter und scheint am Flussbett aufzuhören, bis man im Moose seine Spuren wieder findet. Ich wurde lebhaft an das Bævertal in Norwegen und den Weg von Vossewangen nach Stalheim erinnert, doch auch das Bodetal im Harz kann zum Vergleiche herangezogen werden. Der letzte Wald, an dem ich mich auf drei Monate erfreuen sollte! Denn auf Island soll es ja keine Wälder geben, wie ich damals noch glaubte. Ein frischer Windhauch liess die Wärme nicht zu gross werden, die Sonnenstrahlen brachen durch den Waldesschatten und verirrten sich in die prachtvolle Schlucht, bei der der Landsitz *Hawthornden* gelegen ist. Er war einst Eigentum des schottischen Dichters *Drummond* (1585—1649), und Shakespeares Freund, der englische Dramatiker *Ben Johnson*, besuchte ihn hier; der Baum, unter dem die Begegnung stattfand, wird noch heute gezeigt. Die jetzigen Besitzer sollen arm sein und lassen sich, etwas unenglisch, von jedem Besucher des Parkes 1 Shilling zahlen. Aber sein Besuch ist wirklich ausserordentlich lohnend, und die vielen künstlichen Höhlen unterhalb des alten Schlosses geben der Phantasie den weitesten Spielraum, zumal eine von ihnen, „des Königs Wachtzimmer" (Guard Room). Zu früh mussten wir uns von all der romantischen Pracht losreissen, kletterten in die Höhe und erreichten zur rechten Zeit den Zug, der uns wieder nach Leith brachte.

Hier waren inzwischen einige neue Reisende an Bord gekommen, verschiedene Isländer und einige sehr, sehr reiche, aber auch sehr liebenswürdige Schotten. Der ohnehin beschränkte Raum wurde dadurch noch mehr eingeengt, und wir fürchteten schon, noch einen vierten Mann in unsere schmale Koje zu bekommen, aber die Schotten zogen es vor, in dem mit Tabaksdunst gefüllten Rauchsalon auf dem Sofa zu schlafen. Sie fuhren auf zwei Monate nach Island und wollten dort angeln, denn das Lachsfangen auf Island ist noch ein neuer und lohnender Sport.

Bei Sonnenschein und gutem Winde dampfte die „Laura" die schottische Küste entlang, gegen Abend bekamen wir den herrlichen

Leuchtturm *Bell Rock* in Sicht, der, eine Stunde von der Küste entfernt, aus den brandenden Wogen emporragt. Erst seit Anfang des vorigen Jahrhunderts wirft er bei Nacht abwechselnd weisses und rotes Licht über das Meer. Ein unglücklicher Vater hat ihn erbaut, dessen Söhne an dem Felsen gescheitert waren. Es ist der erste, mitten im Meere errichtete Leuchtturm, und Walter Scott schrieb in sein Fremdenbuch einige schöne Verse, die die Aufgabe des Leuchtturms, den Schiffer zu warnen, zu leiten und heimzuführen, in vollem Umfange bezeichnen.

An der Abendtafel, bei der es durch den Zuwachs der Reisenden von Leith her recht eng war, gab es die ersten isländischen Nationalgerichte, auf dem Umweg über Kopenhagen: eine Art Hammelsülze (*kæfa*) und *riklingur*, in Streifen geschnittene und am Winde getrocknete Flundern. Der *riklingur* bedeutet für den Isländer, was uns das Weissbrot ist, der gewöhnliche Dörrfisch entspricht bei ihm etwa unserm Schwarzbrot. Schon der Hamburger Bürgermeister Johann Anderson, der ein unglaublich albernes Buch über Island geschrieben hat, weiss: „*Rekel* oder *Rekling*, isländisch *Riklingr*, sind längliche Striemen der Haut und des Fetten, so oben vom Schwanz gegen dem Rücken zu abgeschnitten, ebenmässig eingesalzen und am Winde getreuget werden" (Herrn Johann Anderson ... Nachrichten von Island ... Hamburg 1746, S. 94, Anm. **). Die Zähne haben gehörig mit dem Zerreissen der festen Stücke zu tun, im übrigen schmecken sie, tüchtig in Butter getaucht, nicht schlecht.

Nach Tisch hatten wir an Bord eine seltene Erscheinung: Die Sonne verschwand am Meereshorizont, der dunstlose Himmel gewährte eine durch nichts gestörte Fernsicht, die rotglühende Scheibe übergoss den Abendhimmel mit gleichmässiger Farbe und warf einen langen glänzenden Streifen auf das wie in Schlummer versunkene Meer; nur noch ein ganz schmaler Kreisabschnitt des oberen Bogens überragte die Wasserlinie. Da traf der letzte Strahl der Sonne die Netzhaut des Auges, aber es war nicht, wie man erwarten sollte, ein Strahl von roter Farbe, sondern ein grüner Strahl, „von einem ganz wunderbaren Grün, von einem Farbenton, wie ihn kein Maler auf seiner Palette erzeugen kann". Man sagt, dass, wer jenen grünen Strahl nur einmal gesehen, sich in Herzenssachen nicht mehr täuschen kann, sein Erscheinen zerstört alle Illusionen und Unwahrheiten. Ein gütiges Geschick hatte uns also ohne unser Zutun gewährt, um dessen willen die schöne Miss Campbell in Jules Vernes Roman „Der grüne Strahl" Jona, Staffa und die Fingalshöhle bereist; als ihr endlich das Glück hold ist, blitzt im Auge des Geliebten ein Strahl auf, und achtlos gleitet der grüne Strahl an den Liebenden vorbei. Im Salon spielte der Schwede Mendelssohns Hebriden-Ouverture, und mir war, als ob auf den weichen, wiegenden Tönen die Rheintöchter herangeschwommen kämen, und ihr „Weia Waga! Woge, du Welle, walle zur Wiege" begleitete mich noch lange in der Kajüte und lullte mich in tiefen, festen Schlaf.

1. Juni.

Zwischen 10 und 11 Uhr passierten wir den Sund, der die Nordküste Schottlands von den Orkneyen trennt (*orkn* ist der Name einer Walart, *ey* — Eiland — ist Insel). Im Südwesten blieben die Hebriden liegen, die die alten Wikinger *Sudreyjar*, Südinseln, nannten, nach ihrer Lage südlich von den Orkaden und Shetlandinseln. Auf allen diesen Inseln entwickelte sich im Laufe des 10. und 11. Jahrhunderts eine halb nordische, halb irische, eine halb christliche, halb heidnische Kultur, und der Mittelpunkt dieser Wikingerniederlassungen war die Insel Man in der Mitte der Irischen See. Von den Orkneyen und Shetlandinseln führten die Norwegen die ersten Anregungen von keltischer Kultur und Christentum mit heim, und in der ältesten Bevölkerung Islands war bereits irisches und norwegisches Blut gemischt[1]).

Die Orkaden bilden eine Gruppe von 90 Inseln, von denen 28 bewohnt sind. Bei dem hellen Sonnenschein konnten wir deutlich auf den baum- und strauchlosen Heiden langwollige Schafe weiden sehen, kleine Fischerhütten erhoben sich auf den umbrandeten Inseln, nur die Hauptstadt *Stromness* auf der Insel *Stromö*, an der wir rechts vorbeifuhren, mit 1700 Einwohnern, einer Kirche, mehreren hohen Häusern und einem stattlichen Leuchtturm, machte einen freundlichen Eindruck. Gegen 12½ Uhr passierten wir die roten, schroffen Felsen der Insel *Höey*. Hier fand einst einer der bedeutendsten Wikingerkämpfe statt, zwischen einem in Irland sesshaften Normannenkönig *Högni* und einem anderen Normannenhäuptling *Hedinn*, der ihm seine Tochter *Hild* entführt hatte. An ihn knüpft sich der Mythus an, dass Hilde jede Nacht die Toten erwecke, und dass diese hier bis zum Untergang der Götter fortkämpfen müssen. Nach unserem Gudrunliede fand der Kampf auf einer Insel der Nordsee statt, auf dem Wülpensande: Hetel lässt Hagens Tochter Hilde durch den Sänger Horand entführen, ihr Vater setzt ihr nach, eine blutige Schlacht wird am Strande gekämpft, Hetel wird von Hagen verwundet, Hilde fleht für den Vater, und da versöhnt sich der wilde Hagen mit der Tochter und dem Eidam.

Zwischen den Orkaden und den 50 Meilen nordöstlich von ihnen gelegenen schroffen, dunkelgrauen Shetlandinseln (eigent-

---

[1]) Vergl. Bugge-Hungerland, Die Wikinger, Halle 1906, bes. S. 143—183. — Die berühmten Stonehenge auf den Hebriden und Orkaden sind ursprünglich Observatorien, dann Tempel (Lockyer, Stonehenge and other British Stone Monuments, London 1906), und zwar Sonnentempel (Montelius, Archiv für Anthropologie, F. II, S. 229). — Auf den Klippen des Rockallriffes, westlich von St. Kilda, der westlichsten Insel der äusseren Hebriden, strandete am 28. Juni 1904 der Auswandererdampfer „Norge" der Vereinigten Dampfschiffgesellschaft in Kopenhagen.

lich Hetland, von den nordischen Schiffern nach den Basaltfelsen genannt; *het* = Basalt) fahren wir dann in den Atlantischen Ozean ein. Es sind etwa 106 Inseln, von denen 29 bewohnt sind. Die südlichste von ihnen mit dem steilen Vorgebirge *Fitful-Head* ist aus Scotts Dichtung „Der Pirat" bekannt; geboren aber ist John Gow, der Cleveland in Scotts Roman, auf *Stromness*, ebenso wie George Stewart, der „Torquil" in Byrons Dichtung „The Islands". Die nördlichste der Shetlandinseln ist *Unst*, wahrscheinlich die ultima Thule der Alten[1]).

Pytheas von Massilia, ein Zeitgenosse Alexanders des Grossen, der Entdecker der Germanen, unternahm die erste Nordpolexpedition. Er fuhr etwa im Jahre 325 v. Chr. durch die Säulen des Herkules in den Atlantischen Ozean, die West- und Nordküste Spaniens und Frankreichs entlang und machte zuerst den Namen der britannischen Inseln bekannt. Er besuchte die Hebriden (eigentlich: Hebuden, der jetzige Name ist durch einen Schreibfehler aufgekommen) und segelte über die Orkaden hinaus bis zu den Shetlandinseln, bis nach Thule: hier zeigten ihm die Eingeborenen den Ort, wo, wie sie sich treuherzig ausdrückten, die Sonne Ruhe hält. Er hat richtig beobachtet, dass je näher man der kalten Zone kommt, um so mehr Ackerbau und Viehzucht abnehmen, dass die Bewohner von Hirsekorn (Hafer?) leben, und dass häufig Nebel und Regen herrscht, sowie rauhes Wetter.

In der Wissenschaft lebten die Entdeckungen des Pytheas fort, Jahrhunderte hindurch übernahm ein Geograph von dem andern dessen Bericht. Die ultima Thule, wie Virgil sie nennt, wurde von den Dichtern besungen bis auf Goethes „König von Thule", Scheffels „Lied der Waldfrau" und Dahns „Kampf um Rom", ein Romanschreiber des 3. Jahrh. n. Chr., Antonius Diogenes, verfasste „Unglaubliche Geschichten jenseits Thules".

Ein irischer Mönch, *Dicuilus*, hat zuerst, im Jahre 825, Island mit Thule identisch angesetzt. Nachdem die Norweger Island entdeckt und besiedelt hatten, glaubten die Isländer selbst, ihre Insel sei die Thule der Alten. Daher beginnt die *Landnámabók*: „In dem Werke „de ratione temporum", das der Priester Beda der Heilige verfasst hat, wird das Eiland erwähnt, das *Týli* heisst, und in Büchern wird angegeben, es liege sechs Tage Seereisen nördlich von Britannien; da gebe es, sagte er, im Winter keinen Tag, und keine Nacht im Sommer, wenn der Tag am längsten ist. Darum glauben weise Männer, Island heisse *Týli*, weil es dort weite Strecken gibt, in denen die Sonne des Nachts scheint, wenn der Tag am längsten ist, aber eine lange Zeit hindurch ist die Sonne nicht zu sehen, da ist die Nacht am längsten."

Den ältesten deutschen Bericht über Island verdanken wir Adam von Bremen. Er sagt ausdrücklich: Dies Thyle von jetzt heisst Island, von dem Eise, das den Ozean fesselt. Von dieser Insel wird auch die Merkwürdigkeit erzählt, dass eben jenes Eis so schwarz und trocken von alters zu sein scheint, dass es brennt, wenn man es anzündet (Adam scheint an den *Surturbrandur* zu denken, in Kohle verwandelte Reste einer üppigeren Pflanzenwelt). Die Insel ist aber ausnehmend gross, so dass sie viele Völker enthält, die allein von der Viehzucht leben und sich mit Tierfellen bedecken. Dort gibt es keine Feldfrüchte, und nur sehr geringen Vorrat an Holz. Darum wohnen sie in unterirdischen Höhlen, indem sie mit ihrem Viehe Obdach und Streu teilen. So in Einfachheit ein heiliges Leben führend, indem sie nichts weiter begehren, als was die Natur gewährt, können sie fröhlich mit dem Apostel sagen: Wenn wir Nahrung und Kleider haben, so lasset uns begnügen (1 Tim. 6, 8). Denn sie betrachten auch ihre Berge wie ihre Städte und ihre Quellen als Gegenstände des

---

[1]) Müllenhoff, Deutsche Altertumskunde I, 2. Aufl., 1890; Scherer, Vorträge und Aufsätze, Berlin 1874, S. 21—45; Thoroddsen-Gebhardt I, S. 1 ff. Kähler, Forschungen zu Pytheas' Nordlandsreisen. Halle 1903.

Vergnügens. Glücklich in Wahrheit ist dies Volk, dessen Armut von niemandem beneidet wird, und darum am glücklichsten, weil jetzt alle dort das Christentum angenommen haben. Viel Ausgezeichnetes ist in ihren Sitten, ein besonderer Grad von Liebe; woher es kommt, dass sie alles miteinander gemein haben, so mit Fremden, wie mit Einheimischen. Ihren Bischof halten sie wie einen König; seinem Winke gehorcht das ganze Volk; was er nach Gottes Willen, nach der heiligen Schrift, nach dem Brauche anderer Völker festsetzt, das halten sie für Gesetz. Daher ordinierte er für sie auf ihr Verlangen einen sehr heiligen Mann, Namens Isleph (*Isleifr*), der von eben jenem Lande her an den Erzbischof abgesandt, von demselben eine Zeitlang mit ausserordentlichen Ehren festgehalten wurde, indem er währenddess lernte, wie er die neuerdings zu Christo bekehrten Völker heilsam unterrichten könnte. Durch ihn nun übersandte der Erzbischof dem Volke der Isländer und Grönländer seine Hirtenbriefe, indem er ihre Kirchen mit Ehrfurcht begrüsst und ihnen versprach, nächster Tage zu ihnen zu kommen, um sich mit ihnen in voller Freude zu ergötzen (Röm. 15, 24). An diesen Worten sind die vortrefflichen Absichten zu loben, die er für seine Mission hegte. — Soviel habe ich von den Isländern und dem zu äusserst gelegenen Thyle als zuverlässig erforscht, das Fabelhafte übergehend (IV, 35; Übersetzung von Laurent, Die Geschichtschreiber der deutschen Vorzeit 1850, Bd. 44, S. 222—225).

Schol. 150. Bei ihnen ist kein König, als nur das Gesetz „und das Fehl unerhört, oder der Lohn ist der Tod".

Schol. 151. Die grösste Stadt daselbst ist Scaldholz (Skálholt).

Einer der ersten, die nachgewiesen haben, dass die Berichte der Alten über Thule nichts mit Island zu tun haben können, war der gelehrte Isländer *Arngrimur Jönsson* (1568—1646) und ihm wieder gab die erste deutsche Beschreibung von Island nach eigener Anschauung des *Gories Peerse* (1561), „eine schmutzige und scheussliche Missgeburt, unwürdig eines Deutschen," die Veranlassung, dass *Arngrimur* sein erstes Buch über Island schrieb: „Brevis commentarius de Islandia"[1]). Er widerspricht darin der Anschauung, dass Island Thule sei, denn dort hätten vor 874 keine festen menschlichen Ansiedlungen bestanden. Seit Karl Müllenhoff gilt wohl allgemein Unst, die nördlichste der Shetlandinseln, als die Thule des Pytheas. Neuerdings hat man abermals in geschickter Weise den Nachweis versucht, dass in der Tat Thule Island sei: zwar auf Island selbst sei Pytheas sicher nicht gewesen, er sei vielleicht wirklich nur bis Unst gedrungen, habe aber dort nach Art des Herodot Erkundigungen eingezogen und dabei des Unglaublichen und Wunderbaren die Fülle erfahren. Was das gewesen ist, wissen wir nicht. Aber warum sollten die Bewohner der Shetlandinseln zur Zeit des Pytheas noch keine waghalsigen Fahrten nach Island unternommen und dem kühnen Nordlandsfahrer von Island eisgepanzerten Vulkanen, Schwefel- und siedenden Springquellen erzählt haben?

Trotz des ruhigen Windes empfing uns der **Atlantische Ozean** mit ziemlich schwerer Dünung, und die „Laura" begann

---

[1]) Seelmann, Jahrbuch des Vereins für niederdeutsche Sprachforschung. Bd. IX. S. 110—125; Thoroddsen-Gebhardt, I, S. 159 ff., 199 ff.

auf den langen und kräftigen Wellen zu tanzen. Für den, der seefest blieb, hatten aber ihre Bewegungen die Annehmlichkeit, dass bei Tisch wieder mehr Platz wurde, die Damen fehlten sämtlich, eine junge isländische Mutter kam bis *Reykjavik* überhaupt nicht wieder zum Vorscheine. Im Speisezimmer war alles seetüchtig verstaut, Schlängelleisten zogen über die Tische und teilten sie in kleine Kämmerchen (Hürden), so dass nichts herausfallen konnte. Am Abend waren wir sogar nur noch sechs Personen bei Tisch. Allerdings hatte sich ein tüchtiger Sturm aufgemacht, der nur wenige Stärkegrade von einem Orkan entfernt war.

Im Frühjahr stampft von Island her der Nordnordwest übers Meer, ein derber Riese, der in täppischem Spiel mächtigen Zerstörens seine Freude findet. Ewald Gerhard Seeliger hat in seiner „Finkenwärderschen Fischergeschichte Nordnordwest" (Berlin 1905) der Schilderung dieses ungeschlachten Riesen ein ganzes Kapitel gewidmet, wie er sich nach langem Winterschlafe von Island aufmacht.

Der Aufenthalt an Bord war fast unmöglich geworden, einem Schotten riss der Sturm die Mütze vom Kopfe, trotz des Sturmriemens; man musste bald hierhin, bald dorthin greifen, wenn man auf dem vom Regen und Sturzwasser glatt und glitschrig gewordenen Deck seine gewohnte Abendpromenade machen wollte. „Und ach, das Meer — das Meer ist uferlos!" Übrigens hat schon Tacitus, der bedeutendste Geschichtsschreiber der nachaugusteischen Zeit, von seinem Schwiegervater Agricola gehört, dass das Meer zwischen den Orkaden und Thule-Shetland „tot und beschwerlich fürs Rudern sei, die Winde könnten es nicht erheblich aufwühlen" (K. 10). Wie richtig seine Beschreibung ist, kann jeder bestätigen, der hier gefahren ist: schwer wälzt sich von Westen der Wogendrang heran, und gegen die aus dem Ozean kommende Strömung kämpft sich selbst ein Dampfschiff mühsam an. Früher als sonst ging ich zu Bett; undeutlich war mir, als hörte ich das Nerven zerreissende Nebelhorn tuten, und als führe das Schiff langsamer und langsamer.

2. Juni.

Wir waren wirklich in Nebel geraten. Nun aber hatte er sich in strömenden Regen aufgelöst, der uns bis ans Ende fast ununterbrochen begleiten sollte. Dazu war es empfindlich kalt geworden. Gegen 10 Uhr waren wir auf der Höhe der Færöer, aber die Luft war so unsichtig, dass wir die finstern Berginseln mehr ahnen als wirklich wahrnehmen konnten; nur einige Wale sahen wir ihre Wasserstrahlen in die Höhe blasen[1]. Unzählige Seevögel umkreisten unser Schiff und schossen gierig auf die Abfälle los, die

---

[1] Eine Beschreibung der Færöer bei Baumgartner und A. v. Geyr-Schweppenburg, Paderborn 1900. Færöische Märchen und Sagen teilt Jiriczek mit (Z. d. Vereins f. Volksk. II, S. 1 ff., 142 ff.). [Stock, Auf altnordischen Eilanden. Unterhaltungsbeilage zur Täglichen Rundschau. 1906. Nr. 145—159. *Korrekturnote.*]

der Koch in das Meer warf. Trotz Regen und Sturm folgen uns die zierlichen Dreizehenmöven und die lebhaften Eissturmvögel, indem sie Füsse und Flügel nach allen Seiten hin wenden, oft die Wogenkämme berührend; sind sie müde, so ruhen sie auf dem Wasser aus, unbekümmert darum, dass der nächste Augenblick die Welle, auf der sie vergnügt schaukeln, in die Höhe wirft und ihnen ein tüchtiges Sturzbad beschert. In *Djúpivogur* traf ich später ganze Brutkolonien des Eissturmvogels (Fulmarus glacialis, isländisch *fýlungi, fýlungur*, nach seinem Trangestank [*fýla*] genannt), und der Wirt machte mich auf den eigentümlichen Moschusgeruch aufmerksam, der diesem Vogel anhaftet. Wenn man ihn haschen will, spritzt er ein hellgelbes Öl aus dem Schnabel; daher rührt auch wohl das Märchen, dass man auf den Færöern und auf Island den jungen Tieren einen Docht durch Schnabel und Hinterteil ziehe und sie dann als Lampen an die Decken hänge.

3. Juni.

Am nächsten Nachmittag gegen 4 Uhr hatten wir endlich etwas Sonnenschein, aber nur kurze Zeit, und es war die bleiche Nordlandssonne, ohne Wärme und ohne die Kraft, die Nebelschleier zu zerstreuen. Der Kapitän ging rauchend und plaudernd auf dem Deck spazieren und war sichtlich guter Laune: eine so gute Fahrt habe die „Laura" selten gehabt, und wenn wir auch durch die Strömung etwa vier Stunden weit abgetrieben seien, so würden wir doch $1^1/_2$ Tage früher, als der Fahrplan vorschriebe, *Reykjavík* erreichen. Die Studenten kamen aus ihrem „Kuhstall" hervorgekrochen. Denn bei gutem Wetter kann man, da wir nur noch 25 Seemeilen von den *Vestmannaeyjar* entfernt sind, die Südküste von Island in einer Entfernung von etwa 100 Seemeilen erblicken. Nach der langen Seefahrt soll der erste Anblick Islands mit seinen von der Sonne beschienenen Gletschern und den ewigen Schneefeldern überraschend und unbeschreiblich schön wirken: wie mit einem Schlage hervorgezaubert, starren die steilen Berge plötzlich in die Höhe, als ob sie unmittelbar aus dem tief blaugrünen Ozean aufstiegen. Die Berge, die in Wirklichkeit nur 1700—1900 m hoch sind, erscheinen bedeutend höher, weil sie sich unmittelbar vom Meeresspiegel aus aufbauen, und das Meer scheint direkt um ihren Fuss zu branden, während in Wirklichkeit noch grosse Strecken Landes, Sand- und Geröllwüsten (isländisch *sandur*) dazwischen liegen. Den vollen, unverhüllten Anblick der mit dem weissen Helm in das Sonnengewölk ragenden Insel hatten wir leider nicht, immerhin war der doppelte Gipfel des *Eyjafjallajökull* deutlich zu erkennen, dessen Schneefelder sich nach rechts fortsetzen, wo sie mit dem *Mýrdalsjökull* zusammenhängen (Fig. 1, S. 9).

Islands Wahrzeichen selbst, die Hekla, hatte sich ihren Mantel übergeworfen und war nicht zu sehen. Bald tauchte zwischen zerrissenen Wolkenfetzen der südlichste Punkt der Insel auf, *Dyrhólaey* (Torhöheninsel, weil eine torartig durchbrochene Insel bildend), von den fremden Schiffern Portland genannt; man kann durch den Berg, wie durch eine geöffnete Tür hindurchsehen, eine Öffnung, fast so gross, dass man mit einem Segelschiffe hindurchfahren kann; unter dem Bogen des Tores brandet das Meer. Links davon liegen mehrere obeliskenförmige, zackige, schwarze Klippen, die *Reynis-drángar* (Fig. 2, gewissermassen eine Fortsetzung nach rechts von Fig. 1).

Fig. 2. Dýrhólaey und Mýrdalsjökull.

Wie schön muss der Anblick bei hellem Wetter sein! Und der Gedanke setzte sich in mir fest, mich nicht wie Moses mit dem Blick aufs gelobte Land zu begnügen, sondern diesen Boden selbst zu betreten und womöglich die ganze Südküste zu durchstreifen, wohin noch kein Deutscher seinen Fuss gesetzt hatte. Sobald die Studenten diese seltsamen Gebilde wahrgenommen hatten, die Stätte ihrer Heimat, die zuerst von Norwegern bewohnt war, riefen sie neunmal Hurra und sangen begeistert, wobei sie Hüte und Tücher schwenkten, ihr Nationallied:

> *Eldgamla Ísafold,*
> *ástkæra fósturmold,*
> *fjallkonan frið . . . .*

Um 11 Uhr in der Nacht kamen wir erst bei der *Vestmannaeyjar* an, seltsam geformten, steilen, zerrissenen, jäh in das Meer abfallenden Felsspitzen aus braunem und schwarzem Gestein, die von zahllosen, kreischenden Seevögeln umschwärmt waren. Gespensterhaft ragen die Berge empor. Wie die Kulissen eines Theaters schieben sie sich bei der Einfahrt in langer Reihe hintereinander vor, und zwischen ihnen tauchen dunkelgrüne Niederungen auf, auf denen das Auge mit Wohlgefallen ruht. Hier sieht man eine breite Kuppel, dort scharfe Spitzen; die Wogen schlagen donnernd gegen das graue Gestein, und viele Meter hoch spritzt der Gischt empor. Der Sturm und die Strömung ist so stark, dass weder der Dampfer in den Hafen der grössten dieser 14 mit Lava und Tuffsteinen bedeckten Inseln, *Heimaey* (Heiminsel, weil von [600—700] Menschen bewohnt), hinein, noch ein Boot heraus kann. Die Insel fällt nach Norden zu flach ab und hat einen kleinen, aber guten Hafen auf der Ostseite. Wenn wir heute nicht anlegen können, müssen die Bewohner vier Wochen und noch länger warten, bis wieder ein Dampfer bei ihnen erscheint. Wir fahren daher auf die andere Seite. Unablässig tutet die Pfeife und vollführt einen Höllenlärm, die Maschine stoppt, und das Schiff dreht sich im Kreise hin und her. Bei dem ersten Pfiff kommt Bewegung in die weissgesprenkelten Berge, die Luft wird mit einem wirren Durcheinander von glänzenden Flügeln angefüllt, und wir haben Zeit genug, das Leben auf den Vogelbergen zu beobachten. Wie Schneeflocken wirbelt es umher, bald in dicht geballten Haufen, so dass man kaum die einzelnen Flocken unterscheiden kann, bald einzeln und getrennt. Und wie die Schneeflocken zerrinnen, wenn der Wind sich legt, so gleiten die Vögel aus der Luft hernieder und kehren still auf ihr Nest zurück. Dann herrscht für einen Augenblick wieder Ruhe und Schweigen. Die Berge nehmen ihr altes Aussehen an, in Reih und Glied scheinen die Vögel an ihnen zu kleben, und nur weisse Kleckse sieht man von weitem. Weisse Möwen brüten zu unterst, Raubmöwen fliegen geschäftig hin und her und jagen den andern ihre Beute ab. Darüber hocken Lummen und Alken. Possierlich nehmen sich die Seepapageien aus mit ihrem dicken Kopf und dem klobigkrummen Schnabel, den kleinen schwarzen Flügeln und den zinnoberroten Füssen (Fratercula arctica glac., isländisch *lundi* oder *prestur* = Priester). Von neuem schrillt die Schiffspfeife, der Schleier an den Felsen zerreisst, und abermals beginnt der verwirrende Tanz in den Lüften. So mögen wir wohl eine ganze Stunde gewartet haben, die Augen geblendet von den wirbelnden Vogelscharen und die Ohren betäubt von dem fürchterlichen Lärm der Schiffspfeife und dem Schreien, Kreischen, Knurren und Zetern der Seevögel. Endlich wird es am Strande lebendig, ein Boot schiesst auf uns zu, von 12 kräftigen Männern gerudert; sie haben es über den Rücken und die Berge der Insel tragen müssen, da sie uns an der gewohnten Anlegestelle erwartet haben. Ihre Ruder sind über 20 Fuss lang; auf der Seite, die dem Schiff zunächst liegt, ziehen sie sie ein und halten ihr Boot durch fortwährendes Abstossen von der „Laura" entfernt; an Strickleitern klettern einige dann wie Katzen empor, trotzdem sie erbärmlich hin und her schwanken. Der Sturm peitscht, die Raaen ächzen, und die Brandung tobt. Es sind die ersten Isländer, die ich in ihrer Heimat sehe, wetterfeste, ganz in Ölkleider gehüllte, kräftige Gestalten, mit blauen Augen, kühner Nase und rötlichblondem Vollbart — so wie wir uns die alten Wikinger vorstellen. Sie werden von den paar Passagieren, die noch wach sind, wie „Wilde" angestaunt und mit Schokolade und Kognak bewirtet. Auch der Kapitän eines hier stationierten dänischen Dampfers kam an Bord und holte sich Neuigkeiten. Als ich ihm meinen Plan enthüllte, die Südküste zu bereisen, meinte er: ich würde vielleicht einige dänische Offiziere dort treffen, die mit Triangulationsarbeiten beschäftigt seien; ein englischer Trawler hätte sie ganz kürzlich nach Island hinübergebracht, nachdem sie 14 Tage lang festgelegen hätten; erst nach Bieten einer sehr hohen Summe Geldes und besonders einiger Flaschen Akvavit hatte sich der Trawler zu der gefährlichen Überfahrt bereit erklärt.

Der Dresdener Ornithologe Hantzsch zählt 68 Vogelarten auf, die auf den *Vestmannaeyjar* vorkommen[1]. Einige der Inseln sind nach den Vögeln benannt. Im Südsüdwesten liegt eine Schäre, die *Súlnasker* oder *Almenningssker* oder einfach „die Schäre" heisst. *Súlnasker* heisst sie, weil es dort viele Tölpel oder Rotgänse gibt, die selbst im Winter nicht fortziehen (Sula bassana, isländisch *súla*), *Almenningssker* (Gemeingutschäre), weil alle Höfe auf der Hauptinsel das gleiche Recht haben, sie auszubeuten, und „die Schäre" ist eine Art Kosename. Auf ihr werden jährlich 4—5000 Sturmvögel und 4—500 Tölpel erbeutet, auch ist sie die bedeutendste Eierquelle der Inselbewohner. Die viereckige Felseninsel ruht auf vier ungeheuren Säulen, und man kann mit grossen isländischen Booten durch sie hindurchrudern; das Meer hat sich durch den Basalt hindurchgefressen und so Höhlen und Bogen gebildet, ähnlich wie bei *Dyrhólaey*. Alle Gänge sind mit brütenden Möwen und Alken besetzt, deren ohrenzerreissendes Geschrei noch durch das niemals schweigende Echo verdoppelt wird. Wo die Klippenholme mit Gras bewachsen sind, haben die Seepapageien sich Löcher wie die Kaninchen gegraben. Einmal im Jahre besucht man die Schäre der Vögel wegen; da die Brandung stark und der Aufstieg gefährlich ist, muss man einen Tag mit guter Witterung aussuchen. Das ist dann ein wahrer Feiertag. Auf dem Abhange geht es lustig zu, alle sind bei froher Laune, wenn die Ausbeute reich ist, und niemand zu Schaden kommt[2].

---

[1] Ich mache um so dankbarer auf sein prächtiges Buch „Beitrag zur Kenntnis der Vogelwelt Islands, Berlin 1905, aufmerksam, als mir viele meiner Beobachtungen erst durch ihn klar geworden sind.

[2] Eine Volkssage nach Art von Schillers „Alpenjäger" bei Lehmann-Filhés, Isländische Volkssagen II, S. 57 58.

Alsey heisst Seilinsel; man lässt sich mit Seilen von oben herab, um die Vögel und ihre Eier aus den Nestern an den senkrechten Felswänden zu sammeln.

Die *Geirfuglasker* ist nach dem grossen, in Island jetzt ausgestorbenen, nordischen Pinguin benannt (Alca impennis, isländisch *geirfugl*); etwa 1800 wurde hier das letzte nachgewiesene Exemplar getötet.

Auf *Heimaey* erhebt sich der *Heimaklettur* fast senkrecht (247 m), östlich mitten auf der Insel liegt *Helgafell* (240 m), ein

Fig. 3. Heimaey (Vestmannaeyjar).

alter freistehender, kegelförmiger Vulkan, der viel Lava ausgeworfen hat; noch nach der Entdeckung Islands hat hier ein Ausbruch stattgefunden; andere vulkanische Hügel haben noch in neuerer Zeit Feuer gespien und einen Lavastrom geliefert, der den ganzen westlichen Teil des Eilandes bedeckte (Eggert Olafsen und Bjarne Povelsen, Reise durch Island, Kopenhagen u. Leipzig 1774, Bd. II, S. 131, Fig. 3). Das grosse Erdbeben, das 1896 das Südland heimsuchte, hat auch auf dieser und den anderen Inseln Schaden angerichtet. Besonders schwebten die Eiersammler an den steilen Abhängen in grosser Gefahr. Ein Schiff, das zwischen den Inseln und *Eyrarbakki* unterwegs war, wurde von der durch das Erdbeben in Aufregung versetzten See dermassen erschüttert, dass sämtliche

Balken krachten und aus den Fugen zu gehen drohten. Ob auch im Meere bei den Inseln ein vulkanischer Ausbruch stattgefunden hat, ist unsicher (Thoroddsen, Island 155).

Da die Südküste nur einen Hafen hat (*Vik*), und dieser ausserdem oft genug nicht angelaufen werden kann, kommen die Bewohner der nur 6—25 km entfernten Südküste oft hierher gerudert und kaufen hier ein. Doch ist die Fahrt so gefährlich, dass oft 6, 8, 10, ja bisweilen 20 Wochen vergehen können, wo man nicht wagen kann, von den *Vestmannaeyjar* nach dem Festlande zu rudern und umgekehrt. Früher war es natürlich noch schlimmer, da fand oft monatelang keine Verbindung statt. Dann benutzte man die sogenannte „Flaschenpost", indem die Bewohner der Inseln einen Brief in eine verschlossene Flasche legten und diese an Land treiben liessen. Für den Finder war in der Regel eine Rolle Schnupftabak oder ähnliches beigefügt, in der Hoffnung, dass er zum Danke dafür den Brief an seine Adresse besorgen würde (Bruun, Arkæologiske Undersögelser paa Island, Kopenhagen 1899, S. 6).

Im Winter fischen zahlreiche Bauern aus dem Südlande hier, allein aus der *Rángárvalla Sýsla* mehrere Hundert. Im Jahre 1903 hat der kleine Kreuzer „Ziethen" hier eine grosse Fischbank entdeckt.

Nach der Volkssage hat ein Unhold die Inseln in die See hinaus geworfen, und zwar von der *Hellisheidi* aus, der Hochebene, die der gegen Südwest nach *Reykjanes* sich erstreckende Gebirgszug bildet (Maurer, Isländische Volkssagen der Gegenwart, Leipzig 1860, S. 51)[1]. Vom *Helgafell*, von wo man eine weite Aussicht hat, hielt man eine lange Zeit Ausschau nach den Türken.

Im Jahre 1627 kam nämlich eine ganze Flotte algierischer Korsaren nach Island, raubte daselbst, brannte und mordete und führte gegen 400 Isländer mit nach Algier, die sie dort verkauften[2]. Auf *Grimsey*, der abgelegenen Insel nördlich vom Polarkreise, hatte sich sogar bis gegen die Mitte des 19. Jahrh. der Gebrauch erhalten, an bestimmten Tagen einen Gottesdienst gegen die „Türken" abzuhalten (Maurer, S. 227). Drei dieser algierischen Seeräuberschiffe suchten auch die *Vestmannaeyjar* heim, die Besatzung stieg an Land, mordete und plünderte, steckte die Kirche und die Handelshäuser in Brand und führte eine grosse Zahl der Bewohner in die Gefangenschaft. Den Weg zu den Inseln soll ihnen ein isländischer Verbrecher, *Þorsteinn*, verraten haben, aus Rache dafür, dass er in der Kirche öffentlich hatte beichten müssen. Damals lebte auf den Inseln der gottesfürchtige Pfarrer *Jón Þorsteinsson*, der beste geistliche Dichter seiner Zeit, dem die Isländer den ersten vollständigen Psalter in der Form einer Übersetzung verdanken, und der 50 Genesis-Psalmen dich-

---

[1] Eine charakteristische Sage von einer Sendung (*sending*), d. h. von einer Erscheinung von Ungeheuern, Riesen, Geistern, die einem ein entfernt wohnender Feind vermöge seiner Zauberkunst besorgt, bei Maurer, a. a. O., S. 96 ff.

[2] *Bjarni Jónsson*, *Tyrkjarans Saga*, Reykjavik 1866; *Jón Þorkelsson*, Om Digtningen paa Island i det 15. og 16. Aarhundrede, Kph. 1888, S. 446—455; Annandale, The Faroes and Iceland, Oxford 1905, S. 67—92; Pöstion, Isländische Dichter, S. 208, 121.

tete. 13 Jahre vorher hatten englische Piraten auf den Inseln geheert, aber der Dichter war ihnen damals entkommen. Jetzt aber fand er den Tod und wurde deswegen nicht allein auf diesen Inseln, sondern im ganzen Lande für einen Märtyrer gehalten (*pislavottur*). Einer seiner Söhne wurde mit nach Algier geschleppt, entfloh aber später und starb 1649 als ein hochangesehener Mann in der dänischen Armee. Der andere Geistliche dieser Insel *Ólafur Egilsson*, der sich unter den Fortgeführten befand, kam im nächsten Jahre zurück und hat einen Bericht über diese Begebenheiten hinterlassen. Von den Gefangenen wurde ein Teil einige Jahre später ausgelöst, die meisten aber sahen niemals ihre Heimat wieder. Nach dem Abzuge der Seeräuber wurde eine kleine Schanze auf der Insel erbaut und mit Kanonen besetzt.

Die *Vestmannaeyjar* hängen mit den Anfängen der isländischen Geschichte aufs engste zusammen. Sie haben ihren Namen nach den irischen Sklaven, die nach dem Morde des einen der beiden ersten Ansiedler *Hjörleifr* hierher flohen, aber von *Ingólfr* dem Alten hier erschlagen wurden (Lnd. I, 6).

Die Inseln wurden erst spät besiedelt, denn für eine fast nur von Viehzucht lebende Bevölkerung, die noch dazu mit grossen Landansprüchen auftrat, konnten sie nichts Verlockendes haben. *Ormr anaudgi* besiedelte zuerst die Inseln der Westmänner, die bis dahin nur als Fischerplätze benutzt worden waren, und niemals, oder selten, als Wintersitz gedient hatten (Lnd. V, 5). Auf *Klemenseyri* landeten *Hjalti Skeggjason* und *Gissurr der Weisse* auf ihrer Heimkehr von Norwegen, nachdem sie König Olaf Tryggvason versprochen hatten, das Christentum auf Island einzuführen. Sie brachten das Kirchenholz ans Land, das König Olaf hatte schlagen und ihnen mitgeben lassen. Da wurde gelost, auf welcher Seite der Bucht die Kirche stehen sollte; dann erbauten *Gissurr* und *Hjalti* die Kirche nordwärts der Bucht. Früher war da ein Tempel der Heiden und grosser Opferdienst gewesen; alles das brachen sie nieder. Zwei Tage darauf, nachdem sie den Unterbau der Kirche fertiggestellt hatten, fuhren sie nach dem *Eyjasandur*, der Sandstrecke westlich vom *Eyjafjallajökull*, hinüber, und eilten zum Althing. Gissurs Ankunft auf den Inseln fällt auf den 18., seine Landung in Island selbst auf den 20. Juni 1000 (Jüngere Ol. S. Tr. c. 228). Gegen Ende des 13. Jahrh. wurden die Inseln an ein Kloster in Bergen verschenkt, später wurden sie Eigentum der Krone. Heute besitzen sie wegen ihrer vorzüglichen Fischbänke die dichteste Bevölkerung Islands (auf 1 qkm wohnen 33,24 Menschen, in Island überhaupt nur 0,67) und bilden eine eigene *sýsla* (Bezirk) mit zwei Kirchspielen; der bekannte isländische Gelehrte Dr. *Valtýr Gudmundsson* war längere Zeit ihr Vertreter auf dem Landtage.

Die Bewohner leben besonders von Vogelfang, Fischerei und Eiersammeln (Fig. 4). Den Seepapagei holen die Vogelfänger mit einem Stock, an dessen Spitze ein eiserner Haken ist, aus dem Loche hervor, das er sich in den Rasen gebohrt hat, und drehen ihm dann den Hals um. Oder sie spannen Netze vor die Nester und fangen dann die heimfliegenden Eltern, während die Jungen und die Eier zugrunde gehen. Die Vögel, die man augenblicklich nicht gebraucht, salzt man ein und räuchert sie; da man vom Seepapagei nur die Bruststücke verzehrt, benutzt man den Rest mit Dorschgräten, Tranabfall und Tang als Brennmaterial; der daraus entstehende fürchterliche Gestank, noch dazu in den niedrigen Hütten, ist natürlich der Gesundheit nicht gerade förderlich. Beliebter als Nahrungsmittel, aber auch lebensgefährlich zu erbeuten sind die Lummen, Alken und Dreizehenmöven. Man lässt sich an starken Lederriemen von der Spitze der steilen Felsen heruntergleiten, oft viele Hunderte von Metern, stösst sich dabei, um nicht jämmerlich geschunden zu werden, beständig von der Felswand ab und fängt so, zwischen Himmel und Erde schwebend, die aufgescheuchten und vorüberfliegenden Vögel mit einem an einer langen Stange befestigten Netz, ähnlich wie bei uns die Schmetterlings-Jäger, oder bedeckt damit die sitzenden Vögel. Die Eier, die man den Nestern entnimmt, birgt man im Kittel (*kvippa*); dieser wird oben unter den Armen durch einen Gurt zusammengehalten, der untere Saum emporgeschlagen und an die Mitte des Leibes festgebunden, so dass er einen Beutel bildet, in den die Eier hineingetan werden, bis 200 Stück. Die getöteten Vögel steckt man mit dem Kopfe unter das Seil oder den Riemen, an dem man in der Luft hängt, oder befestigt sie mit Hakenschnüren an seinem Leibe. Andere hängen an dem Seil unmittelbar über dem Meere und schlagen die Vögel mit einem Stocke tot, unten werden dann die langsam niedergleitenden Tiere von einem Boot aufgenommen. Selbst auf senkrechte Felswände, die dem Auge unbesteigbar erscheinen, wagen sich verwegene Fänger, meist Unverheiratete, hinauf, indem sie sich von mehreren Personen helfen

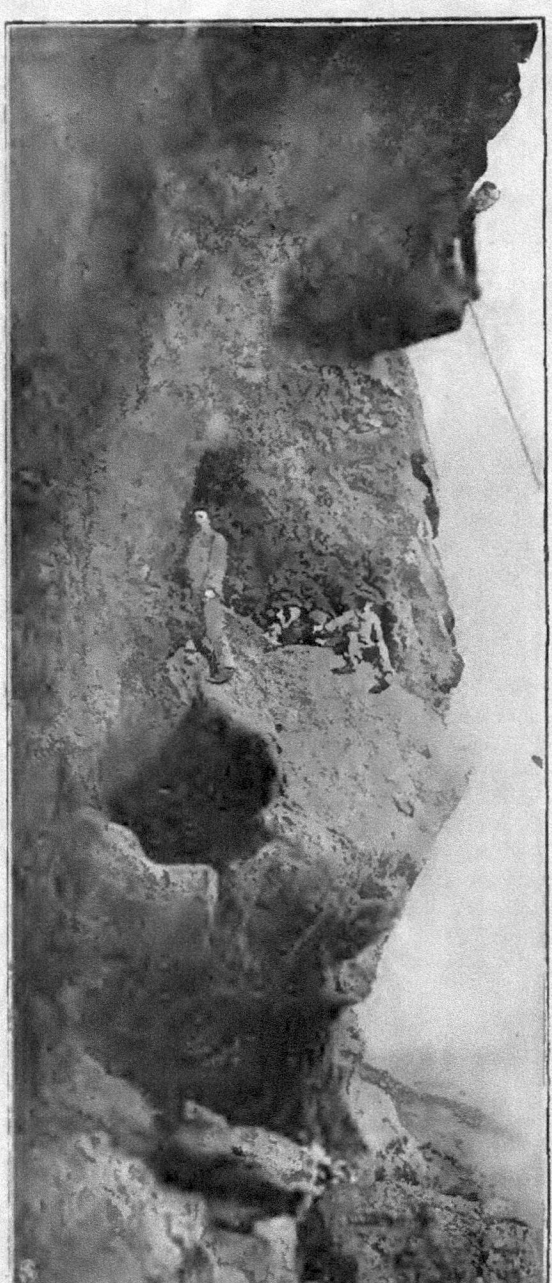

Fig. 4. Vogelfang auf der Vestmannaeyjar.

lassen. Der Kletterer (*sigamadur* = Sinkemann), dem die schlimmste Arbeit zufällt, wird an einem Seile, das mehrere Männer halten und um einen Felsvorsprung schlingen, von oben heruntergelassen. Ein anderer steht an einer Stelle, von wo ihn beide Parteien sehen können, und zeigt durch Winke an, wenn der Kletterer wieder aufsteigen will. Denn bei dem Höllenlärm, den die gestörten Vögel verursachen, ist eine Verständigung durch die menschliche Stimme ausgeschlossen. Für den Abstieg benutzt man zuweilen auch in den Fels gehauene Löcher, die, wie Kaaland angibt, aus sehr alter Zeit stammen (Bidrag til en hist.-topografisk Beskrivelse af Island, I, S. 284). Schon Abt *Arngrimr* († 1361) sagt: Auf den Bergen sammeln sich im Sommer so viele Seevögel, dass ihrer eine unzählige Menge ist. Sie nisten in den Höhlen und Klüften des Gebirges. Dies ist der Lebensunterhalt vieler Leute, dass sie die Eier und Vögel wegnehmen. Diese Arbeit geht in der Weise vor sich, dass der Vogler sich an einem Seile von oben an der Bergwand herablässt. Das ist oft mit grosser Gefahr und Verlust an Menschenleben verbunden, denn das Seil kann leicht beschädigt werden (Thoroddsen-Gebhardt, I, S. 69, II, S. 278).

Schafe kommen nur selten vor. Eine Insel heisst nach ihnen *Geldingasker* (Hammelschäre), eine andere, in deren *Höhlen* sich das Vieh bei Nacht und Unwetter aufhält, *Hellirey*. Man setzt sie in Booten auf die Holme und führt sie auf die steilen Felsen, die durch den konzentrierten Guanodünger üppigen Graswuchs haben.

4. Juni.

Am nächsten Morgen war von Island nichts mehr zu sehen. Erst als wir uns gegen 7 Uhr Cap *Reykjanes* näherten, kam die Küste wieder zum Vorscheine[1]).

Das Vorgebirge hat seinen Namen „Rauchkap" von den vielen heissen Quellen; nahe dem Kap liegt ein grosses Solfatarenfeld, dessen Rauch bei gutem Wetter vom Schiff aus gesehen werden kann. Die Halbinsel ist von Lavaströmen bedeckt, die, wenn man auch die Lavamassen südöstlich vom *þingvallavatn* hinzurechnet, nach Thoroddsen einen Umfang von 36 Quadratmeilen haben. Hier erheben sich eine Reihe von Vulkanen und Schlackenkegeln bis zu einer Höhe von 630 m und viele hundert Krater. Ein vulkanischer Ausbruch auf der Halbinsel im Jahre 1000 hat besonderes geschichtliches Interesse. Der Lavastrom *þurrárhraun* floss damals 15 km weit über das Land. Damals stritt man auf der alten Thingstätte, deren Boden aus alter Lava mit grossen Spalten besteht, und in deren Hintergrunde mächtige Vulkane emporragen, gerade über die Einführung des Christentums. In diesem Augenblicke kam ein Bursch gelaufen und brachte mit grosser Hast seine Botschaft vor; er sagte, ein Erdfeuer sei ausgebrochen, renne wütend herab nach dem Hofe *Hjalli* des Goden *þóroddr* und bedrohe dessen gesamten Besitz mit jähem Brande. Als die Heiden das hörten, rief einer von ihnen: „Das ist nicht zu verwundern, wenn die Götter über solche Reden

---

[1]) Zum Folgenden vergl. Thoroddsen, Geogr. og geolog. Undersögelser ved den sydlige Del af Faxaflói. Geogr. Tidskrift XVII, S. 123—145; v. Knebel im Globus, Bd. 86, Nr. 20, S. 310—314.

zornig werden, wie wir sie eben jetzt gehört haben." Aber *Snorri godi* antwortete: „Weswegen waren denn die Götter damals zornig, als hier die Erde brannte, wo wir jetzt stehen?" (FMS. II, 228). Er meinte die Lavaströme nördlich vom *þingvallavatn*, die alle vorgeschichtlich sind und meist von dem grossen kuppelförmigen Vulkan *Skjaldbreidur* stammen.

Der grösste Vulkan auf Reykjanes heisst *Trölladyngja* (Lavakuppe der Unholde), östlich von der an einen Krater erinnernden Pyramide *Keilir*, die jedem wohlbekannt ist, der einmal in *Reykjavík* gewesen ist. Sie hat vier Ausbrüche gehabt (1151, 1188, 1360, 1510), dann aber geruht. Im Jahre 1389 waren die Reykjanes-Vulkane sehr tätig, damals soll der vorderste Teil der Halbinsel ins Meer gesunken sein.

Der grosse vulkanische Ausbruch an der *Skaptá* im Juni 1783, wovon später noch viel die Rede sein wird, wurde im Mai durch einen gewaltsamen Ausbruch des unterirdischen Vulkans bei *Reykjanes* eingeleitet. Seefahrer bemerkten einen starken Rauch, der aus dem Meere aufstieg und fanden, als sie näher kamen, die See mit Bimsstein bedeckt. Eine aus ziemlich hohen Felsen bestehende Insel hatte sich gebildet und warf eine so grosse Masse von Asche und Bimsstein aus, dass das Meer bis zu einem Abstande von 20—30 Meilen davon bedeckt war, und die Schiffe Mühe hatten, vorwärts zu kommen. Der Umfang der Insel betrug $1/3$, oder eine ganze Meile. Sie erhielt den Namen „Neue Insel", verschwand jedoch sogleich wieder, nachdem sie getauft worden war (Thoroddsen, Oversigt over de islandske Vulkaners Historie, Kph. 1882, S. 77).

Dicht vor Kap *Reykjanes* liegt die steil aus dem Meer aufsteigende, den Seefahrern gefährliche Klippe *Karl;* sie hat, aus der Ferne gesehen, die Gestalt eines Menschen, die Isländer geben ihn darum für einen Unhold aus, der die Reisenden beraubte.

Ausserhalb des Kaps, im Meere, $11^{1}/_{2}$ km von der Küste entfernt, gibt es eine Reihe von Klippen und vulkanischen Inselchen, die unter dem Namen *Eldeyjar* (Feuerinseln, wegen ihres vulkanischen Ursprunges) oder *Fuglasker* (Vogelschären) bekannt sind. Hier haben 10 oder 11 submarine Eruptionen stattgefunden (die letzte 1879, oder 1884?).

Die nördlichste dieser vier Inseln, etwa 11 km vom Lande entfernt, heisst *Eldey* oder „Mehlsack", ein sonderbar geformter, 70—80 m hoher Basaltrücken, dessen flache Kuppe weiss von den Exkrementen ihrer befiederten Bewohner ist und daher schon von weitem wahrgenommen wird. Sie ist vom Festlande durch ein tiefes Fahrwasser getrennt, und durch dieses fuhr die „Laura" langsam hindurch. Weiter draussen liegen gefährliche Schären, die bei dem unsichtigen Wetter leicht übersehen werden können. Die senkrechte Wand der einen steilen Klippe wurde zuerst 1894 von drei geübten Vogelfängern der *Vestmannaeyjar* erstiegen; sie trieben Eisenstifte in den Tuff-Felsen und stellten sich so eine Leiter her, ein 6 Ellen langes Brett, das sie bei sich hatten, benutzten sie als Brücke über die Risse und Höhlen. Die Insel ist hauptsächlich von Sula bassana bewohnt, 20000 Nester wurden gezählt, in den Klippen nistet die dünn- und dickschnäblige Lumme (Uria troile, isländisch *svartfugl, langnefja* und *stuttnefja*[1]).

Etwa 3 km südwestlich von *Eldey* liegt der 8 m hohe *Eldeyjardrángur* (Feuerinselklippe). 9 km weiter nach SW. liegen die *Geirfuglasker*, die früher hoch über dem Wasser aufgeragt haben, aber durch das Erdbeben und die vulkanischen Ausbrüche von 1830 in blinde Schären verwandelt worden sind. 6½ km von diesen entfernt liegt der *Geirfugladrángur*, auch „Grenadiermütze" genannt: die Schäre ist jetzt zusammengebrochen und ragt nur noch 10 m über die Meeresfläche empor. Diese Inseln sind als der letzte Aufenthaltsort des *geirfugl* bekannt (Alca impennis). Obwohl der Vogel natürlich auf Island wohlbekannt war, wird er doch in der alten isländischen Literatur nicht erwähnt; die späteren Schriften nennen ihn zwar, beschreiben ihn aber nicht. Früher hat er wahrscheinlich auf verschiedenen Schären und Inseln um Island gelebt. Der Name *Geirfuglasker* kommt noch bei den *Vestmannaeyjar* und bei *Djúpivogur* vor. Als die Schäre 1830 zusammenstürzte, flüchteten die hilflosen Vögel nach *Eldey* und anderen Inseln in der Nähe der Küste; da diese leichter zu ersteigen waren, wurden hier 1830/31 27 Tiere erlegt und etwa 10 einige Jahre später, das letzte wurde 1844 geschossen. Seitdem hat man diese merkwürdigen Vögel nicht wieder gesehen, und man muss annehmen, dass sie ausgestorben sind. Was sich in Museen an ausgestopften Tieren dieser Art befindet, ist 1830/31 auf *Eldey* gesammelt worden. Ein Ei ist noch im Besitze des norwegischen Konsuls J. V. Havsteen in Oddeyri[2]. Ein Ei brachte es im Jahre 1899 auf 7280 Franken, eine Summe, die in Gold 48 mal so viel wiegt, wie das Ei selbst, ein ausgestopftes Exemplar auf 10000 Mark.

In weitem Bogen dampft die „Laura" um *Skagi*, die äusserste Spitze der Halbinsel, nach Osten und fährt in den *Faxafjördur* ein (68 km lang und 90 km breit). Um den Meerbusen ordnen sich, wie Thoroddsen gezeigt hat, in einem Halbkreise viele kleinere Vulkane auf basaltischem Gebiete; sie liegen auf Bruchlinien, an denen auch warme und kohlensäurehaltige Quellen hervorbrechen.

---

[1] Vergl. die isländische Zeitung Ísafold 1894, S. 126; Riemschneider „Reise nach Island und 14 Tage am Myvatn" in: Ornithologische Monatsschrift, XXI. Jahrg., S. 242, Anm.

[2] Hantzsch, Beitrag zur Kenntnis der Vogelwelt Islands. Berlin 1905. S. 75 f., 121 f.

Der *Faxafjördur* stellt sich auf diese Weise als „Kesselbruch" dar, der durch Dislokationen von der Hauptmasse des Landes getrennt ist[1]). Der Fjord hat seinen Namen von *Faxi*, einem Begleiter des *Floki*, des dritten Entdeckers Islands. Als sie westwärts um die Halbinsel *Reykjanes* herumsegelten, und der Meerbusen sich vor ihnen öffnete, so dass sie die Halbinsel *Snæfellsnes* sahen, rief *Faxi* aus: „Das muss ein grosses Land sein, das wir gefunden haben, denn hier ist ein grosser Wasserlauf." Seitdem heisst es dort *Faxaóss* (Mündung des Faxi), und nach *Faxi* ward später auch der *Faxafjördur* benannt (Lnd. 1, 2).

Die Einfahrt in den Fjord ist bei gutem Wetter über alle Beschreibung schön und eigenartig, und obwohl mir selbst die Sonne nicht schien, habe ich doch später so viele wundervolle Tage in *Reykjavik* erlebt, dass ich die Beschreibung, die der berühmte englische Diplomat Lord Dufferin in seinem prächtigen, humorvollen Buche von ihr gibt: „Letters from high latitudes" (London 1857, 5. Aufl. 1867; Deutsche Übersetzung, Braunschweig 1860, S. 26) in allen Punkten bestätigen kann: „Das Panorama des Fjords ist prachtvoll; 25 Meilen von Vorgebirge zu Vorgebirge, das eine in felsigem Bimsstein verlaufend, das andere in einer 5000 Fuss hohen Pyramide ewigen Schnees endigend, während in dem dazwischen liegenden Halbkreise die Gipfel hundert stolzer Berge emporsteigen. Nähert man sich dem Ufer, so wird man sehr an die Westküste Schottlands erinnert, nur ist hier alles kräftiger, die Atmosphäre reiner, das Licht glänzender, die Luft erfrischender, die Berge steiler, zerrissener und spitziger. Zwischen dem Fuss des Gebirges und dem Meere zieht sich ein schmutziggrüner Abhang hin, auf dem zerstreut liegende Häuser sichtbar werden, die Wände und Dächer vergilbt und vermodert, als ob längst vergessenes Land vom Grunde des Meeres wieder aufgetaucht sei. Die Licht- und Schatteneffekte sind die reinsten, die ich jemals gesehen, die Farbenkontraste wunderbar: die breite Vorderseite eines Berges funkelt in feurigem Golde, während der Nachbar im dunkelsten Purpur glüht und darüber hinaus sich die blendenden Schnee- und Eisgipfel auf dem azurblauen Himmel abschneiden."

Immerhin konnten wir im Norden des *Faxafjördur* den einstigen Vulkan *Snæfellsjökull* auf der *Snæfellsnes*-Halbinsel mit seinem einsamen, schneeweissen, ganz von Gletschern bedeckten Kegel erkennen. „Wie ein Geist aus der Edda," sagt Sartorius von Waltershausen, „erhebt sich dieser längst erloschene Vulkan, verhüllt in einen Panzer von ewigem Eise über die grauen, sturm-

---

[1] Thoroddsen, Geol. Jagttagelser paa Snæfellsnes... Stockholm 1891. Bih. till K. Sv. Vet. Akad. Handl. XVII, Afd. II, Nr. 2; Geogr. Tidskrift XII, S. 222; Island 1905, S. 80.

drohenden nordischen Nebel, bis auf 20 Meilen in der Runde sichtbar. Nur an den heitersten Tagen zeigt er sich in der Frühe des Morgens frei von dem Schleier der Gewölke, und seine doppelgipflige riesige Gestalt erglüht mit rosigem Schimmer in den Strahlen der aufgehenden Sonne. Schweigend ruht zu seinem Fusse der kaum bewegte Ozean, dessen stahlgraue, sich langhinwiegende Decke schroffe, aus dunklen Trapp- und Basaltmassen gebildete Gestade ruhig umspült" (Physisch-geogr. Skizze von Island. Göttingen, 1847, S. 7—8). In den Krater des Snæfellsjökull lässt Jules Verne den Dr. Lidenbrock und dessen Neffen unter Führung des Isländers Hans, eines echten „Fanatikers des Phlegmas", hinabsteigen, um zum Mittelpunkte der Erde zu gelangen (Reise zum Mittelpunkt der Erde, 1864).

Zwischen den Inseln *Akurey* und *Effersey* sowie *Engey* und *Videy* hindurch hielten wir direkt auf die Stadt zu und kamen um halb zwei Uhr auf der Reede an, wo es von Schiffen und Booten wimmelte. Es war ein hübsches Bild, das vor unseren Augen da lag. Der freundliche Eindruck wurde noch dadurch gesteigert, dass die meisten Häuser zu Ehren des Postdampfers geflaggt hatten, und mit besonderer Freude sah ich die schwarz-weiss-rote Fahne wehen. Auch drei Kriegsschiffe lagen im Hafen: ein französisches, „La Manche", ein englisches „Bellona", um die Interessen ihrer in den isländischen Gewässern den Stockfischfang betreibenden Landsleute wahrzunehmen, und das dänische „Hekla"; es soll bis zum Oktober hier

Fig. 5. Ein Trawler.

bleiben, um darauf zu achten, dass die englischen Trawler nicht zu nah an die Küste heranfahren und den armen Bewohnern die Beute vor der Nase fortfischen (Fig. 5). Denn die Nachkommen der alten Wikinger müssen es dulden, dass die Schätze der See von fremden Völkern ihnen weggenommen werden. Die Matrosen warten natürlich sehnsüchtig auf die Post, die ihnen „Laura" mitgebracht hat, und sogleich kommen Boote von ihnen auf uns zu, um die Briefe abzuholen. Am spätesten wird das Boot der „Bellona" abgelassen, aber rücksichtslos drängt es sich durch die schon an der Falltreppe liegenden Kähne hindurch, und der englische Maat ist der erste an Bord, dem der Briefbeutel ausgehändigt wird. Inzwischen steigen von allen Seiten Fischer und Kofferträger an Deck und bieten auf englisch und isländisch ihre Dienste an. Ihre erste Frage ist: „Wie steht es mit den *Rússar og Japannsmenn?*" und als ich sagte, dass Port Arthurs Fall täglich zu erwarten sei, rief ein alter grauköpfiger Schiffer „Banzai". Ich werde allen Plackereien dadurch enthoben, dass mir Herr Kaaber, der liebenswürdige Geschäftsführer des deutschen Konsuls, sein Boot zur Verfügung stellt, und nachdem ich mich schnell noch mit Herrn Julius Jörgensen verständigt habe, dem Wirt des „Hôtel Ísland", klettere ich in das Boot hinab und bin um zwei Uhr an Land — nach Kopenhagener Zeit würde es bereits 4½ Uhr sein — froh, wieder festen Boden unter den Füssen zu haben und dankbar, so glücklich die Seereise überstanden zu haben.

Zweites Kapitel[1]).

Islands Natur.

Entstehung und geologischer Aufbau.

Wir haben einige hübsche Geschichten, die uns zeigen, dass auch bei den alten Isländern die Naturmythen Anfänge der Naturwissenschaft und Physik waren, Versuche, über die Welt zu orientieren, Unverständliches und Geheimnisvolles zu erklären, eine Art

---

[1] Für dieses Kapitel verweise ich auf das oben S. 7 Gesagte und bemerke noch, dass die Beispiele nach Möglichkeit so gewählt sind, dass sie mit meiner Reiseroute in Verbindung stehen. Von den fast zahllosen, hierher gehörenden Schriften Th. Thoroddsens hebe ich folgende hervor: *Hvernig er Island ordid til* (*Andvari* XIII, S. 213—225); Oversigt over de isl. Vulkaners Historie, Kph. 1882; Vulkaner og Jordskjælv paa Island, Kph. 1897; Vulkaner i det nordöstlige Island, Stockholm (Bih. till K. Sv. Vet. Akad. Handl. Bd. XIV, Afd. II, Nr. 5); Geolog. Jagttagelser paa Snæfellsnes og i Omegnen af Faxebugten i Island (a. a. O. Bd. XVII, Nr. 2); Islands Jökler i Fortid og Nutid (Geogr. Tidskrift XI, S. 111—146); Postglaciale marine Aflejringer, Kystterrasser og Strandlinjer i Island (a. a. O. XI, S. 209—225); Et to Hundrede Aar gammelt Skrift om isl. Jökler (a. a. O. XIII, S. 56—60); Nogle almindelige Bemærkninger om isl. Vulkaner og Lavaströmme (a. a. O. XIII, S. 140—156); Islandske Fjorde og Bugter (a. a. O. XVI, S. 58—82); Island, Grundriss der Geographie und Geologie I, Gotha 1905; (II. 1906, *Korrekturnote*); *Landskjalftar à Islandi*, Kph. 1899—1905. — Sart. v. Waltershausen, Geol. Atlas von Island, Göttingen 1853. — Winkler, Island, Der Bau seiner Gebirge und dessen geol. Bedeutung, München 1863. — Helland, Lakis Kratere og Lavaströmme, Kristiania Univ. Programm 1886; Om Islands Jökler ... (Arkiv f. Mathem. og Naturvid., Kristiania VII, S. 200—232; Om Islands Geologi (Geogr. Tidskrift VI, S. 71—83, 103—111); Om Vulkaner i og under Jökler paa Island Nord. Tidsk. VI, S. 368—387); Studier over Islands Petrografi og Geologi (Ark. f. Math. og Naturvid. IX, S. 69—154). — Johnstrup: Vulk. Udbrud og Solfatarer i det no. Island (Naturhist. For. Festskr. 1890). — Keilhack: Vergleichende Beobachtungen an isländischen Gletschern ... (Jahrbuch der kgl. preuss. Geol. Landesanstalt für 1883, Berlin 1884; Über postglaziale Meeresablagerungen in Island (Z. d. D. geogr. Ges. 1884, S. 145—160); Beiträge zur Geologie Islands (a. a. O. 1886, S. 376—449). — *Helgi Pjetursson*: *Um Fjöll* (*Timarit* XX, S. 156—187); Moræner i den isl. Palagonitformation (Oversigt over Vid. Selsk. Forh. 1901). — Löffler, Dänemarks Natur und Volk, Kph. 1905. S. 85—110.

Volksphilosophie, die von den die Menschen umgebenden Naturerscheinungen ausgeht.

>Þórir war alt und blind. Eines Abends, als er spät hinausging, sah er, dass ein Mann von draussen in einem Eisennachen heranruderte, gross und bösartig, und er ging da hinauf zu dem Hofe, der Hripr hiess, und grub da bei dem Stadeltore. In der Nacht aber schlug da Erdfeuer (jardeldr) auf, und da brannte Borgarhraun; dort stand der Hof, wo jetzt der Lavahaufen ist (Lnd. II, 5). Ist das nicht eine prächtige Erklärung des geschichtlichen Ausbruches, den der grosse Krater Eldborg etwa 950 hatte? — Als Einarr zu den Lóndrangar kam, der südlichsten Spitze der Snæfellsnes-Halbinsel, sah er einen Unhold da oben sitzen; der liess die Füsse baumeln, so dass sie die Brandung berührten, und so oft er sie zusammenschlug, entstand ein Seegang. Da sprach er diese Weise: „Ich war dabei, als der Fels vom Berge fiel, aus dem hohen Himmel der Bergriesen. Wenige Bergriesen machen grössere Stürme auf der Schiffsebene (dem Meere), auf der befreundeten Erde: das Hautwaschen tut mir wohl" Lnd. II, 7). —
>
>Auf eine dritte Geschichte dieser Art gehe ich jetzt nicht ein, sie wird später besprochen werden: die beiden zauberkräftigen Landnahmemänner Lodmundr und Þrasi bewirken durch ihre Künste einen Gletschersturz und die Entstehung des Sólheimasandur. Es würde auch zu weit abführen, wollte ich die kosmogonischen Vorstellungen der Norweger und Isländer und vor allem jenes rätselvolle Lied behandeln, das von den Uranfängen der Welt singt, ihren Untergang beschreibt und die Wiederkehr der Götter, Menschen und der Erde verheisst. So weit brauchen wir in der Zeit nicht zurückzugreifen, wie es der grübelnde Dichter tut:

>>In der Urzeit war's, als der Urriese lebte:
>>da war nicht Kies noch Meer noch kalte Woge;
>>nicht Erde gab es noch Oberhimmel,
>>nur gähnende Kluft, doch Gras nirgends.

Der Dichter beginnt mit einer Zeit, wo alles, das jetzt ist, nicht war; wir fangen mit einer Zeit an, da alles noch war, das jetzt nicht mehr ist. Geologisch gesprochen: wir brauchen weder die paläozoische, noch die mesozoische Zeit, weder das Altertum der Erdgeschichte, noch ihr Mittelalter heranzuziehen, sondern wir setzen mit der geologischen Neuzeit ein und begnügen uns bescheiden mit einigen Jahrtausenden vor der Eiszeit. Denn eine moderne Aufschüttung ist Island nicht, sondern es besteht in der Hauptsache aus etwa der Mitte der Tertiärzeit angehörigen Eruptivmassen und Braunkohlablagerungen, dem *Surturbrandur*, die nach ihren Pflanzenresten dem Miocän entsprechen dürften. Damals lag eine breite, zusammenhängende Ländermasse quer über dem Atlantischen Ozean von Schottland bis nach Grönland und Amerika; darauf weisen die Tiefenverhältnisse der See hin, das Fehlen tertiärer Marineablagerungen in allen nördlichen Gebieten von Europa und Nordamerika, sowie die Übereinstimmungen der Pflanzenversteinerungen des isländischen *Surturbrandur*, d. h. der in Tuff eingeschlossenen und zu Kohle verwandelten Reste einer üppigeren Pflanzenwelt, mit pflanzenführenden Schichten der mittleren Tertiärzeit auf Irland, den Hebriden, den Færöern, den *Vestmannaeyjar* und Grönland. Ein Teil dieser Länderverbindung zwischen Europa und Amerika war auch Island, wenngleich noch nicht in der jetzigen Gestalt. Das Klima Islands in dieser Periode, die die Geologen Miocän nennen, war ungefähr dasselbe wie das Floridas und Mexikos. Grosse Wälder bedeckten den Boden, nicht nur Nadelhölzer kamen fort, sondern auch Erle und Birke, Ulme und Eiche, die Platane und der Ahorn, der Nussbaum und die Weinrebe gediehen üppig. Andererseits war die Natur des Landes der heutigen wieder gleich: von Zeit zu Zeit erfolgten grossartige Ausbrüche, Lavaströme ergossen

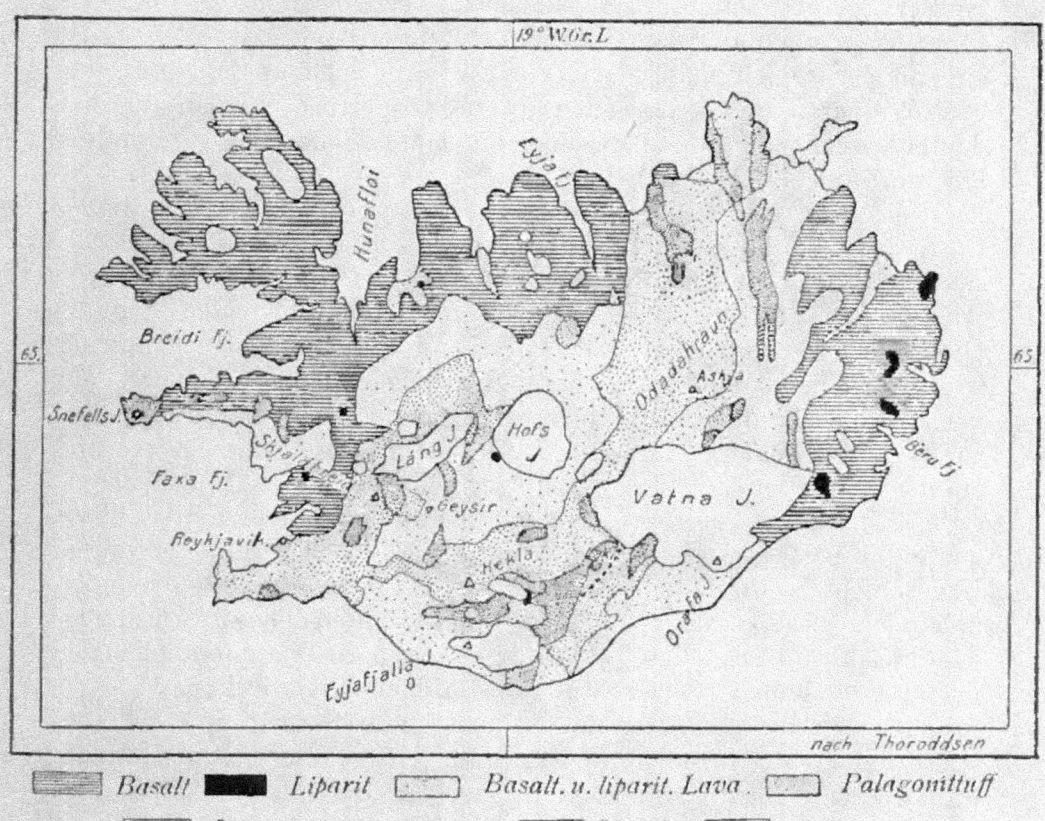

Fig. 6. Geologische Karte von Island.

sich über die Wälder und steckten sie in Brand. Bimsstein regnete auf ihre Blätter und versengte sie, manche Waldungen wurden völlig von Bimssteinschichten bedeckt. Dieser Zustand währte viele Jahrtausende lang. Natürlich blieb die Tätigkeit des Wassers und des Feuers nicht ohne Folgen. Die Erde kühlte sich ab und schrumpfte zusammen, bekam Höcker und Risse wie ein vertrockneter Apfel; eine Länderstrecke nach der andern versank allmählich in die See, die Landverbindung zwischen der alten und der neuen Welt wurde zertrümmert, und zuletzt blieb Island zwischen $63^{1}/_{2}$ und $66^{1}/_{2}$ Grad n. Br., in einer Grösse von rund 1870 □-Meilen, einzeln und losgelöst im Meere draussen stehen, eine einsame Säulengruppe. Von der entschwundenen Pracht zeugt eine andere Pfeilergruppe, die Færoer, geographisch und geologisch das Bindeglied zwischen Schottland und Island, und weiter die Basaltsäulen an der schottischen Küste, von denen die Fingalshöhle auf Staffa am bekanntesten ist. Aber auf dem Meeresboden erhebt sich seitdem ein unterseeischer Gebirgsrücken und trennt das Becken des europäischen Eismeeres von dem Atlantischen Ozeane. Gleichzeitig sind die grossen Meeresbuchten in Westisland, der *Breidifjördur* und der *Faxafjördur* gebildet worden; dass letzterer lange vor der Eiszeit entstanden ist, sieht man, nach Thoroddsen, leicht an der Umgebung von *Reykjavík*, wo grosse doleritische präglaciale Lavaströme mit deutlichen Eisschrammen die schiefen und abschüssigen, gesenkten Plateaustücke umflossen haben.

Die Lava, die in der miocänen Zeit hervorquoll, war basaltische Lava, und die ältesten Teile der Insel, die West- und Ostfjorde, sind beinahe ganz aus ungeheuer grossen, übereinander gelagerten Basaltschichten aufgebaut. (Vergl. zum Folgenden Fig. 6.) Die steilen Küstenfelsen im Westen und Osten sehen aus, als ob sie, wie die isländischen Bauernhäuser, von oben bis unten aus langen Rasenstreifen aufgeschichtet seien. Jeder dieser Rasenstreifen ist der Rand einer Basaltschicht, die den Felsen durchlagert und auf beiden Seiten der Fjorde sich gegenübersteht: die Fjorde haben sich erst später gebildet, indem die Basaltschichten durchnagt wurden. Und jede Basaltlage ist im Grunde nur eine gewaltige Lavaschicht. Oft sieht man 70—80 Basaltschichten übereinander, und doch ist jetzt nur noch wenig von der ehemaligen überwältigenden Basaltform zu sehen, weil Bergstürze und Trümmerhalden den Felsen gewöhnlich bis zur Mitte des Abhanges verdecken. Thoroddsen nimmt an, dass im Ostlande diese Formation wenigstens 9000 bis 10000 Fuss stark ist, und schlägt die gesamte Mächtigkeit der übereinanderlagerten Decken der Massenergüsse auf 3000 m an.

Thoroddsen unterscheidet drei Arten Basalt (*stallagrjót*): Dolerit (*grásteinn* „grauer Stein"), in dem man die einzelnen Körner leicht mit blossem Auge unterscheidet, in neuester Zeit mit Erfolg, namentlich in *Reykjavík*, als Baumaterial verwendet; von ihm wird S. 52 die Rede sein; Anamesit, dunkelschwarz, in dem die Körner zwar sichtbar, doch nicht leicht zu unterscheiden sind; und blágrýti („blaues Gestein") oder den eigentlichen Basalt, in dem sich die einzelnen Körner nur unter dem Mikroskop zeigen (vergl. Lehmann-Filhés, Globus 1895, Bd. 68, Nr. 10, S. 159 Anm.).

Auch das geologisch ungeschulte Auge unterscheidet bald den bläulichgrauen Basalt von dem bräunlichen, rötlichen oder gelben Tuff (*móberg* „Moorgestein"). Die Vulkane, die auf basaltischer

Grundlage entstanden, warfen nicht Lavaströme aus, sondern Asche, Bimsstein, grosse und kleine Lavasteine und allerlei halbgeschmolzene Gesteinsbrocken. Der Tuff ist daher meist mürbe, im Gegensatze zu dem massigen, kristallisierten Gestein des Basalts. Häufig sind im Tuff Brocken von Palagonit eingeschlossen, ja, der bei weitem grösste Teil der ungeheuren Tuffmassen Islands ist Palagonittuff. Palagonittuff ist ein dunkelbraunrotes, sehr hartes Mineral mit starkem Glasglanz. Man glaubt, dass er fast auf dieselbe Weise gebildet ist wie die Aschenmassen der Gegenwart, die aus den Vulkanen herausgeschleudert werden. Wenn der Tuff mit einer Menge grosser, eckiger Lavastücke durchsetzt ist, heisst er Breccie. Der Palagonittuff verwittert ausserordentlich leicht. Durch den Einfluss des Wassers, der Luft und des Windes schwindet das Bindemittel der Breccie und wird als Staub wieder in die Täler geführt. Die Oberfläche der Berge ist darum oft mit Schlacke und Lavastücken bedeckt, die ursprünglich in der Breccie festgesessen haben, denen aber der Wind das Bindemittel entführt hat. Manche Brecciespitzen zeigen wunderliche Formen, Gipfel und Türme und eigentümliche Topfbildungen; tiefe Löcher sind entstanden, wo Wasser und Wind die Basaltstücke aus der Breccie losgelöst haben. Die weichen Tuffklippen sind auf mannigfache Weise geschrammt und gehobelt worden. Bisweilen werden die Bergrücken von dicken Lagen von unverwitterten Brocken bedeckt, und das feste Gestein sieht man nur bei Wasserläufen und Klüften. Palagonittuff und -Breccie bildet neben dem Basalt, der im Ost- und Westlande und dem grössten Teile des Nordens vorherrscht, den zweiten Hauptbestandteil Islands. Das ganze Mittelstück wird von einem gewaltigen Dreieck aus Tuff und Breccie zwischen dem *Faxaflói*, dem *Öræfajökull* und dem *Skjálfandi* eingenommen, und die miocänen Basaltmassen haben rund um das ganze Land eine schwache Neigung einwärts nach diesem Dreieck hin. Während die Basaltfelsen scharfe Kanten und Spitzen haben, zeigen die Tuffberge meist abgerundete weiche Linien. Selbst eine flüchtige Reise durch die *Skaptafells sýsla* zeigt, dass die Hauptgesteinsmasse hier Breccie ist; die charakteristischen Basaltfelsen mit ihren tafelförmigen Absätzen und steilen Wänden fehlen. Fast alle Vulkane, die seit der Besiedelung des Landes in Tätigkeit gewesen sind, stehen auf Tuff und sind an dieses Dreieck längs der Linien SW und NO und SN gebunden; die Erdbeben, die aus geschichtlicher Zeit bekannt sind, haben ausschliesslich in diesen Gegenden stattgefunden. Da also die Breccieformation in der Mitte des Landes jünger ist als die Basaltformation im West- und Ostlande, so ist die Mittelpartie Islands gegen das Ende der Tertiärzeit gesunken. Das hat zu heftigen Eruptionen geführt, die hauptsächlich Asche, Lapilli und Bomben hervorbrachten. Dieser mittlere Teil ist noch jetzt im

Sinken begriffen, und nirgends sonst wie hier haben seit dem Miocän Ausbrüche stattgefunden.

Das dritte Ergussgestein, das zum Aufbau der Insel beigetragen hat, ist der Liparit (*baulusteinn*), er ist wie der Basalt als flüssige Lavamasse herausgeschleudert. Wenn der Liparit schnell abkühlt, wird er zu einem kohlschwarzen Glas ausgebildet, das unter dem Namen Obsidian bekannt ist (*hrafntinna*, „Rabenflint"). Liparit bildet selten ganze Bergzüge, und wo es doch der Fall ist, spielt er im Verhältnis zum Basalt und zur Breccie eine untergeordnete Rolle in der Landschaft, er findet sich nur in einzelnen kuppel- oder domförmigen Gipfeln. An der Südküste kommt er nur zweimal vor, in *Færines* östlich vom *Skeidarárjökull* und im *Torfajökull*. Am *Torfajökull* bildet er fast ausschliesslich die Unterlage für die Firnflächen des 1000 m hohen Gletschers und nimmt ein Areal von 200 qkm ein: das ist die grösste zusammenhängende Liparitmasse, die sich auf Island findet. Man kann ihn an seiner hellen Farbe leicht erkennen, er ist grau, weiss, gelb oder rotbraun; wo er vorkommt, sieht es aus, als lägen dort scharf abgegrenzte Sonnenlichter, so sticht dieser helle Schein von der dunkelfarbigen Umgebung ab. Bunte Lipariteinlagerungen mit verzweigten Gängen von grünem Pechstein und schwarzem Basalt, Streifen und Einlagen von Bimsstein, Obsidian, Perlit usw. sind besonders häufig im Ostlande. Kuppen mit Liparit sind z. B. östlich vom *Hafnarfjördur*, ferner das *Hlídarfjall* bei *Mývatn*, das *Sandfell* bei *Fáskrúdsfjördur* und vor allem der Zuckerhut der *Baula*, nach der die Isländer den Liparit *baulusteinn* nennen; sie stellt wahrscheinlich den Kern eines alten, aus einer Tuffdecke herausgeschälten Liparitvulkans dar.

Vor der Eiszeit fanden viele Vulkanausbrüche statt, bei denen ungeheure Lavafelder mitten im Lande entstanden; das Gestein in diesen Lavafeldern ist grobkörnig und grau von Farbe, es ist der schon früher erwähnte Dolerit. Der schwedische Geologe Paijkull hat zuerst erkannt, dass der Dolerit bei *Reykjavík* vom Eise zerriebene Lava ist, die vor der Eiszeit ausgeworfen wurde. Thoroddsen hat dann gefunden, dass sich diese Doleritfelder vom Berge *Ok* bis hinaus nach *Gardskagi* am *Faxafjördur* erstrecken, und diese Ergüsse aus dem Berge *Ok* stammen. Unter dem *Ódádahraun*, das ein Areal von 62 ☐ Meilen umfasst, liegt bis nördlich an die See alte Doleritlava; hier sind *Urdarháls* und *Blájfall* vor der Eiszeit tätig gewesen, und der Krater des letzteren hat während derselben aus der Eisfläche hervorgeragt.

Als die Erde sich mehr und mehr abkühlte, brach die Eiszeit an, in ihr musste die ganze alte Vegetation und Fauna ersterben[1]. Ein zusammenhängender Eismantel bedeckte die ganze

---

[1] v. Knebel nimmt an, dass Island mindestens dreimal vergletschert gewesen ist, und dass mindestens einmal die Gletscher der Eiszeit soweit zurückgetreten sind,

Insel, der auf dem grossen inneren Plateau eine Mächtigkeit von mehr als 760 m erreichte, während er auf der nordwestlichen Halbinsel erheblich dünner war, und nur hier und da ragte ein einzelner Berg aus dem Untergrunde empor. Die vom Eise verursachte Schrammung hat überall auf Island Spuren hinterlassen, die stets von innen nach aussen zeigen, und da die posttertiären Lavaströme ebenfalls vom Eise geschrammt sind, müssen sie ihre Lage eingenommen haben, bevor die Eiszeit zur Entwickelung kam. An ihrem Schlusse standen grosse Teile des Südlandes unter Wasser, die Flüsse setzten den Glacialton und Rollsteine in den Fjorden ab und füllten sie aus; diese Tonschichten sieht man noch jetzt an den Uferbänken an den Flüssen entlang, und vielfach sind in ihnen Muscheln, die nur in sehr kalten Gewässern leben, z. B. bei Spitzbergen. Die Höhe des Landes war damals geringer als jetzt, die Oberfläche des Meeres stand 100—200 Fuss höher als heute. Spuren davon findet man überall an den Küsten: von der Brandung bearbeitete Dünen hoch über dem heutigen Meeresniveau, Strandlinien und Höhlen in den Felsen, da und dort Treibholz und Walknochen, viele Hunderte von Metern von der Flutgrenze entfernt. Die Gletscher, die durch die Schluchten und Täler niedergingen, gruben diese aus oder vergrösserten sie; sie schoben Schutt und Gesteinmassen vor sich her, warfen hier Höhenrücken und Hügel auf, schlissen dort die Felsen, über die sie flossen, so dass sie ganz mit Furchen und Schrammen bedeckt wurden, zertrümmerten dort die Felsen und zerrieben sie zu Ton, der dann von den Flüssen in die See fortgeführt wurde und so die Fjorde anfüllte; in der *Skaptafells sýsla* nähern sich die Gletscher am meisten der See, und hier sind alle Fjorde verschwunden. Verbindet sich des Wassers und des Feuers Kraft, erfolgt unter dem Eise ein Vulkanausbruch, so schmilzt die Eisdecke und stürzt, Schlamm und Steine mit sich wälzend, hinab in das Tiefland. Solche Gletscherstürze aus dem Vulkan *Katla* haben seit der Besiedlung des Landes die Küsten bedeutend erweitert. Denn da das auf den Vulkanen lagernde Eis beim Ausbruche schmilzt und die Dämpfe die ganze Lavamasse in Asche verwandeln, werfen die Vulkane des Südlandes niemals zusammenhängende Lava, sondern lauter Asche aus. Die bekanntesten mit Eis gepanzerten Vulkane des Südlandes sind die *Katla*, der *Skeidarárjökull* und der *Öræfajökull*.

Allmählich, wie das Klima milder wurde, schmolz die Eisdecke, ihre Grundmoräne hinterlassend, hinweg, so dass doch einzelne grössere Partien derselben übrig sind. Die vulkanische Tätigkeit dauerte mit ungeschränkter Kraft fort und ergoss wieder ihre Lava-

---

dass die Erosion in der Interglacialzeit hart am Rande der jetzigen Gletscher talbildend tätig gewesen sein konnte (Zentralblatt für Mineralogie, Geologie und Paläontologie 1905, S. 535—553, Globus 1905, Bd. 88, Nr. 20, S. 310).

ströme über das Hochland. Die Insel begann ihren heutigen Charakter anzunehmen, und am Ende der Eiszeit war die Gestalt der Täler und Fjorde annähernd dieselbe wie jetzt. Doch arbeitet Eis und Wasser noch stetig weiter und bewirkt, wenn auch langsam, viele Veränderungen. Noch heute sind mehr als 245 ☐ Meilen von Eis und Schnee bedeckt. Der grösste Gletscher, nicht nur Islands, sondern ganz Europas ist der *Vatnajökull*, 150 ☐ Meilen gross, also grösser als das Grossherzogtum Hessen; weil von ihm die meisten grossen Flüsse Islands entspringen, heisst er „Wassergletscher" und wegen der vielen Verzweigungen dieser Flüsse auch *Klofajökull*. An Stelle der in der Eiszeit erstarrten Pflanzenwelt drang die skandinavische Vegetation ein, die sich noch jetzt im Lande findet, Strömungen und Vögel trugen den Samen herbei. Neue Arten haben sich in der — geologisch gesprochen — kurzen Zeit seit der Eiszeit nicht bilden können, nur einige wenige Varietäten. Einzelne Insekten kamen mit dem Treibholz, Bären und Walrosse auf Eisschollen, auch wohl Füchse; aber keine anderen Landsäugetiere konnten eine so weite Meeresstrecke passieren und noch weniger Frösche und andere Reptilien. Fauna und Flora auf Island sind arm, wie es bei der Entfernung von anderen Ländern nicht anders zu erwarten ist. Das Klima wurde ebenfalls im wesentlichen das heutige. Es ist echt ozeanisch, und die Insel nimmt noch an der grossen positiven Wärmeanomalie Nordeuropas teil. Denn sie wird im Westen, Süden und Osten vom Golfstrom bespült, wenn auch die Ost- und Südküste dem Lande zunächst von einem Polarstrome begleitet werden; ausserdem bringen die östlichen Winde, die wegen eines Minimums im SW. vorherrschen, die ungewöhnlich milde Luft des nördlichen Atlantischen Meeres mit sich. Darum hat auch die Ostküste gleichmässige Temperaturen und grössere Niederschläge als die Westküste. Im Nordland ist das Klima zwar etwas kälter als in den übrigen Teilen (der Unterschied beträgt im Jahresmittel etwa 4° C.), aber dafür trockener, beständiger und gesünder. Starre Kälte, Feuchtigkeit und Nebel, Frost und Schnee selbst im Sommer stellen sich aber an der Nordküste ein, wenn langanhaltende Nord- und Nordwestwinde das grönländische Treibeis dahin führen[1]). Wenn die Bewohner der südlicheren Gegenden im Mai und Juni bemerken, dass es im Gebirge schneit, so wissen sie bestimmt, dass „der alte Feind des Landes", das kältebringende Eis an die Nordküste getrieben ist. In *Reykjavik* ist die mittlere Temperatur des kältesten Monats ÷ 3°, die der wärmsten + 12°, in *Berufjördur* ÷ 2, bezw. + 8½°; der kälteste Wintermonat in *Reykjavik* ist mithin nicht viel strenger als in Debreczen in Ungarn, während die Sommerwärme in *Reykjavik* allerdings weiter hinter der von

---

[1]) Vergl. das Gedicht von *Matthias Jochumsson* „Das Polareis" (Pöstion, Eislandblüten, S. 160—162).

Debreczen zurücksteht. In *Berufjördur* beträgt die jährliche Regenmenge mehr als 1100 mm, in *Reykjavík* 750; das Nordland hat geringeren Niederschlag. Besonders im S. und SW. ist die Witterung sehr veränderlich und stürmisch, da die wandernden Minima des nördlichen Atlantischen Ozeans so ziemlich längs der Südküste gehen; der Schnee bleibt im Winter selten recht lange liegen, da Frost und Tauwetter häufig wechseln, und es ist nicht ungewöhnlich, dass der Winter im südlichen Tieflande Monate hindurch gar keinen Schnee bringt[1].

Der nordische Wikinger *Naddodr*, der zuerst nach Island kam, gab der Insel, durch einen starken Schneefall veranlasst, den Namen Schneeland. Wenig später — oder schon vor *Naddodr?* — umsegelte ein Schwede *Gardarr* die Insel und nannte sie *Gardarsholm*. Der Norweger *Flóki Vilgerdarson* gab ihr von dem vielen Treibeise den Namen, den sie bis heute trägt, *Ísland*, d. h. Eisland. Und diesen Namen trägt die Insel mit Recht, ihre Firn- und Gletschergebiete haben einen Flächeninhalt von mehr als 13000 qkm, während die der Alpen nur auf 3000 qkm geschätzt werden. Mit demselben Recht aber könnte die Insel auch „Feuerland" heissen, und an einigen Stellen finden sich die beiden furchtbaren Elemente unmittelbar nebeneinander. In einem warm empfundenen Gedichte fordert *Bjarni Thórarensen* seine Landsleute auf, aus diesem wunderbaren Gemisch der Gegensätze von Frost und Feuer, Gletscherfeldern und Lavagluten sich die Festigkeit des Eises und die Herzensglut des Feuers für den Kampf ums Dasein zu holen (Übersetzung von Pöstion, Eislandblüten, S. 4, 5):

> Du ruhmvolles Land, dem das Leben wir danken,
> Du hieltest deine Kinder von Lastern noch rein;
> Das Weltmeer beschirmte bisher dich gleich Schranken
> Es möge auch ferner zum Schutze dir sein.
>
> O seltsam Gemisch du von Frost und von Gluten,
> Von Bergen und Wüsten, von Lava und Meer;
> Bist schön, doch auch furchtbar, denn drohend umfluten
> Dich Flammen gar oft von den Schneebergen her.
>
> Befeuert uns, Gluten, du, Frost, gib uns Härte,
> Ermahnt uns, ihr Gipfel, zu mannhafter Tat!
> Du, Ægir, blausilbern, mit flammendem Schwerte
> Verhüte als Cherub, dass Schlaffheit uns naht.
>
> Und käme auch Wollust auf Wogen geschwommen
> Im Schiffsgut, mit Ratten zugleich — nun, so sei's!
> Denn wagt sie's, vom Kaufplatz ins Land uns zu kommen,
> So geht sie zugrunde im Frost und im Eis.
>
> Will sanft, auf den Rossen der Flut (Schiffen) dich belauernd,
> Ein Laster dir nah'n, so verjag' es nur gleich

[1] Nach Löffler, Dänemarks Natur und Volk, S. 96; Thoroddsen in: Petermanns Geogr. Mitteilungen 1885, S. 329, 330, 335.

Mit Brandfackeln der Hekla, auf dass es erschauernd
In Eile verschwinde aus deinem Bereich.

Doch kannst du dem tückischen Feind nicht obsiegen,
Streicht Elend mit Lastern im Lande umher:
Dann kehr' auf den Grund zurück, dem du entstiegen,
Dann, Vaterland, sinke nur wieder ins Meer.

Islands Vulkane.

Einmal noch mit Kraft geschoben,
Mit den Schultern brav gehoben —
So gelangen wir nach oben,
Wo uns alles weichen muss.

So lässt Goethe (Faust II) den Seismos sprechen, die Personifikation des Vulkanismus, der entsetzlichen Naturkraft, der Island im Grunde sein Dasein verdankt. Man hat Island als einen einzigen weiten Vulkan bezeichnet, einst unterseeisch, jetzt mit tausend versiegelten Kratern, hinter deren steinernen Türen feurige Fluten strömen, die jeden Augenblick von neuem hervorbrechen können. Island hat ein paar Tausend Krater aufzuweisen, und wie fast die ganze Insel aus älteren und jüngeren Laven nebst Asche aufgebaut ist, so kennt man mehr als 100 Vulkane (genauer 130), von denen jedoch nur der vierte Teil in geschichtlicher Zeit tätig gewesen ist. Im Südlande stehen die Krater in Reihen von SW. nach NO., im Nordlande ungefähr von N. nach S.; im Nordwest und Ostlande existieren keine Vulkane. Die Vulkane stehen auf Sprüngen, die sich in der Erdrinde gebildet haben; durch die Zusammenziehung der Erde und die daraus folgende Spannung in den Erdschichten entstehen stellenweise Risse und Spalten; dabei hebt sich die glühende Masse im Erdinnern, und die Wasserdämpfe schleudern Asche und Lava aus den Öffnungen hervor. Höchst wahrscheinlich stehen die Vulkane in irgendwelchem Zusammenhange mit der See; dies scheint unter anderem daraus hervorzugehen, dass verschiedene im Meerwasser vorhandene Salze sich an den Spaltenrändern der Lava absetzen, wenn diese sich abkühlt. Nach dem Ausbruche der Hekla im Jahre 1341 war der Lavastrom so mit Salz und Schwefel bedeckt, dass man leicht mehrere Pferdelasten davon sammeln konnte.

Thoroddsen unterscheidet drei Formen von Vulkanen auf Island: kegelförmige, flach kuppelförmige Vulkane und Kraterreihen.

Die kegelförmigen, grossen Vulkane, die aus wechselnden Tuff- und Lavaschichten zusammengesetzt sind — daher auch geschichtete oder Stratovulkane genannt — und ein ähnliches Aussehen haben wie der Vesuv, sind auf Island nicht so häufig, wie man erwarten sollte. Thoroddsen gibt für sie die Zahl 8 an[1]. Diese

---

[1] Nicht zwei, wie es irrtümlich bei Neumayr, Erdgeschichte, Leipzig 1897, I, S. 197 heisst.

Vulkane gleichen abgestumpften Kegeln und steigen ziemlich steil an; an der Spitze findet sich ein grösserer Krater, eine schalenförmige Vertiefung, aus der Lava und Asche herausgeworfen wird, und ausserdem finden sich oft mehrere kleinere Seitenkrater, die gewöhnlich auf den Spalten gebildet sind, die strahlenförmig vom Zentrum des Vulkans ausgehen. Da die meisten isländischen Vulkane dieser Art sehr hoch sind, sind sie gewöhnlich mit Gletschern bedeckt, z. B. der *Öræfajökull* (2119 m), *Eyjafjallajökull* (1705 m) und *Snæfellsjökull* (1436 m). Die *Hekla* (1557 m) ist zwar ebenfalls aus wechselnden Tuff- und Lavaschichten aufgebaut, aber nicht kegelförmig, sie ist ein Mittelding zwischen einem Kegelvulkan und einer Kraterreihe. Die *Askja* (1148 m) ist der grösste von allen isländischen Vulkanen, von ihr kennt man mit voller Sicherheit nur den Ausbruch von 1875. Die *Katla* ist neben der *Hekla* der tätigste von allen isländischen Vulkanen und hat 12 oder 13 sehr heftige Ausbrüche gehabt. Die Ausbruchsstelle der *Grimsvötn* im südlichen Rande des *Vatnajökull*, nordwestlich vom *Skeidarárjökull*, ist noch unbekannt (mindest 15 Ausbrüche). Die *Trölladyngja*, nördlich von *Krisuvík* auf der Halbinsel *Reykjanes* hat vier Ausbrüche gehabt (S. 42).

Lavakuppen (*dyngja*), d. h. grosse Vulkane mit geringer Steigung, ganz aus Lava aufgebaut, mit grossen, schachtförmigen Kratern an der Spitze, sind sehr gewöhnlich auf Island; der Krater oben umschloss einst — ebenso wie heutzutage der Kilauea auf den Sandwichinseln — einen glühenden Lavasee, der sich hob und senkte und bisweilen seine langen Ströme über die Bergseiten in die Täler entsandte. Die Grösse dieser Vulkane schwankt zwischen ganz kleinen, nur 100 m hohen Lavakuppen und Bergen von fast 1500 m Höhe und 15 km im Durchmesser. Sie heben sich von der Umgebung wie schildförmige Kuppeln ab (z. B. *Skjaldbreidur* 1063 m ü. M.; *Strýtur* 872; *Trölladyngja* im *Ódádahraun* 1491; *Kollótta Dyngja* 1209; *Kerlingardyngja* ca. 1000) mit einer im Verhältnis zum Umfange geringen Höhe, die Neigung ist im obersten Teile des Berges nur unerheblich grösser als im untersten; man kann daher den Gipfel meist zu Pferde erreichen, wenn nicht die unebene Oberfläche der Lavaströme allzugrosse Hindernisse in den Weg legt. Die 62 Quadratmeilen grosse Lavawüste *Ódádahraun* (Untaten-Lavafeld) nördlich vom *Vatnajökull* ist hauptsächlich durch ausgeströmte Lava von solchen Lavakuppeln gebildet. Wenn man von der Trölladyngja aus diese Lavawüste überblickt, so kann man sich kaum ein trostloseres Bild denken. Die Erde ist, soweit das Auge reicht, mit einer kohlschwarzen erstarrten Masse übergossen; ihre einförmige schwarze Masse wird nur hier und da durch rötliche Schlackenhügel und braune Tufffelsen unterbrochen; im Süden schimmern die glitzernden Schneeflächen des *Vatnajökull*, von den

Dyngjufjöll und *Kverkfjöll* steigen weisse Dampfsäulen empor, im Osten ziehen gelbbraune Staubbänke von den grossen mit Flugsand bedeckten Sandstrecken an der *Jökulsá*; nirgends ist eine Spur von Leben, und drückendes Schweigen lastet über der Natur (Thoroddsen, Vulk. og Jordskjælv, S. 26, 95). Man hat berechnet, dass die im *Ódáðahraun* aufgetürmten Lavamassen genügen würden, um Dänemark mit einer 5 m mächtigen Schicht zu bedecken.

Lange Kraterreihen in gleicher Linie mit den Erdspalten gehören zu den gewöhnlichen Erscheinungen in Islands vulkanischen Gegenden. Eine Reihe Krater von Schlacken und Lava bildet sich in der ganzen Länge der Spalte; jeder Krater ist dann ein Individuum für sich. Zuweilen haben mehrere Krater gleichzeitig Ausbrüche gehabt, zuweilen der eine nach dem andern. Gewöhnlich quillt die dünnflüssige Lava aus den Spalten ihrer ganzen Länge nach unmittelbar hervor. Eine der grossartigsten Spaltenergüsse fand 1783 statt, durch die 30 km lange Kraterreihe des *Laki* an der *Skaptá*. Zuerst ergoss sich die Lava aus dem westlichen Teile der Spalte, später aus dem östlichen, und auf der Spalte selbst wurden nicht weniger als 34 grössere und 60 kleinere Spratzkegel und Krater aufgeworfen. Die meisten sind nur wenige Meter hoch, der grösste erhebt sich 150 m über seine Umgebung. Nach Thoroddsen ist die Kraterreihe von 1783 auf einer älteren Spalte gebildet, die schon früher, wahrscheinlich im ersten Jahrhundert nach der Besiedelung des Landes Lava ausgeworfen hat. Die Lava breitete sich 1783 zu beiden Seiten der Spalte aus, floss später in zwei Strömen von 80 und 45 km Länge gegen die Küste ab und bedeckte im ganzen eine Fläche von ungefähr 300 qkm. Von diesem ebenso grossartigen wie merkwürdigen Ausbruche und seinen entsetzlichen Folgen wird später eine ausführliche Schilderung gegeben werden. Noch merkwürdiger, ja einzig in ihrer Art ist die kolossale, von Thoroddsen 1893 entdeckte, offene Ausbruchsstelle *Eldgjá* (Feuerspalte), nördlich vom *Mýrdalsjökull*. Diese riesige Spalte, die in einer Länge von mehr als 4 geographischen Meilen und einer Tiefe von 150 bis 200 m die Berge und Täler gespalten und grosse Lavaströme ohne Kraterbildung in steilen Kaskaden ausgegossen hat, steht nicht nur in Island einzig da, sondern hat in der ganzen Welt kein Seitenstück. Diese gewaltige Kluft bietet mit ihren lotrechten Tuff- und Lavawänden, mit den zerrissenen Felsseiten und gähnenden Abgründen, mit den kleinen, klaren Wasserfällen, die hier und da von den dunklen Klippen herabstürzen, äusserst malerische Partien dar. Steht man auf dem Grunde der Schlucht, so erhält man so recht das Gefühl für diese ungeheure Kraft, die auf einer vier Meilen langen Strecke, ohne jemals im geringsten von der geraden Linie abzuweichen, 1000 Fuss hohe Berge wie ein Stück Spielzeug zerbrochen und gespalten hat. Einer der Lavaströme, die aus dieser vulkanischen

Fig. 7. Kraterreihe des Laki (westlicher Teil, von oben gesehen).
(Nach Amund Helland, Lakis Kratere og Lavaströmme. Kristiania 1886. Universitäts-Programm.)

Kluft geflossen sind, kann bis an das Meer ins *Álptaver* verfolgt werden und hat eine Länge von 6—7 geographischen Meilen[1]).

Andere grosse Vulkanspalten sind: *Leirhnúkur*, eine Kraterreihe mit 80—100 Kratern, grösster Ausbruch 1725—29, das Volumen der Lavaströme betrug etwa 1018 Millionen Kubikmeter; *Sveinagjá*, eine Kraterreihe mit 50—60 Kratern, 25 km lang; *Brennissteinsfjöll*, etwa 100 Explosionskrater, Länge der Spalte 20 km, Ausbrüche 1340, 1389.

Einen wunderlichen Gegensatz zu diesen riesigen Spalten bilden die kleinen, von denen einige so winzig sind, dass sie wie Kinderspielzeug aussehen und so regelmässig geformt sind, dass sie als ausgezeichnete Modelle Museen übergeben werden könnten. So findet sich südlich vom Krater *Ketill* im *Ódádahraun* eine nur 10 m lange und 10—12 cm breite Spalte mit 12 kleinen Kratern, von denen der grösste einen Durchmesser von nur 1 m, die übrigen von nur 12—16 cm haben; kleine Lavaklumpen waren 15—20 m weit ausgeworfen worden.

Von den 130 Vulkanen Islands hat Thoroddsen 105 entdeckt, nur 25 waren früher den Geologen bekannt. Seit 874 haben 20 bis 30 Vulkane an 22 Ausbruchsstellen etwa 100 Ausbrüche gehabt. Sie alle haben im Laufe der Zeit eine ungeheure Masse Lava gefördert, Islands Lavafelder nehmen ein Areal von mehr als 220 ☐ Meilen ein und liegen wie zerstreute grosse Ebenen mitten im Lande um die Vulkane herum, aus der sie stammen. Die Menge der Lava, die bei jedem Ausbruch herausquillt, ist sehr verschieden. Aus der Kraterreihe des *Laki* flossen im Laufe von 4—5 Monaten so kolossale Lavaströme, dass sie ein Areal von mehr als 10 Quadratmeilen bedeckten mit einem Inhalt von fast 400 Milliarden Kubikfuss, und zugleich warf der Vulkan ungefähr 100 Milliarden Kubikfuss Asche und Schlacke aus, nach einer Schätzung hatte dieser Lavastrom einen grösseren Kubikinhalt als der ganze Montblanc.

Ausser Lava werfen die Vulkane auch Massen von losem Material, Schlacken, Bomben, d. h. glühende Lavatropfen, die hoch in die Luft geschleudert werden, wo sie durch die Drehung Kugel- oder Birnengestalt annehmen, und Asche aus. Die flüssige Lavamasse wird zerteilt, pulverisiert und zerrissen durch die starken Dampfstösse aus dem Innern des Vulkans, und zugleich hört man in der Erde ein gewaltiges Poltern und Donnern, Knallen und Krachen. Beim Ausbruche der *Katla* 1625 wurde die Asche bis nach Bergen in Norwegen fortgeführt, und beim Ausbruche der *Askja* 1875 wurde die Bimssteinasche in 11 Stunden und 40 Minuten quer über den Atlantischen Ozean an die Westküste von Norwegen geführt, und von da in 15 Stunden bis Stockholm, hatte also in 24 Stunden einen Weg von 250 Meilen zurückgelegt. Auf den

---

[1]) Thoroddsen in: *Andvari* 19, S. 89—92.

Lavaströmen ist der Bimsstein sehr grobkörnig, und Stücke von der Grösse eines Menschenkopfes sind sehr häufig; die grösseren Stücke haben meist eine bräunliche Farbe und das Aussehen von faulem Holze, während die kleineren Stücke in der Grösse von Walnüssen graulich-weiss und von seidenartigem Glanze sind. Unter dem Bimssteingrus findet man oft kleine Stücke eines bläulich-weissen vulkanischen Glases, das wie Porzellan aussieht und zuweilen in den Bimssteinstücken festsitzt. Als ein besonderes vulkanisches Produkt sind endlich noch die langen glasartigen Fäden zu nennen, die man auf den Sandwichinseln das „Haar der Pele" nennt. Die *Askja* warf grosse Mengen von zusammengefilzten Glasfäden aus, die eine Länge bis zu 60 cm besassen und grobem Pferdehaar glichen. Beim Ausbruche des *Laki* 1783 fiel ähnliches feines und grobes Haar nieder, wie Wolle oder in Bündeln und Ringen zusammengewickelt.

Trotz des reichlichen Niederschlages auf Island sind die Lavawüsten fast ohne stehendes oder fliessendes Wasser, es sickert durch die poröse Lava hindurch, kommt aber am Aussenrande in unzähligen klaren Quellen wieder zum Vorscheine, die sich zu bedeutenden Flüssen vereinigen. Zuweilen rinnt das Wasser unmittelbar unter dem Lavarande hervor, zuweilen sprudelt es im Grunde kesselförmiger Vertiefungen hervor. Obwohl die *Hekla* mit Schnee bedeckt ist, und verschiedene Gletscherfelder in der Nähe sind, findet sich in ihren Lavafeldern doch kein Wasser; aber wasserreiche Flüsse entspringen an ihrem Rande. Die vielen Löcher in den Lavafeldern sind oft mit feinem Flugsand angefüllt, der besonders aus alter vulkanischer Asche besteht; für den, der in diese ungastlichen Gegenden vordringt, sind Sandstürme höchst unangenehm. Man wird in ein undurchdringliches Dunkel gehüllt, man kann die Pferde nicht mehr lenken, da Sand und Grus dem Reisenden ins Gesicht gepeitscht wird, und der feine Staub dringt durch die Kleider auf die Haut und durch die hölzernen Packkisten auf die ängstlich gehüteten und vorsichtig verpackten Instrumente und Lebensmittel.

Auf den älteren Lavafeldern kommen Blumen in erstaunlicher Fülle und Farbenpracht vor und heben sich wirkungsvoll von dem schwarzen Gestein ab. In den tiefer gelegenen Teilen, namentlich auf *Reykjanes* und am *Mývatn*, breitet saftiges, dunkelgrünes Farrenkraut seinen Fächer aus *(Stóri-, Dila-, príhyrnuburkni)*, auf den Höhen läutet Enzian *(Maríuvöndur)*, und der gelbe Mauerpfeffer leuchtet in der Sonne *(Helluhnodri)*. Auch in die starre Lava dringt der Hauch des Frühlings. Auf dem Boden baut der Wiesenpieper sein Nest *(pufutitlingur,* Erdhausen- *[púfa]* Sperling), und das fröhliche Lied des Männchens klingt wie heller Lerchenschlag aus der Höhe. In den Spalten und Steinhöhlen nistet die Schneeammer *(Snjótitlingur,* „Schneesperling" oder *Sólskríkja,* Sonnenschreier, weil sie mit Vorliebe singt, wenn die

Sonne scheint), bald klettert sie, nach Nahrung suchend, in dem Gewirr der Felsbrocken umher, bald schmiegt sie sich so dicht an diese an, dass man sie kaum von ihnen unterscheiden kann, bald flötet sie, wenige Meter hoch in der Luft schwebend. Auch der graue Steinschmätzer (*Steindepill;* depill = Tüpfchen) nistet in den Steinritzen und kleinen Höhlen, blitzschnell huscht er zwischen den Höckern umher und pickt hastig seine Beute auf. Wo Birkengebüsch auftritt, zwitschert die Rotdrossel (*Skógarpröstur* „Walddrossel"), und manche warme Julinacht habe ich das fleissige Tierchen unermüdlich, halb im Traume, sein weiches didididü, didididüu anstimmen hören. *Steingrímur Thorsteinsson*, der jetzige Rektor der höheren Lehranstalt in *Reykjavík*, der gefeierte Dichter und verdienstvolle Vermittler zwischen Deutschland und Island, hat ein schönes stimmungsvolles Gedicht „In der Lavawüste" verfasst, das man bei Pöstion (Eislandblüten S. 145/6) nachlesen möge.

Das Gedicht passt freilich mehr für die ausgestorbenen grossen, wasserlosen Lavawüsten im inneren Hochland: eine kohlschwarze, erstarrte Masse breitet sich aus, soweit das Auge blickt, keine Blume, kein Insekt, kein Vogel belebt die Einöde; eine unendliche Stille, die majestätische Ruhe des Todes lagert über ihr. Diese Lavaflüsse sind steinig und brach für alle Vegetation bis auf den heutigen Tag geblieben. Sie gewähren das grauenvolle Bild einer trostlosen Wüste, einer unheimlichen, hässlichen Wildnis, eines Friedhofes, den die Natur selbst angelegt hat; ihre schwarzen Schollen türmen sich in phantastischen Gestalten übereinander, „als kämen sie frisch aus dem Hochofen". Das Reisen ist dann nicht nur beschwerlich, sondern auch kostspielig, da man Heu für die Pferde mitnehmen muss. Nur wo die Vertiefungen durch Flugsand ausgefüllt sind, kommt Elymus arenarius *(Melur)* und vereinzelte verkrüppelte Kukukslichtnelken vor *(Munkahetta)*. Wo ein Gebirgsbach ein klein wenig Erdreich gebildet hat, sieht man zuweilen eine Decke aus Kryptogamen oder flach am Boden hinkriechenden wolligen Weiden und Birken. Hier ist der wahre Tummelplatz der Raben, und in den vielen Höhlen, krummen Gängen und Rissen der Plattenlava liegt der Polarfuchs auf der Lauer und unternimmt von hier seine räuberischen Streifzüge nach den Schafen der Bauern, wenn sie sich auf den Hochweiden aufhalten; an einigen Stellen sollen sie sogar zu Tausenden vorkommen und eine Landplage für die nächsten Gegenden sein. Man sucht sie mit Büchse und Gift auszurotten, aber, wie es scheint, ohne sonderliche Wirkung. Sie sind so scheu und schlau, dass ich nur ein einziges Tier in der Ferne habe vorüberhuschen sehen[1].

---

[1] Über den Fuchs in der Volkssage vergl. Maurer, Isländische Volkssagen S. 104, 169; über den Raben a. a. O. im Register S. 342/43.

Bei dem isländischen Klima dauert es lange, lange Zeit, bis die Lava mit Erdreich bedeckt wird. Betrachten wir ein drittes, jüngeres Lavafeld, auf dem nur Moos und Flechten vorkommen! Diese Lavafelder sehen von weitem wie ein mattgrüner oder silbergrauer, fussdicker Teppich aus. Reitet man näher heran, so unterscheidet man bald grosse, schwarze Kleckse, gleichsam Muster im Gewebe, Steine und Blöcke, über die das Moos nicht hat klettern können; zuweilen zieht ein dunkelgrüner Strich hindurch, vereinzelte Gräser, auch Heidekrautpflanzen, Weidengebüsch und Zwergbirken, die hier nur ein dürftiges Fortkommen finden. Das feierliche Schweigen unterbricht nur das heisere Krächzen eines Raben, der mit Vorliebe in den Lavaklüften horstet; wenn man ihn von weitem in prächtigen Bogen fliegen sieht, glaubt man, ein mächtiger Adler schwebe einher. Zuweilen beleidigt ein rasselndes Schnarren, ähnlich dem misstönigen Knarren eines Waldteufels, das aus einer mit Moos bewachsenen Kluft ertönt, unser Ohr, und im nächsten Augenblicke flattert ein scheues Schneehuhn vor uns auf; hat es Junge, so trippelt das Weibchen mit niederhängendem Schwanz und Flügel vor uns her, stösst ein klagendes kur, kr aus und tut, wie wenn es krank oder angeschossen wäre und nicht mehr von der Stelle könnte; ein Knarren aus der Luft zeigt, dass das Männchen in der Nähe ist, und ist es den Eltern, vor allem der sich aufopfernden Mutter gelungen, den Feind wirklich oder nur scheinbar zu täuschen, steigt auch das Weibchen mit einem erlösenden Hahaha in die Höhe. Denn obwohl die *Rjúpa* das Zwergbirkengehölz der Heiden und Hochmoore bevorzugt, hält sie sich doch auch gern am Rande der Lavafelder auf, um sich mit ihren Jungen schnell in den unzugänglichen Spalten und Höhlen verstecken zu können. Hat die Sonne lange auf Lavafelder dieser Art geschienen, so ist das Moos trocken und fällt breit auseinander. Ist man gezwungen, im Regen oder bald nachher über diesen weichen Teppich zu reiten, so bewundert man immer aufs Neue die Sicherheit der klugen Pferde. Vorsichtig setzen sie die zierlichen Hufe, um nicht auszugleiten, möglichst auf das schwarze Gestein und ziehen den Hinterfuss erst nach, wenn sie festen Halt gefunden haben. Selbst das Gehen auf diesen grünen Rinnen kann gefährlich sein, da das Erdreich oft verräterische Höhlen und Abgründe verbirgt und leicht nachgibt.

Nach der Beschaffenheit der Oberfläche der Lavaströme unterscheidet man zwei Hauptformen: das flache *Helluhraun* und das unebene und aufgetürmte *Apalhraun*, von denen das erstere der Fladen- oder Plattenlava, das zweite der Blocklava entspricht (*hraun* = Lavafeld). Das *Apalhraun* nimmt auf Island kleinere Flächen ein als das *Helluhraun;* letzteres zerfällt wieder in drei Gruppen: kompakte Plattenlava, geborstene und höckerige Plattenlava. Beide Formen können jedoch in demselben Lavastrome vorkommen. Das Apalhraun hat eine sehr unregelmässige, „rauhe" Oberfläche, die aus unzähligen porösen, spröden und klingenden Lava- und Schlackenstücken mit zackigem Aussehen besteht, und die einzelnen Lavablöcke sind auf die mannigfachste Weise zusammengehäuft. Die Lava hat sich an der Oberfläche schnell abgekühlt, und die erstarrte Lavakruste springt bei der Bewegung wie spröde Glasscheiben, die zwischen einander gepresst und gerieben werden, wird wieder und wieder umgeschmolzen und kühlt sich abermals ab. Beim Fortrollen der Lava hört man deshalb vom Schlackenpanzer des Stromes her ein fortwährendes knisterndes und knallendes Getöse. Das Ergebnis ist, dass die Oberfläche wie ein vom Sturme gepeitschtes Meer aussieht. Solche Lavaströme sind oft verhältnismässig schmal und haben hohe Ränder, die von weitem wie Einfassungsmauern oder Rücken auf dem flachen Lande aussehen. Zuweilen strecken sich diese Lavaströme wie Gletscher durch die Klüfte der vulkanischen Berge, zuweilen winden sie sich in gekrümmten Armen und Verschlingungen wie hohle Rücken über ältere Strecken von Plattenlava. Ein derartiger Lavastrom ist sehr schwer zu passieren; die Lavastücke sind so lose zusammengefügt, dass die geringste Berührung sie in Unordnung bringt; man wankt und stürzt jeden Augenblick zwischen die Lavablöcke hinunter, kriecht wieder empor und reisst sich die Hände blutig an den unzähligen scharfen Spitzen und Zacken. Wer die Hekla besteigt, muss ein solches Lavafeld überklettern, einem englischen Touristen wurden dabei seine schönen, neuen Bergstiefel buchstäblich in Fetzen zerrissen.

Die grossen Lavawüsten bestehen hauptsächlich aus Helluhraun, aus Lavaplatten, die zuweilen eben sind, wie eine Stubendiele, öfter jedoch geborsten und mannigfach gespalten. Auf der glatten Oberfläche sieht man unzählige, miteinander verschlungene und verflochtene Lavaseile, die in langen Kurven nach der Wellenbewegung der zähen Masse gebogen sind.

Wagerechte Lavaflächen aus einem Guss ohne bedeutende Höhlungen oder Unebenheiten, mit wenigen Spalten, aber mit einer Menge wellenförmiger Lavaseile auf der Oberfläche nennt Thoroddsen kompakte Plattenlava. Meist ist die ursprüngliche, ebene Oberfläche durch die Abkühlung eingesunken und in grosse Stücke geborsten und zerspalten; hierdurch ist die Oberfläche sehr uneben geworden mit unzähligen kleinen Höhen, Dämmen und kesselförmigen Vertiefungen; es ist, als wäre die Eisdecke auf einem Fjord durch einen heftigen Seegang in Stücke zerbrochen und das Ganze dann plötzlich erstarrt. Solche Lavahügel aus Plattenlava haben zuweilen eine Höhe von 15—20, meist jedoch nur von 3 bis 7 m; durch das Zusammensinken ihrer Umgebung sind sie am Gipfel gespalten und sehen daher von weitem wie zerrissene Lavablasen aus; eigentlich darf man sie so nicht nennen, denn sie sind nicht durch ein Aufpusten oder Aufschwellen der Oberfläche des Lavastromes, sondern im Gegenteil durch eine Senkung hervorgebracht: die Lavakruste sinkt bei der Abkühlung zusammen, wenn das Zuströmen von frischem Material aus der Ausbruchsstätte her aufgehört hat. Das ist die zweite Abart des *Helluhraun*, die sogenannte geborstene Plattenlava. An den Seiten der grossen Vulkankuppen findet sich oft eine höckerige Abart der Plattenlava. Die Oberfläche dieser Lava ist blasig, höckerig und runzelig, oft wie riesenhafte Schlangen in Knoten und Bündel zusammengewickelt und glatt wie erstarrtes Pech.

In den Plattenlaven befindet sich eine unendliche Menge von Spalten und Höhlen, unten ist nämlich die flüssige Lava weitergeströmt, so dass die abgekühlten Lavaplatten der Oberfläche grosse leere Räume decken. Zuweilen hat die flüssige Lava längere Zeit denselben Weg unter der Lavadecke verfolgt; nach dem Ausbruche sind dann an diesen Stellen lange röhrenförmige Höhlen unter der Kruste. Auf diese Weise ist wahrscheinlich Islands grösste Lavahöhle gebildet, der *Surtshellir* (Höhle des Feuerriesen *Surtr*); sie hat sicher lange Zeit als Ablaufsrinne für die glühende Lava gedient. Sie liegt nordwestlich vom *Lángjökull*, bei *Kalmanstunga*, in einem ungeheueren Lavafelde eingebettet und hat eine Länge von 1500 m bei einer Breite von 16—18 m und eine Höhe von 11 bis 12 m und enthält ausser dem Haupteingange eine Anzahl von Nebenkammern, und an einigen Stellen finden sich kleine gefrorene Seen. „Die Wände sind von glasigen, glänzenden Erstarrungsprodukten bekleidet, von der Decke hängen prachtvolle Stalaktiten von Lava herab, und die Seiten sind mit Längsstreifen, den Anzeichen des Durchströmens noch flüssiger Masse kanneliert (Neumayr, Erdgeschichte I, S. 158). Bei Fackelschein flimmert und glitzert es wie in Aladdins Höhle von unzähligen Juwelen.

Viele Volkssagen knüpfen sich an diese Höhle, die früher ein beliebter Zufluchtsort für Friedlose und Räuber gewesen sein soll. Schon das Buch von der Besiedlung Islands erzählt, dass ein Mann im Herbst zur Höhle des *Surtr* wanderte und ein Lied dahin brachte, das er auf den Riesen in der Höhle gedichtet hatte (Lnd. III, 107; Holmv. S. 32; Sturl. S. V, 46; Gests. S. Bard. 3). Nach der Volkssage flüchtete ein schutzloser Verbrecher in sie und lief Tag und Nacht, da waren seine Schuhe voll Sand, und als man genauer zusah, war es Goldsand; der Mann sagte, er sei lange bis an die Knöchel in schwerem Sande gewatet; er kam zuletzt auf der nordöstlichsten Landspitze Islands, *Lánganes*, heraus (Maurer, Isländische Volkssagen S. 188, 174 75, 270, 271; Lehmann-Filhés II, S. 37). Interessant ist auch die Volkssage von den 18 *Hellismenn* (Höhlenmännern) bei Maurer, S. 269—275, nach der *Indriði Einarsson* sein zweites, gleichnamiges Drama schuf[1].

---

[1] Eine genauere Beschreibung der Höhle bei Preyer-Zirkel, S. 95 ff., Cahnheim, Verhandlungen der Gesellschaft für Erdkunde zu Berlin, 1894, Nr. 5, S. 266 67; Zugmayer, S. 179 ff., Küchler, Unter der Mitternachtssonne durch Island. Leipzig 1900, S. 141 ff.

In naher Verbindung mit Islands vulkanischer Natur stehen die Hunderte von warmen Quellen, Kohlensäurequellen und Solfataren, die über die ganze Insel zerstreut liegen. Einige Quellen sind lauwarm, so dass sie zum Baden benutzt werden können (*laug*, „warmes Bad"), andere sind kochend heiss (*hver*, „Kessel"), wieder andere bilden Sprudel. Auf die heissen Quellen wird die spätere Darstellung wiederholt zu sprechen kommen. Kohlensäurequellen (*ölkelda*, „Bierquelle") erwähnen schon der dänische Geschichtsschreiber Saxo Grammaticus (S. 7 „ihr Sprudel soll dem Geschmacke des Bieres nahe kommen") und der Königsspiegel (herausgeg. von Brenner, München 1881, S. 34: „ihr Wasser ist in bezug auf den Geruch dem Bier ähnlicher als dem Wasser"). Sie sind weniger häufig, besonders zahlreich auf der Halbinsel *Snæfellsnes*. Solfataren sind in den Tuffgegenden eine allgemein vorkommende Erscheinung, die berühmtesten sind bei *Krísuvík* auf der Halbinsel *Reykjanes*, am *Mývatn* und in den *Kerlingarfjöll*.

In einem so vulkanischen Lande wie Island sind Erdbeben natürlich etwas ganz Gewöhnliches, besonders in der grossen Tuffzone, wo sich die meisten Vulkane befinden. Im Nordwesten und Osten sind sie sehr selten. In der Umgegend von *Húsavík* im Nordlande haben sie bedeutenden Schaden angerichtet, in der Stadt *Reykjavík*, die fast jedes Jahr kleinere Erschütterungen erleidet, sind sie bis jetzt harmlos verlaufen; am meisten heimgesucht ist der westliche Teil des Südlandes, am furchtbarsten im August und September 1896. Auch sie sollen an passender Stelle im Reisebericht besprochen werden.

Islands Gletscher.

Etwa 270 Quadratmeilen Islands sind Firn- und Gletschergebiet [*jökull*[1]]. Die Gletscher sind vor allem an das innere Hochland gebunden (*Langjökull, Hofsjökull, Vatnajökull*; im Süden *Mýrdalsjökull*, auf der nordwestlichen Halbinsel *Drángajökull* u. a.) und bilden schwachgewölbte Kuppen mit weitausgedehnten Firnflächen, sie selbst aber sind nur kurz. Der grösste unter allen ist der *Vatnajökull*. Die Höhenlage der Schneegrenze ist in den einzelnen Teilen der Insel verschieden; in Nordwesten an der Ostseite des *Drángajökull* sinkt sie bis zu einer Höhe von 400 m, in *Ódádahraun* aber wird sie erst höher als 1400 m angetroffen.

Merkwürdig ist, dass die Gletscher in der Mitte des Landes fast nirgends in der alten Zeit erwähnt werden. Sie blieben un-

---

[1] Dän. *jökel* Gletscher, vergl. mnd. *jokel* Eiszapfen, fries. *jokling* Eisberg. Gletscher heisst isl. *skridjökull*, Hängegletscher *falljökull*, Moräne *jökulalda*, Firn *hjarnjökull*.

erforscht bis auf die jüngste Zeit. Der Erste, der eine zusammenhängende Beschreibung von ihnen gegeben hat, ist der isländische Naturforscher *Sveinn Pálsson*. Die späteren Naturforscher, die Island besuchten, haben wohl Beiträge zu ihrer Beschreibung geliefert, aber auch hier ist Thoroddsen der Erste, der sie wissenschaftlich untersucht und ausführlicher beschrieben hat.

Gletscherläufe bei vulkanischen Ausbrüchen werden wiederholt erwähnt (z. B. Lnd. IV, 5, 12), aber lediglich als Tatsachen, auf eine nähere Erklärung oder Beschreibung wird nicht eingegangen. Wertvoll aus der Sagazeit ist die Beschreibung des *Þórisdalr* in der *Grettissaga* (K. 61):

> Im Herbste 1021 ging *Grettir* nach *Geitland,* der öden Gegend südlich vom obern Laufe der *(Borgarfjardar) Hvitá* und wartete dort, bis das Wetter sich aufklärte. Darauf ging er auf den *Geitlandsjökull* und hatte einen Kessel und Feuerzeug mit sich. Er fand ein langes und schmales Tal in den Gletschern, das auf allen Seiten von überhängenden Gletschern umschlossen war. Er stieg in das Tal hinab, dessen Seiten bewachsen waren mit niedrigem Gras und kleinem Buschwerk. Im Tale befanden sich warme Quellen, und er zog daraus den Schluss, dass das unterirdische Feuer schuld daran war, dass der Gletscher oben nicht zusammen ging und so das ganze Tal zudeckte. Eine kleine Ache floss durch das Tal mit glatten Ufern auf beiden Seiten. Man sah die Sonne nur eine kurze Zeit am Tage, aber es gab eine unzählige Menge Schafe hier, die waren viel fetter als die, die er früher gesehen hatte. Hier schlug er seine Behausung auf und baute sich eine Hütte von dem, was er fand. Er schlachtete Schafe zu seinem Lebensunterhalte und fand, dass einer dieser Schöpse besser war als zwei gewöhnliche; ein Melkschaf, das er schlachtete, gab 40 Pfund Talg, das Fleisch war köstlich. Jeden Abend in der Dämmerung hörte er Hirtenruf oben im Tal, und dann lief die ganze Schafherde fort, nach dieser Richtung hin. *Grettir* hat selbst erzählt, dass ein Halbtroll namens *Þórir* früher Herr dieses Tales war, bei ihm und seinen Töchtern lebte *Grettir* einen Winter. Nach *Þórir* gab er dem Tale den Namen *Þórisdalr.* Als es ihm aber zu langweilig wurde, verliess er das Tal durch eine Seitenkluft und ging in südlicher Richtung quer über den Gletscher. Auf dem *Skjaldbreiður* errichtete er einen flachen Stein und schlug ein Loch mitten durch; wenn man das Auge an dieses Loch legte, konnte man auf die Bergschlucht hinabsehen, die in den *Þórisdalr* hineinführte.

Grettis Aufenthalt bei *Þórir* trägt ohne Frage halbmythischen Charakter und ist das erste Beispiel dafür, dass ein „Ächter" zu elbischen und riesischen Wesen in Verbindung tritt, die ihr eigenes Vieh und Hauswesen haben. Aber die Beschreibung ist so genau, dass sie nur von einem Augenzeugen herrühren kann. Die Lage des *Þórisdalr* hat man später vergessen, aber das fruchtbare geheimnisvolle Tal mitten zwischen den Gletschern und unzugänglichen Felsen stammte aus wirklicher Beobachtung, spukte in der Erinnerung fort, und man versuchte wiederholt, es nachzuweisen. Zwei isländische Geistliche fanden 1664 das Tal auch wirklich auf, aber die Nordseite war so steil, dass sie sich mit einem Blick aus der Ferne begnügen mussten. Ihre sehr ausführliche und charakteristische Beschreibung ist von Thoroddsen-Gebhardt ausgehoben (II, S. 110—112). Dem unermüdlichen *Björn Gunnlaugsson* glückte es 1835, das Tal genauer zu untersuchen; er fand, dass die Lage des Tales durchaus der Beschreibung der Saga entspricht, doch ist es jetzt öde und graslos, Schreitgletscher gehen von allen Seiten hinab, und heisse Quellen gibt es nicht mehr. Der Beweis aber war, wenigstens für einen Fall, geliefert, dass man im 11. Jahrhundert auch in die eisige Gletscherwelt vordrang und eine der Wirklichkeit entsprechende Vorstellung von ihr hatte.

Herbert von Vauclaire, auf den vielleicht die Vorstellung von der *Hekla* als einer Hölle und heissen Pein zurückgeht, hat eine ganz anschauliche Schilderung von den Gletscherstürzen (*jökulhlaup*):

"Bei einem vulkanischen Ausbruche führte das Feuer grosse Berge und Bergesrücken mit sich, die das tobende Feuer umgekehrt hatte, so dass da Land wurde, wo früher Meer gewesen war. Die Berge wurden mitten ins Meer hinaus getrieben, und als sie auf weite Strecken hin die See ausgefüllt und die Tiefe des Meeres der Strandhöhe gleich gemacht hatten, da verwandelte sich das Meer in trockenes Land, und wo früher Wasser gewesen war, da ist jetzt auf 12 Meilen hinaus Festland. Weiter ist in dieser Feuersbrunst eine schöne und volkreiche Ansiedlung untergegangen, die bei der Flut einen ausgezeichneten Hafen gehabt hatte."

Herr Herbert hat vermutlich durch Mönche in Südfrankreich von Eruptionen aus der *Katla* und deren Nachbarschaft, dem *Skeidarár*- und *Öræfajökull* gehört. Denn bei einem vulkanischen Ausbruche birst und schmilzt dort der Gletscher, der sich über dem Krater angesetzt hat, und Eisblöcke von ungeheurer Grösse werden unter Wasserergüssen und Feuerausbrüchen auf die vorgelagerten Sandwüsten und ins Meer hinaus getrieben. Die Gletscherstürze haben im Südlande solche Mengen Schlamm und Geröll in die See vorgeschoben, dass sich der Strand erheblich verbreitert hat [1]).

Was Saxo Grammaticus (geb. ca. 1150, Historia Danica in 16 Büchern) auf Grund seines isländischen Gewährsmannes *Arnaldr Þorvaldsson* über das Treibeis und die kalte Pein sagt, ist etwas kindlich; was er aber von den heissen Quellen, vielleicht sogar vom *Geysir* berichtet, ist gut, trotz alles Schwulstes; was er vom Eise und von den Gletschern auf dem Lande erzählt, ist sogar vorzüglich:

"Es gibt auf Island eine Art von Eis, zwischen den Bergzügen und Felsen lagernd, das in bestimmtem Wechsel mit einer Art Drehbewegung sich umlegt, indem das Obenlagernde nach unten sinkt, und das Untenlagernde wieder nach oben gelangt. Zur Bekräftigung dieser Angabe wird angeführt, dass Leute, die bei einer Wanderung über die Eisfläche in Abgründe auf ihrem Wege und in die Tiefe von gähnenden Spalten gerieten, wenig später leblos (auf der Oberfläche des Gletschers) gefunden worden seien, wo kein Risschen im Eise an der Oberfläche sich zeigte. Man nimmt daher allgemein an, dass die Menschen, die die trichterförmige Vertiefung im Eise verschluckt hat, sie dann, wenn sie nach oben zu liegen gekommen sei, wiedergegeben habe (ed. Holder, S. 7; meine Übersetzung S. 11).

[1]) Thoroddsen-Gebhardt, I, S. 219—222.

Thoroddsen nennt Saxos Bericht die älteste ausgezeichnete Beschreibung von der Bewegung der Schiebe- oder Schreitgletscher (*skridjökull*, sie entsprechen den alpinen Wandgletschern wie Rhone-, Grindelwaldgletscher) und meint, dass ein ungebildeter Mann aus der *Skaptafells sýsla* sich über die Bewegung im Innern der Schiebegletscher ganz ähnlich ausdrücken würde. Nicht nur Saxos Kenntnis von diesen in der *Skaptafells sýsla* ganz gewöhnlichen Erscheinungen bestimmt mich, in seinem Gewährsmann einen Bewohner oder Kenner dieser Gegend anzunehmen, sondern vor allem seine Erwähnung der „trichterförmigen Vertiefungen". Im *Skeidarársandur* und südlich vom *Breidamerkurjökull*, da wo die *Jökulsá* entspringt, habe ich eine grosse Menge solcher trichterförmigen Löcher angetroffen. Sie entstehen, wenn grosse Eismassen bei einer Gletscherschmelze auf dem Sande zurückbleiben und nun nach und nach abschmelzen. In einigen waren noch dicke Eisstücke vorhanden, in anderen waren sie bereits geschmolzen, und grünlich blaues Wasser mit wundervoller Durchsichtigkeit war zurückgeblieben. Wenn ein Mensch in ein solches noch mit Eis angefülltes Loch hineinfällt, so kommt er natürlich erst beim Aufschmelzen des Eises wieder zum Vorscheine, und einige noch nicht aufgetaute Blöcke schwimmen an der Oberfläche des Trichters. Soviel ich weiss, kommen diese Trichter sonst auf Island nicht vor. Die Vermutung scheint mir daher nicht unbegründet, dass einer von Saxos isländischen Gewährsmännern in dieser Gegend bekannt war, und das scheint mir für die Saxoforschung immerhin beachtenswert zu sein[1].

Die Beschreibung der Gletscherflüsse aus dem Königsspiegel (1230—1250 in Norwegen verfasst), wird in dem Kapitel „Der Geysir und die Hekla" wiedergegeben werden. Vom *Lángjökull*, den 1664 zwei isländische Geistliche aufsuchten und beschrieben, war schon die Rede. Es ist ein eigenartiger Zufall, dass eine der ersten Schriften in Europa überhaupt, die ausführlich die Natur der Gletscher behandeln, nicht in der Originalsprache, sondern in deutscher Sprache erhalten ist. *Pórdur Vidalín*, 1662—1742, ein Enkel des berühmten Historikers *Arngrimur Jónsson Vidalín*, der als Arzt lange in der Nähe des *Vatnajökull* gewohnt und bei seinen Krankenbesuchen staunend die gewaltigen Eismassen betrachtet und über ihren Ursprung nachgegrübelt hat, schrieb 1695 in einer lateinischen Abhandlung seine Ansichten darüber auf. Ein Verwandter aber, *Páll Bjarnason Vidalín* († 1757), der in Leipzig studierte, hat die Arbeit ins Deutsche übersetzt und 1754 im

---

[1] Eine ähnliche, aber erst 100 Jahr alte Erscheinung auf dem Wege von *Hlídarendi* nach der *Pórsmörk* bei Vetter, Jahrbuch des Schweizer. Alpenklubs 1887, S. 232.

13. Bande des Hamburgischen Magazin veröffentlicht. Dieser *Þórdur* ist der erste Isländer, der in selbständigen Untersuchungen und Beobachtungen das Wesen der beweglichen Gletscher zu ergründen sucht, seine wissenschaftliche Methode ist ganz richtig, und seine Beobachtungen sind neu und genau; seine Ansichten stehen der in der Mitte des 19. Jahrhunderts herrschenden sehr nahe, und der treffliche Mann verdient gewiss seinen bescheidenen Platz in der Geschichte der Geologie. Seine 200 Jahre alte Schrift über isländische Gletscher ist von Thoroddsen wieder ans Licht gezogen und von Frl. Lehmann-Filhés im Auszuge deutsch mitgeteilt (Globus 1897, Bd. 71, S. 110–112; Thoroddsen-Gebhardt II, S. 164–170).

Weitaus das Beste, das im 18. Jahrhundert vor dem Auftreten von *Eggert Olafsson* geschrieben ist, sind Niels Horrebows „Tilforladelige Efterretninger om Island" (Kph. 1752, deutsche Übersetzung 1753). Von den Eisbergen bemerkt er, dass sie keineswegs die höchsten Felsgebirge seien, vielmehr befänden sich in der Nachbarschaft „noch viele höhere, auf denen noch nicht das ganze Jahr hindurch Eis und Schnee ausdauert," (er meint wohl *skridjöklar*). Er erwähnt auch, dass sich in der *Skaptafells sýsla* die Gletscher täglich verändern, dergestalt, dass z. B., wenn vor kurzem Leute über die Sandebene gegangen sind und man ihre Spur verfolgt, plötzlich das Eis bis über diese hinweggeht und wenn man nun um den Jöckel oder das Eis herumgeht, die Spur in gleicher Linie mit den Spuren auf der anderen Seite wiederfindet, woraus man schliessen kann, dass das Eis vorgeschritten sei. Pferde, die in eine Kluft zwischen dem Eise gefallen waren, werden später ganz oben auf dem flachen Eise gefunden, und da, wo die Spalte war, war alles flach geworden" (Thoroddsen-Gebhardt II, S. 375).

Etwa 100 Jahre nach *Þórdur Vidalin*, 1794, schrieb *Sveinn Pálsson* über die isländischen Gletscher (1762–1840; Thoroddsen, *Landfrædissaga Íslands* III, S. 145–185). Er spricht von der Plastizität des Eises, dem Schliessen und Öffnen der Spalten während der Bewegung, der stärkeren Bewegung der Gletscher in der Mitte usw. Er bereiste Island 1791–93 und schenkte besonders dem gefürchteten Südlande und seinen Gletschern von *Illidareudi* an bis *Mödrudalur* seine Aufmerksamkeit, hat also im wesentlichen das Gebiet — auch nach der botanischen Seite hin — wissenschaftlich durchforscht, das ich als Tourist durchstreift habe. Islands grösster Lyriker *Bjarni Thórarensen* hat ihm eine schöne Charakteristik gewidmet, und zwei Verse daraus sind in Island geradezu volkstümlich geworden (Pöstion, Eislandblüten S. 23–25):

Dein Geist, der so reich und frei war,
  Ein Alfenschloss hatt' er
In jeglichem Felsen, ein Kissen
  Hoch im Gewölke;
Im Kelche jeglicher Blume
  Besass er ein Landhaus,
Und jeden verstorbenen Weisen
  Erkor er zur Zwiesprach.

Drum brachten die Pfeile des Schicksals
  Dich niemals zu Falle.
Dein Geist fand stets eine Zuflucht:
  Mit Weisen des Jenseits
Oder mit der Gedanken
  Lichtalfen er spielte,
Meinten daheim ihn zu treffen
  Die Nornen der Sorge.

Es kann nicht meine Aufgabe sein, die Gletscher Islands einzeln aufzuzählen, zumal da Thoroddsen eben jetzt die Höhe der grössten und wichtigsten angegeben hat (Island II. S. 207/8). Nur über den *Vatnajökull* seien einige Worte gestattet, und zwar zunächst über seine Gesamterscheinung, dann über seine einzelnen Teile. Er ist eine ausgedehnte Firnfläche, die den grössten Teil des inneren Hochlandes bedeckt und Gletscher nach allen Seiten hin entsendet, eine Binneneisfläche in kleinem Massstabe. Er ist, wie schon einmal erwähnt, der grösste Gletscher von Europa und ist etwa so gross wie Kärnten oder Hessen, oder grösser als Seeland, Laaland und Falster zusammen. Die Schneegrenze auf der Südseite ist etwa 900 m, auf der Nordseite wird sie erst bei 1300 m Höhe erreicht. Vom Südrande schieben sich mehrere grössere und kleinere Gletscher beinahe bis zum Meere vor, das Ende des *Breidamerkurjökull* soll nur 22 m oder gar nur 9 m über dem Meere sein, während der unterste Rand des *Dyngjujökull* auf der Nordseite, des grössten bekannten Gletschers auf Island, in einer Höhe von 765 m über dem Meere liegt. Der *Vatnajökull* ist durchschnittlich 17—1900 m hoch. Die Basis besteht hauptsächlich aus Breccie, nur im nordöstlichen Teile scheint auch Basalt eine Rolle zu spielen. Die alljährliche Verringerung seiner Schlammmasse, die die Gletscherflüsse ins Meer führen, und die die Fjorde der Südküste ausgefüllt hat, wird auf 15 Millionen Tons berechnet, gleich einem Steinwürfel mit mehr als 176 m Kantenlänge. Der Südrand des *Vatnajökull*, der ziemlich leicht zugänglich ist, war verhältnismässig leidlich bekannt, da hier seit alter Zeit Menschen wohnen konnten, und immerhin noch einiges Gras für Pferde und Schafe zu finden war. Die Erforschung des N.-, NW.- und NO.-Randes aber ist mit grossen Gefahren und Schwierigkeiten verbunden, weil sie zu weit im Innern des Landes liegen, die Witterung zu ungünstig und der Mangel an Vegetation zu gross ist. Namentlich die Quellen der Gletscherflüsse und deren Ursprung am N.- und W.-Rand waren fast unbekannt, ehe Thoroddsen seine Untersuchungen begann.

Sveinn Pálsson ist der erste, der den 1959 m hohen *Öræfajökull*, („Gletscher der Ödungen"), den südlichsten Punkt des *Vatnajökull*, bestiegen hat und zwar den sogen. *Hnappur* („Knopf", 1901 m[1]). Als 1362 hier die Eismassen schmolzen, wurden an einem einzigen Tage 40 Bauern- und 2 Pfarrhöfe mit Menschen und Vieh fortgerissen. *Sveinn* war von zwei Isländern begleitet, die ein langes Tau, eine Art Eispickel und Bergstöcke mit sich hatten. Kaum waren sie auf dem Gletscher angelangt, da hörten sie ein Krachen wie einen fürchterlichen Donnerschlag, das durch den ganzen Eisberg fuhr von S. nach NW. und über eine Minute dauerte. „Wir fühlten deutlich, wie es bebte und donnerte unter unseren Füssen." Sie setzten den äusserst schwierigen Aufstieg fort über gähnende Klüfte. Endlich erreichten sie die südwestliche steile, eisgepanzerte Spitze, den *Hnappur*. „Die Luft wurde dünner, und das Blut geriet ins Kochen bei der geringsten Bewegung," so dass ein brennender Durst sie die ganze Zeit über plagte.

Der *Hnappur* aber ist nicht die höchste Erhebung des *Öræfajökull*, sondern der *Hvannadalshnúkur* („Gipfel über dem Angelikatale", 2119 m). Er wurde am 19. Juli 1813 zuerst von dem dänischen Hauptmann Friesak bestiegen, der zur Vermessung der Südküste nach Island geschickt war; dann am 17. August 1891 von dem Engländer Howel aus Birmingham, der 1899 zuerst den *Langjökull* bestiegen hat (3. Juli 1901 beim Übergang der *Hjeradsvötn* im *Skagafjördur* ertrunken); und am 30. Juni 1899 von dem jungen dänischen Arzte Chr. Schierbeck. Die Besteigung Friesaks, der von dem Gemeindevorsteher *(hreppstjóri)* Jón Arnason begleitet war — dieser erhielt 10 Reichstaler, 32 Schilling Führerlohn — dauerte etwa 30 Stunden. Sie wurden sehr durch die Gletscherspalten aufgehalten und mussten über gefährliche Schneebrücken kriechen, am schwierigsten war die oberste Spitze des *Hvannadalshnúkur*, hier mussten sie 86 Stufen ins Eis hauen.

Frederik W. W. Howel war ursprünglich Lehrer. Die Liebe zum Leben in der freien Natur und der Sport lockten ihn nach Island, später führte er auch englische Touristen. Er ist auf Island wohlbekannt und beliebt. Heute unternahm er die schwierigste Besteigung und den gefährlichsten Flussübergang, morgen leitete er eine Versammlung der Heilsarmee in *Reykjavík*. Howell brach morgens 4 Uhr von dem Pfarrhof *Sandfell* auf, auf der West-

---

[1] Nach der Messung des dänischen Generalstabes 1904 hat der *Hnappur* nur eine Höhe von 1851 m.

seite des Berges, mit einem Reverend, der aber bald mit einem Führer wieder umkehrte, und drei Isländern. Um 2 Uhr erreichten die übrigen Drei den *Rotarfjalshnúkur* und sahen hier, dass der *Hvannadalshnúkur* höher war. Sie stiegen also wieder ab, verbanden sich durch das Seil und waren abends 7 ½ Uhr auf dessen Spitze; hier sangen sie „God save the Queen" und einen Psalm. In der Nacht gegen 1 ½ Uhr waren sie wieder in Sandfell, nach einer Kletterei von 21 Stunden [1].

Schierbeck wollte 1899 mit Howels Führern den Gletscher auf dem gleichen Wege besteigen, es stellte sich aber heraus, dass dieser bei nicht ganz klarem Wetter ungangbar ist, so dass er es auf einem anderen versuchte. Am 30. Juni verliessen die drei Bergsteiger den Pfarrhof *Sandfell* und kamen in einer Höhe, die sie auf 250 bis 300 m ü. M. schätzten, zu einer Höhle, an der Ranunkeln, Veilchen und Mauerpfeffer wachsen, trotzdem sie bereits mitten im Eismeere liegt, und Eisbildungen, wie Zacken, Türme, Säulen sie tausendweis umgaben. Unzählige Wasserfälle und Bäche stürzen die steilen Gletscherwände hinab, einer der Höhle gerade gegenüber, ungefähr 310 m tief. In der Höhle liessen die Reisenden alles entbehrliche Gepäck zurück und setzten ihre Wanderung fort, versehen mit etwas Proviant und ausgerüstet mit wasserdichten Mänteln, Bergstöcken, Steigeisen, einem Eispickel und einem ungefähr 20 m langen Seil. Nach Verlauf einer Stunde war der erste Absatz oberhalb der Höhle überwunden. Hier, etwa 800 m ü. M., war die Temperatur auf + 3° gefallen, und es fiel ein mit Schnee untermischter Regen, so dass die ölgetränkten Mäntel und Südwester wohl angebracht waren. Nach weiteren 4 ½ Stunden war die Spitze des *Hvannadalshnúkur* glücklich erreicht. Dieser Teil des Aufstiegs war bei heftigem Schneegestöber zurückgelegt worden, wobei die drei Männer oft bis zu den Knien im Schnee waten mussten, und bei der Kälte, die hier 2° unter dem Gefrierpunkte betrug, den fallenden und vom Winde gepeitschten Schnee im Antlitz wie lauter Nadelstiche fühlten. Haar und Bart waren wie Eiszapfen gefroren, und die beiden Isländer mit ihrem starken Vollbarte sahen, wie der Däne meinte, aus wie Eisbären. Beim letzten Teile des Aufstieges hatten sich die drei in Zwischenräumen von $3\frac{3}{4}$ m aneinander angeseilt, weil der Gletscher voller Spalten war, in denen der Sturm heulte, und die zum Teil auf Schneebrücken überschritten wurden. Den Gipfel hatten sie von der Ostseite her erreicht. Der Abstieg bis zur Höhle nahm bloss genau zwei Stunden in Anspruch, da das letzte Stück mit gleichen Füssen auf den Bergstock gestützt abgefahren werden konnte. Die ganze Tour dauerte 16 Stunden.

Von Islands Gletschern ist nur der (östliche) *Hofsjökull* noch jungfräulich, sein Bereich hat noch keines Menschen Fuss betreten. Die Ränder des *Langjökull* haben *Eggert Ólafsson* und *Bjarni Pálsson*, Keilhack und Thoroddsen erforscht [2], der *Þórisdalur* in der südwestlichen Ecke wurde von *Björn Gunnlaugsson* untersucht. Den nördlichsten Teil hat der Engländer Howel zuerst bestiegen mit zwei anderen Engländern und zwei Führern aus *Reykjavik* [3].

Am 1. August 1899 brachen sie von dem Gehöfte *Kalmanstunga* auf, verbrachten die Nacht im Zelte am Fusse des Bergrückens *Torfabœli* und verlegten am nächsten

---

[1] Howel, The Öræfajökull and its first ascent in: Proceedings of the R. Geogr. Society. London 1892, XIV. Bd., S. 841—850; Howell, The northern Glaciers of the Vatna Jökull in: Report of the 66. Meeting of the British Association for Advancement of Science 1896. S. 859.

[2] Höjlandet ved Langjökull. Geogr. Tidskr. 1899, XV, S. 3—14.

[3] Gebhardt in: Globus 1899, Bd. 76, Nr. 17, S. 279.

Tage das Zeltlager auf den Gletscher selbst, unmittelbar unter den letzten steilen Absatz. Das Gletschergebiet wurde betreten südlich von dem westlicheren der beiden Seen, die in dem Tale *Flosa-skard* zwischen dem *Eiriks-* und dem *Langjökull* liegen. Proviant, Zelte und Decken wurden auf zwei Schlitten mitgeführt; die übrigen Pferde wurden nördlich von den Gletschern nach dem *Þjófadalur* geschickt. Am 3. August setzten die Reisenden ihren Weg in ost-nordöstlicher Richtung fort und lagerten des Nachts am Fusse eines Tuffkegels, der nördlich vom *Hvitárvatn* aus dem Gletschereise hervorragt und ausser an der Nordostseite rings von einer Einsenkung im Eise umgeben ist, die etwa 47 m tief und am Rande ungefähr ebenso breit ist und wahrscheinlich von der Rückstrahlung der Sonnenstrahlen von dem Tuffkegel herrührt. Mit ihren steilen Wänden und prächtigen Zacken und Zinnen bietet diese Eisschlucht einen grossartigen Anblick. Westlich von dem Felsen schliesst das Gletschereis einen kleinen See ein.

Am 4. August wurde der Abstieg über steil abfallende Eisfelder unternommen, bis man nordöstlich von dem Ausläufer des Gletschers, der den Namen *Hrutafell* führt, das Flachland wieder erreichte. Während der ganzen Tour hatten sie prächtiges Wetter, nicht einen Tropfen Regen und keinen Nebel.

Der Engländer Lord William Watts ist seit der Besiedelung Islands der erste, dem es geglückt ist, quer über den *Vatnajökull* zu kommen, aber es fehlte ihm an wissenschaftlichen Kenntnissen. Zweimal, 1871 und 1874, musste er unverrichteter Sache wieder umkehren, aber 1875 gelang ihm sein kühnes Wagnis[1]).

Der Aufstieg begann in *Nupstadir*. Lord Watts war von neun Isländern begleitet, die zwei Schlitten mit Zelt, Schlafsäcken und Proviant zogen. Auf der ganzen Wanderung, die über den Gletscher selbst 12 Tage dauerte, hatte er teils mit Schneestürmen zu kämpfen, teils mit Tauwetter. Nebel und Schneegestöber nahmen ihm alle Aussicht. Ungefähr auf der Mitte des Gletschers traf er auf einen Kraterkegel, der aus Obsidian bestand, er nannte ihn nach einem seiner Begleiter Mount Paul (isl. *Palsfjall*). Hier wurden vier Isländer zurückgeschickt und die Wanderung mit nur einem Schlitten fortgesetzt, man musste sich mit dem Notwendigsten behelfen. Glücklicherweise trat jetzt Frost ein, und damit helleres Wetter. Als sie etwa 1600 m hoch waren, überfiel sie ein fürchterlicher Schneesturm; sie krochen in die Schlafsäcke, und als sie am nächsten Morgen aufwachten, waren sie von einer dicken Decke Schnee eingehüllt, so dass sie sich förmlich herausschaufeln mussten. Nach vielen Gefährlichkeiten — zwei Tage konnten sie sich nicht von der Stelle rühren — erreichten sie den Nordrand des Gletschers, *Kistufell*. Der Gletscher war passiert, aber noch war der nächste Bauernhof, *Grimstadir*, mehr als 100 km entfernt. Watts war von Frostbeulen bedeckt, der Proviant aufgezehrt, und wer weiss, was aus ihnen geworden wäre, wenn sie nicht einige Angelikapflanzen gefunden hätten, deren Genuss sie wieder belebte (S. 61). Als sie um Mitternacht in *Grimstadir* ankamen, wurden sie wie Wesen einer anderen Welt begrüsst, zumal da sie zu Fuss kamen (S. 69); denn man pflegt auf Island alle Wege zu Fuss zurückzulegen. Von hier reiste Watts dann die *Dyngjufjöll* entlang nach dem *Skjaldbreidur* und nach *Reykjavik* zurück.

Es war eine achtunggebietende Sportsleistung, die Watts ausgeführt hatte, ungefähr wie die Reise des Herzogs der Abruzzen nach dem Nordpol. Von *Nupstadir* im Süden bis *Grimstadir* im Norden sind etwa 400 km, die er in 16 Tagen zurückgelegt hat, und davon 12 in der Region des ewigen Schnees.

---

[1]) Watts, Across the Vatna Jökull. London 1876.

Der *Vatnajökulsvegur* (Weg), eine Verbindung zwischen dem Süd- und Ostlande, den Nordwestrand des Gletschers entlang, war der alten Zeit vermutlich unbekannt; denn dass der im nächsten Teile zu erwähnende *Gnúpa-Bárdr* ihn passiert habe, ist kaum glaublich (S. 83).

Der erste, der quer durch die Wüstenei längs des Nordrandes des Gletschers gereist ist, war 1794 *Pjetur Brynjólfsson*, 1830 machte *Pjetur Pjetursson* aus *Hákonarstadir* denselben Weg. *Björn Gunnlaugsson*, Islands Kartograph, versuchte zweimal, 1838 und 1839, diesen Übergang und entdeckte den Pass *Vonarskard*, hat aber keinen Bericht hinterlassen. Durch Björns Erfolg wurde der dänische Naturforscher J. C. Schythe ermuntert, 1840 dasselbe Wagnis zu unternehmen. Er hatte mit wütenden Schneestürmen zu kämpfen, verlor mehrere Pferde und gelangte mit Mühe und Not nach unsagbaren Strapazen in den *Jökulsdalur*, aber ohne irgend welche Untersuchungen anstellen zu können. Der Bauer *Jón Porkelsson*, der im Februar 1876 auf Anregung einer Zeitung in *Akureyri* die *Askja* nach ihrem gewaltigen Ausbruche besuchte, ritt mit einigen Bauern aus *Mývatn* 1880 rund um das *Odádahraun* und fand das *Vonarskard*. Endlich hat auch Thoroddsen 1884 diesen Weg benutzt. Er ist also seit der Besiedlung Islands erst sechsmal benutzt worden.

Die westliche und nordwestliche Seite des *Vatnajökull* ist von Thoroddsen 1884, der Nordrand 1884 vom *Tungnafellsjökull* bis zu den *Kverkfjöll*, der Westrand 1889 und 1893 untersucht worden, der Nordostrand und das *Snæfell* 1894[1]). Thoroddsen fand dabei die Quellen der *Tungná* und *Skaptá* auf, des *Hverfisfljót* und der *Pjórsá* und den malerischen See *Langisjór*; der weisslich-grüne See ist von roten und gelben Tuffbergen mit unzähligen phantastischen Gipfeln und Spitzen umgeben. Ebenso entdeckte er, dass das *Pórisvatn* zu den grössten Seen auf Island gehört. Von der berühmten *Eldgjá*, die er ebenfalls auffand, war schon die Rede. Thoroddsens Hauptverdienst für Islands Geographie liegt denn auch auf diesem, bisher noch von keinem Menschen betretenen Gebiete.

Nördlich von *Vatnajökull* brachte er 1884 in einer Höhe von 700—1200 m acht Wochen im Zelte zu, bisweilen war der Boden so versumpft und aufgeweicht in der Nähe des Gletschers, dass das Zelt auf dem Eise selbst aufgeschlagen werden musste. Die Sand- und Schneestürme wurden zuletzt so grimmig und die Kälte so beissend, dass der kühne Forscher für sein Leben fürchtete. „Die Öden am nördlichen Rande des Gletschers," sagt er, „gehören zu den wunderbarsten Gegenden von Islands innerem Hochlande; denn hier trifft man gewaltige Vulkane und grosse Gletscher in innigem Vereine, so dass der Boden gleichsam durchwühlt ist von dem

---

[1]) Thoroddsen, Fra Islands indre Höjland Geogr. Tidskr. 1880, X, S. 149 bis 172. — *Ferd um Vestur-Skaptafellssýslu sumarid 1893*. *Andvari* 1894, XIX, S. 44—161. — *Odádahraun*. *Andvari* 1885, XI, S. 20—108; 1886, XII, S. 125—161. Vulkaner i det Nordöstlige Island. Bib. til K. Sv. Vet. Akad. Hand. 1888, XIV, Nr. 5.— Fra det sydöstlige Island. Geogr. Tidskr. 1895, XIII, S. 3—37.

gegenseitigen Ringen des Feuers, des Wassers und des Eises. Zwischen zwei hohen Vorbergen, dem *Kistufell* und den *Kverkfjöll* (Fig. 8) erstreckt sich Islands grösster Schrittgletscher, der *Dyngju-jökull*, 765 m, ein ungeheurer Eiskuchen, der auf den Sand hinuntergerutscht ist; er bedeckt einen Raum von 7 Quadratmeilen. Er ist unten so mit Grus, Sand und Schmutz bedeckt, dass er in der Ferne einem Kiesfelde oder einem Lavastrome gleicht, der bei nur unbedeutendem Schneefalle seine graue Färbung erhalten hat, er ist

Fig. 8. Der Vulkan Kverkfjöll.

von zahllosen Spalten mit dazwischenliegendem scharfen Rücken und Eispyramiden durchklüftet." Im Jahre 1717 fiel ein so starker Aschenregen aus den *Kverkfjöll*, dass sie ein Sechstel von Island bedeckte und bis an die Mitte der Waden reichte.

1888 verbrachte Thoroddsen drei Wochen auf den Gletschern des *Langjökull* und (westlichen) *Hofsjökull*, untersuchte die merkwürdigen *Kerlingarfjöll* und fand als der Erste dort Solfataren und Schlammvulkane, die alle anderen auf Island weit übertreffen. 1894 untersuchte er den nordöstlichen Rand des *Vatnajökull*, die wilde

Gegend zwischen dem Bezirk *Lón* und dem Berge *Snæfell*, den vorgeschichtlichen Vulkan *Öræfajökull* und die Hochebene, die sich zwischen dem *Eyjabakkajökull* und dem *Brúarjökull* in den *Vatnajökull* hineinschiebt. Aber Nebel und Schneegestöber hinderten ihn, das mittlere Stück zwischen den *Kverkfjöll* und dem *Snæfell* genauer zu durchforschen.

Vergebens versuchte auch der Engländer Howel den Schleier über diesem Teile des *Vatnajökull* zu lüften. Nur die isländischen Bauern, die im Herbste die Schafe auf den Bergweiden suchen, und einzelne Renntierjäger haben ihren Fuss in diese wüsten Gegenden gesetzt. Erst Daniel Bruun gelang es 1901, mit einem Renntierjäger und einem Führer bei gutem Wetter am Gletscherrande bis zu der Stelle vorzudringen, wo die reissende *Jökulsá á brú* entspringt und sogar auf dem Gletscher selbst ein Stück zu reiten; aber die Zeit von vier Tagen erwies sich doch als zu kurz, um gründliche Bestimmungen vorzunehmen[1].

Islands Hochland und dessen Kenntnis in Vergangenheit und Gegenwart.

Islands erste Erforscher waren natürlich seine Entdecker und ersten Besiedler[2]. Von den Iren wissen wir zu wenig, als dass wir von ihrer Kenntnis der Insel reden könnten; es waren zudem Geistliche, denen nur daran gelegen war, an einem vor der Welt verborgenen Fleck ein beschauliches Dasein zu führen; man kann ihre Spur über die Hebriden, Orkaden, Shetlandinseln und die Færöer bis zur Südküste Islands verfolgen.

Island erhielt im Verlaufe von etwa 60 Jahren seine volle nordische Bevölkerung. Aber die weite Ausdehnung der Insel, ihre Unwegsamkeit und die Schwierigkeit des Vordringens in dem rauhen, von reissenden Strömen durchflossenen und mit gewaltigen Gletschern und unendlichen Wüsten angefüllten Lande bedingten von vornherein, dass die Ansiedelungen weit zerstreut voneinander lagen, und dass das öde, unwirtliche Innere vorläufig ganz ausser Betracht kam. Zuerst wurden die Küstensäume besiedelt und die Tiefebenen; im Nordlande, wo Feuer und Eis weniger verheerend wirken als im Süden, und wo geräumige Täler das Gebirge zerschneiden, waren die Siedlungen besonders dicht; an den der Küste zunächst liegenden Moorgegenden des Westens und Südwestens blieben sie hinter der mittleren Dichtigkeitsstufe zurück, wurden aber um so enger und zahlreicher, je mehr sie sich den hochgelegenen Taleinsenkungen

---

[1] Bruun, Ved Vatna Jökulls Nordrand. Geogr. Tidskr. 1902, XVI, S. 218—242.
[2] Thoroddsen-Gebhardt I, S. 26 ff.; Schumann, Islands Besiedlungsgebiete... Leipzig 1900; Bruun, Det höje Nord; Kph. 1902, S. 63 ff., 131 ff.; Bogi Th. Melsted, Islendinga Saga; Kph. 1903, I.

zwischen den Bergen näherten. Es wird ganz deutlich ausgesprochen, dass die ersten Ansiedler durch die Fruchtbarkeit der Gebirgsweiden bewogen wurden, in die Nähe der Berge zu ziehen: „Die zuerst kamen, wohnten zum Teil am nächsten bei den Bergen und wurden dadurch auf die Güte des Landes aufmerksam, dass das Vieh von (dem wenig wohlschmeckenden Gras an) der Küste eifrig nach (dem üppigen Graswuchs in) dem Hochlande hinstrebte" (Lnd. V, 1). Auch die Tiefebene vom südlichen Fusse des *Vatnajökull* an bis zum *Mýrdalsjökull*, die heutige *Vestur-* und *Austur Skaptafells sýsla* wurde in Besitz genommen; vulkanische Ausbrüche aber und Schutt und Sand haben hier schon in der ersten Zeit furchtbare Verwüstungen angerichtet.

Dennoch haben sich die menschlichen Wohnungen früher viel weiter nach dem inneren Hochlande erstreckt als heute, wie Thoroddsens Untersuchungen und Bruuns Wanderungen gezeigt haben[1]. Mehrere sind verschwunden, namentlich seitdem die Pest, „der schwarze Tod", 1402—1404 auf Island wütete, andere sind durch Bergschlipfe zugrunde gerichtet, durch vulkanische Ausbrüche und Aschenregen, oder durch Gletscherstürze. *Geitland* z. B. auf dem Hochlande nordwestlich vom *Langjökull* ist durch einen Vulkanausbruch schon 1185 zerstört worden, und die Lava strömte damals über *Reykholt*. Im Osten sind viele Gehöfte verödet, z. B. im obersten Teil des *Jökuldalur*, im *Hrafnkelsdalur*. Besonders aber ist das Südland durch Feuerausbrüche und Gletscherstürze unbewohnbar geworden; im Osten von der *Hvítá* sieht man noch über die Heiden hin alte Gebäuderuinen. Das Tal der *Þjórsá* ist durch Ausbrüche der Hekla 1343 verödet, *Þórsmörk* auf die gleiche Weise in demselben Jahrhundert. Gletscherstürze der *Katla* und des *Öræfajökull* haben im 14. Jahrhundert grosse Strecken der *Skaptafells sýsla* vernichtet. Daniel Bruun hat seit 1894 in verschiedenen Teilen der Insel diese alten Ruinen sorgfältig untersucht, in den Gegenden südlich von den *Kerlingarfjöll* und an dem schönen See *Hvítárvatn*, im Innern des *Skagafjördur*, im *Króksdalur* dicht beim *Kidagil*, von wo der Weg durch den *Sprengisandur* beginnt, im *Jökulsdalur* des Ostlandes und im *Þjórsárdalur*. Seit 1879 hat sich die archäologische Gesellschaft in *Reykjavik (hið íslenzka fornleifafjelag)* um die Ausgrabung der Ruinen verdient gemacht (der Gehöfte, Tempel, Thingstätten usw.), namentlich Gelehrte wie *Sigurdur Vigfússon, Bj. M. Ólsen, Pálmi Pálsson, Eiríkur Briem* u. a. Das meiste der aufgefundenen Schätze befindet sich in dem 1863 errichteten Altertumsmuseum zu *Reykjavik (Forngripasafn)*, für das jetzt ein neues Gebäude geplant wird.

[1] Bruun, Gjennem affolkede Bygder paa Islands indre Höjland, Kph. 1898; Gennem afsides Egne paa Island, Kph. 1903. — Die Höhe der bekanntesten alten verlassenen Ansiedlungen bei Thoroddsen, Island, S. 13, Anm. 1.

Das gewaltige innere Hochland, das mehr als drei Viertel der Insel einnimmt, besteht aus grossen Hochebenen, die 600—1100 m über dem Meeresspiegel liegen; über die grauen Grusmassen erheben sich die Schaumgewölbe und eisgepanzerten Kuppen der Gletscher bis zu einer Höhe von 2000 m. Grus, Flugsand und Lava bilden die Oberfläche des Hochlandes; Gletscherrisse, Lavaklüfte und Blöcke und strudelnde Gletscherströme hemmen das Vordringen; am Aussenrande findet sich spärliche Haidekraut- und Grasvegetation, so dass die Pferde kein Futter haben; mitten im Sommer überfallen Schneestürme den Wanderer, oder undurchdringlicher Flugsand wirbelt in Säulen auf und setzt sich in Augen, Ohren, Nase und Mund fest. „Wenn im Winter," sagt Bruun (Det höje Nord. S. 134), „der Wind über die Ebene fegt, oder gewaltige Schneestürme in den Bergen rasen, ist alles Leben wie ausgestorben, und nur das Nordlicht flimmert am Himmel in schnellwechselnden Bündeln über die ewig unveränderliche Natur." Aber im Sommer kommt der Goldregenpfeifer und der kleine Brachvogel, „der Unrast in dem Vogelreiche", und lässt sein Pfeifen über die Hochebene erschallen. Halbwilde Pferde und langwollige Schafe mit grossen, ausdrucksvollen Augen und geschwungenen Hörnern tummeln sich auf den grossen Flächen, und zuweilen kommt auch, in langen, langen Zwischenräumen, eine Karawane mit Pferden einhergezogen, deren Spuren noch lange unverwischt im Boden zu sehen sind. „Kein Lärm von rollenden Wagen oder Hundegekläff tönt aus der Ferne, kein Rauch aus menschlichen Wohnungen steigt in die helle, durchsichtige Luft. Die wilden Schwäne in den Seen des Hochlandes werden von keinem in ihrem Frieden gestört, nur der Raben heiseres Gekrächze schallt schaurig und gleichsam warnend über die Ebene und zwischen die Berge. Am Horizonte glitzert das ewige Eis auf den regelmässigen, fein gezeichneten, klaren Wölbungen der Gletscher — vor 1000 Jahren ebenso wie heute."

In diesem unwirtlichen Hochlande, mit seinem rauhen, veränderlichen Klima konnte kein Mensch leben. Und doch kam es vor, dass zur Sagazeit Missetäter, die aus der Gemeinschaft der Menschen und dem allgemeinen Frieden ausgestossen waren, in diese Wüste flüchteten; jeder durfte sie töten, aber niemand sie beherbergen. Auch im 17. und 18. Jahrhundert, als der *stóridómur*, das „grosse Gericht", d. h. ein Althingsbeschluss von 1564 mit übergrosser Strenge alle Sittenvergehen und Verbindungen in naher Verwandtschaft bestrafte, flohen viele Unglückliche ins Hochland. Hier fristeten sie im Sommer ihr Leben durch den Fang von Forellen oder stahlen den Bauern ihr Vieh von den Almen. Die Geschichte des isländischen Nationalhelden *Grettir*, Prototyp der zahllosen Ächtersagen, entrollt uns das interessante Bild eines solchen „Ächters" und zeigt, dass die „Draussenlieger" schon früh das

Wesen der Elben und Unholde angenommen haben; sie haben ihren besonderen Haushalt und einen für sich bestehenden Staat, eigene Herden und holen sich Weiber von den Menschen, wie die elbischen Geister Verlangen nach blühenden Menschenjungfrauen haben (vergl. oben S. 67). Diese Flüchtlinge haben die erste Veranlassung zu dem Volksglauben von den Draussenliegern gegeben (*útilegumadur*, pl. *menn*) oder Ächtern, der bis heute noch nicht ausgestorben ist[1]).

Das *Ódádahraun* ist einer der Hauptschauplätze von solchen Sagen, und der Name selbst — Lavafeld der Untaten — muss wohl damit zusammenhängen. Wunderlich genug, das Volk glaubte, dass sich hier grasreiche Oasen oder geheimnisvolle Täler mit ganzen Kolonien von Ächtern fanden. Auch am *Mývatn* herrschte derselbe Aberglaube, und um die mythischen Ansiedlungen oder Oasen aufzufinden, rüsteten die Bauern 1830 eine bewaffnete Expedition aus, um die *Dyngjufjöll* zu untersuchen, wo man das Hauptquartier der Geächteten vermutete. Natürlich hatte die Expedition keinen Erfolg. Ein alter Bauer, der an ihr teilgenommen hat und vor kurzem noch am *Mývatn* lebte, hat Thoroddsen ihren Verlauf erzählt. Der grosse isländische Kartograph *Björn Gunnlaugsson* (1788—1875) musste noch in der Mitte des vorigen Jahrhunderts gegen diesen Glauben ankämpfen, und trotzdem meinten die Leute, dass er diese geheimnisvolle Kolonie wohl kenne, aber durch Eide oder Versprechungen sich verpflichtet habe, nichts davon zu erzählen. Und ich selbst habe erlebt, dass dieser Glaube auch heute noch nicht erloschen ist. Als ich am 13. Juni, zu einer Zeit, wo für gewöhnlich das Hochgebirge noch nicht passiert wird, in Sturm und Regen über die *Uxahryggir* zog, begegnete uns unerwartet ein Bauer. Kaum hatte er die fünf in ihre Mäntel und Kapuzen vermummten Reiter gesehen, da riss er sein Pferd herum und jagte wie toll davon. Da uns aber daran lag, von ihm den Weg zu erfahren, setzten die beiden Führer ihm nach und stellten ihn. Zitternd gab er an, er habe uns für Räuber und Bergdiebe (*fjallapjófur*, dasselbe wie Ächter) gehalten, denn ohne zwingende Not beträte bei solchem Unwetter und zu so früher Jahreszeit keiner diese unwegsame Öde. Dabei erfuhr ich, dass noch heute ab und zu ein Verurteilter den paar Polizisten in *Reykjavík* durch Flucht in die Wildnis zu entfliehen sucht, aber durch Hunger und Kälte gezwungen wird, sich im Winter freiwillig zu stellen.

Es lässt sich auch leicht verstehen, bemerkt Maurer, dass dieser Aberglaube so schwer auszurotten ist. Jährlich verschwinden 30—40000 Schafe von den Hochweiden im Innern, ohne dass sich

---

[1]) Maurer, Germania IX, S. 239; Maurer, Isländische Volkssagen, S. 240 bis 275; Lehmann-Filhés, Isländische Volkssagen II, S. 115—230; Pöstion in der Zeitschrift „Die Kultur" 1903, S. 373 ff.

eine Spur von ihren Gebeinen findet. Viele mögen in die Klüfte stürzen, andere sich auf die Gletscher verirren, noch andere von Menschen oder Füchsen geraubt werden. Auffallend bleibt diese

Fig. 9 Einar Jónsson, Útilegumaðurinn.

grosse Zahl immerhin. Der Grossvater von Dr. *Hjaltalin*, dem Direktor der Realschule in *Akureyri*, hat gehört, dass die *Útilegumenn* an diesem massenhaften Verschwinden der Schafe schuld wären; nach strengen Wintern, in denen dem Ächter in der Einöde natürlich noch viel mehr Vieh umkommt, als den Bauern in den Ställen und Felshöhlen, sei der Verlust immer am grössten. Ein ander Mal hörte er: zwei Bauernjungen wären einer Herde von 200—300 Schafen begegnet, die von zwei Männern mit langen Stäben getrieben seien; diese hätten ihnen drohend abgewinkt, als sie näher kommen wollten. Auf diesen Glauben bezieht sich die zweite Strophe des Gedichtes von *Grímur Thomsen* „In der Sprengisand-Wüste", das ich S. 84 mitteile. *Matthías Jochumsson* schrieb das Schauspiel *Útilegumennirnir*, und *Indriði Einarsson* folgte ihm mit einem Schauspiele *Hellismenn* („Höhlenmänner", eine Ächtersage). *Einar Jónsson*, der hochbegabte Bildhauer, hat einen solchen Ächter dargestellt (Fig. 9; die Erklärung folgt später). Thoroddsen hat 1884 im *Ódáðahraun* einige der wenigen Stellen gefunden, die wirklich den Aufenthalt solcher Ächter in der Wüste beweisen. Er stiess auf Ruinen von mehreren Hütten, und eine Menge Pferde- und Schafknochen wiesen darauf hin, dass diese Friedlosen von Raub und Diebstahl gelebt hatten. In der Nähe von der *Herðubreið* fand er ebenfalls Ruinen einer unbedeutenden kleinen Hütte, in der ein Ächter seine Zuflucht gefunden hatte. Es ist wunderbar, wie ein menschliches Wesen in einer so primitiven Baulichkeit hausen konnte: sie war nur aus Lavaplatten zusammengesetzt, die Spalten waren mit Moos verstopft, quer über die Hütte war das Skelett eines Pferdes gelegt, auf dem die als Dach dienenden Lavaplatten ruhten. Bauholz war gar nicht vorhanden. Auch in einem auf allen Seiten von Gletschern umgebenen, völlig vegetationslosen Tal am *Hrútafell*, zwischen dem *Lang*- und *Hofsjökull*, fand er die Ruinen einer Behausung, die sich einstmals geächtete Räuber gebaut hatten; von diesem versteckten Winkel aus hatten sie ihre Plünderungen gegen die Schafherden der Ansiedler unternommen, bis sie überwältigt und in die Gegend des *Bláfell* vertrieben wurden. Auch auf den *Máfabygðir* in der *Austur-Skaptafells sýsla* hausten früher Friedlose; einige Männer, die hier einst den Möwen nachstellten, erblickten ihre Wohnungen und kehrten schleunigst um. Vielleicht war auch der *Hallshellir*, auf dem Wege von *Þingvellir* nach dem *Geysir*, eine Verschanzung von Ächtern[1]).

Die Streifzüge dieser Unglücklichen haben zur Kenntnis der unbewohnten Gegenden und Wüsteneien natürlich wenig oder nichts beigetragen. Im allgemeinen kannte man nur die untern Weidehalden und wagte selten, weiter vorzudringen. Aber vereinzelte Fälle finden sich doch in den alten Sagas, dass kühne Männer bereits in alter Zeit mehrere Wege über das Hochland zwischen

---

[1]) Zum Teil gehört auch hierher Thoroddsen-Gebhardt II, S. 322, Anm. 1.

den Gletschern kannten. Westlich vom *Langjökull* geht ein langer Reitweg. Zwischen dem *Lang-* und *Hofsjökull* liegt der *Kjalvegur* oder *Kjölur* und zwischen dem *Hofs-* und *Vatnajökull* der *Sprengisandsvegur*.

Vereinzelt reiste man vom *Jökulsdalur* nördlich über das *Ódádahraun* zum *Kiðagil*; diesen Weg benutzte der Bischof von *Skálholt* auf seinen Visitationsreisen nach dem Ostlande. Dieser Reitweg ist seit langem vergessen, zum letzten Male ist er 1736 benutzt. Die Reise des Bischofs über das *Ódádahraun* liess viele Sagen und Erzählungen im Volk entstehen.

Der *Kjalvegur*, wenigstens in seinem nördlichen Teile, wurde sehr früh entdeckt (Lnd. III, 6, 7, 8). Ein Bauer sandte seinen Knecht aus, um Land zu suchen. Dieser fand die Fussspuren eines Mannes und sah, dass sie von Süden herkamen. Er errichtete dort eine Steinpyramide (*varða*), kehrte dann heim, und der Bauer gab ihm zur Belohnung für seine Fahrt die Freiheit. „Von da an wurde der Verkehr zwischen den beiden Landesvierteln des Südens und Nordens über das Gebirge eröffnet." In der Sturlungenzeit (1200—1264) wurde der Weg oft benutzt, selbst mitten im Winter, trotz Sturm und Unwetter; man gebrauchte fünf Tage, einige starben vor Hunger und Erschöpfung. Haufen gebleichter Pferde- und Schafknochen zeigen, dass der Weg gefährlich ist. Im Herbst 1780 wollten einige Leute aus dem *Skagafjörður* über den *Kjalvegur* nach dem Südlande reisen, um Schafe zu kaufen. Auf dem Heimwege wurden sie mit ihren Herden von Schneestürmen überrascht, und alles Lebende kam um. Jetzt ist der Weg ordentlich mit Warten versehen[1].

Eine der ersten Reisen durch das Innere über den *Sprengisandsvegur* wurde von *Gnúpa-Bárðr* unternommen, der 840 geboren ist (Lnd. III, 18). Er merkte an der Witterung, dass der Landwind besser war als der Seewind und hoffte deshalb im Süden besseres Land zu finden. Darum sandte er im Vorfrühling seine Söhne gen Süden. Da fanden sie Schachtelhalme und andere Pflanzen; im Frühling des folgenden Jahres machte *Bárðr* einen kleinen Schlitten für jedes Haupt Vieh, das dazu geeignet war, und liess so ein jedes sein eigenes Futter und dazu das bewegliche Gut ziehen. Er zog durch das *Vonarskarð* (die Senke zwischen dem *Tungnafells-* und *Vatnajökull*), das seitdem *Bárðargata*, d. i. Gasse des *Bárðr* heisst, nahm Besitz von *Fljótshverfi* und wohnte zu Gnúpar; darum nannte man ihn *Gnúpa-Bárðr*. Thoroddsen hält es für unglaublich, dass *Bárðr* den *Vatnajökulsvegur* gegangen sei, d. h. dass er ungefähr in gerader Linie von Osten her am *Skjálfandafljót* aufwärts, dann durchs *Vonarskarð*, am Rande des Gletschers südwärts und längs des *Hverfisfljót* talabwärts und ins *Fljótshverfi* in der *Vestur-Skaptafells sýsla* gezogen sei.

Die Wüste heisst *Sprengisandur*, weil man der Gefahr ausgesetzt ist, die Pferde zu „sprengen", d. h. zuschanden zu reiten, um sie zu durchqueren. *Grímur Thomsen* hat folgendes Gedicht auf sie verfasst, das *Sigfús Einarsson* vierstimmig komponiert hat:

---

[1] Bruun, Tvärs over Kölen fra Söderkrog til Reykjavik. Dansk Turistforenings Aarskrift 1899, S. 121—188.

In der Sprengisand-Wüste.

Vorwärts! durch die Wüste gilt's zu reiten!
Hinterm Berge rot die Sonne sinkt.
Fahle Schatten huschen, schweben, gleiten,
Von dem Gletschereis der Spuk her dringt.
  Lenke, lieber Gott, das Rösslein mein,
  Lang wird heut der letzte Ritt noch sein.

Vorwärts, Rösslein! Horch! Blaufüchse kläffen,
Kühlen wohl im Blute ihren Grimm.
Peitschen knallen ... will mich alles äffen?
Ruft nicht eine rauhe Männerstimm'?
  Friedlos Volk treibt in dem Lavastein
  Seine Herden in die Hürden ein.

Vorwärts Rösslein! vorwärts! nicht gesäumet!
Schon hüllt Dämm'rung ganz die Berge ein;
Elfenkön'gin ihren Zelter zäumet:
Sie zu seh'n soll nicht geheuer sein.
  Gerne gäb' mein bestes Pferd ich her,
  Wenn ich nur erst durch die Öde wär'!

Heute wird der Weg durch die Wüste selbst von Touristen gewagt; Konrad Maurer, Preyer und Zirkel und Zugmayer haben ihn zurückgelegt, und 1905 hat ihn Daniel Bruun durch Errichtung von Steinwarten bezeichnet[1]).

Von einer wissenschaftlichen geographischen Erforschung war also zur Sagazeit keine Rede, und man kann sagen, da auch die Gletscher bis in die neueste Zeit unbekannt blieben, dass die grosse Menge der Bewohner des Landes im 11. und 12. Jahrhundert ungefähr die gleiche Kenntnis von Islands Innern hatte, wie wir heute; was wir mehr darüber wissen, ist vor allem das Verdienst des ausgezeichneten isländischen Geographen *Þorvaldur Thoroddsen*.

Island wird anderen Völkern bekannt. Seine geographische Erforschung[2]).

„Daheim zu sitzen" galt den alten Isländern für „weibisch"; „der Gereiste ist klug, der daheim bleibt, ist dumm." Auch nach ihrer Niederlassung auf der fernen Insel erlosch die ererbte Wanderlust nicht. Vor allem wurde natürlich der Verkehr mit dem Mutterlande gepflegt. Als Gefolgsmänner, Handelsleute und Skalden und Erzähler waren stets Isländer am norwegischen Königshofe zu finden; in Trondhjem waren zur Zeit des Königs Magnus Barfuss einmal 300 Isländer anwesend, sie hatten dort ein ständiges Quar-

---

[1]) Bruun, Sprengisandr og Egnene mellem Hofs-og Vatnajökull. Geogr. Tidskrift 1902, XVI, S 218—242.

[2]) Für diesen Abschnitt kommt vor allem Thoroddsens grundlegendes Werk in Betracht *Landfrœðissaga Islands*. 4 Bde.; die beiden ersten sind von August Gebhardt musterhaft verdeutscht u. d. T. „Geschichte der isl. Geographie". Leipzig 1897, 1898.

tier und auch Privateigentum. Neben dem norwegischen war der dänische Königshof, besonders Knuts des Mächtigen und Knuts des Heiligen, der Treffpunkt der isländischen Skalden. Ein Isländer sammelte die Sagen, die an der norwegischen Küste in aller Leute Mund waren und unterhielt mit ihnen das Gefolge des Erzbischofs Absalon von Lund († 1168). So erfuhr sie Saxo Grammaticus und verwebte sie in seine dänische Geschichte mit altdänischen Volkssagen und isländischen Geschichten der Vorzeit. Andere Isländer gingen nach Konstantinopel oder nach Russland oder legten sich auf Wikingsfahrten und wurden so mit vielen Ländern und Völkern bekannt. Wieder andere fanden Grönland, Helluland (= Labrador und Neufundland) und Winland (= Neuschottland), segelten ins Nordmeer hinaus bis nach *Svalbardi* am nördlichen Teile der Ostküste Grönlands, fuhren an der Westküste von Grönland nordwärts bis zur Barrowstrasse, in den Smithsund usw. Später zog man statt in den Wiking nach Rom und dem Heiligen Lande; im Kloster Reichenau fanden einmal 39 isländische Wallfahrer Unterkunft und Kost. Nicht nur erweiterten die Isländer selbst durch ihre Reisen ihren Gesichtskreis, sondern sie breiteten auch die Kenntnis ihrer Heimat in der Ferne aus. Island, „der eisige Fels im Meer," „stieg auf aus nächtiger Ferne", und das Land, wo „der Feuerberg loht", übte zum ersten Male seit seiner Besiedlung seinen Zauber auf das Ausland aus. Die alten Sagas und die Annalen[1]) geben keine genaueren Nachrichten über Islands Natur, aber was sie enthalten, entspricht der Wirklichkeit. Auf den fremden Mitteilungen haftet aber, wie wir in der Einleitung berührt haben, fast von Anfang an der Fluch des Unverstandenen und Lächerlichen und, was noch schlimmer ist, dieser Fluch hat sich von Geschlecht zu Geschlecht vererbt und die albernsten Entstellungen über das wackere Volk in die Welt gesetzt, bis auf den heutigen Tag.

Die ältesten Nachrichten sind noch verhältnismässig richtig. In dem altdeutschen Gedichte Merigarto (d. i. Welt) erzählt Reginprecht, der wahrscheinlich auf Island gewesen ist: Korn und Wein sei genug vorhanden, aber das Holz sei selten; das Treibeis sei steinhart und könne brennen, die Sonne sei niemals zu sehen. Seitdem kehrt die Legende vom Brennen des Eises immer wieder.

Der älteste ausführliche Bericht eines Deutschen über Island, der des Chorherrn Adam von Bremen, ist schon ausgehoben (S. 30). Adam hat ohne Frage seine Nachrichten von dem ersten isländischen Bischof *Ísleifr*, der 1056 in Bremen die Weihe erhielt.

---

[1]) Es gibt aus älterer und jüngerer Zeit viele Annalen oder Jahrbücher, worin die Verfasser von verschiedenen Ereignissen berichten, die zu ihrer Zeit auf Island geschehen sind. Nur die älteren sind gedruckt, Kph. 1847; *Annálar* Björns .... Hrappsey, 2 Bde., 1774/75; *Jón Espólín: Íslands Árbækur*, Kph. 1821—55, 12 Bde.; die andern liegen noch als Handschriften in den Bibliotheken.

Die allerälteste Beschreibung der isländischen Vulkanausbrüche stammt von Herbert von Vauclaire aus der Mitte des 12. Jahrhunderts.

Herbert spricht von „der isländischen Hölle in dem Berge Eclafeld und sagt, unter den Ländern des Nordens befände sich eine Insel mit Namen Hysselandia, deren Bewohner dem christlichen Glauben zugetan und ergeben sind." Auf dieser Insel steht ein Berg (wohl die Hekla) von solch ungeheurer Grösse, dass er einen beträchtlichen Teil des ganzen Landes einnimmt, in dem sich nach Ansicht der Umwohner die grösste Hölle befindet. Dieser Berg ist überall löcherig oder vielmehr hohl und brennt beständig mit loderndem Feuer, welches den Berg von innen und aussen bis an seine Grundfesten oder vielmehr bis über dieselben hinaus durchdringt und zerstört. Und zwar sind gewisse Anzeichen dafür vorhanden, dass dieses erschreckliche Feuer nicht nur unter den Grundfesten des Berges, sondern auch unter dem Grunde des Meeres lebt und tobt (vergl. S. 41). Den berühmten Krater auf Sizilien nennt man das Fenster der Hölle, und, wie schon oft nachgewiesen worden ist, werden dahin alltäglich die verdammten Seelen Sterbender geschleppt, um dort verbrannt zu werden. Und dennoch soll dieser Feuerkessel im Vergleich mit der fürchterlichen Hölle auf Island nur ein kleines Feuerlöchlein sein. Im Innern dieses entsetzlichen isländischen Bergschlundes ist nämlich eine so furchtbare Feuersbrunst, dass die allenthalben auflodernden mächtigen Feuergarben bis an die Wolken reichen, und wenn sie erlöschen, erheben sich immer wieder neue. Dermassen brennt und lodert es in dem Berge, dass der ganze Himmel wie ein einziges Flammenmeer erscheint. Ausserdem erscheinen im Innern dieser Feuermassen Felsstücke, so gross wie ganze Berge, die durch die Kraft der Flammen aus dem Innern des Feuerberges losgerissen mit grosser Heftigkeit emporgeschleudert werden, um alsdann infolge ihres eigenen Gewichtes wieder in die grösste Tiefe des Abgrundes hinabgeschleudert zu werden. Auch glaube ich nicht verschweigen zu dürfen, dass dieses höllische Feuer, wenn auch selten, bisweilen über seine Grenzen ausbricht. Zu unseren Tagen ist das Feuer einstmals mit solcher Macht ausgebrochen, dass es das umliegende Gelände grösstenteils zerstörte, indem es nicht nur Güter und Höfe, sondern auch Kräuter und Bäume bis zur Wurzel und sogar das Erdreich selbst verzehrte. Es ist zwar wunderlich zu sagen, doch sind einige Granitberge und sogar auch Metallfelsen vor dem Feuer wie Wachs geschmolzen und zerflossen, so dass die Täler ausgefüllt und in Flachland verwandelt wurden. Die geschmolzenen Felsen aber, die über das ganze Gelände hingeflossen waren, wurden im Erkalten hart, so dass die Erdoberfläche wie eine gepflasterte Strasse erschien, und ganze Bezirke, die vormals bewohnbar und fruchtbar gewesen waren, verödeten (Lava). Nachdem dieses verheerende Feuer mit unersättlicher Gier das ganze Land mit allem, was darauf stand, zerstört hatte, kam dazu das noch schrecklichere Wunder, dass dasselbe Feuer in das nahe Meer hinabfloss, und als es das offene Meer erreicht hatte, begann es das Wasser mit unglaublicher Gewalt bis auf den Grund zu verbrennen und zu vernichten[1]).

Die Vulkane Islands werden ferner in der Topographia Hiberniae des Giraldus Cambrensis erwähnt:

„Es gibt auch Island, die grösste Insel im nördlichen Ozean, auf drei Tage Seefahrt nach Norden hin von Irland entfernt. Auf ihr wohnt ein Volk, das kurz und wahr spricht. Indem es nämlich nur wenig und kurz spricht, verwendet es nicht den Eid, weil es nicht zu lügen versteht. Denn nichts verabscheut es mehr als die Lüge. Bei diesem Volke ist der König auch Priester, der Fürst auch Bischof. Nämlich in der Hand des Bischofs ruht die Regierung wie das Priestertum. Dieses Land erzeugt und versendet Falken und Habichte, gross und edel. Niemals, oder höchst selten, leuchten hier Blitze oder fallen Donner, aber man hat ein anderes und weit grösseres

---

[1]) Übersetzung von Gebhardt, bei Thoroddsen-Gebhardt I, S. 220/21.

Unheil. Einmal nämlich im Jahre oder in zwei Jahren taucht in einem Teile der Insel ein Feuer auf, läuft wie ein Wirbelwind unter gewaltigem Luftzuge aus und verbrennt, was es auf seinem Wege trifft, unter Rauchentwickelung [1], aber aus welcher Veranlassung dieses Feuer entsteht, und ob es von unten oder von oben kommt, ist unbekannt."

Saxos Schilderung findet passender gelegentlich der *Hekla* ihren Platz, ebenso die des Königspiegels, der wichtigsten Quelle für die mittelalterliche Geographie und Geschichte des Nordens, zwischen 1250 und 1260 in Norwegen verfasst. Der Verfasser hat seinen Stoff zum grössten Teil aus eigener Beobachtung geschöpft oder durch zuverlässige Gewährsmänner erhalten (vergl. S. 66, 69).

Ein Bischof Wilhelm von den Orkaden erzählt ca. 1275 verschiedenes über Island, unter anderem von einem Feuerausbruch im Meere:

„In derselben Zeit verweilte in England in Hertepol der Bischof der Orkaden, Wilhelm, ein ehrbarer Mann und Liebhaber der Wissenschaften, der vieles Wunderbare berichtet hat über die Inseln, die unter Norwegen liegen, wovon ich einiges hier einfüge zum Gedächtnis. Er hat gesagt, dass in Island an einem Orte das Meer auf eine Strecke von einer Meile brennt und hinter sich eine schwarze und schmutzige Schlacke lässt. Anderswo bricht ein Feuer aus der Erde zu gewisser Zeit, aller sieben oder fünf Jahre, und verbrennt unversehens Bauernhäuser und alles, was es findet, und es kann nur ausgelöscht oder verjagt werden durch Weihwasser, das von Priesterhand geheiligt ist. Und was noch wunderbarer ist, er hat gesagt, dass in jenem Feuer deutliches Wimmern der Seelen, die da gepeinigt werden, gehört werden kann."

In einer norwegischen Geschichte (Breve chronicon Norvegiae), die in Schottland aufgefunden und ca. 1230 geschrieben ist, wird ebenfalls ein Ausbruch im Meere bei Island und die Bildung einer vulkanischen Insel erwähnt:

„Ich glaube nicht übergehen zu dürfen, was in unserer Zeit dort sich zugetragen haben soll. Nämlich auf drei Meilen hin begann das ganze Meer wie der Euripus (ein Strudel) zu wogen und wie ein Kochtopf zu sieden, während die Erde aus einem Risse feurige Dämpfe aus ihrer Tiefe ausströmen und einen grossen Berg aus sich entstehen liess, der aus den Wogen hervortauchte."

Etwa 20 Jahre später sagt Alberich von Troisfontaines (1250):

„Aus zuverlässigen Anzeigen ergibt sich die Gewissheit, dass jenes schreckliche Feuer nicht allein im Innern des Berges, sondern auch auf dem Grunde des Meeres lebt und wütet."

Eine gute Schilderung Islands aus der Mitte des 15. Jahrhunderts gibt Abt *Arngrimr* von *Þingeyrar*. Sein geradezu klassisches Zeugnis lautet:

„Man kann auch wohl sagen, dass Island der richtige Name sei für diese Insel, denn Eis gibt es da genug, zu Wasser wie zu Land. Auf der See liegen solche Massen von Treibeis, dass sie mit ihrer unermesslichen Ausdehnung genügen, um das nördliche Meer zu füllen, auf den Hochgebirgen des Landes aber so unschmelzbare Gletscher von übermässiger Höhe und Weite, dass es denjenigen unglaublich vorkommen wird,

---

[1] Wenn nicht fun*d*itus für fu*m*itus zu lesen ist, also „vollständig".

welche in entfernten Landen geboren sind. Aus diesen Berggletschern rinnt gelegentlich ein reissender Strom mit ausserordentlichem Getöse heraus, und mit dem wüstesten Gestank, so dass davon die Vögel in der Luft sterben und die Menschen und Tiere auf der Erde[1]. Andere Berge gibt es in diesem Lande, welche fürchterliches Feuer auswerfen, mit schwerem Ausschleudern von Steinen, so dass man den Lärm und das Getöse über das ganze Land hin hört, so weit als man 168 Seemeilen rechnet herumzusegeln gerade aus von einem Vorgebirge zum andern; dabei kann dieses Schrecknis von so grosser Finsternis vor dem Winde begleitet sein, dass man im Hochsommer zur Mittagszeit seine eigenen Hände nicht unterscheiden kann. Zu diesen Seltsamkeiten kommt noch, dass im Meere selbst, eine Seemeile südlich vom Lande, durch ausbrechendes Feuer ein grosser Berg entstanden ist, während ein anderer dafür versank, welcher vorher auf dieselbe Weise entstanden war. Siedende Quellen und Schwefel gibt es da genug. Wald gibt es da keinen, ausser Birken, und auch diese nur geringen Wuchses. Korn wächst an einigen wenigen Stellen im Süden des Landes, jedoch ausschliesslich Gerste. In der See gefangene Fische und die Produkte der Viehwirtschaft bilden dort die gemeinhin übliche Speise. Diese Insel liegt so nördlich unter dem Zodiacus, dass ihr niedriger (?nördlicher?) gelegener Teil an einigen Stellen während eines Monats oder länger, am Ende Geminorum und Anfange Cancri, beständigen Tag mit hellem Sonnenscheine hat. In der Winterszeit aber, wenn die Sonne in Capricornu ist, steht sie wenig über vier Stunden des natürlichen Tags über dem Hemisphärium dieses Landes, wenn auch weder Berge noch Wolken sie hemmen. Das Land ist vorzugsweise längs der See bewohnt, und läuft am schmälsten aus auf seiner Ostseite und Westseite"[2].

Durch die Handelsbeziehungen der Engländer und der Hansastädte gelangten mancherlei abenteuerliche Erzählungen über Island nach dem Auslande. Zudem begann allmählich auch eine gelehrte Beschäftigung mit der Geographie, allerdings wurden anfangs ältere literarische Überlieferungen ziemlich kritiklos mit neuen Fabeln und Lügen vermischt. Im 16. Jahrhundert waren die Deutschen fast die einzigen, die über Island geschrieben haben (vergl. S. 1), aber beinahe alle ihre Berichte strotzen vor Märchen und Unwahrheiten. Die beiden Brüder Johannes Magnus († 1544) und Olaus Magnus († 1558), beide päpstliche Legaten und Erzbischöfe in Schweden, haben einige der ersten Notizen über Island, die man in fremden Büchern antrifft[3]. Aber so Wunderliches auch in ihren Büchern steht, so ist es doch nichts gegen das, was ein Gories Peerse, Dithmar Blefkens und David Fabricius geschrieben haben[4]. Gories Peerse ist vermutlich Schiffsarzt (Bartscherer) gewesen und stammte aus Hamburg. Das Ungeheuerlichste, was er von den Isländern erzählt, stimmt mit dem überein, was Catull von den Celtiberern weiss:

---

[1] s. u. *Fúlilækur* im Kapitel „Oddi und der Schauplatz der Njálssaga".

[2] Maurer, Island von seiner ersten Entdeckung bis zum Untergange des Freistaats. München 1874, S. 18, 19.

[3] Joh. Magni: Historia de omnibus Gothorum Suenonumque regibus. Romae 1554 — Olaui Magni: Historia de gentibus septentrionalibus. Romae 1555.

[4] Thoroddsen-Gebhardt I, S. 159 ff. Ausgabe der Beschreibung des Gories Peerse in 250 niederdeutschen, schlecht gereimten Versen von Wilh. Seelmann, Jahrb. d. Ver. f. nd. Sprachforschung IX, S. 110—125.

Er Water geten se thohope in eine Ballien,
Dat se de Nacht aver hebben gelaten,
Dar uth waschen se e Hœvet und Mund mit maten.

Aber gerade die für die Isländer so beleidigenden Angaben sind die Ursache geworden, dass Peerses kleines, als Dichtung unbedeutendes Werkchen für die isländische Literatur und Geographie wichtig geworden ist. Es veranlasste die isländischen Gelehrten, die bisher nur die Geschichte ihres Landes schrieben, sich auch über die Geographie und die Naturverhältnisse ihres Vaterlandes zu äussern (vergl. S. 31). Einem jungen isländischen Gelehrten nämlich, *Arngrímur Jónsson* war Peerses Schmutzschrift zu Gesicht gekommen. Entrüstet las er, welche niedrige, viehische Gesinnung man seinen Landsleuten zuschrieb, er beschloss, dem Hamburger „scurra" entgegenzutreten, und so erschien das erste Werk eines Isländers über die Geographie Islands in Kopenhagen, 1593, dem 1609 die Crymogaea folgte, ein Abriss der isländischen Geschichte. *Arngrímur Jónsson*, von den Isländern wegen seiner Kenntnis älterer und neuerer lateinischer Werke, im Auslande wegen seiner Kenntnis isländischer Geschichte und Altertümer der „Gelehrte" genannt, ist 1568 zu *Audunarstadir* im *Vididalur* geboren, wurde 1589 Magister an der Lateinschule zu *Hólar*, starb 1648. Er ist der erste Isländer, der isländische Sagen und Altertümer studierte; er erwies als Erster, dass der Verfasser der Eddalieder nicht *Sæmundr*, sondern *Snorri* wäre; er führte als der Erste den Nachweis, dass Island zur Zeit der Entdeckung durch die Norweger noch nicht bewohnt war und darum nicht Thule sein könne, und für die Sagen-, besonders die Saxoforschung ist seine „Geschichte des alten Dänemark" von grösster Wichtigkeit, weil er in sie Auszüge aus einer sonst verloren gegangenen *Skjöldunga Saga*, d. h. Geschichte der mythischen Könige Dänemarks verwebt hat; und diese isländische *Skjöldunga Saga* des 12. Jahrhunderts, die uns also nur durch Arngrims lateinischen Auszug erhalten ist, war wieder eine der wichtigsten Quellen des Saxo Grammaticus[1]).

Aber erst vom 18. Jahrhundert an begann die nordische Welt, hauptsächlich durch die Bemühungen von *Þormódr Torfason* († 1719) und *Árni Magnússon* († 1730), sich für die Sprache, Literatur und Geschichte Islands zu interessieren, und der Däne Ole Worm konnte bereits Genaueres über die eigenartige Natur der Insel veröffentlichen[2]). Aber dass noch in der Mitte dieses Jahrhunderts die ungünstigen Schilderungen Peerses fortlebten, zeigt das Buch

---

[1]) Axel Olrik, Skjoldunga Saga i Arngrim Jonssons Udtog. Kph. 1894; Proben daraus in Übersetzung in meiner „Geschichte des Hrolf Kraki", Torgau 1905.
[2]) O. Wormii et ad eum doctorum virorum epistolae. 2 Bde. Kph. 1751.

des Hamburger Bürgermeisters J. Anderson „Nachrichten von Island, Grönland und der Strasse Davis", Hamburg 1746. Anderson verdankt angeblich sein Wissen über Island Schiffern, die ihm glaubhafte Männer schienen und in Island gewesen waren. Sein Buch hatte zur Folge, dass sechs Jahre später Niels Horrebow seine „Tilforladelige Efterretninger om Island", Kopenhagen 1752 schrieb, ein für seine Zeit ungewöhnlich gutes Buch.

Eine eigentliche wissenschaftliche Erforschung der Insel überhaupt beginnt mit den Reisen der beiden Isländer *Eggert Ólafsson* († 1768) und *Bjarni Pálsson* (1779) in den Jahren 1750, 1752—57 und mit ihrem grossen Werke „Reise igjennem Island", Sorö 1772, wovon 1774—75 eine deutsche Übersetzung in zwei Quartbänden erschien, Kopenhagen und Leipzig. Durch ihre Reisebeschreibung bekam das Ausland zum ersten Male einen vollständigen Einblick in Islands Natur-, Landes- und Volkskunde, und ihr Buch ist noch heutzutage, trotz seines Alters und seiner unvermeidlichen Fehler, in vieler Beziehung die beste Quelle zur Kenntnis Islands. Gegen Ende des 18. Jahrhunderts wurde Island von mehreren Naturforschern untersucht, von denen besonders Olaus Olavius († 1780)[1], N. Mohr[2], von dem die erste isländische Naturgeschichte stammt, und *Sveinn Pálsson* genannt seien (1762—1840); von ihm rühren mehrere ausgezeichnete Untersuchungen über Islands Vulkane und Gletscher her, aber seine Schriften sind fast alle ungedruckt. Eine hat Amund Helland herausgegeben (Beskrivelser af isl. Vulkaner og Bræer; Turistforeningens Aarbog, 1883, Kristiania). Sein Buch über die isländischen Eisberge enthält die ersten eingehenden Aufschlüsse über Islands Gletscher (vergl. S. 70).

Als im 19. Jahrhundert das Studium der Geologie aufkam, und die Gesteine und ihre Bildungsweise untersucht wurden, wurde Island geradezu das Schosskind der Geologen. G. S. Mackenzie (1810[3]), C. Krug von Nidda (1833[4]) und Eugène Robert verdienen Erwähnung, der 1835/36 an der Expedition des Franzosen Paul Gairmard teilnahm[5]). Auch das schöne Buch von Ebenezer Henderson verdient noch heute Beachtung[6]).

---

[1] Öconomisk Reyse igjennem de nordvestlige, nordlige og nordostlige Kanter of Island. Kph. 1780; deutsch Dresden und Leipzig 1787.

[2] Forsög til en islandsk Naturhistorie. Kph. 1786.

[3] Travels in the Island of Iceland. Edinburgh 1811.

[4] Geognostische Darstellung der Insel Island in: Archiv für Mineralogie, Geognosie, Bergbau und Hüttenkunde. Berlin 1834, VII, S. 421—525; Über die Mineralquellen auf Island, a. a. O. 1836, IX, S. 247—284.

[5] Paul Gairmard, Voyage en Islande . . ., Minéralogie et Géologie par E. Robert, Paris 1840.

[6] Iceland; or the journal of a residence in that island during the years 1814 and 1815. 2 Bde. Edinburgh 1818; deutsch von C. F. Franceson, Berlin 1820.

Japetus Steenstrup[1], Jónas Hallgrímsson[2] und Schythe[3] bereisten Island in den Jahren 1839 und 1840, und diese Reise hatte grosse Bedeutung, besonders infolge der Untersuchungen Steenstrups über die fossilen Pflanzen der Miocänperiode, welche später Oswald Heer in seiner „Flora fossilis arctica" beschrieben hat (Zürich 1868). *Björn Gunnlaugsson* trug ebenfalls bedeutend zur besseren Kenntnis von Island bei, indem er in den Jahren 1831 bis 1843 eine Karte der Insel herstellte; mit ihren vielen zarten Farben gewährt sie einen trefflichen Überblick über die Formation, Lavaströme, Gletscher und heissen Quellen und ist für jeden Reisenden noch heute unentbehrlich. Im Jahre 1846, ein Jahr nach der letzten Eruption der *Hekla*, hatte sich Island des Besuches von drei hochberühmten Forschern zu erfreuen, es waren Robert Bunsen[4], Des Cloizeaux[5] und Sartorius von Waltershausen[6]. Man weiss, welche wichtigen Ergebnisse für die Wissenschaft die Arbeiten dieser Männer über Island gehabt haben. Ihnen folgten Theodor Kjerulf[7] und G. G. Winkler[8], der erstere 1850, der andere acht Jahre später. Im Jahre 1860 untersuchte der Mineraloge F. Zirkel einen Teil Islands und lieferte wichtige Beiträge zur besseren Kenntnis seiner Gesteine[9]. Die

---

[1] Seine zoologischen Schriften sind aufgezählt bei Thoroddsen, IV, S. 36, 37.
[2] Nicht gedruckt.
[3] En Fjeldreise i Island i Sommeren 1840, in: Kröyers Naturhist. Tidskrift, III, S. 331—394. — Udvikling af Qvælluft i nogle varme Kilder, a. a. O. III, S. 329, 339. — Hekla og dens sidste Udbrud. Kph. 1847.
[4] Physikal. Beobachtungen über die hauptsächlichsten Geisir Islands, in: Poggendorffs Annalen der Phys. u. Chemie, 1847, Bd. 72, S. 159—170. — Über den inneren Zusammenhang der pseudovulkanischen Erscheinungen Islands, in: Annalen der Chemie u. Pharmacie, Heidelberg 1847, Bd. 62, S. 1—59. — Beitrag zur Kenntnis des isländischen Tuffgebirges, a. a. O. 1847, Bd. 61, S. 265—279. — Über die Prozesse der vulkanischen Gesteinsbildungen Islands, in: Poggendorffs Annalen, 1851, Bd. 83, S. 197—272. — Bemerkungen zu einigen Einwürfen ... Giessen 1847.
[5] Note sur la hauteur de l'Hekla. Paris 1846, in: Comptes rendus hebdomadaires des séances de l'Académie des Sciences, S. 771—773. — Note sur les températures des Geysers, a. a. O. 1846, S. 934—937).
[6] Physisch-geographische Skizze von Island. Göttingen 1847. — Geologischer Atlas von Island, a. a. O. 1853. — Über die vulkanischen Gesteine in Sizilien und Island, a. a. O. 1853.
[7] Th. Kjerulf, Fra Island 1851. Kristiania. — Bidrag til Islands geogn. Fremstilling, in: Nyt Magazin for Naturvid. 1853, VII, S. 1—70. — Om Islands trachytiske Dannelsen, a. a. O. 1855, VIII, S. 72—116. — Über eine isländische quarzführende Abänderung des Trachyts, in: Liebigs Annalen der Chemie u. Pharmacie, 1853, Bd. 85, S. 257—263. — Islands Vulkanlinier (Nyt Magazin 1876, XXI, S. 147 bis 166. — Kjerulf u. Helland, Studier over Islands petrografi og geologi, in: Arkiv for Mathem. og Nat. vid. skab. 1884, S. 124—132.
[8] G. G. Winkler, Island. Seine Bewohner, Landesbildung und vulkanische Natur. Braunschweig 1861. — Island. Der Bau seiner Gebirge und dessen geologische Bedeutung. München 1863.
[9] W. Preyer und F. Zirkel, Reise nach Island im Sommer 1860. Leipzig 1862.

"Reise nach Island" von Preyer und Zirkel gibt eine der besten überhaupt vorhandenen Beschreibungen dieser Insel. Die erste geologische Karte von Island veröffentlichte Paijkull (1867) und schrieb zuerst über Islands glaciale Bildungen[1]); später lieferte Fr. Johnstrup auf Grund seiner beiden Reisen (1871 und 1876), auf deren letzter ihn der junge Thoroddsen begleitete, Untersuchungen über mehrere isländische Vulkane und über dortige Lager von Schwefel und Lignit[2]); 1881 war der norwegische Geologe Amund Helland auf Island[3]), 1883 der Deutsche Keilhack[4]), 1905 von Knebel[5]).

Der erste, welcher sich im speziellen mit der Geschichte der isländischen Vulkane beschäftigte, war Halldór Jakobsson (1734 bis 1810), allein sein Buch hierüber ist in vielfacher Beziehung eher schädlich als nützlich gewesen, da es zahlreiche unrichtige Angaben über die Lage und die Eruptionen der Vulkane enthält[6]). G. Garlieb, der sich des Jakobssonschen Katalogs bediente, verfiel in dieselben Fehler[7]), und diesen beiden folgten später zum grossen Teile auch Eugen Robert[8]), Sabine Baring-Gould[9]) und Zirkel[10]). Es ist dies auch gar nicht wunderlich, da die

---

[1] C. W. Paijkull, En Sommer paa Island. Stockholm 1866. — Istiden i Norden. Stockholm 1867. — Bidrag til kännedomen om Islands bergbyggnad. Kgl. Svenska Vet. Akad. Handl. VII, No. 1, Stockholm 1867.

[2] Fr. Johnstrup, Indberetning om en Undersögelsreise paa Island i Sommeren 1876. Kph. 1877. — Om de i Aaret 1875 forefaldne vulkanske Udbrud paa Island. Geogr. Tidskrift 1877, I, S. 50—66. — Om de vulkanske Udbrud og Solfatarerne i den nordöstlige Del af Island. Naturhist. Forenings Festskrift. Kph. 1886.

[3] Amund Helland, Lakis kratere og lavaströmme. Krist. 1886. — Om Islands jökler..., in: Arkiv f. Math. og Nat. vid. Krist. 1882, VII, S. 200—232. — Om Islands Geologi. Geogr. Tid. 1882, VI, S. 71—83, 103—111 — Om Vulkaner i og under Jökler paa Island og um Jökulhlaup, in: Nord. Tidskrift utgifven af Letterstedtska Föreningen 1883, VI, S. 368—387. — Studier over Islands Petrografi og Geologi. Ark. f. Mathem. og Naturvid. Krist. 1884, S. 69—154. — Vulkanerne af 1783 paa Island. Meddelelser fra Naturhist. Forening i Krist. 1885, S. 67—74. — Om Island. Nyt Tidskrift I. Krist. 1882, S. 53—67, 158—173, 348—360.

[4] Keilhack, Reisebilder aus Island. Gera 1885. — Islands Natur und ihre Einflüsse auf die Bevölkerung. Deutsche geogr. Blätter. Bremen 1886, IX, S. 1—30. — Vgl. Beobachtungen an isländischen Gletscher- und norddeutschen Diluvialablagerungen. Jahrb. der Kgl. Preuss. Geolog. Landesanstalt. Berlin 1884, S. 159—178. — Über postglaciale Meeresablagerungen in Island. Z. d. Deutschen geolog. Gesellschaft, 1884, S. 145—160. — Beiträge zur Geologie der Insel Island, a. a. O. 1886, S. 376—449.

[5] v. Knebel, Studien in Island im Sommer 1905. Globus 1905, Bd. 88, No. 20, 22, 24.

[6] Halldór Jakobsson (Jacobaeus), Fullstændige Efterretninger om de udi Island ildsprudende Bjerge. Kph. 1757.

[7] G. Garlieb, Island rücksichtlich seiner Vulkane, heissen Quellen u. s. w. Freyberg 1819.

[8] = [5] S. 90.

[9] Sabine Baring-Gould, Iceland, its Scenes and Sagas. London 1863.

[10] = [9] S. 91.

richtigen Quellen ihnen nicht direkt zugänglich waren; erst der Dichter und isländische Naturforscher *Jónas Hallgrimsson* gab eine vollständige getreue Geschichte der isländischen Vulkane, aber seine Arbeit ist nur im Manuskripte vorhanden. Andererseits haben auch viele Bewohner Islands Aufzeichnungen über vulkanische Eruptionen, besonders des letzten Jahrhunderts, gemacht, allein auch diese sind, in isländischer Sprache geschrieben, entweder nur in Bibliotheken oder in den Händen von Privatpersonen. Was die im 19. Jahrhundert stattgehabten Eruptionen anbelangt, so hat J. C. Schythe 1845 die der *Hekla* sehr sorgsam beschrieben[1]), und andererseits hat Fr. Johnstrup eine Beschreibung und Aufnahme der Vulkane von den *Dyngjufjöll*, der *Sveinagjá* und vom *Mývatn* geliefert[2]). Von isländischen Petrographen ist nach Thoroddsen vor allem *Helgi Pjetursson* zu nennen[3]).

Auch das monumentale Buch von Kaalund, das für alle Forscher, namentlich für die Sagenschichte, unentbehrlich ist, sammelte alle Nachrichten über Berge, Gletscher, Vulkane usw. aufs sorgfältigste. Kristian Kaalund ist am 19. August 1844 in Söllested geboren, bestand 1869 das Staatsexamen und unternahm am 27. September 1872 eine zweijährige Reise nach Island, um die in den Sagas vorkommenden Lokalitäten zu bestimmen. Das Hauptergebnis seiner Reise ist das meisterhafte Buch „Bidrag til en historisk-topografisk Beskrivelse af Island". 2 Bde. Kph. 1877 bis 1882[4]).

Eine nicht geringe Anzahl von Naturforschern hat also Island aufgesucht, und besonders sind es die vulkanischen Erscheinungen gewesen, die die Gelehrten nach dem abgelegenen Eiland gelockt haben. Aber die Insel ist zu gross, als dass sie durch ein paar Streifzüge, auch wenn sie drei Monate dauerten, durchforscht werden könnte und bietet ausserdem im Innern zu viel Schwierigkeiten. Den meisten Reisenden stand zu wenig Zeit zur Verfügung, und fast alle, soweit sie Ausländer waren, verstanden nichts oder zu wenig von der sehr schwierigen Landessprache. Die Aufgabe er-

---

[1]) = [3]) S. 91, Nr. 3.

[2]) = [2]) S. 92.

[3]) En Bestigning af Fjældet Baula. Geogr. Tidskrift 1897, XIV. S. 44—50. — *Um Fjöll.* Timarit 1899, XX, S. 156—187. — *Nijungar i jardfrædi Islands.* Eimreidin 1900, VI, S. 52—57. — *Yoldialagid i Bulandshöfda.* Timarit 1903, XXIV, S. 60—70. — Moræner i den isl. Palagonitformation. Oversigt over Vid. Selsk. Forhandl. 1901, No. 5.

[4]) Ausser verschiedenen Ausgaben und Übersetzungen von Sagas veröffentlichte Kaalund noch: Familielivet paa Island i den förste Sagaperiode. Aarb. f. nord. Oldk. 1870, S. 269—381; Islands Fortidslævninger, a. a. O. 1882, S. 57—124; mit *Valtýr Gudmundsson* zusammen: Skandinavische Verhältnisse, in: Pauls Grundriss der Germ. Philologie, III, 2. Aufl., 1900, S. 407—479. Über Kaalunds Reise vergl. Thoroddsen, IV, S. 89—93.

forderte einen Isländer, dem das Eis der Heimat die Festigkeit des Willens gestärkt und das Feuer der Heimat die heisse Begeisterung für seine Lebensaufgabe verliehen hatte; der mit dem ganzen Rüstzeug der modernen Forschung ausgestattet war, und der doch bescheiden genug war, sein eminentes Wissen und sein umfassendes Können ganz in den Dienst des schönen, aber armen Vaterlandes zu stellen; der einen widerstandskräftigen Körper und einen unerschrockenen Mut hatte und die entschlossene Beschränkung besass, Stück für Stück, Strich für Strich, Jahr um Jahr planmässig vorzugehen und zu erforschen und dann aus den vielen mühsam erworbenen Einzelheiten ein Bild des Ganzen aufzubauen. Es musste ein Mann sein, der die schlummernde Tatkraft der einfachen Bauern zu wecken verstand, da er auf ihre Hilfe angewiesen war, und der den Bewohnern der entlegensten und ärmsten Öden durch sein eigenes Beispiel den Beweis liefern konnte, dass wagemutige Entschlossenheit auch den eingewurzelten Vorurteilen des Ortskundigen ein Ende macht. Als das isländische Althing im Jahre 1881 den Beschluss fasste, eine planmässige geographisch-geologische Aufnahme der ganzen Insel vorzunehmen, konnte kein Würdigerer damit betraut werden, als der damals 26 jährige *Þorvaldur Thoroddsen*. Durch ihn ist die Zahl der grossen Männer, die in so reicher Zahl aus der schwach bevölkerten Insel hervorgegangen sind, um eine Grösse ersten Ranges vermehrt, und der Name Thoroddsen geniesst heute Weltruf[1]).

Þorvaldur kann sein Geschlecht bis auf den König *Hjörleifr* von *Hördaland* in Norwegen zurückverfolgen. Dessen Urenkel *Úlfr* der Schieler hatte ca. 896 die kleine Halbinsel *Reykjanes* im Nordwesten Islands besiedelt (nicht die bekannte südwestliche Halbinsel; Lnd. II, 22). Sein Grossvater kämpfte 1807 auf Kopenhagens Wällen gegen die Engländer, und sein Vater *Jón Þórdarson Thoroddsen* war einer der ersten Dichter Islands zu Anfang des vorigen Jahrhunderts. *Þorvaldur* wurde am 6. Juni 1855 geboren. Nach dem frühen Tode des Vaters nahm sich der bekannte Sammler isländischer Volkssagen *Jón Arnason* der Witwe und ihrer 4 Söhne an. 1875 wurde er Student in *Reykjavik* und ging nach Kopenhagen, um unter Japetus Steenstrup Zoologie zu studieren, beschäftigte sich aber früh mit geologischen Studien. Von dort ging er 1876 mit seinem Lehrer Prof. Johnstrup nach seiner Heimat zurück, um die Gegend der *Askja* geologisch zu untersuchen, die im Jahre vorher einen heftigen Ausbruch gehabt hatte. 1880 wurde er Lehrer an der Realschule zu *Mödruvellir*, 1885 Adjunkt am Gymnasium zu *Reykjavik*, nachdem er zuvor noch in Leipzig bei Richthofen seine Studien erweitert und vertieft hatte. Seit 1895 hat er seinen Wohnsitz in Kopenhagen, unternimmt aber noch fast jeden Sommer einen wissenschaftlichen Ausflug in seine Heimat.

Es ist oft genug auf den vorstehenden Blättern hervorgehoben, was die Wissenschaft seinen geographischen, geologischen, vulkanischen und glacialen Studien verdankt, und dass namentlich die Erschliessung der Ränder des *Vatnajökull* sein Hauptverdienst ist. Seine Reisen und Forschungen im Innern, Osten, Südwesten und

---

[1]) Vergl. M. Lehmann-Filhés, Dr. Thorvaldur Thoroddsen. Globus 1898, Bd. 74, No. 10. Eine treffende Charakteristik in wenigen Worten bei Neumayr, Erdgeschichte I, S. 196.

Nordwesten hat er in isländischen Jahrbüchern (vor allem im *Andvari*, „der Beobachter"), in der dänischen Geografisk Tidskrift, der schwedischen Geografiska Föreningens Tidskrift, in Petermanns Geographischen Mitteilungen, im Ausland und im Globus beschrieben und hat in Frl. Margarete Lehmann-Filhés-Berlin und dem Privatdozenten Dr. August Gebhardt-Erlangen nachempfindende, gewissenhafte Übersetzer gefunden. Zusammenfassende Arbeiten in geschickter, allgemeinverständlicher Darstellung sind: *Lýsing Islands. Ágrip eftir Þorvald Þoroddsen, Dr. phil. Önnur útgáfa, endurbætt*. Kph. 1900 (norwegisch übersetzt von Amund Helland, Islands Beskrifelse af Þorvaldur Þoroddsen. Krist. 1883); Oversigt over de islandske Vulkaners Historie. Avec un résumé en français. Kph. 1882; Vulkaner og Jordskjælv paa Island. Kph. 1897. Sein Hauptwerk ist die *Landfræðissaga Islands* in vier stattlichen Bänden (auf Kosten der isländischen Literatur-Gesellschaft herausgegeben, I, Reykjavik 1892, II, III, IV, Kph. 1898, 1902, 1904. August Gebhardt hat das ungeheuer schwierige Werk unternommen, das Buch zu übersetzen, unter dem Titel „Geschichte der isländischen Geographie" (Leipzig 1897, 1898, 2 Bände), und es ist in hohem Grade zu bedauern, dass Gebhardt uns nicht auch den 3. und 4. Band beschert hat; denn es dürfte sich kaum jemand in Deutschland finden, der zu dieser Riesenaufgabe in diesem Masse befähigt wäre, wie er — oder sollte die Fortsetzung an der Teilnahmlosigkeit des Publikums gescheitert sein? Þoroddsens „Saga" ist durchaus auf die Quellen selbst gegründet, die mit gesunder Kritik behandelt werden; eine ganz erstaunliche Belesenheit, auch in den abgelegensten Schriften fremder Völker, tritt allerorten zutage, und überall kommt dem Verfasser seine einzig dastehende Kenntnis aller Teile des Landes zugute. Die Hauptausbeute seiner Reisen ist die grosse geologische Karte von ganz Island, 1901 auf Kosten des Carlsbergfonds herausgegeben. Er hat zu ihrer Herstellung seit 1881 Reisen kreuz und quer durch Island unternommen; man muss bedenken, Island ist so gross wie Süddeutschland rechts des Rheins, oder nach Knebel so gross wie die Provinzen Brandenburg, Hannover und Sachsen, vermehrt um das Areal der drei freien Reichsstädte! Er hat 18 Sommer auf dem Rücken des Pferdes zugebracht, 1200 Höhen berechnet und die Schnee-, Firn- und Gletschergrenze für die ganze Insel bestimmt. Als er 1881 seine Forschungsreise begann, gab es nur eine einzige Brücke auf Island, er hat 105 Vulkane neu entdeckt und die 8000 qkm grosse Eisfläche des *Vatnajökull* von allen Seiten durchforscht. Er ist zusammen fast 30 Jahre lang ausschliesslich mit Forschungen über Islands Geographie, Geologie und allgemeine Naturverhältnisse beschäftigt gewesen, sowie mit Studien in bezug auf Leben, Ernährungswege und Geschichte seines Volkes. Sein Lebenswerk fasst er neuerdings zusammen in „Island, Grundriss der Geographie und Geschichte", I. Gotha 1905, mit einer Höhenschichtkarte und einer Skizze der Siedelungen und Ödländereien[1]. Er behandelt darin die allgemeinen Oberflächenverhältnisse, die Höhenpunkte des Landes, die Küsten und die modernen Vulkane.

Seit 1884 ist er Ehrendoktor der Kopenhagener Universität und seit einigen Jahren Professor. Er ist im Besitze der goldenen Medaille der schwedischen geologischen Gesellschaft und der grossen goldenen La Roquette-Medaille der geographischen Gesellschaft in Paris; seit 1893 ist er korrespondierendes Mitglied der Gesellschaft für Erdkunde in Berlin, und 1897 erhielt er den Cuthbert Peek-Preis von der Königlichen Geographischen Gesellschaft in London.

Die Kosten seiner Reisen hat zum Teil das isländische Althing getragen, zum Teil haben ihn Etatsrat Augustin Gamél in Kopenhagen und Freiherr Oskar Dickson in Göteborg unterstützt, vieles hat er aus eigener Tasche bestreiten müssen.

[1] Korrekturnote: Der zweite Teil ist im Juli 1906 erschienen, behandelt vor allem die Gletscher Islands und gibt eine Karte über die Bruchlinien Islands, über seine Reisen in den Jahren 1881—96 und vor allem eine vorzügliche geologische Karte, 1 : 7 500 000.

Seine Reiseberichte zerfallen gewöhnlich in drei Teile: zunächst gibt er einen allgemeinen Überblick über das Gebiet, das er durchforschen will, soweit es bisher bekannt ist, dann eine knappe Reiseschilderung, und zuletzt fasst er die Ergebnisse seiner geologischen Untersuchungen zusammen. Die Darstellung ist überaus lichtvoll und gewährt auch dem Nichtfachmanne hohen Genuss. Es ist zu bedauern, dass noch keiner seiner Reiseberichte als Ganzes übersetzt ist. Als wahrhaft grosser Gelehrter ist er im Erzählen der überwundenen Strapazen und im Aufstellen der Resultate überaus bescheiden; in seiner „Saga", in der er doch selbst die erste Stelle einnimmt, geht er auf seine eigenen Forschungen überhaupt nicht ein. Was für eine prächtige, anziehende, nervenkitzelnde Darstellung hätte ein anderer aus den Reisen durch das wasserreiche Südland, in das öde Hochland gemacht! Über die Art seines Reisens fasst er sich kurz und schlicht so zusammen (Petermanns Geographische Mitteilungen 1885, Bd. 31, S. 194):

„Im Innern ist man längere Zeit von jedem Verkehr mit Menschen abgeschnitten, und deshalb muss man eine ziemlich grosse Bagage mit sich schleppen, wodurch wieder viele Pferde nötig werden. Mein Zelt war ein kegelförmiges norwegisches Soldatenzelt aus vier Stücken, welche nur sehr wenig Platz einnehmen. Ein Stück gefirnisstes Segeltuch wurde auf dem Erdboden ausgespannt und das Zelt darauf aufgestellt, da Feuchtigkeit und Kälte des Erdbodens es sonst unmöglich machten, dasselbe zu erwärmen. Schlafsäcke hatten wir nicht, sondern wir wickelten uns nachts in Mäntel und Reisedecken ein und gebrauchten die Sättel als Kopfkissen. Unser Proviant bestand fast ausschliesslich aus Konserven, und unsere Küche war sehr primitiv. Auf einer solchen Reise ist stets die Hauptsorge, die Pferde in gutem Zustande zu erhalten, da man ohne sie bei schlechter Witterung rettungslos verloren sein würde. Etwas Heu hatten wir von den Ansiedelungen mitgenommen, ausserdem etwas Mais-Teig, welchen die Pferde, obwohl die meisten nicht daran gewöhnt waren, doch mit gutem Appetit verzehrten. Sense und Rechen hatten wir mitgenommen, um auf den wenigen Grasplätzen in der Lavaebene noch etwas Heu ernten zu können. Meine Pferde waren alle an Strapazen und an die schlechten Wege in den unbewohnten Gegenden gewöhnt und deshalb sicherer als diejenigen, welche ich gelegentlich in den Ansiedelungen leihen konnte; trotzdem aber war es für sie ein hartes Stück Arbeit, dieses auch im Verhältnis zu anderen Einöden Islands höchst beschwerliche Terrain zu überwinden. Das Schlimmste war natürlich, dass sie häufig genug sehr wenig Futter bekamen; es ist jedoch ganz erstaunlich, was die isländischen Pferde ertragen können, und wie sicher sie halsbrecherische Stellen überwinden, an denen, wie man glauben sollte, kaum Ziegen und Gemsen klettern können. Hat man grössere Strecken über unebene Lavamassen zurückzulegen, so werden die Hufeisen der Pferde schnell abgenutzt, und man muss sich deshalb mit genügendem Vorrat, auch an Nägeln, versehen. Die Unterfläche der Hufeisen und die Köpfe der Nägel hatte ich mit Gusseisen übergiessen lassen, weil sie dann doppelt so lange halten, da Gusseisen viel härter als Schmiedeeisen ist; trotzdem mussten wir mehrmals unsere Pferde unterwegs frisch beschlagen."

Kaum ein anderer lebender Isländer wird auch so von seinen Landsleuten verehrt wie er. Vor ihm schweigen selbst die erregten Debatten, in denen der heutige Isländer unausstehlich ist, sobald es sich um Politik handelt. Man weiss, dass er mit den gegebenen Verhältnissen und mit dem geschichtlich Gewordenen rechnet, dass er darum auch für ein freundliches Einvernehmen mit Dänemark ist. Aber nie ist deswegen über ihn ein unehrerbietiges Wort gefallen, während sonst den Isländern in politischen Fragen sofort Zunge und Verstand durchgehen. Es war mir immer schmerzlich, so oft ich, namentlich im Südlande, gefragt wurde, ob ich Thoroddsen persönlich kenne, sagen zu müssen, dass ich wegen eines schmerzlichen Trauerfalles in seiner Familie nicht gewagt hatte, ihn zu besuchen.

Selbstverständlich hat Thoroddsen auf seinen Forschungsreisen auch die Hilfe und Kenntnisse der Ortseingeborenen in Anspruch genommen und sich der Lokalführer bedient. Unter diesen nennt er besonders *Snorri Jónsson* für die *Kerlingarfjöll*, *Runólfur Jónsson* für die *Vestur-Skaptafells sýsla* und *Jón Þorkelsson*, der 1875 zuerst auf Schneeschuhen zu den *Dyngjufjöll* vordrang; letzterer hat seitdem mindestens 15 mal die Tour nach der *Askja* gemacht, u. a. auch mit Daniel Bruun.

Ögmundur Sigurdsson.　　　　　Þorvaldur Thoroddsen.
Fig. 10.

Keiner aber hat ihn treuer begleitet als sein ehemaliger Schüler von der Realschule in *Mödruvellir*, *Ögmundur Sigurdsson* (Fig. 10).

Von den 18 Reisen hat er ihn auf 17 begleitet, von Anfang bis zu Ende, nur 1882 musste er gegen den Schluss der Reise zurückbleiben, weil er an den Masern heftig erkrankte. *Ögmundur* ist jetzt selbst Lehrer an der Realschule in *Hafnarfjördur*. Er ist also ein durchaus gebildeter Mann und hat auf den Seminarien in Dänemark, Norwegen und Chikago studiert. Er spricht und schreibt gleich geläufig dänisch, norwegisch und englisch und überraschte mich sogar gelegentlich mit ein paar Brocken deutsch. Ich schätze mich besonders glücklich, dass es mir gelungen war, diesen wackeren Mann als Führer zu gewinnen, der unermüdlich, ohne je auch nur die geringste Laune zu zeigen, sorgsam auf mein Wohl bedacht war. Und niemals hätte ich mir träumen lassen, dass ich in Islands Lavawüsten mit einem Isländer über Schopenhauer, Ed. v. Hartmann und Nietzsche lebhafte Gespräche führen würde. Wenn wir am Abend müde ins Quartier kamen, dann holte er aus seinem hölzernen Koffer ein englisches philosophisch-pädagogisches Buch über die Natur der Kindesseele hervor und studierte eifrig darin.

Weit über den üblichen Touristenbeschreibungen stehen die Arbeiten des dänischen Hauptmanns Daniel Bruun (geb. am 27. Januar 1856[1]).

Er ist ein weitgereister Mann und in Afrikas Wüsten ebenso gut zu Hause wie in Islands Lavafeldern und Gletschermassen. Er wurde 1879 Leutnant in der dänischen Armee, kämpfte 1881—82 in der Fremdenlegion in Algier gegen die Araber, wurde 1884 zum Premierleutnant befördert, heiratete 1888, unternahm 1893 eine Studienreise nach Süd-Tunis, war wiederholt in Grönland und siebenmal in Island; auf seiner letzten Reise 1905 begleitete ihn sogar sein elfjähriger Sohn. Er hat den Beweis geliefert, dass die heutigen wirtschaftlichen Verhältnisse der Isländer und ihre Bauart übereinstimmen mit den Verhältnissen der Sagazeit, und dass die Ruinen der ehemaligen isländischen Gehöfte in Grönland — im sogenannten Julianehaabs — den Bauten auf Island entsprechen. Er hat tüchtige archäologische Untersuchungen auf Island angestellt und auch ein offenes Auge gehabt für die heutigen Erwerbsquellen der Isländer. So oft sich ihm Gelegenheit bot, hat er Ausflüge in das unbewohnte Innere unternommen und mit seinen Beschreibungen und Landschaftsbildern wichtige Beiträge zur Kenntnis von Islands Wüsten geliefert. Nicht unerwähnt darf bleiben, dass sein photographischer Apparat die bedeutendsten isländischen Gegenden festgehalten hat, kaum ein anderer Islandforscher gebietet über eine solche Fülle von Aufnahmen und Zeichnungen. Gern hebe ich hervor, dass auch dieses Buch ihm in jeder Hinsicht viel verdankt, namentlich dass es ihm manches charakteristische Bild schuldet.

[1]) Daniel Bruun: Den Gamle Godsejer Fortæller om Jagt og Eventyr. Kph. Algier og Sahara. Billeder fra Nomade- og Krigerlivet. Kph. — Huleboerne i Syd-Tunis. Erindringer fra et Ophold hos Kalifaen i Matmata. Kph. — Den Arkæologiske Ekspedition til Julianehaabs Distrikt 1894, en foreløbig Meddelelse (in „Geografisk Tidsskrift", 13. B, 1894). — Arkæologiske Undersøgelser i Julianehaabs Distrikt (in „Meddelelser om Grønland", XVI, 1895). — Mellem Fangere og Jægere. Kph. 1895. — Ornithologiske Jagttagelser fra Sydgrønland, Sommeren 1894 (in „Videnskabelige Meddelelser" fra den naturhist. Forening, 1895. — Turistruter paa Island, I (in „Dansk Turistforenings Aarsskrift" 1898). II, Tværs over Kølen (in „Dansk Turistforenings Aarsskrift" 1899). — Færøerne, Island og Grønland paa Verdensudstillingen i Paris 1900. Kph. 1901. — Islande, Monuments de l'antiquité — Nature. Itinéraires de touristes en langue anglaise par M. Thorvald Kornerup. Publié par les soins de M. Daniel Bruun, capitaine, membre du comité de l'exposition de Paris. — Fortidsminder og Nutidshjem paa Island. Kph. 1897. — Det höje Nord, Færöernes, Islands og Grønlands Udforskning. Kph 1902. — Gjennem affolkede Bygder . . . Geogr. Tidskr. 1898, XIV, S. 130—149. — Arkæologische Undersögelser paa Island a. a. O. 1899, XV, S. 71—87. — Ved Vatna Jökulls Nordrand. a. a. O. 1902, XVI, S. 155—173. — Sprengisandur og Egnene mellem Hofs-og Vatnajökull. a. a. O. XVI, S. 218—242. — Gennem afsides Egne paa Island. Jagttagelser foretagne paa Rejser i Skaftafellssyslerne. Tidskr. for Landökonomi. 1903. — Hesten i Nordboernes Tjeneste paa Island, Færöerne og Grønland. a. a. O. 1902.

Drittes Kapitel.

Geschichte Islands[1].

Viele Jahrtausende lag Island, der Überrest eines vor langer, langer Zeit ins Meer versunkenen Weltteils, einsam und unbewohnt draussen im weiten Weltmeere. Wie es damals auf dem vulkanischen Eisland ausgesehen hat, beschreibt Thoroddsen (Andvari XIII, 97o). „Die Gletscher schauten hinaus aufs Meer und sahen nichts wie Seeschwalben und wasserschnaubende Wale; die Lachse plätscherten in den Strömen; die Eberesche gedieh ungestört und lugte aus dem zerklüfteten Gestein hervor. Buschwälder von grösserer Ausdehnung als heute bedeckten fast jeden Abhang; die Seehunde sonnten sich auf den Klippen, und in jeder Bucht liessen die Wasservögel ihr Geschrei vernehmen. Zuweilen krachte der Erdboden, und lärmend und donnernd brach das Feuer aus dem Felsen hervor; dann sank es wieder zurück, und der alte Zustand kehrte wieder." Das Klima und die Vegetation waren damals schon im wesentlichen genau so wie heute.

Da näherten sich Ruderschlag und menschliche Stimmen, es mag gegen Ende des achten Jahrhunderts unserer Zeitrechnung gewesen sein; irische Mönche kamen mit Glocke und Kreuz. Aber diese Urbevölkerung hat für die Geschichte keine Bedeutung; sie steht mit der späteren Entdeckung der Insel von Norwegen aus in keinem Zusammenhange, und sie zog sich, da sie nur gering war, vor den in Massen einwandernden norwegischen Heiden scheu zurück.

[1] Seit 1902 hat die isländische Literaturgesellschaft die Herausgabe der „*Islendinga-Saga*" in Angriff genommen, eine den Anforderungen der Neuzeit entsprechende Geschichte Islands von seiner ersten Besiedelung an bis auf die Gegenwart, und diese Arbeit *Bogi Th. Melsted* übertragen. Bisher ist der I. Band erschienen (1903), der mit Phytheas beginnt und eine sehr ausführliche, kritische Schilderung der Besitznahme der einzelnen Bezirke bringt. Von demselben Verf. ist neuerdings eine populäre Geschichte Islands (*Stutt kenslubók i Islendinga Sögu handa byrjendum*, Kph. 1904) veröffentlicht, gewissermassen ein Entwurf zu dem grösseren Buche; diesem bin ich in der Einteilung und Benennung der verschiedenen Perioden gefolgt.

I. Islands Besiedlung (*Landnámsöld* 874—930).

Mit der Entdeckung Islands von Norwegen aus beginnt die Geschichte der Insel. Auf ihren Drachenschiffen mit den klaffenden Rachen und gierigen Fratzen kamen die Wikinger herangefahren, setzten ihren Fuss auf den jungfräulichen Boden und machten das Eisland zum Schauplatz der Geschichte und zum Kampffeld der Menschen. Dem Beispiele des *Ingólfr Arnarson* und *Hjörleifr Hródmarsson*, die im Jahre 874 sich als die ersten Ansiedler auf Island niedergelassen hatten, folgten bald andere, vor allem Abkömmlinge alter Adelsgeschlechter, Jarle und Hersen, d. h. regierende Fürsten aus eigenem Recht. Das Vaterland war ihnen verleidet, seit König *Haraldr hárfagri* (der Haarschöne) sich zum Alleinherrscher in Norwegen gemacht hatte. Aber auch die Bauern wollten ihren Nacken nicht beugen; dadurch, dass Haraldr die Allodia konfiszierte, hatte er auch ihre Freiheit gebrochen. So gross war in wenigen Jahren die Zahl der Auswanderer geworden, dass der König, um der Verödung des eigenen Landes vorzubeugen, geradezu die Auswanderung mit einer Steuer belegen musste. Dass der erste Eindruck der Insel nicht allzu günstig war, zeigen die Namen „Schneeland" und „Eisland". Der erste Ansiedler am Nordkap rief aus, er habe ein schlechtes Geschäft gemacht, als er seine Äcker in Norwegen gegen *Kaldbakr* vertauschte (Grettis Saga K. 9). Und es ist nichts wie bare Aufschneiderei, wenn einer der ersten Besucher daheim erzählte: „Auf Island trieft Butter von jedem Halme." Trotzdem haben um das Jahr 1000 etwa 40—50000 Isländer auf der Insel gewohnt, und in 60 Jahren, der sogenannten Landnehmerzeit *(landnámatid)* waren die Küsten besiedelt. In den Jahren 1102—5 scheint die Insel mehr als 100000 Bewohner gehabt zu haben.

Über diese erste Periode der isländischen Geschichte (*landnámsöld*, „Zeit der Kolonisation") sind wir durch die *Landnámabók*, das „Buch von der Besiedlung und der Geschlechtergeschichte Islands" auf das genaueste unterrichtet. Es ist ein Werk, das nicht nur in der Geschichte der altgermanischen Literatur, sondern in der gesamten Weltliteratur einzig dasteht. Hier allein können wir die Besiedelung eines Landes bis ins kleinste bestimmen, wir können die Aufteilung der Insel an der West- und Ostküste, das Vordringen in den Flusstälern und Wiesengründen genau verfolgen; wir kennen aus ihr die Namen der ersten Ansiedler, ihre Herkunft und ihre Nachkommen[1]. Zu diesem Werte für die Anthropogeographie kommt, dass die Besitzergreifung Islands ein ausgezeichnetes Bei-

---

[1] K. Maurer, Entstehung des isländischen Staates und seiner Verfassung. München 1852. — Schumann, Islands Besiedelungsgebiete während der *Landnámatid*. Leipzig 1900.

spiel einer reinen Neulandsiedelung ist. Alte genealogische Aufzeichnungen und Sagas seit dem 12. Jahrhundert, die sich nur auf einzelne Landesteile beziehen, sammelt dieses antiquarisch-gelehrte Werk um 1220 im Südwesten der Insel und ordnet sie; nur hier und da werden sagamässige Züge und Anekdoten eingeflochten. Aber das Buch enthält nicht nur kahle Stammbäume, nicht nur eine dürre Liste von etwa 3000 Personen- und 1400 Ortsnamen — das Register der letzten Ausgabe umfasst allein 119 grosse Druckseiten —, sondern es gibt in fesselnder Darstellung viele für die Geschichte des Glaubens, des Rechtes, der Kultur wichtige Aufschlüsse. *Ari der Kundige* ist zwar nicht der Verfasser, aber dem Urheber des Werkes haben Stammbäume der Hauptfamilien im ganzen Lande vorgelegen, ferner Genealogien der Leute am *Breidifjördur* und der Anwohner der östlichen Fjorde aus der ersten Hälfte des 12. Jahrhunderts; dazu hat er die zu seiner Zeit vorhandenen *Islendingasögur* benutzt[1]. Obwohl wir nur spätere Bearbeitungen dieses merkwürdigen Buches durch den gelehrten, wortreichen und gezierten Prior *Styrmir* (ca. 1240) und den die Genealogien seines eigenen Geschlechtes hinzufügenden *Sturla Þordarson* (ca. 1245—60) haben, die dann *Haukr Erlendsson* († 1334) zu einem neuen, umfangreichen Werke verschmolz, so können wir doch dank den eindringlichen Untersuchungen Finnur Jónssons die ursprüngliche *Landnáma* wieder erschliessen. Ich muss mich an dieser Stelle mit diesen ziemlich allgemeingehaltenen Bemerkungen begnügen; aber ich hoffe, dass der Bericht meiner zweiten Reise auch dem Nichtfachmann ein wahrheitsgetreues Bild dieses eigenartigen Buches geben wird.

Die Isländer sind also Germanen, und zwar Norweger, aber nicht unvermischt. Mit und neben den heidnischen Norwegern, die zahlreiche Hörige und Sklaven teils keltischer, teils lappischer oder finnischer Herkunft mit ins Land brachten, siedelten sich keltische Christen auf Island an; mit den Kelten zusammen wurden zahlreiche Kriegszüge und Handelsfahrten unternommen[2]. Die Möglichkeit lässt sich nicht bestreiten, dass dabei manches von keltischer Poesie auf die isländische abgefärbt hat; aber direkte Übernahme ist bis jetzt noch nicht bewiesen. Sicher ist, dass die isländische Urbevölkerung sich aus drei verschiedenen Bestandteilen zusammensetzt: aus einer germanischen in der Hauptsache, daneben aus einer keltischen und vereinzelt aus einer urskandinavischen. Indem das Herrenvolk

---

[1] Beste Ausgabe von Finnur Jónsson, Kph. 1900. Untersuchungen über das Verhältnis der Landnáma zu den einzelnen Sagas hat Bj. M Olsen begonnen. Aarb. f. n. Oldkynd. og Historie 1904 ff.)

[2] Mogk, Kelten und Nordgermanen im 9. und 10. Jahrhundert. Leipzig 1900. — Alex. Bugge, Contributions to the History of the Norsemann in Ireland. Christiania 1900. — Herrmann, Nordische Mythologie. 8 ff.

mit diesen verschmolz, entstand eine neue Rasse, und deren Eigenart wurde durch die einsame Lage des Landes und seine merkwürdige Natur, sowie durch die auf diese Weise sich ergebenden Lebensbedingungen im Laufe der Zeit noch stärker ausgeprägt. Die äussere Erscheinung wie der Charakter der Isländer ist darum so schwer zu bestimmen. Ich wenigstens verzichte darauf, eine allgemeine, abschliessende Charakteristik der Isländer nach ihren körperlichen wie nach ihren seelischen und geistigen Eigenschaften zu geben und beschränke mich lieber darauf, an geeigneten Stellen einfach Fall für Fall zu verzeichnen, was mir aufgefallen ist und mir der Wiedergabe wert erscheint.

Um das Jahr 930 wurde der erste Schritt zur Begründung eines geordneten Staatswesens durch die Gesetzgebung des *Ulfljótr* getan. Die vornehmen Norweger, die nach Island auswanderten, nahmen die Tempelhauptsäulen mit und richteten sie drüben wieder auf. Ein solcher Tempelbesitzer sammelte um den heiligen Hof als Priester desselben (*godi*, d. h. der „Besprecher, Zauberer", dann „Priester" nach seiner Stellung zu den Göttern [*gud*]) bald eine Tempelgemeinde; bald fügten sich zu seinem Priestertum die weltlichen öffentlichen Rechte und Pflichten über den Bezirk, das *godord*; so vollzog sich auch in dieser nördlichsten germanischen Kolonie die uralte Verbindung des priesterlichen und des obrigkeitlichen Amtes aufs neue[1]. Gegen diese herrschende Meinung, dass in Island das Priestertum den Ausgangspunkt für die Entstehung einer neuen Staatsgewalt gebildet habe, dass das *godord* aus dem Tempelpriestertum, also auf heidnisch-religiöser Grundlage, erwachsen sei, hat Dr. Friedrich Boden, der mich von Kopenhagen bis *Reykjavik* und dann auf der ersten Reise begleitete, in verschiedenen Aufsätzen Einwände erhoben[2]. Er versucht den Nachweis, dass die isländische Regierungsgewalt des Goden auf den uralten Grundlagen des erblichen Adels und der Gefolgschaft beruhe, dass weder das Tempelpriestertum noch der Grundbesitz eine entscheidende Rolle gespielt habe, und dass die Gesetzgebung des *Ulfljótr* wie die Rechtsbücher dem Leben nicht entsprachen. Aber ich fürchte, dass mein verehrter Reisegefährte trotz seiner gründlichen Kenntnis der Quellen, zumal der geschichtlichen, und trotz seiner tüchtigen Beherrschung der Literatur den Wert der juristischen Quellen unterschätzt, den der Sagas überschätzt.

---

[1] K. Maurer, Bekehrung des norw. Stammes zum Christentum, II. 209—220. — Zur Urgeschichte der Godenwürde, in: Zeitschr. f. deutsche Philologie, IV, 125 bis 130. — Island von seiner ersten Entdeckung bis zum Untergange des Freistaates, 36 ff.

[2] Boden, Die isländischen Häuptlinge, in: Z. der Savigny-Stiftung, Germ. Abt. 1903, Nr. 4, 148—201. — Mutterrecht und Ehe im altnordischen Recht, 1904, 46, Anm. 1. — Die isländische Regierungsgewalt in der freistaatlichen Zeit, 1905.

Die einzelnen *godord* waren ohne jede Verbindung untereinander und standen sich wie souveräne Staaten gegenüber. Dazu kam, dass die Angehörigen der verschiedenen Goden gemischt durcheinander sitzen konnten. Oft genug entbrannten Streitigkeiten, und dann entschied das Recht des Stärkeren. Das waren unleidliche Verhältnisse, und durch eine Verständigung unter den massgebenden Goden wusste man ihnen ein Ende zu machen. Ein eingewanderter Norweger, *Ulfljótr* aus *Lón*, entwarf im Jahre 930 ein für ganz Island geltendes Gesetz, wie man es aus dem Mutterlande her kannte. Sein Werk wurde die Grundlage des isländischen Freistaates, dessen Verfassung sich im Verlaufe des 10. Jahrhunderts vollständig entwickelte.

II. Der isländische Freistaat (*Ísland sjálfstætt ríki* 930—1264).

Ein *Alþingi* wurde eingesetzt, d. h. eine Landesgemeinde, die alljährlich im Hochsommer zusammentreten sollte an der Stelle, die jetzt noch den Namen *þingvellir* (Plur., früher *þingvöllr*) „Thing-Versammlungsebene" trägt. *Grímr geitskór* („Geisschuh") hatte diesen Platz ausgesucht, das Lavafeld des schon in vorgeschichtlicher Zeit erloschenen Vulkanes *Skjaldbreiður*, weil sich hier die Wege zusammenfanden, die durch das wüste Innere von Süd nach Nord, von West nach Osten führen (Fig. 11); dieser *Grímr* war wohl der erste, der ganz Island bereist hat. Ein oberster Beamter des ganzen Landes (*lögsögumaðr*, „Gesetzsprecher") wurde eingesetzt, dessen Hauptaufgabe in der Führung des Vorsitzes in der Landesgemeinde und dem regelmässigen Vortrage des Landrechts vor derselben vom „Gesetzesfelsen" *(lögberg)* aus bestand. Als oberste richterliche und gesetzgebende Instanz fungierte am Althing ein Ausschuss [*lögrétta*, eigentlich „Gesetzkörperschaft"[1]]. Endlich wurde die Verpflichtung anerkannt, gegenseitig Recht zu nehmen, während im übrigen das Recht der Goden über ihre Untertanen unverändert blieb. Reichlich 30 Jahre später, um 965, ward die Bezirksverfassung des Landes geordnet, indem man die Zahl der Godorde auf 39 feststellte, deren je drei zu einem Thingverbande zusammenlegte, und je drei Thingverbände, im Nordland ausnahmsweise vier, zu einem Landesviertel schlug; dadurch erhielten die Viertel ihre festen geographischen Grenzen, wogegen die Godorde und Thingverbände nach wie vor rein persönliche Verbände blieben; es galt nur von jetzt ab die Regel, dass kein Gode einen Thingmann haben könne, der in einem anderen Landesviertel wohne wie

---

[1] Das Folgende im Anschluss an Maurer, Zur politischen Geschichte, 262 (= Wissenschaftl. Beilage der „Allgemeinen Zeitung" 1874, Nr. 210). — Entstehung des isländischen Staates, 143 ff.

er selbst. In jedem Thingverbande wurde fortan alljährlich ein gemeinsames Frühlingsthing *(várþing)* und Herbstthing *(haustþing)* abgehalten; an der Landesgemeinde aber ward jetzt der gesetzgebende Ausschuss von dem richtenden getrennt, und der letztere in vier Senate zerlegt, die nach den Landesvierteln benannt und darum auch als Viertelsgerichte *(fjórdungsdómr)* bezeichnet wurden. Die Einführung eines fünften Gerichtes *(fimtardómr)* am Althing im Jahre 1004 durch *Njáll* und die an sie sich 1006 anschliessende Abschaffung des Zweikampfes als eines gerichtlichen Institutes vervollständigte die Verfassung des Freistaates. Die Staatsverfassung der Republik war damit fertig.

Im Jahre 874, also zu derselben Zeit, wo sich *Ingólfr* auf Island niederliess, hatte ein Mann namens *Gunnbjörn* die Gunnbjörnsschären entdeckt, eine kleine Inselgruppe zwischen Island und Grönland. Die eigentliche Entdeckung Grönlands[1]) geschah 985 durch *Eiríkr Þorvaldsson*, genannt „der Rote".

<small>Wegen Totschlags für friedlos erklärt, beschliesst er im Jahre 982 die Gunnbjörnsschären aufzusuchen, irrt drei Jahre an der grönländischen Küste umher und findet Land, das auch anderen seiner Landsleute Unterkommen gewähren kann. Heimgekehrt, rühmt er das Land, das er wegen seiner grünen Fluren Grönland, d. h. grünes Land, nennt. Nicht weniger als 25 Schiffe, beladen mit Weib und Kind und Vieh, folgen ihm im Jahre 990, und wie für Island, so finden sich auch für Grönland in den Sagas genaue Verzeichnisse der bedeutendsten „Landnahmemänner" mit Angabe der Fjorde, die sie in Besitz nahmen. Die Verfassung war dieselbe republikanisch-aristokratische wie auf Island. Einmal im Jahre versammelte man sich zum Thing in Gardar (jetzt Igalikol, um zu Gericht zu sitzen und die Gesetze vorlesen zu hören, und *Eiríkr* mag der erste Gode, der Lenker und Leiter des neuen Staates gewesen sein.</small>

Noch heute sind Ruinen von dem alten Gardar erhalten, und Daniel Bruun hat eine überraschende Übereinstimmung zwischen den Gehöftruinen im jetzigen Julianehaabsdistrikt und den isländischen Häusern festgestellt: auch auf Grönland bestanden die Wohnhäuser aus einem durch einen Gang verbundenen Gebäudekomplex, wie in Island lagen innerhalb und ausserhalb der eingefriedigten Hauswiese *(tún)* die Nebengebäude und Hürden, Ställe und Pferche für Melkschafe und Lämmer (Meddelelser om Grönland, Kopenhagen XVI, 1893). Ungefähr 250 Jahre bestand dieser Freistaat, bis auch er um die Mitte der zweiten Hälfte des 13. Jahrhunderts, ebenso wie Island, der Politik der norwegischen Könige zum Opfer fiel. Mit der Mitte des 15. Jahrhunderts schwindet Grönland aus der Reihe der germanischen Kolonisationen.

---

[1]) Antiquitates Americanae, Kph. 1837. — Grönlands historiske Mindesmærker. 3 Bde. Kph. 1838—45. — Storm, *Eiríks Saga rauda*, Kph. 1891. — Mogk, Entdeckung Amerikas durch die Nordgermanen, in: Mitteilungen des Vereins für Erdkunde zu Leipzig 1893, 59—89. — Fischer, Die Entdeckungen der Normannen in Amerika. Freiburg i. B. 1902.

Fig. 11. Þingvellir. Blick vom Beginne der Almannagjá über den See. Vorn: Oxará. Im Hintergrunde: Kirche und Pfarrhof.

Eiriks Sohn, *Leifr*, ist wie sein Vater ein direkter Vorgänger des kühnen Genuesen. Er wurde im Jahre 1000 bei seiner Rückkehr aus Norwegen nach einem Lande verschlagen, wo der Wein wild und Getreide ungesät wuchs (*Vinland* = Neu-Schottland). In seiner Begleitung befand sich, so erzählt der mit Fabeln reich ausgeschmückte, aber flott geschriebene *Grœnlendinga þáttr*, ein deutscher Mann namens *Tyrkir* (d. h. Dirk, Dietrich): der hatte eine hohe Stirn und bewegliche Augen, eine fleckige Gesichtsfarbe und eine kleine, schlanke Gestalt, war aber geschickt in allen Kunstfertigkeiten. Eines Abends fehlt Tyrkir, wird aber wieder gefunden, und man merkt, dass er ausser sich ist. *Leifr* fragt ihn: „Wo warst du so lange, mein Pflegevater, und vom Gefolge abgesondert?" Er sprach da erst lange deutsch und verdrehte die Augen nach verschiedenen Seiten; aber sie verstanden nicht, was er sagte. Nach Verlauf einiger Zeit begann er auf nordisch: „Ich war nicht sehr weit gegangen, aber doch habe ich eine neue Entdeckung zu erzählen: ich fand Weinreben und Trauben!" Sie schliefen die Nacht über, aber am anderen Morgen sagte *Leifr* zu seinen Leuten: „Jetzt werden wir zwei Geschäfte haben, den einen Tag wollen wir Weintrauben sammeln, den andern Weinreben abhauen und Bäume fällen, so dass es eine Ladung für mein Schiff wird," und sie stimmten ihm bei. Es wird berichtet, dass sie ihr grösseres Boot mit Weintrauben füllten. Auch wurde Holz (Ahorn?) zur Ladung für das Schiff gehauen, und als es Frühling wurde, rüsteten sie sich und segelten ab und kamen nach Grönland. *Leifr* aber gab dem Lande nach seiner Beschaffenheit einen Namen und nannte es *Vinland* (Weinland). Wohl wurde das Land später wiedergefunden, von *Þorfinnr Karlsefni*, dem Ahnherrn des grossen Bildhauers Thorvaldsen, aber vor den *Skrælingar* (Indianern, nicht Eskimos) musste man es bald wieder räumen.

Dem Isländer *Leifr Eiríksson* gebührt also der Ruhm, als erster Europäer nach Amerika gekommen zu sein; aber Bedeutung für die Weltgeschichte hat seine kühne Fahrt nicht, die kommt allein Kolumbus zu. Und selbst wenn Kolumbus, was aber sehr unwahrscheinlich ist, im Jahre 1477 nach dem *Hvalfjörður* an der Westküste Islands gekommen sein und dort durch Bischof *Magnús Eyjólfsson* Kunde von der Entdeckung Vínlands erhalten haben sollte, so wird dadurch weder sein Verdienst kleiner, noch das der Isländer grösser.

Der kaum errungenen Staatseinheit drohte durch das eindringende Christentum ein schwerer Schlag. Die erste Mission[1]) wurde durch *Þorvaldr Koðránsson* und den deutschen Bischof Friedrich unternommen (981—986); bald folgte, von dem glaubenseifrigen König *Olafr Tryggvason* veranlasst, die zweite des Isländers *Stefnir Þorgilsson* (996—997) und dann die dritte des deutschen Priesters Dankbrand (*Þangbrandr*, 997—999). Dankbrands Mission, die im Osten der Insel begann, werden wir bei der Beschreibung unserer Reise die Südküste entlang Schritt für Schritt verfolgen. Seine Rückkehr nach Norwegen gab unmittelbar den Anstoss zur vierten und letzten Missionsreise, die zum förmlichen Übertritte der Insel zum Christentum durch einen Akt der gesetzgebenden Gewalt im Staate führte.

---

[1]) Maurer, Bekehrung des norw. Stammes zum Christentum, 1, 372—443. — Island, München 1874, 68—97. Kahle, Kristnisaga. Altnord. Saga-Bibl., Bd. 11, 1905.

Dankbrand erzählte König *Olafr*, wie übel die Isländer ihn aufgenommen hätten, und dass sie niemals die Lehre vom leidenden Erlöser annehmen würden. Um seinen Zorn zu beschwichtigen, erbieten sich die beiden von Dankbrand bekehrten Isländer *Gissurrhinn hviti* (der Weisse) und *Hjalti Skeggjason* das Christentum in ihrer Heimat durchzusetzen; Hjalti hatte auf dem Althing 999 am Gesetzberge, entrüstet über den misslungenen Bekehrungsversuch, dieses Verslein gesprochen: „Nicht unterlasse ich es, die Götter zu lästern; ein Hund scheint mir Freyja; jedenfalls ist eins von beiden, Odin ein Hund oder Freyja", und war wegen Gotteslästerung auf drei Jahre geächtet. Am 18. Juni des Jahres 1000 landeten sie auf den Vestmannaeyjar, wie früher erzählt ist (S. 39), am 20. Juni auf Island und eilten sofort nach dem Althing. Auf beiden Seiten hatte die Spannung den höchsten Grad erreicht; ein Funke schien zu genügen, den Streit lichterloh aufflammen zu lassen. Die Heiden hatten den Christen Pferde und Reisebedürfnisse nach der Thingstätte versagt und schickten sich an, ihnen den Zutritt zum Thing mit gewaffneter Hand zu verwehren. Die Christen aber waren, nachdem sie die Messe gehört, in feierlicher Prozession nach dem Gesetzberg gegangen, zwei Kreuze und sieben Priester in vollem Ornate voran, die Rauchfässer schwingend zu Ehren eines Gottes, der nicht der Gott des isländischen Staates war, und noch dazu an einem Orte, der den isländischen Göttern vorzugsweise geheiligt war. Eine Spaltung des Staates schien unvermeidlich. Als nun gar noch ein vulkanischer Ausbruch stattfand, riefen die fanatischen Heiden: „Das ist nicht zu verwundern, wenn die Götter über solche Reden zornig werden." Aber der berühmte Gode *Snorri Þorgrimsson*[1]), der weltklügste Isländer seiner Zeit, setzte ihnen die nüchterne Frage entgegen, was denn die Götter mit den früheren, ganz gleichartigen Lavaströmen bestraft hätten. Aber das Unerwartete geschieht: der Landfriede wird erhalten, der drohende Bruch der Staatseinheit abgewendet, die Religionsspaltung durch ein förmliches Gesetz beseitigt. Der Gesetzsprecher *Þorgeirr*, Gode der *Ljósvetninger* zwischen *Akureyri* und *Myvatn*, weist Montag den 24. Juni im Jahre 1000 mit dürren Worten auf die Notwendigkeit hin, vor allem den Staat zu retten; der Existenz des Staates, der Gemeinde wie des Einzelnen, müsse der Glaube der Väter geopfert werden; im Interesse der Staatseinheit müsse das Christentum angenommen werden; jedermann auf Island, gross und klein, sollte die Taufe empfangen, aber die alten Gesetze über das Aussetzen von Kindern und das Essen von Pferdefleisch sollten fortgelten. Alle Leute, die am Thing waren, wurden mit dem Kreuz bezeichnet, und wenn auch die Bekehrung zunächst nur rein äusserlich war, gegen Ende des 11. Jahrhunderts waren die Isländer ebensogute Christen wie etwa die Franken und Sachsen.

Die isländische Kirche stand von 831 bis 1104 unter den deutschen Erzbischöfen von Hamburg-Bremen, dann unter den Erzbischöfen zu Lund, die zu fern waren, um einen Druck auf die geistlichen Zustände Islands ausüben zu können, und schliesslich erhielten Norwegen, Island und Grönland im Jahre 1152 einen eigenen Erzbischof, mit Sitz in *Trondhjem*. Der erste Isländer, der Bischof in seiner Heimat wurde, war *Ísleifr Gissurarson* (1055); unter seinem Sohn und Nachfolger *Gissurr Ísleifsson* wurde ein fester Bischofssitz zu *Skálholt* gegründet (1090), dann für das Nordland ein zweiter zu *Hólar* aufgerichtet (1104) und 1097 die Zehntlast eingeführt. Die Aufzeichnung eines eigenen Christenrechtes für die

---

[1]) Dieser listige, nicht immer sympathische, aber kluge und tapfere Mann ist der Held der Eyrbyggja Saga, die richtiger *Snorra saga goða* heissen müsste (Ausg. von Gering, Altnord. Saga-Bibliothek, VI, Halle 1897).

Insel, die in den Jahren 1122—33 zustande kam, bezeichnete den vorläufigen Abschluss der Kirchenverfassung.

Söguöla. „Sagazeit" nennen die Isländer ihr Heldenzeitalter, die Zeit von 930—1030. Von den kriegerischen, ehrliebenden Männern, die damals lebten, die in stolzem Selbständigkeitsgefühl zäh an dem festhielten, das sie für recht hielten, die mit gewaffneter Hand eigenmächtig Rache nahmen, wenn ihnen Unrecht widerfuhr, von dem altisländischen Leben, der politischen, wirtschaftlichen und Rechtsgeschichte dieser 100 Jahre geben uns die isländischen Geschlechtssagen *(Íslendínga sögur)* ein klares, treues und vollständiges Bild. Diese Sagas, kunstvolle Prosaerzählungen von geschichtlichen Ereignissen aus dem 10. oder 11. Jahrhundert sind das schönste und eigenartigste Erzeugnis isländischen Geistes. Die Schöpfung einer kunstmässigen erzählenden Prosa ist eine der grössten Taten Islands (*saga,* pl. *sögur* = prosaische Erzählung). „Erzählungen von isländischen Bauern und norwegischen Königen, „Isländergeschichten" und „Königsgeschichten" waren die ersten Früchte dieser neuen Kunst"[1]. Der Inhalt der Isländergeschichten ist dem Privatleben Islands entnommen; nicht dem Staat, sondern dem Einzelnen und seiner Sippe gilt die Teilnahme; es sind Familiengeschichten. „In einer bestimmten Gegend kennt die Saga jeden Stein, aber wenn die Handlung in ein anderes Landesviertel führt, werden die Angaben unbestimmt, ja unsicher. Sie ist meistens auch dort niedergeschrieben, wo sie erwuchs; noch heute wird jede Saga in der Gegend, in der sie spielt, als Sondereigentum gehegt und gepflegt, wie das ganz natürlich ist" (Meissner). Etwa 40 Denkmäler vertreten diese eigenartigen Erzeugnisse, unverfälschte Kulturbilder, bei Tageshelle scharf aufgenommen, Schilderungen von überzeugender Wirklichkeit. Aber nicht nur wie es bei den alten Isländern zuging, lehrt uns die Saga. „Wer mit einigen dieser Sagas Bekanntschaft gemacht hat, der wird von dem Wesen des altdeutschen Mannes und der altdeutschen Frau wohl ein anderes Bild in sich tragen als vorher; vielleicht ist es weniger romantisch, weniger theatralisch, aber durch die still wirkende Macht der Wahrheit lebensfähiger als so mancher Phantasieentwurf neuerer Germanenschilderer" (Heusler).

Schon bevor man mit dem Christentum auch die lateinische Buchstabenschrift und die Benutzung von Tinte und Feder kennen

---

[1] In der musterhaften Einleitung zu seiner „Geschichte vom Hühnerthorir" (Berlin 1900) gibt Heusler eine vorzügliche Charakteristik der Sagas, immer vom Einzelfalle ausgehend, d. h. hier vom Hühnerthorir. Auf die durch Meissner brennend gewordene Frage (Die Strengleikar, Halle 1902), ob die *Íslendínga sögur* schon vor ihrer schriftlichen Aufzeichnung so erzählt seien, wie wir sie jetzt haben, und ob die Geistlichen überhaupt Anteil an der Entwickelung der Isl. S. haben, kann hier natürlich nur ganz kurz und in sehr allgemeinen Zügen im Anschluss an Meissner eingegangen werden.

lernte, hatte man grössere, künstlerisch komponierte Sagas gestaltet. Die Anordnung des Stoffes und die Darstellungsweise sind nicht in der Zeit der schriftlichen Aufzeichnung bestimmt, sondern gehören einer älteren Periode, der Zeit der mündlichen Überlieferung an. Nicht nur der Inhalt, sondern auch der Wortlaut dieser Erzählungen wurde im Gedächtnis festgehalten; dieses kann in Zeiten, die eine Schrift noch nicht kennen, bei besonderer Begabung einzelner Personen durch geeignete Schulung Erstaunliches leisten, man denke an das, was Cäsar von den Druiden der Gallier erzählt (Bell. gall. VI, 14)! Es sind Volksepen in Prosa, die an der Person, am Geschlecht, an der engbegrenzten Landschaft haften, und wie bei den grossen Volksepen kennen wir auch bei den isländischen Geschlechtssögur keinen Autornamen. Die Aufzeichnungen dieser Familiengeschichten begannen etwa um das Jahr 1200. Dieselben Männer, die in lebendigem Vortrag zum Entzücken ihrer Hörer vor der zechenden Abendgesellschaft diese Geschichten aus dem Kopf erzählten, diktierten diese dann auch dem nachschreibenden Geistlichen; so behielten diese Bauern-Novellen und Romane ihre Lebensfrische und wiesen eine lichtvolle, volkstümliche Erzählungsweise auf, die weit abliegt von jedem „papierenen Stil" und in keinem Wort, in keinem Satz an Pergament und Federgekritzel erinnert. Derjenige, der mit eilender Feder die Geschichten so aufzeichnete, wie sie ihm vorerzählt oder diktiert wurden, war also nur das „Gefäss der Aufbewahrung" und kann nicht als ihr Verfasser gelten. Diese Leute brauchen nicht Mönche gewesen zu sein, sondern können Weltpriester und andere „gelehrte Leute" der niedrigen Geistlichkeit gewesen sein. Sie lebten im Volke und teilten dessen Denken und Fühlen, konnten aber mehr als dieses, nämlich schreiben. Wer die wackern Geistlichen unserer Tage auf Island kennt, wird lebhaft an sie erinnert werden: auch sie stehen mitten im Volke, arbeiten und ernten mit ihm zusammen und haben die gleiche Anschauungsweise, stehen aber durch ihre höhere Bildung über ihm. So werden auch die Aufzeichner — nicht die Verfasser! — der Sagas begabte Leute aus dem Volke, vielleicht zuweilen Geistliche gewesen sein, die eben schreiben konnten. Darum ist es auch möglich, dass, obwohl so lange Zeit zwischen der Abfassung und Aufzeichnung liegt, 200—300 Jahre, aus diesen Sagas uns dennoch die frische und rauhe Luft des Heidentums entgegenweht. Altgermanische Lebensauffassung, heidnische Denkweise spricht aus ihnen, die in ihren wesentlichen Zügen noch nicht von der jungen Macht des Christentums gewandelt ist. „Die Unterscheidung zwischen Feind und Freund, das die Sögur beherrschende Gebot der Rache, das vom tüchtigen, ehrliebenden Manne auch bei geringeren Verletzungen des Selbstgefühles blutige Vergeltung verlangt, die heilige Pflicht des Hassens, wie scharf treten diese Hauptzüge der heidnischen Lebensauffassung hervor!" Um eine lebendigere Vorstellung von diesen Geschichten zu geben, als diese allgemeine Charakteristik zu schaffen vermag, werde ich in meiner Reisebeschreibung auf zwei besonders eingehen, auf die *Njálssaga*, die noch heute auf Island „eine Stellung einnimmt, wie sie kaum in einem zweiten Lande der Welt einem literarischen Werke zufällt," und auf die höchst eigenartige *Hrafnkelssaga Freysgoda*, für die ich persönlich immer eine besondere Vorliebe gehabt habe.

Mit dem Beginn des 11. Jahrhunderts wurde das heroische Zeitalter von friedlichen Zeitläuften abgelöst, der *Fridaröld* (1030 bis 1118). Diese Zeit, in der sich die Kirche im Lande festsetzte und einrichtete, scheint für Island die glücklichste und friedlichste gewesen zu sein, die die Insel je erlebt hat.

Das Zeitalter der isländischen Literatur (*Ritöld*, 1118—1200), beginnt mit der Aufzeichnung der *Haflidaskrá*, des ältesten geschriebenen weltlichen Rechtsbuches durch *Haflidi Marsson*; das Christenrecht wurde 1122 von den Bischöfen *Porlákr Runólfsson* von *Skálholt* und *Ketill Porsteinsson* von *Hólar* aufgezeichnet und gesetzlich angenommen. Obwohl das Christentum längst überall siegreich durchgedrungen war, hatte es doch nicht den lebendigen, bewussten Zusammenhang mit der heidnischen Vorzeit zerrissen, wie in anderen germanischen Ländern; es war nicht, wie sonst überall, als Vorkämpfer der lateinischen Kultur aufgetreten, hatte nicht das heimische Geistesleben in die Fesseln der lateinischen Sprache gezwängt, sondern hatte sich ihm untergeordnet. „Islands Geistliche waren der Blüte der Nation entnommene, vaterlandsliebende Männer, an ihren Schulen sammelte sich das wissenschaftliche Leben der Insel wie in einem Brennpunkte"[1]. Viele isländische Häuptlinge besassen gelehrte Bildung und hatten die priesterlichen Weihen empfangen, ohne dadurch in ihren weltlichen Verhältnissen beeinträchtigt zu sein, die Weltpriester waren nicht einmal an der Verheiratung gehindert, da der Caelibat auf Island keinen Eingang gefunden hatte. Zu diesen Häuptlingen und Priestern gehörte *Ari Porgilsson inn fródi*, „der kundige", der erste, der in nordischer Sprache auf Island geschichtliche Werke schrieb, der Vater der isländischen Literatur, der zuerst das vorhandene Material kritisch sammelte und ordnete, ein Meister der Geschichtsforschung und Geschichtsschreibung, wie ihn kein anderes germanisches Volk im Mittelalter aufzuweisen hat (1067—1148). In *Haukadalr*, in unmittelbarer Nähe des Geysirgebietes, hatte er im Hause des „ungelehrten", d. h. nicht geistlichen, aber klugen und gedächtnisstarken *Hallr Pórarinsson* den Unterricht des *Teitr Ísleifsson* emp-

---

[1] Ph. Schweitzer in seinem trefflichen Buche „Island, Land und Leute". Leipzig 1885.

fangen, dem er die nachwirkendsten Anregungen verdankte. Ein paar Meilen südlich davon, zu *Oddi*, wohnte ein anderer von *Aris* Gewährsmännern, der weise *Sæmundr Sigfússon*, der Begründer einer Gelehrtenschule, dessen literarische Interessen sich auf Kind und Kindeskind vererbten (1056—1133): „Sæmunds Enkel *Jón Loptsson* bildete den Mann, unter dessen Händen die von *Ari* gelegten Keime sich zur höchsten Blüte entfalteten, den Dichter und Geschichtsschreiber *Snorri Sturluson*"[1]. *Aris Íslendingabók* (Isländerbuch) ist, wie Meissner sagt, eine bewusste Abkehr von der volkstümlichen Art, in der die Saga die isländische Geschichte überlieferte. Er stellt sich die neue Aufgabe, aus der Tradition diejenigen Tatsachen hervorzuheben, aus denen sich die allgemeine Geschichte Islands zusammensetzte, während sich die Saga nur mit einzelnen Personen, Geschlechtern und Gegenden beschäftigte. Im Gegensatz zur volkstümlichen Saga ist *Ari* bewusst gelehrt durch seine Bildung, die strenge Zeitbestimmung, die Einfügung der isländischen Geschichte in die allgemeine Chronologie, Zusammenfassung und Sichtung der Überlieferung. Aber obwohl *Ari* die Priesterweihen empfangen hatte, war er doch ein mitten im weltlichen Treiben stehender Häuptling. Das Beste freilich, den hellen, modern-wissenschaftlichen Sinn verdankte er seiner Heimat. „Mit genialem Blick erkennt er Aufgabe und Methode streng historischer Forschung und gibt in seinem schlichten Buch das Muster einer sich mit rücksichtslosem Ernste auf das Tatsächliche beschränkenden Darstellung." *Ari* hatte den Weg gewiesen, auf dem man zu einer auf wissenschaftlichen Grundlagen beruhenden Geschichtsschreibung hätte gelangen können, und die *Landnámabók* ist, wie früher erwähnt, ganz im Sinne von *Aris* Richtung gestellt, wenn sie sich auch nicht ein so hohes Ziel wie dieser gesteckt hat.

Die Aristokratie der Sagazeit entwickelte sich allmählich immer mehr in oligarchischer Richtung. Die Macht der einzelnen Häuptlinge wurde immer umfassender, und schliesslich waren es nur noch wenige Geschlechter, die für die Herrschaft auf der Insel in Frage kamen. „Ich weiss ein wildes Geschlecht, nicht heilig ist ihm, was anderen hehr: verhasst ist es allen." Die Sturlungen sind es, *Þórðr*, *Sighvatr* und der berühmte Geschichtsschreiber *Snorri Sturluson*, die Söhne des *Sturla*, eines Nachkommen des berühmten Goden *Snorri*; man nennt diese Zeit, die den letzten Rest urgermanischer Staatsverfassung zugrunde richtete, das Zeitalter der Sturlungen (*Sturlungaöld* 1200—1264).

Noch einmal bricht in der Sturlungenzeit die alte Wildheit hervor, die schon unter dem Einflusse gemeinsamer staatlicher Einrichtungen und christlicher Gesittung gebändigt schien. Wieder,

---

[1] Gering, *Islendzk Æventyri*, II, Halle 1883, Vorwort V.

wie zur Sagazeit, ist Rache die heiligste Pflicht des Mannes, und jede blutige Tat ruft eine zweite hervor. „Im ganzen muss man wohl sagen, es sind in den Kämpfen dieser Zeit manche hässliche und abstossende Züge, die in der alten Sagaperiode fehlen, aber sie können uns doch die Freude an den männlich grossen Eigenschaften nicht verderben, die diese stolzen, ehrgeizigen und rücksichtslosen Aristokraten entwickeln. Im Grunde sind es Männer vom Schlage der alten Helden der isländischen Saga", urteilt Meissner wohl etwas zu günstig von dieser Zeit. Die äussere Geschichte des Unterganges des isländischen Freistaates ist eine in ihren Einzelheiten so viel verschlungene und zugleich so wenig von höheren Interessen getragene, dass sie nur in ihren allgemeinsten Umrissen skizziert zu werden braucht.

Die Bürgerkriege des Freistaates schienen den norwegischen Königen, die schon wiederholt versucht hatten, sich die Insel zu unterwerfen, eine passende Gelegenheit, diesen Plan auszuführen. *Snorri Sturluson*, gleich gross als Krieger und Diplomat, Dichter und Gelehrter, Historiker und Ästhetiker, machte 1220 König *Hákon* den Alten darauf aufmerksam, dass er leicht mit Hilfe der Isländer selbst die Unterwerfung durchsetzen könne. Ein Landesverräter ist er wohl nicht zu nennen, sondern er erkannte, dass die Wirren der Heimat zum völligen Untergange des Staates führen mussten; nur der Anschluss der Insel an Norwegen konnte Island retten, zugleich hoffte er für seinen eigenen Anteil daran das Jarltum von *Hákon* zu erhalten. Nacheinander wurden dann Angehörige bald des Hauses der Sturlunger, bald der *Haukdælir* benutzt, um die Unterwerfung auszuführen; auch norwegische Kleriker, die vom Erzbischof in Trondhjem auf isländische Bischofsstühle berufen waren, unterstützten den König. *Hákon* ernannte 1258 *Gissurr Þorvaldsson* aus dem Hause der *Haukdælir* zum Jarl oder Statthalter, und diesem gelang es 1262, erst die Nordländer und den grösseren Teil der Südländer, kurz darauf auch die Westländer, im folgenden Jahre den Rest der Südländer, endlich 1264 auch noch die Ostländer zur förmlichen Unterwerfung unter den norwegischen König zu bringen. Auf dem Althing des Jahres 1262 huldigte der grösste Teil der Insel dem König, 1264 der Rest. Der isländische Freistaat hatte aufgehört zu existieren.

Schweitzer nennt die Sturlungerzeit die klassische Periode Islands: Da entfaltete sich das geistige Leben zu ungeahntem Glanze, zu bewundernswerter Blüte. Die in dieser Zeit entstandenen Literatur- und Wissenschaftswerke werden ebenso unvergänglich fortleben wie die der Griechen zur Zeit eines Perikles. *Snorri Sturluson*, der „Herodot und Thucydides des Nordens" schrieb seine „*Edda*", ein skaldisches Handbuch, und die „*Heimskringla*", eine Sammlung von Biographien norwegischer Könige bis zum Jahre 1177.

Nach *Snorris* Vorbild hat *Sturla Þórdarson* um 1260 Geschichtsforschung und Sagakunst verschmolzen in seiner *Islendingasaga*, in der er das Zeitalter *Snorris*, dessen Leben und Taten als Augenzeuge schildert. Sie ist ein Teil der um 1300 entstandenen grossen Saga-Sammlung, die die Geschichte Islands im 12. und 13. Jahrhundert bis zum Untergange des Freistaates erzählt, und von den Gelehrten des 17. Jahrhunderts *Sturlunga-Saga* genannt ist; *Sturlas Islendingasaga* ist darin das Hauptstück und steht in ihrer weitläufigen, ausführlichen Einzelschilderung, ihrer starken subjektiven Färbung am Schlusse der freistaatlichen Zeit als ein merkwürdiger Gegensatz zu *Aris* kurzem, markigem Isländerbuch, das über Personen und Geschlechter hinaus den Blick auf den isländischen Staat gelenkt hatte.

III. Island unter norwegischen und dänischen Königen.

Freiwillig und nur gegen gewisse Bedingungen hatte sich Island dem norwegischen König unterworfen. Recht und Verfassung der Insel sollte bestehen bleiben wie zuvor, nur dass die Gewalt der bisherigen Häuptlinge nunmehr in die alleinige Hand des Königs überging. Was die Insel mit Norwegen vereinigte, war lediglich die Gemeinsamkeit der Person des Königs; aber sie war keine norwegische Provinz. Ausdrücklich behielt man sich vor, für den Fall, dass der König den übernommenen Verpflichtungen nicht genüge, ihm den Gehorsam aufzusagen. Aber bald wurde dieser Vertrag *(gamli sáttmáli)*, wenn auch nicht seinem Wortlaute, so doch seinem Sinne nach, gebrochen. Weder erhielt *Gissurr* († 1268) einen Nachfolger, noch blieb den alten Godenfamilien ihre bevorzugte Stellung; der König übertrug nach eigener Willkür selbst norwegischen Männern die Führung der Geschäfte auf Island. Das Gesetzsprecheramt wurde auf norwegischen Fusse eingerichtet: der „Gesetzsprecher" *(lögsögumadr)* hiess fortan „Gesetzesmann" *(lögmadr)*, und dieses Amt wurde 1277 gespalten, so dass von da ab gleichzeitig zwei Gesetzesmänner auf der Insel waren. Das *Alpingi* blieb zwar bestehen, aber seine alte Herrlichkeit und Bedeutung schwand immer mehr dahin: an Stelle der alten Thingverbände, aber an sie sich anlehnend, traten bleibende Bezirke (*sýsla*, Geschäft, Amt, Amtssprengel), an deren Spitze ein Bezirksvorsteher stand *(sýslumadur)*; über die ganze Insel herrschte ein gemeinsamer Oberbeamter, der zunächst den Namen eines Marschalls trug *(hirdstjóri)*; nach Einführung der Reformation hiess er *höfudsmadur*, „Hauptmann". Das bis dahin gebrauchte Volksgesetzbuch *Grágás* „Graugans", d. h. private Aufzeichnungen über das isländische Recht, wurde 1271 durch die ganz nach norwegischem Muster eingerichtete *Járnsída* verdrängt („Eisenseite", nicht wegen ihrer

Strenge so genannt, sondern nach dem eisernen Rücken des Einbandes). Da diese Sammlung aber auf isländische Verhältnisse nicht die geringste Rücksicht nahm, erliess König *Magnús Hákonarson lagabœtir* („Gesetzverbesserer") ein neues Gesetzbuch für Island und drückte dessen Annahme auf dem Althing von 1281 durch *Jón Einarsson* durch: daher hat es den Namen *Jónsbók* erhalten[1]). Dem Namen nach gilt die *Jónsbók* noch heute auf Island, aber im einzelnen ist ihr Inhalt durch zahlreiche Verordnungen und einzelne Gesetze abgeändert. Wenn sie auch den isländischen Verhältnissen mehr gerecht wird als die *Járnsída*, besonders in den Abschnitten über Armenpflege und Strandrecht, so bezeugt dieses letzte Werk der isländischen Rechtsliteratur des Mittelalters doch, dass Islands politische Freiheit verloren ist; und dass es auch mit der Freiheit des Geistes nicht besser steht, dass dieser völlig in die Fesseln kirchlicher Dogmatik geschlagen ist, bezeugt das neue Christenrecht des Bischofs *Árni* von *Skálholt*, das 1275 auf dem Althinge angenommen wurde.

In der ersten Periode (1264—1402) setzten die Isländer in alter Kraft und Freiheitsliebe der Gewalt noch Gewalt entgegen, vertrieben die königlichen Beamten und erschlugen einen Befehlshaber des Königs zu *Grund* im *Eyjafjördur* (1361). Dazu brach Ende des 13. Jahrhunderts Streit zwischen Kirche und Staat aus, in dem die Geistlichkeit die Kirchen aus dem Besitze der Laien loszulösen und unter die Bischöfe zu stellen suchte. „Die Kleriker waren schlau wie die Füchse, wenn es galt, Grundstücke für Seelenmessen und anderen Tand zu erwerben, aber grimmig wie die Löwen, das zu verteidigen, was sie in ihre Klauen bekommen hatten" (Thoroddsen I, 97). Aber erst die Regalisierung des Handels, deren Anfänge sich bis in die Mitte des 14. Jahrhunderts verfolgen lassen, brachte das fürchterlichste Elend über die Insel. Im Jahre 1354 erfolgte zum ersten Male eine Verpachtung Islands mit allen Einkünften des Königs aus der Insel an den über das Eiland gesetzten Befehlshaber. Fortan durften Inländer wie Ausländer nur noch mit besonderer königlicher Erlaubnis Handel treiben; diese privilegierten Kaufleute durften zweitens nur von Bergen aus, als dem alleinigen Stapelplatze für alle isländischen Waren, dahin handeln; drittens mussten sie ihre Berechtigung zu diesem Handel durch schwere Gegenleistungen erkaufen. Um 1400 kamen die Engländer zum ersten Male nach Island, um dort zu fischen; im 15. Jahrhundert kamen ausserdem Holländer und Deutsche und rissen den Handel an sich; 1518 besiegten die Deutschen die Engländer im *Hafnarfjördur*.

---

[1]) Eine mustergültige Ausgabe hat Konferenzrat *Ólafur Halldórsson* besorgt (Kph. 1904): er hat nicht weniger als 193 Handschriften benützt, sein Werk genügt den höchsten Ansprüchen und ist für Juristen und Kulturhistoriker unentbehrlich.

Zugleich mit Norwegen wurde im Jahre 1380 auch Island mit dem Königreich Dänemark vereinigt und ist bei dessen Krone verblieben, auch als Norwegen durch den Kieler Frieden 1814 an den König von Schweden abgetreten wurde. Wie früher die norwegischen, so mussten jetzt die dänischen Könige sich beim Regierungsantritt von den Isländern besonders huldigen lassen und ihnen ihre eigene Handveste ausstellen; Island hatte seine eigene Gesetzgebung, Gerichtsverfassung und Verwaltung. Die dänischen Könige hatten anfangs keine Zeit, sich um das ferne Land zu kümmern. Dafür raubten die Bischöfe durch die gröbsten Übergriffe, wenn es galt Geld und Gut an sich zu reissen; fast alle Grundstücke waren in ihren Händen, die Bauern wurden fast sämtlich Pächter. Diese zweite Periode (1402—1550, *Biskupaveldi* oder *Klerkaveldistímabil* „Herrschaft der katholischen Kirche") ist der dunkelste Zeitpunkt in der Geschichte Islands. Die Rechtlosigkeit nahm überhand, die Engländer raubten und plünderten. Misswachs und Hungersnot, Vulkan-Ausbrüche und Erdbeben verwüsteten ganze Landschaften. Die Pest, der schwarze Tod *(svarti daudi)* suchte zweimal die Insel heim, 1403 und 1493: so furchtbar wütete die Seuche, dass nicht weniger als zwei Drittel der ganzen Bevölkerung hinweggerafft sein sollen; von der Geistlichkeit im Nordlande blieben nur drei Priester, drei Diakonen und ein Mönch am Leben. Die Bischöfe waren fast ausnahmslos Ausländer, verschwenderisch, gewalttätig, habgierig; sie hatten nicht nur alle kirchliche Gewalt in Händen, sondern sie waren auch die Vertreter und Beamten des Königs in allen weltlichen Angelegenheiten; für die Schulen und die Literatur hatten sie kein Interesse. Vom Anfang des 15. bis gegen die Mitte des 16. Jahrhunderts hinein hört fast alle geschichtliche Überlieferung auf der Insel auf. Schon mit dem Verluste der politischen Selbständigkeit war der alte Glanz der isländischen Literatur verblichen; wohl wurden noch ein paar Biographien gleichzeitiger norwegischer Könige geschrieben, aber man begnügte sich bald mit der Überarbeitung älterer Sagenwerke, verfasste weitläufige Annalen und liess in endlosen *Rímur*, epischen Reimgedichten, romantische Sagas mit Märchenmotiven und orientalischer Färbung auferstehen. „In diesen *Rímur*, die die Jahrhunderte bis zur Gegenwart überdauert haben, lebt die grosse Literatur des Mittelalters fort, wie in den deutschen Volksbüchern die Gestalten der mittelhochdeutschen Dichtung" (Mogk)[1]. Aber das 15. Jahrhundert rief einen vollständigen Stillstand der literarischen Produktion hervor, die Literatur war so gut wie ausgestorben. Man schrieb

---

[1] Kölbing, Beiträge zur vergl. Geschichte der romantischen Poesie und Prosa des Mittelalters. Breslau 1876. — *Konrad Gislason*, Efterladte Skrifter. Kph. 1895, II, 144 ff. — Eine Probe, die *Bjarkarímur* verdeutscht bei Paul Herrmann, Geschichte von Hrolf Kraki. Torgau 1905.

nichts wie Messbücher, Ritterromane und *Rímur*[1]. Die Erinnerung an die alte Heldenzeit ist völlig erloschen. Ein schwerer Alp lastet auf der ganzen Insel.

Einen mächtigen Aufschwung des gesamten Lebens auf Island hat erst die Reformation wieder herbeigeführt *(sidaskipti)*. Da lebte die literarische Produktion wieder auf, um nicht mehr einzuschlafen, da wandte sich der Blick des Volkes wieder nach der glänzenden Zeit des Freistaates zurück, machte die Schätze der alten heimischen Literatur aufs neue flüssig und befasste sich wieder mit den alten Wissenschaften, mit der Geschichtsschreibung der Vorfahren und mit anderen Werken, die aus der Vorzeit überkommen waren. Das Verlangen nach Bildung flammte auf, und durch die aus Deutschland kommende neue Glaubenslehre wurde Leben unter die Gelehrten gebracht. Ohne Zweifel würde die Lehre von *Marteinn Lúther* auch auf Island sofort die köstlichste Frucht getragen haben, wäre nicht gleichzeitig mit ihr geistige und leibliche Unfreiheit verschiedener Art auf die Insel gebracht worden. Den ersten Verkündigern der neuen Lehre *Oddur Gottskálksson* und *Gissurr Einarsson*, die, in Wittenberg geschult, aus inniger Überzeugung und in treuem Ernst sich ihr angeschlossen hatten, nahm König Christian III. von Dänemark die Fortführung aus der Hand und setzte die Reformation aus politischen, zumal aus fiskalischen Gründen gewaltsam durch. Ihm war es nicht darum zu tun, Luthers Wort auf Island auszubreiten, sondern darum, die letzte Freiheitsregung zu ersticken. Der durch und durch unwissenschaftliche und sittenlose letzte katholische Bischof *Jón Arason* ist nicht deshalb noch heute ein gefeierter Volksheld, weil er, wie der Jesuitenpater Baumgartner meint, sich der Reformation mit leidenschaftlichem Ingrimm widersetzt hat, sondern weil es dem streitbaren, in seiner schwunghaften Volkstümlichkeit höchst populären Bischof eine Zeitlang glückte, der Macht des Königs zu trotzen, die Dänen zu vertreiben und sich fast ganz Island zu unterwerfen. Aber im Jahre 1550 wurde er mit seinen beiden Söhnen gefangen genommen und durch das Beil hingerichtet. Eine Begnadigung unter der Bedingung, dass er sich dem König und Luthers Lehre unterwürfe, hatte er abgelehnt; während er aber mutig zum Richtblock schritt, verkündete er in prophetischen Worten das Unheil, das Dänemark über die Insel bringen würde, und gerade wegen dieser Worte, wegen seines feurigen Protestes gegen dänische Willkür lebt er, geläutert und geadelt, im Herzen der Isländer fort[2]. Im Sommer 1551 wurde Luthers Lehre für

---

[1] Vergl. das ausgezeichnete Buch von *Jón Þorkelsson*, Om Digtningen paa Island i det 14. og 15. Aarhundrede. Kph. 1888.
[2] *Biskupa sögur*. Kph. 1878, II. 315 ff. — *Jón Espolin, Islands Árbækur.*

ganz Island als gesetzliche Religion anerkannt, und noch heute ist die gesamte Bevölkerung, trotz der sehr geschickten und tätigen Propaganda der katholischen Kirche, bis auf etwa drei Personen lutherisch. Nebenbei sei bemerkt, dass Bischof *Jón Arason* im Verdachte stand, die Insel dem Kaiser in die Hände spielen zu wollen, und dass die Hamburger Kaufleute bei diesen Verrätereien nicht unbeteiligt waren (*Finnur Jónsson*, Hist. ecclesiastica Islandiae, Kph. 1772, Bd. II, 287, 674, 718).

Die politischen Folgen der zwangsweise eingeführten Reformation waren höchst traurig; aber das liegt nicht im Wesen der Reformation, sondern ist die Schuld der dänischen Könige (dritte Periode: 1550—1683, *Uppgangur konungsvaldsins* „Anwachsen der Königsmacht"). Die Isländer verloren den letzten Rest ihrer Selbstverwaltung, die Entscheidung über alle Angelegenheiten stand bei Fremden, die das Land nicht kannten; das Recht des Althings, Gesetze zu beschliessen, war rein illusorisch, kein Abgeordneter durfte es wagen, vom König vorgeschlagene Gesetze abzulehnen; die Monarchie und das Handelsmonopol sogen dem Volke Mark und Blut aus.

Das Eigentum der Klöster und Bischofssitze wurde königliches Lehen, die durch deren Verkauf gewonnenen Summen flossen in die dänische Staatskasse. Die Bischofzehnten und Strafgelder wurden dem König entrichtet, gingen also ebenfalls dem Lande verloren. Die Pfarrstellen wurden von der Obrigkeit besetzt, obwohl das Volk das Recht hatte, seine Geistlichen selbst zu wählen. Erst seit dem 2. Januar 1871 sind die dänischen und isländischen Finanzen getrennt, erst seit dieser Zeit besitzt Island einen Reservefonds, der aus den jährlichen Überschüssen gebildet ist. Freiwillig erstattete Dänemark damit die für Rechnung der dänischen Staatskasse verkauften isländischen Klostergüter zurück, stellte isländisches Eigentum zurück, das für die dänische Staatskasse ausgenutzt worden war. Bis zum 1. April 1866 waren für verkaufte isländische Domänen 175037 Taler eingegangen, und dieses ganze Kapital samt allen seinen Zinsen hatte Dänemark auf Kosten Islands verschlungen. Auch der Grundbesitz der beiden Bischofstühle hatte 123909 Taler eingebracht; aber auch dieser Posten ward in keinem isländischen Budget zugunsten der Insel vorgetragen: die Leistungen hatte das isländische Budget zu tragen, aber die Kapitalbestände gingen an die dänische Reichskasse über[1]).

Die Hauptwurzel aber des materiellen Rückganges war der Monopolhandel (*Einokunarfimabil*). Am 20. April 1602 erhielten die Städte Kopenhagen, Malmö und Helsingör gegen kolossale Ab-

---

Kph. 1821 ff., III, IV. — Maurer, Isländische Volkssagen, 215. — *Jón Arason* ist auch der Held des gleichnamigen Dramas von *Matthias Jochumsson, Isafjördur* 1900.

[1]) Maurer, Zur politischen Geschichte Islands, 188—89.

gaben an König Christian IV. (jährlich etwa 7500 Taler) das Monopol des isländischen Handels, sie sollten die Erbschaft der Deutschen in Island antreten; über 180 Jahre blieb von da ab der isländische Handel strengstens monopolisiert. Im Jahre 1619 wurde die erste Taxe zur Bestimmung des Wertverhältnisses zwischen isländischen und fremden Waren festgesetzt, während es früher jedem Käufer und Verkäufer freigestanden hatte, die Waren nach gegenseitiger Vereinbarung umzusetzen[1]).

<small>Auf den Vorteil der Isländer war in den Taxen natürlich keine Rücksicht genommen. Die Kaufleute verdienten das meiste an den Fischen und kümmerten sich wenig um die binnenländischen Artikel; darum ging die Landwirtschaft und Viehzucht zurück, der Fischfang wurde fast zur ersten Erwerbsquelle, und an den Küstenplätzen sammelte sich eine Menge armer, besitzloser Leute an. Mit Tränen der Scham und der Wut haben mir die Isländer erzählt, wie es ihnen damals ergangen ist; namentlich an der Südküste haftet diese furchtbare Zeit unauslöschlich in den Herzen, mussten sie doch hier ihre eigenen Fahrzeuge verfaulen lassen und auf den Schiffen des Königs und der Kaufleute Matrosendienste verrichten. Die Dänen erhöhten den Preis für Einfuhrwaren um das Drei- und Vierfache, da keine Konkurrenz ihnen im Wege stand, drückten aber die Preise der isländischen Produkte in demselben Masse herunter. Wer bei fremden Schleichhändlern kaufte, die natürlich 3—4 mal bessere Preise zahlten als die dänischen Monopolisten, wurde mit Prügelstrafe und Verlust des Eigentums bestraft; wer das zweitemal mit ihnen auch nur um weniger Pfennige Wert handelte, wurde lebenslänglich ins Zuchthaus gesperrt oder gehängt. Die unentbehrlichsten Gegenstände wurden ihnen vorenthalten, aber Branntwein in Masse eingeführt, in einem einzigen Bezirke nicht weniger als 730 Tonnen. In wenigen Jahren sind 9000 Menschen buchstäblich verhungert. Damals hat die Tatkraft und das Selbstvertrauen der Isländer einen Stoss erhalten, von dem sie sich erst jetzt wieder zu erholen anfangen; der Trunksucht aber, die einst wirklich ein Nationallaster war, ist man in den letzten Jahrzehnten so energisch zu Leibe gegangen, dass ein solider Rausch heute auf Island zu den Seltenheiten gehört. Aus der Zeit des Monopolhandels stammt der glühende Hass der Isländer gegen die Dänen, der kein Vergessen kennen will; und noch im vorigen Jahrhundert glaubten viele in dem sonst so grundehrlichen Völkchen, jeden Dänen (aber auch nur einer solchen) auf alle Weise betrügen zu dürfen. Die Dänen aber rächten sich, indem sie Island ihren „unartigen Schlingel" nannten, während Grönland ihr „liebstes Kind", die Færöer ihr „gutes Kind" hiessen.</small>

Mit dem Erbhuldigungseide, den die Isländer am 28. Juli 1662 Friedrich III. und seinen Nachkommen leisteten, war die erbliche Alleinherrschaft der dänischen Könige auch für Island zum Gesetz erhoben. Der Absolutismus führte auf Island zu einem völligen Verfalle der Volksvertretung (vierte Periode: 1683—1750). Für die Zoll-, Kronguts- und Fischerei-Angelegenheiten wurde 1683 ein der dänischen Rentenkammer unterstellter „Landvogt" *(landfógeti)* eingesetzt, für die Oberleitung der ganzen Verwaltung und für die geistlichen Angelegenheiten 1684 ein Stiftsamtmann *(stiptamtmadur)*, und für die Rechts- und Gerichtsangelegenheiten 1688 ein Amtmann *(amtmadur)*. Fortan kamen alle Angelegenheiten erst über die dänische Kanzlei und Rentenkammer in Kopenhagen zu Händen

---

[1]) Thoroddsen, II, 7ff., 259.

des Königs, was früher direkt geschehen war. Das Althing blieb zwar bestehen, verlor aber seine autonome Wirksamkeit immer mehr, und als es 1800 völlig aufgehoben wurde, übertrug man die Publikation und Promulgation der für Island bestimmten Gesetze einem eigenen Obergericht in *Reykjavik*, das aus einem höchsten Richter (Justitiarius) und zwei Assessoren bestand.

Der Kampf gegen das Handelsmonopol beherrscht die fünfte Periode (1750—1830). Der Landesvogt *Skúli Magnússon*, der in *Reykjavik* die erste Wollfabrik mit Färberei, Stampfmühle, Seilerei und Weissgerberei errichtete, eröffnete ihn mit grosser Ausdauer und gutem Geschick. Die Regierung entzog 1758 der Handelsgesellschaft das Monopol, und sofort besserte sich die Lage. Da aber die königliche Kasse mit Verlust arbeitete, wurde der Handel 1764 abermals einer Kompagnie übertragen, und sogleich zeigten sich die alten Missstände. Im Jahre 1768 erwies sich alles für Island bestimmte Mehl als geringwertig und verdorben. Eine zur Untersuchung eingesetzte Kommission verurteilte die Kompagnie zu 4400 Reichstaler Strafe *(mjölbætur)*. Aber diese Gelder wurden nicht zu dem Zwecke verwendet, zu dem sie bestimmt waren, ebenso wenig wie die 40000 Reichstaler, die bei dem Ausbruche der Kraterreihe des *Laki* als Kollekte in der ganzen Monarchie gesammelt waren. Gleichwohl muss man zugestehen, dass die Könige dem Lande jetzt wohl wollten. 1760 wurde ein Landphysikus und vier Distriktsärzte eingesetzt, und während die früheren Befehlshaber meist ausserhalb des Landes gelebt hatten, wurde 1770 ein Stiftsamtmann eingesetzt, der das Südamt verwaltete, auf Island wohnte und zwei Amtmänner unter sich hatte, von denen der eine das Westamt, der andere das Nord- und Ostland verwaltete. Aber erst als neue Hungersnot und der schreckliche Ausbruch in der Kraterreihe des *Laki* (*skaptáreldur*, 1783) die Insel dem Untergange nahe brachte, wurden die Handelsfesseln gelockert, und von 1786-1854 wurde der Handel allen dänischen Untertanen freigegeben. Eine Wendung zum Bessern war das immerhin, wenn man auch das Übel nicht sogleich bei der Wurzel anfasste. Bald folgte ein weiterer Fortschritt. Als Dänemark im Kieler Frieden dem Besitze Norwegens entsagt hatte, und damit die Zahl der zum Handel mit Island Berechtigten bedeutend vermindert worden war, sah sich der König genötigt, auch Ausländern den Verkehr mit Island zu erlauben. Am 11. September 1816 erliess Friedrich VI. folgende Verordnung: „Unsere Rentenkammer ist allergnädigst autorisiert, vom Anfang des künftigen Jahres an und bis weiter, Pässe oder Bewilligungen zur Fahrt nach Island für eine gewisse Anzahl von Handelsschiffen auszufertigen, die den Untertanen fremder Staaten gehören"[1]. Immerhin wurde den fremden

---

[1] Schumann, Islands Siedelungsgebiet. Leipzig 1900, S. 51.

Schiffern und Kaufleuten die Arbeit durch allerhand drückende Bestimmungen ausserordentlich erschwert. Erst 1854 tat man den letzten Schritt, und seitdem Islands Häfen für die ganze Welt geöffnet sind, beginnt Island auch wieder zu leben.

In den Anfang des 19. Jahrhunderts fällt die Besetzung der Hauptstadt Islands durch einen dänischen Abenteurer. Wie Dänemark die Insel nicht vor den algierischen Korsaren geschützt hatte, die im Jahre 1627 auf Island geplündert hatten, so vermochte es nicht einmal im Jahre 1809 dem Treiben des „lumpigen" Abenteurers, des „Hundstagskönigs" Jörgen Jörgensen (geb. 1780, † in Australien; isländisch gewöhnlich *Jörundur Jörundarson* genannt) Einhalt zu gebieten[1].

Diese mehr spassig als ernst zu nehmende Episode — die Engländer bekamen ihn nach 1½ Monaten satt und liessen ihn in einem Londoner Schuldgefängnis verschwinden — verdiente gar nicht, hier erwähnt zu werden, wenn ihr Held nicht durch ein Gedicht des gefeierten Lyrikers *Þorsteinn Erlingsson* (geb. 1858) zu einer Art Befreier erhoben wäre, und wenn man nicht hin und wieder der Ansicht begegnete, es sei ein ernsthafter Versuch gewesen, Island von Dänemark loszureissen und zu einem selbständigen Staate zu machen. Jörgensen hatte, sobald er sich des damals 350 Bewohner zählenden *Reykjavik* bemächtigt hatte, bekannt gemacht, die dänische Herrschaft über Island habe jetzt aufgehört, alles dänische Eigentum sei konfisziert, alle Schulden an dänische Kaufleute und Beamte seien aufgehoben. Da er ferner von England aus nach Island abgeschickt war, um der infolge des zwischen England und Dänemark ausgebrochenen Krieges von aller Zufuhr abgeschnittenen Insel Nahrungs- und Handelsartikel zu bringen, datieren seit dieser Zeit die Sympathien der Isländer für England.

Nicht einem fremden Abenteurer, noch dazu dänischen Ursprungs, sondern sich selbst verdankt Island seine Freiheit (sechste Periode; *Frelsisbarátta* „Freiheitskampf" 1830—1874, oder *Vidreisnartímabil* „Wiederaufrichtung"), und bewunderungswürdig ist, wie das kleine Volk, das damals nur 40000 Menschen zählte, zu diesem Kampfe die Kraft und den Mut hatte. „Die geistige Energie, die sittliche Integrität, mit der das wenig zahlreiche, arme und scheinbar von allen Kulturmitteln weit abgeschnittene Volk gegen einen physisch übermächtigen Gegner für seine staatliche Existenz streitet, müsste unsere Sympathie auch dann gewinnen, wenn wir nicht als Deutsche aus weit näher liegenden Gründen in dem Streite Partei zu nehmen uns gedrungen fühlen würden" (Maurer). Mann für Mann stand der dänischen Überhebung feindlich gegenüber, und mit der geistigen Begabung, mit der Bildung, mit der persönlichen Willenskraft des Einzelnen wuchs dieser Widerstand an Tätigkeit und Tiefe des Gehaltes in gleichem Verhältnisse. Im Jahre 1845 tagte zum ersten Male wieder das isländische Althing, es bestand aus 21 vom Volke und 6 vom König gewählten Abgeordneten. Alle Einzelheiten des um die neue Verfassung geführten Kampfes

---

[1] *Jón Þorkelsson*, Saga Jörundar Hundadagakóngs. Kph. 1892.

aufzuzählen, ist hier nicht der Ort¹). Nur zwei Männer sollen genannt werden, die sich in diesem Kampfe hervorragend ausgezeichnet haben: der deutsche Universitätsprofessor Dr. Konrad Maurer in München (1823—1902) und der Isländer *Jón Sigurdsson* (1811—1879). Im Jahre 1856 trat Konrad Maurer, nachdem er schon vorher die wichtigen, gerade heute wieder zu neuem Leben erwachten Bücher „Die Entstehung des isländischen Staates und seiner Verfassung" (1852), sowie „Die Bekehrung des norwegischen Stammes zum Christentum" (1855/56, 2 Bde.) veröffentlicht hatte, in Aufsätzen zum isländischen Verfassungsstreite in der „Allgemeinen Zeitung" warm für die politische und wirtschaftliche Selbständigkeit der Isländer ein. Nach seiner Reise 1858, auf der er das Isländische, das er nur aus Büchern kannte, so vollständig beherrschte, dass er mit den Isländern wie ihr Volksgenosse verkehren konnte, schrieb er in Sybels Historischer Zeitschrift abermals für die isländische Sache, gab 1860 die „Isländischen Volkssagen der Gegenwart heraus", die er meist unmittelbar aus mündlicher Überlieferung aufgezeichnet hatte, und schrieb 1870 wiederum für die Allgemeine Zeitung „Zum isländischen Verfassungsstreite". Diese Aufsätze, „die eine staatsrechtliche Frage der Gegenwart mit reifstem Urteil und voller geschichtlicher Kenntnis aufklären", erschienen 1880 in einer Buchausgabe „Zur politischen Geschichte Islands". 1874 gab er eine Verfassungs-, Rechts- und Kulturgeschichte Islands unter dem Titel heraus „Island von seiner ersten Entdeckung bis zum Untergange des Freistaates" und begrüsste in demselben Jahre freudig die Erfüllung der isländischen Forderungen in der Allgemeinen Zeitung. Nicht wenige von seinen Schriften sind in das Isländische übertragen worden, und wohl kein Fremder ist auf der Insel so volkstümlich wie er. „Volksfreund der Isländer" ist der Ehrenname, der ihm von den dankbaren Isländern verliehen ist, und es wird kaum einen Bauern geben, dem sein Name unbekannt wäre.

Maurers Freund *Jón Sigurdsson*, der politische Führer im Freiheitskampfe, der „Vaterlandsfreund", war der gelehrteste Kenner der isländischen Geschichte, ein unermüdlicher Berater und Helfer jedes einzelnen seiner Landsleute, einer der edelsten, ehrenhaftesten und grossartigsten Männer, die Island hervorgebracht hat, die bedeutendste Persönlichkeit Islands im 19. Jahrhundert²). „Ehre, höchste, menschliche Ehre", sagt der Amerikaner Smith (Bull. American Geographical Society, New York 1890. XXII), „dem *Jón Sigurdsson*, dessen geduldige beharrliche Vaterlandsliebe, weise

---

¹) Eine ausführlichere Darstellung bei Maurer, Zur politischen Geschichte Islands, und bei *Valtýr Gudmundsson-Palleske*, Island am Beginn des 20. Jahrhunderts, 36 ff., 98 f.

²) Maurer, Zur politischen Geschichte Islands, 303—318. — *Eirikur Briem, Andvari*, VI, 1—43. — *Jón Þorkelsson, Tímarit*, III, 1—30.

Ratschläge und selbstloses Leben für Island das brachten, was andere in grösseren Bahnen für andere Gemeinschaften erzielt haben. Er ist ihnen gleich in allem, was Männlichkeit ausmacht, denn weder die Mittel noch die Gaben, sondern ihr Gebrauch bestimmt das Mass des menschlichen Wertes."

Im Jahre 1851 wurde in *Reykjavík* eine Nationalversammlung (*pjódfundur*) zusammenberufen, um einen Plan für das zukünftige Verhältnis zu Dänemark zu erwägen und bekannt zu machen. Ein in Dänemark verfasster Vorschlag war vorgelegt, aber er sicherte die erstrebte Selbstherrschaft nicht. Nun brachten die Abgeordneten unter *Jón Sigurdsson* eine neue Bittschrift vor, in der die Beziehungen Islands zu Dänemark nach der blossen Personalunion geregelt waren. Der Stiftsamtmann, der vergeblich mit Strafe und dem Eintreffen dänischer Soldaten gedroht hatte, erklärte die Versammlung im Namen des Königs für aufgelöst. Da unterbrach ihn *Jón Sigurdsson*: „Darf ich um das Wort bitten, um das Verfahren des Ausschusses und der Versammlung zu rechtfertigen?" Der Vorsitzende antwortete: „Nein!" Abermals erhob sich *Jón*: „So protestiere ich gegen dieses Verfahren." Der Stiftsamtmann: „Ich glaube, die Thingleute haben gehört, dass ich die Versammlung im Namen des Königs aufgehoben habe." *Jón Sigurdsson*: „Und ich protestiere im Namen des Königs und des Volkes gegen dieses Verfahren, und ich behalte der Versammlung das Recht vor, über diese Gesetzwidrigkeit, die hier vorgeht, beim König zu klagen." Da erhoben sich die Thingleute und riefen nahezu aus einem Munde: „Wir protestieren alle!" (*vjer mótmælum allir!*). So endigte der Versuch, auf gesetzlichem Wege die verfassungsmässige Stellung Islands zur Gesamtmonarchie zu regeln.

Die Regierung liess darauf die Angelegenheit zunächst auf sich beruhen; vergeblich bemühte sich das Althing durch wiederholte Gesuche sie wieder in Fluss zu bringen. Die Unzufriedenheit war so gross geworden, dass eine Auswanderung nach Amerika als das einzige Mittel empfohlen wurde, wie man sich dem Drucke der Dänenherrschaft entziehen könnte; bei einem Agenten in *Reykjavík* meldeten sich allein 410 Personen. Fast schien es, als ob die Isländer sich in der Erregung zu ungesetzlichen Schritten hinreissen lassen würden; da bewilligte König Christian IX. am 5. Januar 1874, „aus eigener Machtvollkommenheit" dem Lande eine Verfassung. Nach dieser ist Island „ein untrennbarer Bestandteil des Königreichs Dänemark mit eigenen Rechten". Ein Minister (*rádgjafi*) für die isländischen Angelegenheiten wohnt in Kopenhagen und vermittelt den Verkehr zwischen dem König und der Insel; jedoch wird dieses Amt von einem dänischen Minister bekleidet; ihm ist eine Kanzlei (*skrifstofa*) mit einem Ministerialdirektor (*deildarstjóri*) und einem Kanzleivorsteher (*skrifstofustjóri*), sowie zwei Räten (*adstodarmadur*) unterstellt. Auf Island selbst hat der Statthalter (*landshöfdingi*) die höchste Gewalt, seine Kanzlei steht unter dem Landessekretär (*landritari*), dann folgen zwei Amtmänner, 17 Bezirksvorsteher (*sýslumadur*) und vier Bürgermeister (*bæjarfógeti*). Jeder *sýslumadur* hatte eine Anzahl Gemeindevorsteher unter sich (*hreppstjóri*). Was die ländliche Verfassung anbetrifft, so steht neben dem Amtmann ein Amtsrat (*amtsrad*), neben dem *sýslumadur* ein Bezirksrat *(sýslunefnd)*, neben dem Bürgermeister ein Magistrat *(bæjarstjörn)*, dem Gemeindevorsteher ein Gemeinderat *(hreppsnefnd)*. Im Gerichtswesen bilden die unterste Stufe die „Unterrichter", Richter in erster Instanz *(undirdómari)*, d. h. die *sýslumenn* und die Bürgermeister, auf jeden Gerichtssprengel kommt ein *undirdómur;* dann folgen das aus einem Justitiarius und zwei Assessoren gebildete Landesgericht in *Reykjavík (landsyfirdómur)*, an das man gegen die Entscheidung des „Untergerichtes" appellieren kann, und das Obergericht *(hæstirjettur)* in Kopenhagen, ausserdem ein Gerichtshof für Grenzstreitigkeiten *(landamerkjadómur)*. Das Althing teilt mit dem König das Recht, Gesetze zu geben und hat ausschliesslich das Besteuerungsrecht. Es besteht aus Ober- *(efri deild)* und Unterhaus *(nedri deild);* im ersterem sitzen sechs vom König ernannte und sechs vom Lande gewählte Abgeordnete *(þingmadur)*, im Unterhause der Rest, d. h. die übrigen 24 Thingmänner. Kein Gesetz ist gültig, wenn es nicht vom König genehmigt ist. Endlich erhält Island von Dänemark für immer eine jährliche Rente von 60 000 Kronen als Entschädigung für erlittene Verluste infolge von königlichen Einziehungen zur Zeit der Reformation und des verderblichen Monopolhandels, und ausserdem 20 Jahre hindurch eine alljährlich sich vermindernde, von 40 000 Kr. bis auf Nichts herabsteigende Summe.

Durch die wahrhaft vornehme Haltung König Christian IX. war die Frage gegenstandslos geworden, ob die Bevölkerung Islands, des aufreibenden Kampfes mit einer harten Natur und einer nicht minder harten Regierung müde, vorziehen sollte, das seit einem Jahrtausend bewohnte Land zu verlassen und im fernen Westen eine neue und bessere Heimat zu suchen. Helleren Auges konnte man in die Zukunft blicken und sich frohgemut, wenn auch in ernsten Gedanken bei der Geschichte verweilend, zur Tausendjahrfeier rüsten. Tausend Jahre waren vergangen, seit *Ingólfr Arnarson* auf dem vulkanischen Eislande angekommen war; eine ruhmreiche Geschichte und einzigartige Blüte der Literatur, heftige Kämpfe und herbe Leiden, schwerer Druck und dumpfe Ergebung, aber auch die unverwüstliche Kraft eines zähen Volkes, das sich durch nichts brechen und biegen liess — das war das Ergebnis dieser tausend Jahre. Sonntag den 2. August 1874 wurde in sämtlichen Kirchen ein Dankgottesdienst für den während eines vollen Jahrtausends dem Lande zu teil gewordenen göttlichen Schutz gehalten. In allen Teilen der Insel vereinigte man sich zu frohen Festen. Deutsche, dänische, norwegische und schwedische Kriegsschiffe brachten eine stattliche Schar Gäste, und der Dänenkönig selbst erschien auf der Insel, nicht als der erste König überhaupt, der auf Island war — denn im Jahre 1018 hatte *Ólafr* der Heilige den gefangenen König *Hrærekr* dahin gesandt — wohl aber als der erste Monarch, seitdem Island unter der Herrschaft von Königen stand[1]. Und er brachte dem Volke als Angebinde das Verfassungsgesetz. Nach dem Festgottesdienst in der Domkirche zu *Reykjavík* fand vor den Toren der Stadt auf einem kleinen Plateau *(Öskjuhlíd)* ein Volksfest statt. Die Hauptfeier aber geschah vom 5.—7. August an der alten Thingstätte zu *þingvellir*, da wo das Althing getagt, wo sich die glänzendsten Ereignisse von Islands Geschichte abgespielt hatten. Der leutselige König verstand es, sich die Herzen der Isländer zu gewinnen: aus den donnernden neunmaligen Hochrufen, die über die weite Ebene erschollen und die alte *Almannagjá* erbeben machten, ertönte verheissungsvoll ein neuer Sang, ward der Anbruch einer neuen Zeit verkündet, wo König und Volk einträchtig zusammenwirken wollen.

Islands gefeiertste Dichter griffen in die Saiten und entlockten ihnen mächtige, würdige, stimmungsvolle Lieder. *Steingrímur Thorsteinsson* sang:

> Hallt wieder, ihr Berge, der Hoffnung Gesang,
> Mit wachsendem Schwung in die Weiten!
> Schlagt, Fälle, am steilen Felsenhang
> Der Flut schwertönende Saiten,
> Auf dass wir erwecken das Volk aus dem Schlummer,
> In den es verfallen durch Elend und Kummer!

Matthias Jochumsson stimmte einen feierlichen, priesterlichen Hymnus an: „Gott unsers Landes, sei gelobt!", und *Benedikt Gröndal* liess die weihevollen Worte zu neuem Leben erstehen, mit denen die von Siegfried wachgeküsste Walküre den Tag und sein Licht begrüsst[2].

Derselbe *Benedikt Gröndal* machte mit seinem „Gedenkblatt an die tausendjährige Jubelfeier der Besiedelung Islands" (siehe das Titelbild des ersten Teiles) seinem Volke ein Geschenk, das hoch über den Schöpfungen steht, die dergleichen Gelegenheiten hervorzubringen pflegen. Sein Bild ist ein wirkliches Kunstwerk, und wie sehr es den Gefühlen und Vorstellungen der Isländer entsprach, beweist der Umstand, dass es fast in jedem Hause anzutreffen ist[3]. Zu kaufen ist es heute überhaupt nicht mehr, und nur den eifrigsten Bemühungen meiner isländischen Freunde verdanke ich es, dass mir ein Exemplar zugänglich gemacht wurde, um es meinen Lesern in vierfacher Verkleinerung zu bieten. Das Mittelbild stellt die „Bergfrau" Island dar, die auf dem Gipfel eines Gletschers sitzt, in Sinnen versunken und schweigend, den Sprüchen Odins und der Saga bei goldenen Bechern lauschend; in der rechten Hand hält sie eine Pergamentrolle, denn sie ist „Mutter der Skalden", und als „Mehrerin des Ruhmes" stützt sie sich mit der Linken auf ein Schwert: auf ihrer Schulter hockt einer der Raben Odins, die dem Gotte alle Begebenheiten ins Ohr sagten, die sie auf ihrem Fluge durch die Welt sahen und hörten; ihr Haupt ist von Eiskristallen und Flammen bekränzt, über ihr funkelt der Nordlandsstern. Auf dem Gletscher stehen lateinische Verse, die auf deutsch etwa lauten würden:

---

[1] Eine Beschreibung der Tausendjahrfeier bei Max Nordau, Vom Kreml zur Alhambra, 3. Aufl., 1889, 1, 308—356; eine Tagung des Althings in *þingvellir* bei Hall Caine, Der verlorene Sohn. Deutsche Übersetzung, Leipzig 1904, Bd. I, 267 ff., 309 ff.

[2] Die betreffenden Gedichte bei Pöstion, Eislandblüten, S. 156, 163, 127.

[3] Benedikt Gröndal, *Skýring á minningabrjefinu um þúsund ára byggningu Íslands*. Kph. 1874.

> Siegreich siehst Du zurück auf zehn Jahrhunderte, Thule,
>   Tausend Jahre dazu gönne Dir gnädig ein Gott!
> Kröne mit Freiheit Dein Haupt, so fleh ich aus innerstem Herzen,
>   Und beende das Leid, das Du so lange ertrugst!

Das untere Bild ist eine Karte Islands, die von der ersten Strophe aus *Bjarni Thórarensens* Nationallied eingerahmt ist: „Uralte *Ísafold*, Felsenweib, ernst und hold, Heim hochgepreist..." Rechts davon ist eine Karte von Grönland, das Erich der Rote, links eine Karte von Winland, das *Leifr* entdeckt hat. Die Hauptkarte ist von drei mythologischen Fabelwesen umgeben: einem Stier, einem Vogel und einem Drachen; als König *Haraldr Gormsson* († 986), um Island zu unterwerfen, einem Zauberer gebot, die Insel auszukundschaften, fuhr der in Walgestalt rings um das Eiland; aber die Landgeister vertrieben ihn als ein grosser Drache, riesiger Vogel und fürchterlicher Stier. Die Volkssage erwähnt auch, dass ein Bergriese, mit einer Eisenstange in der Hand, dem Zauberer den Zutritt verwehrt habe. Der Mann links stellt diesen Riesen vor; an Odin, der mit seinem Speere durch die Wolken und über die Länder schreitet, ist nach der Erklärung des Künstlers nicht zu denken. Die Landschaft ganz unten ist ein ideal-symbolisches Bild der Insel: ein *Geysir*, ein *Jökull*, ein Wasserfall und ein Vulkan. Darunter steht ein isländischer Vierzeiler:

> Wie der Väter Schar Dich fand,
> Eisgekrönt und weissbeschneit, —
> So bleib, teures Vaterland,
> Eigenartig alle Zeit!

Auf den beiden Steinsäulen stehen je 16 Namen der ersten Landnahmemänner, darunter die der beiden ersten Ansiedler überhaupt, des *Ingólfr* und *Hjörleifr*, und unter diesen ein Wikingerschiff und — nicht ganz klar — eine sich in den Schwanz beissende Schlange, das Sinnbild der überwundenen Zwietracht. Die beiden Längsseiten und die Mitte oben nimmt ein Gerank von Eichenblättern ein, auf denen die ganze Ruhmestafel Islands verzeichnet ist, 142 Namen der berühmtesten Isländer, links die Helden der Sagazeit, rechts die Dichter und Männer der Wissenschaft, bis zu *Björn Gunnlaugsson* und *Jón Sigurdsson* hinauf (rechts oben); in jeder Ecke oben hockt der Vogel Odins, der weise Rabe.

IV. Die Gegenwart (*Nútíd*, seit 1874) oder Selbstregierung
(Sjálfsstjórnartímabil).

Sehr viel war durch das gütige Entgegenkommen Königs Christian IX. erreicht worden. Von dem weiteren rüstigen Ausbau der Verfassung zeugten das Gesetz vom 12. Mai 1882, dass zu den Gemeindewahlen auch die Frauen das aktive wie das passive Wahlrecht — mit einigen Einschränkungen freilich — haben, und das vom 12. Januar 1884, durch das jeder Grundbesitzer verpflichtet ist, sein Grundeigentum, für den Fall, dass er es nicht selbst benutzt, zur Benützung an einen anderen zu verpachten. Missstimmung erregte, dass der König das Recht erhalten hatte, von den 12 Mitgliedern des Oberhauses die Hälfte zu ernennen, dass der Minister für Island auf den meisten Gebieten unverantwortlich, und dass der *landshöfdingi* so gut wie unverantwortlich war; dass das Amt des Ministers in den Händen eines Ausländers lag, der isländisch nicht verstand, auf Island nicht wohnte und diese seine Stellung nur im Nebenamte bekleidete. Zwischen dem isländischen Radikalismus und den dänischen Ansprüchen hat vor allem der Isländer Dr. *Valtýr Gudmundsson* vermittelt, Dozent des Isländischen an der Universität in Kopenhagen. Bei der 1903 erfolgten Revision der Verfassung wurde das Amt des Landeshauptmanns abgeschafft und die Ernennung eines eigenen Ministers vorgeschrieben, der sich ausschliesslich mit isländischen Angelegenheiten zu beschäftigen hat, der der Sprache mächtig sein (— diese Bedingung kann in der Regel nur ein Isländer erfüllen —) und dem Althing persönlich beiwohnen muss. Das Wahlrecht sollte erweitert und das Oberhaus um zwei aus der Volkswahl hervorgehende Mitglieder vermehrt werden. So hoffte man die überwiegende Kontrolle Dänemarks zu vermindern und die politische Selbständigkeit Islands zu erweitern und zu befestigen. Zum Teil wenigstens sind diese Wünsche verwirklicht. Das neue Verfassungsgesetz ist am 1. Oktober 1904 ins Leben getreten, damit sind die Ämter des Statthalters, die beiden Amtmannsstellen und die Stiftsobrigkeit aufgehoben. Seit dem 1. Februar 1904 ist Minister dieser neuen Verfassung ein Mitglied des Althing, der bisherige *sýslumadur* und Bürgermeister von *Ísafjördur, Hannes Hafsteinn* (Fig. 12). Er ist am 4. Dezember 1861 geboren, war mit *Bertel E. O. Porleifsson, Einar Hjörleifsson* und *Gestur Pálsson* der Begründer der Zeitschrift „*Verdandi*" (d. h. Gegenwart, Name eines der drei Nornen), die im Sinne des Kopenhagener Literaturhistorikers und Ästhetikers G e o r g B r a n d e s wirken sollte, ein leidenschaftlicher Bewunderer und vorzüglicher Dolmetscher H e i n r i c h Heines, ein sorgfältiger Herausgeber der Werke von *Jónas Hallgrímsson, Sigurdur Breidfjörd*, ein hervorragender Lyriker und flotter Humorist (*Brennivínshatturinn*, „Der Branntweinhut"). Leider scheint es ihm wie seinem Bruder in Apoll und Merkur, dem Norweger Kjelland zu ergehen: die Sorgen und Pflichten des Amtes ersticken das dichterische Vermögen. Leicht ist seine Aufgabe als erster isländischer Minister

Fig. 12. Hannes Hafsteinn.

nicht. Er hat vielleicht weniger mit den Dänen, als mit den steifnackigen Isländern zu kämpfen, denen immer noch nicht genug erreicht ist. Die telegraphische Verbindung der Insel mit dem Festlande hat er trotz heftiger Anfeindungen durchgesetzt. Möge er auch weiterhin den eisernen Willen haben, das kaum flott gewordene isländische Staatsschiff unbeirrt durch Sturm und Wogenprall zu lenken und sein Volk einer lichten Zukunft entgegenführen! Möge er männlich fest am Steuer stehen, herrschend blicken auf die grimme Tiefe und vertrauen, scheiternd oder landend, seinen Göttern!

Viertes Kapitel.

Erster Aufenthalt in Reykjavík.

Die Stadt und ihre Umgebung.

4. Juni bis 8. Juni.

Der freundliche Eindruck, den *Reykjavík* am Tage der Ankunft auf uns gemacht hatte, hielt nicht nur an, sondern vertiefte sich immer mehr, und als wir uns erst ganz heimisch hier fühlten, Streifzüge in die nähere und weitere Umgebung, zu Fuss und zu Pferde unternommen und den ganzen Zauber der hellen Nächte und wundervollen Sonnenuntergänge gekostet hatten, gaben wir Heusler vollkommen recht: „Schöneres als *Reykjavík* hat Island nicht und ob es irgendwo eine schönere Reede gebe, müsste der entscheiden, der unseren ganzen Erdball durchschweift hat" (Fig. 13). Die Stadt liegt in der südöstlichen Ecke des *Faxafjördur* auf präglacialem Eisgrunde, der die ganzen Wirkungen der Gletscherdecke hat über sich ergehen lassen müssen, und zwar auf der Nordseite der kleinen Halbinsel *Seltjarnarnes* (*sel-tjörn*, See auf einer Bergweide), die sich von Südost nach Nordwest erstreckt und etwa eine Meile lang und eine halbe Meile breit ist. Nach aussen wird die Halbinsel immer schmäler, ungefähr in ihrer Mitte ist der Ort zwischen zwei Hügeln aufgebaut, an deren Abhängen sich zerstreute Fischerwohnungen befinden. Fast parallel mit dieser Halbinsel läuft im Süden eine andere, *Álptanes* (Schwanlandzunge), aber nur halb so lang und an ihrem Ende nach innen eingeknickt. Der von beiden eingeschlossene *Skerjafjördur* (Schärenfjord) hat mehrere tief einschneidende Buchten. Unterhalb der zweiten Halbinsel liegt der *Hafnarfjördur* (Hafenfjord) mit dem Handelsplatze gleichen Namens.

Von *Reykjavík* zieht die Küste nach Osten, etwa über eine Meile, zu einer schmalen Bucht hin, vor der, gleichsam zum Schutze gegen die Wellen des Ozeans, mehrere Inseln liegen: *Akurey*

Fig. 13. Reykjavik.

(Ackerinsel), *Effersey* (eigentlich *Orfirisey*, d. h. eine Insel, die zur Ebbezeit mit dem festen Lande in Verbindung steht; Kaalund I, S. 5), *Engey* (Wieseninsel), *Videy* (Nebeninsel? schwerlich Holzinsel?), am nächsten an das Land heran geschoben und nur durch einen schmalen Sund von ihm getrennt, nordöstlich davon *Geldinganes* (Hammelberg), nördlich davon *Perney* (Seeschwalbeninsel, wo einst *Örlygr* landete, der Abgesandte des heiligen Patrik, mit einer Handvoll geweihter Erde, einem Messgewande und einem Stocke) und nordwestlich *Lundey* (Papageitaucherinsel).

Reykjavík, erst seit Ende des 18. Jahrhunderts zur Hauptstadt der Insel bestimmt, liegt an derselben Stelle, an der einst der alte *Ingólfr* seine Hochsitzpfeiler wieder errichtete. Als er Island in Sicht hatte, warf er sie über Bord und gelobte, da wohnen zu wollen, wo sie an Land kämen. Er landete zunächst in *Ingólfshöfdi*, sandte aber sofort Leute aus, um die Pfeiler zu suchen. Erst im dritten Jahre nach seiner Ankunft in Island fanden seine Knechte diese unterhalb des Heidelandes bei *Arnarhóll*. Im Frühjahre fuhr *Ingólfr* dann über die Heide, wählte sich seinen Wohnsitz da, wo die Pfeiler ans Land getrieben waren und wohnte in *Reykjavík* (Rauchbucht; Lnd. I, 6, 8).

Es ist also klassischer Boden, wo wir weilen, und ein eigenartiger Zufall hat es gefügt, dass hier später die einzige wirkliche Stadt, dann die Hauptstadt, der Sitz der Bildung und Regierung, erstand. Aber diese Stätte, mit der sich in gewisser Beziehung an geschichtlichem Interesse nur wenige Orte auf ganz Island messen können, wird in der alten Geschichte nur ganz selten genannt und ist in den bewegten Zeiten des Freistaates nicht einmal der Schauplatz einer geschichtlich merkwürdigen Begebenheit gewesen. Im Jahre 1801 hatte *Reykjavík* nur 307, 1840—890, 1860—1444, 1870—2024, 1880—2567 Einwohner, jetzt hat sie mehr als 8000 und geht ohne Zweifel einem frischen Aufblühen entgegen.

Unser Hotel Island liegt im *Austurstræti*, in der Oststrasse. Gehen wir die Strasse nach der rechten Seite entlang, so stossen wir bald auf die stattlichen, steinernen Bauten der Landesbank und der Islandsbank, sehen in einer Seitengasse links das steinerne Posthaus und kommen in die Nähe des Ministerialgebäudes; in den oberen Räumen der Landesbank ist das Altertumsmuseum untergebracht. Wir biegen rechts um die Ecke und gelangen nach dem südlich von der Oststrasse gelegenen viereckigen, grasbewachsenen *Austurvöllur*. Dieser Ostplatz ist zwischen dem oberen Teile des *Adalstræti* (Hauptstrasse), der Oststrasse und den Häusern westlich von einem kleinen Bache gelegen. In der Mitte steht ein Standbild des Bildhauers Thorvaldsen in Bronzeguss auf einem Sockel aus Granit. Auf dem Platze tummeln sich, soweit er nicht von

einem eisernen Stacket eingefasst ist, die Kinder in fröhlichem
Spiel, Kinder- und Sportwagen werden von den Müttern und Mägden
geschoben, und wenn die Kapelle eines fremden Kriegsschiffes hier
konzertiert, entfaltet sich ein Leben und Promenieren wie bei uns,
wenn Sonntags die Platzmusik ihre lustigen Weisen ertönen lässt.
Auf der rechten Seite liegt die Apotheke *(lyfjabúd)*, ein allerliebstes,
sauberes Häuschen, wo zu meinem Erstaunen sogar deutsch gesprochen wird, auf der Südseite die Domkirche und das Althingshaus. Die „*domkirkja*" ist Ende des 18. Jahrhunderts aus Stein
und Ziegel aufgeführt und 1847 an der Front mit einem romanischen
Vorbau und Rundbogenfenstern geschmückt, unter der Turmuhr ist
das isländische Wappen angebracht, ein silberner Falke in blauem
Felde. An der Längsseite des Einganges steht ein 20 Ellen hoher
Obelisk aus isländischem Stein, ein Gedenkstein für den Dichter
Hallgrimur Pjetursson. Das einfache Innere, das 300—400 Personen
fassen kann, ist durch zwei Tribünen in drei Längenteile geschieden,
die Wölbung über dem Altar ist blau bemalt, vor diesem steht ein
Taufstein, Johannes den Täufer darstellend, ein Werk und Geschenk
Thorvaldsens aus dem Jahre 1839; hinter dem Altare befindet
sich ein Gemälde, die Auferstehung Jesu. Nach dem Volksglauben
sollte die Domkirche versinken, wenn in ihr einmal neun Geistliche
zugleich vor dem Altare stünden und der Bischof dazu als Zehnter.
Doch ging am 12. August 1849 diese Prophezeiung nicht in Erfüllung, als Bischof *Helgi Gudmundsson* unter Assistenz zweier
Pastoren sieben Geistliche ordinierte. Tatsache soll sein, dass an
jenem Tage die Kirche nicht so besucht war wie sonst.

Neben der Domkirche erhebt sich seit 1881 das stattliche, aus
dunkelm Basalt gebaute Althingshaus *(alpingishús)*. Im Erd-
geschoss befindet sich die Landesbibliothek *(landsbókasafn)*. Seit
einem Jahre hat sie die an Islandica einzig dastehende Bibliothek
des verstorbenen amerikanischen Prof. Willard Fiske aus Florenz
geerbt und wird mit dieser zusammen wohl 60000 Bände zählen.
Im ersten Stockwerke liegen die Sitzungssäle für das Althing und
Deputationssäle des Ober- und Unterhauses, sowie eine kleine Gemäldesammlung *(málverkasafn)*. Sie besteht im wesentlichen
aus Geschenken fremder Künstler, an die vor einigen Jahren ein
Aufruf ergangen war. Neben einigen isländischen Landschaftsbildern nehmen sich Ansichten aus Ägypten und anderen Ländern
und vor allem eine in grüne Gewänder gekleidete Tänzerin, die
neben einer mit einem grünen Schirm versehenen Lampe sitzt,
etwas seltsam aus. Ein prächtiges Marinestück — durch den gelben
Gischt des blauen Meeres fährt ein Schiff — haben Woldemar
Schultze und E. Hildebrandt geschenkt (Original in Danzig),
mit der Widmung:

„Wo der Feuerberg loht, wo der Geysir schäumt,
Am Felsstrand wild die Sturmwoge bäumt,
Trag zu des Nordlands grauenvoller Pracht
Der Tropen Glut in die Winternacht."

Auf einer breiten, bequemen Steintreppe steigen wir in das zweite Stockwerk hinauf und besehen uns das Wohn- und Sterbezimmer des „grössten Sohnes Islands", des *Jón Sigurdsson*: nach dem Muster des Thorvaldsen-Raumes in Kopenhagen sind hier alle Erinnerungen aus seinem Leben aufbewahrt, und die Möbel haben dieselbe Stelle inne wie damals, als der unermüdliche Vorkämpfer für Islands Freiheit noch unter den Lebenden weilte. Dem treuen Freunde Konrad Maurers, der Island politisch selbständig gemacht hat, ist auf einem silbernen Kranze die schlichte, wahre Inschrift geweiht: „Islands Lieblingskinde, dessen Ehre, Schild und Schwert", und auf dem Friedhofe fand ich später sein stattliches Monument, eine Marmorsäule auf einem Granitsockel, mit dem Reliefporträt des Verstorbenen und mit einer Inschrift ganz im Sinne und Tone des Altertums: „Diesen Stein errichteten ihm seine Landsleute." Im zweiten Stockwerk befindet sich auch das Landesarchiv *(landsskjalasafn)*, unter der Leitung von Dr. *Jón Þorkelsson*, dem bekannten Verfasser der isländischen Literaturgeschichte des 15. und 16. Jahrhunderts. Voll Stolz zeigte er uns seine Schätze, unter denen ein Autogramm des Dichters der „Lilie", *Eysteinn Ásgrímsson* und das älteste erhaltene isländische Original-Diplom besonders interessieren. Dieses ist das älteste Stück des *Reykjaholtsmáldagi* oder Reykjaholts-Diploms und ist ungefähr 1185 geschrieben. Die Urkunde ist ein Verzeichnis des der Kirche zu *Reykholt* im *Borgarfjördur* zugehörigen Besitztums und Inventars. Sie ist zu verschiedenen Zeiten und von sechs Händen geschrieben, indem die Nachfolger jedesmal auf demselben Pergamentblatte das inzwischen Hinzugekommene verzeichnet haben. Das älteste Stück (von ca. 1180) ist wohl die älteste in der Landessprache erhaltene Urkunde des ganzen Nordens. Im zweiten Stücke (von ca. 1208) wird *Snorri Sturluson* und im dritten (von ca. 1230) nicht nur er, sondern auch seine Frau *Hallveig* genannt. Das letzte Stück stammt aus der ersten Hälfte des 14. Jahrhunderts.

Hinter der Domkirche und dem Althingshause liegen das Handwerkerhaus *(Idnadarmannahús)* mit Haushaltungsschule, Tanz-, Konzert- und Theatersaal und dahinter ein hübscher See *(Tjörn)*, in dem man ein subfossiles Walross-Kranium gefunden hat; an seinem östlichen Ufer stehen die ansehnliche, dreistöckige, mit auffallend grossen Fensterscheiben versehene Volksschule und die Freikirche. Über das Ufer des Sees hinweg blicken wir auf saftige Wiesen, während im Westen sich in einiger Entfernung der von einer hohen Steinmauer umgebene Friedhof mit der Friedhofskapelle anschliesst. Gras- und Blumenschmuck ist auf den Grabhügeln natürlich selten, aber Kreuz und Leichenstein sind häufig, und stattliche Obelisken aus Granit erheben sich hier und da, einer sogar mit einer Runeninschrift aus dem 19. Jahrhundert. Der Ruheplatz der Toten macht einen gut erhaltenen, wohl gepflegten Eindruck, und die Singvögel, wohl die einzigen, die in der näheren Umgebung von *Reykjavík* vorkommen, wenn ich nicht sehr irre, sogar Rotdrosseln, hüpfen zutraulich und tirilierend von Hügel zu Hügel. Auch einige französische Seeleute haben hier fern von ihrer schönen Heimat ihre Ruhestätte gefunden, und die wilden Stürme des Nordens und die vom Meere herüber brausende Brandung singen ihnen ein echtes Seemannslied.

Wir kehren zurück zur Domkirche und schlagen die Strasse östlich von ihr ein, die *Lækjargata* (Bachstrasse, *lækur* „Bach", der als Abfluss des *Tjörn* mitten durch die Stadt fliesst und ins Meer mündet). An der *Lækjargata* ist das Holzgebäude der Lateinschule gelegen und daneben in einem eigenen Steinbau die Gymnasialbibliothek. Weiter nach dem Meere zu kommen wir in derselben Strasse an das lange, niedrige, weiss angestrichene Wohnhaus des Ministers *(landshöfðingjahús)*, dem ebenso wie dem Gymnasium ein grosser Grasplatz vorgelagert ist. Vor 150 Jahren diente es als Gefängnis und wurde vor 100 Jahren zum Sitz des Landeshauptmanns umgebaut. Die Amtsräume sind hell und stattlich, und ihre Einrichtung entspricht durchaus den Anforderungen, die man an ein derartiges Gebäude stellt. Als ich dem Minister und dem Landessekretär meinen Besuch abstattete, kam ein Bäuerlein, vergnügt seine Zigarre schmauchend, aus dem Audienzzimmer; er hatte die heilige Halle offenbar betreten mit dem *vindill* im Munde.

Wir gehen einige Schritte in dem *Austurtræti* zurück, bis wir an das sehr ansehnliche Haus des deutschen Konsuls *Ditlev Thomsen* stossen; gegenüber liegt ein wohlgepflegter Garten, in dem ein Sommerzelt aufgeschlagen ist. Zwischen Garten und Wohnhaus biegen wir in eine Gasse ein und gelangen durch sie in die zweite Hauptstrasse, das *Hafnarstræti*. Wie ihr Name sagt, läuft sie den Hafen entlang. Hier liegen die grossen Geschäftshäuser und Warenlager, und die Gebäude des Herrn Thomsen bilden ordentlich einen Stadtteil für sich. Nach Westen wie nach Osten läuft sie in ein Quartier von Fischerhütten aus. An Stelle der Gebäude aus Stein oder Holz, mit Wellblech bekleidet, gewahren wir nun Bauten aus Rasen. Auf den steinernen Mauern, den Vorgärten und auf allen freien Plätzen und Winkeln liegen Tausende von aufgeschnittenen Fischen in der Sonne ausgebreitet, die gesalzen und getrocknet werden. Der abscheuliche Gestank treibt uns bald nach der Landungsbrücke zurück, wir gehen wieder nach unserem Hotel.

das wir links liegen lassen und steigen allmählich am „Café Uppsalir" vorüber den westlichen Hügel hinan, auf dem die katholische Kirche und das St. Josephs-Hospital liegen.

Die Aussicht, die man von hier hat, ist über alle Beschreibung schön. Das Prächtigste aber sind die Farbeneffekte, die je nach der Tageszeit und Bewölkung verschieden sind. Ist der Himmel bedeckt, so mutet uns alles wie in graublau getaucht an; kommen wir gegen Mittag, so erscheint die Landschaft braunschattiert, am klaren, wolkenlosen Abend violett. Das Wahrzeichen der Stadt, die *Esja*, ein schwerer Basaltberg, schaut aus dem Fjord aus Nordosten zu uns herüber. Ihre Vorhöhen nehmen sich wie Vorwerke aus für das unbezwingliche, wuchtige Hauptbollwerk. Sie sind mit jenem leisen Hauch überzogen, den die Maler an Gebirgslandschaften besonders lieben, aber auf der Spitze und weit die Seiten hernieder lagern gewaltige Massen noch nicht geschmolzenen Schnees, wogegen die schwarzen Wände der steileren Zacken und Spitzen, auf denen der Schnee nicht hat haften können, scharf abstechen. Nach Südosten versperren lange Hügelketten, deren breite Abhänge dunkler Schutt deckt, die Aussicht, es ist das *Lönguhlídarfjall* mit dem hochragenden *Vifilsfell* und daneben der *Hengill*. Ein wunderlich geformter Berg zieht im Süden vor allem unsere Augen auf sich unter den vulkanischen Höhen der durch ihre Schwefelquellen berühmten *Krisuvik*[1]), es ist die regelmässige Pyramide des *Keilir*. Winkler vergleicht die nächsten höheren Rücken mit grossen Särgen: „wenn eine dunkle Wolke ihren Schatten in das Vorland schüttet, und die Särge dahinter im farblos wässerigen Schein der Sonne aufleuchten, dann hat man den Eindruck einer vom Licht der Lampe erhellten Gruft" (Island, S. 159, 160). Um so wohltuender ist der Blick auf den unbegrenzten Ozean, der still daliegt, wie wenn er immer so harmlos wäre. Deutlich können wir über dem *Skerjaffjördur* die weisse Kirche von *Bessastadir* herüberschimmern sehen, und je länger wir unser Auge auf dem dunkelblauen, glatten Meer und der reichgegliederten Küste ruhen lassen, wo Hügel sich an Hügel drängt, zurückweicht, ein Tal eröffnet, in die See hinaus springt, um so mehr scheinen Land und Meer sich abzuwechseln und ineinander überzugehen, und schliesslich verschwimmen sie unlösbar zusammen. Ich habe den Zauber der Mitternachtssonne auf dem *Dundret* in der Lappmark und auf der *Fuglö* zwischen Tromsö und dem Nordkap kennen gelernt, aber völlig ebenbürtig ist ihm ein schöner Sonnenuntergang bei *Reykjavik*, sei es, dass wir ihn vom westlichen Hügel, von dem Turm des Hotels, am Hafen oder vom Fenster des Gymnasiums aus geniessen.

---

[1]) Hier ist im Frühjahr 1906 ein neuer *Geysir* entstanden, der alle 10 Minuten springt.

Mit offnem Goldhaar will, wie *Hannes Hafsteinn* singt, die Sonne in ihr Freudenbett schreiten, leise lässt sie den goldenen Mantel von ihrem Busen gleiten und breitet ihn auf den Rand ihres Lagers. Am blauen Himmel schimmern in heiterer Ruhe goldgeschmückte, goldbeschwingte Wolken, wie Träume glänzend, sagt *Steingrimur Thorsteinsson*. Ein himmlisch reiner Hauch aus der Geisterwelt breitet sich über die Berge, die glanzverklärt, blauend, durch Purpurschleier weit herüber winken. Sie erstrahlen bald in wundervollen violetten und purpurnen Farben, während der Himmel selbst im entzückendsten Abendrot loht. Nur wer das Alpenglühen der Schweiz kennt, kann sich einen isländischen Sonnenuntergang vorstellen, aber auf der fernen Insel ist dieses nicht nur auf die höchsten Bergspitzen beschränkt, sondern ergiesst einen Purpur über die gesamte Landschaft. In prachtvoller Klarheit rauscht zu unseren Füssen der spiegelklare Fjord, kein Laut, kein Lärm dringt an unser Ohr. Seitwärts erhebt sich dunkel und massig die *Esja*, grell sticht dagegen ab der jetzt weit in der Ferne — es sind über 100 km — aus dem Meere auftauchende, blendendweisse, eisstarrende *Snæfellsjökull*. Nun drückt die Jungfer Sonne, ehe sie errötend mit letztem Blinken in Ägirs Arme sinkt, auch ihm den Abschiedskuss auf die reine Stirn seines Doppelgipfels und verschwindet dann hinter der *Esja*, während das Glühen auf dem ganzen Firmament fortdauert. Noch einige Augenblicke, und der letzte feurige Strahl hat sich hinter dem purpurnen Horizont versenkt, und alles ist vorüber. Doch nein! „der König ist tot! es lebe der König! und der junge Monarch des neuen Tages entsteigt dem Meere, das soeben seinen Vater begraben; höfische Wolken in güldenen Gewändern, das Antlitz noch strahlend von der Gunst des toten Herrschers, eilen, den neuen Herrn zu begrüssen, in seinem Lächeln neuen Glanz zu erborgen" (Dufferin, S. 145).

Wir haben uns bald in der Stadt zurecht gefunden, obwohl sie wenig regelmässig angelegt ist, und können nunmehr in Ruhe das Leben und Treiben in den Strassen beobachten.

Angenehm fällt uns sogleich die originelle Tracht der Frauen auf. Noch heute wie vor Jahrhunderten trägt die Frau einen weiten Rock (*pils*) aus Fries oder Tuch, gewöhnlich von schwarzer Farbe, darüber eine — meist helle — Schürze (*svunta*), eine enganschliessende, schwarze Jacke (*peysa*) und eine Haube (*hufa*). Das Jäckchen ist auf der Brust offen und lässt ein weisses Vorhemdchen oder eine gestärkte Krause sehen. Diese Alltagstracht ist ursprünglich holländisch, aber von dem isländischen Maler *Sigurdur Gudmundsson* Ende der fünfziger Jahre den heimischen Verhältnissen entsprechend umgemodelt. Gürtel und Brustschmuck, der aus hübschen ziselierten oder filigranartigen Silber- und Goldarbeiten besteht, ist derselbe wie vor Jahrhunderten. Das eigentlich Nationale der Alltagstracht ist die Kopfbekleidung, eine glückliche Schöpfung des genannten *Sigurdur*. Die *húfa* ist ein rundes schwarzes Stückchen Tuch, etwa 18 cm im Durchmesser, das auf

Fig. 14. Zwei Frauen in Festtracht, die mittelste in Alltagstracht.

den Kopf mit Nadeln befestigt wird; an der linken Seite über die Schulter weg hängt eine seidene Bommel herab, etwa 3 dm lang (*skúfur*), durch eine goldene oder silberne hülsenförmige Röhre (*hólkur*) mit dem Scheitelstück verbunden; so wie etwa die kleinen Mädchen bei uns das Haar auf den Seiten durch Schleifen zusammenhalten. Das Haar ist in der Mitte gescheitelt, lässt die Stirn frei — vereinzelt finden sich auch „Ponyfusseln" — und bildet hinten ein ganzes Nest aufgesteckter Zöpfe. Nur an der Südküste tragen die Mädchen das Haar nicht geflochten, sondern lose (*slegid hár*): es ist in drei Teile gelegt, die Enden jedes Teiles sind in die Höhe genommen und unter der *húfa* befestigt. Die *húfa* wird von jeder Isländerin, ob reich, ob arm, jung oder alt, im Hause und auf der Strasse getragen.

An Feiertagen, zum ersten Male bei der Konfirmation, bei Hochzeiten, feierlichen Leichenbegängnissen und den hohen kirchlichen Festen, wird statt der *húfa* eine spitz zugehende Haube in der Form einer phrygischen Mütze getragen, der sogenannte *faldur*, an dem nicht selten ein weisser Schleier herabhängt. (Fig. 14 zeigt zwei Frauen in Festtracht [*faldbúningur*], eine in Alltagstracht.) Über die Stirn geht ein Band, das mit Filigranknöpfen besetzt ist. Den Gürtel, Saum des Mieders und den Kleidersaum ziert kostbare Silberstickerei, meist wenig stilisierte Eichenblätter. Mancher Brautanzug hat einen Wert von 1000 Kronen und vererbt sich jahrhundertelang von einem Geschlecht auf das andere. Schon in der Edda wird ein hochgewundener Aufsatz von weissen blinkenden Tüchern genannt. Zur Sagazeit wurde er entweder lotrecht emporgetragen oder hatte eine gekrümmte Form und bog sich fast wie ein Horn vom Hinterkopf aus nach vorn zu nach der Stirn (*krók-*[Haken-]*falar, sveigr*). Am Anfang des 19. Jahrhunderts wurde noch ein seidenes Tuch um den Kopf gewunden, wodurch das ganze Haar und das untere Ende des *faldur* verhüllt wurde; nur die Stirn blieb in der Mitte bis zu den Haarwurzeln frei.

Die Tracht der Männer ist die übliche europäische, abgesehen von den Schuhen bei der ländlichen Bevölkerung, die aus einem einzigen Stück ungegerbten Lamm- oder Seehundsfelles bestehen. Fast bis zur Mitte des vorigen Jahrhunderts bestand die Alltagstracht der Männer aus einem wollenen Hemde, gestrickten Unterhosen, einer gestrickten Unterjacke und indigoblauer oder schwarzer Weste und kurzer Hose. Ein Fremder, der zum ersten Male nach der Insel kam, konnte glauben, die ganze Bevölkerung trauere. Auf dem Kopfe trug man eine Kappe (*hetta*), die man bis auf die Achseln herunterkrempeln konnte, so dass nur Augen, Nase und Mund sichtbar waren, oder man trug, winters im Hause, sommers bei gutem Wetter im Freien, eine getrickte Zipfelmütze (*skotthúfa*): sie war dunkelblau und hatte — ebenso der Zipfel — 3—4 rote oder gelbe Querstreifen; der Zipfel hing an der Wange herab und war mit einer etwa 2 Zoll langen roten oder gelben Quaste versehen. Zur Sonntagskleidung gehörte ein schornsteinähnlicher hoher Filz- oder Baumwollenhut, unter dem bei alten Männern das Haar bis auf die Schultern hing[1]). Die alte Tracht: kurze Hosen, kurzes weites Wams und Zipfelmütze mit Quaste hat sich nach Thoroddsen am längsten an der Hornküste erhalten; er hat dort noch einen Mann gekannt, der zeit seines Lebens nur in kurzen Hosen gegangen war. Aber ich selbst habe noch 1904 im Südosten einen Bauern getroffen, der mit wenigen Veränderungen an der alten kleidsamen Landestracht festhielt.

Die ziemlich breiten Strassen sind gepflastert. Die Häuser sind wie gesagt, fast alle aus Holz, doch vielfach zweistöckig und zum Schutze gegen Feuersgefahr und das feuchte Klima mit Zinkwellblech überzogen; meist sind sie weiss angestrichen oder geteert. Vor vielen Häusern befindet sich ein Grasplatz, wie vor dem isländischen Bauernhofe die Hauswiese, das *Tún*, auch wohl ein Garten mit Gemüse, Blumen und Johannisbeersträuchern. In fast allen Fenstern stehen hinter den weissen Gardinen Zierpflanzen, Rosen, Levkoien und Nelken. Ein lebhaftes Treiben wogt in den Strassen. Karawanen halten vor den grossen Magazinen, laden ab und packen auf. Vor dem Hotel wartet ein Fremdenführer mit vier Pferden, und ein Engländer mit Angelrute und langen Wasserstiefeln tritt aus der Türe. Kleine Kavalkaden von Damen und Herren sprengen die Strasse entlang, doch nicht zu schnell, sonst erscheint einer der drei Polizisten (*lögmaður*) und wehrt es ihnen in höflichem Tone. Soldaten sieht man gar nicht, ausgenommen Matrosen von den fremden Kriegsschiffen; denn Island ist in der glücklichen Lage, dass es kein Militär hat, und auch der junge Isländer ist in Dänemark nicht dienstpflichtig. Dort kommt ein Trupp von einem Ausfluge zurück, frische Buben von 10—12 Jahren laufen ihnen entgegen und bitten und betteln, die Pferde auf die fernen Weiden führen zu dürfen; es ist nicht nur die Aussicht, ein paar Öre zum Lohn zu erhalten, sondern die Lust, sich auf dem Rücken eines feurigen Pony zu tummeln. Im Ostende des *Austurstræti* sind fast an jedem Hause kleine Verschläge von Holz oder Stein angebracht, in denen trübselig ein paar Pferde stundenlang in derselben Stellung stehen. Sie haben noch ihren Winterpelz, und als wir ihnen den Rücken tätscheln, fliegt uns eine Wolke Staub und Haare entgegen (Fig. 15).

Das regste Leben herrscht am Hafen, und hier wimmelt es natürlich immer von Zuschauern. Schottische Kohlen, schwedisches und norwegisches Holz, Maschinen aus Deutschland, Körbe, Kisten, Säcke voll aller erdenklicher Waren aus aller Herren Ländern werden von den Boten an Land gebracht, denn die Dampfer selbst ankern ziemlich weit draussen in der Bucht. Ein Rudel Pferde ist am

---

[1]) Über die Kleidung im Anfange des 19. Jahrhunderts vergl. Frl. Lehmann-Filhés, Z. d. Vereins f. Volksk., VI, S. 241—246.

Ufer zusammengetrieben, wird in grosse Schaluppen gepfercht und an die Aussenseite eines grossen Dampfschiffes herangerudert. Mit Gurten, Ketten und Tragriemen werden sie vom Boot aus durch den Dampfkrahn in die Höhe gehoben, baumeln dann eine Weile, ängstlich mit allen Vieren um sich schlagend, in der Luft und werden dann in den inneren Laderaum hinabgelassen, um in den Bergwerken Schottlands elend zu verkommen. L. Zöllners „Fridthjof" beförderte in einer Ladung 343 Pferde nach New Castle, und die „Ceres" ausser ihren Passagieren 200.

Fig. 15. Pferd im Winterpelz.

Mit einem gewissen Gefühle des Neides sehen wir die vielen Sonntagsreiter davontraben, und neugierig mustern wir die Tiere, von denen während der nächsten Wochen unser Wohl oder Wehe abhängen wird. Warum sollen wir nicht einen Proberitt von einigen Stunden versuchen? Wir wenden uns daher an den Sprachlehrer *Þorgrímur Gudmundsen*, den bekanntesten und erfahrensten Fremdenführer Islands. Er hat es zwar selbst nicht mehr nötig, zu führen, aber ein ganzer Stab steht ihm zur Verfügung. Bedauernd zuckt der liebenswürdige Hüne seine Achseln: am Sonntag hält es schon an und für sich schwer, Pferde zu bekommen, da ganz *Reykjavík* dann unterwegs ist, aber zu so später Stunde sei es durchaus unmöglich. Da entschliesse ich mich mit Dr. Boden, den Reykjavikern das ungewohnte Schauspiel eines Spaziergängers zu bieten. Bevor wir uns aber die Umgebung der Stadt zu Fuss ansehen, machen wir bei *Þorgrímur Gudmundsen* halt und betrachten seinen Namen etwas näher.

Nach dem Gesetz der isländischen Namensgebung müsste er *Þorgrímur Þórdarson* heissen, er hat den zweiten Namen irgend jemandem zu Liebe und Ehren angenommen. Ein anderer danisierter Namen ist der des bekannten Dichters *Jón Þórdarson Thóroddsen* und dessen Sohnes, des Geologen *Þorvaldur Thóroddsen*. Thóroddsen ist verdänischt aus isländisch *Þóroddson*, und *Þorvaldur* nennt sich in seinen nicht isländisch geschriebenen Büchern *Th. Thóroddsen* nur mit Rücksicht auf das Ausland, das den Buchstaben *Þ* nicht kennt. Ein latinisierter Familiennamen ist *Thorlacius* statt *Þorláksson*, *Torfaeus* statt *Torfason*, *Olavius* statt *Ólafsson*. Ólafsson (Sohn des *Olafur*, d. h. Ahnenerbe) wieder heisst dänisiert *Olsen*. Ich glaube, dass es nicht uninteressant und unwichtig ist, sich die heutige isländische Namengebung klar zu machen, um so mehr, da selbst in wissenschaftlichen Kreisen die Unsitte immer mehr einreisst, den bekannten Kopenhagener Gelehrten *Finnur Jónsson* einfach *F. Jónsson* oder meist nur *Jónsson* zu nennen: das wäre ungefähr so, wie wenn man den grössten Athener Περικλῆς ὁ Ξανθίππου ὁ Ξανθίππου oder nur Ξανθίππου nennen wollte.

Was dem Fremden zunächst auffällt, ist die alte Sitte, dass der Sohn den Vornamen des Vaters mit der Endung *-son*, die Tochter mit der Endung *-dóttir* trägt und dass jeder, Mann oder Frau, mit seinem Taufnamen angeredet wird (z. B. *Björn, Páll, Gudmundur; Gudrún, Sigrídur, Þórunn, Ingibjörg*). Mit diesem Namen wird er im täglichen Verkehr angesprochen, es sei denn, dass es notwendig ist, ihn von einem anderen Namensvetter *(nafni)* desselben Vornamens zu unterscheiden. „Wenn man z. B. bei uns sagen würde: „Dort geht Schultze". „Welcher Schultze?" „Hans", sagt man im Isländischen etwa: „Dort geht *Jón*". „Wessen Sohn?" „*Ólafs*". (Thóroddsen-Gebhardt, II. S. 323, Anm. 1.) Jüngere Leute, namentlich die Kinder, werden gern mit Kosenamen bedacht. Diese haben für männliche Personen meist die Endung *i*, z. B. *Bjössi* oder *Bangsi* von *Björn, Gvendur* oder *Mundi* von *Gudmundur; Gunna* von *Gudrún, Sigga* von *Sigrídur, Tóta* von *Þórunn, Imba* von *Ingibjörg*, vergl. etwa im Deutschen Gretchen, Lenchen, Trine usw.; *Buddi* für *Bjarni* (diese Koseform scheint übrigens nicht viel angewendet zu werden, da sie weder kürzer noch schöner ist und ausserdem die gleiche Endung hat; nur die Aussprache ist vielleicht etwas bequemer). Bisweilen haben die Kosenamen zwei Silben, während der eigentliche Taufname nur eine hat, z. B. *Nonni* oder *Jónsi* von *Jón*, *Palli* von *Páll*. Als Kosenamen für *Magnús* gebraucht man *Mangi* oder *Maggi*, für *Símon* — *Simbi*. Derselbe Kosename wird auch für jemanden gebraucht, der *Sigmundur* heisst, ebenso wird ein *Gudjón* bisweilen *Nonni* genannt, also wie einer, der nur *Jón* heisst. Dass die Diminutiva für Männer auch eine andere Endung wie *i* haben können, bezeugt *Gvendur* für *Gudmundur*. Bei zusammengesetzten Namen wird bisweilen das eine Glied ausgelassen, z. B. *Þorkell* wird *Keli* gerufen, *Steingrímur* — *Steini*, *Jóhann* und *Jóhannes* — *Jói*. Einige Namen werden nie verändert, z. B. *Bogi*, *Skúli*, *Dadi*. Die weiblichen Kosenamen endigen immer auf *a*, z. B. *Jóa* oder *Jóka* für *Jórunn*, *Steina* oder *Steinka* für *Steinunn*. Bisweilen werden die Namen nur abgekürzt, z. B. *Finna* für *Gudfinna* und *Kolfinna*, andere werden überhaupt nicht verändert, z. B. *Anna*, *Helga*.

Nach rechter isländischer Sitte ist der Taufname nur e i n e r, doch haben manche Leute auch zwei oder drei, im Verkehr werden sie meist mit dem ersten angeredet.

Um eine Person von einer anderen gleichen Vornamens zu unterscheiden, fügt man, wie gesagt, den Taufnamen des Vaters im Genitiv hinzu, bei Männern mit der Endung *son* (Sohn), bei Frauen *dóttir* (Tochter); dasselbe finden wir in Russland, bei Niederdeutschen und Juden (Pawlowitsch, Johannson, Jansen, Jakobsohn). Ein Bauer heisst z. B. *Bjarni Jónsson*, dessen Vater *Jón Magnússon*, dessen Grossvater *Magnús Símonsson*. Die Mutter dieses *Bjarni* heisst *Gudfinna Bjarnadóttir*, deren Vater *Bjarni Jónsson* usw. Oder ich nehme den Namen meines verehrten Freundes Professor Dr. *Björn Magnússon Ólsen*. Sein Taufname ist *Björn*, sein Vater hiess *Magnús*. Nach isländischer Sitte heisst darum sein voller Name *Björn Magnússon*. Sein Grossvater hiess *Björn*, darum heisst *Ólsens* Vater *Magnús Björnsson* (oder älter *Bjarnarson*). Seine Schwester *Margrjet*, die liebenswürdige Gattin des Bezirksarztes Dr. *Ólafur Gudmundsson* in *Storólfshvoll*, heisst *Margrjet Magnúsdóttir*. Weder Geschwister noch Eheleute haben also einen gemeinsamen Namen; die Frauen nehmen nicht nach sonstiger europäischer Sitte den Namen ihres Mannes an, sondern nennen sich auch nach der Verheiratung mit dem Namen ihres Vaters.

In den letzten Jahrhunderten begannen einige, besonders die Vornehmen, sich nach fremder Sitte Familiennamen beizulegen. Das fing im 17. Jahrhundert an, nahm aber im 18. Jahrhundert noch mehr zu. *Ólsens* Grossvater *Björn Ólafsson* legte sich etwa 1800 den Namen *Ólsen* bei, und dieser Name ist seitdem in seiner Familie beibehalten. Es ist übrigens merkwürdig: ist ein Name erst danisiert, so bekommt er auch sogleich den Charakter eines Familiennamens, z. B. *Thorarensen* von *Þórarinsson*.

In der letzten Hälfte des 19. Jahrhunderts machte sich dann wieder das erfreuliche Bestreben geltend, die fremden Familiennamen abzustreifen und zu der guten alten Namengebung zurückzukehren. Leider scheint jetzt abermals die entgegengesetzte Tendenz sich bemerkbar zu machen, wenigstens in der Hauptstadt *Reykjavík* und in den Handelsplätzen; nur die Bauern im Innern sind auch darin konservativ.

Die meisten der Namen, die nicht auf *sen* oder *son* endigen, sind auf die Weise gebildet, dass der Name des Gehöftes oder der Gegend, aus der der Urheber des Geschlechts stammt, latinisiert oder danisiert ist, z. B. ein Mann vom Gehöft *Espiholl* ist mit lateinischer Endung *Esp(ih)olinus* genannt, daher *Espolin*; der Familienname *Melsted* ist nur eine Danisierung des Gehöftnamens *Melstadur*. *Briem* ist gebildet vom Gehöftnamen *Brjámslækur*, wie es scheint durch Verdeutschung der ersten Silbe. Ebenso sind andere Namen nach der Gegend geformt, wo der Stammvater wohnte: der, der von *Hjaltadalur* kam, hiess *Hjalt(ada)linus*, davon *Hjaltalin*, *Blöndal* kommt von *Blöndudalur* usw.

Dass den Isländern noch heute der Vatersname weniger als Name, denn vielmehr als Apposition zur näheren Bestimmung der durch den Vornamen nicht immer genügend bezeichneten Person gilt, zeigt die Art, wie der Stand und Titel verwendet wird; man sagt und schreibt: *Pjetur bóndi Pjetursson á Hákonarstödum á Jökuldal, Jón prestur Austmann, Finnur prófessor Jónsson, Jón prófastur Jónsson* usw.

Da wir keine Pferde bekommen können, müssen Dr. Boden und ich uns also zu Fuss aufmachen. Wir schlendern nach dem östlichen Hügel, den ein weisser, viereckiger Aussichtsturm krönt, *skólavarda*, Schulwarte genannt, weil ihn Schüler der Lateinschule angelegt haben. Auch von hier haben wir einen herrlichen Überblick über die Stadt und den Hafen. Dann steigen wir an den kleinen See hinab und befinden uns an seinem östlichen Ufer sogleich im Freien. Aber ein weiter Sumpf *(mýri)* hemmt vorläufig unseren Schritt. Wir tasten uns vorsichtig vorwärts und bemerken im Eifer gar nicht, dass wir uns immer mehr von der Stadt entfernen. Als wir nach einer Viertelstunde umkehren wollen, weil der Boden immer grundloser wird, und wir immer weitere Sprünge machen müssen, um von einem Hügelchen zum anderen zu kommen *(þúfa)*, zeigt es sich, dass wir die Richtung verloren haben, und ein Steinfeld, das am Abhang einer Höhe sichtbar wird, soll uns wieder Festigkeit und Trockenheit geben. Aber leider werden die Wasserrinnen immer breiter und die Erdhügelchen immer kleiner, so dass wir nur mit einem Fuss auf ihnen Platz finden. In Schweiss gebadet machen wir endlich den letzten kühnen Satz und sehen uns mit einem Schlage auf völlig anderem Boden, in steiniger Öde.

Solche vom Sturm reingescheuerten, aller Vegetation baren Grusflächen nennt der Isländer *melur* (Steinboden, auch der Sandhafer, der auf kahlen Sandstrecken wächst, heisst *melur*). Auf der Oberfläche liegen kleine Steine, in Quadraten geordnet, wie die Grenzen eines Ackerfeldes, während der von Steinen entblösste Sand zwischen diesen Rändern eine ebene, glatte Fläche auf dem *melur* bildet. Wenn nämlich der durch die Schneeschmelze im Frühling aufgeweichte Boden in der Sommerwärme austrocknet, so entstehen natürliche Rinnen in ihm, und wenn der Sturm bläst, so fegt er die kleinen Steine, die lose auf der Oberfläche des *melur* liegen, in die Rinnen hinein (Paijkull, S. 20). Von der Höhe des Berges winkte uns ein trigonometrisches Zeichen, auch Telephonstangen wurden sichtbar, da oben musste eine herrliche Aussicht sein, also hinauf!

Aber noch trennte uns eine mächtige Geröllhalde von dem Ziele. Ein gewaltiges Feld, bedeckt und übersät mit kleineren Brocken und grösserer Blöcken meist vulkanischen Gesteins musste überklettert werden. Es lag offenbar noch heute ebenso da, wie die grossen Gletscher, die den Basalt und die Lava hier heruntergetragen und abgescheuert haben, es verlassen haben. Nur zuweilen hat sich eine kleine Thymianpflanzung *(Blödberg)* oder ein Polster von Silene acaulis *(Lampagras)* hierher verirrt. Eine solche steinige, baumlose Höhe mit spärlichem Graswuchse nennt der Isländer *holt* (etymologisch = Holz). Das kleine kahle Plateau, von dem wir tief aufatmend mit Befriedigung eine köstliche Aussicht über das Meer hatten, hiess *Öskjuhlíd* und war im Jahre 1814 der Schauplatz des zweiten Aktes der Tausendjahrfeier gewesen, hier hatte das Volksfest stattgefunden. Die schöne breite Strasse am Fusse der Höhe führte nach *Hafnarfjördur*, und wir gingen auf ihr weiter bis zur Brücke über den *Fossvogslækur*. Ich habe diesen Weg später noch oft wiederholt und weiter ausgedehnt, bis zum *Kópavogslækur*, *Arnarneslækur* und selbst bis zum *Hraunholtslækur*. Man hat immer den Blick auf den blauen *Skerjafjördur*, wird von keinem neugierigen Touristen gestört und hat bequem Gelegenheit, die mannigfachen Formationen der Lava zu studieren.

Wir hatten also einen hübschen Einblick in die verschiedenen Bodengestaltungen erhalten und waren von unserer Wanderung zwar müde und schmutzig, aber recht befriedigt. Dicht vor dem Hotel begegneten wir einem Studenten, der mit der „Laura" gereist war, und als er uns anbot, uns zur „Waschküche" Reykjavíks zu führen, sagten wir gern zu, die 1½ Stunden hin und zurück würden wir wohl noch leisten können. Eine Weile wanderten wir auf der guten Strasse, die nach Islands alter Thingstätte führt, liessen die ärmliche Vorstadt mit ihren Rasenhütten hinter uns, zu beiden Seiten dehnten sich Flächen aus, die mit Gras bewachsen waren und gewahrten bald von weitem den Dampf der heissen Quellen. Jenseits des Weges, der nach dem Leprahospital führt, wurde der Rauch dichter, das Gras üppiger, und wir sahen das erste der Naturwunder, an denen Island so reich ist.

Man unterscheidet ruhige Sprudel und eruptive Springquellen, unter denen der *Geysir* und *Strokkur* am berühmtesten sind. Gewiss, die *laugar* hier sind kein grossartiges, überwältigendes Phänomen, aber als erstes seiner Art im vulkanischen Eisland war es uns merkwürdig genug und gab dem Tag erst den rechten Abschluss. Der Rauch dieser Quelle hat offenbar *Reykjavik* den Namen „Rauchbucht" gegeben, obwohl er, wenigstens heute, nicht von der Stadt aus wahrgenommen werden kann. Ich verstehe Zugmayers Erstaunen darüber sehr wohl, dass die Bewohner von *Reykjavik* in dem Wasser, das ihnen die Natur in fast siedendem Zustande überliefert, ihre Wäsche reinigen, anstatt dass sie über der Austrittsstelle des Wassers eine Kuranstalt errichten: „es berührt einen ganz sonderbar, zu sehen, mit welcher Selbstverständlichkeit die Leute eine Naturkraft ausbeuten, der unser einer, zumal wenn er geologisch geschult ist, nur mit einer gewissen Ehrfurcht entgegentritt" (Zugmayer, S. 8). Die *laugar* kommen aus bräunlichem Lehmboden an zwei Stellen zu Tage, die eine *laug* vermischt sich sogleich mit einem Bache kalten Wassers, die andere wird durch die Waschanstalt hindurch geleitet, dann demselben Bache zugeführt und wurde früher weiter unten, wo es sich genügend abgekühlt hat, noch einmal praktisch verwertet, indem man hier eine Badeanstalt errichtet hatte. Hier wäscht also ganz *Reykjavik* ihre Wäsche, in den beiden Waschhäusern herrschte, trotz des Sonntags, ein lebhaftes geschäftiges Treiben, und um die Einfassung der einen Quelle knieten ein paar Frauen und kochten und putzten und spülten und scheuerten und klatschten und rangen die Wäsche aus (Fig. 16). Das Wasser war so heiss, dass es nicht möglich war, einen Stein mit blosser Hand heraus zu holen — seine Temperatur soll 70° C. betragen —, und als ihn eine barbeinige Wäscherin, die lachend unserem Bemühen zugesehen hatte, mit einem Löffel herausgehoben hatte, musste er eine ganze Weile abkühlen, bis wir ihn mit unseren verweichlichten Händen anfassen konnten. Das Wasser riecht nur wenig nach Schwefelwasserstoff, setzt aber in der nächsten Umgebung fortwährend dünne Schichten von gelblichem Kieselsinter ab *(hverahrúdur)*. Neben der heissen Quelle soll die Unheilstifterin *Hallgerdr* aus der *Njálssaga* begraben sein, die berüchtigte Frau des berühmten *Gunnarr* von *Hlídarendi*. Sie soll ausdrücklich begehrt haben, hier begraben zu werden, weil sie voraussah, dass hierher einstmals der Bischofssitz verlegt würde; auf dem *Hallgerdarleiði* soll es Sommer und Winter immer grün sein. Auf dem Rückwege führte uns der freundliche Student an dem aus unbehauenen Steinen gebauten Gefängnis vorüber *(hegningarhús)*. Es beherbergte etwa

Fig. 16. Die heissen Quellen bei Reykjavik. Waschhaus (Þvottastöð).

8—10 Arrestanten, die wegen Ausschreitungen in der Trunkenheit einige Tage brummen sollten. Als Lagerstätte diente ihnen eine Hängematte aus Segeltuch oder eine tiefe Kiste, ihre Verpflegung bestand aus Brot, Butter und Wasser. Verbrechen, die in der sogenannten Kulturwelt an der Tagesordnung sind, kennt man auf Island fast gar nicht. Diebstähle kommen höchstens in den Hafenstädten vor und betreffen einige Kronen. Der einzige schwere Verbrecher seit 1828 war ein gewisser *Jón Sigurdsson*, ein Knecht aus *Mýri* im *Bárdardalur*. Um sich mit einem anderen Mädchen zu verloben, lockte der zwanzigjährige Bursche vor etwa 12 Jahren seine erste Geliebte, die von ihm schwanger war, an einen Fluss, würgte sie und warf die Leiche ins Wasser, wo sie gefunden wurde. Es war übrigens ein fleissiger, beliebter Arbeiter gewesen, der dänische König unterzeichnete das Todesurteil nicht, und so musste er sein Leben im Zuchthause beschliessen. Zu Henkersdiensten hat sich schon seit über 100 Jahren kein Isländer hergegeben; sollte einer hingerichtet werden, so musste er erst mit einem Schiff nach Kopenhagen befördert werden.

Das Tagesgespräch in *Reykjavík* bildete eine Aufführung von Alt-Heidelberg durch Studenten im Handwerkerhause und die Rettung der deutschen Schiffbrüchigen des „Friedrich Albert" vom Februar 1904. Doch ich kann nicht Tag für Tag, noch gar Stunde für Stunde durchgehen, die ich in *Reykjavík* wartend zubrachte, bis endlich die Witterung und das hervorsprossende Gras den Ritt ins alte, romantische Land erlaubten. Ich kann nur sagen, dass ich Langeweile nicht einen Augenblick verspürt habe, und dass ich im Hotel für 5 Kronen täglich ausgezeichnet aufgehoben war. Ich will lieber der Reihe nach den Besuch der verschiedenen Anstalten und Sammlungen mit einigen zusammenhängenden Bemerkungen versehen, um so das Bild vom äusseren Leben in *Reykjavík*, das ich bisher entworfen habe, nach der geistigen Seite hin zu vollenden und gelegentlich zu einem allgemein isländischen zu gestalten.

Ärzte- und Gesundheitswesen.

Am 6. Juni begleitete mich der Wirt des Hotels nach dem katholischen St. Josephs-Hospital. Es liegt auf dem westlichen Stadthügel zwischen der katholischen Kirche und Schule und der Seemannsschule und ist von einem grossen Garten umgeben. Das Spital wird von den beiden katholischen Priestern und einer Oberin geleitet. Seit seiner Eröffnung (Oktober 1902) sind 400 Kranke hier behandelt, zumeist Isländer; bei der Aufnahme wird kein Unterschied nach Glauben und Nationalität gemacht. Einen besonderen Arzt für das Krankenhaus gibt es nicht, sondern die Ärzte der *Læknaskóli* üben hier ihre Kunst aus und führen die Studenten praktisch in ihren Beruf ein. Das Haus kann 50 Patienten aufnehmen, war aber augenblicklich nur mit 40 besetzt. Die Räume sind meist mit 4—7 Betten belegt, doch können Wohlhabendere auch ein eigenes Zimmer erhalten. Ein Freibett, einschliesslich Verpflegung, ist von einem Deutschen gestiftet. Die Oberin gestattete nicht nur gütigst eine Besichtigung aller Räumlichkeiten, sondern übernahm selbst die Führung, und zu meiner grossen Überraschung stellte sich dabei heraus, dass sie und mehrere von den acht Schwestern Deutsche waren. Sie gehören dem St. Josephorden in *Chambéry* an, die ersten sind 1895 nach Island gekommen. Das Spital ist nach deutschem Muster eingerichtet und entspricht durchaus allen Forderungen der modernen Krankenpflege. Ich glaube nicht, dass bei uns viele Städte mit 8000 Einwohnern ein so grosses Operationszimmer, so helle, lichte Krankenzimmer und eine so blitzblanke Küche haben. Wo es ging, waren die hohen Fenster geöffnet, und die köstliche Seeluft strömte ungehindert hinein. Die meisten Kranken waren Schwindsüchtige oder litten am Hundewurm. Im obersten Stocke waren die Typhuskranken untergebracht, darunter der Leiter der Seemannsschule; aber die Typhusfälle sind in *Reykjavik* verhältnismässig leicht, nur ein Kind von neun Jahren war daran gestorben. Das Wasser im untern Stadtteile, in der *Vesturgata* soll verseucht sein; das Spital hat seine eigne Wasserleitung, und sein Wasser gilt als das beste in der ganzen Hauptstadt. Fast alle Instrumente und medizinische Bücher stammen aus Deutschland, nach deutschem Vorbild werden auch die Krankenberichte geführt. Dr. *Gudmundur Magnússon* gilt als ein überaus tüchtiger Operateur. Er hatte, wie ich später erfuhr, einem Tuberkulosen einen Teil des Schultergelenks und zwei Rippen zum grössten Teile operativ entfernt. Der Kranke blieb am Leben, sein Fall erregte Aufsehen und wurde in der englischen Presse lebhaft besprochen, so dass der Genesene einem Ärztekongress in Edinburgh vorgestellt wurde. Hier hörte ich zum ersten Male von den armen Schiffbrüchigen des „Friedrich Albert". Das Schiff war am *Skeidarársandur* gestrandet, tagelang waren die Geretteten in Schnee und Sturm umhergeirrt, bis ein armer Häusler sie auffand und ihnen die erste Hilfe brachte. Ich habe später all die Männer kennen gelernt, die sich in dieser furchtbaren Tragödie unserer Landsleute angenommen haben, den Bauer, den Arzt, der ihnen Arme oder Beine abnehmen musste, und den *sýslumadur*, der für ihren Transport nach *Reykjavik* und für ihre Unterbringung in das katholische Spital sorgte. Als sie dann nach England und Wilhelmshaven kamen, wollte keiner glauben, dass ein isländischer Arzt, ohne alle Hilfsmittel, die Amputation vorgenommen und die Krücken selbst angefertigt habe.

Ausser der Krankenpflege widmen sich die Schwestern auch dem Kinderunterrichte. Gegenüber dem Spitale liegt das kleine

Schulhaus, wo zurzeit 16 Kinder unterrichtet wurden; vor kurzem waren es sogar 30 Kinder gewesen, aber mehrere Familien waren verzogen. Selbst der letzte *landshöfdingi* hatte seine Kinder hierhin geschickt.

Die katholische Kirche nebenan ist ein stattlicher, in Norwegen fertiggestellter Holzbau, ohne Turm, Glocken und Orgel. Der Wind heult um den luftigen Bau und droht ihn umzuwerfen. Wie mag dem wackern Priester Meulenberg anfangs hier zu Mute gewesen sein, einem geborenen Rheinländer, der unmittelbar vom heissen Afrika nach der ultima Thule versetzt war! Bei einem Glase Portwein habe ich mit ihm ein gemütliches Plauderstündchen verbracht, und obwohl wir beide aus unserem Sonderbekenntnisse kein Hehl gemacht haben, fühlten wir uns doch als Deutsche und Christen einig. Er und sein Amtsbruder, sowie auch ihre Vorgänger Klemp und Schreiber sind bei den Isländern recht angesehen, zumal Klemp in isländischer Sprache predigte und auch Meulenberg ihm darin folgen wird — aber trotz heisser Bemühungen hat die katholische Mission keinen Erfolg auf Island. Der grossartige, feierliche Pomp, der bei der Einweihung entfaltet wurde, hatte wohl fast ganz *Reykjavik* in die Kirche gelockt, aber für das Geheimnisvolle und Mystische des Gottesdienstes hatten die schlichten Leute keine Begabung. So oft mich mein Spaziergang nach der Kirche führte, war sie leer.

Ausser diesem Krankenhause gibt es in *Reykjavik* noch seit 1903 ein französisches Hospital, von der „Société des hôpitaux français d'Islande" errichtet, welche Gesellschaft von französischen Reedern unterstützt wird. Es hat 20 Betten und zwei Pfleger; es ist zwar besonders für französische Seeleute berechnet, doch werden auch Isländer und andere Nationen aufgenommen. Dieselbe Gesellschaft hat im Frühjahr 1904 den Grund zu einem anderen Hospital in *Fáskrúdsfjördur* gelegt. Es soll 17 Betten haben, und der französische Konsularagent Dr. Georg Georgsson soll Arzt daran werden. Wie in *Reykjavik* sollen auch Nicht-Franzosen im Hospital behandelt werden, die Isländer sollen fast umsonst aufgenommen werden.

Auf der kleinen Halbinsel *Laugarnes* liegt das dritte Krankenhaus von *Reykjavik*, das grosse, luftige und geräumige Leprahospital. Die Leprose *(holdsveiki)*, über See von Norwegen aus eingeschleppt, war in früheren Jahrhunderten über ganz Island verbreitet, und jedes der alten Viertel der Insel hatte sein eigenes Siechenhaus (von 1651—1848). Um die Mitte des 19. Jahrhunderts schien die Krankheit dann fast erloschen zu sein, brach aber später von neuem und heftiger aus. Der dänische Arzt Dr. Ehlers hat 1894 102 Aussätzige selbst gesehen und von 39 gehört. Träger des Krankheitsgiftes ist der „Hansensche Bazillus". Durch strenge Absperrungsmassregeln und möglichste Bekämpfung der Unreinlichkeit hofft man indes der Krankheit bald für immer Herr zu werden. Das Hospital zu *Laugarnes*, ein Geschenk der Odd-Fellow-Loge in Kopenhagen, ist 1898 eröffnet und fasst ca. 90 Kranke. (Ehlers, Eine Reise zu den Aussätzigen auf Island, Globus Bd. 67, 1895, Nr. 3, S. 49.)

Krankenhäuser *(sjúkrahús)* gibt es ausser den drei in *Reykjavik* noch in den drei Städten *Isafjördur*, *Akureyri* und *Seydisfjördur*, sowie in *Patreksfjördur*, ein neues wurde gerade gebaut, in Brekka. Apotheken *(lyfjabúd)* befinden sich in *Reykjavik*, *Stykkisholmur*, *Akureyri* und *Seydisfjördur*, ausserdem hat jeder Arzt eine Hausapotheke. Während es vor 100 Jahren nur sechs Ärzte gab, 1850 nur sieben, kommt jetzt auf je 1600 Einwohner ein Arzt, d. h. es gibt 47 Ärzte. Ganz Island ist in 42 ärztliche Bezirke eingeteilt *(læknishjerad)*, jeder Bezirk hat seinen Bezirksarzt *(hjeradslæknir)*. Sie stehen unter der Aufsicht des Landesarztes in *Reykjavik (landlæknir, z. Z. Dr. Jónas Jónassen)*, der zugleich Direktor der medizinischen Hochschule ist. An dieser unterrichten die etwa zehn Studenten ausserdem zwei Professoren und drei Lektoren (für Ophthalmologie, Bakteriologie und Chemie). Die Studenten müssen nach Beendigung des vierjährigen Kurses noch einen Lehrgang an der geburtshülflichen Klinik in Kopenhagen durchmachen und mindestens ein halbes Jahr ebenda die grösseren Krankenhäuser besuchen. Endlich unterstützt der Staat noch einen Augen- und einen Zahnarzt.

Zu den Krankheiten, die die Insel am meisten heimsuchen, gehören ausser dem Aussatz die Erkrankung an Hundebandwürmern (Echinococcus, *kládamaurr*) und die Schwindsucht *(berklaveiki)*. Da die Hunde, deren man in jedem Hause mehrere hält, wie Familienmitglieder behandelt werden, setzte man ihnen den Essnapf *(askur*, ein kleines hölzernes Gefäss mit geschnitztem Deckel, der wie an unseren Bierkrügen mit einem Gelenk am Henkel befestigt ist) und den Teller vor nachdem man daraus gegessen hatte, und wenn die Tiere die Gefässe mit der Zunge ausgeleckt hatten, reinigte man sie nicht weiter. Es wurde sogar als eine Beleidigung empfunden, wenn der Hund diesen ihm zugedachten Genuss verschmähte. Natürlich gingen auf diese Weise die Blasenwürmer, die die Hunde von den Schafen beziehen, leicht auf die Menschen über. Trotzdem weigerten sich alte Leute, von diesem ekelhaften Brauch abzulassen: „Ich bin nicht ungesünder als andere und habe doch den Köter meinen *askur* auslecken lassen." Manche Bettler *(förukarl, förumadur;* fara = umherziehen), die früher eine Landplage bildeten, stopften sich sogar den Leib aus, um sich das Aussehen zu geben, als hätten sie den Blasenwurm (Z. d. Ver. f. Volksk. VI, S. 247, 391). Denn dem von dieser Krankheit Befallenen schwillt der Leib unförmig an. Mit der zunehmenden Reinlichkeit ist auch diese fürchterliche Krankheit im Schwinden begriffen, und die Ärzte haben ein grosses Geschick in ihrer Behandlung. Dem Kranken wird die Seite geöffnet und die ganze Brut herausgenommen; bleibt jedoch ein einziges Ei zurück, so war alle Müh und Qual vergebens. Die isländischen Ärzte rechnen diese Operation zu den harmlosesten und ungefährlichsten. Ich lernte einen reizenden Buben und eine zierliche junge Dame kennen, die den Wurm durch Küssen ihres Lieblingshundes bekommen hatten, sie waren völlig geheilt.

Obwohl die Luft auf Island so bazillenrein ist, dass man die Insel als klimatischen Kurort für Lungenkranke vorgeschlagen hat, hat doch die Tuberkulose vor etwa 25 Jahren ihren Weg dahin gefunden. Sie scheint von Dänemark eingeschleppt zu sein, brach im Gymnasium zu *Reykjavik* aus und wurde dann durch die in den Ferien nach Hause reisenden Schüler im Lande verbreitet. An der Südküste ist sie ganz unbekannt. In Südwesten aber fand ich fast in jedem Hause ein gedrucktes Plakat, das die Regierung hatte herstellen lassen, worin sie Vorsichtsmassregeln angab. Der Verfasser ist ein Amerikaner Knopf, dem Professor Fränkel in Berlin bei einem Preisausschreiben, für das Mannheimer 3000 Mark und Kahnemann 1000 Mark gestiftet hatten, den ersten Preis zuerkannt hatte.

Geschlechtskrankheiten gibt es im Innern gar nicht, in den Handelsplätzen haben vereinzelte Einheimische diesen „Fusstritt der Venus" durch Ausländer bekommen.

Durch die Hebung des Sanitätswesens ist die durchschnittliche Lebensdauer in den letzten Jahren um mehr als 20 Prozent gewachsen, auch die Kindersterblichkeit hat beträchtlich abgenommen. Man ist verständiger in der Behandlung und Wartung der Säuglinge, man hat bessere und gesündere Nahrung nicht nur für die Kinder selbst, sondern vor allem auch für die stillende Mutter, und an Hebammen ist kein Mangel mehr. Die mittlere Lebensdauer betrug 1827—1849 31 Jahre, 1850—1854 41 Jahre 8 Monate, 1891—1895 54 Jahre 4 Monate (Gebhardt in Globus, Bd. 73, 1898, Nr. 18, S. 293).

Da ein Herr Dr. Mülberger in der „Münchener Medizinischen Wochenschrift" (1904) mit der bekannten Gründlichkeit des Touristen über die isländischen „Feld-, Wald- und Wiesendoktoren" geschrieben hat, will ich ein Bild von der Tätigkeit dieser geplagten Männer entwerfen und benutze dabei einige zerstreute Bemerkungen des dänischen Arztes Ehlers (Anden Reise paa Island, Kph. 1895). Aus dem, was ich oben ausgeführt habe, wird schon hervorgehen, was von Mülbergers Auslassungen zu halten ist: „Ihre Tätigkeit erstreckte sich hauptsächlich auf die Behandlung von Verletzungen, Brüchen und Verrenkungen. Ausserdem kommen Lungenentzündungen und Gelenkrheumatismus vor, auch Tuberkulose und Krebs, mit denen sich der brave Arzt jedoch weniger zu schaffen macht, als mit dem Zahnziehen, das nach seiner eigenen Aussage seine Hauptarbeit ist. Schlechte Ernährung und Trunkenheit scheint bei der isländischen Bevölkerung leider weit verbreitet zu sein. Der zärtliche Verkehr mit den überall vorhandenen Hunden ist ohne Zweifel die Ursache der ziemlich weiten Verbreitung des lebensgefährlichen Lederbandwurms."

Dass die drei Landesärzte *Jón Thorsteinsson*, Dr. *Jón Hjaltalín* und Dr. *Jónas Jónassen* nicht unbedeutende populäre medizinische Bücher geschrieben haben, dass der berühmte Erfinder der Lichtbehandlung *N. R. Finsen* ein Isländer war, dass in *Reykjavík* eine Zeitschrift für Heilkunde und Gesundheitspflege „Eir" erschienen ist (d. h. die „Hilfreiche", vergl. meine Nord. Myth. S. 433), davon hat Dr. Mülberger keine Ahnung.

Ich glaube nicht, dass deutsche Ärzte mit ihren isländischen Kollegen tauschen würden. Diese sind Beamte und werden nach ihrem Gehalt in fünf Klassen eingeteilt: die drei ersten werden vom König, die beiden letzten — ohne Anspruch auf Pension! — vom Ministerium ernannt. Zwar sollen auch die Patienten zahlen, aber wie selten ist klingender Lohn von ihnen zu haben! Für eine klägliche Bezahlung üben sie ihren schweren Beruf aus: 1500–1000 Kronen jährlich, dazu 25 Öre für jedes Rezept, 4 Kronen für einen vollen Tagesritt. Grosse Strapazen, ein Leben auf dem Rücken des Pferdes in Sturm und Regen und Schnee, bei dem allerschlimmsten Wetter auch zu Fuss oder im Nordlande auf Schneeschuhen — für 1500 Kronen! Dazu im eigenen Hause noch Patienten, wo möglich Geistesgestörte, für die so gut wie nichts gezahlt wird! Da die Praxis also wenig einträglich ist, sind alle Ärzte, ebenso wie die Pfarrer, Viehzüchter oder betreiben nebenbei die Fischerei. Ein Arzt erzählte mir, dass er jährlich einen Sattel und ein Paar lange Wasserstiefel zerreisse, und dass er schon manches Mal beim Überschreiten geschwollener Gletscherströme sein Leben aufs Spiel gesetzt habe. Ein anderer Arzt hatte mich auf einem kleinen Ausfluge während eines Ruhetages begleitet, ein Unwetter überfiel uns, bis auf die Haut durchnässt kamen wir in seinem Bauernhofe wieder an, und als ich müde und fröstelnd zu Bett ging, musste er in Regen und Sturm hinaus, die vierte Nacht, zu einem Kranken, der über neun Stunden entfernt wohnte. (Er ist denn auch März 1906 den Strapazen seines Berufes erlegen.) Und erst die armen Patienten! Ein Isländer an der Südküste bricht ein Bein. Wenn das Wetter es zulässt, sendet er Nachricht zu dem Arzte, der etwa fünf Tagereisen ab wohnt. Wenn der Arzt zu Hause ist und nicht zufällig unterwegs, um einen ebensoweit wohnenden Kranken zu besuchen, kann das gebrochene Bein also im glücklichsten Falle bandagiert und der Schmerz gestillt werden — den zehnten Tag, nachdem das Unglück geschehen ist. Und wann bekommt der Arzt seinen Patienten zum zweiten Male zu sehen? Das ist eben das Trostlose bei der Ausübung des ärztlichen Berufes auf Island, dass alle Behandlung an einem einzigen Krankenbesuche erledigt werden muss. Da heisst es: Leben oder Tod! Der Mensch hat nun einmal das Bedürfnis nach ärztlichem Rat und Beistand, und wo dieses nicht befriedigt werden kann, breitet sich die Quacksalberei aus, besonders die Homöopathie, die früher auf Island vielfach und zumal von Geistlichen betrieben wurde[1].

Bewunderungswürdig ist die Geschicklichkeit der isländischen Ärzte im Operieren, sie sind darin die würdigen Nachkommen ihrer Vorfahren.

Snorri goði weiss aus der Beschaffenheit des Blutes zu erkennen, wie tief die Wunde war, aus der es geflossen, und er versteht auch, mit der Zange den Pfeil aus einer Wunde zu ziehen, ein durchschossenes und ein abgehauenes Glied und eine schwere Hiebwunde im Halse zu heilen, sowie zu beurteilen, wieweit sich beim Heilungsprozesse die Sehnen dehnen (Eyrb. S. 45 = An. S. B. VI, S. 170). Man wusste auch Leuten, denen ein Bein abgehauen war, einen hölzernen Stelzfuss zu machen. Einem Krieger ist der Bauch aufgeschlitzt, dass nur noch eine dünne Haut die Eingeweide hält. Da reinigt ihm sein Gegner die Wunde, näht sie mit einem Seidenfaden zusammen und bestreicht sie mit Salben (Hrólfss. Gautreks. 20). Ein ganz besonders tüchtiger Arzt war *Hrafn Sveinbjarnason*, von dem eine eigene Saga handelt. Jederzeit stand er den Kranken zu Diensten, ohne Bezahlung dafür zu nehmen, und er heilte viele, die dem Tode bereits verfallen schienen. Durch einen Aderlass heilte er ein Weib von der Hypochondrie, durch Schneiden und Brennen einen Geschwollenen und einen Wahnsinnigen. Bei einem Steinkranken entschloss er sich zum Schnitt, traf glücklich die rechte Stelle, nahm zwei Steine heraus, heilte die Wunde gut zu, und der Leidende genas (Hrafns. S. 3, 4). In der Sturlungenzeit heilte ein Bauer einen Beinbruch; da aber ein Knochenstück in der Wunde zurückgeblieben war, und diese sich darum nicht völlig schliessen wollte, wandte man sich an einen Priester, einen ausgezeichneten Arzt: dieser weichte den Fuss wieder auf, liess den Knochen mit einer Zange herausziehen und heilte dann vollends die Wunde (Sturl. S. III, 2). Selbst der Kaiserschnitt war nicht unbekannt (Völs. S. 2). Auch weibliche Ärzte werden genannt, die Verwundete heilen (Vigaglums S. 23; Lnd. II, 6). Eine vornehme Frau hatte sogar ein Spital gegründet und dem „lindhändigen" Frauenvolke die Pflege übergeben (Sturlaugs S. starfsama 26).

Erziehungs- und Unterrichtswesen.

Am 7. Juni gegen 11 Uhr holte uns der künftige Architekt Islands *Rögnvaldur Olafsson* ab, um uns das Gymnasium zu zeigen, (*hinn lærði skóli*; Fig. 17). Wir trafen vor der Schule Herrn Adjunkt *Pálmi Pálsson*, der sogleich in liebenswürdiger Weise die Führung übernahm. Das Pförtnerzimmer liegt zur ebenen Erde, daneben das Konferenzzimmer mit einer guten Handbibliothek, worunter Ziegler, Das alte Rom und Meyers Konversationslexikon. Die Bücherei des Herrn *Pálmi* bestand überwiegend aus Werken der nordischen Philologie, da er selbst auf diesem Gebiet arbeitet und lehrt, und mit Vergnügen denke ich noch an eine Unterrichtsstunde bei ihm zurück, in der Thors Fahrt zu Utgarda-Loki behandelt wurde. Übrigens sprach er recht gut deutsch, so dass uns gar nicht der Gedanke kam, unsere dänischen oder isländischen Sprachkenntnisse anzuwenden. Die einzelnen Klassenräume sind natürlich

---

[1] Interessante Beiträge zur Volksmedizin auf Island liefern Liebrecht, Zur Volkskunde, Heilbronn 1879, S. 370, und Lehmann-Filhés, in: Z. d. Ver. f. Volkskunde, VIII, S. 287—289.

recht einfach, aber hell; die hölzernen Bänke sind altersschwach und plump, doch finden sich auch neue, einsitzige; überall machte sich ein scharfer Desinfektionsgeruch geltend. Im ersten Stock liegen die Aula, deren wesentlichster Schmuck die Schulfahne mit dem isländischen Wappen ist, einem weissen Falken auf blauem Grunde; mehrere Klassenzimmer und zwei Arbeitssäle für die Schüler; zwischen diesen beiden Räumen liegt ein Lehrerzimmer, so dass die Schüler stets unter Aufsicht sind, und selbst die Klassenzimmer haben nach dem Flur hin ein Glasfenster zum Kontrollieren. Im zweiten Stock befindet sich das physikalische und naturwissenschaftliche Kabinett; Apparate und Sammlungen waren in guter Ordnung und reichhaltig, meist aus Berlin bezogen. Hinter dem Schulgebäude liegt der grosse Turnsaal mit Dusche, Warmbad und den Turngeräten, wozu 20 vollständige Paukzeuge gehören; meine Begleiter konnten sich nicht versagen, sogleich ein paar Gänge vorzuführen.

Fig. 17. Gymnasium mit Bibliothek in Reykjavik.

Die jährlichen Ausgaben für das Gymnasium belaufen sich auf etwa 33—35000 Kr., darunter 2000 Kr. für Stipendien [früher 4000 Kr.], 450 Kr. für wissenschaftliche Apparate, 600 Kr. für Schulbücher, 300 Kr. für Prämien. Die Schule, an der mit dem Rektor 14 Lehrer unterrichten, wird von 116 Schülern besucht.

Die Gymnasial-Bibliothek *(skólabóksajn)* ist in einem besonderen steinernen Gebäude neben der Lateinschule untergebracht. Die Räume sind hoch und hell, die Regale bequem, die Anordnung übersichtlich, aber ich fürchte, die Luft ist zu feucht; wenigstens sah ich verschiedentlich Stockflecke. Das Gebäude ist aus einer Stiftung des Engländers Charles Kelsall im Jahre 1853 gebaut worden, sein Andenken ehrt die Inschrift: „Hoc aedificium Bibliothecae conservandae Charles Kelsall Anglus scholae Islandicae donavit. Laus benefacti saxo perennior." Er machte im hohen Alter die Bekanntschaft einer isländischen Saga und war davon so entzückt, dass er trotz des Widerspruches seiner Angehörigen, 1000 Pf. St. für die Erbauung eines besonderen Bibliotheks-Gebäudes stiftete. Die Zahl der Bände beträgt etwa 19000, darunter sind am meisten die alten

Klassiker vertreten, dann Werke der altnordischen Philologie, geschichtliche und pädagogische Bücher; eine grosse Zahl französischer Bücher ist von der französischen Regierung unter Ludwig Philipp und vom Prinzen Napoleon geschenkt worden, der zu derselben Zeit wie Lord Dufferin auf Island gewesen war. Von deutschen Büchern waren u. a. Scherers Literaturgeschichte, Onckens vielbändige Weltgeschichte, die Langenscheidtsche Bibliothek sämtlicher griechischer und römischer Klassiker in deutscher Übersetzung und viele Fachzeitschriften vorhanden. Vieles hat Brockhaus geschenkt. Der Schule stehen jährlich 300 Kr. für Neuanschaffung zur Verfügung.

Der Unterricht ist an allen höheren Lehranstalten unentgeltlich, auch die Schulbücher werden meist geliefert, die Stipendien schwanken zwischen 25, 50, 75, 100, 125, 150, 175 und 200 Kr. Nach ihrer Vorbereitung zerfallen die Schüler in zwei Gruppen: die *heimasveinar* bereiten sich auf der Schule unter der Aufsicht eines Lehrers vor, die regelmässige Arbeitszeit für sie ist nachmittags 4—7 und 8—10 Uhr abends; die Arbeiten der *bæjarsveinar* werden nicht unmittelbar von der Schule kontrolliert. Täglich werden in der Regel sechs Unterrichtsstunden erteilt, von 8—2, dazu kommen wöchentlich zwei Turnstunden. Sonntags um 11 Uhr ist allgemeine Andacht in der Schule, wobei niemand fehlen darf. Die Schüler, die eine weisse Mütze tragen und „Stúdentar" heissen, essen in verschiedenen Privathäusern, einige bringen Lebensmittel von Hause mit, andere begeben sich in *Reykjavík* in Pension. Das alte Alumnat ist, um die Verbreitung ansteckender Krankheiten zu verhüten, aufgehoben. Schriftliche Arbeiten aus dem Lateinischen ins Griechische werden wöchentlich zweimal angefertigt, aber nur in den zwei obersten Klassen, schriftliche Arbeiten aus dem Isländischen ins Lateinische aber nur in den vier untersten Klassen, ebenfalls einmal die Woche. Im Griechischen werden keine schriftlichen Arbeiten gemacht. Das Schuljahr dauert vom 1. Oktober bis 30. September und wird durch sieben Ferien angenehm unterbrochen, wozu der „erste Sommertag" und der Geburtstag des dänischen Königs gerechnet werden; die Sommerferien *(Sumarleyfi)* dauern vom 1. Juli bis 30. September, und nur in ihnen können die Auswärtigen die Heimat besuchen. Ausserdem wird einmal im Monat ein Tag freigegeben, doch darf dies nie derselbe Wochentag sein. Das Abiturienten-Examen findet seit dem 30. Mai 1846 jährlich Ende Juni statt *(próf* oder *Dimissorium;* Abiturienten = dimittendi). Das Betragen der Schüler auf der Strasse war bescheiden und höflich; da sie mich vom Hospitieren her kannten, wurde ich allgemein gegrüsst. Einen betrunkenen Primaner habe ich nicht einmal gesehen, aber vor 25 Jahren klagte noch Feddersen, dass manche auf dem Schul- und Heimwege die Kneipe aufsuchten (Paa Islands Grund, Kphg. 1885, 171), und

Das Gymnasium in Reykjavik.

Zur bequemeren Übersicht stelle ich den Stundenplan und die Verteilung der Stunden nach dem letzten Programm zusammen, auf Island kennt man beides nicht.

Stundenplan für das Schuljahr 1903/04.

Fächer	I. Kl.	II. Kl.	III. Kl.	IV. Kl.	V. Kl.	VI. Kl.	Summa
1. Isländisch	4	2	2	2	4	3	17
2. Dänisch	4	2	2	2	2	2	14
3. Englisch	4	2	2	2	—	—	10
4. Französisch	—	—	—	—	5	5	10
5. Deutsch	3	2	2	2	2	3	14
6. Lateinisch	7	6	7	7	9	7	43
7. Griechisch	—	5	5	5	5	5	25
8. Religion	2	1	2	2	1	1	9
9. Geschichte	2	2	3	2	4	3	16
10. Geographie	2	2	2	2	—	—	8
11. Mathematik	5	5	4	5	—	—	19
12. Physik	—	—	—	—	3	4	7
13. Naturgeschichte	—	3	3	4	—	—	10
14. Zeichnen	1	1	1	—	—	—	3
15. Gesang	1	1	1		1		4
	36	35	36	36	36	34	209
16. Turnen	1	1½	1	2		2	7½

NB. Die I. Klasse entspricht der preussischen Untertertia usf., die VI. also der Ober-Prima.

Übersicht über die Verteilung der Stunden unter die einzelnen Lehrer während des Schuljahres 1903/04.

	I. Kl.	II. Kl.	III. Kl.	IV. Kl.	V. Kl.	VI. Kl.	Summa
1. Prof. Dr. *Björn M. Ólsen*, Direktor		5 Griech.			5 Griech.	5 Griech.	15
2. *Steingrímur Thorsteinsson*, Oberlehrer			7 Latein.	5 Griech.		7 Latein.	19
3. *Geir Zoëga*, Gymn.-Lehrer	4 Engl.	2 Engl.		7 Latein. 2 Engl.	5 Franz.	5 Franz.	25
4. *Pálmi Pálsson*, Gymn.-Lehrer	4 Isl.	2 Isl.	2 Isl.	2 Isl.	4 Isl.	3 Isl. 2 Dänisch	19
5. *Þorleifur Bjarnason*, Gymnasial-Lehrer	2 Gesch.	2 Gesch.	3 Gesch.	2 Gesch.	9 Latein. 4 Gesch.	3 Gesch.	25
6. *Bjarni Sæmundsson*, Gymn.-Lehrer	2 Geogr. 1 Zeichn.	3 Naturg. 2 Geogr. 1 Zeichn.	3 Naturg. 2 Geogr. 1 Zeichn.	4 Naturg. 2 Geogr.		4 Physik	25
7. *Bjarni Jónsson*, wissensch. Hilfslehrer	3 Deutsch 7 Latein.	2 Deutsch 6 Latein.	2 Deutsch 5 Griech.	2 Deutsch	2 Deutsch	3 Deutsch	32
8. *Lárus Halldórsson*, Pfarrer	5 Math.	5 Math.	4 Math.	5 Math. 2 Dänisch			21
9. *Knud Zimsen*, Ingenieur					3 Physik		3
10. *Haraldur Nielsson*, cand. theol.	2 Relig.	1 Relig.	2 Relig.	2 Relig.	1 Relig.	1 Relig.	9
11. Cand. *Pjetur Hjaltested*, Baccalaureus artium	4 Dänisch	2 Dän.	2 Dänisch		2 Dänisch		10
12. *Magnús Magnússon*				2 Engl.			2
13. *Brynjólfur Þorláksson*, Gesanglehrer	1 Gesang	1 Gesang					4
		1 Gesang		1 Gesang			
	36	35	36	36	36	34	209
14. *Ólafur Rósenkranz Ólafsson*, Turnlehrer	1 Turnen	1 Turnen					7½
	1½ Turnen		2 Turnen		2 Turnen		

1872 dachte man ernstlich daran, die Schule für den Winter auf die einsame Insel *Videy* zu verlegen, weil die Moral der jungen Leute allzu locker sei (Max Nordau, Vom Kreml zur Alhambra I, 285; Paijkull, En Sommer i Island, S. 17, Anm.).

Das Alter der Schüler bei der Aufnahme darf nicht unter 14 und nicht über 15 Jahre sein, doch kommen Ausnahmen vor; mancher junge Mann, der bis dahin die Schafe gehütet hatte und nur von seinem Pfarrer für die unterste Klasse (etwa Untertertia) vorbereitet war, hat noch mit 20 Jahren angefangen, die Schulbank zu drücken. Da in der letzten Klasse sofort mit Cäsar begonnen wird, werden nicht geringe Vorkenntnisse verlangt.

Eigentlich sollen die Lehrer die „Prüfung für das höhere Schulamt" (skoleembeds-examen) an der Universität in Kopenhagen oder auch das theologische Examen ebenda abgelegt haben. Aber diese Forderung ist in Wirklichkeit nicht streng durchführt, da man von der Ansicht ausgeht, dass nur der sich der Schule widmet, der Liebe zur Jugend und zur Wissenschaft hat, zumal da die Gehaltsverhältnisse nicht derart sind, dass sie indifferente Geister zu diesem entsagungsvollen Berufe hinüberlocken. Der Rektor hat ausser freier Wohnung, die mit 400 Kr. berechnet wird, 3600 Kr. Gehalt, der Oberlehrer 3200 Kr., die beiden nächsten Gymnasiallehrer 2800 Kr., die beiden darauf folgenden 2200 Kr., der Hilfslehrer nur 1600 Kr. Rühmend muss hervorgehoben werden, dass trotz der hohen Stundenzahl alle Lehrer ohne Ausnahme noch Zeit zu anständigen, ja bedeutenden wissenschaftlichen Arbeiten finden. Abhandlungen in Programmen veröffentlichen sie freilich nicht mehr. Nach deutschem Muster gibt die gelehrte Schule seit 1828 alljährlich Programme in isländischer Sprache heraus *(Skýrsla um hinn lærda skóla í Reykjavík)*, teils enthalten sie lediglich „Schulnachrichten", der Leiter der Anstalt erstattet also kurz Bericht über alle die Schule betreffenden Ereignisse des verflossenen Schuljahres, teils waren ihnen wissenschaftliche Arbeiten irgend eines der am Gymnasium unterrichtenden Lehrer beigegeben[1]).

Als ich von dem ersten Ausfluge nach dem *Hvalfjördur* zurückgekehrt war, fand gerade das Versetzungs- und Abiturienten-Examen statt, und der liebenswürdige Rektor lud mich ein, zuzuhören. Die Prüfung dauerte acht Tage, von 8—1 und 3—7 Uhr, eine Befreiung vom Mündlichen gibt es nicht: eine ungeheure Anstrengung für die Schüler und vor allem für die Lehrer! Ich habe natürlich nicht die ganze Zeit ausgehalten, zumal gerade der „Zieten" angekommen war, und ich hatte auch die weite Reise nach Island nicht unter-

---

[1] Maurer, Die Programme der gelehrten Schule Islands. Germania, Bd. 16 (1871), 442—449. Ólsen, *Minningarrit fimtíu ára afmælis hins lærda skóla í R.* R. 1896.

nommen, um Reifeprüfung abzuhalten. Immerhin habe ich in soviel Stunden hospitiert, dass ich mir ein Urteil erlauben darf.

Einen Schulrat gibt es nicht. Ausser dem prüfenden Lehrer sind ein Vertreter der Geistlichkeit und des Bürgerstandes und meist noch ein anderer Lehrer zugegen; jeder notiert für sich das Ergebnis der Prüfung, und die Resultate werden nachher zusammengestellt. Wie auf den Kadettenkorps wird genau nach Points gerechnet. Die schriftlichen und mündlichen Leistungen der Abiturienten werden im Programm wiedergegeben, mit der Zahl der Points, ebenso die Themata der Aufsätze und die Texte der Übersetzungen. Wenn nicht isländisch gesprochen wäre, hätte ich geglaubt, einem deutschen Abiturienten-Examen beizuwohnen. Nicht nur in der ganzen Art und Weise des Lehrens und Prüfens, sondern auch in seinen Zielen erinnerte mich das isländische Gymnasium lebhaft an deutsche Verhältnisse. Dazu kam, dass durchweg deutsche Schulausgaben der klassischen Autoren benutzt wurden (Teubner und Weidmann). Nur eine grössere Ungeniertheit der Schüler fiel mir auf; sie standen mit den Händen in den Hosentaschen vor ihren gestrengen Examinatoren und hörten ohne weiteres auch einmal auf, um auszuspucken oder gingen fort, um Wasser zu trinken; die nichtbeteiligten Schüler unterhielten sich ziemlich geräuschvoll. Was im Deutschen geleistet wurde, war wirklich erfreulich[1]. Lieder von Heine, Gedichte von Goethe und Schiller, besonders Stücke aus dem „Faust" wurden aufgesagt und übersetzt, so dass man bis auf die Aussprache des „sch" den Ausländer nicht merkte; als Prosatexte wurden Undine, Voltaires Karl XII. in deutscher Übersetzung und die Wahlverwandtschaften vorgelegt (Reclam-Ausgaben). Die lateinischen Leistungen entsprachen durchaus denen eines preussischen Abiturienten; eine gewisse Ungeschicklichkeit im Lesen der Verse des Ovid und Horaz wurde durch tüchtige Kenntnisse in der Grammatik und in den Realien aufgehoben. In gewisser Beziehung wird im Lateinischen mehr verlangt als bei uns: Seneca und Terentius werden in Preussen schwerlich gelesen. Auf dem Tische des Lehrers liegt eine Anzahl Zettel ausgebreitet, die für jeden Prüfling je einen Prosatext und eine Stelle aus einem Dichter enthalten; der Schüler sucht sich auf gut Glück einen Zettel aus, extemporiert wird nur aus der Prosa. Die griechischen Kenntnisse übertreffen die unserer Schüler, soweit meine Erfahrung reicht; nicht nur an Umfang der Lektüre — sogar Lucian und Proben aus den griechischen Lyrikern waren ausser Homer, Plato und Sophokles gelesen — sondern auch in der Gewandtheit des Übersetzens; nicht alle preussischen Abiturienten werden in der „Antigone" so gut Bescheid wissen wie ihre isländischen Kommilitonen, und die Übersetzung des schönsten Wortes, das je Frauenmund gesprochen: „Nicht mitzuhassen, mitzulieben bin ich da", ist mir bis heute im Gedächtnis geblieben: *„Jeg em eigi sköpud til ad vera med i hatri, heldur i ást"*. Wer das Examen bestanden hat, behält bis zu seinem Tode, und wenn er nachher Bauer geworden ist, den Titel „Student"; als solchen preist ihn auch die Inschrift des Grabsteines, und wer die Verhältnisse nicht kennt, mag sich wohl über so ein bemostes Haupt wundern, wie es selbst einem Keilhack widerfahren ist. Die 12 Stunden, die ich zugehört habe, waren keine verlorene Zeit für mich, und als ich beim Festessen des deutschen Konsuls, der auf mich gesprochen hatte, in der Erwiderung die Gelehrtenschule in *Reykjavik* leben liess, konnte ich aus voller Überzeugung meiner Bewunderung Ausdruck geben, aber auch mein Bedauern nicht verhehlen, dass das Althing, Norwegen folgend, die alte gute Überlieferung preisgegeben habe.

Unmöglich kann ich in diesem Zusammenhang an dem letzten, hochverdienten Leiter der alten Gelehrtenschule, an Rektor *Olsen*, vorübergehen.

Björn Magnusson Olsen ist am 14. Juli 1850 zu *Þingeyrar* (in der *Húnavatns sýsla*) geboren, wo das erste Kloster gegründet wurde, und wo bedeutende Äbte

---

[1] Deutsch wird erst seit 1846 an der Lateinschule gelehrt.

und Mönche schriftstellerisch tätig waren. Sein Vater war der Klostergutsadministrator *Runólfur Magnusson Björnsson Olsen*, seine Mutter war *Ingunn Jónsadóttir*. Der Ort, wo der Knabe aufwuchs, hat ohne Frage auf seine spätere literarische Tätigkeit eingewirkt. Aber direkte Anregung verdankt er wohl auch seinen Eltern; denn ihre Namen stehen auf der Liste der Leute, denen Konrad Maurer wertvolle Beiträge für seine Isländischen Volkssagen verdankt; Maurer nennt *Olsen* einen ungewöhnlich gebildeten Mann, dessen freundlicher Belehrung er nicht wenige Förderung verdanke (Münch. Sitz. Ber. 1867, S. 135), und Maurers Bildnis mit dem edelgeformten Haupte, dem wallenden Odinsbarte und den klaren Augen hinter den scharfgeschliffenen Brillengläsern steht noch heute auf dem Schreibtische des Rektors. Das Abiturienten-Examen in *Reykjavik* bestand er 1869, ging aber, da er kränkelte, erst 1872 nach Kopenhagen und bestand 1877 die Prüfung für das höhere Lehramt. Im folgenden Jahre ging er mit staatlicher Unterstützung nach dem Süden, das Land der Griechen mit der Seele suchend, bereiste Italien und Griechenland und kehrte mit reichen Kunstschätzen und tiefem Verständnisse für das klassische Leben nach der einsamen Insel zurück. Als ich ihm meinen ersten Besuch machte, war ich angenehm überrascht, den Korridor seiner Wohnung mit Bildern und Kunstgegenständen des klassischen Altertums geschmückt zu sehen. Er wurde an der Lateinschule in *Reykjavik* 1879 als Lehrer angestellt und nach dem Tode des Rektors *Jón Þorkelsson*, eines der besten Kenner der isländischen Sprache, 1895 dessen würdiger Nachfolger (Fig. 18). Als aber die Regierung beschloss, dem modernen Zuge Rechnung tragend, das Griechische ganz abzuschaffen und das Lateinische zu beschneiden, dafür die neueren Sprachen, die Naturwissenschaften und die Mathematik zu betonen, zog er sich grollend in den Ruhestand zurück, obwohl er erst 54 Jahre alt war. Ich weiss, dass es ihm tiefen Schmerz bereitet hat, dass das nördlichste Bollwerk des klassischen Altertums auf der Erde schwinden sollte;

Fig. 18. Björn Magnússon Ólsen.

seine Bildung war in wunderbar harmonischer Weise klassisch und national, und seine Schüler hingen mit rührender Liebe an ihm, der König von Dänemark aber verlieh ihm als Zeichen der Anerkennung den Titel Professor.

Was der enge Kreis der Schule durch seinen Rücktritt verliert, wird dem Lande als Ganzem und der Wissenschaft im allgemeinen zugute kommen. Denn frei vom einengenden, zersplitternden und die Kräfte aufreibenden Schuldienste wird der verdiente Gelehrte alle Zeit und Musse jetzt der Erforschung der Geschichte und Sprache seiner Heimat zuwenden können. Innerhalb der altnordischen Literatur hat er die verschiedensten Gebiete bearbeitet. In seiner Doktor-Dissertation „Runerne i den oldislandske Literatur" (Kphg. 1883), verfocht er die Ansicht, dass ein grosser Teil der Skaldenlieder und der Prosaliteratur in Runen abgefasst wäre, dass mindestens die Gesetze und die frühesten geschichtlichen Erzeugnisse mit Runen auf Pergament aufgezeichnet gewesen wären (vergl. auch Den 3. og 4. grammatiske Afhandling i

Snorres Edda (Kphg. 1884), Einleitung S. XXI ff.; Aarb. 1893, 209 ff.). Für die *Völuspa*, jenes rätselvolle, halb heidnische, halb christliche Gedicht, das an der Spitze der Eddalieder steht, suchte er als Heimat Island nachzuweisen und als Zeit die Jahre kurz vor 1000, wo chiliastische Vorstellungen vom drohenden Weltende und von der Wiederkehr Christi zum grossen Gerichte die ganze Christenheit aufregten (*Um kristnitökuna árid 1000*. Reykj. 1900). Mit hoher Wahrscheinlichkeit stellte er *Snorri* als Verfasser der grossen *Egilssaga* hin (Aarb. 1904, 167 ff.; *Skírnir* 1905, 303 ff.). In der Erklärung schwieriger Gedichte hat er manches Rätsel gelöst, manches Dunkel gelichtet (Aarb. 1888, 86 ff., *Skírnir* 133 f.). In einem methodisch musterhaften Aufsatze „Om Sturlunga Sagas Tilblivelse og Bestanddele" hat er verschiedene Schichten der Sagas der Sturlunga blossgelegt und ihre Entstehungszeiten bestimmt (*Safn til sögu Islands* III, 1897/98, S. 193—510) und den Vater der isländischen Geschichtsschreibung, *Ari inn fródi*, auch als Verfasser einer *Konungasaga* und einer *Landnáma* zu erweisen gesucht (*Timarit* X, 214 ff.; Aarb. 1893, 207 ff.). Als Zögling Maurers zeigt er sich in juristischen Studien (Arkiv f. n. Fil. I, 298 ff.). Neuerdings hat er sich die Aufgabe gestellt, das Verhältnis der *Landnámabók* zu den einzelnen Sagas zu durchforschen und im Laufe eines Jahres die *Egils-*, *Hænsaþoris-* und *Eyrbyggja* Saga daraufhin untersucht (Aarb. 1904, 1905). Das sind nur die wichtigsten seiner Abhandlungen, und zwar solche, die mir gerade zur Hand sind — aber sie allein würden schon genügen, ihm in der Nordischen Philologie einen Ehrenplatz zu sichern. Ausserdem hat er vom Sommer 1884 an bis 1893 Island bereist, um Stoff für ein „Wörterbuch der isländischen Umgangssprache" zu sammeln und Ausgrabungen südlich vom *Myvatn* vorgenommen (*Árbók hins isl. fornleifafjelags* 1903). Allen seinen Schriften sind eindringliches Nachdenken, ruhige Sachlichkeit und lichtvolle Darstellung eigen. Nur vorübergehend will ich erwähnen, dass er auch einige Gedichte und ein kleines humoristisches Stück verfasst hat, „Ein Abend im Klub" (*Eitt kvöld i klubbnum*), das im Winter 1890/91 aufgeführt ist. Aus warmem Freundesherzen wünsche ich dem trefflichen Manne, dass er all die Pläne, die er mir in unvergesslichen Stunden anvertraut hat, noch ausführt, ihm zur Befriedigung und der Wissenschaft zum Segen.

Mit den veränderten Lehrzielen hat die ehrwürdige Lateinschule auch ihren alten schönen Namen *hinn lærdi skóli* preisgegeben und heisst jetzt *hinn almenni mentaskóli* (Allgemeine Bildungsanstalt); *Olsens* Nachfolger ist der hochbetagte, am 19. Mai 1831 geborene Dichter *Steingrímur Thorsteinsson* geworden. Ein neues Programm ist noch nicht erschienen; die folgenden Bemerkungen entnehme ich den Statuten vom 9. September 1904[1]. Mit dem Beginn des neuen Schuljahres, dem 1. Oktober 1904, tritt die neue Schulordnung in Kraft, von der untersten Klasse an alljährlich um eine Klasse ansteigend. Die Schule besteht aus zwei Abteilungen, deren jede 3 einjährige Kurse umfasst, einer Realabteilung (*gagnfrædadeild*) und im unmittelbaren Anschlusse daran eine Gymnasialabteilung (*lærdómsdeild*). Nur in letzterer wird Lateinisch getrieben, das Griechische ist gänzlich aus der Schule verwiesen. Englisch wird durch die ganze Schule, deutsch und französisch nur in der Gymnasialabteilung gelehrt. Während auf dem alten Gymnasium das Deutsche mit 14 Stunden in allen Klassen, Französisch

---

[1] *Auglýsing um brádabirgdareglugjörd fyrir hinn almenna mentaskóla i Reykjavik (Korrekturnote).* Soeben ist erschienen: *Skýrsla um hinn almenna mentaskóla.* R. 1906. *(Korrekturnote.)*

und Englisch mit 10 Wochenstunden vertreten waren, und jenes nur in den beiden obersten, dieses nur in den 4 untersten Klassen gelehrt wurde, hat das Deutsche jetzt auf der „höheren Lehranstalt" (etwa unserem „Reformgymnasium" entsprechend) eine empfindliche Einbusse erlitten (9 Stunden). Unterrichtssprache bleibt wie bisher das Isländische, nicht wie auf den Färöern das Dänische. Man sieht, dass tief einschneidende Veränderungen vorgenommen sind, und nur mit gemischten Gefühlen wird sie aufnehmen, wer aufrichtig an Islands Geschick teilnimmt und stolz ist auf die höhere Bildung, deren sich bisher das einsame Völkchen erfreut hat. Gleichwohl wird er von Herzen wünschen, dass diese Wendung der Schule und damit der ganzen Insel nicht zum Schaden, sondern zum Segen gereichen möge! Einreissen ist leicht, Wiederaufbauen unendlich schwer.

An Realschulen *(gagnfrædaskóli)* gibt es zwei, um das nun einmal begonnene Kapitel über „Erziehungs- und Unterrichtswesen auf Island" zu ergänzen und zu Ende zu führen: eine in *Akureyri* und die andere in *Hafnarfjördur*, an diese ist noch ein Volksschul-Lehrerseminar angegliedert. Volksschulen *(alþýdubarnaskóli)* gibt es 30 in den Städten und Handelsplätzen, dazu kommen vier landwirtschaftliche Schulen *(búnadarskóli)*, eine in jedem Amte, alle auf dem Lande, keine in Städten, nämlich in *Eidi, Hólar, Hvanneyri* und *Ólafsdalur*, eine Steuermannsschule *(stýrimannaskóli)* und eine Handelsschule *(verzlunarskóli)* in *Reykjavík*. Auch für die Mädchenbildung[1]) ist gesorgt: ausser drei Anstalten, die die allgemeine Bildung vermitteln *(kvennaskóli)*, in *Reykjavík, Blönduós*[2]) und *Akureyri*, gibt es noch zwei Fachschulen in *Reykjavík*, in denen Unterricht im Kochen und im Haushalt erteilt wird. Endlich sei erwähnt, dass Sira *Ólafur Helgason* in *Stokkseyri* eine Anstalt für taubstumme Kinder eingerichtet hat, wozu er jährlich 150 Kr. Zuschuss von der Regierung erhält. Auf dem Lande sind die Eltern durch Gesetz vom 9. Januar 1880 verpflichtet, den Kindern lesen, schreiben und rechnen beizubringen; sie werden dabei von etwa 180 Wanderlehrern unterstützt *(umgangskennari)*, die von Gehöft zu Gehöft ziehen, sich dort längere Zeit aufhalten und aus den benachbarten Höfen einen kleinen Schülerkreis um sich versammeln. Analphabeten sind auf Island unbekannt, unter Tausend ist kaum einer, der nicht wenigstens „gebetbuchsfertig" wäre, die meisten können auch schreiben. Viele junge Leute bilden sich als Autodidakten weiter und lernen sogar fremde Sprachen.

---

[1]) Dr. Hans Krticzka, Freiherr von Jaden: Islands Frauen und ihr Anteil an der heimischen Kultur und Literatur. In: Jahresbericht des Vereins für erweiterte Frauenbildung. Wien 1900/01.

[2]) Über diese vergl. Zugmayer, Eine Reise durch Island, 1903, S. 162.

Es ist also ganz verkehrt, die Isländer als ein verkrüppeltes Polarvolk anzusehen, den Lappländern etwa oder Eskimos vergleichbar; so stellte sie allerdings der Hamburger Anderson in seinen Nachrichten von Island hin (1746, S. 136). Konrad Maurer sagt, er sei es gewohnt, auf ein ungläubiges Lächeln zu stossen, wenn er erzähle, dass der Durchschnittsgrad der allgemeinen Bildung auf Island viel höher sei als der des gemeinen Mannes in Deutschland, von Frankreich oder England gar nicht zu reden. Vor 50 Jahren meinte man freilich, Rechnen und Schreiben tauge nur für Knaben, für Mädchen sei es nicht nötig, und wissbegierige Kinder wurden mit den Worten abgewiesen: „Du kannst das nicht essen, mein Junge". Aber mancher lernte hinter dem Rücken des Vaters das Schreiben, schnitt sich eine Feder, riss unbeschriebene Fetzen von alten Briefen ab und benutzte als Tinte Kälberblut. „Man würde heutzutage kaum glauben, was besonders alte Leute auswendig wussten an Geschichten, Gedichten, langen Liedern und *Rímur*. Vornehmlich waren es alte Frauen, die erzählten und die allabendlich in der Dämmerung ihre Gedichte herleierten, umdrängt von dem jungen Volke, das nie genug davon bekommen konnte"[1]. *Finnur Jónsson* erzählt in seiner Altnordischen Literaturgeschichte (II. 547), dass er ein Kind gekannt habe, das in einem Alter von 10 Jahren die grossartigste, aber auch längste aller Sagas, die Geschichte von *Njáll*, zehnmal von Anfang an bis zu Ende durchgelesen habe, ihr Umfang beträgt über 400 Seiten im Format und Druck der Reclam-Ausgaben. Heute scheint das Lesen der alten Sagas durch die Lektüre der Zeitungen und moderner Schriften etwas verdrängt zu sein (vergl. die verschiedenen Urteile darüber bei Pöstion, Isländische Dichter der Neuzeit, S. 6—9). Nur an der Hornküste hat Thoroddsen einige alte Leute getroffen, die nicht lesen konnten und nur in einem einzigen Gehöfte nur eine Zeitung, sonst überall Postillen, Psalmen und andere fromme Bücher; in den kurzen Tagen des Winters unterhalten sie sich damit, ihre *Rímur* zu zitieren; an der Ostküste konnte 1882 jeder lesen und nur wenige nicht schreiben. Ein alter Mann in der *Austur Skaptafells sýsla* erzählte Daniel Bruun, sie hätten alle von ihren Eltern lesen gelernt; das ABC kannte man nicht, aber man benutzte zum Lesen alte Andachtbücher, die im 18. Jahrhundert zu *Hólar* gedruckt waren; rechnen oder schreiben konnte man nicht. Die elterliche Zucht war früher sehr streng, während heute zu Haus und in der Schule Schläge fast unbekannt sind. Am Ende des 17. Jahrhunderts prügelte ein Bauer seinen Knaben buchstäblich zu Tode; einem anderen Knaben, der von den Speisen genascht hatte, schlug sein Vater zunächst unter der Haustür, band ihm darauf die Füsse um

[1] Zeitschr. d. Ver. f. Volksk. VI, 381.

einen Querbalken und prügelte ihn mit der Rute, bis das Kind keinen Laut mehr von sich gab und verstarb (Thoroddsen II, 19). Noch im Anfange des vorigen Jahrhunderts waren Schläge das Haupterziehungsmittel der Eltern; da diese den Kindern vornehmlich am Karfreitage verabfolgt wurden, hatte die Jugend vor diesem Tage ganz besondere Angst. Ein zwanzigjähriger Bursch wurde an den Pranger gestellt, weil er den Gottesdienst versäumt hatte. Das Verhältnis zwischen Eltern und Kindern war bei solcher Härte der Erziehung daher wenig innig. Wie anders ist das heute! eher zuviel Liebe und zu grosse Nachgiebigkeit! Ich habe nie ein rauhes Wort vernommen, nie von einem Schlage gehört; die zärtlichsten Kosenamen wurden ausgetauscht, und wenn ein Kind nur auf eine Stunde das Haus verliess, verabschiedete es sich von Vater und Mutter durch herzliche Küsse auf den Mund.

Was endlich die Leibesübungen anbetrifft, so haben auch diese einen erfreulichen Aufschwung genommen. Schwimmen wird an der Lateinschule und anderswo umsonst gelehrt. Der am Gymnasium 1850 eingeführte Turnunterricht war zunächst durchaus fremdländisch, erst seit 1877 wurde die Pflege der nationalen Ringkunst bei demselben eingeführt *(glima)*. Beim Ringkampf besteht die Kunst darin, dass jeder der beiden Kämpfenden den Gegner mit der rechten Hand am Saum, mit der linken am Schenkelteil der Hose, etwas unterhalb der Hüfte, erfasst, und die Kunst liegt nun darin, teils durch einen Ruck mit den Armen, besonders aber durch verschiedene unvermutete Schläge mit den Füssen — die sogen. Ringkniffe, *fang-bragd* — den Gegner zu Boden zu werfen[1]). Die beiden Burschen in *Hlidarendi* standen im Rufe, weit und breit die besten Ringer zu sein. Auch *Ögmundur* hat es oft genug mit mir auf den Lagerplätzen probiert; aber ein unvermuteter Schlag mit seiner Ferse gegen meine oder mit der Hand in meine Kniekehle machte mich bald kampfunfähig oder er drückte plötzlich sein Knie innen an meinen Schenkel und hob mich so empor. Es kommt weniger auf starke Kräfte als auf Gewandtheit und Behendigkeit an.

Bei einem Besuch des Naturwissenschaftlichen Museums halten wir uns nicht lange auf *(natturu gripasafn; Vesturgata* 17). Es ist eine Schöpfung von *Benedikt Gröndal*, aber seitdem er von der Leitung zurückgetreten ist, etwas verwahrlost: die Sammlung isländischer Mineralien, Vögel und deren Eier ist im ganzen interessant.

In besserem Zustande befindet sich das Altertumsmuseum *(forngripasafn)* im obersten Stockwerk der Landesbank. Es ist vor

---

[1]) Ein Bauernringen *(bænda glima)* beschreibt Thoroddsen in „Jüngling und Mädchen" S. 19; vergl. dazu Pöstion in den Anmerkungen S. 192/93. — Der Aufsatz von M. Kossak „Sport in Island" (Leipziger Tagebl. 1906, Nr. 482) enthält wenig Brauchbares *(Korrekturnote)*.

allem reich an Paramenten, Schmucksachen, Altargemälden, geschnitzten Truhen, Schränken usw. aus katholischer Zeit; die Sammlung alter Reitzeuge, Sättel, Sporen usw. in der Dachkammer ist lehrreich. Und doch erwartet man viel mehr hier zu finden. Einmal aber hat das dänische König- und Beamtentum seit der Einführung der Reformation das zerstört, beseitigt oder zu weltlichen Zwecken verbraucht, was von kirchlicher Kunst vorhanden war. Was ferner an Handschriften da war, hat zuerst *Þormóður Torfason* gesammelt und nach Kopenhagen gebracht (1662); er erhielt u. a. vom Skálholter Bischof *Brynjólfur Sveinsson*, dem Auffinder der Lieder-Edda, eine Abschrift dieser Membranhandschrift. Später hat *Árni Magnússon* (lat. Arnas Magnaeus) während elf Jahren (1685, 1702 bis 1712) gründliche Nachlese gehalten und Island einfach antiquarisch ausgeplündert. Ein Teil dieser Arnamagnäanischen Handschriftensammlung ist leider durch eine grosse Feuersbrunst in Kopenhagen 1728 beschädigt oder vernichtet. Drittens endlich kann die Ausbeute an Altertümern aus heidnischer Zeit, an Gräberfunden, nur sehr gering sein. Die Zeit, in der die Isländer auf heidnische Weise bestattet wurden, war nur sehr kurz, 126 Jahre. Die Tradition kennt zwar eine Menge alter Gräber, aber teils ist sie unzuverlässig, teils sind die Gräber geschleift, wenn die „Hauswiese" geebnet wurde. 1882 kannte man zusammen nicht mehr als 30—40 Grabfunde aus heidnischer Zeit, jetzt sind durch die Nachforschungen und Ausgrabungen der isländischen Altertumsgesellschaft einige hinzugekommen. Runeninschriften aus Islands heidnischer Zeit kennt man gar nicht, aber 40—50 Inschriften aus dem Mittelalter, alle von Leichensteinen. Da nun zu einem eingehenden Studium des Altertumsmuseums ein übersichtlicher Katalog fehlt, halte ich es für praktisch, nicht die einzelnen Gegenstände der Reihe nach durchzugehen, sondern sie teils gelegentlich in der späteren Darstellung zu besprechen, teils jetzt eine geordnete, zusammenhängende Schilderung von Islands Kunstindustrie und Kunst vom Altertum bis zur Gegenwart folgen zu lassen.

Islands Kunstindustrie und Kunst.

Neben der Dichtkunst spielen die andern schönen Künste auf Island eine untergeordnete Rolle. Die Architektur konnte bei der bisher geübten Bauart der Häuser und Kirchen überhaupt nicht in Betracht kommen, das unbildsame Material liess keine Formengestaltung zu. Das Kunstgewerbe, und zwar sowohl Kunstweberei und -Stickerei, als auch Metallarbeit und Holz- und Knochenschnitzerei zeigt in bezug auf Geschick und Geschmack einen entschiedenen Rückgang, ausgenommen sind die Gold- und Silberfiligranarbeiten. Wohl gibt es seit einigen Jahren in der Hauptstadt einen mit 1000 Kr. jährlich vom Staat unterstützten Kursus in der Holzschneidekunst, und *Stefán Eiríksson* ist ein wirklicher Künstler in seinem Fache (eine Probe seiner Arbeiten bei Valtýr-Palleske, S. 100), aber sonst gibt es professionsmässig ausgebildete Kunsthandwerker nicht, und vereinzelte Essnäpfe (*askur*), Löffel und geschnitzte Bettstellen in entlegenen Winkeln des Landes sind fast die einzigen Reste jener alten Schnitzarbeiten; sie werden, ganz wie in der alten Zeit, zumeist von Bauern angefertigt, und zwar mit derselben alten Technik und nach derselben altnorwegischen Ornamentik. An der Hornküste werden noch im Winter Bottiche und Kübel, hölzerne Speiseschüsseln und Ackergeräte von verschiedener Art verfertigt; die Eimer, Kübel, Butterfässer und Schüsseln, die Thoroddsen 1886 dort fand, waren recht geschickt gemacht und dicht mit Reifen besetzt.

Viele Nachrichten aber in den alten Sagas, zahlreiche Reste dieser Kunstindustrie im Nationalmuseum zu Kopenhagen, im Nordischen Museum zu Stockholm, London und Edinburgh, vor allem im Altertumsmuseum zu *Reyjavík* beweisen, dass ehemals auf Island die gemusterten Teppiche, Tücher und Vorhänge mit schönen, kunstvoll eingewebten oder eingestickten Bildern geschmückt waren. Die nicht selten mit Gold- oder Silberfäden eingewebten und eingestickten Bilder enthielten einzelne Figuren, wie Vögel, Tiere, Menschen, Gebäude, Schiffe, Waffen; aber auf manchem Teppich waren auch Spiele, Schlachten, ja, eine ganze Geschichte oder Mythe dargestellt. Bilder von Göttern, Menschen, Tieren, Vögeln usw. waren in Holz oder Knochen eingegraben und eingeschnitten, einzeln und gruppenweise, so dass sie zuweilen ganze Geschichten darstellten. Metallfiguren und mancherlei sonstige Metallarbeiten, wie Götter- und Tierbilder aus Silber, waren mit grossem Kunstgeschick angefertigt.

Wir hören von einem Schreiner *(skrínsmidr)*, der zugleich als Goldschmied und der geschickteste aller Metallarbeiter bezeichnet wird, von einer Frau, die vortreffliche Zahnschnitzereien ausführte, von einem Zimmermanne, der zu Anfang des 12. Jahrhunderts um hohen Lohn bei dem Kirchenbau zu *Hólar*, und einem andern, der um 1200 bei einem Turmbau zu *Skálholt* tätig war (Maurer, Island, S. 425). Die zumeist aus Holz geschnitzten, lebensgrossen oder über menschliches Mass emporragenden Götterbilder waren vielfältig mit Gold und Silber und wirklichen Gewändern geschmückt; wir finden z. B. Thors Bild nicht nur auf den Hochsitzpfeiler eines Tempels eingeschnitzt, sondern auch auf die Rücklehne eines Stuhles in einem Privathause, „und es war dies ein grosses Bildnis"; oder man trug ein aus Zahn geschnitztes Bildnis Thors, ein aus Silber geschnitztes Bildnis des Gottes *Freyr* in der Tasche, um es jeden Augenblick anbeten zu können. Am berühmtesten war das Wand- und Deckengetäfel des *Óláfr Höskuldsson*, der den Beinamen „der Pfau" hatte. Von den Kunsthandwerkern, die er im Dienste hatte, liess er 975 einen grossen Prachtbau aufführen, in dem die Hochzeit seiner Tochter gefeiert werden sollte. Während sonst bei festlichen Gelegenheiten die Wände des Saales mit Teppichen behängt wurden, waren hier an den getäfelten Wänden und Dachbrettern buntbemalte Schnitzereien zu sehen, so dass die Halle für weit schöner gehalten wurde, als wenn sie mit Teppichen bekleidet gewesen wäre. Die Gegenstände der bemalten Holzreliefs waren mythischer Art: Heimdalls Kampf mit Loki, der Fischzug des Thor nach der Midgardschlange, die Leichenfeier Baldrs u. a. (Kaalund-Laxdæla Saga S. 83). *Þorkell hakr* (gegen Ende des 10. Jahrhunderts) liess über seiner *lokhvila* (einem in die Wand eingelassenen Bett) und an dem Stuhl vor seinen Hochsitz in Schnitzarbeit darstellen, wie er in einem Walde in Norwegen mit Räubern glücklich gekämpft hatte, wie er in Finnland ein Ungeheuer bezwang, das oben wie ein Mensch oder unten wie ein Tier anzuschauen war, und in Eistland einen geflügelten Drachen erschlagen hatte (Njáls S. 119; zum *Finngalkn* vergl. Thoroddsen-Gebhardt II, S. 99, Anm. 2). Zu dem Schönsten aber, was die Holzschnitzerei überhaupt geleistet hat, muss die Kirchentür von *Valpjöfsstadir* aus dem Anfange des 13. Jahrhunderts gezählt werden, „mit einem geradezu genialen Drachenornament" (jetzt im Kopenhagener Museum[1]).

Ole Worm, der wie kein anderer im 17. Jahrhundert Verständnis für Island besass, spricht davon, wie geschickt die Isländer seien: im Winter, wenn der Tag am kürzesten ist, sässen sie am Herde und schnitzten allerlei aus Walknochen, besonders Schachfiguren (s. u. Kapitel VIII). Worm will einige Muster isländischer Schachbretter mit grünen und weissen Feldern bekommen haben, und die dazu gehörigen Figuren seien so hübsch gemacht, dass man einer jeden mit Leichtigkeit an Gestalt und Aussehen ansehen kann, was sie vorstellen soll. Auch einen Becher aus dem Zahn des Wals besass Ole Worm mit einer Inschrift, unter der zwei Blumen und andere Darstellungen eingeschnitten waren (Thoroddsen-Gebhardt II, S. 181). Horrebow (1709—83) erwähnt, dass König Friedrich IV. aus isländischem Achat habe eine Schale mit einem Deckel anfertigen lassen, an der der Künstler bis ins vierte Jahr gearbeitet haben soll, weil das Material so spröde ist (a. a. O. S. 360).

Der Schmuck des Hauses war also dem Isländer ein Bedürfnis, und „man kann in der Tat von einer bildenden Kunst reden, die sogar eine recht bedeutende Entwickelung erreicht hatte" (*Valtýr-Kaalund* in Pauls Grundriss III, S. 477). Zugegeben aber muss werden, dass sich die isländischen Kunstleistungen auf das Ornament beschränkt zu haben scheinen, wofür die Germanen allein besondere Begabung hatten, solange sie auf sich selbst angewiesen waren. Der Engländer Annandale, der dem modernen Kunsthandwerk auf Island besondere Aufmerksamkeit geschenkt hat, äussert sich darüber folgendermassen (The Faroes and Iceland. Oxford 1905, S. 145 ff.):

Bis vor wenigen Jahren wurde noch viel Silberarbeit, gekerbtes Holz- und getriebenes Messingwerk, auch Stickerei, in den Bauernwirtschaften erzeugt. Die Deckel der Kober, in welchen die Heumacher ihr Frühstück mit auf die Wiese nahmen, waren immer geschmackvoll gekerbt (Fig. 19). Die Liebhaber und Männer kerbten

---

[1] Abbildung bei Baumgartner, Island und die Färöer, S. 307; Beschreibung bei Weinhold, Altnordisches Leben, S. 424 und Kaalund, Islands Fortidslævninger, S. 93 ff.; vergl. unten Reise von *Brekka* nach *Eiriksstadir*.

Fig. 19. Deckel auf einem gekerbten Kasten (gehörte einer Frau, AL's Tochter [dóttir], 1767).

den Frauen Kästchen für ihre Nähnadeln und gestickten Kragen oder geschmackvolle Mangelhölzer, um damit ihre Waschkleider zu glätten (vergl. auch Z. d. V. f. Volksk. IX, S. 182), *trafakefli* „Linnenstab, ein gegliedertes Stück Holz, armdick, 2—3 Fuss lang, womit die Wäsche gerollt wird". Der stilisierte Drachenkopf, in den es oft ausläuft, ist derselbe wie an den nordischen Kirchenstühlen des Mittelalters (eine Abbildung eines Mangelbrettes bei Baumgartner, Island und die Föröer, S. 355). Die Betten hatten gekerbte und oft bemalte Seitenbretter. Im Dänischen Volksmuseum zu Kopenhagen und im Nordischen Museum zu Stockholm finden sich isländische holzgeschnitzte Behälter für Speisen und Butter, Kästchen für Löffel und Stricknadeln, Schatullen, Mangelhölzer und Bettstellenbretter, die auf die vordere Wand der Bettstelle aufgesetzt wurden, um sie zu erhöhen. Fast alle tragen eingeschnittene Namen. Die Kirchen strahlten in anspruchsvollerer Arbeit: eine Besonderheit der isländischen Holzschnitzerei war nämlich der Versuch, Farbe mit Form zu verbinden, oft mit grossem Erfolg, solange man sich nicht dazu verstieg, Gegenstände aus der Natur nachzubilden; die Verzierungen wurden hervorgehoben durch die Verwendung von glänzenden, harmonisch zusammengestellten Farben. Die Arbeit wurde freilich oft beeinträchtigt durch das verwendete ungeeignete Material und durch den Mangel des Künstlers an Geschick in Kunsttischlerei. Das zu seiner Verfügung stehende Holz bestand häufig aus verschiedenen kleinen Stücken, die zusammengefügt werden mussten, um die Verzierung vollständig zu geben; in vielen Fällen wurde das nun leider ungeschickt ausgeführt, so dass weite Lücken zwischen den Stücken gelassen wurden. Daran war in hohem Masse der Mangel an Metall schuld, entweder was die Form der Werkzeuge betrifft oder die Anfertigung von Nägeln. Weder Eisen noch Kupfer wird in Island gewonnen, und diese beiden Metalle sind noch heute in vielen Teilen der Insel schwer zu erlangen, obwohl Brucheisen jetzt von *Heimaey*, einer der *Vestmannaeyjar*, ausgeführt wird, wo man es aus gestrandeten Schiffen holt. Der isländische Arbeiter arbeitet noch heute lieber mit Kupfer oder Bronce, als mit Eisen, noch heute macht er oft seine Nägel, Haspen und dergleichen aus einem der beiden zuerstgenannten Stoffe oder sogar aus der Bronze von Münzen; jedoch weder Kupfer noch seine Legierungen können in feinerer Tischlerarbeit so gut wie Eisen verwendet werden. An vielen isländischen Schnitzwerken sieht man überdem ganz deutlich, dass der Schnitzer überhaupt kein Metall weiter gehabt hat, als sein Messer, denn die Teile sind zusammengehalten entweder durch kleine Holzpflöcke oder durch Bindsel aus den Wurzeln der Heidelbeere oder Zwergweide, die durch Löcher gezogen werden, die in das Holz gebohrt sind.

Der Sinn für verzierende Muster, der einst auf Island so stark war, lebt heute eigentlich nur noch in der Anfertigung von Hornlöffeln fort mit blumigen und anderen Mustern, die in der Regel die Jahreszahl oder die Anfangsbuchstaben des Verfertigers auf den

Stiel eingeschnitten oder die Eigentumsmarke des Besitzers mit grossen lateinischen Buchstaben umschliessen. Doch werden auch jetzt noch Löffel mit einer eigenartigen Schrift angefertigt, dem sogenannten *höfdaletur*; dieses hat als Hauptmerkmal gegenüber anderen auf Island üblichen Schriftgattungen den Mangel einer Unterscheidung von grossen und kleinen Buchstaben, entspricht also der sogenannten Kapitalschrift der Paläographie. *Höfdaletur* ist die Wiedergabe eines lateinischen „literae capitales" mit den beiden ineinander vermengten Bedeutungen, „Kapitalschrift" und „Kapitälschrift (Z. d. V. f. Volksk. IX, S. 181, XII, S. 114); *höfda* ist Gen. Plur. von *höfud* Haupt, Kapitäl, lat. caput). Unter den Händen vieler Generationen haben sich die Buchstaben umgebildet, bis

Fig. 20. Geschnitzte Hornlöffel (hornspónn). Der obere trägt die Inschrift „Hekla", der untere „Geysir".

sie nicht nur dem Aussehen nach, sondern auch im Bewusstsein der sie darstellenden Künstler völlig den Charakter eines für sich bestehenden Alphabetes und in den Augen des Laien den einer unleserlichen Geheimschrift annahmen.

Zu schroff urteilt Annandale, dass sogar die Hornlöffel, mit Ausnahme sehr entlegener Gegenden, hauptsächlich zum Verkauf an Fremde angefertigt werden. Richtig ist, dass das Löffelschnitzen im Niedergange begriffen ist, und dass Löffelschmiede *(spónasmidur,* jeder Handwerker heisst auf Island ein Schmied) immer seltener werden; denn Esslöffel sind im Handel so billig zu haben, dass man hörnerne oder knöcherne Löffel für einen so geringen Preis nicht herstellen kann. Die hier wiedergegebenen Löffel (Fig. 20) stammen von einem schlichten Bauern aus *Unnarholt*. Man sieht, dass ihre Zierformen auf alter einheimischer Überlieferung ruhen, und dass sie im wesentlichen Nachbildungen der Löffel sind, die seit Jahrhunderten auf der Insel geschnitzt worden sind. Ein Exemplar, das auf den *Vestmannaeyjar* ausgegraben ist, befindet sich jetzt in dem Pitt-Rivers Museum zu Oxford, und der einzige Unterschied zwischen diesen und heutigen Stücken ist der, dass die eingeschnitzte Jahreszahl in das 17. Jahrhundert weist.

Die alte, ehemals eifrig betriebene Brettchenweberei — vielleicht die älteste Art der Weberei und jetzt auch in Ägypten und Asien nachgewiesen — besteht heute nur noch teilweise fort (*spjaldvefnadur*; *spjaldofinn* „mit Brettchen gewebt"; vergl. Z. d. V. f. Volksk. VI, S. 373, IX, S. 24 ff., 181 ff.; Lehmann-Filhés, Über Brettchenweberei, Berlin 1901). Mit Hilfe einer gewissen Anzahl viereckiger Brettchen (*spjald*, pl. *spjöld*; *hlada spjöldum* „mit Holzscheiben weben"), die in jeder Ecke ein Loch haben, durch das das Garn gezogen wird, vermag man vermittelst Wendens und

Fig. 21. Bänder aus Island. *a* Strumpfband, Brettchenweberei. *b* u. *c* sind vollkommen doppelt gewebt, mit einem oberen und einem unteren Rand.

Drehens der Brettchen nach bestimmten Regeln Bänder in den verschiedensten Mustern zu weben (*Valtýr-Pallesco*, S. 103); die Anzahl der *spjöld* richtet sich nach der Breite des zu webenden Bandes und teils wohl auch nach dem Muster, das sehr reich und vielfarbig sein und aus allerlei Figuren und Buchstaben bestehen kann. Die Abbildung gibt einige Proben isländischer Webekunst (Fig. 21). Strumpfbänder (*sokkaband*), Achselbänder (*axlaband*), Aufschürzbänder (*styttuband*) und Kissenbänder (*sessuband*), womit auf dem alten isländischen Frauensattel das Sitzkissen festgebunden wurde, wurden so dargestellt. Viele dieser Bänder, besonders die Kissen- und Aufschürzbänder, waren mit eingewebten Inschriften, z. B. Glückwunschversen, geschmückt und hiessen dann „Schriftbänder" (*leturband*), andere trugen nur hübsche Muster. Das Weben dieser

Bänder war ein Sonntagsvergnügen der Frauen und Mädchen, und die Arbeit soll ungemein anziehend sein.

Neben dem Weben war das Sticken eine beliebte Beschäftigung der Frauen. Bänder, Borten wurden genäht, gewirkt und besetzt, aber auch grössere Sachen wurden gestickt und allerlei bildliche Darstellungen, auf Decken und Wandumhängen, z. B. Bilder aus der Heldensage, versucht (II. Lied von Gudrun, 14—16, 26; Völs. S. 2). Unter den Schätzen, die *Grimhildr Gudrún* nach Sigurds Ermordung bietet, sind fränkische Mädchen, die mit Brettchen zu weben und mit Gold zu sticken verstehen. Die üblichste Art des Stickens war der Kreuzstich, erst später kam der Plattstich auf. Die Goldfäden werden mit Überfangsstichen festgenäht. Ein merkwürdiges und in seiner Ausführung ziemlich hoch stehendes Kunstwerk ist im Altertumsmuseum zu *Reykjavik* aufbewahrt; es stammt aus vorreformatorischer Zeit. Es ist das Messgewand eines Bischofs, sorgfältig in Brokat gearbeitet und gestickt, harmonisch und reich in Farbe. Auf dem Rücken ist in Stickerei die Errettung eines vom Sturme hin- und hergeworfenen Schiffes durch die Erscheinung eines Heiligen dargestellt. Das Schiff ist klein und ganz naturwidrig, sein Mast ist gebrochen, seine Segel fortgerissen, es schwankt auf einem in üblicher Weise angedeuteten Meere. In der Mitte, neben dem Maste, steht der Heilige, in kirchlichen Gewändern, mit Bischofsmütze und Krummstab. Er schwebt mehr in der Luft, als dass seine Füsse das Verdeck berühren. Ein Seemann kniet anbetend vor ihm, ein anderer beugt sich in einer höchst realistischen Weise seekrank über Bord.

Noch im 16. Jahrhundert dauerte die alte Stickerei auf Leinen- oder auch auf Handgeweben mit verschiedenfarbigen Fäden von Leinen-, Woll- und Seidengarn mit gesponnenem Gold und Silber fort, und auch die Stilisierung der Zeichnung erinnert meist noch an die alte Zeit. In Olafsens und Povelsens „Reise durch Island" wird erzählt, dass die vornehmen Isländerinnen Tücher, die zu verschiedenen Zwecken verwendet wurden, mit Tieren, Vögeln, Blumen und allerlei Figuren in verschiedenen Farben ausnähten (deutsche Ausgabe I, S. 99). In der Neuzeit scheint freilich diese Fertigkeit, die sich in alter Weise lange fortgepflanzt hatte, immer mehr zu schwinden. Nur in einigen abgelegenen Gegenden ist es noch heute der Ehrgeiz manches liebenden Mädchens, ein Brautkleid aus schwarzem Sammet zu haben, bestickt mit Gold- und Silberfäden, und sie kann das einzig selbst anfertigen mit Hilfe ihrer Freundinnen. Die Wandbekleidung aus Tapisseriearbeit, die einstmals in den Wohnräumen eines Bauernhofes ganz allgemein war, ist heute vollständig verschwunden. Viele von diesen Wandteppichen, von denen einige in dem Museum zu *Reykjavik* aufbewahrt werden, waren alt und hatten sich in der Familie fortgeerbt, aber einige waren gewiss noch im vorigen Jahrhundert gearbeitet. Eines der interessantesten jetzt noch vorhandenen Stücke befindet sich in dem „Museum of Science and Art" in Edinburgh (Fig. 22). Es schmückte einst das Zelt, in dem das Althing in *Þingvellir* abgehalten wurde, seit dem Tage,

Fig. 22. Isländische, in Flach- und Kreuzstich ausgeführte Handarbeit. (Das obere Stück ist nach der zweiten Hälfte des 17. Jahrhunderts angefertigt worden, das untere Stück ist älter.) Museum in Edinburgh.

wo die Volksversammlung nicht mehr unter freiem Himmel stattfand, bis 1800, wo sie nach *Reykjavik* verlegt wurde. Die Tapeten sind in zwei Stücken: das eine ist gearbeitet von Nonnen in der vorreformatorischen Zeit, das andere stammt aus viel späterer Zeit. Die Stickerei auf ihnen hat die Gestalt der gewöhnlichen Muster;

auf dem einen Stücke stellt sie deutlich drei Bäume dar, auf denen Vögel sitzen und bietet Inschriften in altisländischen Buchstaben mit gewissen Borden und anderen etwas verwickelten Verzierungen. Die Farben sind jetzt verblasst und dunkel, und das Ding ist wenig schön; es ist schwer zu sagen, wie es wohl in den Tagen seiner Jugend ausgesehen haben mag[1]).

Da Annandale, dem Beschreibung und Abbildung dieser weiblichen Handarbeit entnommen sind (S. 147) bei seiner Antipathie gegen alles, was isländisch heisst, sich nicht die Mühe genommen hat, eine Begründung zu seiner Zeitangabe zu liefern oder die Inschrift zu lesen, will ich es versuchen. Der oberste Teil enthält einen Psalmvers, der noch heute das gewöhnliche Abendgebet eines isländischen Kindes ist. Wenn ich nicht irre, ist es ein Vers aus den *Passiusálmar* (Passionspsalmen) des *Hallgrímur Pjetursson* (1614—1674) und lautet also (das Eingeklammerte steht nicht auf dem Bilde, ich zitiere nach mündlicher Überlieferung):

> *„Allra sidast þá á eg hjer*
> *andláti minu [að gegna,*
> *sje þá, minn gud, fyrir sjónum mjer]*
> *sonar þins pínan megna,*
> *þegar hon [lagdur lágt á trje*
> *leit teil þin augum grátandi;*
> *vægdu mjer þá hans vegna].“*

D. h.: „An meinem allerletzten Tage, wenn der Tod sich meldet, dann sei, o mein Gott, vor meinen Augen die heftige Qual Deines Sohnes, als er, hier unten auf das Holz gelegt, mit weinenden Augen zu Dir emporsah; dann erbarme Dich um seines willen auch meiner".

Wie ich glaube, ist dieser Vers eher eine Umschreibung von Strophe 9 und 10 aus Paul Gerhardts Passionslied „O Haupt voll Blut und Wunden" (gedruckt in der Liedersammlung „Geistliche Andacht", 1666) als von Bernhards von Clairvaux Hymne „Salve caput cruentatum". Denn auch der erste Vers der Einleitung zum ersten Passionstexte (*„Upp, upp min sál og alt mitt ged!"*) stimmt fast wörtlich überein mit dem Verse in Gerhardts Osterliede „Auf, auf, mein Herz mit Freuden", und auch das von Baumgartner so hoch gerühmte und trefflich verdeutschte Lied „Von der ungewissen Todesstunde" enthält deutliche Anklänge an Paul Gerhardts Grablied „Ich weiss, dass mein Erlöser lebt" (vergl. unten „Zweiter Aufenthalt in *Reykjavík*", Beziehungen zwischen Island und Deutschland).

---

[1]) Der Stoff ist grobe Leinwand (einst weiss) und rauh gesponnene Wolle. Der grösste Teil der Wolle an beiden Stücken ist dunkelblau, karmoisinrot oder schwarz gefärbt gewesen, auch erscheint ein helles Gelb und ein dunkles Rehbraun, letzteres ist die natürliche Farbe. Die Näherei ist sehr einfach, die Wolle ist bloss durch die Leinwand gezogen, derartig, dass sehr wenig verschwendet ist auf der Rückseite des Machwerks. Kein Versuch ist gemacht worden, die ganze Arbeit auszufüllen.

Auf dem unteren Teile der Stickerei lese ich *Hvor sem tjalldid eignas* .... d. h. „ein jeder, der das Zelt als Eigentum hat", gestehe aber, nichts damit anfangen zu können.

Die Beschäftigung einzelner begabter Isländer mit der **Zeichenkunst und Malerei** blieb bis auf wenige Ausnahmen dilettantisch.

„Es sei Fabel oder Geschichte, dass die Liebe den ersten Versuch in den bildenden Künsten gemacht habe," sagt Lessing; er denkt dabei an die bekannte Geschichte, dass die Tochter eines korinthischen Töpfers bei der Abreise ihres Geliebten einen Schattenriss seines Profils beim Schein der Lampe an der Wand nahm, und der Vater diesen Umriss dann mit Ton belegte und zu einem Reliefbild ausarbeitete. Die *Landnámabók* erzählt eine ähnliche, nur gut isländisch gefärbte Geschichte (IV, 4): „*Tjörvi* ritzte die Umrisse seiner Geliebten, *Ástriðr*, und des ihr aufgezwungenen Mannes auf seine Kammerwand, und jeden Abend spuckte er beim Schlafengehen dem Manne ins gemalte Gesicht und küsste das Bild der *Ástriðr*, bis sein Oheim *Hróarr* diese Zeichnung abkratzte, um Lärm und Streit zu verhüten." Selbst der Gebrauch der Wasserfarben war nicht unbekannt. Der berühmte *Egill Skallagrímsson* hatte einen Schild, der mit bildlichen Darstellungen mythischer Erzählungen geschmückt war, dazwischen lagen Goldspangen und Edelsteine. Bei der Hochzeit seiner Tochter fiel der Schild in ein Gefäss voll saurer Milch, und es war um die Malerei geschehen. *Egill* nahm die Goldspangen und die Steine heraus, und es fanden sich 12 Ören Goldes in den Spangen (Egils S. 78).

Von alten Altarbildern ist fast nichts erhalten, bis auf wenige Ausnahmen hängen heute moderne dänische Gemälde über dem Altar, nur in einigen älteren Kirchen findet sich zuweilen eine roh gemalte und geschnitzte Darstellung irgend einer biblischen Geschichte, und die Verdienste und die Fruchtbarkeit eines alten Bischofs oder Prestur werden durch ein Porträt von ihm, seiner Frau und den 20 Kindern dem Andenken und der Nacheiferung empfohlen. Im 18. Jahrhundert wird ein Pfarrer *Hjalti Þorsteinsson* als Maler erwähnt. Er hat den Bischof *Þórdur Þorláksson* und dessen Frau porträtiert und ein im Ausland gemaltes Porträt eines Bischofs kopiert. Er hat ferner ein Schachbrett äusserst kunstvoll angefertigt und ein Gemälde von Walhall entworfen, auf dem der Gott Thor etwas unscheinbar ausgefallen war, sonst fand das Bild grosse „Admiration" (vergl. Thoroddsen-Gebhardt II, S. 298/9). Als ein Kuriosum mag erwähnt werden, dass ein isländischer Maler lange in Deutschland gelebt hat und auch zu einigem Ansehen gelangt ist. *Þorsteinn Illugason Hjaltalín*, 1771 als Sohn des Pfarrers *Illugi Jónsson* zu *Árnes, Strandasýsla*, geboren, landete nach abenteuerlichen Reisen und manchen Strapazen in Deutschland, verheiratete sich hier 1800 und starb 1817 in Braunschweig. Sein Name wird bei uns gewöhnlich *Dorstein Illia Hjaltalin* geschrieben[1]).

Sigurður Guðmundsson (1833—74) war ein fein empfindender Kopf, aber seine Bedeutung liegt nicht in dem, was er als Maler

---

[1]) Ein Porträt von ihm bei Meusel, Archiv für Künstler und Kunstliebhaber, 1804, I (Dresden). Weiteres über ihn bei: Fiorillo, Geschichte der zeichnenden Künste in Deutschland III; Nagler, Kunstlexikon VI; F. Spehr, Allgemeine deutsche Biographie XII.

geleistet hat, sondern darin, dass er auf alle Weise den Kunstsinn seiner Landsleute wachzurufen suchte[1]). Heinrich Brockhaus gesteht ihm künstlerischen Sinn und Talent zu, spricht ihm aber Energie ab. „Er malte an einer Kopie des Altarbildes in der Kirche und wenn man hört, dass er vielleicht schon zehn Kopien dieses Bildes, eine nach der andern für isländische Kirchen geliefert hat, so kann einen dieser handwerksmässige Kunstbetrieb nicht gerade sehr erfreuen. Er ist auch ein eifriger Archivar, und es interessierte mich ein Heft mit Zeichnungen altmodischer Ornamente, worunter manches Schöne und Charakteristische war" (Reisetagebuch aus den Jahren 1867 und 1868, Leipzig 1873, 1, S. 105; nicht im Buchhandel). *Sigurdur* war die Seele der dramatischen Aufführungen in *Reykjavik* und malte selbst die Kulissen dazu; er war der eigentliche Begründer der Altertümersammlung und einer der besten Archäologen Islands; er war auch der Schöpfer der reizenden, heute üblichen Frauentracht.

Von lebenden Malern sind mir nur zwei bekannt geworden, *Þórarinn Þorláksson* und *Ásgrímur Jónsson*. Von *Þórarinn* rührt das Gemälde *Öxarárfoss* im Althingsgebäude her, wenn ich nicht irre, und *Á Þingvöllum*, *Þingvellir* bei Nacht gegen Ende des Sommers. Er ist ein Sohn des Pfarrers *Þorlákur Stefánsson* zu *Undirfell* in der *Húnavatns sýsla*. Er ist gelernter Buchbinder und wandte sich erst in höheren Jahren der Malerei, speziell der Landschaftsmalerei, zu. Er war zu diesem Zwecke mehrere Male in Kopenhagen, und seine Bilder tragen auch den Charakter der dänischen Malerschule. Pudor urteilt ganz günstig über ihn (Island-Fahrt, Mitteilungen der k. k. geogr. Gesellschaft in Wien, 1902, Heft 9, S. 255).

Die unbeschreibliche Lichtheit und Leichtheit in der Färbung der isländischen Landschaft kann nur im Aquarell wiedergegeben werden, und das hat *Ásgrímur Jónsson* klar erkannt. Ich habe den jungen, 30jährigen Künstler an Bord der „Laura" kennen gelernt, und später in *Stórinúpur* wieder getroffen und verdanke ihm eine flotte Skizze von *Gilsbakki* und Aufschluss über sein Leben. Er ist auf dem Hof *Rútstaðahjáleiga í Flói* (*Árnessýsla*) als Sohn eines ganz armen Häuslers geboren und war vor 10 Jahren noch ein gewöhnlicher Knecht. In Kopenhagen erst wurde seine Liebe zur Kunst geweckt, und mit unermüdlicher Energie gab er sich ihr hin. Für 1904/05 bewilligte ihm das Althing eine bescheidene Unterstützung für seine weitere Ausbildung und gewährte ihm für 1906/07 ebenfalls je 600 Kronen, um sich in Deutschland und Italien umzusehen. Er hat verschiedentlich in der Kunstausstellung zur Charlottenborg-Kopenhagen ausgestellt und warme Anerkennung bei der

---

[1]) Seine Biographie: Z. d. V. f. Volksk. IX, 182, Anm. 2 und Pöstion, Das isländische Drama S. 30.

Kritik gefunden. Im Sommer 1903 hat Jäger eine kleine Sammlung von 37 Skizzen und Studien in *Reykjavík* besichtigt, auch ihm erscheint *Ásgrímur* als gut begabt. „Die Wiedergabe isländischer Landschaften, die Beleuchtungseffekte an den Küsten, der Vortrag der Farben und die allgemeine Auffassung der Natur lassen in *Ásgrímur* einen Veristen erkennen, der seine eigenen künstlerischen Wege geht. Wenn von unsern Sezessionisten je einer eine solche Seevedutte gemalt hätte wie jener Isländer, dann wäre die Sezession die beste aller Kunstrichtungen (Die nordische Atlantis, Wien 1906, S. 116). Neuerdings scheint sich *Ásgrímur* auch im Porträt zu versuchen, nach isländischen Zeitungsberichten hat er im Sommer 1904 den Bischof *Hallgrímur Sveinsson* porträtiert.

Das 19. Jahrhundert hat Island den ersten Bildhauer geschenkt, den hoch begabten *Einar Jónsson*, der zu den schönsten Hoffnungen für die Zukunft berechtigt. Denn auf *Bertel Thorvaldsen* erhebt im Ernst kein Isländer Anspruch, und dass er als eine isländische Nationalgrösse hingestellt werde, ist nicht wahr. „Die Begeisterung der Dänen für den grossen Künstler", sagt Adolf Rosenberg (Thorvaldsen, Bielefeld 1901, S. 4), „hat dazu geführt, seine Geburt, seinen Ursprung, seine Familie mit einem Gespinste von Sagen zu umhüllen. Er, der Zögling der Antike, der in seinen Werken immer auf Klarheit und Ruhe hielt, ist mit dem mythischen Glanz eines mythologischen Helden umschleiert worden." Sein Ahnherr war jener *Þorfinnr Karlsefni*, der 1003 von Grönland aus Neuschottland entdeckt hat, wo er in dem von *Leifr*, *Eiríks* Sohn, aufgefundenen *Vinland* zu sein glaubte. Mag man das als genealogische Spielerei hinstellen, sicher ist, dass Thorvaldsens Vater aus Island stammt. Er war der Sohn eines Holzschnitzers *Gottskálkur Þorvaldsson* und Enkel des isländischen Pfarrers *Þorvaldur Gottskálksson* zu *Miklabær* im Nordlande. Armut nötigte den Pfarrer, seinen Sohn, der bereits in Holzschnitzerei einiges geleistet hatte, nach Kopenhagen zu schicken, um dort sein Brot zu verdienen. Hier verheiratete er sich mit Karen Grönlund, der Tochter eines jütischen Bauern, und hier wurde im November 1770 Bartholomäus (Bertel) Thorvaldsen geboren. Thorvaldsen ist also nur ein Halbisländer, er hat Island nie gesehen, ist weder dort geboren noch gar während der Überfahrt seiner Mutter von *Reykjavík* nach Kopenhagen auf einem Schiffe. Aber seine geschickte Hand mag vielleicht ein isländisches Erbstück sein, denn sein Vater war, wie manch anderer Isländer, ein gewandter Holzschnitzer. Als Thorvaldsen 1848 zum zweitenmal von Rom nach Kopenhagen kam, begrüsste ihn *Jónas Hallgrímsson* mit schönen, schlichten Worten. Er sprach den Dank der Heimat aus: „Des Himmels Schöpfer enthüllte dir die ganze Schönheit; Du zeigtest der Welt sie," und knüpfte daran den Wunsch, dass der grosse Sohn des *Þorvaldur* sein Stammland besuchen und schön finden möge.

> Des Eislands Söhne
> und Töchter werden
> stets dich lieben,
> solange die See braust.
> (Pöstion, Eislandblüten, S. 50—53.)

Ein Jahr später schickte Thorvaldsen den Isländern einen Taufstein, der in der Domkirche zu *Reykjavik* aufgestellt ist, und in einer Inschrift erkennt er seine isländische Abkunft an. Auf dem *Austurvöllur*, gegenüber dem *Alpingishús*, steht in Bronze sein Standbild, das sein deutscher Schüler Emil Wolff nach dem eigenen Entwurfe des Meisters ausgeführt hat, ein Geschenk Kopenhagens an die Isländer; Thorvaldsen ist in der Tracht eines altgriechischen Bildhauers dargestellt, seinen linken Arm auf eine weibliche Statue stützend, die Gestalt der Hoffnung; „ihre in steife, glatte Falten gelegte Gewandung harmonisiert mit der gleich strengen Anordnung der Falten in dem Arbeitskittel des Bildhauers" (eine andere Kopie steht im Thorvaldsen-Museum zu Kopenhagen).

Sieht man also von Thorvaldsen ab, so ist Einar Jónsson der erste isländische Bildhauer. Ich habe den jungen bescheidenen Künstler in seinem mehr als einfachen Atelier in Kopenhagen besucht und mir seine fertigen Statuen, wie seine Entwürfe angesehen; was er nach meinem Besuche geschaffen hat, stellte er mir später in grossen Photographien zur Verfügung, so dass ich mir ein Urteil über sein Schaffen gestatten kann.

Einar Jónsson ist am 11. Mai 1874 in *Galtafell* (*Arnessýsla*) geboren, nicht weit vom *Geysir*. Sein Vater war Bauer, da aber *Einar* für das Landleben keine grosse Neigung hatte, sollte er das Gymnasium besuchen und Pfarrer werden. Wenn er die Schafe hütete, fürchtete er von dem *Huldufólk*, den Elfen, geholt zu werden, und sein sehnlichster Wunsch war, einmal über die hohen, wilden Berge zu kommen, die den väterlichen Hof auf drei Seiten umschlossen. Kaum hatte er notdürftig schreiben gelernt, da fing er schon an, sein Schreibheft mit allerlei Kritzeleien und Zeichnungen anzufüllen, und er hat manches Mal dafür büssen müssen. Ausserdem schnitzte er in Holz, Horn und Knochen und schrieb sogar kleine Erzählungen, die er selbst illustrierte. Eine davon las er eines Tages seinen jüngeren Geschwistern vor, und sie wirkte so ergreifend auf sie, dass sie zu heulen anfingen. Nie wieder ist, wie er mir lachend erzählte, seine künstlerische Freude und sein Stolz so gross gewesen wie damals. Bei einer Visitation wurde der als Pfarrer und Dichter gleich treffliche *Valdimar Briem* auf ihn aufmerksam, und ihm und dessen Ehefrau hat es *Einar* zu danken, dass er die Erlaubnis erhielt, nach Kopenhagen zu reisen und sich dort auszubilden. Im April 1893 kam der weltfremde Jüngling nach Kopenhagen. Seinem ersten Lehrmeister rückte er nach sechs Tagen wieder aus, beim zweiten blieb er schon vier Wochen, da nahm sich der grosse dänische Bildhauer Stefan Sinding seiner an. Später waren auf der königlichen Kunstakademie Prof. Stein und Prof. Bissen seine Lehrer. Schon nach zwei Jahren schuf er seine beiden ersten Werke: „Betender Knabe" und „Strafurteil" (abgebildet bei *Valtýr-Palleske*, S. 106, 109); die letztere allegorische Gruppe ist vor einigen Jahren im Wiener Künstlerhause ausgestellt gewesen und hat warme Anerkennung gefunden.

Sein erstes Originalwerk in Marmor ist der Ächter (*Útilegum-adurinn*, Fig. 9, S. 81), der im Frühling 1901 in Charlottenborg ausgestellt wurde, 3½ Ellen hoch. Ein alter friedloser Mann mit charakteristisch isländischen Zügen, die Rechte auf einen Stock gestützt, in der Linken das kleine Kind haltend, trägt bei Nacht die Leiche seiner jungen Frau über die Berge, um sie eigenhändig, ihrem letzten Wunsche gemäss, in geweihter Erde zu bestatten. Das ist Heimatskunst im besten Sinne, allgemein menschlich und in seiner einfachen Tragik jedem verständlich, und doch in speziell isländischen Verhältnissen und Anschauungen wurzelnd. Diese Gruppe steht, wie das Strafurteil, im Flur des Althingsgebäudes in *Reykjavik*, sie ist Eigentum des Landes, ein Geschenk des deutschen Konsuls Ditlev Thomsen an die Insel; die beiden Skulpturen bilden neben den Marmorbüsten von *Jón Sigurdsson* und *Bjarni Thórarensen* an derselben Stätte die einzige Sammlung von Bildhauerarbeiten in Island.

Daraufhin erhielt er vom Althing ein Stipendium von 1200 Kronen, und später eins von 3000 Kronen, während er bisher auf den Zuschuss seines Vaters und einiger Gönner angewiesen war. So konnte er 1902 seine erste italienische Reise antreten. Über Berlin, Dresden, München, Wien, Florenz ging er nach Rom, wo er sich 14 Monate aufhielt; hier entstand die Gruppe „Mann und Weib", die deutlich den Einfluss von Sindings „Adam und Eva" zeigt und das Bruchstück einer grösseren Gruppe ist „Der Tag des Gerichts": ein nackter, kräftiger Jüngling liegt auf den Knien vor dem höchsten Gott, die Hände um sein Weib schlingend, das sich hingebend an ihn schmiegt. Die Verantwortung (nämlich vor dem jüngsten Gericht), wie die Gruppe ursprünglich mit grösserem Recht und mit grösserer Deutlichkeit hiess, wurde im Winter 1902/3 gleichfalls in Wien ausgestellt und erhielt eine lobende Erwähnung, wurde aber von der Ausstellung in Charlottenborg zurückgewiesen. Auf der Rückreise von Italien hielt sich *Einar* längere Zeit bei einem Gönner Dr. Zombar de Szaz in Koloszvar-Siebenbürgen und in Budapest auf.

Wie mir scheint, ist durch seinen Aufenthalt in der Kunststadt Rom ein Riss in *Einars* künstlerisches Denken gekommen, auch auf den Nordlandssohn übt die Antike ihren bestrickenden Einfluss aus. Wie „Mann und Weib", so ist auch die kleine Gruppe „Schmerz und Freude" der Darstellung des nackten Körpers gewidmet. Ein Mann und eine Frau, die einander den Rücken zuwenden, halten die Hände über zwei schöne Frauenköpfe, die die Freude und den Schmerz ausdrücken. So sehr ich diese beiden bewundere, so wenig vermag ich mit den beiden stehenden Figuren anzufangen, die mir lediglich dekorative Statuetten zu sein scheinen. „Die versteinernde Antike" in Gips ist ein Protest gegen die grenzen- und kritiklose

Anbetung und Nachahmung des Antiken: eine schlanke Griechin in klassischem Faltengewande hält das hypnotisierende Medusenhaupt vor sich. „Proletarier", ebenfalls in Rom entworfen, ist gewissermassen die äusserste Ergänzung dazu, eine derb naturalistische Darstellung einer verkommenen, verhungerten Arbeiterfamilie. Aber in Rom besann sich der Künstler auch wieder auf sich selbst und fasste den Plan, dem grössten Isländer, *Snorri Sturluson*, ein würdiges Monument zu setzen. Der Entwurf ist von eigenartiger Grossartigkeit und zeigt eine hervorragende architektonische Veranlagung. In einem nach der Mitte zu immer höher emporstrebenden Rundbau, dessen Eingang durch zwei gewaltige Drachenköpfe und Bautasteine gebildet wird, sitzt die Göttin der Geschichte, hinter ihr ist ein Teil der Weltkugel abgebildet, der Skandinavien, Island, Grönland und den von den Isländern entdeckten Teil Nordamerikas zeigt. Freilich ist wenig Aussicht vorhanden, dass das Snorri-Monument jemals verwirklicht wird; seine Herstellung würde mehr als 150000 Kronen beanspruchen, und der Aufruf zu einer Sammlung, zu der doch eigentlich der ganze Norden beisteuern müsste, hat bisher wenig Erfolg gehabt.

Noch höher schätze ich den Entwurf eines Nationaldenkmals für Poul Nolsö, den Dichter und Nationalhelden der Færinger (Fig. 23). Die Hand, die doch nur sehr entfernt an die aus der Erde aufsteigende Faust gelegentlich der Berliner Gewerbe-Ausstellung erinnert, soll seine Energie und Willenskraft bedeuten, die die schwere Last aufhebt; die Gestalt unter dem Daumen ist die Göttin der Dichtkunst, die im Schutze der Tatkraft steht. Auch ohne dass man näheres über Poul Nolsö weiss, wird man den in seiner Einfachheit genialen Gedanken verstehen; es hat mich viele Mühe und viel Nachschlagen gekostet, bis ich etwas näheres über ihn in Erfahrung bringen konnte, dem Künstler selbst haben offenbar die wenigen allgemeinen Züge, die er kannte, vollauf genügt. Poul Nolsö, der færöische Patriot und Volksdichter, war eine ganz hervorragende und nur wegen der Kleinheit seines Landes übersehene Persönlichkeit (1766—1809). Als infolge des Monopolhandels grosse Not über die Færöer kam, stellte er alle Kräfte in den Dienst des Vaterlandes, baute das erste Handelsschiff, das seit fast einem halben Jahrtausend die Inseln verliess, und trotzte im Kriege zwischen England und Dänemark beiden Reichen. In seinem berühmten „Vogellied", dem volkstümlichsten unter allen modernen Liedern der Færinger, verspottet er die Gewalthaber der Inseln unter den Bildern verschiedener Raubvögel. Er selbst bezeichnet sich als die Meerelster *(tjaldur)*, die die Raubvögel verjagt, indem sie diese mit ihrem kräftigen, spitzen, roten Schnabel angreift oder durch ihre durchdringenden Schreie die kleineren Vögel warnt; deshalb wird die Meerelster auf den Færöern gehegt und geschont.

Neben dem „Ächter" ist die jüngst vollendete Gruppe *Hringida* Einars bedeutendstes Werk. Sie war 1906 in der Freien Kunstausstellung in Kopenhagen ausgestellt und hat berechtigtes Aufsehen erregt. Ursprünglich hiess sie „Die Wasserhose" und symbolisierte

Fig. 23. Einar Jónsson, Entwurf eines Nationaldenkmals für den Færing Poul Nolsö (1766—1809).

das Streben der Menschheit nach Erlangung ihrer Ziele. Aber der zweite Titel ist bezeichnender; *Hringida* oder bloss *Ida* ist der Strudel, Wirbelstrom. Eine hochaufgerichtete Frauengestalt, den Kopf rücküber geworfen, so dass die langen, aufgelösten Haare, in denen man gleichsam das Wasser niederrinnen sieht, den Boden bedecken, repräsentiert die am Strande sich aufbäumende Welle. Die Opfer, die sie verschlungen hat, Männer, Frauen und Kinder, liegen teils entseelt zu ihren Füssen, teils versuchen sie vergeblich emporzuklimmen: verschlungen hat sie alle der unbarmherzige Strudel. Diese Gruppe ist wohl auch die Veranlassung gewesen, dass ihm, zusammen mit *Asgrimur*, vom Althing abermals ein Stipendium von je 600 Kr. für eine Romreise bewilligt worden ist. *Einar* und *Asgrimur* wollen, wie ich höre, zusammen nach dem Süden pilgern. Mögen sie mit reichen, neuen Eindrücken zurückkehren und nicht vergessen, dass der Künstler, auch wenn er sich an die gesamte Menschheit wendet, fest in der Heimat wurzeln muss. *Einar* arbeitet zurzeit an einer Statue des Dichters *Jónas Hallgrímsson*, die in *Reykjavik* aufgestellt werden soll[1]). Das ist eine Aufgabe, die seiner würdig ist, und die ihn mit Allgewalt locken muss: diesen echten Isländer, diesen glühenden Vaterlandsfreund, diesen Vorkämpfer für das Ideale so hinzustellen, dass auch uns von den steinernen Lippen die Worte entgegentönen:

Island, glückliches Land, und gute, reifweisse Mutter! . . . .
Lieblich und schön ist das Land, schneeweiss die Spitzen der Gletscher,
Heiter der Himmel und blau, hell auch und blinkend das Meer!

Von Island pflegt man wie von Friesland zu sagen: Islandia non cantat. Maurer nennt die Isländer der alten Zeit bereits ebenso vollkommen unmusikalisch, wie sie dies mit verschwindend geringen Ausnahmen noch heute sind (Island S. 450). *Magnús Stephensen*, der literarische Bannerträger am Anfange des 19. Jahrhunderts, meinte, es gäbe wohl gute Stimmen, aber man verstünde nicht, sie zu gebrauchen; er klagt über die ewige Monotonie der isländischen „Kämpeviser", die am besten dazu geeignet wären, böse Geister zu vertreiben, und dass die neueren Melodien nur kühle Aufnahme fänden (Island i det 18de Aarh. Kop. 1808, S. 224). Dieses Urteil pflegt gedankenlos nachgesprochen zu werden.

In der alten Zeit haben die Dichter ihre Lieder ohne musikalische Begleitung vorgetragen; das Wort und der Gedanke herrschte, nicht der Ton und das Gefühl; die Musik war überwiegend vokal, nicht instrumental. Die feierlichen Gesänge der Christen wirkten gewaltig auf sie ein. Als Bischof Friedrich mit seinen Geistlichen den Gottesdienst und das heilige Amt hielt, war *Kodrán* zugegen: mehr aus Neugierde, als weil er mit den Gebräuchen einverstanden gewesen wäre. Als er aber — wie Mortimer! — das Glockengeläute und den schönen geistlichen Gesang hörte und den süssen Geruch des Weihrauches verspürte und den Bischof mit dem prächtigen Schmuck ge-

---

[1]) Nach den neuesten Nachrichten soll auch Islands erstem Besiedler *Ingólfr Arnarson* ein Denkmal in *Reykjavik* gesetzt werden, dessen Ausführung *Einar* übernehmen wird. *Korrekturnote.*

ziert und die, die ihm dienten, in weissen Kleidern herrlich leuchtend sah, dazu im ganzen Hause den grossen Glanz des starken Lichtes der Wachskerzen und alles übrige erblickte, das zur Feier des Gottesdienstes gehört, da gefielen ihm alle Dinge sehr gut (*Þáttr Þorvalds* II, 4, 5). Durch die Berührung mit dem Auslande, vielleicht mit den Kelten, wurden auch Saiteninstrumente, Harfe (*harpa*), Geige (*gígja*), Fiedel (*fidla*) und Flöte (*pípa*) neben den alten Hörnern (*horn*) und Trompeten (*lúðr*) bekannt. Schon gegen Ende des 10. Jahrhunderts führt ein gewisser *Mörðr* den Beinamen *gígja*, und Spielleute werden gelegentlich am Althing erwähnt.

Reigentanz und Lied sind von jeher bei den Germanen verknüpft gewesen. Seit dem Beginn des 12. Jahrhunderts hören wir, dass auch einzelne Strophen von den Mädchen beim Tanze gesprochen werden. Eine einzige schlichte Liebesstrophe ist uns erhalten, die an das deutsche Volkslied „Das Mädchen und die Haselstaude" erinnert; sie stellt ein einfaches Naturbild auf und im Gegensatz dazu die Trauer des liebenden Mädchens[1]):

> Heil dir, Weide,
> Am Wasser du stehst
> Mit schönem Laub geschmückt.
> Von dir man schüttelt
> Den Morgentau,
> Ich traure um den Trauten
> Bei Tag und auch bei Nacht.

Etwas jünger ist die schwermütige Strophe des *Þórðr Andrésson* (Sturl. S. II, 264): „Meine Sorgen sind schwer wie Blei." Dieser Vers ist die Anregung zu dem stimmungsvollen Liede von *Indridi Einarsson* geworden „Gissur tummelt froh den Renner" (s. u. Kap. XI., *Kirkjubær*). Mit Vorliebe wurden Spottlieder beim Tanze gesungen. König *Völsungr*, Sigurds Ahnherr sagt: „Nimmer sollen Jungfrauen meinen Söhnen bei den Spielen vorwerfen, dass sie den Tod fürchteten." Ein solches scharfgeschliffenes Spottlied mag als Beispiel dienen. *Loptr* und *Þorvaldr* liegen im Streite. Letzterer rückt mit einer grossen Schar dem Gegner auf den Leib. Anstatt dem bedrängten Verwandten zu helfen, macht sich *Sæmundr* davon, und man weiss nicht, wohin er gegangen ist. Da wurde folgendes Spottlied auf ihn gedichtet: *Loptr* ist auf den Inseln, er nagt die Gräten des Seefisches (d. h. es geht ihm schlecht); *Sæmundr* ist auf der Heide, er isst nur Bärenfleisch" (d. h. er lässt es sich wohl sein, während sein Verwandter im Elend ist)[2]).

Eine Art Tanzlieder, die *Vikivakar* (*vikivaki* heisst eigentlich „das Pendel") haben sich bis in das vorige Jahrhundert erhalten.

---

[1]) Text bei Heusler-Ranisch, Eddica minora, Dortmund 1904, S. LXXXVIII, 105. Über Bruchstücke von Tanzliedern vergl. Maurer, Z. d. Vereins f. Volksk I, S. 39.
[2]) Sturlunga Saga I, 249 vergl. I, 245; *Olafur Davidsson, Íslenzkir vikivakar* 349.

Männer und Frauen fassten einander bei der Hand und sangen Gesetze, welche auf den einen oder den anderen von ihnen, oder auf ihre gemeinschaftlichen Zustände passten. Sie wurden aber nicht wie die süddeutschen Schnadahüpfeln augenblicklich erfunden, sondern aus dem Gedächtnis angestimmt. Sämtliche Tänzer standen dabei auf dem rechten Bein und beugten sich nur mit dem Oberleibe bald vor-, bald rückwärts, ohne die Stelle zu verändern. Zum Eingange, und als Zwischenstücke, singt der Vorsänger einen Vers mit lauter Stimme, und einige der Versammlung stimmen mit ihm, andere antworten ihm wieder[1].

Als Bischof *Gísli Þorláksson* 1658 Hochzeit hielt, brachte Bischof *Þórður Þorláksson* zwei fremde Musikinstrumente mit, Real und Symphon. *Þórður* war der Musica instrumentalis sehr zugetan und besass auch dazu ein Clavicordium und eine Symphonie; er verfasste auch die erste isländische Gesangslehre (Thoroddsen-Gebhardt, I, S. 144, Anm.; 295).

Leider geht eine alte Gesangesart zu Ende, die auf der ganzen Welt einzig dasteht, der Zwiegesang *tvísöngur*) und das *fara í tvísöng*, wobei die beiden Stimmen sich in der Quinte bewegen, wird wohl kaum noch geübt. Angul Hammerich hat höchst interessante Studien über Islands Musik veröffentlicht (Aarböger for nordisk Oldkyndighed og Historie 1899, XIV, S. 273—316), auf die ich Musikverständige nachdrücklich verweise. „Dieselben Formen, die der Gesang benutzte, als er mit den ersten Ansiedlern oder Geistlichen nach der fernen Insel gebracht werde, herrschen noch heute da oben, und das wunderbare Land ist auch in musikalischer Beziehung wert, studiert zu werden." „In musikalischer Beziehung hat die Zeit auf Island still gestanden. Nachdem es sich einmal im Mittelalter die damals geltenden Musikformen angeeignet hat, ist es im wesentlichen dabei stehen geblieben. Die ganze folgende Entwickelung, die von diesen ersten, armseligen Mitteln und primitiven Formen zu unserer heutigen Kulturmusik geführt hat, die so reich an Mitteln und Formen ist, hat Island nicht mitgemacht. Mit zäher Kraft haben die Isländer an der ersten Überlieferung fest gehalten — bis heute hat das Mittelalter diesem Zweige der Kunst sein Gepräge aufgedrückt." In den isländischen Melodien überwiegt die „lydische" Tonart; wir haben es dabei wohl eher mit einem Reste

---

[1] Eggert Olafsens und Bjarne Povelsens Reise durch Island I, S. 187; danach: Weinhold, Altnordisches Leben, S. 466. Andersons Beschreibung des isländischen Tanzes bei Thoroddsen-Gebhardt I, S. 371. Über die von Weinhold erwähnte *Hringbrot*, eine Art Polonäse, habe ich nichts mehr erfahren können, sie ist wohl ausgestorben. Zwei alte Tanzweisen „Riesenleich" und „Hjarrandalied" aus der *Bósasaga* K. 12, in meiner Nordischen Mythologie S. 477/78. Der Tanz, den Hall Caine „das Tuch weben" nennt, ist rein dichterische Erfindung (Der verlorene Sohn I, S. 317).

des kirchlichen Mittelalters zu tun, und nicht mit einer speziell isländischen oder altnorwegischen Skala. Fast alle Melodien, die in den „Zwiegesängen" benutzt werden, stehen in dieser lydischen Tonart (d. h. mit der vergrösserten Quarte, dem sogen. „Tritonus"); in ihnen gelangt eine Form des zweistimmigen Gesanges zur Anwendung, die in allem wesentlichen übereinstimmt mit dem sogen. „Organum" des flandrischen Mönches Hucbald († 930), einer besonders primitiven Art, mehrstimmig zu singen, indem zu einer gegebenen Grundstimme, „Principalis", eine sekundierende Stimme, „Organalis" gesetzt wird, die ihr in parallelen Quinten oder Quarten folgt. Mit dem Christentum ist das „Organum" auch nach Island gekommen. Bischof Laurentius „wollte weder Tripla (dreistimmige Gesänge), noch *tvísyngja* zulassen, die er für Narrheiten erklärte, sondern allein den gregorianischen Choral (1323—30, Biskupa S. I, S. 874). Hier wird der Zwiegesang zum erstenmal ausdrücklich erwähnt, zum zweitenmale geschieht es in der *Saga af Sigurði Þögula* (herausg. von *Einar Þórðarson*, R. 1883, S. 125), wo uns ein ganzes mittelalterliches Orchester vorgeführt wird: Da wird Flöte und Posaune geblasen, auf einem Symfón (Klavier) gespielt und auf einem Salterium (Streichinstrument); ein andermal kommen Harfen, Geigen, Quinternen (eine Art Zither) und Orgel dazu, „und einige Zwiegesänge". Das „Organum" ist also im Zwiegesang erhalten, und der Zwiegesang ist eigentlich nichts originell Isländisches; aber das originell Isländische liegt in der ausserordentlichen Treue, womit die Insel diese mittelalterliche Sangesart aufbewahrt hat. In keinem anderen Lande hat sie so tiefe Wurzel geschlagen, in keinem andern Lande hat sie sich in ihrer vollen Kraft bis auf unsere Tage erhalten.

Charakteristisch für den isländischen Zwiegesang ist, dass er niemals parallele Quarten anwendet. Wohl begegnen später auch andere, kunstvollere Formen, aber auf die Dauer vermochten sie nicht gegen das Quinten-Organum aufzukommen. Wunderbarerweise hat der isländische Zwiegesang den neuen Harmonien streng sein Ohr verschlossen. Seitdem die Musik des Mittelalters einmal die Herzen der Isländer erobert hatte, haben sie auch an ihr festgehalten, unbekümmert um das, was sonst in der Welt auf dem Gebiete der Harmonie vorging. Wohl drangen die weiter entwickelten Formen auch in Island ein, zumal in den Kirchen, aber das Volk hielt an den gewohnten Quinten fest.

Um ein richtiges Bild von dem Zwiegesang zu geben, wie er bis heute gesungen wird, um die „lydische" Tonart zu veranschaulichen und das strengste Organum-Gepräge mit radikaler Anwendung der Quinten-Parallelen, gebe ich eine Probe:[1]

---

[1] Noten in Angul Hammerichs Aufsatz, S. 310 f.; Text: *Kvæði eptir Bjarna Thórarensen*, Kph. 1884, S. 187.

Es gibt geübte Zwiegesang-Sänger, die ihre Partie mit auffallender Sicherheit durchführen; die Einübung geschieht ohne Noten, allein nach dem Gehör. Mangel an musikalischem Sinn kann man also den Isländern eigentlich nicht vorwerfen. Konservativ, wie sie überhaupt sind, haben sie der Musikgeschichte den grossen Dienst getan, uralte, sonst längst vergessene Musikformen bis heute lebendig zu erhalten. Sie sind nicht unmusikalisch, sondern sind nur andere Wege gegangen, richtiger: ihr musikalischer Sinn hat die Entwickelung der übrigen gebildeten Welt nicht mitgemacht. Bis in die jüngste Zeit ertönte der Zwiegesang bei allen festlichen oder feierlichen Gelegenheiten, zu Haus, in der Kirche beim Gottesdienste, bei Hochzeiten, Kindtaufen und anderen frohen Zusammenkünften. Ein guter Zwiesänger war z. B. der bekannte Dichter *Bjarni Thórarensen*, und nicht selten führte der *Prestur* in der Kirche selbst seine Zwiegesangspartie zum Choralgesang der Gemeinde durch, aber meist erst, wenn die Predigt vorüber war — um die Stimme nicht zu verbrauchen.

Jetzt freilich sind die Tage des Zwiegesangs gezählt. Auch in musikalischer Hinsicht nimmt Island heute seinen Platz im europäischen Konzert ein. Die Kenntnis der Noten ist allgemein verbreitet, die Herausgabe von Gesang- und Choralbüchern zeugt von dem wachsenden Fortschritt. Grosse Verdienste haben sich die drei Domorganisten und Komponisten *Pjetur Gudjohnsen* (1812—77), *Jónas Helgason* (1879—1903); *Söngvar og kvædi*, R. 1881 ff., 6 Hefte, d. h. Sammlungen von Liedern und Melodien) und sein Bruder

Helgi erworben, und neuerdings *Brynjólfur Þorláksson*, früher Sekretär beim *Landshöfdingi*. Verschiedene Gesangvereine — der erste mehrstimmige ist 1863 in *Akureyri* gegründet — singen in moderner Weise mehrstimmig; in *Reykjavík*, *Akureyri*, *Isafjördur* und in verschiedenen anderen Orten gibt es Bläserchöre. Das *langspil* (Langspiel)[1], ein sehr einfaches Saiteninstrument, ist durch die Gitarre, die Violine, das Harmonium und das Klavier verdrängt; selbst auf einsamen Bauernhöfen habe ich ein schottisches Harmonium angetroffen, und Klavier wird gehämmert, dass man Kant recht geben muss „die Musik ist die aufdringlichste aller Künste". Die Kirchenkonzerte in *Reykjavík* sind sogar ein Genuss; die Offiziere des „Zieten", Touristen von der Hamburg-Amerika-Linie, denen zu Ehren ein solches Konzert veranstaltet wurde, und Jäger (Die nordische Atlantis S. 112) sprachen in warmer Bewunderung davon. Seit Professor Heusler, selbst ein feinsinniger Musiker, in *Reykjavík* gewesen ist, scheint eine besondere Vorliebe für Bach zu herrschen. Die drei- und vierstimmigen Gesänge der isländischen Studenten, die ich in Kopenhagen 1904 am Kinderhilfstag hörte, waren ausgezeichnet. Einem der beliebten Wettkämpfe im Vortragen von Gedichten beizuwohnen (*að kveðast á*), wobei es darauf ankommt, schlagfertig eine möglichst grosse Anzahl von Gedichten aus dem Gedächtnis vortragen zu können, war mir leider nicht vergönnt[2].

Der Zwiegesang ist zum Aussterben verurteilt, der letzte Rest einer interessanten altertümlichen Überlieferung geht zugrunde. Island gleitet in den allgemeinen Kulturstrom hinein, taucht in die Menge unter, verliert auch hier, wie auf manchem andern Gebiete, sein Sondergepräge. So hat denn auch die Insel, die auf musikalischem Gebiete sich einst selbst genug war, verschiedene Kunstkomponisten aufzuweisen, die nichts Eigenartiges haben und in jedem andern Kulturlande aufgewachsen sein könnten. *Sveinbjörn Sveinbjörnsson* (geb. 1847) ist zwar geborener Isländer, aber er lebt in Edinburgh und hat zumeist englische Texte komponiert. Seine Hymne zur Tausendjahrfeier (Text von *Matthías Jochumsson*; London, Cramer & Co.), die bei König Christians Besuch in *Þingvellir* gesungen wurde, und die ich auf der ersten Reise in *Reykjavík* kennen gelernt habe, hat mir keinen ausserordentlichen Eindruck gemacht. Er hat auch zu Hall Caines Drama „Der verlorene Sohn" die begleitende und die Zwischenaktsmusik geschrieben. Englische Zeitungen, die ich mit Vorbehalt wiedergebe, melden darüber:

---

[1] Über Abbildungen eines *langspil* vergl. Thoroddsen-Gebhardt II, S. 371, Anm. 2.

[2] Pöstion, Isländische Dichter der Neuzeit, S. 11,2. Pudor scheint einen solchen Wettkampf gehört zu haben, Island-Fahrt S. 259.

"Seine Kompositionen sind zum Teil originell, zum Teil sind es alte Volkslieder, die bis dahin niemals aufgezeichnet waren und jetzt von ihm für Orchester bearbeitet wurden. Er schöpft dabei aus seinen Erinnerungen, die bis in seine Kinderzeit zurückreichen. „Unsere Musik ist durchaus nicht so traurig, wie man wohl annimmt," meinte er; „aus dem reichen Schatz des isländischen Volksliedes haben Grieg und andere skandinavische Komponisten viele Anregungen geschöpft."

Mir persönlich haben die Schöpfungen von *Bjarni Þorsteinsson*, *Prestur* in *Siglufjördur*, weit besser gefallen. Da ich später eine Komposition von ihm mitteile (s. u. Kap. XI, *Kirkjubær*), beschränke ich mich hier auf einige Daten, die ich zumeist *Jndridi Einarsson* und *Bjarni Jónsson* aus *Unnarholt* verdanke. *Bjarni* ist am 21. Oktober 1861 geboren, bestand 1883 das Abiturienten-Examen, das theologische 1888 in *Reykjavík* und wurde Pfarrer in *Hvanneyri* am *Siglufjördur*. Er gab ein Choralbuch heraus, komponierte selbst Kirchenmusik für besondere Festtage und veröffentlichte endlich *Tiu sönglög* (Kop. 1904), worunter „Gissur tummelt froh den Renner". Er hat sich wiederholt in Kopenhagen aufgehalten, um geschichtliche Daten für die altisländische Musik zu sammeln und dabei Unterstützung vom Althing genossen. Das Ergebnis seiner Untersuchungen wird wahrscheinlich in den Schriften der „Isländischen Literatur-Gesellschaft" veröffentlicht werden.

Cand. phil. *Sigfús Einarsson* hat mit Unterstützung des Althings in Kopenhagen Musik studiert. Trotz seiner Jugend hat er schon mehrere Kompositionen für Männerchöre — in höherem „Liedertafel"stil — veröffentlicht und war lange Jahre Dirigent des Gesangvereins der isländischen Studenten in Kopenhagen. Zwei Kompositionen von ihm für Männerchor „In der Sprengisand-Wüste" und „Island" (Text von *Jón Thoroddsen*; *Islenzk Sönglög fyrir fjórar karlmannaraddir*. Kph. 1903) und zwei Kompositionen von *Bjarni Þorsteinsson* (aus der oben erwähnten Sammlung Nr. 7 „Gissur tummelt..." und Nr. 8 „Kühn war er wie ein Löwe...") sind im Mai 1905 in Torgau auf einem Konzert gesungen und haben dank der vorzüglichen Einstudierung durch meinen Kollegen O. Schröder aufrichtigen Beifall gefunden.

Nicht ganz ohne Berechtigung hat daher Hall Caine zum Helden seines „Verlorenen Sohnes" einen isländischen Musiker gemacht. Möge Wahrheit werden und in Zukunft sich erfüllen, was der Dichter, vorausschauend, als bereits geschehen schildert! Möge Island ein Komponist erstehen, wie ihn der Roman zeichnet! „Seit fünf Jahren zählte er zu den beliebtesten lebenden Komponisten. Seine auf die Sagas seines Heimatlandes beruhenden Opern hatten Island weit und breit bekannt gemacht; seine Werke waren in allen lebenden Hauptstädten aufgeführt, seine Melodien auf jeder Strasse gespielt worden, und es schien fast, als ob er ganz Europa mit seinem Atem berührt und die Luft mit Musik erfüllt hätte. Auf Island selbst gibt es keinen Studenten, der nicht seine Lieder sänge, kein vierzehnjähriges Mädchen in irgend einem Bauernhause, das nicht seine Melodien spielte" (II, S. 490, 506, vergl. auch S. 131, 275). Wenn man auch sagen mag, das seien dichterische Phantasien, der Umstand schon, dass er, der Island aus eigener Beobachtung sehr gut kennt — und seine Schilderung des Landes und dessen Sitten ist in dem mir sonst wenig sympathischen Buche sicherlich vortrefflich — überhaupt an die Möglichkeit denkt, Island könne auch auf musikalischem Gebiete dereinst wirklich Bedeutendes leisten, ist erfreulich und lässt das Beste für die Zukunft erwarten.

Fünftes Kapitel.

Erwerbsverhältnisse auf Island.

Landwirtschaft [1].

Noch heute wie zur Zeit des Freistaates kann man die Bevölkerung, abgesehen von Beamten, Kaufleuten und einigen Industriellen, in Landbauern und Seebauern einteilen. Im Jahre 1890 lebten 45730 Einwohner von der Landwirtschaft, 12401 vom Fischfange, d. h. rund 50 v. H. der Bevölkerung; 1901 lebten 50,7 v. H. von der Landwirtschaft. Diese besteht aus der Bewirtschaftung des Wiesen- und Weidenlandes, sowie aus Schaf-, Rinder- und Pferdezucht.

Getreidebau gibt es heute auf Island wohl gar nicht mehr, da Witterungs- und Bodenverhältnisse zu ungünstig sind [2]. „Es gehört zu den günstigen Fällen, wenn Hafer, Winter- und Sommerroggen und Gerste überhaupt nur Früchte ansetzen, gewöhnlich wächst der Halm etwas üppig aus, und die meisten Körner bleiben unentwickelt. Trägt die Mehrzahl der Halme neben einigen völlig ausgereiften, aber harten Körnern, auch solche Körner, die wenigstens, nachdem sie über Feuer getrocknet sind, noch zu Mehl gemahlen werden können, so hat man das Mögliche erreicht" (Ebel, Geographische Naturkunde, Königsberg 1850, S. 289). Man darf hierfür nicht die Unkenntnis und Achtlosigkeit der Isländer verantwortlich machen; denn seit der Mitte des 17. Jahrhunderts hat die Regierung zu wiederholten Malen erhebliche Kosten für Versuche im Ackerbau angewendet und jütländische sowie norwegische Bauern dazu herange-

---

[1] Bruun, Fortidsminder og Nutidshjem paa Island. Kph. 1897; Feilberg, Om Islands Fremskridt i 20 aar. Kph. 1898 (Sonderabdruck aus: Tidskrift for Landökonomi); Schönfeld, Der isländische Bauernhof und sein Betrieb zur Sagazeit, Strassburg 1902; *Valtýr-Palleske*, Island am Beginn des 20. Jahrhunderts. Kattowitz 1904, S. 116—130; Grafisk Fremstilling af Islands Udvikling, udarbejdet af Thor E. Thulinius. Kph. 1905.

[2] Hoops, Waldbäume und Kulturpflanzen, Strassburg 1905, S. 623 ff.

zogen. Der Bau von Körnerfrüchten ist heute eigentlich nur eine Liebhaberei einzelner grösserer Grundbesitzer, und ich selbst habe nicht ein einziges wogendes Saatfeld gesehen, nicht einmal an Stellen, die früher dadurch berühmt waren, z. B. in *Hlidarendi*. Die Verbindung mit dem Ausland ist bequem genug, um ganz Island mit Brotkorn zu versorgen; dieses wird dann im Lande selbst vermahlen. Kleine Wind- und Wassermühlen sieht man überall (vergl. die Windmühle auf dem Bilde von *Reykjahlid* oder die Wassermühle bei *Ljósavatn*).

Dass früher Getreidebau stattgefunden hat, bezeugen einmal Ortsnamen wie *Akureyri*, *Akurey* (Insel nw. von *Reykjavik*, zwei Inseln im *Breidifjördur*, eine Insel bei *Flatey*), *Akureyjar* (14 Inseln im *Breidifjördur*), *Akranes* (Vorgebirge auf der Halbinsel zwischen *Hvalfjördur* und *Borgarfjördur*); *akr* bedeutet „Feld, Acker"; *Rugstadir* bekundet den Bau von „Roggen", *Linakradalr* den Bau von „Flachs"; vor allem aber reden die alten Quellen deutlich. Schon *Hjörleifr*, Ingólfs Blutbruder, liess bei *Hjörleifshöfdi*, da er nur einen Ochsen hatte, den Pflug von Sklaven ziehen, die er kurz vorher auf einem Wikingerzuge nach Irland zu Kriegsgefangenen gemacht hatte. Der betriebsame *Skallagrimr* legte bei seinem Hauptgute *Borg* zwei Vorwerke an, auf dem einen baute er Korn und nannte es deshalb *at Ökrum* „zu den Äckern" (Egils S. 29); den Namen *Akrar* führt der Hof heute noch[1]). Der berühmte *Gunnarr* auf *Hlidarendi* wird uns sogar vorgeführt, wie er persönlich sein Getreide aussät: „er trug einen Korb mit Saatgetreide in der einen Hand, in der andern die Streitaxt, so ging er auf sein Saatland und säte eine Zeitlang das Korn ein" (Njáls. S. 53); und der Anblick der weissen Saatfelder und des gemähten Rasens wirkt so überwältigend auf ihn ein, dass er seinen Eid bricht und sein Leben aufs Spiel setzt. In derselben Saga wird erzählt, wie *Höskuldr Þrainsson* mit der einen Hand den Korb mit Korn ergreift, mit der andern das Schwert, zu seinem im Gehege gelegenen Saatfelde geht und die Saat einsäet *(frækorn;* K. 111). Da richtete sich *Skarphedinn* hinter dem Zaune auf, sprang hinüber, rief „hoffe nicht zu entfliehen" und tötete ihn; zusammenbrechend sagte *Höskuldr* „Gott helfe mir, aber vergebe euch!" In *Reykholt*, dem Gebiete vieler warmer Quellen, soll soviel Getreide gebaut sein, dass der Besitzer davon wenigstens bei festlichen Gelegenheiten Mehl zum Backen gehabt habe (Sturl. S. I, 13).

Das ungedroschene Korn wurde draussen in grossen „Helmen" aufgestapelt *(hjalmr, kornhjalmr, byghjalmr, stadi)* und bildete so ein Verkaufsobjekt. Zu Anfang des Winters wurde es dann gedroschen *(þreskja)* und in einer Scheune untergebracht *(kornhlada, kornhús)*. Noch im 14. und selbst im 16. Jahrhundert hatte die Kirche Acker- und Kornzehnten. Abt *Arngrimr* schreibt 1350: „Korn wächst an einigen Orten im Süden des Landes, aber ausschliesslich Gerste". Früher wird man jedenfalls auch Roggen gebaut haben.

Von 1400 an hat der Ackerbau auf Island immer mehr abgenommen, denn der Handel mit fremden Ländern nahm von dieser Zeit an immer grösseren Umfang an, und es war billiger und bequemer, sich auf dem Handelswege Korn aus den südlicheren Ländern zu verschaffen, als es selbst zu bauen. Schon *Egill* holte 937 Weizen und Honig aus England (Egils S. 62, 11), und im Anfange des

---

[1]) Zahlreiche weitere Zeugnisse bei Maurer, Island S. 16.

13. Jahrhunderts führte man Mehl aus den Orkaden ein (Sturl. S. I, 101). Aber auch Norwegen hat wiederholt Korn nach Island geliefert. Unter Friedrich V. wurde 15 Familien befohlen, nach Island zu reisen und dort den Ackerbau zu versuchen. Nichts wurde versäumt, was zum Gedeihen des Unternehmens dienen konnte. Allenthalben erreichten denn auch die Halme eine genügende Grösse und setzten reichlich Körner an, aber nur selten gelangte die Frucht zur Reife (Eggert Olafsens und Bjarne Povelsens Reise durch Island II, S. 187).

Zu den Getreidearten, die man baute, gehörte vor allem Gerste *(bygg)*, gewöhnlich schlechthin als „Korn" bezeichnet; sie kommt bis zum 70° n. Br. bei einem zwar kurzen, aber warmen Sommer in 6 Wochen zur Reife; sie wurde teils zu Brot verbacken, teils, mit Wasser und Milch gekocht, als Grütze genossen *(grautr)*. Weizen *(hveiti)* kann ich für Island nicht belegen, er wurde mit Malz aus England importiert (Egils S. 65). Hafer *(hafri)* wird nur einmal in einem, wohl auf Island entstandenen Gedichte erwähnt *(Hárbarþsljóþ* 3): Thor sagt zu dem Fährmann, der ihn übersetzen soll: „Hafergrütze und Hering ass ich daheim in Ruh". Roggen *(rúgr)* wird öfter in den Edden und Sagas erwähnt, und auch durch den Hofnamen *Rúgstadir* erwiesen.

Den Strandweizen oder Strandhafer *(Melur* oder *Villikorn*; Elymus arenarius), nennt der schwedische Geologe Paijkull das eigentliche isländische Getreide, aus ihm werde ein ganz essbares Brot bereitet (En Sommer i Island, S. 30). Ich habe es im Südlande wiederholt bekommen, aber nur auf dringendes Bitten: es sei nur für arme Leute zu geniessen; mir hat er nicht unangenehm geschmeckt, vielleicht etwas zu süsslich. Leider ist der Ertrag sehr gering, 40 Pferdelasten geben nur eine Tonne Mehl. Die Ernte geschieht noch genau ebenso wie zu Eggert Olafsons Zeiten: es wird im August notreif mit der Sense geschnitten, die Ähren werden abgeschlagen und im Rösthause über schwelenden Feuern gedörrt (Olafsen-Povelsen II, S. 113). Nur ganz arme Leute geniessen es heute, zwischen dem Nord- und Ostviertel wird es als Pferdefutter verwendet (vergl. Thoroddsen, Petermanns Mitteilungen 1885, S. 338, Anm. 1).

Die Fürsorge der Regierung für die Hebung der Landwirtschaft verdient volle Anerkennung, namentlich für die Verbesserung des Bodens ist in den letzten Jahren ausserordentlich viel geschehen. Man hat in *Reykjavík* einen grossen Gartenbauverein, viele kleine landwirtschaftliche Vereine — fast in jedem Bezirk einen — und eine Landwirtschaftsgesellschaft für ganz Island gegründet *(búnadarfjelag)*. Sie alle erhalten vom Staat einen ganz bedeutenden Zuschuss, und die Bauern können jederzeit Darlehen aus der Staatskasse zu mässigen Zinsen bekommen, um den Boden zu verbessern *(jardabætur)* und moderne Einrichtungen zu versuchen. Man hat eine Molkereischule gegründet, Preise für die Ausfuhr von Butter ausgesetzt (Exportprämien), Versuche mit Waldanpflanzungen gemacht (1899 zu *Þingvellir*, 1900 Baumanpflanzungen in *Reykjavík, Grund* und *Háls*) und für Untersuchungen über Futterpflanzen Mittel bereit gestellt. Vor allem hat man Wert auf die Erziehung junger Isländer zu praktischen Arbeiten innerhalb der eigenen Landesgrenzen gelegt und vier landwirtschaftliche Schulen gegründet, wo sie praktisch und theoretisch unterwiesen werden. In der Schule zu *Eydar*, 4—5 Meilen nw. von *Seydisfjördur*, in der Nähe des *Lagarfljót*, wird — sie ist wie die drei andern von 12 Zöglingen besucht, der Kursus dauert zwei Jahre — das Hauptgewicht auf Bewässerung der Wiesen und auf die Schafzucht gelegt. In *Hólar*, dem alten Bischofssitze, wird besonders das Einebnen der Hauswiese *(tún)*, Berieselung und Kanalisierung, sowie Umpflügen des Bodens geübt. Die Schule in *Ólafsdalur (Dalasýsla)* ist die älteste dieser Art, sie steht unter der Leitung von *Torfi Bjarnason*, dem Island die Einführung der schottischen Sense verdankt; im Winter lernen die Schüler in einer trefflich eingerichteten Werkstätte einfache Holz- und Eisengerätschaften herstellen und alle nötigen Reparaturen ausführen — „die Axt im Haus erspart den Zimmermann" — doppelt nützlich und angenehm in einem Lande, wo bei den weiten Entfernungen jeder auf sich selbst angewiesen ist; die Schule ist berühmt wegen der guten Kühe, Schafe und vortrefflichen Pferde, die hier gezogen werden. Die vierte Schule liegt in *Hvanneyri (Borgarfjördur)*, sie hat den besten Weideboden und den schönsten Kuhstall auf ganz Island, sie versorgt die Hauptstadt mit Butter, Käse und frischem Fleisch. Aus dieser Gegend gehen jede Woche tausende Pfund Butter (das Pfund 75—90 Öre) ins Eishaus nach *Reykjavík* und von da nach Schottland, und nicht weniger als 11 Meiereien befinden sich hier; die Mädchen vom Lande lernen in ihnen etwa drei Monate und können dann Vorsteherinnen der Molkerei-Genossenschaften werden.

Arbeit, Wasser und Dünger — von diesen drei Faktoren wird in Zukunft die Landwirtschaft für den Isländer abhängen. Was Konrad Maurer ihm 1869 gesagt hat, gilt noch heute (Germania X, S. 102): er soll nicht Raubbau treiben und sich nicht fast ausschliesslich vom bebauten Boden nähren, sondern ihm immer wieder das zurückerstatten, was er hergegeben hat! Er soll sein Besitztum nicht grösser wählen, als er es völlig übersehen und durch Fleiss und Tätigkeit verbessern kann, keinen grösseren Viehstand halten, als er selbst im härtesten Winter noch reichlich zu ernähren vermag und wo möglich für ein volles Jahr im voraus Vorrat an Futter haben. Er muss neben den Schafen auch dem, ungünstigen Zufällen weniger ausgesetzten, Rindvieh seine Sorgfalt zuwenden, und er darf dem Landbau nicht die nötigen Arbeitskräfte entziehen durch unzeitige oder übermässige Spekulation auf Fischerei. Versteht er endlich, auch in den besten Jahren hauszuhalten und einen Sparpfennig für die mageren Jahre zurückzulegen, so darf er zwar nicht auf grosse Reichtümer hoffen, aber erwarten, sich mit Ehren und Anstand durchzuschlagen; vor allem darf er nicht vergessen, dass der wirtschaftliche Betrieb bei ihm auf der vulkanischen Eisinsel so abwechslungsreich ist, wie selten sonst, und dass er selbst das höchste Mass an individueller Freiheit besitzt, dessen man überhaupt geniessen kann[1]).

Der Gartenbau hat in den letzten Jahren bedeutende Fortschritte gemacht. In den eingehegten Gärten werden Kartoffeln (*jardepli, kartafla*), Rüben (*næpa, rófa*), Kohlrabi (*gulrófukál*), etwas Grünkohl (*kál*), Rhabarber und Johannisbeeren angebaut. Im Nordland überwiegt die Kartoffel. Gegenden mit warmen Quellen eignen sich besonders gut für Gartenanlagen, denn der Boden in ihrer Nähe hat eine höhere Temperatur als anderswo. Auch Kahle macht auf die üppigen Kartoffelfelder am *Uxahver* aufmerksam (S. 21, 254). Der Bauer hat den Krater einiger dieser Quellen durchstochen und das warme Wasser in Gräben durch die Felder geleitet. Die Kartoffel wurde 1758 zum ersten Male auf Island von *Sira Björn Halldórsson* angebaut. Das erste Kohlbeet wurde von *Sýslumadur Gísli Magnússon* angelegt († 1696), der einige Zeit in Holland gewesen war; die ersten Versuche machte er zu *Skriduklaustur* im Ostlande, dann in *Munkapverá* bei *Akureyri* und in *Hlidarendi*. Noch im Anfange des 19. Jahrhunderts genossen Leute, die Kartoffeln, Rüben und Kohl bauten, wenig Ansehen, und manches Gesinde verliess seine Herrschaft, weil es Kohl essen sollte. Bei wohlhabenderen Bauern gab es morgens eine Suppe aus Milch, Mehl und zerschnittenen Rüben, die *næpnamjölk* hiess; auch Kohlrabi wurde in Suppe und Grütze getan. Die wunderliche Abneigung gegen Kohlgerichte soll es verschuldet haben, dass der schon recht blühende Gartenbau von 1830 fast ganz wieder einging und erst nach 1850 sich wieder zu heben begann[2]).

Die Kartoffelernte betrug 1895 2900 Tonnen (1 Tonne = 200 Pfund = 100 Kilogramm), 1902 155000 Tonnen; man nimmt an, dass der Kartoffelbau auf Island mehr als das Dreifache einbringen kann, dass er nicht nur den Bedarf für alle Einwohner decken, sondern sogar noch andern Ländern abgeben kann. Die Kartoffeln erreichen dieselbe Grösse wie bei uns, ich habe verschiedene gesehen, die mehr als $\frac{1}{2}$ Pfund wogen. Ihr Geschmack ist im allge-

---

[1]) Vergl. das schöne Gedicht von *Jón Thoroddsen*, An die Isländer (bei Poestion, Eislandblüten, S. 78 ff., bes. S. 85).

[2]) Lehmann-Filhés, Kulturgeschichtliches aus Island. Z. d. V. f. V. VI, S. 248, Anm. 2, S. 250, 251.

meinen etwas süsslich; ob es daran lag, dass sie Frost gelitten hatten, weiss ich nicht; möglich ist auch, dass sie mit Zucker zubereitet waren. Die Rübenernte ergab 1885 2800 Tonnen, 1902 aber 20000 Tonnen.

Zu den auf Island am frühsten angebauten Pflanzen gehören Bergengelwurz, Angelika, eine grosse, grüne Doldenpflanze (Archangelica officinalis, *hvönn*) und verschiedene Laucharten (Allium spec., *laukr*). Angelika war schon in Norwegen mit besonderer Vorliebe gepflanzt und wurde von den Gesetzen ausdrücklich geschützt, ihre Stengel wurden gegessen. Eine Strafe von sechs Öre traf den, der auf fremdem Gute diese Pflanze ausgrub (Finsen, *Grágás* Kph. 1850/52, II, 94), und im isländischen Gesetzbuche König Hakons von 1271—73 heisst es: „Wenn jemand in den Lauch- oder Angelikagarten eines andern eindringt, so hat er nicht den Schutz des Gesetzes für sich, falls man ihn dafür schlägt und züchtigt und ihm alles abnimmt, was er bei sich trägt" (*Járnsída* NGL I, 300). Angelika stand früher als Arzneimittel und als Gemüse in hohem Ansehen; noch heute werden ihre Blattstiele, nachdem man die Oberhaut abgestreift hat, ihres Wohlgeschmackes wegen genossen (vergl. S. 74), die Wurzeln getrocknet und auf mancherlei Weise als Hausmedizin verwendet. Ortsnamen wie *Hvanneyri, Hvanndalir, Hvannár* zeugen von der Verbreitung dieser Pflanze auf Island, man soll sie noch heute öfter in der Nähe der Höfe eigens gezogen finden. Von einem Lauchgarten *(laukagardr)* ist schon Anfang des 11. Jahrhunderts die Rede (Laxdæla S. 60; ASB IV, 180), doch hält ihn Kaalund für eine romantische Ausschmückung des Erzählers, Weinhold denkt an Knoblauch oder Senfstauden (An. Leben S. 88). Erbsen *(ertr),* Bohnen *(baun)* und Obstbäume *(aldingardur)* kommen in Island nicht fort; Flachs *(lín, hörr)* scheint gelegentlich gebaut zu sein, wie der Ortsname *Línakradalr* zeigt (Lnd. III, 1[1]).

Weidewirtschaft und Viehzucht.

Die Hauptquelle für den Lebensunterhalt und Wohlstand der Isländer waren im Altertum wie heute in erster Linie Viehzucht und Fischerei. Der Reichtum der Insel an Wiesen forderte ja förmlich dazu auf, den Schwerpunkt des Erwerbs in die Weidewirtschaft zu legen. Dazu hat sie vor der Landwirtschaft zweierlei voraus: man hatte weniger Arbeit und darum auch ein weit kleineres Arbeits-

---

[1] Andere essbare Pflanzen sind u. a.: *Söl* (Rhodymenia palmata), *Fjörugrös* (fjara = Strand, Chondrus crispus), isländisch Moos, *Fjallagrös* (Berggräser, Cetraria islandica); vergl. das reizende Novellenfragment *Grasaferd* von *Jónas Hallgrímsson* (übersetzt von Küchler „Auf der Moossuche" in „Moderne Rundschau" Wien 1891, VI, S. 160 ff. und Pöstion, „Isl. Dichter der Neuzeit", S. 366 ff.). Vergl. Lehmann-Filhés, Z. d. V. f. V. VI, S. 249, 250, 377.

personal nötig als ein Ackerbauer, und zweitens war sie bedeutend billiger; da die Insel an Menschen wie an Vieh leer war, brauchten die ersten Ansiedler nur einige ausgesuchte Zuchttiere mitzubringen und diese Stammherden an Schafen, Rindern, Pferden, Schweinen, Ziegen durch eigene fleissige Anzucht zu vermehren. Im Sommer lieferten die Wiesen reichlichen Ertrag, für den Winter aber musste Heu als Futter vorrätig sein, die Heuernte ward also das Hauptgeschäft des Sommers. Wie man den gesamten Grundbesitz in den zu den einzelnen Bauernhöfen gehörigen Grund und Boden und in das Gemeindeland oder die Gebirgsweiden einteilt, die gemeinsamer Besitz eines ganzen Bezirkes sind, so unterscheidet man bei dem eigenen Land Wiesenland und Weideland und beim Wiesenland wieder die Hauswiese (*tún*, vergl. niederdeutsch „Tun" = Zaun) und Flurwiese (*eng*).

Das Tún liefert dem Bauern das Trockenfutter erster Qualität (*taða*), das im Winter fast nur den Kühen und den besten Reitpferden verabreicht wird. Dieses allein wird im Herbst oder Anfang des Frühjahrs gedüngt (*teðja*), besonders mit Kuhdünger, wenn Rindvieh gehalten wird. Dieses wird in dünnen Schichten über das *Tún* ausgebreitet und „soll in den Boden hineinregnen." Die flüssigen Bestandteile des Kuhdüngers gehen also von vornherein verloren, und wenn der Regen ausbleibt, zersetzt er sich nur schwer. Dazu kommt, dass der unter offenem Himmel aufbewahrte Dünger Wind und Wetter ausgesetzt ist; nur selten sammelt man ihn in einem besonderen, gedeckten Raume; nicht einmal einfache Senkgruben habe ich gefunden. Der Schafdünger wird meist als Brennmaterial benutzt. In einem Stalle, in dem die Schafe den ganzen Winter über bleiben, häuft er sich oft 8—9 Zoll hoch an. Sobald die Tiere wieder heraus gelassen werden, wird die ganze klebrige Masse herausgeholt, in viereckige Scheiben geschnitten und pyramidenförmig aufeinander geschichtet, um in der Sonne zu trocknen. Doch wird zuweilen auch das *Tún* nach der Heuernte mit Schafmist gedüngt. Im SW., S., O. und N. habe ich gesehen, dass die Schafe des Abends auf der Hauswiese zum Melken in tragbare Hürden zusammen getrieben wurden (*færi-kvíar* f. pl.). Diese sind so klein, dass die Schafe dichtgedrängt aneinander stehen, da sie sonst dem melkenden Mädchen fortlaufen würden; nach dem Melken werden die Pfähle auseinander gezogen, ein paar Gatter eingefügt, und die Tiere bleiben in der Nacht in diesem Gehege, das sie dann auch gewissenhaft mit Dünger versorgen. Am nächsten Tage wird die Hürde auf einen anderen Platz gestellt, und so kommt mit der Zeit das ganze *Tún* zu gutem Dünger (Fig. 24).

Dass schon in der alten Zeit intelligente Bauern den Boden düngten, zeigt das Beispiel des *Njáll* auf *Bergþórshvoll*: er liess seine Knechte Mist über die Höcker des *Túns* fahren; dann sagte

Fig. 24. Tragbare Hürde (zum Melken der Schafe; *Færikvíar*).

er, geriete das Krautheu dort besser als anderwärts (Njáls S. 44). Diese grasbewachsenen Höcker im *Tún*, eine Folge des Regenwassers, sind leider noch heute eine charakteristische Eigentümlichkeit der isländischen Wiesen; sie erschweren nicht nur das Mähen, sondern beeinträchtigen auch den Ertrag. Man hat daher angefangen, das *Tún* zu ebnen und die vielen grossen und kleinen Erdhügel zu beseitigen. In *Grund* bei *Akureyri* hatte der verständige Bauer sogar englische Maschinen dazu verwendet, und voll Stolz erzählte er mir, dass er jetzt achtmal soviel ernte wie früher. Man nimmt für einen Bauernhof im Durchschnitt eine Túnfläche von 2—3 Hektaren an, für ganz Island etwa 2,99 ☐ Meilen.

Islands bester Botaniker, *Stefán Stefánsson* in *Mödruvellir* hat eine Übersicht über die Pflanzen gegeben, die auf den Hauswiesen und Weideplätzen am häufigsten sind[1]), und Fräulein Lehmann-Filhés, die unermüdliche und gewissenhafte Dolmetscherin, hat daraus einen Auszug gegeben, aus dem ich folgendes mitteile:

Stefán teilt die Futterpflanzen ein in krautige und holzige Pflanzen. Die Gräser, Gramineae, nehmen unter den krautigen die erste Stelle ein und bilden den wichtigsten Bestandteil der Viehnahrung. Einzelne Grasarten führt er nicht an, denn die Benennung *tödugresi* (von *tada* = Dünger) bezeichnet nur das auf dem gedüngten *Tun* gewachsene Gras, wie auch *valllendishey* das Heu von trockenen Flächen und Bergabhängen (*vellir*) und *mohey* das Heu von Sumpfwiesen. Ich füge daher die wichtigsten Tún-Pflanzen ein: Aera caespitosa *Snarrótarpuntur*), Poa pratensis (*Vallarsveifgras*), Trifolium repens (*Smari* oder *Hvitsmári*), Taraxacum vulgare (*Túnfifill* oder *Ætififill*) und Ranunculus acer (*Brennisóley* oder *Sóley*). Nächst den eigentlichen Gräsern sind die „Halbgräser" (*halfgrös*), die Cyperaceae, die wichtigsten, sowohl was ihre Menge als was ihre Nährkraft betrifft; mehr als die Hälfte alles „Aussenheus" (*uthey*) besteht daraus. Aufgeführt sind: Carex cryptocarpa und C. rostrata, Eriphorum polystachium, Elyna Bellardi. Dieses letztere (isl. *Pursaskegg* — „Riesenbart") überzieht alle sumpfigen Wiesen mit einem braunen Schimmer, wächst aber auch in trockenem Lande. Es ist Sommer und Winter gut zur Weide für Pferde und Schafe, wird aber wenig gemäht. Sodann sind noch die Simsen (Juncaceae) erwähnt, wenn auch nicht als ganz so nützlich, davon Juncus trifidus, J. balticus und J. filiformis.

Von sonstigen krautigen Pflanzen nennt *Stefán*: Vicia cracca, Anthyllis vulneraria, Achillea millefolium, Taraxacum vulgare, Leontodon auctumnalis, Rumex acetosa, Polygonum vivipare, Alchemilla vulgaris, Geum rivale, Comarum palustre, die isländische „Wiesenrose" (*engjarós*), die in manchen Gegenden „Gedeihensblatt" (*Prifabladka*) heisst, weil sie das Gedeihen des Viehes befördert — Menyanthes trifoliata, Plantago maritima und Pl. lanceolata, Galium verum, Cochlearia officinalis, Capsella bursa pastoris und ein paar Monokotyledonen: Triglochin palustris und Tr. maritima. Nun folgen einige Schachtelhalme als sehr wertvolle Futterkräuter: Equisetum palustre, E. limosum, E. pratense und E. variegatum. Die Schachtelhalme taugen besser für Pferde und Schafe als für Kühe, weshalb man sie nicht gern auf dem *Tún* sieht, dessen Ertrag für die Kühe bestimmt ist; das Schachtelhalmheu beträgt jährlich in Island viele tausend Pferdelasten. Den Beschluss

---

[1]) Um íslenzkar fódur og beitijurtir (über isländische Futter- und Weidekräuter) in: Búnadarrit (Landwirtschaftliche Zeitschrift) XVI, 3. Heft; Isländska foder- och betesväxter, in: Meddelanden från kongl. Landbruks-Akademiens Experimentalfält, Nr. 74, Stockholm 1902. — Globus 1903, Bd. 83, Nr. 17.

der krautigen Futterpflanzen machen Tange und Flechten, nämlich: isländisches Moos, Renntiermoos und Lichen coralloides.

Zum isländischen Viehfutter gehören ausserdem einige Holzgewächse, die besonders als Schaffutter sehr wichtig und hochgeschätzt sind. Da sind zunächst einige Weidenarten zu nennen: Salix lanata, deren junge, saftige Triebe und Blätter sehr gern gefressen werden und im sogenannten „Laubheu" (*laufhey*) hervorragend vertreten sind, alsdann Salix glauca und die winzige Salix herbacea. Ein paar Ericaceen: Calluna vulgaris, isländ. *beitilyng* (Weide-Erika), und Loiseleuria procumbens, sowie zwei Birkenarten: Betula nana und B. odorata, schliessen die Reihe.

Hinter dem Erdwall *(túngardur)*, der in etwa Manneshöhe das *Tún* umgibt, um Schafe, Rinder, Pferde fernzuhalten, breiten sich die **Flurwiesen** aus *(eng)*, die nicht regelmässig gedüngt werden. Ihre Pflanzendecke besteht zumeist aus Halbgräsern und gibt das Futter (*úthey* „Heu ausserhalb des Túns") für die übrigen Pferde und Schafe, soweit diese überhaupt gefüttert werden. Der Wert dieser Wiesen ist sehr verschieden; soweit der Boden noch trocken genug ist oder, was häufiger der Fall ist, zu trocken ist *(valllendi, völlur)* liefert er ausser den Tún-gräsern Nardus stricta *(Finnungur)* und Anthoxanthum odoratum *(Ilmreyr)*; meist aber ist es Moorgrund *(mýri)*, und wenn auch das Grundwasser die Oberfläche nicht übersteigt, so dass man ihn ruhig betreten kann, so ist die Grasdecke doch stets feucht und setzt sich fast nur aus Halbgräsern zusammen. Oft genug aber ist die Wiese ein richtiger Sumpf *(flói)*, den kein Pferd überschreiten kann. Zweimal bin ich unmittelbar vor dem Bauernhofe mit meinem Pferde so tief in diesen Sumpf eingesunken, in *Reynivellir* und kurz vor dem *Geysir*, dass ich nur mit Mühe aus dem zähen Schlamm wieder heraus kam. Vieh weidet hier nicht mehr, doch wird Eriophorum angustifolium *(Fífa)*, Carex chordorrhiza *(Vetrarkvídastör* oder *Sujónál)* und Menyarthes *(Horbladka, Reidingsgras)* immerhin noch als Heu verwendet.

Wenn es einmal gelingt, d. h. wenn einmal genug Geld und Arbeitskräfte da sein werden, das Land zu entsumpfen und die Moore zu drainieren, wird der Reichtum und die Ertragfähigkeit der Insel ganz ausserordentlich steigen. Es heisst, dass jeder Bauer gesetzlich verpflichtet werden soll, jährlich ein bestimmtes Quantum seines Bodens zu verbessern *(jardabætur* „Erdverbesserung"). Ausserdem hilft das Althing verschiedenen landwirtschaftlichen Vereinen mit ansehnlichen Beiträgen zu diesem Zwecke. Von den 180 Gemeinden *(hreppur)* waren 1898 bereits 100 vom Althing unterstützt, die die Landwirtschaft gehoben hatten, und jedes Jahr sind seitdem neue hinzu gekommen. Die Pflege des *Tún* und die Kultur der trockenen Wiesen *(valllendi)* haben sich ohne Frage in der letzten Zeit bedeutend gehoben, und hier liegt auch die Grundlage für Islands ökonomische Entwickelung. Man hofft viel von einer Überrieselung der Wiesen mit Gletscherwasser, das vier- bis fünfmal soviel Phosphorsäure enthält als unser Wasser und fast ebensoviel

Kali, überall, wo man es anwendet, zeigt sich auch eine vortreffliche Wirkung (von den 1870 ☐ Meilen Islands sind nur 0,50 *flœðíengi*, Flutwiese, d. h. eine Wiese, die unter Wasser gesetzt werden kann).

Früher benutzte man im Sommer Saeter *(sel)*, um den Betrieb zu leiten, Sommerhöfe, die sich zu den Winterhöfen wie Vorwerke verhielten, jetzt sind sie fast unbekannt. Der eigentliche Bauernhof stand dann öde und verlassen da, auf dem in den Bergen gelegenen Sommerhof aber herrschte reges Leben, Arbeit und Frohsinn.

Die Heuernte *(sláttur)* war von Anfang an die Hauptbeschäftigung im Sommer, wenn auch nur das *Tún* einen zweimaligen Schnitt zuliess. Sie beginnt zwischen dem 24. Juni und Mitte Juli und dauert bis September. An dem Tage, an dem man mit der Heuernte im *Tún* fertig geworden war, erwartete man von der Bäuerin die *Töðugjöld* (*tada* Heu vom *Tún*, *gjald*, pl. *gjöld* Bezahlung): gewöhnlich Graupengrütze mit Sirupsmilch oder frisches Fleisch zur Suppe. Alles, was Arme und Beine hat, muss helfen, selbst die Kinder. Das Mähen selbst *(slá hey)* besorgen die Männer, jeder schneidet ein sogenanntes „Tagewerk" *(dagsláttа)*; aber den schönen, frischen, gleichmässigen Schwung der Sense, den bei uns die Mäher haben, sucht man auf Island vergebens; es ist kein lustiges Sausen durch die Luft und Absäbeln der Gräser, sondern ein mühsames Streifen am Boden hin und fortwährendes Ändern der Geschwindigkeit und Richtung; das machen die Höcker, die den Boden des *Tún* verunzieren. Hinter den Männern gehen die Frauen und rechen *(raka)* und wenden *(hvirfla)* mit unglaublich leichten und zierlichen Harken *(hrífa)* das Heu zusammen und schichten die Haufen zusammen *(sæta)*. Die Kinder helfen ihnen dabei oder tragen sorgsam das übrig Gelassene zusammen. Aufgefallen ist mir wiederholt, dass alle bei der Arbeit Handschuhe trugen, und dass die Frauen den Kopf mit dicken Tüchern verhüllt hatten; die wohlgepflegten, saubern Hände der isländischen Bauern sind mir noch heute in angenehmer Erinnerung. Früher war die Sense an einem langen hölzernen Schaft mit einem schmalen Lederriemen festgeschnürt *(ljáband*, „Sensenband"), in den man einen Keil zwängte *(fleyur)*. Natürlich sass die Sense oft nicht fest, und das Mähen wurde dadurch sehr erschwert. Seit der Mitte des vorigen Jahrhunderts wandte man einen eisernen Ring an *(hólkur)*. Seit 1870 gebraucht man allgemein die sogenannte schottische Sense, die von dem Leiter der landwirtschaftlichen Schule in *Ólafsdalur*, *Torfi Bjarnason* eingeführt ist. Diese Sense hat einen Rücken aus Schmiedeeisen, auf den eine Schneide von Stahl angenietet werden kann, die man auf jedem Handelsplatze kaufen kann. Die alten Sensen mussten jeden Abend nach der Arbeit in die Schmiede gebracht und dort geschärft werden. Die neuen brauchen das nicht, und die Schmieden nehmen deshalb allmählich ab.

Die Schwaden des abgemähten Grases werden auf dem *Tún* von Sonne und Luft getrocknet. In einem regenreichen Sommer ist es eine mühsame Arbeit, das Heu so oft auszubreiten und wieder zusammen zu harken, und fast täglich sind Leute damit beschäftigt. Ist es endlich trocken, so wird es in Haufen gesetzt, wobei man darauf achtet, dass Heu verschiedener Güte nicht zusammen kommt. Diese Heubündel *(síta)* wiegen durchschnittlich 80 Pfund; zwei solcher Bündel nennt man ein „Pferd" *(hestur)*, auf jeder Seite des

Fig. 25. Einbringen des Heus.

Pferdes trägt man ein Bündel, seitlich an dem auf Rasenstücken ruhenden Packsattel. Wohl 10—15 Pferde werden zu einer Karawane vereinigt. Das vorderste wird von einem Manne — oft auch von einem halbwüchsigen Mädchen — mit einem langen Zügel geführt, das zweite ist mit dem Ende des Taues an den Packsattel des Vordertieres gebunden, das dritte an das zweite und so fort. Der Anblick eines solchen Zuges ist ungemein drollig: die kleinen Tiere verschwinden völlig unter der ungeheuern Last, und man sieht nur eine Menge zierlicher Beinchen auf dem Boden stapfen (Fig. 25).

Der Gesamtertrag der Heuernte wird nach „Pferden" berechnet; er beträgt für das ganze Land ungefähr eine halbe Million „Pferde" Heu von gedüngtem und eine Million „Pferde" von ungedüngtem Boden. Der Bauer in *Reykjahlíd* hatte, wie er mir erzählte, 70 „Pferde" geerntet, die Last aber = 150–200 ū, und der Bauer in *Grund* sogar, mit der zweiten Ernte zusammen, ca. 30000 ū.

Nur das beste Heu kommt unter das Dach einer Scheune (*hlada*), das übrige wird in freistehenden Diemen aufgeschichtet und mit Grasstreifen bedeckt (*heytóft*). Ein sorgsamer Landwirt spart es wohl bis zum zweiten Winter auf, und der gelehrte Prófastur von *Stafafell*, der den Ruf eines ausgezeichneten Landmannes hat, wies mir stolz seinen noch halbgefüllten Schober und meinte lächelnd: „Auch dieses Jahr wird die Ernte gut, dann kann ich ruhig einem strengen Winter entgegensehen." Ein einziges Mal fand ich eine halb unterirdische, ganz aus Rasen hergestellte Heuscheune in *Fagurhólsmýri*, und mein Führer machte mich ausdrücklich auf sie, als eine Seltenheit, aufmerksam: die eine Hälfte stand über, die andere unter der Erde, und man musste einige Stufen hinabsteigen.

Die Viehzucht ist auf Island bei den grossen Flächen, die zur Verfügung stehen, besonders gut entwickelt, und der Reichtum der Insel beruht darum in Schafen, Kühen und Pferden. Das wichtigste Besitztum des isländischen Bauern ist das Schaf, „die schönste Staffage des Heide- und Sumpflandes", wie Heusler sagt. *Sveltr saudlaust bú*, „Hunger leidet der Hof, der keine Schafe hat", lautet ein Sprichwort. Es wurde früher viel nach England ausgeführt, jetzt aber hat England zum nicht geringen Schaden für Island seinen Markt fremdem Vieh verschlossen. Eingepökelt geht es viel nach Dänemark, die Wolle und das schöne langhaarige Fell meist nach England. Auf Island selbst werden aus der Wolle sehr dichte und warme Handschuhe und Strümpfe hergestellt, in *Akureyri* ist eine Tuchfabrik, deren Maschinen und Einrichtungen aus Deutschland stammen sollen.

Das Fleisch des geschlachteten Schafes ist ausserordentlich schmackhaft, es schmeckt besser als bei uns, nicht so talgig, mehr nach Wild, und wird in den verschiedensten Zubereitungen hergestellt. Das Fleisch eines dreijährigen Hammels wiegt gewöhnlich 50–60 ū mit 10–15 ū Talg, aber auch 80 ū Fleischgewicht und 25 ū Talg, 3–4 ū Wolle kommen vor; im Ostlande 1885 gab es 414000, 1902 700000 Schafe für den Sommer (einschliesslich der Hämmel und Lämmer) und 500000 für den Winter. Im Osten und Norden hat mancher reiche Bauer gegen 1000 Schafe. Im Altertum werden sogar 2400 Schafe als Eigentum eines Bauern erwähnt (Lnd. V, 5). Schönfeld rechnet für den reichen *Olafr pái* sogar 12000 Schafe heraus, der Durchschnitt betrug 200–400.

Fig. 26. Schafe auf der Weide.

Die Melkzeit dauert gewöhnlich, wie zur Sagazeit, vom 1. Juli bis Mitte September, also 2½ Monate, und der Ertrag ist meist 1—3 ū täglich, im ganzen 100—150 ū Milch auf das Schaf.

Das Schaf ist also das wichtigste Haustier auf Island. Es ist von besonders guter Rasse, und man stellt es auf gleiche Höhe mit den schottischen Blackface. Die meisten haben geschwungene Hörner, einige sogar drei und selbst vier, zwei Hörner nach unten gebogen, zwei nach oben, von letzteren hat Konsul Havsteen in Oddeyri eine hübsche Sammlung; andere wieder, selbst Widder, sind ohne Hauptschmuck. Die Hörner der Widder sind kleiner als die der Hämmel und nur so gross wie die der Melkschafe. Die ganze Gestalt ist schlanker als bei seinen deutschen Gefährten, das Gesicht nicht breit, sondern schmal, etwa wie bei den Ziegen; dazu kommt eine ungemeine Leichtfüssigkeit, die es ihm gestattet, selbst auf die steilsten Bergwiesen zu klettern und nicht einmal vor Gletschern zurückzuscheuen (vergl. Fig. 26).

Ende April oder Anfang Mai werden die Schafe unter einem Hirten *(smali)* auf die dem Gehöfte zunächst liegenden Wiesen getrieben. Ist noch nicht genug Grünfutter da, so gibt man ihnen ein wenig Heu; des Nachts werden sie, jedenfalls die Milchschafe, in ihre Ställe zurückgeführt. Nach Mitte Mai betreten sie die Ställe nicht mehr. Denn jetzt beginnt das Lammen, und die Jungen werden im Freien geworfen. Die Lämmer *(dilkur)* bleiben bei den Mutterschafen bis Ende Juni oder Anfang Juli, dann werden sie von den Alten weggenommen und auf die Hochweiden getrieben *(afrjettur*, pl. *afrjettir)*. Im Südland ist es Brauch, nur die Milchschafe zurückzubehalten, während alle anderen Schafe auf die Hochweiden kommen; an anderen Stellen behält man ausser den Milchschafen zugleich die Hämmel und Widder daheim. In den ersten Tagen der zweiten Reise habe ich mehrfach erlebt, wie dieses Austreiben auf die Hochweide erfolgte. Alle verfügbaren Kräfte waren aufgeboten, die blökende Herde vom Hofe fortzubringen, selbst Kinder ritten mit im Gefolge. Die Schafe blökten, die Hunde bellten, die langen Peitschen knallten, die Menschen schrieen — es war ein Heidenlärm, und doch ging der Zug nur sehr langsam von der Stelle. Ist man in der Nähe der Bergweiden angekommen, so überlässt man die Schafe ihrem Schicksale; die meisten klettern die Almen hinauf, viele sah ich auch mit den Rindern und Pferden zusammen ohne Aufsicht umherspielen, und ein paar versprengte traf ich selbst in dem ganz von Gras entblössten *Sólheimasandur* und *Breidamerkursandur*.

Die Entwöhnungszeit heisst noch heute *stekktid* (Zeit des Absperrungsstalles), die Zeit der gänzlichen Trennung *fráfærur* (Trennungszeit), wo die Lämmer ganz von den Müttern ferngehalten werden. Zur Sagazeit liess man die etwa 14 Tage alten Lämmer nur noch am Tage zu den Mutterschafen, in der Nacht waren sie in einem besonderen Absperrungsstall *(stekkr)*, ein gutes Stück vom Hof entfernt, bis gegen Morgen, nachdem man den Mutterschafen die Morgenmilch abgemolken hatte. Der *stekkur* ist ein längliches Viereck, durch einen Wall in zwei Abteile getrennt; das vordere, ungedeckte, grössere, ist für die Schafmütter bestimmt, das kleinere, halbverdeckte für die Lämmer *(lambakrö)*; in der Mitte der Bedachung bleibt ein Viereck offen; die Bedachung sollte die Schafmütter daran hindern, des Nachts zu ihren ängstlich blökenden Jungen hinüberzuspringen (Fig. 27). Heute lässt man nur die Jungen nachts im *stekkur* und treibt die Alten wieder heraus, nachdem man ihnen in dem Absperrungsstalle die Lämmer fortgenommen hat; erst am Morgen und nachdem man sie gemolken hat, lässt man die Lämmer zu ihnen.

In der Entwöhnungszeit werden einmal die männlichen Tiere verschnitten, und dann werden alle seit altersher an den Ohren

Fig. 27. Lämmerhürde *(stekkur)* auf dem Gehöft Fossnes an der Pjörsá.

mit einem besonderen Zeichen versehen *(mark)*; dieses besteht entweder in Einschnitten von mancherlei Form in den Ohrrand oder aus Ausschnitten aus den Flächen der einen oder beider Ohrmuscheln. Die einmal von dem Besitzer gewählte Marke, die gesetzlich eingetragen wurde, verblieb dem Vater und vererbte von Vater auf Sohn. Heute hat man kleine Bücher über die Marken der Schafe, und diese Bücher werden im allgemeinen jedes fünfte Jahr ausgegeben. In dem kleinen Nordlandsmuseum zu Tromsö hatte ich eine in Pappe geschnitzte Karte gesehen, die die Eigentumsmarken der lappischen Renntierbesitzer darstellt. Auch der Lappe kerbt solche Marken in die Ohren seiner Renntiere, und der Eigentümer erkennt an ihnen beim herbstlichen Eintreiben seinen Besitz. Bei der innigen Berührung der Norweger und Lappen seit der ältesten Zeit ist es wohl möglich, dass das eine Volk den Brauch des andern als praktisch übernommen hat.

Früher suchte man die Entwöhnung durch eine etwas harte Massregel zu beschleunigen: man steckte den Lämmern einen hölzernen Knebel *(kefli)* in das Maul, der ihnen das Saugen an den Eutern der Mutterschafe unmöglich machte, aber das Abbeissen der Gräser gestattete. Als *Snorri Þorbrandsson*, der von einem Pfeil durch die Kehle geschossen ist, sich still zu Tisch setzt, und die andern ihn fragen, weshalb er so wenig esse, antwortete er: „Die Lämmer, die eben erst ‚geknebelt‘ sind, haben nicht viel Lust zum Essen" (Eyrb. S. 45). Diese Sitte besteht zum Teil auch heute noch. — Auf meiner ersten Reise sah ich zahllose Mutterschafe mit ihren Jungen im Freien hüpfen und grasen, und es war allerliebst anzusehen, wenn die Jungen ihr Mahl an der Mutter einnahmen und vor Freude und Eifer mit dem kleinen Schwänzchen hin und her zappelten, während die Mutter, ihrer Pflicht sich bewusst, mit dem Rupfen der Gräser innehielt.

Bevor die Lämmer auf die Hochweiden getrieben werden, findet bei den alten Schafen das Schneiden der Wolle statt. Heute gebraucht man fast überall dazu ein Messer oder eine Schere, zum Teil aber rupft man noch jetzt die Wolle, wie in der alten Zeit fast allgemein; doch verursacht das den Tieren, wenn es zur rechten Zeit geschieht, keine sonderlichen Beschwerden (*rýja* = die lose Wolle abpflücken). Zuweilen auch lässt man die Schafe so umherlaufen, dass die Wolle an den Gebüschen abgestreift und nachher gesammelt wird. Nicht selten schleppt ein Schaf seine Wolle 3—4 m lang hinter sich her, dann hilft man nach und reisst sie mit den Händen ab, die neue Wolle sitzt dann schon 5—7 cm lang darunter; freilich geht so eine Menge Wolle verloren; was auf den Feldern zurückbleibt, wird selten aufgelesen, nicht einmal von den Schäfern.

Nach der Schur werden die Milchschafe *(ær)* mit den einjährigen, noch nicht begatteten weiblichen Lämmern *(gymbr)* in der Nähe des Bauernhofes unter Aufsicht der Hirten bis zum Herbste geweidet. In der Regel wird die Herde morgens gegen 5 oder 6 Uhr aus- und abends heimgetrieben, um gemolken zu werden. Mit einigen eigentümlichen, monotonen Hoh-Rufen, die jedem Islandreisenden wohl vertraut sind, hetzt der Hirte unten vom Tale aus seinen Hund auf die Schafe, die man oben auf den Höhen wie kleine weisse Punkte sich bewegen sieht. Zuletzt wird die Herde gesammelt und heimgetrieben. Dann geschieht das Melken entweder in einem Schafstall oder in einer festen *(rjett)* oder in einer offenen, transportablen Hürde (*kví*, meist *kvíar*; der Platz, wo ein solcher Pferch steht, heisst *kvíarból*, vergl. Fig. 24). Wenn die Schafe nachts nicht in der Hürde sind oder in einer besonders grossen Einhegung mit Stein- oder Rasenwänden *(nátthagi)*, werden sie bewacht, letztere bietet den Vorteil, dass die Schafe darin gemolken werden können.

Islands Inneres bis zu den Gletschern hinauf ist in Gemeindeweiden *(afrjettir)* abgeteilt, die ihren Namen nach den Bezirken
haben, zu denen sie gehören. Hierher bringt man die Lämmer,
damit sie selbst ihr Futter suchen, bis sie im September wieder
gesammelt weiden. In kleinen Gruppen, zuweilen auch vereinzelt,
grasen sie hier weiter und weiter, immer tiefer ins Innere hinein,
indem sie meist den Flussläufen folgen oder sumpfige, moosbe-
wachsene Niederungen aufsuchen. Langsam zerstreuen sie sich so
hierhin und dorthin, selbst in die zwischen Gletschern gelegenen
Täler. Nicht nur des besseren Futters wegen irren sie so weit
umher, sondern bei Wind und Sturm gehen sie gegen den Wind,
um ihn mit der Wolle aufzufangen. Bläst nun der Wind lange aus
einer Richtung, so gehen sie immer weiter ihm entgegen und kommen
dabei oft aus einer Gemeindeweide in die andere; ja, es ist nicht
selten, dass Schafe des Südlandes nach dem Nordlande verschlagen
werden. Wie weisse Flecke heben sie sich im Sonnenscheine scharf
von dem dunkeln Wüstensand ab. Das ungewohnte Auge vermag oft
nicht Futter zu entdecken, wo die Lämmer doch genug finden.
Andererseits glaubt man üppige Grasflächen von weitem zu erblicken,
aber wenn man näher kommt, sieht man nichts anderes wie Moos.
Die Gemeindeweiden liegen also oft meilenweit, selbst 2—3 Tage
entfernt von den menschlichen Wohnungen. Was aus den Schafen
wird, bis sie im Herbst heimgeholt werden, ist oft recht unsicher.
Das Wetter im Hochgebirge kann sehr böse werden, gegen Anfang
Herbst fällt nicht selten Schnee. Manche verirren sich auf den
Gletschern und kommen dort elend um; andere werden eine Beute
der Polarfüchse, die aus den Rissen und Schlupfwinkeln der Lavafelder ihre Streifzüge unternehmen: sie beissen die Lämmer stets
in das Maul, und nicht selten findet man noch lebende Schafe, die
fürchterlich am Kopf zugerichtet sind; solange die Jungen noch klein
und bei der Mutter sind, ist der Fuchs wütender und mutiger als
sonst, er überfällt dann selbst ausgewachsene Hämmel, nur an den
Widder wagt er sich nicht heran; noch heute wird, wie früher erwähnt, jeder ungewöhnliche Verlust den „Ächtern" in die Schuhe
geschoben. Trotzdem gibt es auf den Hochweiden keine Ställe, nicht
einmal Anlagen, wo die Schafe Schutz suchen können, sie finden
ihn nur zwischen den Bergen in Einsenkungen.

Hier bleiben die Schafe bis Mitte oder Ende September, dann
werden sie gesammelt und heimgetrieben (*heimta fje af fjalli, ûr
afrjett* „das Vieh aus den Bergen holen, aus den Hochweiden";
fjallganga „Berggang"). In den alten Gesetzen war die Zeit für
das Austreiben auf den Beginn der neunten Sommerwoche gesetzt,
für das Abtreiben aber war dahin bestimmt, dass dieses Geschäft
vollendet sein musste, ehe die letzten vier Wochen des Sommers
begannen; während dieser ganzen Zeit sollte die Hochweide aus-

schliesslich als solche benutzt werden, d. h. kein Heu gemäht und keine Sennhütte hier errichtet werden.

Dieses Sammeln und Heimtreiben ist ein mühevolles und langwieriges Geschäft, aber zugleich eins der grössten und schönsten Volksfeste; Isländer, die in der Fremde wohnen und in ihrer Jugend daran teilgenommen haben, rechnen es zu ihren schönsten Erinnerungen und werden nicht müde, die aufregende Tätigkeit dabei und die harmlose Ausgelassenheit hinterher in den glänzendsten Farben auszumalen. Manche Knechte und Mägde machen sich beim Dienstantritt ausdrücklich aus, dem Aussondern der Schafe im Herbste beiwohnen zu dürfen. Das Begehen der Hochweiden im

Fig. 28. Höhle mit Umzäunung, zugleich Höhle für Hirten (*Þjorsárdalur*).

Herbste geschieht nach ganz bestimmten Gebräuchen. Jeder Bauer, der eine solche besitzt, hat im allgemeinen einen Mann zu schicken, der mit einem guten Schafhunde die Herde sucht; hat er eine grössere Anzahl Schafe da, so schickt er, in einzelnen Bezirken, auch wohl 2—3 Mann. Diese versammeln sich zunächst an einem bestimmten Platze. Der Gemeindevorsteher oder ein eigens dazu gewählter „Bergkönig" *(formadur, yfirmadur, gangnaforingi)* übernimmt die Oberleitung, trifft die Anordnungen im allgemeinen, bestimmt die Sammelplätze und teilt seine Leute in kleinere Haufen, an deren Spitze er einen Mann stellt, der in der Gegend besonders gut Bescheid weiss; ihr Ziel, die Richtung des Weges und der Ort, wo für die Nacht die Zelte aufgeschlagen werden sollen, werden genau vereinbart. Zunächst werden die am weitesten entfernt liegenden Gegenden aufgesucht, und die Schafe werden in der Regel

Fig. 29. Einsammeln der Schafe im Herbste.

an Flüssen und Wasserläufen zuerst gefunden. Es ist ein richtiges Kesseltreiben. Man umstellt die Schafe von oben her, zieht die Kreise allmählich immer enger zusammen und treibt sie so allmählich in die Täler. Da die Leute dabei oft Gegenden passieren und zur Nachtruhe nehmen müssen, wo kein Gras für die Pferde zu finden ist, müssen die Entfernungen natürlich so schnell wie möglich durchritten werden, um nicht Heu für die Pferde mitzunehmen und die Arbeit ungebührlich zu verteuern. Am Abend kriecht man in den kleinen Zelten zusammen oder in kleinen zu diesem Zwecke gebauten Erdhütten *(kofi)*, oder in natürlichen, in einen Felsen eingebauten Höhlen (Fig. 28), um sich notdürftig gegen die Kälte zu wehren.

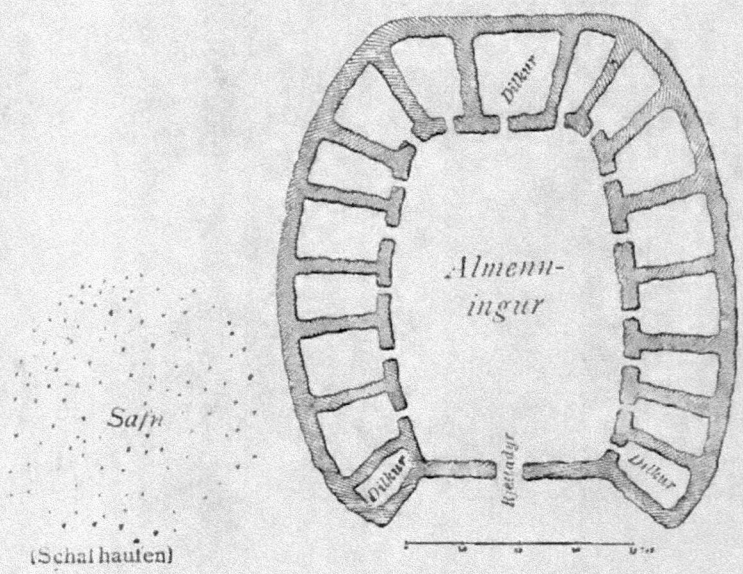

Fig. 30. Schafhürde *(rjett)* im Südlande.

Der Kaffeekessel kocht unaufhörlich (Branntwein gibt es nicht), dann schläft man ein paar Stunden, sitzt in aller Frühe schon wieder zu Pferde und nimmt die anstrengende und doch so vergnügliche Arbeit wieder auf. So werden die Schafe jeden Abend näher dem allgemeinen Sammelplatze zugetrieben, bis man Tausende von ihnen zusammen hat. Unter ohrenzerreissendem Spektakel, Blöken und Mekkern, Hundebell, lautem Zuruf und wüstem Peitschengeknall werden dann alle Schafe ohne Unterschied auf einer Stelle vereinigt *(safn;* Fig. 29). Dann treibt man sie in eine viereckige oder runde, aus Stein und Rasen, zuweilen auch nur aus Steinen aufgeführte Hürde hinein *(rjett* oder *lögrjett)* durch einen langen, schmalen Eingang *(rjettadyr)*; die Wände sind so hoch, dass die Schafe nicht hinüberspringen können. Von den verschiedenen grossen Pferchen, die ich auf meiner Reise angetroffen habe, sind mir als besonders prächtig und praktisch die Hürde zwischen *Pingvellir* und dem *Geysir* und die nördlich von *Brekka* im Gedächtnis geblieben. Von der Mitte der Hürde aus (*almenningur* d. h. gemeinsamer Platz), die Tausende von Schafen fassen kann, werden die Schafe von den einzelnen Besitzern ausgesondert, und zwar erkennt jeder Bauer sein Vieh an dem in die Ohren des Schafes eingeschnittenen Zeichen. Froher Zuruf von den Umstehenden mischt sich in das Blöken und Bellen, sobald ein besonders lieb gewordenes oder gutes Tier wieder erkannt wird. So kommen sie in die für sie bestimmten kleineren Abteilungen (*dilkur*), die rings um den ganzen Pferch laufen und durch eine verschliessbare Pforte in die Haupthürde münden (Fig. 30). Die Einzelhürde (*dilkur*) trägt also denselben Namen wie das Saug-

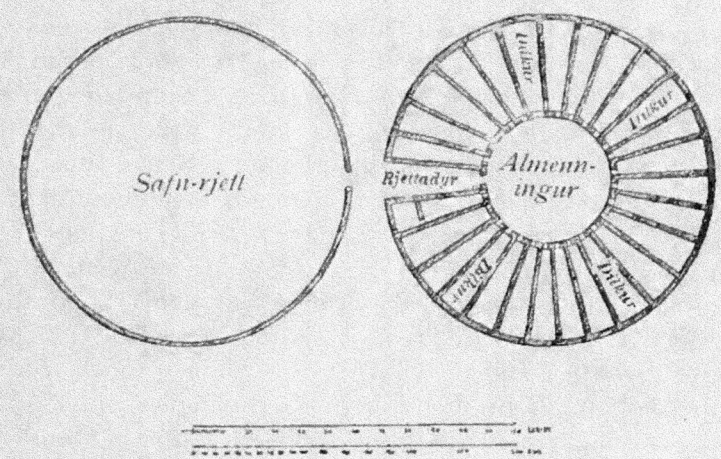

Fig. 31. Grosse Schafhürde (*rjett*) bei Reykir in der Árnes sýsla.

lamm (*dilkur*); man verglich also die gesamte Anlage mit einem Mutterschafe, das von vielen Lämmern umgeben ist, die alle an ihrem Euter saugen.

Zuweilen kommen die Schafe direkt von den Hochweiden in eine grosse, kreisrunde, nicht besonders abgeteilte Hürde hinein (*safn-rjett*). Die grösste, die Daniel Bruun gefunden hat, liegt beim Gehöfte *Reykir* in der *Árnes sýsla* (Fig. 31). „Sie ist die einzige, die aus zwei mächtigen, kreisrunden Einhegungen besteht, die dicht nebeneinander liegen. Die Mauern sind 4—5 Fuss hoch und aus Stein aufgeführt. Der Durchmesser der Kreise beträgt ca. 150 Schritt. In dem einen Kreise (auf der Abbildung rechts) ist ein konzentrischer, kleinerer Kreis (*almenningur*) und der Zwischenraum ist durch Zäune, die rechtwinklig auf dem Bogen stehen, in 27 kleinere Pferche (*dilkur*) abgeteilt" (Fortidsminder og Nutidshjem S. 23, 49, 137). In dieser grossen Hürde werden die Schafe sortiert und dann den einzelnen Bauern zugeteilt. Näher am *Tún* liegt noch eine kleinere Hürde zum eigenen Gebrauch des Gehöftes. Wenn die Schafe von der Hochweide kommen, werden sie zunächst in die Hürde links getrieben *(safn-rjett)*. Aber da es wegen der grossen Zahl Schafe unmöglich ist, sie hier für die einzelnen Gehöfte und Gemeinden direkt abzusondern, so treibt man kleinere Herden in den mittelsten Kreis der nebenan stehenden Hürde, durch die Öffnung *(rjettadyr)*, die geschlossen wird, sobald genug Schafe innen sind. Dann erfolgt die Verteilung in die einzelnen *dilkar*, die von mehreren Gemeinden zusammen benutzt werden. Unter den Gemeinden sortiert dann wieder jeder einzelne Bauer das ihm gehörige Vieh und treibt es später nach Hause (Fig. 32). Hier werden die ausgesucht, die geschlachtet oder nach den Handelsplätzen und nach dem Auslande verkauft werden sollen. Sehr nachteilig ist es, wenn des rauhen Wetters wegen die Schafe schon im August von der Hochweide geholt werden müssen; denn dann sind sie noch nicht so fett, wie sie werden könnten, und auch der weite Weg bis an die Küste greift sie sehr an; unter diesen Umständen werden nur die besten verkauft, während die magersten und schlechtesten im Lande zurückbleiben. Schon nach den zwei ersten Tagereisen soll ein Schaf auffallend abnehmen; ja der Bauer rechnet sogar auf jedes fette Schaf, das 10 π Talg haben soll, ein halbes Pfund für jede Tagereise ab, besonders wenn Regen und Wind einfallen, oder auch viele Flüsse auf dem Wege angetroffen werden. (Olafsen-Povelsen, Reise durch Island I, S. 109.)

Einige Schafe bleiben beim ersten Suchen noch zurück oder sind hinterher wieder ins Gebirge entkommen, sie müssen bei einem zweiten „Berggang" Ende September oder Anfang Oktober aufgestöbert und geholt werden *(eptirleit* „Nachsuche"), selten sind drei Berggänge. Im allgemeinen ist dieser zweite Berggang nicht nur vorteilhafter für Käufer und Verkäufer, da die Schafe jetzt fetter sind, sondern auch leichter; denn das Vieh hat sich schon in die Täler gesammelt und die beschneiten Höhen gemieden. Es kommt vor, dass Tiere aus dem Nordland quer durch das öde, unwirtliche Hochland wandern und im fernsten Süden wieder aufgefunden werden. An den Ohrenmarken erkennt man, woher sie stammen. Der *hreppstjóri*, d. h. der Vorsteher eines mit mindestens 20 Höfen bebauten Distriktes *(hreppur)*, verkauft sie dann und schickt den Erlös dafür, mit Abzug der Unkosten, an den Besitzer, wenn man nicht vorzieht, das Schaf selbst ihm bei Gelegenheit zu schicken. Zuweilen kommt es auch vor, dass Schafe vollständig verwildern. Im *Núpstadaskógur*, hoch oben zwischen den Gletschern nördlich von *Lómagnúpur*, gibt es solche verwilderte Schafe, die ganz allein auf sich angewiesen sind und nur selten gefangen oder geschossen werden, Nachkömmlinge der im Herbst nicht aufgefundenen Tiere. Sie leben von dem Gebüsch, das hier reichlich vorhanden ist, und ihre Jungen, die die Kälte und den Hunger einmal überstanden haben, sind ausdauernder und härter als die in bewohnten Gegenden auf-

Fig. 32. Sortieren der Schafe in einer grossen Hürde (*Pfeil*).

wachsenden. In strengen Wintern gehen sie zugrunde, 1882 fand man etwa 50 Schafe verendet vor, nur zwei blieben am Leben; aber diese vermehrten sich so schnell, dass es nach vier Jahren wieder gegen 20 Schafe hier gab. Sie sind sehr scheu, flink und gewandt und klettern wie die Gemsen; um sie zu erlegen, treibt man sie auf die glatten Gletscher, wo sie keinen Halt finden; ihr Fleisch ist nicht so fett wie das der Hausschafe, aber äusserst schmackhaft, und ihre Wolle ist dichter (Thoroddsen, Geogr. Tidskrift VII, 35; XII, S. 198/99).

Die Tage, an denen die Schafe heimgetrieben werden, sind ein wahres Volksfest, und eine Menge Menschen, Männer, Frauen und Kinder, strömen dann zusammen, nicht nur um ihre Tiere zu holen, sondern auch um sich zu vergnügen. Auf diese *rjettaferdir* freut man sich schon lange vorher und sorgt schon bei Zeiten für Pferde; man schämt sich, wegen Pferdemangels zu Hause bleiben zu müssen. Selbst aus den benachbarten grösseren Städten eilt man hierhin, um das lustige Schauspiel mitanzusehen und nimmt sogar mit einem einfachen Nachtlager unter den luftigen Zelten fürlieb. Während des Sortierens stehen die Leute auf den hohen Einfassungsmauern und gehen aneinander vorüber, hin und her. Die Schafe blöken, wenn sie etwas unsanft an den Ohren gepackt werden, um die Erkennungsmarken zu untersuchen. Dann werden die Marken der Schafe ausgerufen, frohe Scherze fliegen hinüber und herüber, wenn ein Tier sich immer wieder frei zu machen weiss, und lauter Jubel ertönt, wenn Erwachsene und Kinder Stücke der eigenen Herde wieder erkennen. Am Abend vereinigt man sich zu fröhlichen Tänzen und allerlei Spielen, froher Gesang erschallt, Parteien bilden sich, um miteinander zu ringen, und selten stört heute ein Misston die harmlose Fröhlichkeit, während es früher fast regelmässig zu Schlägereien gekommen sein soll, als der Branntwein noch mehr herrschte.

Eine wunderschöne, dramatisch belebte Schilderung des Lebens und Treibens beim Heimholen und Sortieren der Schafe gibt *Jón Thoroddsen* in: „Jüngling und Mädchen" (Pöstion-Reclam, 4. Aufl. S. 27 ff.; *Valtýr-Palleske* S. 204—212), und auch die Beschreibung bei Hall Caine, „Der verlorene Sohn" (Kap. VII) ist recht anschaulich. Ich wähle ein Beispiel aus der alten Sagaliteratur, um zu zeigen, dass das Suchen und Heimtreiben vor 1000 Jahren ebenso mühsam und beschwerlich war wie heutzutage (Njáls S. 16, 17); die Geschichte spielt in Gegenden, die wir auf der ersten Reise näher kennen lernen werden, im *Reykjadalur* und am *Skorradalsvatn*: *Glúmr* vermisste im Herbst einige Schafe und befahl seinem Knechte *Þjóstólfr* mit den Hausleuten hinauszugehen und sie zu suchen. „Ich habe keine Lust, hinter deinen Knechten herzurennen," erwiderte dieser, „geh selbst hinaus, dann will ich dir folgen". Da aber die Bäurin *Hallgerðr*, die spätere Gemahlin des *Gunnarr* von *Hlíðarendi*, sich des Knechtes annahm, nahm *Glúmr* den frechen Knecht seiner Frau zu Liebe doch beim Suchen mit, und als sie sich nach verschiedenen Seiten zerstreuten, geschah es, dass Herr und Knecht allein blieben. Sie trafen einige Schafe und wollten sie gegen eine Felswand hintreiben, um sie zu fangen; aber die Schafe waren scheu und wild, entwichen ihnen und liefen zurück, bergauf. Da machten sie sich gegenseitig Vorwürfe, *Glúmr* griff nach seiner Handaxt, aber *Þjóstólfr* fing den Hieb auf und tötete seinen Herrn.

In Thoroddsens „Jüngling und Mädchen" wird ein *Asbjörn* erwähnt, der sich so gut auf die Schafe verstand, dass er jedes wieder erkannte, das er nur einmal früher gesehen hatte; er wusste auch, was für eine Viehmarke jeder Mann in den nächsten Distrikten hatte. Beim Sortieren stand er in der Mitte des Eingangs zur Hürde und untersuchte jedes Schaf, bevor es hinausgeführt wurde und sagte, wem es gehörte, ohne jemals Widerspruch zu finden. Entstand zwischen den Leuten ein Streit wegen der Marken, so wurde er herbeigeholt, um ihn zu schlichten; denn es war eine abgemachte Sache, dass sein Ausspruch stets mit dem gedruckten Markenverzeichnis übereinstimmte. Einmal geschieht es aber doch, dass er nicht weiss, wem ein Schaf gehört; es kommt darauf zu einem ergötzlichen Streite mit einem Bauern, der Ansprüche darauf erhebt, ohne dass sie gerechtfertigt sind; dem *Asbjörn* wird die Nase blutig geschlagen, schliesslich aber einigen sich beide. Einen solchen Streit beim Aussondern der Schafe in der *Rjett* schildert ebenfalls eine alte Saga (Eyrb. S. 23): Im Herbste trieben die Eingesessenen die Schafe auf der Landzunge zwischen der *Bakka* und *Grisholsá* südwärts vom *Helgafell* heim. Zur Sortierungshürde hinauf begaben sich auch die Leute des *Snorri godi; Mar Hallvardsson*, Snorris Oheim, hatte die Oberaufsicht über sie. *Helgi* hiess sein Schäfer. *Björn*, ein Verwandter des *Vigfuss*, lag, einen Bergstock in der Hand, auf dem aus Steinen aufgeschichteten Walle der Hürde. *Helgi* suchte die seinem Herrn *Snorri* gehörenden Schafe aus der *Almenningur* aus und zog sie in seine Einzelhörden (*dilkur*) hinein. *Björn* fragte ihn, was das für ein Schaf sei, das er da schleppe? und als man nachsah, trug es die Marke des *Vigfuss*. Da rief *Björn*: „Das ist Diebesart, wie du heute die Schafe sortierst, *Helgi*!" „Das ist eher von euch zu befürchten", antwortete *Helgi*, „da ihr in unmittelbarer Nähe der Gemeindeweiden wohnt." „Was verstehst du Dieb davon?" schrie *Björn* zurück, sprang auf und prügelte *Helgi* mit seinem Bergstocke, dass jener ohnmächtig wurde.

Sind die Schafe gefunden, nach den Marken durchgemustert und zum Bauernhof getrieben, so beginnt die Winterarbeit an ihnen. Heute stehen sie in der Regel in Ställen: die Lämmer des letzten Frühjahrs zusammen für sich — sie kommen den ersten Winter überhaupt nicht heraus, da sie die Kälte noch nicht so gut wie die erwachsenen Tiere vertragen können — die Milchschafe und einjährigen, noch nicht besprungenen weiblichen Lämmer (*gymbur*) für sich, die Hammel für sich, und die Widder für sich. Diese Absonderung erfolgt, um bequemer das verschiedene Futter verteilen zu können; natürlich erhalten die Milchschafe das beste Heu. Die Schafställe liegen ausserhalb des *Tún* zerstreut umher, und das Gesinde muss sich täglich um sie kümmern. Die Hammel gehen am Tage, so lange wie möglich, selbst bei ziemlich strenger Kälte, hinaus, und die Hirten helfen ihnen, die Schneedecke fortzuscharren. Die Tür zu ihrem Stalle steht darum meist offen, dass sie ungehindert aus- und eingehen können.

Werden die Schafe weiter hinausgetrieben, so führt der Leithammel (*forustugeldingur, forustusaudur*) die Herde in der Dunkelheit durch Wind, Schnee und dicken Nebel sicher nach Hause (Olafsen-Povelsen, § 75); sonst könnten die Besitzer leicht alle Schafe auf einmal verlieren, und wenn kein solcher Anführer unter ihnen ist, kommt das auch zuweilen vor. „Diese Leithammel werden sehr hoch geschätzt, und um desto mehr für unentbehrlich gehalten, weil sie sich nicht nur, auch bei dem stärksten Nebel und Schneegestöber, alleine zurückzufinden wissen, sondern auch eine bevorstehende Gefahr gleichsam sollen voraussehen können. Sie wissen nämlich beizeiten und ganz genau zu unterscheiden, ob es Zeit ist, sich nach Hause zu begeben oder auf dem Weideplatz zu bleiben, und dies überlässt man daher insgemein ihrem natürlichen Gefühl und Trieb, weil ihre Anführung meistenteils gut auszufallen pflegt" (Olaus Olavius, Ökonom. Reise durch Island, S. 253). Der Leithammel kostet daher auch weit mehr als andere Schafe und wird nicht eher geschlachtet, als bis er ganz abgelebt ist; meist geniesst er, alt und zahnlos geworden, das Gnadenbrot. Der Schäfer, den treuen Hund an der Seite, folgt der Herde.

Fig. 33. Natürliche Rinne in einem Lavafelde, führt in eine grössere unterirdische Höhle, die als Schafstall benutzt wurde.

Schafställe fehlten an der Südküste im 18. Jahrhundert und bis in die Mitte des 19. Jahrhunderts noch ganz. Die Tiere mussten sich mit Schutzhütten begnügen, offenen oder geschlossenen Räumen, Höhlen in den Bergen oder in den Lavafeldern. Die erste Höhle dieser Art lernte ich bei *Ragnheidarhellir* kennen, die zweite auf dem Ritte nach dem *Geysir*; gegenüber der schon erwähnten Aussonderungshürde, durch das breite Wiesenland getrennt, war in dem mürben Palagonittuff eine etwa 20 m tiefe und mannshohe Höhle ausgewaschen; zwischen *Þorvaldseyri* und *Vík* lag eine ganze Reihe solcher Höhlen nebeneinander. Thoroddsen fand an der *Helliskvísl*, zwischen der *Þjórsá* und dem *Torfajökull* eine $6^3/_4$ m breite, $11^3/_4$ lange und 3 m hohe Höhle in einer sehr grobkörnigen Breccie; sie dient nicht nur Schafen zur Unterkunft, sondern wird auch vielfach von Bauern im Herbste benutzt, wenn sie die Schafe von den Hochweiden heimtreiben, und bildet dann häufig das Hauptquartier für 50—60 Menschen. Auf den *Vestmannaeyjar* hat eine Insel nach zwei zu Schafställen eingerichteten Höhlen ihren Namen *Hellirey* (Olafsen-Povelsen, § 832; Zirkel-Preyer S. 26, Anm.). Fig. 33 zeigt, dass man auch unterirdische Höhlen, in die ein natürlicher Riss führt, als Schafställe verwendet hat und vielleicht noch verwendet.

„In der *Skaptafells sýsla* (aber auch anderwärts) nennt man *Fiaarborg* d. i. Viehburg, eine von Stein und Erde aufgeführte hohe Pyramide, die in der Spitze eine Öffnung, im Grunde aber eine Tür hat, die so gross ist, dass ein Mensch hineinkriechen kann. Die Grösse davon ist ungleich, die Höhe 4—6 Ellen. Die Einwohner in *Sida* und in anderen Orten lassen ihre Schafe, insbesondere diejenigen, die den Winter durch nicht gefüttert werden, in solchen Pyramiden liegen, worin sie sehr wohl gedeihen. Das unterirdische Feuer hat in dieser Gegend viele dergleichen Höhlen aus geschmolzenem Stein aufgeführt, worin man, um sie zu Schafställen gebrauchen zu können, nur ein Loch zum Eingange brechen darf. Ohne Zweifel sind die Einwohner durch diese natürlichen Höhlen veranlasst worden, ihre Fiaarborge zu erbauen" (Olafsen-Povelsen II, S. 118, § 816).

Fig. 34. Alte Zufluchtsstätte für Schafvieh (*fjárborg*) an der Pjórsá (innen 11 Fuss breit, die Stärke der Einfassung = 2½ Fuss).

Eine *Fjárborg* (Zufluchtsstätte für Schafvieh) ist eine kreisrunde Steineinfassung von oft 10 Fuss Dicke, innen hat sie 30—40 Fuss im Durchmesser, die grösste Höhe ist fast immer nach Norden, denn mit dem Nordwinde kommt die schlimmste Kälte (Fig. 34). Zuweilen sind die „Schafburgen" oben ganz geschlossen, bilden dann eine ordentliche Wölbung und sehen wie ein Bienenkorb aus (Fig. 35); oben ist eine kleine Öffnung, durch die die warme Luft entweichen kann. Der Eingang ist so eng und schmal, dass ein Mann, der hinein will, auf allen Vieren kriechen muss, und ist stets geöffnet, damit die Schafe ab- und zugehen können, wann sie wollen. In der *Skaptafells sýsla* müssen sich die Schafe oft im Winter mit Tang begnügen, und damit sie des Nachts trocken stehen, ist in den wenigen Ställen, die man dort hat, eine Holzdiele gelegt. Meist aber sind am Strande *Fjárborgir* errichtet; bei *Kirkjubær* waren noch vor kurzem drei im Gebrauch, sie konnten 20, 60 und noch mehr Schafe aufnehmen.

Fig. 35. Bienenkorbartige Zufluchtsstätte für Schafe *(fjarborg)*.

Natürlich leiden die Schafe, die niemals in den Stall kommen, sehr, viele erfrieren, andere sterben vor Hunger; fast alle aber sind im Frühjahr zu Gerippen abgemagert und so elend, dass sie kaum auf den Füssen stehen können; so bieten sie einen jämmerlichen Anblick dar, auch wenn der Hirt noch so treu seines Amtes waltet. Ein guter Hirt ist hochgeschätzt. Die Instruktion, die vor 1000 Jahren ein Häuptling seinem Schäfer gab, darf noch für heute gelten (Ljósvetn. S. 14): „Früh sollst du jeden Tag aufstehen, der Sonne folgend, während des Hochsommers. Ist der Tag gesunken, so achte auf die Sterne, und sei draussen vor Sonnenaufgang bis Sonnenuntergang. Lass nichts unbeachtet, was dir unter die Augen und Ohren kommt, und melde mir alles Neue, ob gross, ob klein." „Es gibt Leute, die dazu besonders Lust und Geschicklichkeit haben, Liebe für ihre Herde hegen und so scharfsehend sind, dass sie unter 100 Schafen beim ersten Blick eines vermissen oder erkennen können. Man sagt scherzweise, dass ein Hirte klein, aber stark und wohlproportioniert, rasch auf den Beinen, und hurtig in allen Wendungen, nicht schwermütig, sondern immer lustig, es sei gutes oder böses Wetter, sein soll; er muss mit seinem Stock in der Hand gehen, und sich auf demselben mit der Brust oder mit dem Knie legen, wenn er mit jemandem, der ihm begegnet, ein langes Gespräch hält" (Olafsen-Povelsen I, S. 115). Noch vor 50 Jahren sagten die alten Leute, in ihrer Jugend seien die Hirten ganz andere Kerle gewesen, hätten die Schafe selbst in den Schnee hinausgetrieben und diesen vor ihnen weggeschaufelt (Z. d. V. f. V. VI, S. 374).

Von einem alten Hirtenfeste habe ich in der *Skaptafells sýsla* durch den liebenswürdigen *Sýslumadur Gudlaugur Gudmundsson* erfahren. Da ich seinen Bericht nachher in den isländischen Volkssagen im wesentlichen wiedergefunden habe, begnüge ich mich, Freunde der Volkskunde darauf hinzuweisen (Lehmann-Filhés II, S. 265/6). Derselbe Herr, der ausgezeichnet deutsch sprach, tischte mir auch eine Anekdote auf, die ich wohl schon über ein dutzendmal gehört hatte, und die wohl jedem deutschen Islandfahrer vorgesetzt wird[1]).

Der Witz knüpft an die isländische Bezeichnung für Vieh, besonders für Schafvieh an: *Kind*, pl. *Kindur* (das *u* wird fast verschluckt, klingt also wie Kindr). Ein isländischer Bischof war 1754/55 in Kopenhagen und hatte eine Audienz bei der Königin, die natürlich eine Deutsche war. Diese fragte ihn: „Wieviele *Kinder* haben Sie?" Der Bischof, der deutschen Sprache nur wenig mächtig, vielleicht auch mit seinen Gedanken daheim weilend, erwiderte: „Zwischen drei- und vierhundert, Majestät". Entsetzt fragte die Königin weiter, da sie diese Zahl wahrscheinlich ziemlich gross fand: „Ja, was fangen Sie mit so vielen an? das muss doch eine Menge kosten, die durchzubringen." Der Bischof entgegnete gutmütig: „Wir schlachten sie und essen sie." Nach anderer Überlieferung sagte er: „O, damit hat es keine Not. Im Sommer suchen sie sich ihr Essen selber, und im Herbste wird ein Drittel geschlachtet und verspeist." Oder auch die Königin fragt erstaunt: „Wievielmal waren Sie denn verheiratet?" Der Witz verliert seine Berechtigung, wenn er von König Christian IX. und einem Bauern erzählt und an seinem Besuch im Jahre 1874 auf Island angeknüpft wird; denn der König sprach natürlich dänisch, während das Gespräch zwischen einer deutschen Prinzessin und einem Bischof wohl deutsch geführt werden konnte.

Von geringerer Bedeutung ist die Rindviehzucht. Der Isländer liebt das Fleisch vom Rind nicht und benutzt in der Regel nur die Milch. Meist sind die Rinder ohne jeden Kopfschmuck, und wenn sie auch von der Natur gut ausgestattet und für das Land passend sind, so können sie sich doch nicht entfernt mit unseren friesischen oder schweizer Kühen vergleichen. Auf der ersten Reise fand ich sie auffallend mager, es war allerdings noch früh im Jahre, und die Knochen am Hinterleibe ragten so hervor, dass einer von uns seine Reisemütze daran aufhängen wollte. Sachverständige sehen in dem steten Rückgang eine bedauerliche Entgleisung der isländischen Landwirtschaft: er beweise, dass man zu bequem sei und vom Raubbau lebe. Auf der andern Seite muss man bedenken, dass für dasselbe Winterfutter, das für eine Kuh nötig ist, etwa 20 Mutterschafe oder 30—40 Hammel gehalten werden können. Man rechnet 60-80 Zentner guten Túnheus für eine Kuh im Winter, der Milchertrag einer Kuh beläuft sich jährlich auf 1600—2000 Pott (1 Pott = 0,9661 Liter), von einem isländischen Schaf erhält man gewöhnlich 10 ℔ Butter. Früher benutzte man die Ochsen dazu, Schlitten, Wagen, Pflüge von ihnen ziehen zu lassen; Bischof *Ögmundur Pálsson* in *Skálholt* liess Holz zum Kirchenbau durch eisenbeschlagene Ochsen heranschaffen. Ich habe nicht ein einziges Mal ein Rind vor einem Gefährt gesehen, und man hat mir gesagt, dass das überhaupt nicht mehr vorkäme. Heute sind 20 Rinder auf einem Gehöft eine Seltenheit, früher galten 7—10 Kühe als eine geringe Zahl, wiederholt werden 100 bis

---

[1]) Vergl. auch Paijkull, En Sommer i Island, S. 162; Vetter, Sonntagsblatt des Bund. Bern 1887. Nr. 44; Maurer, Isländische Volkssagen, S. 293.

120 Kühe bei einem Bauern erwähnt. *Snorri Sturluson* verlor 1275 in einem harten Winter 120 Stück Rindvieh, trotzdem konnte er zu Weihnachten ein grosses Fest geben (Sturl. S. I, 275). *Gudmundr* der Reiche in *Mödruvellir* hatte 100 Dienstleute und 100 Kühe (Ljósv. S. 5). In *Hólar* befanden sich 1571 282 Milchschafe, 243 ein- und mehrjährige, 126 einjährige Hämmel, 22 Pferde, 95 Ochsen, 13 einjährige Ochsen, 6 Kälber und 50 Kühe (Thoroddsen-Gebhardt I, S. 192, Anm. 2).

Das Hüten und Treiben der Rinder war Sache der Männer *(nautamadr)*, das Melken Mägdearbeit. Nur das Rindvieh war versicherungspflichtig, muss also als der wichtigste Bestandteil des bäuerlichen Viehstandes gegolten haben, während Pferde und Schafe dieser Pflicht nicht unterlagen. Jedes Stück war mit einer Ohrmarke versehen, damit der Besitzer bei der Heimtreibung im Herbste von den Bergwiesen *(nautaafrjettir)* sein Eigentum wieder erkennen konnte. Im Stalle wurden während des Winters nur die Kühe gehalten, das trockene Vieh *(geldneyti)* überliess man im Winter meist sich selbst.

Heute stehen die Kühe ca. 9 Monate des Jahres im Stall, in den drei Sommermonaten weiden sie in der Nähe des Gehöftes, aber ausserhalb des Túns. Mit dem Túnheu werden im Winter nur die Milchkühe gefüttert, sie erhalten ausserdem täglich zwei Eimer Wasser. Zuweilen müssen sie auch bei strengem Winter oder bei Missernte, wie in Norwegen, mit Seetang und zerstossenen Fischgräten und -köpfen vom Seewolf (Anarrhichas lupus) fürlieb nehmen, so dass man etwa auf $^1/_4$ Gräten $^3/_4$ Teile Heu rechnet. Wie solche Milch mundet, weiss ich nicht; doch soll sie einen herzlich schlechten Geschmack haben.

Der für den Wintergebrauch bestimmte Kuhstall *(fjós*, entstanden aus *fjé-hús* „Viehhaus"; *fjórhús)* war ein längliches, viereckiges Gebäude aus Rasenstreifen; durch die Mitte ging ein gepflasterter Gang, rechts und links waren die abgeteilten Stände für die Kühe; in diesen standen sie, den Kopf zur Wand, das Hinterteil zu dem Mittelgange gerichtet. Der Kuhstall war mit dem Wohnhause durch einen langen, gedeckten „Gang" verbunden, lag aber ausserhalb desselben. Nur vornehme, reiche Leute wollten ihn nicht in unmittelbarer Hausnähe haben. Im Anfange des vorigen Jahrhunderts errichtete man den Kuhstall mit Vorliebe an einem Bach und liess diesen durch das äussere Ende des „Ganges" laufen, damit das Vieh bequem zum Wasser gelangen konnte *(innibrynning)*. Zuweilen war der Heuschober *(hlada, heyhlada)* an den Kuhstall angebaut und durch eine Tür mit ihm verbunden[1]).

---

[1]) Lehmann-Filhés, Z. d. V. f. V. VII, S. 241.

In der *Skaptafells sýsla* ist die *Baðstofa*, der gemeinsame Wohn- und Schlafraum, über dem Kuhstall angebracht[1], und da dieser sehr eng und niedrig ist, hört man die Kühe mit den Hörnern gegen die Dielen der *Baðstofa* stossen. Daniel Bruun zieht aus den Ruinen in Island und Grönland den Schluss, dass dieser Brauch zur Sagazeit noch nicht bekannt war, nimmt aber an, dass er sehr alt ist. Das rauhe Klima und der Mangel an Brennmaterial zwang die Bewohner, sich Wärme zu verschaffen, wie es nur immer ging. In der Wohn- und Schlafstube über dem Kuhstalle war man im Winter geschützt, wenn die Kühe unten waren, und im Sommer, wenn es warm war, waren sie ja draussen. Brunn erzählt, dass noch ganz kürzlich Leute, selbst Pfarrer, die neuere *Baðstofa* abgeschafft und wieder über dem Kuhstall angebracht haben.

Fig 36.
Kuhstall, darüber eine *Baðstofa* (Skaptafells sýsla)

Die Milch der Kuh ist, wie die des Schafes, sehr wohlschmeckend, 5 Prozent Fettstoff sind nichts Ungewöhnliches. Nach einem langen Ritt in grosser Hitze war eine Kanne Milch im Nu verschwunden, bei Tisch war sie ein stets willkommenes Tafelgetränk, und öfter bekam ich noch ein grosses Glas vor das Bett gesetzt. Der reiche Fettgehalt der Butter und die leichte Gelegenheit, sie im Sommer mit Schafmilch zu vermischen, könnten den Käse wohl zu einer bedeutenden Ausfuhrware machen. Was jetzt freilich an Käse geliefert wird, ist fast ungeniessbar und kann sich in keiner Weise mit dem norwegischen Käse messen. Wie früher, so drückt man noch heute die weiche Käsemasse in eine Form hinein *(ostkista)*. Da diese verschieden waren, konnte man unschwer erkennen, woher die vorgesetzte Ware stammte.

Frau *Hallgerðr*, die sonst so klug berechnende, hatte das übersehen, als sie ihren Knecht *Melkófr* aufforderte, aus dem Speicher des *Otkell*, des Bauern in *Kirkjubœr*, zwei Pferdelasten an Butter und Käse zu stehlen und dann den Speicher in Brand zu stecken, damit niemand merken könne, dass dort gestohlen wäre. Grosser Misswachs war damals in Island, der reiche *Gunnarr* von *Hlíðarendi* hatte geholfen, soweit er konnte; endlich begann er selbst Mangel zu leiden. Vergeblich suchte er bei *Otkell* Heu und Lebensmittel zu kaufen, nur sein Freund, der edle *Njáll*, liess ihn auch jetzt nicht im Stiche, er schickte ihm 15 Pferde mit Heu und fünf mit Lebensmitteln. *Hallgerðr* aber wollte sich an *Otkell* für seine Weigerung rächen und befahl ihrem Sklaven, der früher auf *Kirkjubœr* gedient hatte, dort zu stehlen. Schimpf und Schande hatte sie damit über den ritterlichen *Gunnarr* gebracht, und der Backenstreich, den er ihr deswegen gab, war wohlverdient. Die Gäste ahnten, dass der Käse nicht ehrlich erworben war, bald aber ward der Diebstahl allgemein bekannt und *Hallgerðr* der schnöden Tat deutlich überführt. Der Sklave hatte auf dem Heimritt ein Messer und einen Gürtel verloren. Um völlig klar zu sehen, schickt *Otkell* auf den Rat des *Mörðr* einige hausierende Frauen nach

---

[1] Dan. Bruun, Gennem afsi des Egne paa Island S. 66; vergl. auch Paijkull, En Sommer i Island, S. 26.

Hlídarendi. „Birgt jemand gestohlenes Gut, so ist dies das erste, das er fortgibt, wenn die Gelegenheit da ist." Die Weiber bekommen auch auf *Hlídarendi* grosse Scheiben Käse. *Mördr* lässt sich die Käseform von Otkells Frau geben und legt die Scheiben hinein; sie passen ganz genau, und es ergibt sich, dass die Frauen einen ganzen Käse empfangen haben. „Jetzt ist es klar," sprach da *Mördr,* „dass *Hallgerdr* den Käse gestohlen hat" (Njáls S. 47f).

Weit besser als der Käse ist die Butter auf Island *(smjör).* Die Angabe, die sich selbst bei Pöstion und Kahle findet, dass sie möglichst lange aufbewahrt werde, bis sie alt und ranzig geworden sei, da sie dann erst den Isländern munde, wurde mir wiederholt als eine jener Fabeln bezeichnet, die einmal der Fluch Islands zu sein scheinen. Ich muss ihr im Gegenteil ein kräftiges Loblied singen, und selbst das Flachbrot, reichlich mit Butter bestrichen, wurde dadurch schmackhaft. Olaus Magnus hebt sehr hervor, wieviel Butter sich auf Island finde: es gäbe nicht genug Formen oder Fässer, man hebe sie darum in 30—40 Fuss langen und 4—5 Fuss hohen Kisten aus wohlriechendem Holze auf, bis man sie entweder zu Hause verbrauche oder an die Kaufleute verhandele[1]). Die Butterausfuhr nach Dänemark war früher nicht unbedeutend, hat dann nachgelassen, lebt aber jetzt wieder auf: 1624 bis 633 Tonnen, 1634—334 T., 1734—47 T., 1753—27 T., 1772 bis 12 T.

Das alte Nationalgericht der Isländer ist bis auf den heutigen Tag das *Skyr.* Abgeschäumte Kuhmilch (im Westen) oder Schafmilch (im Südlande) oder auch Kuhmilch mit einem Schuss Schafmilch wird über Feuer erwärmt, nicht gekocht und darauf abgekühlt, bis sie denselben Wärmegrad hat, wie frischgemolkene Milch. Dann gibt man ein wenig Käselab hinzu, um die Spaltung des Milchzuckers zu beschleunigen, legt einen Deckel darauf und lässt die Milch 24 Stunden stehen, bis sie steif wird. Sobald sie geronnen ist, legt man sie in ein Siebtuch, und die Molke läuft ab. Um die Speise konsistenter und sättigender zu machen, setzt man, besonders im Winter, Grütze, Beeren, Fischrogen oder Fischblase hinzu[2]). *Skyr* ist also nicht dasselbe wie unsere „saure" oder „dicke" Milch, oder wie fromage blanc, sondern etwa „fromage à la crême". *Skyr,* mit Zucker bestreut, ist ungemein wohlschmeckend und in heissen Tagen eine Erfrischung ohne gleichen. In den gastlichen Häusern zu *Reykholt* und *Störólfshvoll,* wo ich mich bald heimisch fühlte, habe ich sogar vor dem Aufbruche noch um Zubereitung dieser Delikatesse gebeten.

---

[1]) Im Jahre 1595 gab es in *Hólar* 200 Zentner Butter, 1550 einen Block Butter, 30 Ellen lang, 2 Doppelellen hoch und 1 Doppelelle breit (= 740 Zentner), dazu einen kleineren Block, 4 Ellen lang, 1½ Ellen breit und 1¾ Ellen hoch. Thoroddsen-Gebhardt I, S. 127, Anm.

[2]) *Um íslenzk matvæli,* in: *Tímarit* 1881, Bd. II, S. 64 f.

Das Halten von Pferden war von jeher eine Lebensfrage für den Isländer[1]. Die grosse Ausdehnung des Landes und dessen Unwegsamkeit bewirkten, dass nicht nur alle Reisen auf der Insel zu Pferde gemacht werden, sondern dass auch aller Transport von Waren und Gütern lediglich auf Pferdesrücken bewerkstelligt werden mussten. Ohne das treue Pferd kann der Isländer eigentlich nicht leben, „es ist ihm Lokomotive, Wagen und Brücke über die Flüsse im grossen, Post-, Arbeits-, Zeltwagen im kleinen". Auf Felspfaden und abschüssigem Geröll bringt ihn der sichere Tritt seines Rosses auch bei Frost und Eis ungefährdet von einem Orte zum andern, bei kurzen Ruhepausen, täglich 12—14 Meilen. In dunklen Nächten, bei Sturm und Schneetreiben, in Wüsten und Steppen, kann er sich seiner Führung unbedingt anvertrauen, und selbst in Sümpfen und Mooren weiss es die Stellen herauszufinden, wo das Wurzelgewebe der Sumpfpflanzen die einzige, zum Passieren taugliche Stelle bildet. Am bewunderungswürdigsten ist aber die Furchtlosigkeit und Kraft, die es beim Überschreiten der Flüsse, besonders der gefürchteten Gletscherflüsse zeigt. Da ich in der Reisebeschreibung mehrere Beispiele dafür anführen werde, begnüge ich mich hier mit der Wiedergabe einer Stelle aus Olafsens-Povelsens Reise durch Island (II, S. 117): „Die Pferde in der *Skaptafells sýsla*, mit denen man die veränderlichen Furten in den Strömen untersucht, nennt man „Wasserpferde" *(vatnahestur)*. Wenn sie in Triebsand geraten, so werfen sie sich sogleich auf die Knie, damit sie, von dem Wasser getragen, nicht hinein sinken können. Wenn sie über einen reissenden Strom schwimmen, so legen sie sich auf die Seite, den Rücken gegen den Strom gekehrt, der ihnen alsdann unter dem Bauche wegläuft, damit sie desto besser mit den Füssen gegen den Strom arbeiten können. Entdecken sie Grund in dem Strome, so machen sie einen grossen Satz aufwärts und vorwärts, um desto mehr Grund zu gewinnen; merken sie aber, dass der Grund unsicher ist, so kehren sie wieder um und suchen einen andern Weg, da dann der Reiter sein Pferd sich selbst raten lassen muss. Wer nicht gewohnt ist, ein solches Pferd zu reiten, der kann leicht abgeworfen werden und im Wasser umkommen; dahingegen halten die hiesigen Einwohner diese Art, über Ströme zu setzen, nicht einmal für ernsthaft und also viel weniger für gefährlich. Man sieht daher auch oft, dass Reisende sowohl hier als in andern Distrikten auch ohne Not mit ihren Pferden durch Ströme und durch kleine Meerbusen setzen, insbesondere durch letztere, wo die Pferde, wie natürlich, besser als in dem süssen Wasser schwimmen können. Wenn sie in Gefahr geraten oder auch nur sehen, dass ihr Pferd über den gar

---

[1] Schönfeld, Das Pferd im Dienste des Isländers zur Sagazeit. Jena 1900. Schönfeld, Der isländische Bauernhof, S. 97—170. — Daniel Bruun, Hesten i Nordboernes Tjeneste, Kph. 1902 (mit 56 guten Abbildungen).

zu langen Weg ermüde, so springen sie ab und halten sich an die Mähne oder an den Sattelgurt so lange fest, bis sie ans Land kommen." Nicht einmal vor den glatten Gletschern scheuen sie zurück. Bruun erzählt, dass er 1901 sechs Stunden auf dem Nordrande des *Vatnajökull* geritten sei; sein Pferd war 26 Jahre alt, sicher, ausdauernd und ruhig; es passierte Sprünge und Risse ohne jede Angst, so dass er fast die ganze Zeit im Sattel bleiben konnte. Mein Führer meinte freilich abweisend, auf Gletschern reitet man nicht.

Der *hestur* ist eine Art Doppelpony, er ist nach isländischer Bezeichnung selten unter 11 und über 13 Faust gross, d. h. 40—50 Zoll hoch, von der Sohle des Vorderfusses bis zur Höhe des Widerristes nicht mehr als 110 cm, reicht also einem Erwachsenen nicht bis an die Schultern, sondern nur bis an die Brust; die Fohlen sind so klein, dass man sie, wie einen grossen Hund, bequem im Arm halten kann. Die Pferde sind meist langbehaart, mit starken Beinen, dichter Mähne *(makki)* und langem Schweif *(tagl)*, mit etwas zu kräftig entwickeltem Kopf und Hals. Im Winter haben sie einen ordentlichen Pelz (vergl. die Fig. 15 auf S. 139), und wunderlich sieht es aus, wenn im Frühling ihr Winterkleid abfällt, und auf dem prallen, glänzenden Felle dichte Haarbüschel hier und da stehen, die mit der Zeit von selbst ausfallen. In der Färbung überwiegen die hellen Töne: die meisten sind Schimmel, wenn auch nur sehr selten ganz rein, am häufigsten sind die weiss und graublauen oder rotgescheckten, dann kommen die Füchse (meist Goldfüchse, Schweissfüchse erinnere ich mich nicht gesehen zu haben) und die Braunen. Die Reitpferde *(reidhestur,* Stute: *reidhryssa;* Hengst: *gradhestur,* Stute: *meri.* Füllen: *folald* [ein Jahr alt], 1—3 Jahre alt: *tryppi)* stehen im strengsten Winter im Stall und erhalten gutes Heu *(gjafar-* oder *eldishestur* „Pferd, das im Winter mit Heu gefüttert wird"), die Packpferde *(puls-, klyfja-, áburdarhestur)* laufen im Sommer frei umher auf den entfernteren Wiesen und Hochweiden und sind so zutraulich, dass sie den Reisenden oft Stunden lang begleiten; sie müssen sich im Winter oft ein paar Grashalme und Kräuter unter dem Schnee hervorscharren *(útigangshestur* „Pferd, das im Winter auf die Weide geht"); nur in sehr harten Wintern werden sie mit dem Abfall von Heu gefüttert *(mod),* oft auch müssen sie sich mit einer Art lang-, breit- und dickblätterigen Tang begnügen *(söl)*.

Die Isländer sind, wie Konrad Maurer sagt, ein Reitervolk, wie es die Pussten Ungarns und die Steppen Polens oder Russlands nicht tüchtiger erziehen könnten. Selbst bei den kürzesten Entfernungen wird das treue Pferd bestiegen, Fussgänger sieht man fast nie. Der Bauer, der uns auf den *Uxahryggir* den Weg wies, sprang auf eins unserer ledigen Pferde; ohne Sattel und Decke, ein

Stückchen Bindfaden diente als Zügel, begleitete er uns auf sehr abschüssigem, holperigem Boden über 15 Minuten. An Sonntagen, auf den Ritten nach den Kirchen, sah ich oft Mann und Frau auf einem Pferde reiten; Kinder, vor und hinter den Erwachsenen sitzend, mit einigen Tüchern oder Riemen festgebunden, sind kein seltener Anblick. Mägde reiten oft wie die Männer; die Bäuerin aber und die Damen haben einen eigens angefertigten Frauen-Quersattel (*kvennsödull*), eine Art Stuhl, mit rotem Plüsch gepolstert und mit Messingnägeln verziert: der linke Fuss ruht auf einem an zwei Riemen hängenden Brettchen, wie auf einem Steigbügel, während der rechte über dem Halse des Pferdes in einer kleinen Einsenkung liegt und das Tier antreibt; ein langes Reitkleid, das oft über den andern Anzug gestreift wird, bedeckt den Körper bis auf die Füsse herab. Wenn das Kind kaum laufen kann, wird es schon auf das Pferd gehoben; ist es grösser, 6—8 Jahre alt, so läuft es schon auf die Weide, holt für Vater oder Mutter das gewünschte Reittier, schwingt sich hinauf und liefert es fröhlich bei Vater oder Mutter ab. Der achtjährige Pfarrerssohn von *Oddi*, ein prächtiger, bausbäckiger Lockenkopf, führte uns ganz allein etwa eine Stunde weit bis zur *Rángá*, brachte uns glücklich über die Furt und trabte allein wieder zurück. Ein deutscher Kavallerist mag wohl lächeln, wenn er einen Isländer heranreiten sieht. Arme und Beine sind unaufhörlich in Bewegung, von „korrektem" Sitz ist keine Rede, und die Schenkel „saugen sich" durchaus nicht an den Pferdeleib an, die lange Peitsche saust bald rechts, bald links nieder, ohne das Pferd eigentlich zu treffen. Aber man macht es dem Isländer bald nach, vergisst Schulung und Dressur und merkt, dass man als Naturreiter mit diesen Tieren weiter kommt als mit dem unnatürlichen „Reglement". Andererseits ist es durchaus verkehrt, zu behaupten, dass auch, wer noch nie ein Ross bestiegen habe, auf einem *hestur* ohne weiteres reiten könne. Ich gebe jedem Islandfahrer den dringenden Rat, vorher gehörig Reitstunde zu nehmen, womöglich beim Militär. Ich hatte oft geschimpft, wenn mir mein Wachtmeister nichts durchgehen liess, und ich mich müde und zerschlagen, durchgeschwitzt und steif aus dem Sattel gleiten liess. Aber die strenge preussische Zucht, wenn sie auch nur 24 Unterrichtsstunden gedauert hatte, ist mir doch zu statten gekommen, ich habe mich nicht einmal durchgeritten und vor allem gelernt, das Pferd zu schonen. Auf der ersten Reise war mein Pferd allein unversehrt, und auf der grossen Tour hielt sich mein Schimmel am längsten frisch, er bekam erst nach der vierten Woche eine kleine Druckstelle, und auch diese war bald so geheilt, dass ich auf ihm meinen Einzug in *Akureyri* halten konnte. Selbstverständlich sind nicht alle Pferde gleich gut. Ein Pferd auf der Probetour war grässlich hartmäulig (*þverrlidur*) und hatte einen so fürchterlich harten, stockerigen Galopp, dass ich jedesmal wie durchgeschüttelt war und begreifen konnte, dass die meisten Reisenden nach der ersten Tagestour, gewöhnlich nach *Þingvellir*, wie gerädert sind und einen Tag der Ruhe bedürfen.

Schritt (*gangur*) kann natürlich jeder reiten (*fara fet fyrir fet*), aber schon um rascher von der Stelle zu kommen, bedarf es einiger Übung (*hlaup* = jede darüber hinausgehende, schnelle Bewegung); wenn es irgend geht, wird Trab (*brokk*) oder Galopp geritten (*stökk*). Sehr beliebt ist der Passgang (*skeið; vakur* = Passgänger). „Der Passgang ist die Gangart," sagt Schönfeld (Der isländische Bauernhof, S. 131), „wo das Pferd gewöhnt wird, beim Schritt, nicht, wie es seiner Natur entspricht, den linken Vorder- und zugleich den rechten Hinterfuss aufzuheben, während es auf den andern beiden Füssen ruht, also über Kreuz zu treten, sondern es hebt im Passgange zugleich den linken Vorder- und den linken Hinterfuss, während es auf dem rechten Vorder- und Hinterfusse ruht. Es tritt also dabei einseitig wie das Kamel. Hierdurch wirft das Pferd sein Körpergewicht abwechselnd von der einen auf die andere Seite, wodurch ein schaukelnder Gang

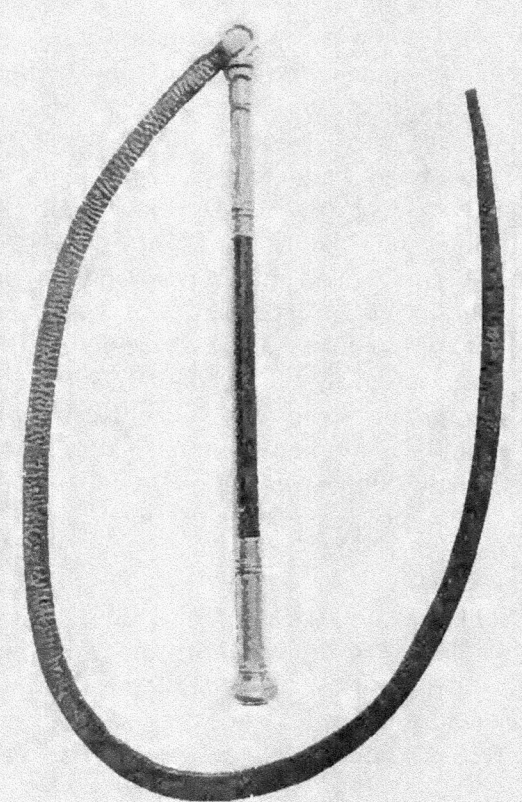

Fig. 37. Reitpeitsche (*svipa*).

entsteht. Im Mittelalter war dieser Schritt bei Reisepferden, damals Zelter genannt, weil für den Reiter bequem, sehr beliebt und wurde den Tieren besonders andressiert. Ein gut geschulter Passgänger geht ebenso schnell wie ein Traber." Eine ganze Landschaft im Südlande, wo der Boden sehr flach ist, heisst noch heute *Skeið*, weil man hier stundenlang *skeið* (Pass) reiten kann. Auf einem guten Passgänger sitzt man bequem, wie in einem Sessel, und ich habe nicht gefunden, dass ein solcher eher müde wird als andere Pferde. Wenn er aber anfängt zu *vixla*, d. h. wenn er plötzlich während des Reitens alle Gangarten durcheinander gebraucht, die Beine hin und herwirft und einen sogenannten „Hundetrab" anschlägt, so wird der Reiter wie gerädert, und für den Zuschauer sieht dieses wirre Getrippel urkomisch aus.

Für eine gute Reitpeitsche *(svipa)* hegen die Isländer eine besondere Schwärmerei. Sie besteht aus einem etwa 40 cm langen, festen Holzgriff, an dem ein 2½ bis dreimal so langer, tüchtiger Lederriemen mittelst einer Schnalle befestigt ist (Fig. 37). Der Knopf und der Stiel ist selbst bei Ärmeren oft mit Silber beschlagen. Sie dient eigentlich weniger zum Antreiben des eigenen Pferdes, als vielmehr dazu, die grosse Zahl loser Pferde zusammen zu halten. Gewöhnlich genügt schon das blosse Erheben der Peitsche, um die Pferde anzufeuern.

Wie das Kind seinen ersten Ausflug im Leben auf dem Rücken des Hausfreundes antritt, so wird auch der entseelte Leib des Greises auf ihm zur letzten Ruhestätte geführt. Der Sarg wird auf dem Packsattel festgeschnürt oder auf eine Bahre zwischen zwei Pferden gelegt und so aus dem Hause oder der Kirche zum Grabe geleitet (Fig. 38). Denn wenn jemand in der Nähe einer Kirche stirbt, so bringt man ihn dorthin und legt ihn auf eine Bank neben dem Altar, bis dass der Sarg fertig gezimmert ist. Henderson sagt, dass man

Fig. 38. Die letzte Reise.

in manchen Gegenden, die allzuweit von einer Kirche entfernt liegen, den Leichnam den ganzen Winter durch in einem Keller bewahrt und ihn erst im folgenden Frühjahr beerdigt (Island, Deutsche Übersetzung II, S. 61). Ich bin nicht in der Lage, darüber aus eigener Erfahrung zu reden. Was aber Thoroddsen von den ärmlichen Bewohnern des ungastlichen Nordkaps erzählt, widerspricht Hendersons Angabe jedenfalls nicht (Die Hornküste, Das Ausland 1887, No. 101, S. 185):

„Das Schwierigste von allem ist, die Leichen nach der Kirche zu schaffen, was im Winter oft ganz unmöglich ist, so dass man dieselben im Schnee liegen lässt, bis das Wetter und die Wege besser werden. Im Winter 1885 starb ein Mann in *Bjarnanes* und wurde nach *Stadur* in *Grunnavik* gebracht, doch ging der Transport unter vielen Schwierigkeiten vonstatten. Zuerst musste man umherwandern, um Leichenträger zu finden, was aber in einer so dünnbevölkerten Gegend keine leichte Sache ist. Als die Leichenträger in *Bjarnanes* ankamen, wurden sie durch schlechtes Wetter eine Woche lang aufgehalten; dann aber machten sie sich auf den Weg mit dem Sarge auf dem Schlitten; sie beabsichtigten ihn über die Felsen zu ziehen, die hier 2000 Fuss hoch sind, hinab an den *Lónafjördur*. Auf dem Gebirge überfiel sie ein wütender Sturm, es war bei der schlechten Beschaffenheit der Wege und des Wetters nicht möglich, vorwärts zu kommen. Da liessen sie den Sarg auf dem Felsen zurück und kamen mit knapper Not wieder nach Hause. Auf dem Gebirge stand der Sarg drei Wochen lang, da starb ein anderer Mann in *Smidjuvík*. Man rüstete nun zu einer neuen Reise und nahm sechs der kühnsten Männer aus dem Bezirke dazu. Sie gelangten auf den Felsen, fanden nach einigem Suchen den Sarg im tiefen Schnee und klommen nun ohne grosse Unfälle mit beiden Särgen hinab an das innere Ende des *Lónafjördur*, eines der *Jökulfjorde*. Der Fjord war mit Eis bedeckt und es ging ganz bequem, die Schlitten hinaus zu ziehen, da hörte das Eis plötzlich auf, und vor ihnen war offenes Wasser. Die Leute mussten nun von neuem die Särge auf dem Eise stehen lassen; sie wanderten in nordwestlicher Richtung nach *Kviar*, holten sich ein Boot und schafften die Särge an den Mündungen des *Hrafnfjördur* und *Leirufjördur* vorüber, bis sie zuletzt nach langen Mühen den Kirchhof erreichten. Obgleich sie für ihre Arbeit keine unbescheidenen Forderungen stellten, kostete der Transport der Leiche von *Bjarnanes* nach *Stadur* 142 Kronen."

Es erscheint uns hart, dass die Pferde im Winter ihr Futter draussen suchen müssen, und zweifellos gehen die schwächeren oft und leicht dabei zugrunde. Man findet daher zuweilen besondere Schutzhürden für die draussen weidenden Tiere *(skjölgardur)*: kreisrunde, aus Grasstreifen errichtete Anlagen ohne Dach, aber in den Wänden sind Vertiefungen angebracht, um das kärgliche Heu vor Schnee und Regen zu schützen; bei Schneestürmen drängen sich die armen Tiere dann dicht aneinander und suchen sich mit ihren dampfenden Leibern zu wärmen, so gut es eben geht (Fig. 39).

Fig. 39. Schutzhürde für den Winter (Vestur Skaptafells sýsla).

In der Nähe der Kirchen und auf grösseren Gehöften gibt es grössere, meist viereckige, offene Ställe aus Gras und Steinen *(hestarjett)*, wo die Pferde während des Gottesdienstes oder Besuches Unterkunft finden. Im S. und O. traf ich ein paar Mal einen grossen Stein mit einer eisernen Klammer *(hestasteinn)*, durch die die Zügel gezogen werden; oder sie werden auch durch einen Ring geschlungen, der an einem Pfahle befestigt ist; das Einfachste aber ist, man bindet die Zügel des einen Pferdes an den Schweif des andern, dann können sie unmöglich entrinnen.

Das isländische Pferd ist unglaublich ausdauernd und anspruchslos. An der Südküste konnten wir ihnen zuweilen oft den ganzen Tag nicht einen Grashalm anbieten, sie schlürften um so mehr von dem eisigen Gletscherwasser und taten sich in der Nacht ein Gütchen. Natürlich waren sie arg heruntergekommen, aber die gute Weide in *Stafafell* und die 1½ Tage Rast taten Wunder. Die tiefen Löcher in ihrem Leibe, wie der Führer bekümmert sagte, wurden wieder glatt und rund.

Ich habe beim Lesen des Buches von Semon „Im australischen Busch" (Leipzig 1903) oft an die isländischen Pferde denken müssen. Folgende Sätze könnten in jeder Beschreibung einer Reise durch Island stehen (S. 56 7): „Man ist imstande, auf guten australischen Pferden Tag für Tag, wochenlang, Strecken von 60—80 km zurückzulegen, ohne den Tieren ein anderes Futter zu geben, als das, was sie nachts auf der Weide finden." „Es kann 10 Stunden in grosser Hitze, mit wenig Rast, bergauf und bergab, über Stock und Stein, meistens im Trabe, zurücklegen — eine bewunderungswürdige, für unsere europäischen Begriffe geradezu unglaubliche Leistung, wenn man bedenkt, dass diese Pferde nur mit Gras gefüttert werden" (S. 142). „Ein gut gefüttertes europäisches Pferd kann ja einige Tage lang eine weit grössere Reise zustande bringen, wie die Distanzritte der letzten Jahre gezeigt haben. Aber erstens halten europäische Pferde solche Anstrengungen nur ganz kurze Zeit aus, und zweitens würden dieselben für sie ganz ausgeschlossen sein, wenn sie vor und während derselben nur mit Weidefutter ernährt würden." Auch dem australischen Pferde kann man getrost das Aussuchen der Wege überlassen (S. 66), es kann sich trotz der gefesselten Vorderbeine stunden-, ja tagelang fortbewegen (S. 69), durchschneidet tapfer die starke Strömung angeschwollener Flüsse, erklimmt das steile Ufer und rappelt sich, wenn es stürzt, von selber wieder auf (S. 134, 135).

Im dänischen Heere geht man allen Ernstes mit der Absicht um, die Infanterieoffiziere mit isländischen Ponys beritten zu machen, und ich zweifle nicht, dass sie sich bei dem guten Weideland Dänemarks bewähren werden, wenn sie des Nachts freie Bewegung haben. Die Herren vom dänischen Generalstab, die ich in *Vik* und *Svinafell* traf, waren begeistert von diesem Plan und erzählten mir zwei hübsche Histörchen von der Klugheit der isländischen Pferde. Ein Pony, der im Ostland aufgekauft war, ward eines Tages vom Heimweh gepackt. Trotz der zusammengekoppelten Vorderfüsse war er ausgekniffen, hatte so die reissenden Flüsse durchschwommen und tauchte nach 14 Tagen, freudig wiehernd, vor seinem erstaunten Herrn auf. — In einer Expedition hatte der Generalstab von einem

Gehöfte zwei Pferde geliehen; die eine Abteilung zog hierhin, die andere dorthin, und die beiden Pferde wurden voneinander getrennt. Nach Wochen vereinigte sich die Expedition wieder, etwa zwei Tage von dem heimischen Gehöft entfernt, und die beiden Pferde begrüssten sich mit frohem Wiehern. Man sah sie immer nebeneinander stehen und, wie mir der Premierleutnant lachend beteuerte, man konnte sehen, wie sie miteinander tuschelten und beschlossen, in der Nacht zur heimatlichen Weide durchzubrennen. Als sie aber unterwegs einige Offiziere erblickten, liessen sie traurig die Ohren sinken und kehrten um; denn sie sahen ein, dass ihre Flucht aussichtslos war. — Auch Thoroddsen verliess sich 1893 in der *Skaptafells sýsla* mehr auf den Instinkt seiner Pferde als auf den eigenen Verstand. „Ihr Orientierungsvermögen grenzt ans Wunderbare; sie finden auch in der Ferne den Weg zu ihrem Gehöft in gerade Linie quer über unbewohnte Gegenden, wo sie niemals gewesen sind. „Begabte" Pferde finden sich in Schnee- und Sandstürmen, in Nebel und finsterer Nacht, im schwierigsten Gelände zurecht." Ich selbst kann bezeugen, dass mein alter Passgänger, der schon zweimal, einmal mit meinem Führer und einmal mit dem Generalstabe, in der *Vestur-Skaptafells sýsla* gewesen war, sich verschiedentlich von selbst an die Spitze des Zuges setzte und die Führung übernahm; als ich *Ögmundur* darauf aufmerksam machte, meinte er: ja, er kennt den Weg sicher von früher wieder.

Während man zur Sagazeit die Reitpferde sorgfältig putzte, striegelte, kämmte, Mähne, Stirnhaare und Schweif mit einer grossen Schere schnitt, überlässt man heute die grosse Reinigung meist der Natur, wenigstens im Sommer. Der viele Regen und das häufige Durchreiten der Flüsse sorgen schon von selbst dafür, dass sich kein Dreck ansammelt, und der schöne wallende Schwanz und die starke Mähne des *hestur* sind nicht nur nützlich zum Abwehren der Mücken, sondern sehen doch auch ganz anders aus wie die jämmerlichen Stummel unserer Luxuspferde. Sobald man Halt macht, werfen sich die losen Pferde auf den Boden, strecken alle Viere in die Luft und wälzen und reiben sich auf dem Rücken. Wenn das die Reit- und Packpferde sehen, wollen sie es ihnen nachmachen, und man muss schnell hinzuspringen und die Koffer abnehmen, sonst liegen sie an der Erde, der Inhalt wird durcheinander geschüttelt und alles, was nicht niet- und nagelfest ist, geht in tausend Scherben.

Es ist ganz erstaunlich, was alles auf diesen kleinen Pferderücken befördert wird. Die Einrichtung des ganzen Hauses, von den Stühlen, Kommoden und Tischen an, bis zu den Schränken, Sofas, Betten, Harmoniums und Klavieren ist auf ihnen von den nächsten Handelsplätzen an bis zum entferntesten Gehöft geschleppt worden. Ein gutes Packpferd kann wochenlang im Schritt 200 bis 250 Pfund tragen. Im Winter ist ihr Leben nicht angenehm, weil sie im Freien bleiben. Im Sommer aber haben sie harte Arbeit, ja, sie müssen im allgemeinen mehr aushalten als die Reitpferde. Viele Tagereisen weit, oft 14—16 Stunden am Tage, mit dem Kopf an den Schweif des Vordertieres gebunden, schleppen sie die Erzeugnisse ihrer Herren, Wolle, Butter, Fische, Schaffelle usw. nach dem Handelsplatze in ermüdendem, langem Zuge *(lestagang)*, ohne Rücksicht auf das Wetter, und wenn es wieder heimgeht, dann ist ihre Last nicht etwa geringer geworden, sondern die eingetauschten Lebensmittel werden auf die Packsättel geladen, und während man mit dem Reitpferd abwechselt, muss das Packpferd ohne Ablösung seine einförmige Strasse ziehen. Auf den Gehöften trägt es das Heu herein, holt den Dünger, kurz, es wird für alle vorkommenden Arbeiten verwendet. Am mühsamsten sind für sie die Holztransporte. Bauhölzer (vergl. die Abbildung in Kap. VI, *Skorradalsvatn*) bis zu einer Länge von 4 m werden seitlich am Packsattel befestigt, längere Balken quer über den Rücken zweier Pferde gelegt. Auf schmalen Saumpfaden oder auf Wegen, die durch einen schmalen Steg zwischen höher liegendem Boden führen, erhalten sie fortwährende Stösse, aber klaglos und unverdrossen ziehen sie weiter. Als König *Ólafr Haraldsson* einem Freunde das Bauholz für eine Kirche geschenkt hatte, wurde es auf 20 Packpferden von *Hrútafjördur* bis nach dem *Breidifjördur* transportiert, d. h. 5—6 geographische Meilen weit und noch dazu mitten im Winter.

Die heute üblichen Sättel *(hnakkur)* sind ganz die bekannten englischen, nur natürlich viel kleiner; bei grösseren Reisen wird gern ein dichtes Schaffell auf den Sattel gelegt und mit einem Sattelgurt festgebunden *(södulgjörd)*; vergl. die Abbildung Kap. IX: „Aufbruch zur Reise". Leider muss ich sagen, dass die Isländer auf die Instandhaltung des Reitzeuges *(reidingur, södulreidi)* zu wenig Sorgfalt verwenden. Die Riemen *(ól, pl. álar)*, an denen die Steigbügel hängen *(istad, istads-ól)*, sind ausgedient, durchlöchert und reissen fortwährend ein; mit Zaum *(beizli)* und Zügel *(taumur)* steht es nicht besser, ebenso wenig mit den Kopfriemen *(höfudledur)*, Stirnriemen *(ennis-ól)*, Halsriemen *(kverk-ól)* und Sattelriemen. Der Sattelgurt wird unverantwortlich lose angezogen, und meinen Begleitern begegnete es, dass der eine beim Galoppieren mit dem fest zwischen den Beinen eingeklemmten Sattel zu Boden flog, während sein Pferd ausriss, und dass dem andern beim Erklimmen einer nicht leichten Höhe Zügel und Gurt riss; wäre er nicht ein so tüchtiger Reiter gewesen, hätte ein böser Unglücksfall eintreten können. Ich hatte mir daher, durch die Erfahrungen der ersten Reise gewitzigt, für die zweite tadelloses Reitzeug ausbedungen und habe stets beim Aufsteigen nachgeprüft, ob alles fest geschnallt war. Meinem Führer war es freilich gleichgültig, wenn der Sattel auch noch so locker schlenkerte, er sass wie angemeisselt und hätte die ganze Reise eben so gut auf einer Filzdecke *(pófi*, „Sattelkissen") oder auf einer einfachen Pferdedecke machen können *(undirdekk)*.

Zur Sagazeit wurden auf den Rücken der Packpferde ein paar dünne Grasstreifen gelegt *(léna)*, darauf der Packsattel *(klyfberi)*, ein Holzgestell aus Leisten. Heute wird für weitere Reisen gewöhnlich eine Art Matratze benutzt *(pófi)*, die, mit Heu oder Rosshaar gepolstert, vorn und hinten unter dem Pferdeleibe mit einem Gurte befestigt wird; auf dem *pófi* ruht dann ein solides hölzernes Gerüst mit zwei eisernen Haken *(klyfsödull; klyfja* = verteilen, d. h. man sucht das Gewicht der Last auf beide Seiten gleichmässig zu verteilen). Auf jeder Seite des Pferdes wird dann ein hölzerner Koffer, meist von roter Farbe, eingehängt, und der Raum auf dem Rücken wird mit Säcken ausgefüllt, in denen sich Reserveriemen, die Ölkleider usw. befinden. Das Ganze wird dann noch einmal verschnürt. Für den eigenen Gebrauch benutzt der Isländer meistens Gestelle aus dicken Grasstreifen, vornehmlich aus Wurzelfasern. Die Packkoffer sind weder wasser- noch staubdicht, und der feine Wüstensand dringt unbarmherzig durch die Ritzen und beschmutzt Wäsche und Zeug. Zwei mit Eisen beschlagene Koffer kosten 16 Kr. Ich hatte über den Deckel ein grosses Stück Wachstuch nageln lassen, das über die Ränder reichte und habe auch guten Erfolg davon verspürt. Im übrigen rate ich, Gegenstände, die man öfter gebraucht, stets bei sich zu haben, denn das Haltmachen, Öffnen der Koffer und Zuschnallen erfordert jedesmal geraume Zeit.

Das Beschlagen der Pferde war schon zur Sagazeit bekannt *(járna, skúa)*. Nach Schönfeld waren die Hufeisen damals breiter als jetzt (S. 136), da ja auch die Pferde grösser waren, und es fehlten ihnen zuweilen die Stollen; einige wurden nicht mit Nägeln befestigt, sondern wie ein richtiger Schuh über den Huf gestreift. Bei den Reitpferden werden heute alle vier Beine mit Hufeisen versehen, bei den Arbeitspferden in der Regel nur die Vorderfüsse. Von den Hufeisen, die meist aus Schweden eingeführt, billig und dauerhaft sind, muss man stets ein Paar für den Fall der Not mithaben, auch einige Nägel; sachverständige Hilfe findet man auf jedem Gehöft, sonst beschlägt der Führer allein. Im Winter, beim Übergang über zugefrorene Flüsse und über Gletscher, gebraucht man scharfe Eisspitzen *(skafl)*. Des Nachts werden die Vorderbeine mit einem Strick aus Pferdehaaren zusammen gebunden *(hnapphelda, að hefta)* und Schafknochen dazwischen gesteckt, um ein wundreiben zu verhindern; trotzdem laufen die Pferde oft stundenweit fort.

Um die Pferdezucht zu heben, hat man seit einiger Zeit Pferderennen in *Reykjavik* eingeführt; sie finden gewöhnlich im

Fig. 40. Pferdekämpfe in alter Zeit. (Nach einer alten Zeichnung in der Landesbibliothek zu Reykjavik.)

August statt und gewähren das übliche Bild. Das Wettreiten *(kappreid)* kannte man schon zur Sagazeit, es scheint aber nur von zwei Reitern und zwei Pferden ausgeübt zu sein, nicht von mehreren.

Þórir und *Örn* wetteten miteinander um die Schnelligkeit ihrer Pferde und setzten jeder ein Hundert Silbers (= 570 Mk., nach heutigem Geldwerte 5700 Mk.).

Þórir gewann, aber sein Pferd war so erschöpft, dass er es zurücklassen und mit einem anderen zum Thing reiten musste. *Orn* aber war über die Niederlage und den Geldverlust so unfroh, dass er nicht länger leben wollte, sondern sich von einem Felsen herabstürzte (Lnd. III, 8).

Das grösste Vergnügen aber bereiteten den alten Isländern die Pferdehetzen (*hestavíg, hestaat; hestaþing*, wenn von ganzen Scharen ausgeführt). Man hetzte zwei Hengste gegeneinander und liess sie sich mit Bissen bekämpfen. Solche Tiere wurden dazu mit Vorliebe dressiert, die grosse, scharfe Vorderzähne hatten (*vígtönn* = Kampfzahn). Die Besitzer selbst stachelten sie (*etja*) durch Stiche und Schläge mit einem besonderen Stabe an (*hestastafr*), an dessen Ende eine stumpfe Spitze war und stützten die auf den Hinterbeinen hochaufgerichteten und wild aufeinander losbeissenden Tiere von hinten (Fig. 40). Den Kampfplatz bildete gewöhnlich eine Ebene mit Hügeln in der Nähe, von wo die Frauen dem Verlaufe der Spiele folgten, während die Männer Kreise um die kämpfenden Tiere bildeten. Wessen Pferd das andere zum Weichen oder zu Falle brachte, indem es ihm den Rücken mit den Hufen und Vorderbeinen zertrampelte, der hatte gesiegt. Wenn mehrere Paare von Kampfhengsten vorgeführt wurden, oder wenn gar ganze Gemeinden gegeneinander ritten, suchte sich jeder das Pferd aus, mit dem er das eigene sich verbeissen lassen wollte. Zuvor ernannte Richter entschieden, welcher Hengst am besten gebissen hätte. Nicht selten endete eine solche Pferdehetze mit Streit und Todschlag, und die Pferde selbst waren ganz zerbissen und blutbeströmt.

Als Beispiel eines Pferdekampfes diene die Erzählung aus der *Njáls Saga* (K. 59): Auf der einen Seite stehen *Gunnarr* von *Hlíðarendi*, sein Bruder *Kolskeggr* und *Skarphéðinn*, Njáls Sohn, auf der andern Seite *Egill*, der Bauer auf *Sandgil*, seine zwei Söhne *Þorgeirr* und *Kolr* und deren Freund *Þorgeirr Starkaðarson*. Der Schauplatz des Kampfes ist in der Nähe der Einmündung der *Fiská* in die *Rángá*. „Nun ritten die Männer zum Pferdekampfe, und eine grosse Menge hatte sich auf dem verabredeten Platz eingefunden. Die Gegner forderten *Gunnarr* auf, die Pferde gegeneinander loszulassen. *Gunnarr* war damit einverstanden. *Skarphéðinn* erbot sich, Gunnarrs Pferd während des Kampfes vorzutreiben. Aber *Gunnarr* wollte das nicht. „Das passt aber doch besser," warf *Skarphéðinn* ein, *Þorgeirr Egilsson* und ich sind beide gleich heissblütig." „Nein," erwiderte *Gunnarr*, „ihr sollt wenig sprechen oder tun, bevor Schwierigkeiten für euch daraus entstehen; zum Streite wird es später so wie so schon kommen, doch es ist alles eins." Darauf wurden die Pferde gegeneinander losgelassen. *Gunnarr* trieb sein Pferd von hinten an, *Skarphéðinn* führte es vor. *Gunnarr* trug einen roten Rock, einen breiten Silbergürtel um den Leib und hielt in der Hand einen langen Stab, der dazu dient, die Pferde vorwärts zu treiben. Die Hengste stürmten aufeinander ein und bissen sich lange, so dass es des Antreibens nicht bedurfte, und die Zuschauer hatten helle Freude daran. Da machten *Þorgeirr Starkaðarsson* und *Kolr* miteinander ab, dass sie ihr Pferd vorstossen wollten, wenn sich die Hengste das nächste Mal aufeinander losstürzen würden, um zu versuchen, ob *Gunnarr* dabei zu Falle käme. Die Pferde gingen aufeinander los, und *Þorgeirr* und *Kolr* rannten ihren Hengst gegen die Hinterhand und stiessen ihn mit aller Kraft. Aber *Gunnarr* trieb

seinen Hengst ebenfalls vorwärts, die Tiere prallten aneinander an und zwar so
furchtbar, dass sich das Pferd des *Þorgeirr* und *Kolr* überschlug, sie umriss und
auf sie fiel. Sie sprangen sogleich empor und drangen auf *Gunnarr* ein, der aber
sprang zur Seite, packte den *Kolr* und schleuderte ihn zur Erde, so dass er bewusstlos
liegen blieb. *Þorgeirr Starkaðarson* schlug nach Gunnarrs Hengst so heftig, dass
dessen eines Auge auslief. Da versetzte ihm *Gunnarr* mit seiner Holzstange einen
solchen Hieb, dass er ohnmächtig zusammenbrach. Dann ging er zu seinem Pferde
und sagte zu *Kolskeggr*: „Töte den Hengst, als Krüppel soll er nicht weiterleben,"
und so hieb ihm *Kolskeggr* den Kopf ab. Inzwischen war *Þorgeirr* wieder auf die
Beine gekommen, ergriff seine Waffen und wollte sich auf *Gunnarr* stürzen. Das
ward aber verhindert, und nun entstand ein grosser Tumult. *Skarphéðinn* sagte:
„Dieses Gedränge passt mir nicht; es ist viel würdiger, dass Männer mit Schwertern
kämpfen." *Gunnarr* aber stand ganz ruhig da, so dass ein einziger Mann ihn halten
konnte, und sagte kein böses Wort. *Njáll* suchte eine Versöhnung zustande zu
bringen. *Þorgeirr* aber erklärte, er wolle weder Frieden geben, noch annehmen,
am liebsten sähe er *Gunnarr* tot für den Schlag, den er ihm versetzt habe. *Kolskeggr* antwortete: „Bis jetzt stand *Gunnarr* zu fest, als dass er durch ein Wort
fallen sollte, und so wird es auch in Zukunft sein." Darauf ritt jeder nach Hause
von dem Pferdething, und der Winter verging, ohne dass ein Überfall auf *Gunnarr*
unternommen wurde.

Die Pferdekämpfe hielten sich selbst nach Einführung des
Christentums, ja, sie dauerten bis ins 17. Jahrhundert hinein; erst
1627 fand die letzte Pferdehetze im *Fnjóskadalur* im Nordlande statt.

Auf der Landesbibliothek in *Reykjavík* ist eine alte Zeichnung,
die eine Pferdehetze darstellt (Fig. 40). Sie ist nach Bruun entstanden, als dieser Brauch schon lange nicht mehr geübt wurde, aber
sie zeigt uns die ganz richtige Auffassung eines Isländers von dem
Hergange bei solchen Kämpfen.

Die Zahl der Pferde war von jeher auf Island sehr gross, und
so allgemein war das Reiten, dass das Gesetz den für blödsinnig
und deshalb für unfähig zum Erbe erklärte, der nicht den Sattel
aufzulegen wisse, und ob er sich nach vorn oder hinten setzen solle
(*Grágás* I, 118). Einige Bauern besassen grosse Gestüte *(stóð)*, und
Blundketill liess einmal in einem strengen Winter 120 Pferde heimtreiben und 40 davon schlachten, damit ihm der Wintervorrat nicht
ausginge. 1703 gab es auf Island 27 000 Pferde, 1779—32 638,
1783—36 408, 1804—26 524, 1840/45 durchschnittlich 33 000, 1896
—43 235, 1902—45 000, d. h. auf je 1000 Einwohner kommen
400 Pferde, während in Norwegen auf je 1000 Einwohner 88 und in
Dänemark 9,7 kommen.

Ein fehlerfreies Arbeitspferd, von 4—10 Jahren, kostete zur
Sagazeit etwa 111,50 Mk. nach heutigem Werte, ein Reitpferd in
der Mitte des 17. Jahrhunderts nur 1—2 Taler, Bischof *Jón Vidalín*
besass um 1700 das kostbarste Pferd auf Island, und doch hatte es
nur 12 Taler gekostet (= 48 Kr.) und hiess deswegen „Zwölf Taler-
Brauner" *(tólfdala-Brúnn)*. Heute kostet ein Packpferd durchschnittlich 50—60 Kr., ein guter Traber selten mehr als 100—150
Kr., ein guter Passgänger 300 Kr., und ein besonders schönes Pferd

ist sogar einmal für 1000 Kr. nach England verkauft worden. Denn die Ausfuhr der isländischen Pferde nach England und Schottland ist nicht gering. Der grösste Teil der armen Tiere wird in den Kohlengruben verwendet, einige wenige werden vor leichtere Wagen gespannt. Die bekannte englische Reederei „R. und D. Slimon", die jährlich auch einen Personendampfer nach Island schickte, hat 1868 zuerst jährlich 800—1200 Pferde ausgeführt, 1891—1710 Tiere. Seit 1897 aber, seitdem die Schafausfuhr nach England verboten ist, wird kaum noch ein Viertel ausgeführt. Man mag das als einen Nachteil für die Landwirtschaft ansehen, da ein grosser Pferdebestand die Viehwiesen zu stark schädigt — auf der andern Seite wird eine rationelle Pferdezucht sich in hohem Grade bezahlt machen und dem Lande gute Einnahmen verschaffen. Wenn erst die vielen Moore durch Ableitung des Grundwassers und künstliche Bewässerung in üppige Wiesen verwandelt sind, ist genug Weideland da, dann wird auch die Rasse aufgebessert werden, und eine regelmässige Ausfuhr wird nicht ausbleiben. Bisher ist man ohne Zweifel zu sorglos bei der Pferdezucht verfahren. Die Hengste laufen das ganze Jahr frei umher; die Folge davon ist, dass man für die zu erzielende Nachkommenschaft nicht die geringste Gewähr hat, und dass jährlich eine Menge Fohlen geboren werden. Der Besitzer der Stute hat davon natürlich nur Ärger und Mühe, da er sie eine Zeitlang nicht benutzen kann. Stuten sind darum auch weit billiger als Hengste oder Wallache. Aber die Kraft, Schnelligkeit und Ausdauer, durch die die isländischen Pferde ausgezeichnet sind, kann bei einer vernünftigeren Zucht bedeutend gesteigert werden. Seit 1893 ist daher das Recht des Einzelnen, Hengste auf den Hochweiden und Wiesen zu halten, wo die Stuten weiden, eingeschränkt.

So unglaublich sie klingt, folgende Annonce habe ich in der isländischen Zeitung *Þjódólfur* gefunden (8. Juli 1904); sie ist bezeichnend für die Kenntnis, die die Dänen von ihrem „Nebenland" haben:

Isländische Pferde

und andere isländische Produkte, die man verwerten kann, werden gegen einen Posten gute Streichhölzer umgetauscht.

Offerten unter „Kopenhagen" nimmt die Expedition dieses Blattes entgegen.

Der wackere dänische Kaufmann denkt sich also die Isländer als Eskimos und Troglodyten, die in finstern Höhlen und Löchern wohnen, zu denen die Erfindung der Streichhölzer noch nicht gedrungen ist! Da die Streichhölzer in demselben Jahr erfunden sind, in dem Goethe starb, möchte man dem Herrn in Kopenhagen zurufen: Mehr Licht!

Fischerei und Jagd auf Seetiere.

Der dritte Hauptnahrungszweig der Isländer ist seit alters die Fischerei. Denn das Meer um Island ist so fischreich wie kaum ein zweites. „Unzählige Fische, Myriaden und Myriaden, alle gleich, gleiten leise in derselben Richtung vorüber, als habe ihr unablässiges Wandern ein Ziel. Das sind die Dorsche, die da gemeinsam ihre Bewegungen ausführen, in langen, parallelen Streifen, die den Eindruck grauer Schraffierungen machen, und durch die unaufhörlich ein schnelles Zittern läuft, das dieser Masse stummer Lebewesen etwas Flüssiges verleiht. Manchmal drehen sie sich mit einem jähen Schlag ihrer Schwanzflossen alle zugleich um, dass man ihre silberglänzende Bauchseite sieht, und dann setzt sich derselbe Schlag, dieselbe Drehung, in langsamer Wellenbewegung durch den ganzen Schwarm fort, wie wenn Tausende von Stahlklingen zwischen den Wassern aufblitzen (Pierre Loti, Pêcheurs d'Islande).

Schon das Buch von der Besiedlung Islands rühmt, dass alle Meerbusen der Insel mit Fischen gefüllt und die Fischereiplätze das ganze Jahr hindurch ergiebig seien (Lnd. I, 2); und als die *Vestmannaeyjar* zuerst besiedelt wurden, heisst es (Lnd. V, 5): „sie waren bis dahin nur als Fischereiplätze benutzt worden und hatten niemals oder selten als Wintersitze gedient". Der Reichtum an Forellen *(silungr)*, Lachsforellen *(aurridi*[1]*, áreydr)*, Walen *(hvalr)* und anderen Bewohnern der Tiefe trug viel dazu bei, die Insel für eine Besiedlung zu empfehlen, und die zahlreichen Lachse *(lax)* lockten wieder die Isländer zu ihrer Fahrt nach Amerika.

Unter *vertíd* (Fischzeit) verstand man die Zeit, in der der Fischfang im grossen betrieben wurde, und *vermenn* hiessen die Fischer, die sich zu diesem Zweck an den Fischplätzen einfanden *(fiskiver, fiskistöd)*. Lag ein solcher Fischplatz ausserhalb der Ansiedlungen oder auf einer Insel *(útver* „Aussen-Fischort"), so wurden dürftige Fischerbuden aufgeschlagen *(fiskibúd, fiskiskáli)*, und man wohnte in ihnen während der Dauer der Fangzeit. Zuweilen kamen auch die Landbauern an die Küsten herab *(ad fara til údrodra* „ausziehen zum Hinausrudern"), oder schickten Dienstboten dahin, um Fische zu kaufen oder zu fangen; oder es kam umgekehrt der Seebauer zu ihnen herauf, um ihnen solche zu verkaufen. Es galt aber als eine Umgehung des Gesetzes, wenn jemand einen Mann als Dienstboten annahm, der nicht bei dem Dienstherrn seine Wohnung nehmen, sondern sich auf die Fischerei verlegen sollte (Maurer, Island S. 421). Was man nicht frisch verzehrte — ein gedörrter Fisch hiess *skarpr fiskr* — dörrte man durch Luft oder

---

[1] *Jón Ólafsson* (1705—79) erklärt die Forelle als „Schlammreiter": sie reitet *(ridur)* auf Geröll, Schlamm *(aur)*. Thoroddsen-Gebhardt II, S. 327.

Rauch, oder salzte man ein. Der Heringsfang *(fara i sildfiski, sildver)* in Zugnetzschuten, kleinen schnellen Schiffen *(lagnarskúta)*, oder besonderen Heringsboten *(sildaferja,* Flat. I, S. 301) wird in den Sagas vereinzelt erwähnt (Fróstb. S. 15; Egils S. 1_{11}, 10_5), weit häufiger der Dorschfang *(skreidfiski, skreidver; skreid,* d. h. Zugfisch, bedeutet dann „getrockneter Dorsch, Stockfisch"; *skreidfiski* also = Fang solcher Fische, die zu Stockfischen zubereitet werden sollen. Altn. S. B. III, S. 36). Auch Haifische *(hákarl, háskerdingr)*, Seehunde *(selr)* und Wale wurden gefangen.

Zum Fischfange taten sich meist mehrere Personen zusammen; der eine lieferte das Boot *(fiskibátr)*, der andere die Netze *(net)* oder die sonstigen Gerätschaften *(veidarfjæri, fiskigögn)*; aber es wurde ängstlich darauf gesehen, dass die grösste Eintracht herrschte, denn man glaubte, Zwietracht verdürbe die Fänge (Laxd. S. 14). Die Beute wurde nach bestimmten Regeln verteilt: man bildete so viele gleiche Teile *(hlutr)*, wie Beteiligte vorhanden waren; jeder Ruderer *(háseti)* erhielt seinen Anteil, der Steuermann *(formadur)* einen doppelten, endlich der Besitzer des Bootes, des Netzes usw. auch noch einen Teil. Ein jeder musste mit guten Seekleidern von Schaf- oder Seehundfell versehen sein und seine Geräte mit sich führen: eine Angelschnur *(tog, vadr, færi, lina, snæri)*, mit einem Angelhaken *(öngull)*, an dem der Köder sass *(agn, beita)* und ein Ködermesser *(agnsax)*, womit die gefangenen Fische auf den Kopf geschlagen wurden, oder die Köder geschnitten wurden. Die Netze für die Süsswasserfischerei und den Heringsfang waren aus Flachsgarn geflochten, vielleicht auch aus Lederstreifen; wenigstens erwähnt Olaus Olavius, dass die Isländer Riemen aus Ochsenhäuten dazu benutzt hätten (S. 63). Um das Netz auf der Oberfläche des Wassers schwimmen zu lassen, waren an der Leine, an der es ausgespannt war *(net-pinull, pinurr)*, kleine Holzstücke angebracht *(kafli)*; um es in die Tiefe zu lassen, befestigte man unten kleine Senksteine *(ili)*. Zuweilen wurden die Fische auch, namentlich an den Flussmündungen, mit einem Fischspeer gestochen *(fiskistöng)* und dann mit Hilfe der Stange ans Land geworfen; andere, wie Delphine, Grindwale, Seehunde wurden, wenn ein „Landgang" eintrat, mit Eisen auf dem Trockenen totgeschlagen *(höggjärn* „Haueisen").

Die Wale wurden entweder mit der Harpune erlegt *(hvaljárn, skutill, skot)* oder auch schon tot in der See oder am Strande gefunden (z. B. *Víga-Glúms S. 27)*. Die Frage, wem ein solches auf den Strand geworfenes Tier gehöre, war gesetzlich geregelt. Stak in seinem Leib eine Harpune, so gehörte der Wal zur Hälfte dem Harpunier, darum waren die Harpunen mit einer besonderen Marke bezeichnet und diese am Thing bekannt gemacht. Hatte jemand einen Wal erlegt oder tot aufgefunden und ihn ohne fremde

Beihilfe lediglich mit seinen Dienstboten an sein eigenes Land gebracht, so gehörte ihm der ganze Wal; wurde er an fremdes Land geschafft, bekam der Grundeigentümer ²/₃ und der ihn an Land brachte ¹/₃; fand sich überdies eine fremde Harpune im Tiere, ward der Grundeigentümer auf ¹/₃ beschränkt, während das zweite dem Harpunier zufiel. Für alles übrige, was zu den Fischen gerechnet wurde, wie Seehunde, Walrosse *(rostungr, rosmhvalr)*, Seekälber *(håskerdingr = håkerlingr, håkarl)*, Delphine *(hnisa)*, Seevögel und kleinere Fische, galt die Bestimmung, dass fünf davon dem Besitzer des Strandes gehörten, sofern er das Triebrecht nicht besass [1].

Man sieht, wie fein das Walrecht, von dem hier nur die gröbsten und allgemeinsten Bestimmungen mitgeteilt sind, ausgebildet war, man muss also dem Walfange hohen Wert beigelegt haben. Da bis zur Ankunft der ersten Kolonisten diese riesigen Tiere ein ganz ungestörtes, beschauliches Leben geführt hatten, war ihr Fang ausserordentlich leicht und ergiebig. *Skallagrímr*, von dem ich früher erzählt habe, dass er sich ein besonderes Vorwerk und Saatfeld „zu den Äckern" anlegte, hatte auch ein zweites Vorwerk zu *Álptanes*, von wo aus er die Fischerei, den Seehundsfang, das Sammeln von Eiern und Treibholz betrieb. „Es fanden sich auch grosse Wale, die man nach Belieben mit Speeren schiessen konnte; alle Tiere verhielten sich so ruhig, dass sie leicht zu fangen waren, denn sie kannten den Menschen noch nicht" (Egils S. 29).

Der Königsspiegel ist die älteste Cetologie, die wir haben, er erklärt die Walarten in den isländischen Gewässern, und manches ist davon ganz gut [2]. Der Verfasser sagt, dass man auch das Walross zu den Walen gezählt habe, er selbst will es zu den Seehunden gerechnet wissen. Alles, was man über das Vorkommen des Walrosses auf Island weiss, hat Thoroddsen gesammelt [3]. Die folgenden Ausführungen schliessen sich mit einigen Auslassungen und Erweiterungen an seinen Aufsatz an:

In vorgeschichtlicher Zeit, etwas nach der Eiszeit, als das Meer 30—40 m höher stand als jetzt, waren, wie verschiedene Funde zeigen, Walrosse an der Küste ziemlich häufig, namentlich im Nordwesten und auf dem nordwestlichen Teile der *Reykjanes*-Halbinsel, die darum *Rosmhvalanes* (Walross-Landzunge) genannt wurde. Bei der Besiedlung der Insel waren sie schon etwas selten. In den alten Sagas werden sie nur selten erwähnt, allerdings sind diese ja arm an naturgeschichtlichen Bemerkungen. Der isländische Häuptling *Hrafn Sveinbjarnason* fing 1190 mit seinen

---

[1] Weinhold, Altn. Leben, S. 71; Maurer, Island, S. 416 7.

[2] Brenner, Speculum regale. München 1881, S. 27—30. — Maurer, Z. f. d. Phil. IV, S. 81—82. Naturkundige verweise ich ausserdem auf Thoroddsen-Gebhardt II, S. 89 ff., 331 ff. Sagen vom Wal bei Maurer, Isl. Volkssagen, S. 16, 34, 146, 183.

[3] Thoroddsen, Geografiske og geologiske Undersögelser ved den sydlige Del af Faxaflói paa Island. Geogr. Tidskr. XVII, S. 127 ff.

Leuten ein Walross im *Dýrafjördr* (Westküste), aber als das Tier sank, tat er das feierliche Gelübde, die Zähne dem heiligen Thomas von Canterbury zu weihen, und das half (Hrafns S. Sveinbj. 4; Árna bps S. 63). Einige Jahre darauf unternahm er eine Wallfahrt nach verschiedenen heiligen Stätten in England und Südeuropa und führte bei der Gelegenheit Walrosszähne mit nach Canterbury (Bisk. S. I, S. 641 bis 643. — Sturl. S. II, S. 277). Man benutzte im Altertum die Haut als Schiffstaue und andere starke Stricke, die Stosszähne standen in hohem Preise, man fertigte aus ihnen verschiedene künstlerische Schmucksachen an, wie Bischofsstäbe und Signalhörner, die Steine zum beliebten Brettspiel, und die Figuren des Schachs waren aus Walrosszahn, etwas handfest und wenig zierlich, aber nicht ohne Kunst geschnitzt. Der durch seinen Glaubenskampf bekannte Skald *Hallfredr Ottarsson* trug auch nach seiner Bekehrung ein Bildnis Thors stets bei sich, das aus einem Walrosszahne geschnitzt war. Walrosshäute und -Zähne waren ein grosser Exportartikel aus Grönland. 1226 strandete ein grönländisches Schiff in der Nähe von *Hitarnes (Mýra sýsla)*, und noch 1604 trieben einige Zähne ans Land, die, wie man glaubte, aus dieser Schiffsladung herrührten, da sie mit roter Farbe gezeichnet waren. Bischof *Páll Jónsson* (1195—1211) sandte einen Bischofstab aus Walrosszahn an den norwegischen Erzbischof *Þórir*; dieser Stab, der für ein Meisterwerk galt, war von einer Frau *Margrét* geschnitzt, die damals hierin die grösste Künstlerin war. Walrosszähne werden auch zuweilen in den isländischen weltlichen und geistlichen Gesetzen erwähnt; nach einer Verordnung vom 20. März 1563 sollen sie zuerst dem Vertreter des dänischen Königs angeboten werden, der sie, wie Bärenfelle und andere Seltenheiten, für den König kaufte. Dennoch sind diese Tiere kaum häufige Gäste an der Küste Islands gewesen, denn auch in den späteren Annalen werden sie nur selten erwähnt. Im 17. Jahrhundert gebrauchte man Ringe aus Walrosszahn als Mittel gegen Gicht. 1654 schenkte Bischof *Þorlákur Skúlason* einen Schädel und Hautstücke an Ole Worm. In dem strengen Winter 1694/5, als ganz Island von Treibeis eingeschlossen war, mit Ausnahme von *Snæfellsnes*, wird als eine Merkwürdigkeit erwähnt, dass ein Walross auf der *Reykjanes*-Halbinsel getötet wurde. 1707 werden an verschiedenen Orten Walrosse erwähnt, im *Borgarfjördur* sogar 28. Ende des 18. Jahrhunderts hörte der bekannte isländische Arzt und Naturforscher *Sveinn Pálsson*, dass Walrosse zuweilen auf den dem *Breidamerkursandur* gegenüberliegenden Inseln *Tvísker* gesehen wären. Noch im 19. Jahrhundert hat man vereinzelte Walrosse auf Island getötet: 1832 im *Seydisfjördur*, 1846 im *Skagafjördur*, 1874 im *Fáskrudsfjördur*, 1894 auf *Reykjanes*, wo auch 1897 eins gesehen wurde. Alle diese Tiere sind nur vereinzelte und zersprengte Gäste, die mit dem Eis aus ihren Wohnstätten im inneren Polarbecken vertrieben sind, wo sie nach Nansen noch heute sehr zahlreich hausen.

Das Walross durfte auf fremdem Lande erlegt werden, aber die Hälfte davon gehörte dem Grundeigentümer.

Der Seehundsfang wurde teils mit Netzen *(selnet)*, teils mit Harpunen betrieben *(selskutill)*. Der Reichtum an Seehunden wird bereits in den ältesten Sagas erwähnt, und schon damals zeichneten sich, wie heute, die Inseln im *Breidifjördur* dadurch aus. Man begnügte sich nicht nur mit den Tieren, die man am Strande fand, sondern stellte ihnen auch auf dem Meere in eigenen Booten nach *(selabátr)*. Das Fleisch und den Speck ass man, aus der Haut schnitt man tüchtiges Riemenwerk, aus den Fellen fertigte man Seemannskleider.

In der freistaatlichen Zeit wurde kein Fisch aus Island ausgeführt. Noch eine Verfügung des Königs *Eiríkr Magnússon* vom

15. Juli 1294 spricht sich dahin aus: „Wir wollen nicht, dass viel Stockfisch von Island eingeführt werde"; 1340 aber heisst es in einem Drontheimer Urteile: „Vor kurzem wurde noch wenig Stockfisch von Island ausgeführt, den man damals „Speisestockfisch" nannte *(matskreid)*, vielmehr bestand die meiste Ware aus *vadmál* (d. h. auf den Webestühlen der Bauernhöfe hergestelltem groben Wollzeuge); jetzt aber führt man auch aus Island die beste und meiste Ware an Stockfisch und Tran aus"[1]).

Der Einfluss des deutschen Handels war es, der diese Änderung im Exportverkehr hervorrief. Der reiche Absatz, den der norwegische Stockfisch bei den Hanseleuten in Bergen fand, verlockte dazu, sich auch die entfernteren Bezugsquellen zu erschliessen. Die vermehrte Absatzgelegenheit wieder verlasste die Isländer, sich mehr als bisher mit dem Fischfang abzugeben[2]), und je mehr Kräfte sich der unsicheren Fischerei zuwandten, um so mehr musste die Landwirtschaft zurückgehen, und schliesslich nahm der Fischfang eine solche Ausdehnung an, dass er neben der Viehzucht die wichtigste Erwerbsquelle der Isländer wurde, wenn nicht gar die erste. Es ist gar keine Frage, dass die Bewohner der Küste im Westen, Norden und Osten immer mehr der Weidewirtschaft entfremdet werden und sich fast ausschliesslich mit dem Fischfange beschäftigen. Das schnelle Anwachsen der drei grössten Städte ist dafür der beste Beweis: von 1880—90 vergrösserte sich *Reykjavik* um 50%, *Ísafjördur* um 62, *Akureyri* aber nur um 10%, da hier nur 11% der Bevölkerung vom Fischfange leben[3]); in dem gleichen Zeitraum aber sank die Gesamtbevölkerung Islands von 72 445 auf 70 927. Wir finden die Bevölkerung überhaupt um so dichter, je mehr sie sich der Fischerei widmet; auf den *Vestmannaeyjar* kommen auf 1 qkm bebauten Landes 33,24 Personen, 77% der Bevölkerung leben hier von dem ausserordentlich lohnenden Fischfang; auf 1 qkm in der *Ísafjardar sýsla* leben 3,07 Personen, 30% von der Fischerei, auf 1 qkm in der *Borgafjardar sýsla* leben 2,54 Personen, 26% vom Fischfange. 1850 lebten noch 82% von der Viehzucht und nur 7% von der Fischerei, 1860 79% zu 9,3%, 1870 75% zu 9,8%, 1888 75% zu 12%, 1890 64% zu 17,5%, 1901 sogar 50,7% von der Viehzucht und 27% von der Fischerei. Daraus geht wohl hervor, dass die wichtigste Nahrungsquelle zwar noch

---

[1]) Maurer, Island, S. 421.
[2]) Es wurden aus Island ausgeführt:

1630	207 Tonnen Klippfisch	und	2 823 Tonnen Stockfisch	
1743	392 „ „		„ 5 380 „	„
1806	2 578 „ „		„ 2 334 „	„
1849	16 400 „ „		„ 3 244 „	„
1897	72 992 „ „		„ 72 „	„

[3]) Schumann, Islands Siedelungsgebiete, S. 53.

heute im Landbau besteht, dass aber doch der Fischfang bedeutend und stetig zunimmt. Ob das ein Vorteil ist, wage ich nicht zu entscheiden. Jedenfalls ist der Fischer viel grösseren Gefahren und leichter dem Tode ausgesetzt — 1855—1877 ertranken nicht weniger als 2008 der besten und kräftigsten Männer, davon 20% im Winter — er ist viel abhängiger vom Glück, da die Fische zum Laichen nicht die bekannten Stellen aufsuchen und plötzlich ausbleiben, und endlich ist dem Fischer der Boden nicht mehr die nährende Mutter, sondern nur noch Wohnstätte und Handelsplatz. Die Auffassung der grossen Menge von der Bedeutung der Fischerei gibt Hall Caine gut wieder (Der verlorene Sohn I, K. 5): „Der Tauschhandel wird eines Tages auf den Hund kommen und das Vermögen der Zukunft durch Fischfang gemacht werden. Der reichste Mann der Welt wird der sein, dessen Besitz in der See liegt, und wenn die Isländer nur genug Einsicht haben, um zu sehen, wo ihr Vermögen ihrer harrt, werden sie Einmaster bauen anstatt ihrer offenen Bote, und schnelle Dampfschiffe kaufen, die ihre Fische nach England bringen. Das alles erfordert natürlich Geld, aber die Regierung muss es schaffen."

Die isländische Regierung scheint der Ansicht zu sein, dass für die Mehrzahl der Bewohner der Reichtum des Landes noch immer im Landbau besteht. Denn sie ist, wie ich früher gezeigt habe, nach Kräften bemüht, die Landwirtschaft zu heben: sie sucht für den Wiesen- und Gartenbau mehr Boden zu gewinnen, sie legt überall Bewässerungsgräben an, trennt das Wiesenland schärfer vom Weidelande, ebnet die Hauswiesen, kurz, sie bietet alles auf, um die Ertragsfähigkeit von Grund und Boden zu erhöhen und dadurch den von dieser abhängigen Viehbestand zu fördern[1]).

Auf der andern Seite sorgt der Staat mit nicht geringerer Liebe und Umsicht auch für die Hebung des Fischfanges. Zur Heranbildung von Schiffsführern ist in *Reykjavik* eine Seemannsschule gegründet worden; sie wird ausschliesslich vom Staat unterhalten, der Unterricht ist, wie überall in Island, umsonst, und die Schüler erhalten sogar kleine Stipendien. 1894 hat man in *Reykjavik* begonnen, Eislager und Eisgesellschaften zu gründen, das Ostland ist bald nachgefolgt, jetzt finden sich solche auch an vielen anderen Orten. Die Staatskasse gibt ferner Darlehen zum Ankauf von Deckfahrzeugen und unterstützt die Versicherungsgesellschaften für die Deckschiffe in *Reykjavik* (gegründet 1895); während man früher meist in offenen kleinen Booten mit Angelschnüren und Leinen anstatt mit Netzen fischte, benutzt man jetzt meist grössere Verdeckschiffe. Die Zahl der Verdeckschiffe war 1895 70 Stück, 1900 132 Stück mit 1363 Mann Besatzung [nach Thoroddsen: 140 mit 1764

---

[1]) Mogk, in Hettners Geogr. Zeitschrift XI, 1905, S. 632.

Mann], je mit 2, 4, 6 und mehr Mann, 1902 144 mit 2049 Mann. Die Zahl der Fischerboote betrug 1900 1908 Stück, 1902 2165 Stück mit 8682 Mann. Islands Flotte an Schiffen mit mehr als 20 Register-Tonnen betrug 1895 84 Schiffe, 3782 Tonnen, 1902 170 Schiffe, 9561 Tonnen (nach Thor Tulinius). Ausserdem werden Zuschüsse an Versicherungskassen für Dampfschiffe gezahlt, an Lachsbrutanstalten, sowie für biologische Untersuchungen auf dem Gebiete der Süss- und Salzwasserfischerei. Grosse Bedeutung für den Fischfang werden endlich die Untersuchungen und Messungen bekommen, die dänische Gelehrte und besonders Seeoffiziere auf dem Meere vorgenommen haben. 1877 wurde ein dänisches Kriegsschiff unter Kapitän Jakobsen ausgeschickt und die Meerestiefe zwischen Island und Grönland gemessen. Andere Expeditionen folgten 1878, 1879, 1888, 1890/91. Vor allem waren die Forschungsreisen des „Ingolf" 1895 und 1896 unter Kapitän zur See C. F. Wandel, dem jetzigen Kontreadmiral, von grösster Bedeutung. Ein ganzer wissenschaftlicher Stab nahm daran teil: Zoologen und Botaniker, bedeutende Sammlungen von Pflanzen und Tiefseetieren wurden nach Kopenhagen mitgebracht, wichtige Ergebnisse über das Pflanzen- und Tierleben des Meeres gewonnen. 1898 begann man systematisch die Messungen um ganz Island herum und stiess dabei auf grosse Fischbänke von einer Tiefe von nicht 200 m und in einer Entfernung von nur 60 km von der Küste[1]).

Die Seefischerei der Isländer besteht vor allem in Dorsch- oder Kabeljaufang, dazu kommen Schellfische, Quappen (Langfische, Aalraupen), Schollen, Flundern, Seehasen, Rochen usw. Der Dorsch, in Island wie in Norwegen Hauptfisch, ist fetter als der norwegische und bildet nicht nur ein wichtiges Nahrungsmittel für die Isländer selbst, sondern wird auch nach Spanien, England, Italien und besonders nach Dänemark ausgeführt. Während 1849 die Ausfuhr von Klipp- und Stockfisch 5 Millionen Pfund betrug, war sie 1896 auf 22 Millionen angewachsen, und während der Wert der ausgeführten Fische 1885 3375000 Kr. war, betrug er 1892 8000000 Kr., d. h. der Export betrug für den Einwohner 1885 77 Kr., 1902 aber 132 Kr. Daniel Bruun berechnet die gesamte jährliche Brutto-Einnahme aus der Fischerei mit 30—40 Millionen Kr. Damit vergleiche man folgende Angaben für den Gesamt-Export:

  1885 ca. 5^1/$_2$ Millionen Kr.
  1890 „ 4,1 „ „
  1895 „ 6,1 „ „
  1900 „ 9^1/$_2$ „ „
  1902 „ 10^1/$_2$ „ „

---

[1]) Bruun, Det höje Nord, S. 110; Thoroddsen, Island, S. 74 5.

Was den Ertrag der Fischerei in den Binnengewässern betrifft, so wurden 1896 84867 Pfund Lachs zu einem Wert von 40000 Kr. ausgeführt, 1899 18292, 1902 40167 Pfund. Im Nordlande fängt man jährlich ca. 124500 und im Südland 161300 Forellen, mit einem Gesamtgewicht von 254500 Pfund[1]).

Der Absatz könnte ohne Zweifel noch bedeutend gesteigert werden, wenn die Isländer bessere Kaufleute wären, mehr Kapital in den Händen hätten, unternehmungslustiger wären und auch das Einsalzen und Trocknen der Fische rationeller betrieben. Darüber habe ich grosse und berechtigte Klagen gehört.

Schon ein Spaziergang vor die Tore von *Reykjavik* macht uns mit den beiden wichtigsten Zubereitungsarten des Dorsches bekannt (der junge Dorsch = *stútungur*), als „harter Fisch" *(hardur fiskur)* und gesalzener Fisch (*saltfiskur*, Klippfisch). Dass es dabei nicht allzu reinlich hergeht, und dass dabei nicht Arabiens Wohlgerüche ausgeströmt werden, mag unvermeidlich sein. Dem geköpften Hartfisch wird der Bauch geöffnet, die Eingeweide werden herausgenommen und die Seiten gespalten; dann wird er gehörig gewaschen und zum Trocknen in den *hjallur* gehängt, d. h. in ein auf allen Seiten dem Winde geöffnetes Häuschen mit verstellbaren Jalousieen, die Trockenräume für die Kleider sind auf den Bauernhöfen ebenso eingerichtet. Die so aufgehängten Fische heissen *hengifiskar*, die auf den Felsen oder auf den Steinwällen, die das Haus umgeben, getrockneten heissen *flatfiskar*. Ist nun der Fisch so steif und trocken geworden wie ein Stock — daher sein Name „Stockfisch" — so wird er in Bündel zusammengelegt; bei der Zubereitung für den Tisch muss er erst mit Steinen mürbe geklopft werden und schmeckt, mit frischer Butter zubereitet, ganz gut — nur nicht des Morgens um 9 Uhr zum Kaffee.

Der Klippfisch wird ebenso behandelt, dann aber auf dem Boden aufgeschichtet, und tüchtig Salz wird zwischen die einzelnen Lagen gestreut, dieses dringt völlig in den Fisch ein, und das Wasser sickert ab. Nach dem Einpökeln werden die Klippfische auf Steinen ausgebreitet und Sonne und Wind zum Trocknen überlassen. Wenn sie so „steif wie ein Besenstiel" geworden sind, sind sie versandfähig und können fromme Katholiken an Fasttagen erfreuen — der Isländer selbst geniesst sie nur wenig. Eine dritte Art der Zubereitung des Dorsches als Tonnenfisch *(saltadur porskur)* wird von den Isländern selbst fast gar nicht ausgeübt. Der Tonnenfisch wird wie der gesalzene Hering behandelt: man wirft auf ein paar Hände voll Fische immer ein paar Hände voll Salz in eine Tonne,

---

[1] *Bjarni Sæmundsson*, in: *Andvari* XXII, S. 123; XXVI, S. 75. Hauptwerk für den heutigen Fischereibetrieb auf Island: Feddersen, Paa islandsk Grund. Kph. 1885; ders.: *Laxveidar og silungsveidar á Íslandi* (*Andvari* 1885, XI, S. 102 bis 183).

so dass das konservierende Salz mit der von den Fischen ablaufenden Flüssigkeit zusammen bleibt. Nur die fremden Fischer, die keine Zeit und Gelegenheit haben, die Fische am Lande anders zu behandeln, verfahren auf ihren Fahrzeugen immer so.

Nächst dem Dorschfang wird von den Isländern besonders der Haifischfang betrieben, namentlich an der N. und NW. Küste. Seine Leber liefert eine Menge guten Tran *(lýsi)*, die Haut wird zu Schuhen verarbeitet. Der Fang findet gewöhnlich vom Januar bis Mitte April auf Deckfahrzeugen statt. An der Hornküste aber haben sie noch heute fast nur offene Boote mit einer Besatzung von 9—11 Mann. In ihnen müssen die Armen oft 3—5 Meilen, zuweilen sogar 20—30 Meilen vom Lande entfernt, im grimmigsten Froste, bei einer Kälte von 10—20°, bei schwerem Seegange, in Sturm und Unwetter, die längste Zeit im Dunkeln, da um diese Zeit so dicht am Polarkreise die Tage sehr kurz sind, beständig bedroht vom Treibeis und dem noch gefährlicheren Nebel, oft eine ganze Woche lang draussen bleiben. Sie haben nur die dicken, warmen, gestrickten Seehandschuhe an den Händen *(sjóvetlingur)*, die doch klamm und steif vor Kälte werden, tragen lange Strümpfe und Fischerjacken *(duggarapeysur)* und darüber Ölzeug, auf dem Kopfe den Südwester; in Bart und Haar hängen oft dicke Eiszapfen, da gilt es, den Humor nicht zu verlieren, wenn das Boot wie eine Nussschale hin- und her geschleudert und das eisige Wasser über den Rand in das Innere gespritzt wird. Um zu schlafen, müssen sie auf den Ruderbänken liegen, ohne andern Schutz zu haben wie nasse Segel; warme Speisen haben sie auf diesen Zügen nie, und oft sind ihre Nahrungsmittel hart gefroren oder durch das Seewasser halb verdorben. Dazu kommt der Mangel an frischem Wasser und die Schwierigkeit der Landung wegen der starken Brandung. Sie erdulden so mehr Beschwerden als mancher Polarfahrer, nicht aus Ruhmsucht, sondern nur, um für ihre hungernde, arme Familie ein wenig Nahrung zu schaffen. 1885 schlug einmal der ganze Haifischfang fehl. Schuld daran war das unglückselige Verbot, die toten Fische über Bord zu werfen, und die Folge davon war an der Hornküste allgemeiner Mangel an Lebensmitteln, Skorbut und anderes Elend[1]).

Ausser von der Leber des Hais wird Tran auch von Walen, Seehunden, Dorschen und Schellfischen *(ýsa)* bereitet. 1879 wurden 10735 Tonnen exportiert. Eine Transiederei ist in *Oddeyri* und *Ísafjördur*. Merkwürdigerweise hat man noch nicht daran gedacht, die vielen Fleischabfälle für die Landwirtschaft als Düngemittel zu

---

[1]) Über die Haifischjagd in den isländischen Gewässern und die Zähigkeit dieser Tiere gibt der bekannte norwegische Südpolfahrer H. J. Bull interessante Aufschlüsse: Südwärts! Deutsche Übersetzung von Margarete Lengfeldt, Leipzig 1904, S. 173 bis 175.

bearbeiten und zu verwerten; aber der Grund wird wohl, wie immer auf Island, der Mangel an Arbeitskräften und Geld sein. Bis vor ca. 40 Jahren, wo das Petroleum nach Island kam, brannte man überall auf dem Lande Tran und Pferdefett in kupfernen und eisernen Lampen *(kola)*, als Docht diente Wollgras. Die Flamme davon war rot und sehr trübe; der starke Qualm rief bei alten Leuten heftige Beklemmungen hervor, und von dem schwarzen Blak war die *Badstofa* von unten bis oben schwarz geräuchert. Heute brennt auch in der ärmlichsten Hütte im Winter abends eine gute, helle Petroleumlampe[1]).

Im Frühling und Herbst bildet der Fischfang den Sammelpunkt aller verfügbaren Arbeitskräfte. Besonders in dem sogenannten *vertid* — man unterscheidet drei „Saisons": *haustvertid* (Herbstfischzeit) 29. September bis 23. Dezember, *vetrarvertid* (Winterfischzeit) 2. Februar bis 11. Mai, und *vorvertid* (Frühlingsfischzeit) — findet der Dorschfang statt. Die Besatzung eines offenen Bootes mit 16—20 Mann nennt man eine *skipshöfn* (Schiffsladung, Schiffsmannschaft), diese wählt sich einen Steuermann. Aus allen Bezirken strömen die Leute dann an die Küste, um zu „rudern", manche als Matrosen *(háseti)*, andere mit eigenen Booten; auch eine grosse Menge Landarbeiter sucht im Winter ihr Glück auf dem Meere, da sie zu dieser Jahreszeit auf den Bauernhöfen wenig zu tun haben. Unterkunft finden sie teils bei den Seebauern, teils hausen sie in besonderen, sehr dürftigen Hütten, den sogenannten „Seebuden" *(sjóbúd)*, die den Rest des Jahres leer stehen; sie bestehen aus einer grossen Schlaf- und Wohnstube *(badstofa)*, einer Küche und einem Raum zum Salzen der Fische; in der Regel haben sie eine Frau bei sich, die ihnen das einfache Essen zubereitet. In der „Wintersaison" ist die Fischerei gewöhnlich am lebendigsten. Der Winter ist auf Island beständig stürmisch, und es gehört viel Abhärtung, Mut und Energie dazu, in dem Unwetter, Schnee und Frost auf den kleinen, schmalen, gebrechlichen offenen Booten ins offene Meer zu fahren. Unglücksfälle sind darum nicht selten, und ein einziger Sturm hat schon manche Ansiedlung der gesamten männlichen Bevölkerung beraubt. Schon früher ist erwähnt, dass in den Jahren 1850—77 3 % von allen Todesfällen auf der ganzen Insel durch Ertrinken hervorgerufen sind; davon ertranken 60 % im März, in dem kältesten und stürmischsten Monate. Am 5. September 1904 kenterte ein norwegisches Fangschiff im *Patriksfjördur*; der Kapitän, Steuermann und die 13 Mann starke Besatzung ertranken. Zwei englische Trawler wurden im März 1905 so ramponiert, dass sie nicht zu retten waren. Drei Kutter (Yngvar, Emilia, Sophie Whistley)

---

[1]) Lehmann-Filhés, Z. d. V. f. V. VI, S. 246; Bruun, Gennem afsides Egne S. 94.

gingen im März 1906 nebst einigen Fischerbooten verloren, 73 Mann ertranken. Im *Isafjördur* zerschmetterte ein Orkan im Jahre 1906 einen Kutter und drei Boote, 15 Personen ertranken, am 22. März ging ein Fischerboot mit 6 Mann unter. Die unruhigen südlichen Winde sind den fremden, wie den isländischen Fischerfahrzeugen stets gleich verhängnisvoll. Es ist also ein harter, gefährlicher Erwerb, und nicht jeden Tag kann gefischt werden: darum gilt es, jeden Augenblick der kurzen Zeit auszunutzen, wo der Dorsch unterm Lande steht. Hat man 20 Fischtage in dem *vertid*, so ist man schon ganz zufrieden.

Dennoch übt das Seemannsleben mit seinen vielen Gefahren und Abwechslungen einen unwiderstehlichen Reiz auf die männliche Jugend aus, und der heisseste Wunsch jedes kaum konfirmierten Burschen is, „im Südlande zu rudern" *(ad róa sudur)*. *Jónas Hallgrimsson*, dessen Vater selbst beim Fischen ertrunken war, hat ein paar reizende Bootsführerlieder gedichtet, die, wie mir ein Freund erzählte, der in der Jugend selbst Fischer war und heute Jurist ist, von den Fischern mit Vorliebe gesungen werden. In diesen *formannsvisur* wird das Treiben beim Fischfang und der Kampf des Menschen mit dem Meere überaus lebhaft und anschaulich geschildert, und zwar auf der Fahrt in die See hinaus *(framródur)*, während des Fischfangs selbst bei stillliegendem Boote *(seta)* und auf der Heimreise *(uppsigling)*[1]. Ein anderes Fischerlied, das so recht die Unbill und Gefahren wiederspiegelt, die eine alte Teerjacke ausgestanden hat, rührt von *Grímur Thomsen* her, „*Eirikur* der Bootsführer".

Auf den isländischen Handelsplätzen sieht man, wie der Dorsch in der früher geschilderten Weise von Frauen gewaschen und dann auf grossen Trockenplätzen am Strande getrocknet wird. Darauf kommen Dampfer und laden die Ware auf, um sie nach Süden zum Verkaufe zu bringen, oder grosse *lestaferdir* (*lest* = ein Zug beladener Pferde, *ferd* = Reise) kommen aus dem Innern zum Einkaufe getrockneter Fische *(skreidarferd)* und tauschen „Landware", d. h. Schafe, Butter, Häute und Wolle gegen Fische ein. Manche kehren erst kurz vor der Heuernte nach dem heimatlichen Gehöfte zurück.

In der *Skaptafells sýsla* spielt der Fischfang keine so grosse Rolle wie sonst in Island, man hat hier nur wenige Boote. An einigen Stellen wird er in der Weise getrieben, dass die Männer in aller Frühe, oft schon 1—2 Uhr nachts, von ihrem Gehöft fortreiten, so dass sie 6 Uhr morgens an der Küste sein können; dann rudern sie sofort aufs Meer hinaus und fischen mit etwa 30 Faden langen

---

[1] Sie sind von Fräulein Lehmann-Filhés übersetzt: Proben isländischer Lyrik, Berlin 1894, S. 29—33; das folgende Gedicht ebenda S. 48.

Handleinen, deren jeder Fischer eine hat[1]). Die Pferde werden am Strande festgebunden, und hier stehen sie den ganzen Tag bis spät abends, wenn die Männer vom Meere zurückkehren. Dann reiten die Fischer nach Hause, die Beute auf dem Pferderücken, schlafen einige wenige Stunden und beginnen den nächsten Tag von neuem ihr anstrengendes Gewerbe. Zur Zeit des Freistaates war in der *Austur-Skaptafells sýsla* bedeutende Fischerei, da kamen die Leute aus dem Nordlande, wie man glaubt, über die Gletscher, um dort zu fischen, und man hat in einem südlichen Tale Ruinen von ihren Hütten und Seebuden gefunden. Aber das ist lange, lange her. An manchen Stellen besteht noch der schöne Brauch, dass die Fischer, bevor sie hinausrudern, ihre Mütze abnehmen und ein stilles Vaterunser sprechen oder einen Choral singen.

Die wenigen Bauern, die für sich allein fischen, fangen im Frühjahr den Dorsch mit der Angel, im Herbst den jungen Dorsch *(stútungur)* und Schellfisch *(ýsa)* mit langen Hanfleinen, an denen mittels kleinerer Leinen Haken befestigt sind *(lóð)*. Der im Herbst und Frühling gekochte Fisch heisst *sodning* (Z. d. V. f. V. VI, S. 248). Der Seehase (Cyclopherus lumpus, *hrokkelsi*, der Vorbote grösserer Fischschwärme im März), wird mit Netzen gefangen, die aus *tog* sind, dem langen, groben Winterhaare der Schafe. Arme Leute benutzten zu Anfang des vorigen Jahrhunderts den Rogen des Weibchens *(grásleppa)* zur Grütze, indem sie ihn zerstampften *(strokka* = buttern) und mit Mehl zu einem Brei kochten; man nahm saure Molke *(sýra)* hinzu, um den Fischgeschmack zu beseitigen, doch war dies Gericht sehr unbeliebt. Zuweilen knetete man den Rogen mit Mehl zusammen und stellte so ein Gebäck her. Wie man noch heute den Schafen in schweren Zeiten gemahlene Fischköpfe gibt, so kochte man am Ende des 17. Jahrhunderts die Gräten und Fischköpfe so lange in Wasser, bis sie mürbe und das Wasser eingekocht war, aber nur der Hunger soll dieses Gericht *(brudning)* einigermassen geniessbar gemacht haben. Übrigens wurde — nach Pöstion, Island, S. 378 — früher auch der eingesalzene Rogen *(hrogn)* des Dorsches exportiert. Seine Ausfuhr betrug 1872 1558, 1879 2247 Tonnen.

Merkwürdigerweise geniesst der Seehund, dieser schädliche Fischräuber, gegenüber anderen als dem Besitzer des betreffenden Gebietes den Schutz des Gesetzes. „Am *Breidifjördur* wird er geradezu wie eine Art Haustier behandelt, und hier ist der Seehunde wegen alles Schiessen verboten, niemand tötet ein erwachsenes Weibchen. Die Eigentümer der Inseln haben einen grossen Gewinn aus den jungen Tieren, die hier im Frühjahr oder Herbst geboren

---

[1]) 1 *fadmur* (Faden) = 3 *alnir* (Ellen) = 6 *fet* (Fuss), also 1 Faden = etwa 2 Meter.

werden. Es findet deshalb auch zweimal im Jahr die Tötung der Jungen *(læpa)* statt, es gilt aber für schmählich, das Junge zu erschlagen, ohne es vorher vom Schlafe aufgeweckt zu haben. Von den im Herbst geworfenen Jungen soll das Männchen *(brimill)* den Aufenthaltsort des Paares bestimmen, daher tötet man eher das Weibchen *(urta)* als das Männchen"[1]. An einzelnen Stellen wird übrigens der Seehundsfang mit gutem Erfolge betrieben. Thoroddsen erzählt von der Hornküste, dass hier zahlreiche Seehunde seien; haufenweise liegen sie auf den Schären, an manchen Stellen so dicht, dass sie kaum Platz haben und einander hinabwälzen. Hier und da sind sie so zutraulich, dass sie sich nicht eher rühren, als bis man ganz nahe an sie herankommt, dann stürzen sie sich alle in wildem Getümmel ins Meer, im nächsten Augenblick aber heben sie schon wieder die Köpfe aus dem Wasser, um zu sehen, was eigentlich los sei[2]. Im *Skagafjördur* wimmelte vor 50 Jahren von Ende Januar an jeder Fjord von Tausenden von Seehunden, die vom Meere hereinkamen; es war höchst ergötzlich zu sehen, wie schnell die Scharen dahinzogen, und welches Leben sie verbreiteten[3]. Auf *Grimsey* erschlugen die Fischer 1820 einmal 360 Seehunde, dabei hatten sie von etwa 100 Tieren immer nur eins erlegt, auf den Eisschollen müssen also 30—40000 Seehunde gelegen haben[4]. Grosse Seehundsschwärme wurden in Netzen gefangen, vereinzelt schwimmende Tiere wurden geschossen, was jedoch sichere Schützen erforderte, in noch früheren Zeiten war das Harpunieren gebräuchlich. Zuweilen diente das Seehundsfleisch als Nahrungsmittel. Heute wird das Fell gern zu Schuhen verarbeitet. Man schneidet zwei länglich viereckige Stücke ab, so gross wie der Fuss ist, weicht sie in Wasser ein, näht die beiden schmalen Seiten in der Mitte zusammen und zieht sie noch weich an den Fuss, wo sie ganz dessen Form annehmen. Sie schmiegen sich dem Erdboden angenehm an und sind besonders beim Klettern zweckmässig, weil man den Fuss ganz frei bewegen und sich mit den Zehen auf dem kleinsten Vorsprung anklammern kann; meine Führer kletterten bei der Besteigung der *Hekla* mit ihnen geschickt über die zerrissensten Lavagebilde und schwebten über den losen Schnee wie auf Schneeschuhen dahin. Hochgeschätzt sind auch die Riemen aus Seehundsfell, sie werden zum Herablassen der Eiersucher auf den Vogelbergen benutzt. Das Fell selbst wird zum Trocknen an die Wand genagelt und bedarf dabei keiner weiteren Zurichtung.

---

[1] Kaalund, I, S. 494, Anm. 3.
[2] Die Hornküste. Das Ausland, 1887, Nr. 10, S. 183.
[3] Z. d. V. f. V. VI, S. 374.
[4] Ebel, Geographische Naturkunde 1850, S. 377; Olafsen Povelsen, I, S. 281 ff.

Der Isländer unterscheidet: *útselur* oder *vetrarselur* (Winterseehund) = Phoca foetida, *vöðuselur* (vaða, grosser Schwarm) = Phoca groenlandica, *blöðruselur* = Klappmütze, Stemmatopus cristatus, *landselur* = Phoca vitulina oder auch *vorselur* (Frühlingsseehund). In der *Skaptafells sýsla* ist der Seehundsfang mit grossen Strapazen und nicht geringen Gefahren verbunden, wegen der starken Brandung, namentlich auf den *Hrollaugseyjar*, die 1½—2 Meilen von der Küste liegen. Aber auch auf den Inseln, wie den *Tvísker*, und in den Lagunen des *Hornafjörður* wird der Seehund gefangen. In diesem Bezirk hat man die Bezeichnungen *vatnaselur* (Wasser..), *skerjaselur* (Schären..) oder *útselur;* unweit der Insel *Papey* heissen einige Klippen *útselsker* (Schären des Klippenseehunds). Dort sammeln sie sich scharenweis und werfen im Oktober ihre Jungen; diese können ohne Mühe totgeschlagen werden, da sie vor einem Monat nicht ins Wasser gehen. Doch auch die alten Tiere kann man leicht erlegen, wenn man ihnen den Rückweg aus einer kleinen Bucht, die die Felsen dort bilden, abschneidet. Der *vatnaselur* bekommt Anfang Juni Junge, und diese werden am besten im Juli an den Fjordmündungen gefangen. Der *landselur* wird in der Nähe des Strandes in grossen, weitmaschigen Netzen gefangen. Einige rot angestrichene Bojen locken die neugierigen Tiere heran, dann beginnen die am Ufer stehenden Jäger zu klatschen und zu schreien, und wenn die erschreckten Robben untertauchen wollen, verwickeln sie sich in das Netz und werden erlegt[1].

Der Heringsfang in grösserem Massstabe ist verhältnismässig jungen Ursprungs auf Island. Noch im ersten Viertel des vorigen Jahrhunderts wurden die vielen Heringe, die im Sommer in die Fjorde kamen, so gut wie gar nicht beachtet. Nur einige wenige fing man, um sie zu verzehren, meist benutzte man sie als Köder für den Dorsch, oder um Tran daraus zu kochen. Der isländische Hering ist gross, fett und sehr gesucht. Er galt früher in Dänemark als eine grosse Seltenheit und als ein besonderer Leckerbissen, das Stück wurde mit 3 Mk. bezahlt. Bis 1880 hatten sich die Isländer nicht sonderlich um den Heringsfang gekümmert und niemals daran gedacht, den Hering als Handelsware zu benutzen. Erst das Glück der Norweger öffnete ihnen die Augen, und in *Akureyri* bildete sich eine isländisch-norwegische Aktiengesellschaft für Heringsfischerei. Bis 1900 fing man den Hering nur innerhalb der Fjorde mit Schleppnetzen, seit der Zeit aber wendet man Treibgarn an und fischt auf dem offenen Meere ausserhalb der Küste, wo stets Heringe anzutreffen sind; seit 1903 sind die Isländer mit 20 Schiffen dabei beteiligt. Leider fehlt es ihnen auch hier wieder an Arbeitskräften

---

[1] Über die Rolle, die der Seehund im Volksglauben spielt, vergl. Maurer, Isl. Volkssagen S. 172 ff.; Herrmann, Nordische Mythologie S. 70.

und Kapital, um den Fang so zu betreiben, dass sie sich selbst den Löwenanteil sichern könnten.

So müssen sie zusehen, wie ihnen fremde Völker das Beste vor der Nase fortfischen. 1868 kamen die ersten norwegischen Fahrzeuge nach Island (aus Norwegens südlichster Stadt, Mandal), 1879 waren es immer noch nur 10, aber 1880 stieg ihre Zahl auf 80; mehr als die Hälfte davon waren aus Haugesund, die übrigen aus Bergen, Stavanger und Mandal; im *Seydisfjördur* und in dessen Umgebung wurden allein 45 000 Tonnen Heringe erbeutet, in ganz Island ca. 100 000 Tonnen, d. h. ein Wert von fast zwei Millionen Kronen[1]. 1884 waren 140 norwegische Schiffe mit 1600 Mann an Islands Küste, aber die Ausbeute war nur gering: etwa 20 000 Tonnen. Unter den Norwegern, die zuerst auf Island den Heringsfang im grossen betrieben haben, nimmt einen der ersten Plätze der verstorbene Otto Wathne ein, der Gründer der bekannten Reederei „Otto Wathnes Arvinger", die vor allem die Ost-Nordküste bis *Akureyri* in 12 Fahrten anläuft. Ihm ist sogar in *Seydisfjördur* ein granitnes Monument errichtet, an dem sein Reliefbild in Bronce angebracht ist; auf dem Sockel steht ein Widmungsvers aus der Edda. Anfangs wurden die Norweger von den Isländern freundlich aufgenommen, sie verschafften ihnen Arbeit, nahmen ihnen mancherlei Waren ab und kauften sich für ein paar Kronen das isländische Bürgerrecht, um auch ausserhalb der Territorialgrenze fischen zu können. Aber heute führen die norwegischen Dampfer allen Bedarf mit sich an Bord und besorgen die meisten Arbeiten selbst; das einzige Geld, das sie ausgeben, sind die wenigen Kronen, um die sie Lagerräume und Salzbuden mieten. Man kann es den Isländern wahrlich nicht verdenken, wenn sie beabsichtigen, von den Norwegern, die auf Islands Territorien fischen, tüchtige Steuern zu erheben, namentlich von den Booten, die die Heringszüge aufsuchen und durch Signale die übrige Flotte zusammenrufen. Vorläufig fehlt es den Isländern noch an Kapital, um die Heringsfischerei selbst in die Hand zu nehmen. Schon die Ausrüstung für das untersuchende Schiff mit den gewaltigen, feinmaschigen Netzen kostet 100 000 Kronen. Schlägt die Fischerei ein, kann sie sich ausgezeichnet verlohnen und ein paar 100 Prozent abwerfen; aber sie kann auch fehlschlagen, denn der Hering bleibt zuweilen ganz aus, und schlechtes Wetter kann das Laichen verhindern oder ganz vernichten. Auch haben die Isländer nicht immer das nötige Vertrauen in ihre eigenen Kräfte, und vielleicht verstehen sie auch nicht, diese richtig zu gebrauchen. An der Ostküste haben mehrere Bauern sich norwegische Boote angeschafft, die weit besser als ihre eigenen sind; mancher

---

[1] Diese Angaben verdanke ich meinem gastlichen Führer auf der Rückfahrt, Kapitän Iversen aus Haugesund.

Isländer verdient hier 7—8 Kronen täglich. Seit etwa 30 Jahren kommen auch die Færinger hierher, um Dorsch zu fangen; einige fischen auch um Tagelohn bei wohlhabenden isländischen Bauern.

Neben den Norwegern treiben Amerikaner, Engländer, Franzosen und neuerdings auch Deutsche in ausgedehnterem Masse Fischfang in den isländischen Gewässern.

1884 waren die beiden ersten amerikanischen Schoner aus Gloucester auf Island, 1892 waren es 13, seitdem sind immer mehr gekommen. Die amerikanischen Fischer sind im allgemeinen nicht gern gesehen, da die Schiffsmannschaften aus zusammengelaufenem Volk bestehen, das sich allerlei Roheiten gegen die friedliche Küstenbevölkerung zuschulden kommen lässt[1].

Englische Fischerschmacken umfuhren bereits im 14. Jahrhundert Island, um Fischfang zu treiben. 1412 kam ein englisches Schiff nach Horn im Osten, 1413 eine „navis mercatoria" und 30 oder mehr „naves piscatoriae"[2]. 1500 setzte das Althing fest, dass die englischen Fischer, die keinen Handel trieben, sondern mit langen Leinen und vielen daran befestigten Angelhaken fischten, festgenommen werden sollten. An ihre Stelle traten die Hamburger bis 1602, wo das erste dänische Handelsschiff den gesamten Handel übernahm. Heute kommen die meisten englischen Fischer aus Great-Grimsby, mit mehr als 60 Dampfern und fischen den Kabeljau und die Heilbutt. Die Engländer sind von allen fremden Völkern die rücksichtslosesten. An der Südküste, bei *Mýrar*, wagt kein isländischer Fischer mehr sich im Sommer auf die See, aus Angst vor den englischen Trawlers, die sich hier in grosser Menge aufhalten und erbarmungslos die isländischen kleinen Boote in den Grund bohren. Sie haben sogar mit Schleppnetzdampfern im Küstengebiet gefischt und dadurch die Bootfischerei der armen Isländer vernichtet. Das einzige dänische Kriegsschiff, das die Seepolizei ausübt, kann natürlich nicht überall sein; um so grösser und aufrichtiger ist daher die Freude, wenn es einen dieser räuberischen Trawler aufbringt. Das Fischereiinspektionsschiff ist stets auf der Jagd hinter ihnen her, denn sie kratzen ausserdem noch die Fischgründe bis auf den letzten Fisch rein aus; und wie die deutschen Fischereitorpedoboote in der Nordsee oft genug auf deutschem Gebiete englische Fischereidampfer antreffen, beschlagnahmen und die Geräte einbehalten, so ist es gar keine Seltenheit, dass das dänische Fischereischutzfahrzeug bei Island englische Trawler im Fischen auf isländischem Gebiet abfasst. So hat der dänische Kreuzer „Hekla" im April 1905 in einer Woche einen ungewöhnlich guten Fang gemacht, indem er

[1] Thoroddsen, in: Petermanns Mitteilungen 1888, Bd. 34, S. 119.
[2] Finn Magnusen, Om de Engelskes Handel paa Island, Nordisk Tidskrift for Oldkyndighed II. S. 112—69; Gustav Storm, Isl. Annaler, Kristiania 1888, S. 290—91.

die englischen Trawler „Atlanta", „Calabria", „Jeric" und „Olle Poul" aufbrachte, die auf dem Seeterritorium bei den *Vestmanna eyjar* und Portland fischten. Die Geldstrafen beliefen sich zusammen auf 6500 Kr., ausserdem wurden die Gerätschaften und der Fang konfisziert (er betrug 160000 Pfund Fische).

1613 kamen 18 gaskognische Walfänger nach Island; 1695 strandete ein französisches Schiff an den *Fuglasker*. Die Hauptmenge der französischen Fischer scheint seit 1840—50, vielleicht auch schon etwas eher, nach Island zu kommen: bestimmtere Daten habe ich nicht ermitteln können. Sie üben namentlich den Dorschfischfang aus und schaden den Isländern ganz bedeutend, da sie ihnen nicht allein die Fische fortnehmen, sondern auch den Markt vollständig für die Isländer verderben[1]). Denn die französische Regierung, die unter den „Islandfischern" die besten Matrosen für ihre Marine findet, gewährt diesen so hohe Prämien, dass die Isländer beim Klippfischhandel nach Spanien nicht mehr konkurrieren können, und Frankreich hat einen so hohen Einfuhrzoll auf den Klippfisch aller anderen Völker gesetzt, dass keines damit den Wettbewerb aufnehmen kann. Dadurch ist unter den isländischen Fischern in dem letzten Jahre grosse Not hervorgerufen worden. Während die Isländer 1880 etwa 50000 Schiffspfund ausführten, fischten die Franzosen 1878 nicht weniger als 81000 Schiffspfund. Sie hatten an den isländischen Küsten 367 Deckfahrzeuge mit einer Bemannung von 4723 Köpfen; 1892 167 Segelschoner mit 3171 Mann, zurzeit der höchsten Blüte 6000 Mann, heute etwa 150 Schoner mit je 25 Mann Besatzung, also zusammen 3750 Mann. Dazu kommt das Kriegsschiff, das alljährlich zum Schutze der französischen Schiffer nach Island geschickt wird. Man hat ausgerechnet, dass sie jetzt jährlich ca. 25000 Pfund Fisch von Island heimbringen, und dass jedes französische Schiff jährlich für ca. 24000 Kr. Wert fängt. Die Brutto-Einnahme eines Schiffes in einer Kampagne beläuft sich nach Bruun auf 40—50, ja 80000 Frank. Rechnet man nur 50000 Frank im Durchschnitt, so bekommt man für das Jahr eine Summe von $7^{1}/_{2}$ Millionen Frank. 1902 hatten die Franzosen einen Fang von 47 Millionen kg, 1903 nur 23, 1904 sogar nur 17 Millionen und 1905 kaum 10 Millionen; man fürchtete damals für die Bretagne, die doch ausschliesslich vom Fischfange lebt, geradezu Hungersnot.

Man kennt das stimmungsvolle Buch von Pierre Loti „Islandfischer" (1886 erschienen) und wenn auch manches darin übertrieben ist, der Zauber des nordischen Meeres ist prachtvoll empfunden, das an Arbeiten und Gefahren reiche Leben an Bord meisterhaft

---

[1]) 1864 belief sich der Wert des Fisches, den die Franzosen hier gefangen, auf 16 Millionen Franken, während die Isländer in demselben Jahre kaum für $1^{1}/_{2}$ Millionen Franken ausführten.

geschildert. Ich hatte das Buch vor meiner Reise noch einmal zur Vorbereitung gelesen und las es nach der Rückkehr abermals, um meine Eindrücke mit denen des Dichters zu vergleichen. Die Schilderung des Fischfangs während der „weissen Stille" (I, K. 6, III, 9); die ergreifende Beschreibung von Island als dem Lande voller Steine, aber ohne Bäume, einer Sonne, die nicht die Kraft hat, sich zu erheben; und hier und da ein kleiner Kirchhof mit hölzernen Kreuzen, auf denen roh französische Namen eingeritzt sind (IV, 8); der grossartige Sturm (II, 1) und der bleierne, heimtückische Nebel (III, 11): — das sind Szenen so voller packender Wahrheit, dass man sie nie vergisst, um so weniger, wenn man mit eigenen Augen den Schauplatz kennen gelernt hat. Freilich, so viele Menschenleben gehen da oben nicht verloren, wie man nach Loti annehmen müsste; immerhin ist die Zahl der Unglücksfälle ganz bedeutend. 1873 kamen an einem Tage über 100 Menschen um, am 6. April 1901 scheiterten 13 Schiffe, 8 gingen völlig verloren mit ca. 200 Mann. Im April 1905 sind, um mich auf die Gegenwart zu beschränken, zwei französische Kutter, darunter der nach dem Dichter benannte „Pierre Loti" an den Klippen der Südküste gestrandet; zu derselben Zeit war der Kutter „Mouette" an derselben Südküste von einem englischen Trawler in den Grund gebohrt worden, der hatte aber seinen Kurs fortgesetzt, ohne sich auch nur im geringsten um das Schicksal der 25 Mann zu kümmern. Doch gelang es diesen, sich in einem Schiffsboote zu retten; Landleute fischten sie dann auf und setzten sie an den *Vestmannaeyjar* an Land; von hier aus holte sie der Küstendampfer Hólar nach *Reykjavik*[1]).

Der grösste Teil der französischen Flotte kommt aus der Bretagne und dem Departement Nord; 1901 waren aus Paimpol 42, St. Brienne 8, Binic 9, Dunkirchen 76, Graveline 15, dazu kommen 14 sogenannte „Chasseurs de Poste", Schnellsegler, die die Verbindung mit den Mutterhäfen aufrecht erhalten, namentlich mit Paimpol, den Fang heimschaffen und Salz heraufbringen[2]). In anerkennenswerter Weise wird für die Fischer gesorgt. Anfang April, sobald die Küstenfahrt offen wird, reisen einige der St. Josephs-Schwestern aus *Reykjavik*, wo möglich solche, die französisch sprechen, nach *Fáskrúðsfjörður*, um das kleine Hospital (seit 1897) dort für kranke französische Islandfischer zu öffnen und die 10 Betten in Ordnung zu setzen. In *Fáskrúðsfjörður* lebt auch seit 1890 ein französischer Geistlicher, um die Kranken und Sterbenden zu trösten. Im August kehren die Schwestern nach *Reykjavik* und der Pater nach Paris zurück. *Fáskrúðsfjörður* ist eine der Hauptstationen für franzö-

---

[1]) Nach französischen Quellen erzählt K. E. Schmidt ein „Abenteuer bei den Islandfischern" (Das grosse Weltpanorama, VI, S. 285—310), das Beste sind die Abbildungen, der Text selbst ist sehr dürftig.

[2]) Bruun, Det höje Nord S. 100 ff.

sische Fischer; sie suchen hier Schutz vor Unwetter, führen die notwendigen Reparaturen aus, nehmen Wasser und Proviant ein und treiben gleichzeitig Handel mit der Bevölkerung. Die Gesellschaft „Les œuvres de Mer" hat ausserdem durch freiwillige Beiträge aus ganz Frankreich ein Hospitalschiff ausgerüstet, das die Kranken von den Schiffen abholt und nach den isländischen Häfen bringt, besonders nach *Reykjavík*, in das französische Krankenhaus.

Die Angaben, die Bruun in *Fáskrúdsfjördur* gesammelt hat, stimmen ungefähr mit denen bei Pierre Loti überein (I, 5): Die Besatzung vom Kapitän an bis zum Schiffsjungen arbeitet auf Prozente. Die Reederei rüstet die Schiffe mit Proviant aus, Salz zum Einpökeln und allem, was sie im Laufe des Sommers gebrauchen, so dass sie nur in Krankheitsfällen an Land zu gehen brauchen, oder wenn eine Reparatur vorgenommen werden muss. Ein paar hundert Frank werden durchschnittlich als Vorschuss an jeden Fischer gezahlt, und wenn der Fang gut ist, kann er 1400 bis 1500 Frank verdienen. Die französischen Seeleute kommen also selten in Verbindung mit den Isländern, da sie ja die ganze Zeit draussen auf dem Meere bleiben; aber wenn es einmal vorkommt, geschieht es freundschaftlich. Wohl sieht man zuweilen auch betrunkene französische Matrosen an Land, aber solcher Lärm und Spektakel, wie die Engländer vollführen, ist bei den abgehärteten und doch gottesfürchtigen Franzosen unbekannt. Die beiden französischen Patres in *Reykjavík* und der in *Fáskrúdsfjördur* lernen eifrig isländisch, und die St. Josephs-Schwestern in beiden Orten lehren isländische Kinder französisch. Bei dem häufigen Verkehr der Franzosen in *Fáskrúdsfjördur* hat sich hier, wie Thoroddsen beobachtet hat, eine eigentümliche Umgangssprache gebildet, ein Kauderwelsch aus holländischen, französischen und isländischen Wörtern; beide Parteien können sich in diesem Jargon mit grosser Sicherheit und Lebhaftigkeit ausdrücken; die Franzosen glauben isländisch, die Isländer französisch zu sprechen[1]).

Die Beteiligung der Deutschen an der Fischerei in Islands Meeren ist noch verhältnismässig jung, aber recht lebhaft und verspricht immer erfolgreicher zu werden. Schon Anderson weiss, wenn wir von der Hansa absehen, dass den Isländern „die Fische in erwünschter Güte von allen Seiten zukommen und sich in ihre Fjorde mit allen Winden drängen" (Nachrichten von Island, 1746, S. 51).

Über das Fangergebnis deutscher Fischer stehen mir aus den letzten Jahren folgende Zahlen zur Verfügung: Im März 1904 brachten Dampfer der Dampffischerei-Gesellschaft „Nordsee"

---

[1]) Thoroddsen, En Undersögelse 1882 i det östlige Island. Geogr. Tids. 1883/84, VII, S. 105.

900000 ℔ Seefische nach Nordenham heim, und die im April zurückkehrenden Dampfer hatten dasselbe Glück beim Fischfange gehabt; im ganzen lässt diese Gesellschaft 34 Dampfer nach Island gehen. Im März 1905 trafen deutsche Fischer an der Südküste so ungeheure Fischzüge, dass oft in einer Viertel- bis halben Stunde das Netz mit 100—150 Zentnern gefüllt war. Der Fang musste öfters ausgesetzt werden, um die an Deck befindlichen Fische zu verarbeiten. Von 11 Dampfern, die bei Island gefischt hatten, wurden zusammen rund 150000 Zentner in Geestemünde an den Markt gebracht und hoch bezahlt, weil die Fastenzeit einen grossen Verbrauch zur Folge hatte. Die Besatzung eines deutschen Fischdampfers besteht gewöhnlich aus dem Kapitän, dem Steuermann (Bestmann), 2 Maschinisten, 2 Heizern, dem Koch, dem Netzmacher und 4 Matrosen. Es ist sehr erfreulich, dass man jetzt sogar den Grossbetrieb im Heringsfang einführt.

Die Dampfschiffsgesellschaft Nordsee liess 1906 ihr Segelschiff „Standard" in Nordenham mit Salz, Tonnen und Proviant ausrüsten, um es als Standschiff für den Heringsfang bei Island zu verwenden. Das Schiff nimmt zuvor in Norwegen 50—60 Frauen an Bord, die während der monatelangen Fangzeit mit der Reinigung, Einpökelung und Verstauung der Heringe an Ort und Stelle beschäftigt werden. Dazu kommen noch zehn bis zwölf norwegische Küfer, denen die versandfähige Bearbeitung der Tonnen obliegt. Zehn bis zwölf Fischdampfer sind während der Fangzeit ununterbrochen tätig, um die Heringsfänge an Bord des „Standard" zu bringen, und die fertige Ware wird darauf durch einen norwegischen Dampfer in regelmässigen Fahrten nach Stavanger auf den Markt gebracht; dieser Dampfer besorgt gleichzeitig die Ergänzung des Proviants. Erst nach Beendigung der Fangzeit kehrt die ganze Flotte nach Nordenham zurück.

Leider halten auch die Deutschen, ebensowenig wie die Engländer, Amerikaner und Franzosen, nicht immer die Demarkationslinie inne. 1905 wurden z. B. die Fischdampfer „Auguste", „Augsburg" und „Burhave" aus Geestemünde wegen Fischens innerhalb der Hoheitsgrenze von dem auf Island stationierten Fischereikreuzer festgenommen und erst wieder freigelassen, nachdem sie die gesetzlich vorgeschriebenen Strafen entrichtet hatten.

Während wir in der Ostsee überhaupt keine Fischereikreuzer haben, fahren in der Nordsee ein kleines Kriegsschiff („Zieten") und zwei Torpedoboote. Auch das ist lächerlich wenig, wenn man berücksichtigt, welche ansehnlichen Flotten, abgesehen natürlich von Grossbritannien, die kleinen nordischen Seestaaten für den Fischereischutz unter die Flagge treten lassen. Der Fischereikreuzer hat in den letzten Jahren umfangreiche Kreuztouren in der Nordsee ausgeführt, namentlich nach der englischen, norwegischen, aber auch nach der isländischen Küste. Ausser Schutz gegen Übergriffe gewährt dabei der „Zieten" den Fischern bei Unfällen oder Krankheiten ärztliche Hilfe. Übrigens bildet der „Zieten" durch seine Fischereischule auch tüchtige Hochseefischer aus.

Misserfolge sind auch den Deutschen nicht erspart geblieben. Von der Strandung des „Friedrich Albert" wird dieses Buch noch genug zu erzählen haben. Glücklicher war der Fischereidampfer „Schleswig", der im Dezember 1904 bei Island Schaden am Steuergeschirr erlitten hatte, aber von einem andern deutschen Fischdampfer trotz des anhaltend schlechten Wetters in Aberdeen eingeschleppt werden konnte. Im Juni 1906 geriet der „Nordstern" bei Island auf Grund. „Hanseat" aus Bremerhaven schickte sofort ein Boot mit vier Mann zur Hilfeleistung ab, dieses schlug aber um, und die Besatzung ertrank. Die acht Mann der Besatzung des „Nordstern" retteten sich an Land, nur der Dampfer blieb verloren.

Bis auf eine dänisch-isländische Walfängergesellschaft in *Isafjördur* und eine deutsche Walstation in *Fáskrúdsfjördur* wird der Walfang nur von Norwegern betrieben. Nach Valtýr Gudmundsson und Daniel Bruun wurden in neuerer Zeit jährlich gegen 1200 Wale im Werte von etwa zwei Millionen Kronen gefangen, ganz abgesehen von den sehr wertvollen Barten[1]). Zuweilen strandet ein Wal an der isländischen Küste, oder es kommt auch vor, dass eine ganze Schar vom Eis eingesperrt und getötet wird oder umkommt. 1880 fing man so etwa 40 grosse Wale im Nordlande. 1883 war der Fang so gering, dass man daran dachte, ihn aufzugeben; aber 1884 erbeutete man 24—26 Wale, die einen Wert von 60—80000 Kronen repräsentierten. 1894 wurden 523 Tiere gefangen, sieben, die hier und da in einer Bucht an den Strand getrieben wurden, fielen den Isländern zu (Heusler). Am 1. Mai 1905 gingen allein von Haugesund 8 den Walfängergesellschaften „Tækna" und „Hekla" gehörige Dampfer nach Island ab, begleitet von dem Trawler „Ludolf Eide". 1901 arbeiteten dort oben 27 norwegische Walboote mit 10 Schleppdampfern auf 9 Walstationen (im *Mjóifjördur* 7 Walboote, 2 Schlepper; im *Önundarfjördur* 5, im *Isafjördur* 11, die übrigen Walboote im *Dýrafjördur* und *Hellisfjördur*). Diese 27 Boote kosten nach Bruun durchschnittlich 70000 Kr., also zusammen 1900000 Kr., 10 Schleppdampfer, einer zu 70000 Kr. gerechnet, kosten 700000 Kr. Dazu kommt die Einrichtung der 9 Walfängerstationen, Versorgung mit Kohlen durchschnittlich 100000 Kr. = 900000 Kr., mit anderen Worten ca. 3½ Millionen Kronen, wozu noch die Betriebsunkosten kommen. Ein Walboot hat durchschnittlich 9 Mann Besatzung, und bei den Anlagen an der Küste sind mindestens 50 Mann beschäftigt. Die Wale, die man

---

[1]) Bruun, Det höje Nord S. 83 ff.

an der isländischen Küste trifft, sind namentlich Blauwal, der eigentliche Finnwal und der sogenannte Höckerwal. Der bekannte norwegische Kapitän zur See Svend Foyn, der auch die Expedition Bulls nach dem südlichen Eismeer ausgerüstet hat[1]), hat zuerst in Finnmarken, dann in Island den Walfang systematisch organisiert. Er liess 1868 kleine Dampfer bauen, nur so gross, dass der harpunierte Wal sie mitnehmen konnte, ohne dass die Fangleine riss, aber doch gross genug, dass man vom Deck aus das Tier aus der Tiefe heraufwinden und es damit nach der Fangstation an Land bugsieren konnte. Er erfand auch eine schwere Bugkanone, durch die die Harpune mit der an ihr befestigten Leine von $2^{1}/_{2}-3$ Zoll Durchmesser und der dazu gehörigen Explosivbombe abgeschossen wurde (das Gewicht der Harpune beträgt, nebenbei bemerkt, mit der Bombe 30 kg und darüber).

Auf mehreren Stationen erhalten die Isländer, wenn aus einem Wale der Speck geschnitten ist, die Erlaubnis, so viel Fleisch zu nehmen, wie sie wollen; auf andern wird es zu sehr mässigen Preisen verkauft das Pfund zu 1—4 Öre. Besonders beliebt ist das *rengi*, ein Mittelding zwischen Fleisch und Speck; es wird gekocht, in Essig oder saure Molken gelegt und in Tonnen für den Winter aufbewahrt. Von weit her, oft 4—5 Tage entfernt, kommen die Bauern mit grossen Pferdekarawanen nach der Station, um das Fleisch zu kaufen. Ich habe beim besten Willen mich nicht daran gewöhnen können, die Isländer selbst bezeichnen es als Delikatesse. Von anderer Seite habe ich gehört, dass es gar nicht so übel schmecken soll, wenn man erst einen gewissen Widerwillen überwunden habe. Dr. Carl Paul, Direktor der „Germania", der Walstation in *Fáskrúdsfjördur*, hatte im November 1904 Walfleisch zum Fischeressen in Pillau gestiftet, das „sehr gut" gemundet haben soll[2]).

---

[1]) Svend Foyn ist 1809 geboren, 1894 gestorben. Eine Biographie dieses tüchtigen Mannes bei Bull, Südwärts! S. 8—23.

[2]) Eine Beschreibung der dortigen Anlagen bei Jäger, Die nordische Atlantis S. 164 ff. — Wer sich für den Wal näher interessiert, sei auf das an abenteuerlichen Erlebnissen reiche, sehr anschaulich und lebendig geschriebene Buch des Seefahrers und Walfängers Frank T. Bullen hingewiesen „The Cruise of the Cachalot" (Tauchnitz-Edition, 2 Bde.); u. a. behauptet er, dass das Spritzen der Wale, der scheinbare Wasserstrahl, nur der warme Atem der Kolosse sei, der sichtbar werde, sobald er in Berührung mit der kalten Luft komme und sich zum Teil in Wasser verwandele.

Sechstes Kapitel.

Probeausflug nach dem Hvalfjörður, Reykholt und þingvellir.

Unserer ersten Reise waren keine sonderlich hohen Ziele gesteckt. Wohl war die Schneedecke schon überall geschmolzen und das junge Gras bereits im Wachstum begriffen, aber es war noch zu kärglich, als dass die Pferde davon satt werden konnten, und des Nachts fror es noch tüchtig. Es dauerte drei volle Tage, bis es unseren Führern, *Ögmundur Sigurdsson*, Prof. Thoroddsens altbewährtem, treuem Begleiter, und stud. jur. *Vilhjálmur Finsen*, der zwei Jahre vorher Dr. Zugmayer sechs Wochen geführt hatte, gelang, die nötige Anzahl Pferde zusammenzubringen. Da Dr. Boden, unser Reisegefährte von der „Laura", schon nach neun Tagen die Heimreise antreten musste, mussten wir uns damit begnügen, eine verhältnismässig kurze Reise von acht Tagen zu unternehmen. Immerhin war sie lang genug, um uns an die eigentümliche Art des Reisens auf Island zu gewöhnen. Auch hatte Ögmundur sich diesen „Probeausflug" ausgemacht, um zu sehen, ob Herr Eberhardt und ich den Anstrengungen der geplanten Durchquerung der Südküste gewachsen wären; wenn nicht, mussten wir uns mit der gewöhnlichen Touristenroute von *Reykjavík* aufwärts nach *Akureyri* begnügen. Nach langen Unterhandlungen entschieden wir uns für die Reise nach dem *Hvalfjörður*, dabei lernten wir den Schauplatz der schönsten isländischen Geschlechtssaga kennen, der *Egilssaga Skallagrímssonar*[1], und der schönsten isländischen Liebesgeschichte, der *Gunnlaugssaga Ormstungu*[2]. Wir berührten ausserdem

---

[1] Deutsch von Ferdinand Khull, Wien 1888.

[2] Deutsch von Kölbing, Heilbronn 1878; Alex. Tille, Leipzig (Reclam); Karl Küchler, Nordische Heldensagen, Bremen 1892, S. 15ff. — Fouqué, Von dem Gunnlaugur genannt Drachenzunge und Rafn dem Skalden (Roman in 3 Bd. 1826). Edzardi, Schön Helga und Gunnlaug. Hannover 1875 (freie Nachdichtung); Karl Bleibtreu, Gunnlaug Schlangenzunge. Berlin 1879 (Epos).

Reykholt, eine der geschichtlich bedeutsamsten Stätten Islands, den Hauptsitz des grossen *Snorri Sturluson*, und mit dem Besuche der alten Thingstätte erhielt die Reise einen würdigen Abschluss. Auch bekam Dr. Boden so einen genügenden Einblick in die eigentümlichen geographischen Verhältnisse der Insel und konnte aus eigener Anschauung manches für seine Auffassung des Godentums lernen (vergl. Boden, Die isländische Regierungsgewalt. Breslau 1905. S. 22, Anm.). Ich selbst kam dabei freilich etwas zu kurz, da ich den Lesern meines geplanten Buches über diesen Teil Islands wenig Neues bieten konnte, um so weniger, als Prof. Kahle acht Jahre vorher, nur einen Monat später, seine Reise ebenso begonnen hatte. Doch gelang es mir durchzusetzen, dass, wenn es uns das Wetter und den Pferden die Weide gestatten sollte, Änderungen vorgenommen würden. Wo ich also anfangs auf Kahles Spuren wandere, enthalte ich mich der Beschreibung von Einzelheiten und verweile lieber bei allgemeinen Erörterungen, gebe auch wohl einige Winke für Islandfahrer.

8. Juni.

Um 12 Uhr brachen wir auf, fünf Mann und 13 Pferde: fünf Reitpferde, für jeden ein Reservepferd, für Dr. Boden zwei, und zwei Gepäckpferde; bei den ledigen Tieren war vorläufig das Maul des einen an den Schwanz des andern gebunden. Wir bogen aus dem engen Hintergässchen in das *Austurstræti* und dann in die schöne, 1898 vollendete Strasse nach *Pingvellir* ein, liessen die heissen Quellen von *Laugarnes* links liegen und überschritten die *Ellidaár* auf zwei rotangestrichenen Brücken. Der durch seinen Reichtum an Lachsen berühmte Fluss, der an einige reiche Engländer verpachtet ist, hat seinen Namen nach dem Schiffe *Ellidi*, einer Schiffsgattung mit hohem Hinterteile[1]), mit dem der Ansiedler *Ketilbjörn* an der Mündung des einen Armes landete (Lnd. V, 12). Der andere Arm entspringt in dem See *Ellidavatn*, an dessen südlichem Ufer Daniel Bruun 1896 Ausgrabungen vorgenommen hat, die wahrscheinlich machen, dass hier eine alte Thingstätte gewesen ist, vermutlich bevor *Pingvellir* zur Althingsstätte ausersehen wurde.

Hier trennten sich die Wege, der rechte führte nach *Pingvellir*, der linke in den langgestreckten *Mosfellsdalur* zwischen dem rundgewölbten *Helgafell* (heiliger Berg) und dem kahlen *Mosfell* (Mosberg) auf der östlichen und dem schweren Basaltklotz der *Esja* (etwa 700 m) auf der nordwestlichen Seite. Hier war es, wo der alternde Dichter *Egill Skallagrimsson* einsam und freudlos seine letzten Tage verbrachte, blind und fast taub.

Als er fast 90 Jahre alt war, belud er ein Pferd mit zwei Kisten voll Silber und versteckte die Schätze oberhalb des Gehöftes in einer tiefen Wasserschlucht:

---

[1]) Auf dem Bodensee heisst noch heute eine Kahnart Lädin.

andere sagen, er habe das Geld in der Nähe einer warmen Quelle verborgen. In der Mitte des 12. Jahrhunderts fand ein Priester beim Bau der Kirche zu Mosfell ein übermenschlich grosses Gerippe, und man schloss gemäss des Berichtes alter Leute, dass dies Egils Gebeine wären. Der Priester wollte sich von der Dicke der Hirnschale überzeugen, nahm eine Axt und hieb, so stark wie er konnte, auf den Schädel mit der Schneide, um ihn zu zerbrechen. Wo die Schneide auffiel, wurde er weiss, es entstand aber weder eine Vertiefung in ihm, noch sprang er. Daraus kann man sehen, dass der Schädel vor den Schlägen schwacher Leute sicher war, da noch Fleisch und Haut hinzukamen (K. 86).

Hier wohnte ein wenig später der Vater des aus der Gunnlaugssaga bekannten hinterlistigen Skalden *Hrafn*, der dem jugendlichen leidenschaftlichen *Gunnlaugr* die schöne *Helga*, Egils Enkelin, abspenstig machte: die beiden Nebenbuhler waren aus gleich angesehenen Familien, beide Dichter und als solche beliebt an den nordischen Königshöfen: ihr Holmgang auf der altberühmten Insel der *Öxará* in der Thingebene gab die Veranlassung, dass die Isländer den Zweikampf, dieses altheidnische Versöhnungs- und Entsühnungsmittel, im Jahre 1006 bei Todesstrafe verboten.

Am Fusse der *Esja* war die erste, dem heiligen Columba geweihte Kirche Islands von *Örlygr* erbaut worden. Als er von den Hebriden nach Island fuhr, gab ihm Bischof *Patrekr* Holz zum Bau einer Kirche mit, eine eiserne Glocke, ein Plenarium und geweihte Erde; diese sollte er unter die Eckpfosten der Kirche legen. Er sollte da Land nehmen, wo er zwei Berge von der See aus sehen würde, zu jedem Berge werde sich ein Tal hinaufziehen (Lnd. I, 12). *Örlygr* tat, wie ihm befohlen war. Noch im 13. Jahrhundert hing die Glocke vor der Kirche zu *Esjuberg*; das Plenarium liess der Bischof *Árni Þorláksson* nach *Skálholt* bringen, wiederherstellen und den Rücken leimen; die Schrift daran war irisch (Kjalnesinga; S. K. 18). Die *Esja* hat ihren Namen nach einer irischen Frau *Esja*. Weil *Örlygr* alt und kinderlos war, gab er ihr Land und Wohnstätte zu *Esjuberg*. *Esja* hing noch am alten Glauben und opferte gern, viele machten von ihren Zauberkünsten Gebrauch (a. a. O. K. 2).

Fröhlich trabten wir dahin, an verschiedenen Höfen vorüber, deren Hauswiesen ganz modern mit Stacheldraht umzogen waren — zum grössten Leidwesen der Kinder. Hier und da tauchten weisse Punkte auf, Schafe mit jungen Lämmern; allerliebst sah es aus, wie das kurze Schwänzchen vor Lust beim Trinken hin und herzappelte; ihr jämmerliches Blöken klang wie das Schreien von kleinen Kindern. Auf Finsens Wunsch stimmten wir einige Studentenlieder an: „Wohlauf, die Luft geht frisch und rein", „Der Mai ist gekommen", „Wohlauf Kameraden, aufs Pferd, aufs Pferd". Seine Lieblingslieder waren „Alt Heidelberg, du feine" und „O alte Burschenherrlichkeit". Er kannte sogar den deutschen Text auswendig, und woher stammte seine Kenntnis? Aus „Alt Heidelberg" von Meyer-Förster. Er hatte jeder Aufführung des Schauspiels in Kopenhagen beigewohnt und war in das Stück rein vernarrt. Während unserer Abwesenheit sollte es auch in *Reykjavík* von isländischen Studenten aufgeführt werden, natürlich müssten auch wir bei einer Wiederholung zugegen sein! Beim Traben wollte unser Sang noch weniger gut als sonst gelingen, aber aus tiefstem Herzen empfanden wir die Worte des Dichters nach:

„Reiterleben — welch' ein Leben! Wenn der Huf die Erde schlägt,
Wenn vorbei im Windesfluge sich die weite Welt bewegt,
Wenn die Brust mit tiefen Zügen frische Morgenlüfte trinkt,
Wenn aus freier, mut'ger Seele sich ein helles Jauchzen schwingt."

Wir fühlten uns so frisch und frei, so unternehmungslustig, dass wir unmöglich schon hätten ins Quartier gehen können. Finsen erkundigte sich, ob das *Svínaskard*, der Schweinepass, passierbar wäre: vor zwei Tagen wäre ein Mann herüber gekommen, es läge zwar alles voll Schnee, aber der Übergang sei nicht unmöglich. Sofort entschlossen wir uns dazu, und da unsere Führer schon Vertrauen zu unseren Reitkünsten gefasst hatten, willigten sie ein, obwohl sie jammerten, dass die Pferde nicht genug Gras fänden und vor Hunger sich untereinander bissen. Am Fusse des Passes wurde Halt gemacht, wir stiegen ab *(ad fara af baki)*, verzehrten eine Büchse Ölsardinen und Corned beef und wechselten wieder die Pferde *(ad skipta um hesta)*. Um $^1/_2 7$ Uhr begann der Aufstieg *(ad fara á bak = aufsteigen)*, und während ich bisher mein Pferd nicht mit allzu freundlichen Augen angesehen hatte, weil es ziemlich hart trabte, zeigte es mit einem Male ungeahnte Vorzüge. Vorher meist der letzte, setzte sich mein Fuchs jetzt ohne weiteres an die Spitze und liess keinen Genossen vorüberkommen. Wie eine Gemse kletterte er die steilsten Anhänge hinan und trat doch so behutsam und vorsichtig auf, dass ich ihm unbedenklich vertraute, auch wenn er haarscharf am Rande eines Abgrundes entlang klomm, und die Steine, die sein Huf losschlug, polternd in die Tiefe kollerten. Die weiten, weichen Schneefelder nahm er, wie wenn sie Wiesen wären, und wenn es mehrere Aufstiegswege gab, wählte er unweigerlich von selbst den bequemsten. Tief über die Mähne gebeugt, überliess ich mich sorglos seiner Führung und hütete mich, ihn irgendwie zu beeinflussen; denn hier war er der Klügere von uns. Die anderen waren weit hinter mir zurückgeblieben, nur Dr. Boden wurde ab und zu an der Biegung eines Weges weiter unten sichtbar. Als wir auf der Höhe angelangt waren, zitterten die Flanken des braven Tieres derart, dass auch ich davon erschüttert wurde und abstieg. Der Pass selbst war fast frei von Schnee, tief unter uns im Westen lugte das blaue Meer hervor. Recht böse aber war der Abstieg. Wir warfen den Pferden die Steigbügel über den Sattel und führten sie, behutsam durch den lockeren Schnee stapfend, am Zügel. Ein unangenehmes Hindernis bildete am Fusse noch die *Laxá*. Sie sah unscheinbar aus, als aber Ögmundur hindurchritt, geriet sein Pferd mitten im Fluss in eine verborgene Spalte, und der Reiter plumpste in das kalte Wasser hinein, glücklicherweise ohne Schaden zu nehmen. Auch uns schoss das Wasser durch die hohen Reiterstiefel; aber als ich Ögmundur zurief „*Jeg er stigvjela fullur*", lachte er und meinte, daran würden wir uns bald gewöhnen. Durch den grasbewachsenen *Svínadalur* jagten wir dann weiter durch Moor und Bäche auf unser Ziel zu, den Pfarrhof *Reynivellir*. Finsen war uns längst vorausgeeilt, um Quartier zu bestellen, denn es war kurz vor 12 Uhr, aber natürlich noch tageshell; bald verkündete uns der aus dem Schornstein aufsteigende Rauch, dass wir willkommen waren. Der herzliche Empfang und die freundliche Aufnahme, die wir bei dem jungen Pfarrer und seiner erst kürzlich ihm angetrauten Frau fanden, erweckten die besten Hoffnungen für die Zukunft.

Da Island so gross ist wie etwa Bayern, Württemberg und das Elsass zusammen genommen, aber nur 80000 Einwohner hat, so finden sich natürlich nur in den grösseren Handelsplätzen Gastwirtschaften; für gewöhnlich muss man bei einem Bauern, Pfarrer oder Ärzte Quartier nehmen. Es ist nicht ratsam, dass mehr als zwei Personen zusammen reisen, sonst hält es schwer, Unterkunft zu finden. Man mag noch so spät ankommen, und wir sind zuweilen erst nach Mitternacht eingetroffen, einmal sogar, als alles schon fest schlief, man darf stets auf die gastfreundlichste Aufnahme rechnen. Oliver Goldsmith sagt einmal sehr fein: „Christus hatte nie ein eigenes Obdach, gleichsam als wollte er sehen, wieviel Gastfreundschaft noch unter den Menschenkindern übrig sei." Er stellt also die Gastfreundschaft als den Prüfstein für die Liebe der Menschen hin. Ich habe in Schweden und Norwegen die herzlichste Gastfreundschaft gefunden und mit Menschen, von deren Existenz ich vorher nicht die geringste Ahnung hatte, Stunden verlebt, die zu meinen schönsten Erinnerungen zählen. Aber auf Island gewährt nicht nur der Einzelne, sondern die gesamte Bevölkerung liebenswürdige, feinfühlige Gastfreundschaft. Schon Cäsar und Tacitus rühmen die Gastlichkeit als eine altgermanische Tugend, aber sie hat sich im Norden länger und schöner erhalten als anderswo. Kein Fremder, der um Obdach ansprach, durfte abgewiesen werden, wenn man auch fürchtete, es sei der Mörder eines Bruders; selbst die Blutrache schwieg, wenn der Feind unter des Feindes Dach trat. Es war der schwerste Vorwurf, gegen Fremde karg zu sein oder die Aufnahme des Fremdlings nach seiner guten oder schlechten Kleidung einzurichten: „Fremde sollst du und Fahrende niemals behandeln mit Spott und Hohn; dem blutet das Herz, der betteln muss täglich um karge Kost", heisst es in dem grossen Sprichwörtergedichte der Edda. Dem Gaste, der über die kalten

Gebirge und durch feuchte Nebelluft kam, tat vor allem Wärme
und trockene Kleidung not. Darum war es das erste, ihn an den
Herd zu führen, ihm seine Kleidung auszuziehen und warme, trockene
Gewänder zu reichen, dann brachte man ihm Speise und Trank.
So war und ist es auf Island im wesentlichen noch heute. Nur die
alte Sitte, dass dem Gaste von der Frau oder Tochter des Hauses
die nassen Kleider, Stiefel und Strümpfe ausgezogen, ihm der durch-
nässte Leib abgerieben und er selbst von ihnen ins Lager geleitet
wird, ist verschwunden. Aber Henderson und Lord Dufferin
haben sie so noch kennen gelernt, und der arme Fassbinder *Sigurdur Eiriksson Breidfjörd* hat in einem schönen Gedichte gezeigt,
dass diese Tugend nicht bloss dichterische Erfindung war, sondern
allgemein auf Island geübt wurde (1798—1846). Da sein Gedicht
fast in jeder Reisebeschreibung steht, verweise ich kurz auf Pöstions
Übersetzung (Eislandblüten, S. 60 ff.). Noch vor 50 Jahren erhielt
jeder Ankömmling das Beste, was das Haus zu bieten hatte. Bei
ganz flüchtigem Besuche erhielt er wenigstens eine Zinnkanne voll
Milch vorgesetzt; im Winter wurde diese Kanne morgens mit frischer
Milch gefüllt und tagsüber in der *Badstofa* gehalten, damit sie, falls
ein Besuch käme, nicht zu kalt sei (Z. d. V. f. Volksk. VI, 251,
Anm. 1; vergl. auch Kjerulf, Digte og Skizzer, Kristiania 1890,
S. 323—324). Der Stiftsamtmann Levetzow (1754—1829) sagt
ebenfalls: „Die Gastlichkeit, die stets ein Hauptcharakterzug des
nordischen Volkes gewesen ist, dürfte kaum irgendwo grösser und
rührender sein als auf Island"; er sieht aber eine soziale Gefahr
darin, indem sie die Armen verführe, statt von der Arbeit der
Hände, von dem Mitleid der Begüterten zu leben und so die Bettler
grosszöge (Thoroddsen, *Landfrædissaga Íslands* IV, 267; ähnlich:
Einar Asmundsson, bei Baumgartner, S. 513). Ich weiss wohl,
dass neuere Reisende klagen:

O alte Nordlands-Gastlichkeit
Wohin bist du geschwunden?

(Vetter, Jahrb. d. Schweizer Alpenklubs 1887, S. 246; Keilhack, Reisebilder aus Island, S. 66, 86), und dass man das
böse Wort gesprochen hat: Bei fortgesetztem Fremdenbesuche
würden die Isländer bald Schweizer werden, — aber das
passt höchstens für den stark überlaufenen Südwesten. Ich persönlich habe die patriarchalische Naivität und Gastfreundschaft noch
überall gefunden und denke mit aufrichtiger Dankbarkeit an sie
zurück. Ich wüsste nicht, warum man mich freundlicher aufgenommen haben sollte als andere Reisende, und es widerstrebt mir,
jedesmal besonders zu betonen: da und da habe ich nichts zu
bezahlen brauchen. Aber Tatsache ist, dass mindestens einmal jede
Woche, wenn ich irgendwo Rasttag machte, der Wirt keine Bezahlung annehmen wollte, und dass ich fast täglich auf den Ge-

höfen, an denen wir vorüberkamen, oder wo wir anhielten, eine Auskunft zu erbitten, zum Kaffee eingeladen bin. Und wie lächerlich gering ist die Summe, die man für Logis und volle Verpflegung entrichtet! Die durchschnittlich 5 Kronen, im Nordlande 6 Kronen, die ich für uns drei Männer und unsere 9 Pferde bezahlte, deckten doch kaum die baren Auslagen, die der Wirt selbst durch uns hatte! Nie habe ich den Eindruck gehabt, dass mir meine Bezahlung oder auch nur die Aussicht, etwas von mir zu verdienen, gefällige Bedienung erkaufte oder kriechende Unterwürfigkeit hervorriefe. Wie ich den Isländer als meinesgleichen behandelte, so tat er mir gegenüber; „Männerstolz vor Fürstenthronen" kann man heute wohl nur noch auf Island finden. Was das Reisen auf Island so teuer macht und dem Reisenden so eindringlich zuruft „Tu Geld in deinen Beutel!", das sind die hohen Kosten für die Pferde: jedes kostet pro Tag 2 Kr., 7 Pferde sind nötig, macht 14 Kr., 6 Kr. erhält der Führer; also 20 Kr. unbedingte Ausgaben pro Tag — das ist eine sehr, sehr hohe Summe, und man könnte für dasselbe Geld im teuersten Hotel der Schweiz leben.

Alter Brauch ist, dass man, wenn man vor einem Gehöft angelangt ist, dieses nicht ohne weiteres betritt; der Führer klopft mit dem Peitschenstiele dreimal oder neunmal gegen die Pfosten, und erst dann erscheint der Hausherr oder einer seiner Söhne, wenn er auch die Karawane längst gesehen hat — das erfordert die Etikette. Wie im Altertum der Wirt den Gast fragte: *„Hvat heitur þú, maðr! eda hvar vartu i nótt, eda hvar er kyn þitt?* (wie heisst du, Mann! wo warst du heut Nacht? welches und wo ist dein Geschlecht? *Fridþjófs* S. K. 11), so beginnt die Unterredung auch heute noch mit dem homerischen „Wer und woher des Wegs? wo zu Haus und wer deine Eltern?" Gewöhnlich wird der Führer gefragt: *Hvada madur er þetta?* oder *Hver er þessi madur?* (Was ist es für ein Mann? Wer ist dieser Mann?), nur selten der Reisende selbst: *Hvadan erud þjer?* oder *Hvad erud þjer? Hvad stundid þjer* (Woher sind Sie? Was für ein Gewerbe haben Sie?). Hatte mein Führer den Fragenden an mich selbst gewiesen: *Hann talar blending af íslenzku og dönsku* (er spricht ein Kauderwelsch von Isländisch und Dänisch), so wiederholte der Wirt seine Frage und fügte gern hinzu: *Til hvers* (oder *í hvada tilgangi*) *ferdist þjer hjer á landi?* (Zu welchem Zwecke reisen Sie hierher?). Mit der Zeit hatte ich gelernt, das etwas umständliche Verfahren abzukürzen und alles in einem Sprüchlein zusammenzufassen: *Jeg heiti Páll Herrmann og er yfirkennari* (Oberlehrer) *vid lærdaskólann* (Gymnasium) *í Torgau á Þýzkalandi og professor ad nafnbót* (h. c.) *Jeg ferdast hjer af því mjer þykir svo vænt um landid, þjódina og bókmenntirnar* (ich bin hierhergekommen, weil ich das Land, seine Bewohner und seine Literatur liebe). Auch „der gemütliche Witz des Inselbewohners" kehrte oft wieder: „Denn zu Fusse bist du wohl nicht auf die Insel gekommen" d. h. man erkundigte sich nach dem Schiffe, auf dem ich die Überfahrt zurückgelegt hatte.

Die Isländer begrüssen einander beim Kommen und Begegnen mit dem schönen Grusse *sæll* (sc. *vertu*, wenn sie sich duzen), *sælir* (sc. *verið þjer*; zu Männern), *sælar* (zu Frauen), *sæl* (sc. *verið þið*, zu Männern und Frauen; sprich szeidl; d. h. glücklich, gesegnet), und verabschieden sich mit den Worten: *vertu sæll, verið þjer sælir, sælar, verið þið sæl.* Guten Tag heisst: *góðan dag*, oder *góðan daginn*; guten Abend: *gott kvöld*; gute Nacht: *góða nótt* oder *góðar nætur*.

Die Sitte des Küssens beim Willkommen und Verabschieden ist kaum noch gebräuchlich, wenigstens nicht mehr den Fremden gegenüber. Früher freilich konnte der Fremde manchen hübschen Kuss einheimsen, „zumal auch die Sitte galt, dass man sich wiederholt, zwei- bis dreimal, umarmt und küsst, und die isländischen Küsse sind keine leeren Ceremonien, sie werden mit Wärme und Nachdruck gegeben (Winkler, Island S. 142/3). Dem Fremden werden die ihm gebührenden Titel nicht vorenthalten, doch kann es auch vorkommen, dass er von einfachen Leuten wie jeder Volksgenosse mit dem Vornamen angeredet wird. Nur die Beamten werden fast durchweg mit dem Titel angesprochen, die Pfarrer seit ca. 1300 mit *sira* oder *sjera* (*séra*; frz. sire, engl. sir).

Für den Verkehr mit den Isländern kann ich nur den Rat geben: nicht mehr scheinen zu wollen, als man selbst ist, d. h. sich ganz als Mensch zu geben. Prof. Heusler, ein gründlicher und feiner Beobachter des isländischen Lebens, hatte mir vor der Reise geraten, jeden, auch den einfachsten Knecht, als Gentleman zu behandeln, und ich bin wohl dabei gefahren. Allerdings ist mir nicht schwer gefallen, so zu handeln; ich habe bald erkannt, dass oft auch der ärmste Isländer, wie Islands grösster Lyriker seinem verstorbenen Freunde, einem Arzte nachrühmt, zwar die Habe eines Häuslers, aber das Herz eines Königs hat.

Wie Tacitus von den Deutschen sagt: „Am nächsten Morgen geleitet der Wirt, als Zeiger einer gastlichen Stätte, seinen Gast zum nächsten Hause", so begleitet der Isländer, wenn es ihm seine Arbeit bei der Ernte irgend erlaubt, seinen Besuch, bis er den Weg nicht mehr verfehlen kann, oft stundenlang. Kann er das nicht, so versammelt sich beim Abschied das ganze Haus, gute Wünsche schallen dem Scheidenden nach: „Fahr heil und glücklich!" „Es gehe dir alles nach deinen Wünschen!" „Glückliche Reise!" *(góða ferð)*, und noch lange sieht man aus der Ferne das Mützenschwenken und Tücherwinken. Das grosse Lob, mit dem der Römer seine Ausführungen schliesst, passt uneingeschränkt für Island: „Das ganze Verhalten zwischen Gastfreunden ist gefällig."

9. Juni.

Ögmundurs erste Frage am nächsten Morgen war, ob ich von ungewohnten langen Reiten *haltur* wäre (lahm), oder *hardsperrur* hätte (Steifheit in den Gliedern). Wir konnten ihm mitteilen, dass keiner von uns auch nur das Geringste verspürte. Im Schweisse unseres Angesichtes führten wir die Pferde den *Reynivallaháls* hinauf (274 m; *háls* bedeutet eine Hügelreihe, deren aus Steinbänken, Schuttflächen und sumpfigen Stellen bestehender Rücken ein weites

Fig. 41. Hvalfjördur, gesehen vom Reynivallaháls.

Plateau bildet; Pöstion, Island 92), stiegen nach dem schönen, etwa vier Meilen langen *Hvalfjördur* hinab (Walbucht), und ritten, da Ebbe war, auf dem weichen Meeresboden um ihn herum. Nach dem *Hvalfjördur* soll, wie früher erwähnt, Kolumbus gekommen sein. Schon oberhalb von *Reynivellir* hatten wir eine prachtvolle Aussicht auf den Fjord, das an seiner Ostseite ziemlich steil abfallend *Múlafjall*, und das mehr im Innern gelegene *Hvalfell*, gehabt (Fig. 41). Aber als die Sonne immer siegreicher durchbrach, wurde ein Schneeberg nach dem andern sichtbar. Der helle Himmel, der blaue Fjord, die ragenden Berge, der lustige Ritt über Sand und

Muscheln, auch wohl durch die Wellen des Meeres hindurch, liessen die Zeit wie im Fluge vergehen, und wir waren sehr erstaunt, als wir nach etwa mehr als drei Stunden schon den Fuss des *Pyrill* erreicht hatten. Im *Tún* des Gehöftes sind die Ruinen eines 57 Fuss langen, 117 Fuss breiten Tempels zu sehen, bei einer Ausgrabung im Jahre 1880 hat man einen Opferstein, Asche und Pferdezähne zutage gefördert *(Sigurdur Vigfússon*, in *Árbók* 1880/81). Ögmundur erklärte den Namen als „Platz wo scharfe Winde wehen", die Gegend hier ist in der Tat durch erschreckliche Wirbelwinde berüchtigt und heisst im Volksmunde *vedra-kista* „Windkasten". *Pyrill* bedeutet ein Gerät zum Schlagen der geronnenen Milch, eine Stange mit einer wollenen Quaste am Ende (Kaalund I, 288 Anm. 2). Der äusserste Felsblock erinnert wirklich an einen Pinsel oder an eine ungeheuere Quaste und mag deshalb den Namen des Berges veranlasst haben[1]. Der Ritt den nördlichen Rand des *Hvalfjördur* entlang war nicht minder schön, er führte über Wiesen- und Weideland. Die ganze Zeit über begegneten wir nicht einem Menschen, nur der kleine Brachvogel *(spói)* mit seinem sichelförmigen Schnabel schwebte mit unaufhörlichem Geschrei über uns. Wie wunderbar wirkt diese erhabene, feierliche Einsamkeit auf den modernen Menschen ein! Wann kommen wir im Hasten und Lärmen unseres Lebens noch dazu, einsam zu sein? Kennen wir das köstliche Gefühl des Alleinseins überhaupt noch, wo der innere Mensch ganz auf sich angewiesen ist und Zwiesprache hält mit der Grossartigkeit der Natur? Wie hoch oben in Norwegen, so kann man in Island den ganzen Tag reiten, ohne einen Menschen zu treffen.

Der Pfarrhof *Saurbær* („Dreckhof"), wo wir zur Nacht blieben, ist als Wohnort des Psalmendichters *Hallgrímur Pjetursson* bekannt (1614—1674). Dem von ihm geweihten „Hallgrímsbrunnen" schrieb man heilende Kraft für Menschen und Tiere bei. Der schlichte Pfarrer von *Saurbær* hat die glanzumflossene geistliche Poesie der alten Zeit wie mit Zauberkraft aus ihrem Todesschlaf erweckt. Seine einfachen und doch so natürlichen Passionspsalmen sind noch heute die erbauliche Lieblingslektüre des Volkes, eine „Hausandachts-Messiade", über die die Zeit keine Gewalt gehabt hat. Sein Lied „Von der ungewissen Todesstunde" rechnet der Jesuit Baumgartner zu den schönsten und innigsten Liedern, die die geistliche Dichtung der Lutheraner aufzuweisen hat (Nordische Fahrten I, 3. Aufl., S. 428, wo auch eine Übersetzung). Neben der Domkirche zu *Reykjavik* erhebt sich seit 1885 ein Gedenkstein für ihn, ein 20 Ellen hoher Obelisk aus isländischem Stein. Auch in der Volkssage lebt *Hallgrímur* fort, als Kraftdichter, dessen Dichtungen übernatürliche Kraft

---

[1] Die Beschreibung eines Orkans am *Pyrill* bei Sartorius von Waltershausen, Phys.-geogr. Skizze von Island, S. 38 ff.

zukam (Maurer, Isländische Volkss. S. 48, 104, 295; Pöstion, Isländische Dichter S. 30 f, 209—222; Eislandblüten S. 155 56; 166—168).

In *Saurbær* bekamen wir das erste aus lauter isländischen Nationalgerichten bestehende Essen vorgesetzt. Ich benutze daher die Gelegenheit, einige weitere Züge zur Charakteristik Islands als Touristenlandes mitzuteilen und halte es nicht für überflüssig auch zu berichten, was für leibliche Genüsse dort dem Reisenden beschieden sind.

Was zunächst die Sprache betrifft, so wird auf Island neuisländisch, nicht dänisch gesprochen. Das Neuisländische verhält sich zum Altisländischen wie etwa unser heutiges Deutsch zur Sprache Luthers, darum können die alten Sagas von jedermann gelesen werden. Aber wie neuhochdeutsche Ausdrücke oft eine ganz andere Bedeutung haben wie gleichlautende aus der Reformationszeit, so hat auch das Neuisländische trotz seiner äussern Altertümlichkeit manche Wandlung durchgemacht und mit der veränderten Kultur und der Berührung mit der modernen Welt einen neuen Wortschatz bekommen. Die Kenntnis des Altnordischen ist natürlich eine ausserordentlich grosse Erleichterung für das Lernen des Neuisländischen, aber sie verbürgt keineswegs ohne weiteres auch das Verständnis der heutigen Sprache. Auch wer alte nordische Philologie getrieben hat, muss, wenn er mit den Isländern als ihr Volksgenosse verkehren will, vorher fleissig hinzulernen und sich vor allem in der Aussprache üben. Gelegenheit dazu wird er in Kopenhagen finden, und einen mindestens vierwöchentlichen, energischen Unterricht bei einem isländischen Studenten halte ich für unbedingt notwendig. Erschwerend wirkt endlich noch, dass das Isländische so gut wie keine Fremdwörter aus den klassischen Sprachen hat, nicht einmal Weltausdrücke wie Telephon und Automobil werden geduldet; Telephon ist „Sprechdraht", und Automobil heisst „schwankender Wagen" oder „Selbstbeweger". Die Charakteristik, die Winkler von der neuisländischen Sprache gibt, ist nach meiner Meinung nicht zutreffend: „Aus tiefer Kehle gesprochen, lange konsonantenreiche Worte, mit den oft sich wiederholenden Endsilben —ar, —ir, —um, klingt sie so altertümlich ernst, als ob sie aus dem Munde von Bewohnern des Unterberges oder Kyffhäusers käme." Auf mich hat die heutige Aussprache vielmehr einen ganz anderen Eindruck gemacht. Der Isländer ist einmal gar nicht so langweilig feierlich, wie man sich gewöhnlich denkt, sondern lebhaft, sprühend, spottlustig, ein vorzüglicher Gesellschafter, ein leidenschaftlicher Debattierer. Und dazu passen die vielen þ und đ (etwa = engl. th). Darum lernen die Isländer auch so leicht englisch sprechen und die Engländer isländisch, soweit sie sich ernstlich darum bemühen; dem Deutschen aber fällt bekanntlich die Aussprache des engl. *th* sehr schwer. Zu diesem Lispeln und Fispeln und sich

Überstürzendem kommt ein eigenartiges Näseln. Denn geradezu unschön ist die Aussprache des *rn* als *ddn*, des *ll* als *ddl* und auch geschichtlich nicht berechtigt. Heimdalls Gjallarhorn, mit dem er am Ende der Tage die Götter zum letzten Kampfe ruft, ausgesprochen Gjaddlarhoddn, ist doch gar nicht wieder zu erkennen. Historisch eher berechtigt ist die Aussprache des langen a (*á*) als *au*; schon um 1250 schrieb man Páll für Paul[1]). Ich mache gar kein Hehl daraus, dass ich, um eben der Schwierigkeit der Aussprache wegen, es nicht zu einer vollen Beherrschung des Neuisländischen in der Unterhaltung gebracht habe. Namentlich im Anfang hat mich das Gefühl der Unbeholfenheit und Ängstlichkeit nie verlassen, und mehr als einmal musste ich sagen: „Ich verstehe Sie nicht" *(jeg skild ydur ekki)* oder „Bitte, sprechen Sie langsam, ich möchte gern versuchen, isländisch zu sprechen und zu verstehen" *(viljid þjer ekki gera svo vel og tala hægt; mig langar til ad reyna ad tala og skilja islenzku)*. Für zusammenhängende Unterhaltung, wo es mir auf genaue Belehrung ankam, habe ich, wenn es ging, das bequemere Dänisch vorgezogen. Niemals aber hat mein Stammeln jenes fatale Lächeln hervorgerufen, das einem alle Lust nimmt, sich in einer fremden Sprache zu versuchen. Es gibt keinen bessern Schlüssel zum Herzen des Isländers als das Reden seiner Muttersprache, wenn es auch noch so mangelhaft ist. Für den Tonfall und manchen Ausdruck ist mir meine Kenntnis des Schwedischen zu statten gekommen. Der gewöhnliche Tourist wird mit einem leidlichen Dänisch bei den Pfarrern, Ärzten und in den Hafenplätzen durchkommen. Englisch versteht von den Bauern im Innern kaum einer, noch weniger Deutsch. In *Reykjavík* allerdings sprechen auffallend viele „stúdentar" deutsch und zwar vorzüglich. Die Sprachkenntnisse der ehemaligen Besucher der *Latínuskóli*, zumal wenn sie in Kopenhagen studiert haben, sind gross. Wem es gelingt, einen solchen als Führer zu bekommen, kann auf gute Kenntnis des Dänischen und Englischen bei ihm rechnen, und des Deutschen wenigstens insoweit, dass eine Verständigung möglich ist. Natürlich ist man dann in allem vom Führer abhängig, und von einem tiefern Eindringen in die Volksseele kann nicht die Rede sein.

[1]) Altnordische Grammatiken von: Wimmer, Nygaard, Kahle, Holthausen, Noreen. Zur ersten Einführung trefflich geeignet: Ranisch, Eddalieder (Sammlung Göschen Nr. 171). — Hilfsmittel für das Neuisländische: William H. Carpenter, Grundriss der neuisl. Grammatik, Leipzig 1881. — Schweitzer, Island, Land und Leute (1884), Leipzig (darin S. 168—203: Das Wesentlichste der isl. Sprachlehre). Finnur Jónsson, Islandsk Sproglære. Kph. 1905. — Erkes, Kurzer Deutsch-Neuisl. Sprachführer. Dortmund 1906. Wörterbücher: Zoëga, Ensk-íslenzk ordabók. Reykjavik 1896. — Zoëga, Íslenzk-ensk ordabók. Reykjavik 1904. — Sigfús Blöndal bereitet mit amtlicher Unterstützung ein isländisch-dänisches Wörterbuch vor.

Von dieser trockenen grammatischen Erörterung zur angenehmeren Magenfrage! Was gibt es auf Island zu essen und zu trinken? Im „Hôtel Island" ist man so gut aufgehoben wie in einem Gasthaus eines grösseren deutschen Provinzstädtchens. Bei den Diners, die ich in *Reykjavik* mitgemacht habe, ging es sogar vornehmer her, als wenigstens ich meinen Gästen anbieten kann, der Champagner floss in Strömen, und einen so guten Burgunder wie hier habe ich selten getrunken. In den Küstenstädten ist es schon bedeutend einfacher: allenfalls erhält man Hummer in Büchsen, Ölsardinen, zuweilen alkoholfreies Bier, sehr selten Rotwein. Im Innern aber ist man ganz auf die Erzeugnisse des Landes angewiesen, und alkoholische Getränke sind völlig unbekannt *(áfengir drykkir)*. Keinem nimmt man es übel, wenn er zu seinem mitgebrachten Proviante greift, und wiederholt hat man mich gebeten, von den eigenen Vorräten zu leben, weil man nicht wagte, mir ein einfaches isländisches Mahl aufzutischen. Aber nur wenn wir unterwegs Rast machten, habe ich das getan, sonst mich stets an isländische Kost gehalten und habe einigen Sachen sogar Wohlgeschmack abgewonnen. Fast jede Mahlzeit wird mit Kaffee *(kaffi)* eröffnet und geschlossen. Suppen *(súpa)* sind selten, besonders beliebt sind süsse Suppen, Sago, Reis, Schokolade *(grautur)*. An Fleisch *(kjöt* oder *ket)* gibt es zu den Kartoffeln *(jardepli)* fast nur Hammel- und Schaffleisch *(sauda-, kinda ket)*. Rindfleisch nur ausnahmsweise *(nautaket)*. Der Reisende trifft es insofern mit der Verpflegung im Sommer ungünstig, als die Tiere auf die Gebirgsweiden getrieben oder noch nicht fett genug sind. Die erste Hälfte meiner zweiten Reise habe ich täglich, manchmal sogar dreimal am Tage, Hammelfleisch in allen möglichen Zubereitungen bekommen und stets mit Appetit verzehrt. Die saftigen Rippen des Berghammels würden sogar den Gaumen eines Epikuräers ergötzen, wenn auch das Tischtuch und Geschirr zwar sauber, aber doch grob sind; sie gleichen im Geschmack eher Reh- und Hirschbraten als unserem Hammelfleische. Geflügel *(fuglaket)* kommt wenig auf den Tisch, an der Südküste ein paar Mal Enten und eine Art Strandläufer. Um so reicher ist wieder die Auswahl an Fisch: Salm *(lax)*, Forelle *(silungur)*, Dorsch *(þorskur)*, Schellfisch *(ýsa)*, Goldbutt *(koli)*, Heilbutte oder Flunder *(heilagfiskur)*, Hering *(síld)*. Den letzten Teil der grossen Reise haben wir fast nur in Forellen geschlemmt. An kaltem Aufschnitt gibt es zu Brot *(braud)* und Butter *(smjör)*, *riklingur* (in Streifen geschnittene und getrocknete Flunder), selbstgeräucherte Forellen, wenig gute Wurst *(pylsa)*, Salzfleisch *(saltket)*, gesalzenes, getrocknetes Schaffleisch *(kæfa*, eine Art Sülze), geräuchertes Fleisch *(hangiket)*. Eier der wilden Vögel oder Hühner, diese natürlich auch warm; von den ausgezeichneten Eiern der Seeschwalbe, die wie Kiebitzeier schmecken, kann man wohl ein

Dutzend vertilgen; merkwürdigerweise haben wir nie Eierkuchen bekommen *(eggjakaka)*. Für den braunen, harten und geschmacklosen Käse *(ostur)* entschädigt das alte isländische Nationalgericht *skyr*. Das in Essig gelegte Walfleisch wird nicht nach jedermanns Geschmack sein.

Bei den wohlhabenderen Ärzten und Pfarrern erhält man natürlich auch feinere Kost: Fleisch- und Fischpuddings, Zunge, Gemüse *(grænmeti)*, Reis und Rosinen *(hrísgrjón)*, Waffeln *(vöflur)*, kleine gelbe Kuchen *(kleinur)*, rote Grütze, die dänische Nationalspeise *(raudgrautur)* und andere schöne Sachen. Man sieht also, zu verhungern braucht man auf Island nicht, und schon nach wenigen Tagen hatte sich bei uns das geflügelte Wort geprägt: man lebt zu gut auf Island.

Zum Essen gibt es köstliche, frische Milch *(mjólk)* und Kaffee, auch wohl Tee *(te)*, alkoholische Getränke aber, Bier *(bjór, öl)*, Schnaps *(brennivin)*, Wein *(vín)* nur ganz vereinzelt. Mit zwei Flaschen Kognak und Rum haben wir fünf volle Wochen gereicht und sie nur als Arzneimittel genossen, wenn wir durch und durch nass geworden waren oder kaltes Gletscherwasser damit unschädlich machten. Schliesslich vermissten wir geistige Getränke überhaupt nicht mehr. Nur wenn es die prachtvollen zarten Fische gab, wünschte man sehnsüchtig eine kalte Flasche Mosel herbei! Mit aller Entschiedenheit muss ich den albernen Berichten oberflächlicher Touristen entgegen treten, die Isländer wären ein Volk von Trunkenbolden. Woher soll der Bauer, der nicht in der Nähe von Handelsplätzen wohnt, überhaupt Schnaps bekommen? Zudem lastet ein so hoher Zoll — etwa 2 Kr. pro Liter! — darauf, dass nur Wohlhabende sich ihn leisten können. In *Reykjavík* und *Akureyri* habe ich allerdings viele Trunkene gesehen, aber es waren fast ausnahmslos fremde Schiffer, und die „Bar" in *Reykjavík*, wo es am lautesten herging, könnte ohne old England überhaupt nicht bestehen. Kommt ein Bauer aber jährlich einmal in die Stadt, oft viele Tagereisen weit, um Wolle und dergleichen zu verkaufen und Nahrungsmittel dagegen einzutauschen, so genügt ein Glas, um ihn in Stimmung zu bringen, dann trinkt er, als ob er sich für die lange Enthaltsamkeit schadlos halten wollte, in der kürzesten Zeit so viel und schnell wie möglich und lässt sich ruhig in sein Zelt führen. Dass ein solches Missgeschick auch einmal einem würdigen Diener des Herrn begegnet, der alle Jahr einmal nach der Hauptstadt kommt, ist doch nur allzumenschlich. Und sollte es bei uns nicht auch Pfarrer geben, die gelegentlich über den Durst trinken?

Gerade für die vielgeschmähten isländischen Geistlichen habe ich die wärmste Sympathie gewonnen. Island hat einen Bischof und 142 Pfarrer *(prestur)* [in katholischer Zeit waren 290 Priester an 220 Kirchen beschäftigt], darunter 20 Superintendenten *(prófastur)*.

Den Pfarrern stehen ein gewählter Gemeindekirchenrat (*sóknarnefnd*) und eine einmal jährlich stattfindende Gemeindeversammlung (*safnadarfundur*), den Superintendenten ein Synodalausschuss (*hjeradsnefnd*) und eine Kreissynode (*hjeradsfundur*) zur Seite[1].

Als die Klöster aufgehoben wurden, beanspruchte der dänische König deren Eigentum; diese Einnahmen flossen bis 1874 in die dänische Staatskasse (*þjódjardir* Nationaleigentum), jetzt in den isländischen Säckel. Viele Gehöfte wurden an Bauern verkauft, und aus diesem Gelde wurde ein besonderes Fond gebildet (*ræktunarsjódur*); besonders tüchtige Bauern erhalten davon Darlehen, die sie nicht zu verzinsen brauchen. Aber ein grosser Teil ist noch unverkauft, das Althing will die besten nicht verkaufen. Die eine Strömung will, dass alle Gehöfte Eigentum der Bauern sein, die andere, dass das Althing die Verfügung über die besten „Klostergüter" habe und sie nicht verkaufe. Alle die Gehöfte nun, wo Pfarrer wohnen, gehören der Kirche. Der Pfarrer muss also Bauer sein und seine ganze Sorge der Landwirtschaft zuwenden, wenn er soviel herausschlagen will, um einigermassen so zu leben wie ein mittelmässig begüterter Bauer: natürlich kann er auch, z. B. wenn er unverheiratet ist, die Grundstücke des Pfarrgutes verpachten und sich selbst bei dem Pächter in Kost geben. Man strebt jetzt, wie ich von verschiedenen Geistlichen gehört habe, dahin, nicht mehr eine Staatskirche zu haben, sondern eine Freikirche: alle Kirchengüter sollen verkauft werden, die Pfarrer sollen nicht länger Bauern sein, sondern eben nur Pfarrer. Eine Kommission ist schon zur Vorbereitung zusammengetreten, der nächste Landtag wird darüber zu entscheiden haben.

Das Los des Geistlichen ist ausserordentlich hart, arbeitsreich und entsagungsvoll. Er steht sechs Tage lang als Bauer mitten unter anderen Bauern und sucht ihren trotzigen Sinn für die modernen Errungenschaften der Landwirtschaft zu brechen. Am siebenten Tage steht er über ihnen, vertauscht den Bauernkittel mit der feierlichen Amtstracht, predigt, tauft und traut; alle Jahre einmal revidiert er alle Familien seines Sprengels, überzeugt sich davon, dass die Kinder von ihren Eltern in Luthers Katechismus eingeführt sind und unterrichtet im Winter einige Kinder in seinem eigenen Hause. Der *Prestur* kommt seinem Beruf als Prediger, Seelsorger und Lehrer mit rührender Pflichttreue nach, ist meist ein guter Landwirt und findet dennoch Zeit, literarisch tätig zu sein. Es gibt nur ganz wenige, die nicht irgendwie auf diesem Gebiete tätig sind, besonders dem der heimischen Geschichte und Altertumskunde: „in dem warmen Gefühl für ihr Vaterland und in der Liebe zu dessen

---

[1] Dass es bei den Wahlen zum Pfarrer zuweilen nicht besser zugeht als anderswo, geisselt das Schauspiel von *Þorsteinn Egilsson*, „*Prestskosningin*", Reykjavik 1904.

Geschichte gehen sie in der Bevölkerung voran" (Kaalund II, 527).
Ja, zwei der grössten jetzt lebenden Dichter, *Valdimar Briem*, der
Lyriker, und *Matthias Jochumsson*, der Dramatiker, sind Geistliche.
In *Stafafell* war ich bei einem Pfarrer, der ein engerer Fachgenosse
von mir ist; er wandelte zwar allzukühn auf den nebligen Pfaden
der Mythologie und der Sagenforschung, aber ich habe Anregungen
von ihm empfangen, die lange nachklingen werden. Über ihren
theologischen Standpunkt habe ich im allgemeinen den Eindruck
erhalten, dass sie einer gesunden Kritik zugänglich sind[1]. Dem
Neuen Testament stehen sie etwas rationalistisch gegenüber, die
am Alten Testament geübte geschichtliche Kritik leuchtet ihnen
ein. Man geht gegenwärtig damit um, das Alte Testament neu zu
übersetzen und zwar nach dem Muster der Übersetzung von Prof.
Kautzsch. Jüngere begabte Theologen sind zu diesem Zwecke
nach Dänemark und Deutschland geschickt, und die neue Übertragung soll wie die des hallenser Professors die verschiedenen
Quellen durch den verschiedenen Druck auch dem Auge klar vor-
führen. Eine orientierende Einführung, die ich in einer isländischen
Zeitschrift gelesen habe — irre ich nicht, im *Timarit* 1903 — war
ausserordentlich klar und lichtvoll und benutzte die beste deutsche
und englische Literatur.

An der *Horn-* wie an der *Südküste* sind für den Pfarrer und
den Bauern die kirchlichen Handlungen mit besonders viel Mühsalen
verknüpft. An der Hornküste kann er unmöglich seine Kirchspiele
alle besuchen, Lawinen bedrohen seinen Weg, und ein Sprichwort
sagt: „An der Hornküste müssen die Kinder auf ihren eigenen
Füssen zur Kirche wandern, um getauft zu werden". An der Südküste verlegen ihm die Gletscherströme den Weg, und mancher ist
in eisiger Winternacht beim Überschreiten der Ströme jämmerlich
umgekommen, wenn er Sterbenden den letzten Trost bringen
wollte.

Jón Þorláksson, der bewunderungswürdige Übersetzer von Miltons „Verlorenem Paradies" und Klopstocks „Messias", hatte
als fünfundsiebzigjähriger Greis ausser dem Ertrage seines Pfarrgutes ein jährliches Einkommen von 30 Talern (1744—1819)[2]. Vor
40 Jahren noch war, wie Brockhaus erzählt, es „kirchenrechtlich
bestimmt, dass, wenn eine Kirche ausgebessert oder gar neu gebaut
werden muss, dies Sache des derweiligen Pfarrers ist. Er wird als
Nutzniesser des Kirchenvermögens angesehen und muss nun auch

---

[1] Über die religiösen Strömungen auf Island handelt ein Aufsatz von *Matthias Jochumsson: Horfur kirkju og kristindoms hjer á landi*, Skirnir 1906, S. 212 bis 224. — *Korrekturnote*.

[2] Henderson, Island I, 144—147. — Pöstion, Isl. Dichter der Neuzeit, S. 270 ff.

die Kirche selbst erhalten. In vielen Fällen scheint dies sehr hart zu sein, und es finden sich wohl auch einige Erleichterungen in einzelnen Fällen, die Verpflichtung aber ist vorhanden[1]. So schlimm ist es heute wohl nicht mehr, und wenn auch der isländische Pfarrer sich keine Reichtümer sammeln kann, so braucht er doch nicht mit dem wackern *Jón* resigniert zu seufzen:

> Die Armut ist meine Begleiterin,
> Seit ich zur Erde geboren bin.
> Wir sind so beisammen als treues Paar
> Gar bald nun schon das siebzigste Jahr.
> Ob je wir uns trennen werden im Leben,
> Weiss Er nur, der uns zusammengegeben.

Amtstracht des Pfarrers und Einrichtung des Gottesdienstes erinnern stark an die katholische Zeit. Der *Prestur* erscheint in einer Albe und einem Messgewande, das auf dem Rücken ein grosses goldenes Kreuz hat; auf dem Lande trägt er meist nur einen schwarzen Talar mit einer grossen weissen Halskrause. Die Liturgie, aus Eingangsliedern — einmal waren es drei, zu je sieben Strophen! — dem Kyrie und der Gloria, Epistel, Evangelium und Credo bestehend, dauert in der Regel ³/₄ Stunden. Stimmbegabte Geistliche singen, wie bei uns an einigen Orten, das Vater-Unser und andere Teile. Heimatlich mutete es mich an, als einmal „Liebster Jesu, wir sind hier" und „Wachet auf! ruft uns die Stimme" von der Gemeinde gesungen wurden. Der Gottesdienst beginnt auf dem Lande selten vor 12 Uhr. Denn erst müssen die Schafe gesammelt und gemolken, die Pferde herbeigeholt und die Sonntagsgewänder hervorgesucht werden, oft ist auch der Weg recht weit.

Von allen Seiten kommen die Leute herangesprengt. In einer besonderen Pferdehürde *(hestarjett)*, die sich meist vor der Kirche befindet, werden die Pferde eingestellt. Dann begrüsst man den Pfarrer in seiner Stube, die Frauen legen die Reisekleider ab und ziehen an besonderen Festtagen ihre Festgewänder an. Findet der Gottesdienst in einer Nebenkirche statt *(annexia)*, so versammelt man sich auf dem Kirchhof zwischen den verfallenen Holzkreuzen und grünen Gräbern und wartet, bis der Pfarrer herangeritten kommt. Dann erst beginnt die Glocke zu läuten.

Rechts sitzen die Männer, links die Frauen. In manchen Kirchen gibt es kleine Orgeln, aber auch ohne diese klingt der Gesang melodisch und schön. Zuweilen bilden junge Mädchen einen Chor, der vorsingt. Die Predigt währt gleichfalls ³/₄ Stunden. An diese schliesst sich meist das Abendmahl an, zuweilen eine Taufe; in der Regel werden die Kinder im Hause der Mutter getauft[2].

---

[1] Heinrich Brockhaus, Reisetagebuch. Leipzig 1873, I, 107.
[2] „Gottes Wort und Luthers Lehr' an den Grenzen der Welt" bespricht verständig ein Aufsatz von Naeck im „Pfarrhaus", XXII. Jahrg. 1906, Nr. 6 *[Korrekturnote]*.

10. Juni.

Da es nach Regen aussah, suchten wir unser Ölzeug hervor und banden es hinten am Sattel fest.

Wasserdichtes Oberzeug, wie die Seeleute tragen — Hosen, Mantel oder Jacke und Südwester — sind unbedingt notwendig, ebenso lange, zum Knie reichende Wasserstiefel (Fig. 42). Zu meiner Ausrüstung *(ferðaföt)* gehörten ferner: eine Reithose aus Kord, Weste und Jacke aus Loden, unter der Weste ein sogenannter „sweater", der sich vorzüglich bewährt hat; denn die Wärme ist nicht sonderlich

Fig. 42. Im Regen bei Reykjahlíð.

gross, Kälte und Regen aber treten leicht ein, und Wind geht immer. Eine solide Reisemütze und dicke Fausthandschuhe mit nur einem Finger, die man bald rechts, bald links tragen kann *(vettlingur)*, sind sehr angenehm, ebenso fürs Quartier leichte, lederne Hausschuhe. Unnötiger Kram ist zu Hause zu lassen. Unter vielem Lachen wurde mir erzählt, dass ein deutscher Tourist auf einem Pfarrhofe mit einer Bartbinde zum Kaffeetrinken gekommen war; keiner konnte sich den seltsamen Streifen erklären, der von dem einen Ohre des Reisenden bis zum andern ging; aller Augen hingen wie gebannt daran und konnten den Blick nicht von ihm wenden. Ein anderer hatte gar Lackstiefel auf der Tour nach der Hekla getragen, diese waren natürlich schon am ersten Abend zerrissen, und er musste einem Bauern seine Stiefel abkaufen. Unerlässlich ist ferner eine kleine Reiseapotheke mit Vaseline oder Byrolin, Kolapastillen, die ich sehr empfehle, auch für die Seereise, Heftpflaster, Watte, Arnika, Sublimat und einigen Mitteln gegen Kopfschmerz, Verstopfung, Durchfall usw. — sehr bequem sind die Tabloid-Medikamente von Burroughs, Wellcome & Co., London (zu beziehen durch die Kurfürsten-Apotheke in Berlin); Löffel *(skeid)*, Messer *(hnífur)* und Gabel *(gaffall)*, Teller *(diskur)*, Tasse *(bolli)* und ein Korkzieher *(tappatogari* oder *handbók*, d. h. Handbuch, Buch, das man stets zur Hand hat), Spirituskocher und Spiritus (womöglich Hartspiritus, „consistent spirit", in Edinburgh zu kaufen), Streichhölzer *(eldspýtur)*, englische Konserven, Schokolade zum „Knabbern", welchen Ausdruck unsere Führer bald gelernt hatten, Zigarren, etwas Kognak sind in *Reykjavík* einzukaufen. Eine grosse Bibliothek kann man natürlich nicht mitschleppen: ausser der grossen Karte von *Björn Gunnlaugsson* empfehle ich zum Mitnehmen *Pöstion, Island; Thoroddsen, Vulkaner og Jordskælv paa Island; Stefán Stefánsson, Flóra Islands*, Kph. 1901, und vor allem für jeden, der einen tieferen Einblick in die Topographie und Geschichte der Insel tun will: *Kaalund, Bidrag til en historisk-topografisk Beskrivelse af Island*, Kph. 1877—82, 2 Bde. Ich gebe Kahle vollkommen recht: erst durch die Benutzung von Kaalunds mustergültigem Buche gewährt die Reise den wahren Nutzen. Da es aber unbequem, oft unmöglich ist, an jedem Halteplatze die Packkoffer zu öffnen und die dicken Bände herauszunehmen, hatte ich, mit schwerem Herzen, das Buch auseinander genommen und steckte täglich die Seiten, auf denen die jedesmalige Tagespartie behandelt war, in eine Wachstuchhülle. So habe ich es auf der Hauptreise auch mit Thoroddsens Aufsätzen über die *Vestur-* und *Austur-Skaptafells sýsla* getan und sie dadurch fast auswendig gekonnt, so dass ich mir kaum noch Rechenschaft darüber geben konnte, was ich diesen ausgezeichneten Berichten, was ich Ogmundurs Mitteilungen und was ich meinen eigenen Beobachtungen verdankte.

Der gefürchtete Regen blieb aus. Es war eine wahre Lust, auf den sicheren Tieren dahinzutraben, die Gegend zu betrachten und sich dabei seinen Gedanken und Träumen hinzugeben. Schon von *Reykjavík* aus hatten wir den mächtigen Bergrücken *Skardsheidi* (447 m) bei hellem Wetter sehen können[1]: er scheint mit der *Esja* und dem *Akrafjall* eine ununterbrochene Reihe zu bilden, und doch sind die beiden letzten von der *Esja* durch den *Hvalfjördur* getrennt. Langsam ritten wir am Fusse dieses grossartigen Gebirgszuges einher; wo der Weg über die Hochebene führt, kam uns die erste Handelskarawane entgegen. Ein seltsamer Anblick! Voran ritt ein Bauer, der ein Pferd am Zügel führte; an dessen Schwanz war wieder ein Pferd gebunden und so fort zehn Pferde, jedes mit einem Packsattel; in den Kisten und

Fig. 43. Holztransport.

---

[1] Über eine Riesensage hier vergl. Maurer, Isl. Volkssagen, S. 39—40.

zwischen ihnen waren die verschiedenartigsten Waren, hier ein paar Säcke Korn, dort einige Bündel gedörrter Fisch, hier Säcke mit Kaffee und Zucker, dort allerlei Gerät, Kaffeekannen, Porzellangeschirr und Eisen. Zu drollig nahmen sich zwei Fohlen aus, die, nicht grösser als ein Bernhardinerhund, auf ihren schwachen, krummen Beinchen neben den Alten einherpatschten. Am wunderbarsten sehen die Holzlasten aus. Bretter und lange Balken waren an den Pferden zu beiden Seiten so angebracht, dass das längere Ende auf die Erde niederhing, die Ecken, die beständig den Boden streiften, waren dadurch schon stark abgeschliffen. Die braven Tiere trugen ihre unbequeme Last ganz geduldig (Fig. 43).

In dem frischen Birkengebüsch des langen, schmalen *Skorradalsvatn*, das der Isländer stolz „Wald" *skógur* nennt, machten wir halt. Nach Sart. v. Waltershausen ist dieser See eine durch Alluvions-Gebilde unterbrochene Fortsetzung des *Borgarfjördur* (Phys. geogr. Skizze von Island S. 42, Anm.). Seine grösste Tiefe beträgt 58 m. (Thoroddsen, Island, S. 42, Anm.). Sein reines, klares Wasser scheint noch den untersten Teil der Abhänge zu decken, was dieser Partie eine gewisse Ähnlichkeit mit einem überschwemmten Talgrunde gibt (Kaalund I, 309). Merkwürdigerweise kam uns erst jetzt, seitdem wir den Boden Islands betreten hatten, zum Bewusstsein, dass wir noch keinen Wald gesehen hatten. Wir hatten ihn also gar nicht vermisst. Der *skógur* „greift weder in den Umriss noch in das Kolorit der Landschaft ein, wie unser südlicher Wald. Man kann das Fehlen des Hochwaldes im Blick auf die landschaftliche Schönheit Islands nicht beklagen: die wundervolle plastische Deutlichkeit der Formen und das Farbenspiel der ruhigen, breiten, lichten Flächen sind nur in einem waldlosen Land denkbar" (Heusler, Deutsche Rundschau XXII, 207).

Und doch kann man die Freude des Isländers an seinem Walde verstehen. Die niedrigen verkrüppelten Birken und Weiden, die im Durchschnitt selten eine Höhe von 2 m erreichen, oft aber, wie arme Buckelige, am Boden kriechen, erfreuen mit ihrem frischen Grün das Auge. Allerliebst sieht es aus, wenn Geranium silvaticum (*Storka-Blágresi* oder *Litunargras*) seine feinen Blätter über ihre dürren Zweige emporreckt, seine roten Dolden sich über die „Krone" der Bäume erheben, um ungehindert Luft und Sonnenschein zu geniessen und den Vögeln und Insekten ein keckes und lustiges Willkommen zunicken. Am stattlichsten wird Salix phylicifolia (*Gulvídir, Raudvídir*), Salex lanata (*Lodvídir*) ist kleiner und unscheinbarer, Salix glauca (*Grávídir*) und Salix herbacea (*Grasvídir, Smjörlauf*) erheben sich nur kläglich über den Boden. Von den Birken (*björk*) wird betula nana (*Fjalldrapi, Hris*) kaum drei Fuss hoch, betula odorata (*Skógvídur, Ilmbjörk*), erreicht aber zuweilen eine Höhe von 10 m. Hier und da wachsen auch Wacholderbüsche (Juniperus comm. *Einir*) und vereinzelt ein Vogelbeerbäumchen (Sorbus aucuparia, *Reynir, Reynividur*). Wie behaglich liegt es sich nach langem Ritte inmitten einer solchen Buschlandschaft, wie gierig lauscht man dem hastigen Liede der Rotdrossel und dem weichen Schmettern und Trillern des Wiesenpiepers! Das Sonnenlicht zittert goldig durch die blanken Blätter über den schmucken Wiesenteppich, und das Murmeln eines Quells wiegt uns in behagliche Träume, die uns den schönen deutschen Wald vor die Augen führen. Dann begreifen wir, dass, so oft Kaalund in seinem trefflichen Buche auf die Birkengestrüppe zu sprechen kommt, als fast ständige Beiworte „fröhlich" und „freudig" wiederkehren.

Früher ist zwar der Waldbestand auf Island grösser gewesen, aber weder waren die Baumarten zahlreicher, noch unterschied sich die Gattung in alter Zeit von der heutigen. Als Island besiedelt wurde, bedeckten Buschwälder fast jeden Abhang; überall im Lande erkennt man aus den verwitterten Stümpfen in Sümpfen und an Berghalden, dass es damals mehr Waldungen als jetzt gegeben hat. Aber einmal haben die Schafherden vieles zerstört, indem sie im Sommer und Winter ohne Aufsicht in die Wälder getrieben wurden und dort die jungen Pflänzchen und, wenn hoher Schnee lag, auch die Spitzen höherer Bäume abnagten. Noch mehr aber hat die barbarische Behandlung der Menschen dem Lande unverbesserlichen Schaden zugefügt. Aus Unverstand und Gedankenlosigkeit haben sie jedes Reis, dessen sie habhaft werden konnten, ausgerissen, oft mit der Wurzel, zerhackt und als Holzkohle in ihren Schmieden zum Schärfen der Sensen benutzt. Manche Waldung ging auch durch Unvorsichtigkeit in Flammen auf, manche absichtlich, zur Rache an Feinden. Unzugängliche Inseln mitten in Flüssen oder Wasserfällen haben noch heute oft dichtes Unterholz, obwohl kein Wald in der Nähe vorkommt, denn hier ist das Gebüsch vor Schafen und Menschen geschützt. Während noch der erste isländische Geschichtsschreiber *Ari Þorgilsson* sagt: „In jener Zeit war Island mit Wald überwachsen vom Fels bis zum Meer," schreibt schon Abt *Arngrimr* (1350): „Wald gibt es da keinen ausser Birken und auch diese nur geringen Wuchses." Neben diesen verkrüppelten Resten gibt es aber an der Südküste, im Osten und im Norden auch richtige Wälder, die sich wirklich mit unseren deutschen vergleichen lassen, mit Stämmen, die durchschnittlich eine Höhe von 18—20, sogar 24 und selbst 27½ Fuss erreichen. Im Sommer 1903 hat C. V. Prytz, Professor der Forstwissenschaft an der landwirtschaftlichen Hochschule in Kopenhagen, die Insel bereist, um sich von dem Stande der Wälder und des Baumwuchses zu unterrichten. Von seinen klugen Ratschlägen werden wir später hören, wenn wir einen der grossen Wälder auf der zweiten Reise betreten. Hier genüge die Bemerkung, dass die Regierung neuerdings grössere

Summen bewilligt hat, um den Versuch zu machen, in einzelnen Gegenden wieder Wälder anzupflanzen[1]).

Vom *Skorradalsvatn* ritten wir durch schönes, saftiges Wiesenland, das wir die nächsten Tage nicht wieder verlassen sollten. Über die Grasdecke streut das silbernschimmernde Wollgras seine weissen Lichter (Eriophorum angustifolium, *Fifa*). Vor uns breitet sich das Panorama der Landschaft *Borgarfjördur* aus. Der Vater des grossen Skalden *Egill*, *Skallagrímr*, hatte seinen Hof am westlichen Ufer des Fjordes nach der burgförmigen Anhöhe (borg), an dessen Fusse er stand, „Borg" genannt; die Bucht erhielt davon den Namen *Borgarfjördur*. Bald blitzte der helle Wasserspiegel der *Grímsá* vor uns auf, die nach dem Ansiedler *Grímr Pórisson* benannt ist (Lnd. I, 18), und die uns zwei Tage darauf fast in ihrem ganzen Laufe durch den *Lundareykjadalur* begleitete. Andere Flüsse folgen, bald hier, bald da schimmert eine weisse Fläche durch das üppige Grün, und bevor wir *Pingnes* erreicht haben, wo wir rasten wollen, können wir schon einen grossen Teil der *Hvítá í Borgarfirði* überblicken (nicht zu verwechseln mit der *Hvítá*, die den *Gullfoss* bildet).

Pingnes war vor und auch nach Errichtung des Althings Thingstätte. Der Landvorsprung (*nes*), wonach sie ihren Namen hat, wird durch den Zusammenlauf der *Grímsá* und *Hvítá* gebildet. Vor diesem Bezirksgerichte wurden *Tungu-Oddr*, *Hühner-Thorir* und *Porvaldr* wegen Mordbrand angeklagt; denn damals galt als Gesetz, Todschlag betreffende Sachen an dem, dem Orte der Tat zunächst liegenden Thing zu verhandeln. Die beiden Parteien gerieten aber in Kampf, so dass die Abhaltung eines gesetzmässigen Thinges nicht möglich war. Als sie auch auf dem Althing miteinander kämpften, beschloss man, das Land in Viertel zu teilen und in jedem Viertel drei Thingstätten zu bestimmen; nur im Viertel des Nordlandes waren es vier Thinge[2]).

Von der alten Thingstätte sind nur ganz dürftige Trümmer übrig, und Dr. Boden, der sich wegen seiner Arbeiten auf dem Gebiete des nordischen Rechtes besonders für diesen Platz interessierte, war sichtlich enttäuscht. Man hat hier Ausgrabungen vorgenommen, aber ohne Erfolg: ein paar dürftige Spuren zeigen, wo die während des Things errichteten Buden gestanden haben, und wo einst der Gerichtsring war, ein von Steinen gelegter Kreis, inner-

---

[1]) Zur Waldfrage auf Island vergl. Maurer, Germania VII, S. 245; Maurer, Island. Von seiner ersten Entdeckung ... S. 10ff. — Thoroddsen, En Undersögelse 1882 i det östlige Island. Geografisk Tidskrift VII, S. 136. — Schönfeld, Der isl. Bauernhof, S. 14, 15. — Lehmann-Filhés, Globus 85, Nr. 16, 21. April 1904.

[2]) Uebersetzungen: Heusler, Die Geschichte vom Hühnerthorir. Berlin 1900. — Wode, Die Saga vom Hühner-Thor. Giessen 1902.

halb dessen das Gericht vollzogen wurde, erhebt sich jetzt ein Stall zum Überwintern der Schafe. Nur die Furt *Prælastramur* (Knechtestrudel), in der es zwischen beiden Parteien zum Kampfe kam — auf der einen Seite waren 480 Mann, auf der andern 240 — ist noch heute vorhanden, sie liegt zwischen dem Hofe *Pingues* und den nächsten Gehöften auf der Nordseite der *Hvitá*[1]).

Diesem Flusse hat seinen Namen „Weissache" schon *Skallagrímr*, der Vater des berühmten Dichters *Egill* gegeben; er hatte vordem noch nie Gletscherflüsse mit ihrem weisslich-grauen Wasser gesehen, obwohl er aus dem norwegischen Nordfjord stammte, wo es doch auch Gletscherströme gibt (Egilss. 8). Merkwürdigerweise war die *Hvitá*, als wir sie sahen, durchaus nicht milchfarbig, sondern klar und durchsichtig und spiegelte den blauen Himmel wieder. Der *Borgarfjördur*, in den sich die *Hvitá* ergiesst, ist der einzige längere Fjord, in den ein Gletscherfluss ausmündet; aber die Ausfüllung mit Lehm und Sand schreitet auch bei ihm stark vor, während früher Handelsschiffe bis hinauf nach *Hvitárvellir* laufen konnten, wo damals 4 km von der Flussmündung ein Handelsort war. Die *Hvitá* ist der einzige schiffbare Fluss Islands. Nachdem sie die *Nordurá* aufgenommen hat, ist sie so wasserreich, dass sie selbst für grosse Schiffe fahrbar ist; aber wegen der Sandbänke draussen im Fjord können sie jetzt nicht mehr in den Fluss einlaufen, nur kleineren Booten ist er noch mit grosser Vorsicht bei der Flut zugänglich.

Als wir weiterritten, dem Dampf der heissen Quellen im *Reykholtsdalur* entgegen, scheuchten wir ein paar Schwäne auf; mit mächtigem Flügelschlage schwangen sich die königlichen Vögel in die Luft, aber den viel gerühmten Schwanensang konnten wir nicht vernehmen. Wunderbar stimmungsvoll ist das Lied von *Steingrímur Thorsteinsson* „Schwanengesang auf der Heide":

> An einem Sommerabende ritt
> Allein ich auf öder Heide;
> Kurz schien mir der Weg, sonst beschwerlich und lang,
> Denn ich hörte süssen Schwanengesang,
> Ja Schwanengesang auf der Heide.
>
> Es strahlten die Berge in lieblichem Rot,
> Und nah und fern aus den Lüften
> Klang mir wie von Engelstimmen ein Chor
> Im Tempel der Einsamkeit ans Ohr,
> Der Schwanengesang auf der Heide.
>
> So wundersam wurde ich früher nie
> Von einem Klange bezaubert;

---

[1]) Über die heute noch erkennbaren Thingstätten vergl. Maurer, Germania X, 491—492.

Stafholtsey.

> Im wachen Traum befand ich mich.
> Ich wusste nicht, wie die Zeit verstrich
> Beim Schwanengesang auf der Heide[1].

Unser Quartier *Stafholtsey*, das Wohnhaus eines Arztes, liegt gegenüber der Stelle, wo die *Þverá* (Querache) in die *Hvítá* einmündet (Fig. 44). Das Gelände ist von verschiedenen Wasserläufen und kleinen Sümpfen durchfurcht. Ein grosser Arm, der sich in

Fig. 44. Stafholtsey (Wohnhaus eines Arztes).

einem Halbkreise um die Insel streckt, soll das alte Flussbett der *Hvítá* sein. Man kann in einem Boote nach einer Insel rudern, auf der zur Zeit des Freistaates das *Þverár þing* stattfand, das das von *Þingnes* bald abgelöst hat, weil es bequemer lag.

Im Jahre 1881 führte eine Wasserflut aus der *Hvítá* unter starkem Tosen und Krachen eine Masse Eisstücke, Schutt und Steine über die grossen Wasserareale bei *Stafholtsey*, das Erdreich wurde an mehreren Stellen von den Eisstücken aufgepflügt und in ½—1 m dicken und 15—20 m langen Streifen abgerissen, die Thoroddsen noch zwei Jahre später zusammengewickelt über die nabeliegenden Ebenen verstreut sah (Island, S. 40). Als Maurer auf Island war, wurde ihm erzählt, dass im Winter neun Seehunde ohne Köpfe die *Hvítá* hinauf bis *Stafholtsey* getrieben wären, diese sollte ihnen ein elbischer Wassergeist, der *skrimsl* (Ungeheuer), abgebissen haben (Isl. Volkssagen S. 35).

[1] Übersetzung von Pöstion, Isl. Dichter der Neuzeit, S. 453; andere Gedichte auf den Schwan ebenda S. 455, 471 (= Eislandblüten 155, 80).

Von *Stafholtsey* hat man eine wunderbare Aussicht über die weite Ebene, aus der man hier und da eine Dampfsäule aus einer warmen Quelle hoch in die Luft aufsteigen sieht, bis zu den das Gesichtsfeld begrenzenden Bergen. Es sind längliche, dunkle, zuweilen rötlich angehauchte Höhenwüsten und blaue, schneebedeckte Bergmassen, aus weiter Ferne „wie der alte friedliche König dieses Tieflandes" ragt die Gletscherkuppe des *Eiriksjökull* herüber (1798 m); „es ist, als ob zu seinem Silberscheitel die farbige Hügelwelt um uns her andächtig aufblicke" (Heusler). Aber immer wieder wendet sich der Blick nach Nordosten, wo die spitze Pyramide der *Baula* sich licht und steil über die dunkle Basaltumgebung erhebt (rund 900 m). Sie hat ihren Namen „Kuh" nach dem einem Kuhgebrüll ähnlichen Laute, den der um den Berg tobende Wind hervorbringen soll (Th. Kjerulf a. a. O. S. 91). Ihr Gestein ist der hellgelbe Liparit, und es sieht darum aus, als ob die *Baula* fortwährend von der Sonne beschienen sei, während die Umgebung die ganze Zeit über im Schatten zu liegen scheint. Winkler nennt sie Islands „schönsten und interessantesten Berg"[1].

Obwohl der Arzt nicht zu Hause war, wurden wir aufs liebenswürdigste aufgenommen. Es war nicht leicht, soviel Personen unterzubringen, aber bei gutem Willen ging es; ich erhielt mein Bett im Laboratorium aufgeschlagen, das einen Schrank mit allerlei medizinischen Geräten und eine grosse fachwissenschaftliche und neuisländische Bibliothek aufwies. Zum Abendessen gab es Hummer, Ölsardinen, Anchovis, Eier und sogar Bier. Die Eier mussten natürlich von den Hennen abstammen, die der Held der Bauerngeschichte „Der Hühner-Thorir" einst in dieser Gegend aufgekauft hatte.

Þorir lebte in kümmerlichen Verhältnissen und war nicht besonders beliebt. Er warf sich darauf, dass er den Sommer über als Händler hin und her reiste und in der einen Landschaft das verkaufte, was er in der andern gekauft hatte. Allmählich erwarb er sich durch diesen Handel ein hübsches Vermögen, blieb aber sein Leben lang ein schäbiger, knurriger und heimtückischer Mensch. Einmal führte er Hühner mit sich und verkaufte sie mit der anderen Handelsware, davon bekam er den Namen *Hœnsa-Þorir* (Hühner-Thorir).

Heute ist die Hühnerzucht auf Island unbedeutend, am häufigsten wird sie noch in den Kaufstädten getrieben und in der Nähe der Brutplätze der Eiderente, die sich gern den Hühnern anschliesst.

---

[1] Die Baula ist von Preyer und Zirkel (Reise nach Island, S. 115f.), Theodor Kjerulf (Om Islands trachytiske Dannelser, Nyt Magazin for Naturvidenskaberne, VIII, 1885, S. 72—116) und Helgi Pjetursson bestiegen und beschrieben (En Bestigning af Fjældet Baula (Geoggr. Tidskrift XIV, 1897, S. 44—50).

Pflichten des Führers.

11. Juni.

Das Holen der Pferde und das Aufsatteln währt immer eine geraume Weile (Fig. 45). Wenn sich der Reisende vom Lager erhebt, ist der Führer schon lange in Tätigkeit getreten.

Es dauert manchmal Stunden, bis die Pferde wiedergefunden sind; denn beim Grasen zerstreuen sie sich oft Meilen weit, wenn ihnen auch die Vorderfüsse mit einem Pferdehaarseile zusammengebunden sind, durch das ein Schafsknöchel gesteckt ist (*að hefta*). Obwohl unsere Führer diese Vorsichtsmassregel getroffen hatten, waren doch zwei Pferde entwischt und nirgends zu sehen. Ögmundur machte sich also auf den Weg, sie zu suchen und kam erst zurück, als wir schon im nächsten Quartier waren. Überhaupt hat der Führer (*fylgdarmadur*) keinen leichten Dienst,

Fig. 45. Satteln der Packpferde.

er muss ebenso intelligent wie praktisch sein. Er nimmt dem Reisenden alle Beschwerden ab, er geleitet ihn getreulich über Berge und Moore und reissende Ströme, er muss die Furten kennen, Orientierungsvermögen besitzen und wetterfest und unermüdlich sein. Er muss dafür sorgen, dass in der kleinen Karawane immer alles in Ordnung ist, dass die Pferde am Morgen beizeiten zur Stelle sind, damit sie gesattelt und bepackt werden. Vor allem muss er während des Marsches ein wachsames Auge darauf haben, dass kein Teil der Bagage in Unordnung gerät. Er muss unzählige Male, bald rechts, bald links über den Hals des Pferdes, oft im Trabe, springen, die Packkoffer herunterziehen und fester schnallen, damit die Pferde nicht gedrückt werden (*meiddur*)[1]. Er ist dafür verantwortlich, dass die Karawane nicht ins Stocken kommt, und dass zur rechten Zeit Halt gemacht wird. Auf den Halteplätzen (*áfangi*) muss er darauf achten, dass die Packpferde nicht, wie ihre freien Genossen, sich mit ihrer kostbaren Ladung im Sande wälzen und den Inhalt der Kisten durcheinander bringen oder zertrümmern. Die Reitpferde sind verständiger: legt man ihnen die

---

[1] Als alten Ausdruck finde ich *baksárr* (rückenwund, Ljósv. S. 18).

Zügel über den Kopf, so dass sie am Boden schleifen, so bleiben sie stehen (Fig. 46); die Peitsche ihnen zwischen Rücken und Sattel zu stecken, ist barbarisch und kann leicht Scheuerwunden hervorrufen. Dann wird abgesattelt, die Koffer werden geöffnet, die Pferde gewechselt und andere gesattelt, viel Zeit zum Essen und Ausruhen bleibt dem Führer nicht. Setzt sich die Karawane wieder in Bewegung, so wiederholt sich das alte Lied und Leid: da die Pferde lose nebeneinander laufen, so schuppen und stossen sie sich fortwährend, rennen an den Packpferden vorüber und bringen die Koffer in Unordnung. Diese Koffer sind ein wahres Kreuz, unbequem, unpraktisch und unschön — freilich weiss ich keinen Ersatz für sie: denn Flaschen z. B. kann man in einen Mantelsack *(hnakktaska)* oder in einer Manteltasche *(pverbaks-taska)* nicht unterbringen. Und bei dem — oft miserablen — Sattelzeug — wieviel Zeit und Geduld des Führers beansprucht der Reisende selbst! Bald heisst es: Ögmundur, mein Steigbügel ist entzwei *(istadsolin min slitnadi)*, bald: Ögmundur, meine Steigbügel sind zu kurz *(istadsolarnar minar eru ofstuttar)*, bald: Ögmundur, meine

Fig. 46. Rast in einem Lavafelde — kein Gras.

Steigbügel sind zu lang (.. *oflangar*), bald: Ögmundur, wir müssen den Schwanzriemen verlängern *(ad lengja reidann)*, zuletzt erklingt es plötzlich: Ögmundur, halt! *(wa!)*, ich habe mich wundgeritten. Und unermüdlich erfüllt Ögmundur unsere vielen Wünsche und Anliegen, verliert nie seine gute Laune und erteilt bereitwillig auf alle Fragen Antwort. Ist Ögmundur mehr gesetzt, durchaus zuverlässig, so ist Villi Finsen etwa das, was die Seeleute einen „fixen Jungen" nennen, beweglich, lebhaft, für seine Jugend überaus gewandt, selbständig und entschlossen. Verschiedene Reisende haben geklagt, dass man sich auf die Führer niemals verlassen könne: er kümmere sich immer nur um die Pferde und weise den Weg; er wende niemals den Kopf nach den zuletztfolgenden Reisenden, die für sich selbst sorgen müssten und liesse sie sogar gefährliche Flüsse allein überschreiten. Das letztere bestreite ich entschieden, dazu ist sich der Führer seiner Verantwortlichkeit viel zu sehr bewusst: es wird sich wohl um harmlose Flüsse handeln, und wer sogar vor denen zurückschaudert, soll nicht nach Island gehen, zumal wenn er nicht sattelfest ist. Zudem ist die ganze Aufmerksamkeit des Führers durch die vielen, lebhaften Pferde wirklich so sehr in Anspruch genommen, dass er nicht gross Komplimente machen kann. Wer etwas vom Führer haben will, der nehme entweder noch einen zweiten mit, oder mache es, wie ich auf der zweiten Reise: er nehme ihm einen Teil seiner Arbeit ab oder helfe ihm wenigstens beim Satteln und Treiben der Pferde.

Der Weg über das Moor war recht mühsam. Dann erreichten wir die Poststrasse, die durch den *Reykholtsdalur* führt. Dieses flache Tal wird von der *Reykjadalsá* (Rauchtals-ache) durchflossen, der zwischen diesem Fluss und der *Hvítá* gelegene Teil, die sog. *Deildartunga* ist ebenso berühmt durch seine geschichtlichen Erinnerungen wie durch seine zahlreichen heissen Quellen. Als wir den Fluss das erste Mal durchritten, trudelten ein paar dicke Wollsäcke vor uns her, nur an dem Hüpfen und den kleinen beweglichen Schwanzstummeln erkannten wir, dass es Schafe waren. Noch komischer sahen ein paar andere aus: auf dem dichten Vliess waren tellergrosse kahle Stellen, bei anderen war die eine Seite nackt, die andere noch mit dicker Wolle bekleidet. Wie man einem Vogel die Federn ausrupft, so pflückt man den Schafen die Wolle ab; ein Pfund fertiger Wolle kostet 50—65 Öre. Die ersten heissen Quellen, deren weisse Dampfwolken überall in der Ebene emporwirbeln, liegen unterhalb des Hofes *Deildartunga* am Fusse eines Abhanges aus Kieseln. Der Dampf war so stark, dass man nichts erkennen konnte, und legte sich wie ein feuchter Schleier auf Brille und Kleider. Es blubberte, kochte, zischte, sprudelte etwa einen Fuss hoch fortwährend, der Boden war ordentlich angewärmt und das Gras in der Nähe aussergewöhnlich üppig. Selbst der See hinter dem Berge hatte lauwarmes Wasser und war in dicken Dampf gehüllt. Links von den Quellen stand eine Bude mit einer kleinen Wassermühle, deren Zweck mir nicht klar geworden ist — vielleicht ein Geschenk des Verschönerungs-Vereins für reisende Engländer! In den kleinsten Sprudel stellten wir eine Konservenbüchse und hatten in einer halben Stunde schöne warme Hähnchen, die englische Suppe dagegen mundete uns nicht, und der Kognak-Toddy hatte einen Beigeschmack von Schwefel. Zwanzig Minuten darauf kamen wir an zwei andern heissen Quellen vorüber und nach weiteren zehn Minuten wieder an zweien. Mitten in der *Reykjadalsá*, deren gewundenes Bett wir nicht weniger als achtmal durchritten, liegt der merkwürdige *Árhver* (Flussprudel) oder *Vellindishver* (wallender Sprudel). Der Fluss wird hier durch ein paar Sandbänke in zwei Arme geteilt; auf einer länglichen, aus Kiesel (*hveragrjót*) gebildeten Insel befinden sich vier heisse Quellen, der „Wasservulkan" *Árhver* wirft wie ein Springbrunnen seinen Strahl ein bis zwei Fuss in die Höhe. Bei dem grossen Erdbeben 1896 sprang er 33 Fuss hoch und hatte alle halbe Stunden einen Ausbruch; im letzten Sommer fand nur noch ein Ausbruch statt, im Winter gar keiner.

Kurze Zeit darauf befanden wir uns in *Reykholt*, von Sira *Gudmundur Helgason* und seinen beiden reizenden Töchtern mit einer

Herzlichkeit aufgenommen, als wenn wir alte Bekannte wären. Schon seine ersten, deutsch gesprochenen Begrüssungsworte: „Kommen Sie rein in die gute Stube" zauberten Zutrauen und Behaglichkeit hervor, und dieses Gefühl wuchs noch, als sich herausstellte, dass er selbst in Berlin, München und in der Schweiz gewesen war, und dass die Germanisten Prof. Vetter, Heusler, Kahle ihn besucht hatten. Als ich ihm erzählte, welche Charakteristik Heusler von ihm entworfen hatte: der herkulische *Prestur* von *Reykholt*, ein ἄνθρωπος καλὸς κἀγαθός, der eine Kultur des Geistes erreicht habe und bewahre, wie man sie auch in anderer Herren Lande nur selten anträfe — wehrte er bescheiden ab: „Er sprach so gut isländisch, so klassisch." Die beiden Töchter, die seit dem Tode der Frau Superintendent dem Vater die Wirtschaft führen, waren allerliebste Backfischchen und sahen in ihrer schmucken Nationaltracht sehr nett aus; bei Tisch kicherten sie fortwährend und verbesserten mit lustigem Behagen unsere mangelhafte Aussprache. Besonders hatte der kleine *Gudmundur*, ein prächtiger Junge von 10 Jahren, mit Augen so blau und durchsichtig wie ein Edelstein, mein Herz gewonnen. Als wir spazieren gingen, fasste er mich zutraulich an die Hand, am nächsten Morgen gab er uns, da der Vater auswärts predigte, das Geleite, und als er mit dem Vater seinen älteren Bruder auf dem Gymnasium in *Reykjavik* besuchte, liess er nicht nach, bis der Vater ihn mit zu mir ins Hotel brachte. Dabei bekam ich einen rührenden Beweis von Zartsinn und Freundschaft. Ich hatte Sira *Gudmundur* erzählt, dass ich meine Hauptreise erst antreten wollte, wenn die „Ceres" mit Briefen aus der Heimat gekommen wäre, weil ich dann über fünf Wochen ohne Nachricht bleiben müsste. Da er mich zuerst nicht antraf, hinterliess er einen Zettel: er hoffe, dass mir „Ceres" gute Botschaft von meiner Frau und den Kindern gebracht habe, deren Namen er sogar behalten hatte. Diese feinfühlige Herzlichkeit hat mir ungemein wohlgetan, sie zeugte von einem Takt, wie ihn eben nur ein ἄνθρωπος καλὸς κἀγαθός haben kann. Dass wir wirklich seine Gäste waren, und dass er uns seine aus Deutschland bezogenen Zigarren auch während seiner Abwesenheit à discrétion zur Verfügung stellte, erwähne ich nur nebenbei.

Reykholt verdankt seine Berühmtheit ausschliesslich *Snorri Sturluson*, der hier fast 35 Jahre als der reichste und mächtigste Isländer seiner Zeit Hof hielt. Glanzvolle Feste und Zusammenkünfte in der Art und Pracht der Vorzeit fanden hier statt, durch Belehrung und Anregung suchte er die geistig Bedeutendsten hierher zu ziehen und seinen Wohnsitz *Oddi* ebenbürtig, ja überlegen zu machen, dem damaligen Mittelpunkte der isländischen Bildung. Seinen Namen „Schnurrer" (*snarr* hurtig) hat er entweder nach seinem Ahnen *Snorri godi* oder nach seinem Urgrossvater. Im Jahre 1178 geboren, eignete er sich in *Oddi* die geographischen Kenntnisse seiner Zeit an, vertiefte sich in Islands ältere Geschichte und bekam Einsicht in die isländischen Gesetze. Durch zwei vorteilhafte Heiraten — die zweite erfolgte, obwohl die erste Frau noch lebte — erweiterte er sein kleines Vermögen so, dass er sich zunächst in *Borg* niederliess, dann *Hvammur*, *Bessastadir*, *Stafholt* und *Reykholt* dazu erwarb; der Priester daselbst trat ihm freiwillig dieses Gehöft ab gegen die Verpflichtung, dass Snorri ihn und seine Familie auf Lebenszeit unterhalten sollte. Als er seinen Sitz dahin verlegte, erschien einem Hausgenossen der Dichter *Egill Skallagrimsson* im Traume und widerriet diese Abmachung durch ein warnendes Lied, aber *Snorri* hörte nicht darauf. Während seines Aufenthaltes in *Borg*, 1202 bis 1207, hat er nach Ólsens Annahme die *Egilssaga* verfasst [1]). Er umgab *Reykholt* mit den starken Befestigungswerken *(virki)*, die nur auf hohen Leitern erstiegen werden konnten, schloss in diese die Kirche, den Kirchhof, den Schaf- und Rinderstall und ähnliche Gebäude ein und führte das Wohnhaus aus norwegischem Bauholz neu auf. Als genialer Baumeister zeigte er sich bei der Wiederherstellung des alten Bades, das schon im 10. Jahrhundert fleissig benutzt war (Lnd. II, 30), es heisst bis auf den heutigen Tag *Snorralaug* (Snorris Bad). Er liess aus Feld- und Tuffsteinen für 50 Mann ein Becken bauen und durch einen gemauerten Gang aus der heissen Quelle *Skrifla* (sprich: Skribla, die Krachende?) das Wasser hineinleiten [2]). Der Gang war durch eine Steinplatte geschlossen, aus der mittelst eines Spundes das Wasser nach Belieben eingelassen werden konnte. In einer gewissen Höhe der Mauer war ein Loch, um stets das Wasser in bestimmter Masse zu halten; durch einen Abzugsgraben floss das benutzte ab. Aus dem Bade führte ein gemauerter Gang in den Hof, so dass man nicht, wie bei anderen Bädern, sich im Freien an- und auszuziehen oder nackt vom Hause aus hin und her zu laufen brauchte [3]).

Snorri ist der bedeutendste Mann, den Island hervorgebracht hat, ja einer der grössten Männer aller Zeiten und spielt nur deshalb in der Weltgeschichte keine Rolle, weil seine Heimat zu eng und abgelegen war. Von dem Historiker, Lehrmeister der Poetik und Dichter *Snorri* war schon früher die Rede. Hier nur einige Worte über den Vaterlandsfreund und Diplomaten. Er war zweimal Gesetzsprecher, d. h. Präsident des Freistaates und zweimal in Norwegen. Sein Patriotismus verleugnet sich niemals in all den vielen Fehden, in die er verwickelt war. Darum versenkte er sich in die Kultur und das geistige Leben der isländischen Vorzeit und war tiefer vom Geiste des Altertums durchdrungen als irgend einer seiner Zeitgenossen. „Unedel war er nicht und kein Verräter." Als während seines ersten Besuches in Norwegen König *Hákon* und Herzog *Skuli*, Ibsens „Kronprätendenten", einen Rachezug nach Island rüsteten, riet *Snorri* ihnen mit Erfolg ab und rettete so sein Vaterland. Trotzdem er Lehnsmann des norwegischen Königs war, hat er nie daran gedacht, sein Vaterland zu verraten, und das Gelübte, das er Hákon leistete, hat er sicher nur als einen „frommen Betrug" angesehen. „Vom isländischen Standpunkte und von der Moral der damaligen Zeit aus war das eine patriotische und fast lobenswerte Tat" (Finnur Jónsson, Litt. Hist. II, 676). Als er sich später Hákons Ungnade zuzog, gab dieser *Gissurr Porvaldsson* den Auftrag, *Snorri* lebend oder tot in seine Gewalt zu bringen. Wie Cäsar hatte er noch kurz vorher einen Brief erhalten, der ihn warnte. In der Nacht des 22. September 1241 überfiel ihn Gissurr mit sieben Mann in *Reykholt*. Sie brachen die *skemma* auf, wo Snorri schlief (ein freistehendes Vorratshaus mit einem oberen und unteren Stockwerke, wovon das erstere öfters als Schlafkammer benutzt wurde). Aber von dem Lärm erwachte er, flüchtete in eins der kleinen Häuser in der Nähe und verbarg sich in einem Keller. Hier fanden ihn fünf Mordknechte. Der eine rief dem andern zu: „Erschlage ihn!" *Snorri* aber

---

[1]) Aarböger f. n. Oldkynd. og Hist. 1904, S. 167—247; Ólsen, in: Skirnir 1905, S. 363—368.

[2]) Die Quelle soll früher in *Geitland*, südlich vom *Strútur* gelegen haben, aber nach einem vulkanischen Ausbruche bei *Reykholt* wieder zum Vorschein gekommen sein. Jón Árnason, *Ísl. Þjóðs*. I, 662.

[3]) Nach Weinhold, Altnord. Leben, S. 394 5, und Wachter, Heimskringla, Leipzig 1835, I, S. XXII, der auf die Historia eccl. Isl. des Finnus Johannæus fusst.

gebot, an das Befehlen gewöhnt, wie er war, um dem Mörder zu imponieren. „Er schlage mich nicht!" Da hieb einer zu, und ein anderer brachte ihm die tödliche Wunde bei. 63 Jahre alt war *Snorri*, als er Gissurs feiger Grausamkeit und neidischer Herrschsucht erlag.

Snorris Bauwerke hat der Wellenschlag hinweggespült; von dem Walle, mit dem er den Hof umgeben hatte, ist heute fast nichts mehr zu sehen; auf dem Kirchhofe zeigt man noch das Stück Land (*Sturlungareitr*), wo *Snorri* und andere dort beerdigte Sturlungen ruhen. Die Inschrift eines Runensteines, der als Snorris Leichenstein ausgegeben wird, ist nicht mehr zu lesen (Kaalund, Islands Fortidsla-vninger, S. 104. *Finnur Jonsson*, der Kirchengeschichtschreiber, war in der Mitte des 18. Jahrhunderts Pfarrer zu *Reykholt*. Er fand noch eine Kirchenglocke vor, die entweder schon zu Snorris Zeit vorhanden war oder unter seiner Anleitung gegossen

Fig. 47. Bad Snorris (Snorralaug).

wurde, einen Tisch Snorris und einen alten eisernen Hammer, der aus dem Nachlasse des Kämpen und Schmiedes *Skallagrimr* in Snorris Besitz gelangt war. Nur das Bad Snorris hat alle Stürme, Regengüsse und Erdbeben überdauert. Als bei dem furchtbaren Erdbeben 1733 der Kanal, der das Wasser von der *Skrifla* zur Badestube führte, Schaden litt, liess *Finnur* ihn ausbessern. Noch heute wird das Bad benutzt, und ich ärgere mich noch jetzt, dass ich das Angebot des Pfarrers ausgeschlagen habe.

Von der *Skrifla* ist eine zum Teil überdeckte Röhre (etwa 120 m lang) aus gehauenen Steinen gelegt. Die Röhre mündet südöstlich, unterhalb des Gehöftes in ein rundes offenes Becken, das ungefähr 4 m breit ist, von flachen, viereckigen Steinen eingefasst (Kieselsinter) und 1 m hoch ist, ein paar Stufen aus Stein führen in das Bassin. Die Temperatur des Wassers in der *Skrifla* beträgt 97° C., aber sinkt auf dem Wege zum Bad auf 65°; um die richtige Wärme für ein Bad zu bekommen, legt man einen Stein vor die Mündung der Röhre, deren Wasser dann in einen Seitenkanal abgeleitet wird; setzt man den Stein am Abend hin, hat das Wasser im Bassin am nächsten Morgen die richtige Wärme. Nach der Volksüberlieferung hat *Snorri* einen Bach mit kaltem Wasser in das Becken geleitet; aber das ist unrichtig, denn in der ganzen Umgebung von *Reykholt* gibt es kein natürliches kaltes, fliessendes Wasser (Fig. 47).

Obwohl es schon 11 Uhr abends war, führte uns Sira *Gudmundur* noch überall umher, zeigte und erklärte alles mit feinem Verständnis und reichem Wissen. Von dem Pfarrhause, das mitten in dem flachen Tale liegt, nicht, wie so oft üblich, auf halber Höhe der Abhänge, gingen wir auf *Breidabólstadur* zu.

Hier wohnte in der Mitte des 10. Jahrhunderts *Tungu-Oddr*, hier beginnt die Geschichte vom Hühner-Thorir: in *Reykholt*, wo damals noch kein Hof war, hatte er seine Schafställe errichtet (Lnd. II, 30). Als ihm das Alter zusetzte, gebot er seinen Freunden, sie sollten ihn hinaufschaffen auf die Höhe des *Skáney*-Berges nach seinem Tode; von dort wollte er über das ganze Stromland zwischen der *Hvitá* und *Reykjadalsá* hinschauen. So geschah es.

Auf dem Abhange der vor *Reykholt* befindlichen Bodenerhebung *Skáneyjarbunga* liegt das Gehöft *Skáney* (Schonen):

Hier trafen sich im Jahre 1006 zum ersten Male wieder seit der Vermählung Hrafns mit der schönen *Helga Hrafn* und *Gunnlaugr*; *Gunnlaugr* schenkte der Geliebten einen Mantel, den er vom König von England bekommen hatte, und beinahe wäre es zwischen den Nebenbuhlern zum Streite gekommen. Wer kann seine Saga lesen, ohne innig ergriffen zu werden? *Helga* ist eine der edelsten Frauengestalten des Nordens, ein ideales Gegenbild der schönen, aber ränkesüchtigen *Hallgerdr* in der *Njálssaga*. Gegen ihren Willen treibt sie Gatten und Geliebten in Kampf und Tod. Der harte, rauhe *Gunnlaugr*, als Feind blutig und grausam, trägt seine heisse, feste Liebe sein Leben lang im Herzen; sie ist „rein wie Islands Schnee", und weder auf ihn, noch auf seine geliebte *Helga* fällt der matteste Schein unrechter Vertraulichkeit. Darum kann die sterbende Helga ihren zweiten Gatten, dem sie abermals ohne Liebe übergeben ist, bitten, ihr den Mantel Gunnlaugs zu bringen, und der Gatte kann ihr ohne kleinliche Bedenken willfahren. Helga breitet den Mantel vor sich aus, sieht ihn lange starr und schweigend an und stirbt so, an der Brust ihres Gatten, in Gedanken an den Geliebten ihrer Jugend[1].

12. Juni.

Wir hatten alle köstlich geschlafen: Herr Eberhardt auf seinen Kisten, Dr. Boden in seiner *lokhvíla*, einem in die Wand eingelassenen Bette, und ich im saubern Fremdenstübchen, an dessen Fenstern Topfrosen, Geranien und Nelken standen. Die Zentrifuge, vor deren Rattern wir gewarnt waren, war nicht in Tätigkeit getreten. Sonntagsstimmung liegt über dem Hause, Frühlingszauber webt draussen. Die Knechte und Mägde sind geputzt, eine bunte Schürze oder eine helle farbige Bluse hebt des schwarze Gewand.

---

[1] Eine interessante Volkssage, die zwischen *Reykholt* und *Skáney* spielt, bei Lehmann-Filhés, Isl. Volkss. I, 201: niemand darf an einem Grabe vorbeireiten, ohne drei Steine darauf zu werfen.

Die Sensen und Harken liegen in der Packkammer oder auf dem Hausdache. Zunächst reiten wir denselben Weg wie gestern, durchqueren wiederum über Wiesen und Moore achtmal die *Reykjadalsá* und wenden uns nach Westen, bis wir abermals die *Grímsá* erreichen. Überall begegnen uns Reiter, die den Gottesdienst in der nächsten Kirche besuchen wollen. Die Mütter haben ihr Kleinstes hinter sich auf dem Sattel, die Halbflüggen sind auf dem Pferde festgebunden, die grossen tummeln selbständig ihr zahmes Rösschen. Die Frauen haben über den Staatsrock ein langes Reitkleid gezogen, das sie vor der Kirche abstreifen; auf dem Kopfe prankt nicht die kleidsame *húfa*, sondern ein keckes Reithütchen. Die Männer tragen ihre gewöhnliche Kopfbedeckung, nicht mehr wie früher einen unförmlichen Zylinder. Alle rufen uns freundlich *sælir* zu und geben uns bereitwillig Auskunft über den Weg.

Die Verbesserung der Wege *(vegabætur)* ist auf Island noch im Werden, wenn auch in dieser Beziehung in den letzten 25 Jahren mehr geschehen ist als in den 1000 Jahren seit der Besiedlung. Man hat eingesehen, dass der Bauer seine landwirtschaftlichen Erzeugnisse, um sie abzusetzen, möglichst schnell und billig, unter Schonung der Pferde, zum Kaufmann bringen und das Eingehandelte ebenso zurückbefördern muss. Eigentliche Wege kannte und kennt man in entlegenen Teilen noch heute nicht, sondern nur Richtungslinien. Die Stege sind, soweit sie zu erkennen sind, von Pferdehufen ausgetretene Pfade, die bisweilen tief durch den hohen Boden gehen, so dass der Fuss des Reiters fortwährend an die harten Ränder stösst, bald, auf steinigem Gelände, in Sümpfen und Flüssen, völlig verschwinden; oft sind sie Schlangenlinien, die bald zusammenlaufen, bald sich weit voneinander entfernen. Im Sommer sind die Wege über Grasland so dicht zugewachsen, dass sie ein ungeübtes Auge überhaupt nicht wahrnehmen kann. An einigen Stellen, besonders auf den am meisten benutzten Wegen und an den Gebirgswegen stehen Steinwarten (*varda, vardi; kerling* = altes Weibchen). Geschälte Stangen, die als Wegweiser dienen, kennt bereits das Altertum (*landkönnudr*: Lnd. III, 6). In der *Skaptafells sýsla* trafen wir solche ebenfalls an, und Daniel Bruun hat es sich zur Aufgabe gemacht, Stangen und Steinwarten im wüsten Innern, besonders im *Sprengisandur* zu errichten. Bei Sandstürmen und im Winter, wenn weithin alles verschneit ist, sind diese *vördur* unbedingt notwendig. Noch im vorigen Jahrhundert bestand die Sitte, in die Steinpyramiden am Wege *(beinakerling)* alte hohle Pferde- oder Schafknochen zu legen, in deren Öffnung man Zettel mit humoristischen Versen steckte, bisweilen schlüpfrigen Inhaltes; in ihnen wurden Personen verspottet, die vermutlich denselben Weg nahmen. Heute ist dieser Brauch fast ganz abgekommen (Thoroddsen-Gebhardt II, S. 305, Anm. 2; Pöstion, Island, S. 406, Anm. 1).

Brücken gab es im Altertum nur ganz vereinzelt. Eine der ältesten Brücken führt über die *Jökulsá á dal* und gab ihr danach den Namen *Jökulsá á brú*. Auch der Name der *Brúará* (Brückenfluss), eines Nebenarmes der *Hvítá*, stammt von der natürlichen Felsenbrücke her, die über den Fluss führte. *Þorsteinn Kuggason*, ein geschickter Handwerker und Schmied, baute eine Brücke, an deren Tragbalken Ringe und stark klingende Schellen hingen, die beim Befahren eine halbe Seemeile weit klangen (Grettis S. 53). Als Thoroddsen 1881 seine Forschungsreisen begann, gab es im ganzen Lande nur eine einzige Brücke, nämlich die über die *Jökulsá á brú*. 1889 wurde die erste moderne Brücke, eine eiserne Hängebrücke, über die *Ölfusá* gebaut, dann eine über die *Þjórsá*; eine feste Eisenbrücke geht über die *Blanda*. Holzbrücken über die *Hvítá*, das *Skjálfandafljót* und viele andere. Eine Reihe von Flüssen wird in einer Fähre, zu Pferde oder in einem an Seilen gezogenen Kasten passiert *(kláfur, dráttur)*. In unbewohnten Gegenden, vor allem in der *Skaptafells sýsla*, muss man Furten aufsuchen, was oft langwierig und nicht ungefährlich ist.

Durch Gesetz vom 15. März 1861 wurden die Wege in „Landwege" und „Nebenwege" eingeteilt, durch Verfügung vom 13. April 1894 in Fahrwege, Hauptpostwege, Gebirgspfade, Bezirks- und Gemeindewege. Die Kosten für die drei ersten trägt der Staat, für die übrigen die Gemeinde. Früher leitete ein norwegischer Ingenieur das Wegewesen, heute, wenn ich nicht irre, ein Isländer. Das Südland und die Umgegend von *Akureyri* haben gute Fahrstrassen. Die Strasse der Zukunft, eine solche für Automobile, liegt noch in weiter Ferne[1]. Viel nötiger wäre, dass man die Furten kenntlich machte, zumal in bebauten Gegenden. Für den Finanzraum 1876 bis 1877 waren 15000 Kr. für Wege- und Brückenbauten ausgeworfen, für 1902—1903 175100 Kr., für 1904—1905 271200 Kr., für 1906—1907 233600 Kr.

Fernsprecher *(tölluþráður* = Sprechdraht) hat man nur bei den vier Hauptstädten und innerhalb von *Reykjavík* selbst.

Eine telegraphische Verbindung der Insel mit der Aussenwelt ist endlich mit dem 1. Oktober 1906 ins Leben getreten. Schon im Jahre 1854 hatte der amerikanische Oberst Shaffner von Dänemark die Erlaubnis erhalten, von der Nordküste Schottlands eine Telegraphenlinie über die Farröer, Island und Grönland nach Labrador zu führen. 1860 schickte der „nordatlantische Telegraph" den Dampfer „Fox" ab, um auf Island das Gelände für die Errichtung der Telegraphenstangen zu sondieren; dabei zeigte sich, dass die Südküste wegen den ungeheueren Schwierigkeiten des Geländes

---

[1] *Bifreið*, vergl. Bifröst „der schwankende Weg", die Brücke zwischen Himmel und Erde = der Regenbogen; *reið* = Wagen; oder *sjálfhreyfi* = Selbstbeweger.

nicht in Betracht kommen konnte; der einzige Weg war von *Berufjördur* über *Mödrudalur*, *Akureyri* durch den *Sprengisandur* nach *Reykjavik*[1]). Neue Verhandlungen scheiterten daran, dass die fremden Staaten sich an den Kosten nicht beteiligen wollten. Nur Schweden stellte auf zehn Jahre einen jährlichen Beitrag von 10000 Franken in Aussicht. England aber und Deutschland lehnten eine derartige Beihilfe ab.

Die in ziemlich bedeutendem Umfange betriebene Meerfischerei deutscher Schiffe in den isländischen Gewässern und die sonst allerdings nur geringen Handelsbeziehungen unseres Vaterlandes mit dem fernen „eisigen Fels im Meer" muss der deutschen Regierung wohl nicht gross und wichtig genug erschienen sein, um eine staatliche Unterstützung des geplanten Islandkabels durch das Deutsche Reich zu rechtfertigen. Aber bei der Abschätzung der Wichtigkeit des Islandkabels für das deutsche Volk hat man offenbar gerade den wichtigsten Punkt, der geeignet war, für eine weitgehende Unterstützung des Projekts in allererster Linie nachdrücklich Propaganda zu machen, übersehen oder nicht richtig gewürdigt. Die praktische Wetterkunde und insbesondere der staatliche Mittelpunkt des Wetterprophezeiungsdienstes, die Hamburger Seewarte, haben es von jeher ganz besonders schmerzlich empfunden, dass gerade Island so lange Zeit hindurch von dem Anschluss an das Weltkabelnetz ausgeschlossen blieb. Wenn es gelingen würde, von Reykjavik, der Hauptstadt Islands, in Hamburg an jedem Vormittag eine telegraphische Nachricht über das dortige Wetter am Morgen des gleichen Tages zu erhalten und infolgedessen das Bild der täglichen Wetterkarten bedeutend nach Westen zu erweitern, so würden viele Wetterprognosen ungleich sicherer und brauchbarer werden können. Der Westen ist ja unsere Haupt-Wetterecke; die weitaus meisten Unwetter und vor allem die grossen Winterstürme nahen unseren Gegenden fast sämtlich aus Westen. An Island müssen fast alle grossen Sturmzyklonen, ehe sie den europäischen Kontinent erreichen, vorbeiziehen; Island, das von allen Ländern der Erde — ausser den Polargebieten — den niedrigsten durchschnittlichen Barometerstand hat, bildet eine Art Kreuzungspunkt für die Zugstrassen aller über den nördlichen Teil des Ozeans wandernden barometrischen Minima, und selbst diejenigen tiefen Depressionen, die weit südlich von Island vorbeiziehen, müssen auf die Windrichtung und -Stärke der isländischen Beobachtungsstation so einwirken, dass man Rückschlüsse auf ihre Natur und ihren Charakter ziehen kann. Das Islandkabel wird uns voraussichtlich in die Lage setzen, die meisten schweren Stürme schon volle 2—3 Tage früher anzukündigen, als jetzt, wo in den westeuropäischen Meeren vor dem Sturme meist erst dann gewarnt werden kann, wenn er schon da ist! Wenn alljährlich auch nur ein deutsches Schiff mit seiner Bemannung gerettet wird, weil das Islandkabel rechtzeitiger als gegenwärtig eine Sturmwarnung ermöglicht hat (es würden wohl viel mehr sein), so würde damit schon eine ausserordentlich hohe pekuniäre Beihilfe des Deutschen Reiches gerechtfertigt und glänzend verinteressiert sein. Und hoch ist die von Deutschland geforderte Unterstützungssumme nicht gewesen[2]).

Auch ohne Hilfe des Auslandes ist die Legung des Islandkabels jetzt gesichert. Dänemark hat sie als eine nationale Ehrensache angesehen, und Deutschland wird umsonst den Nutzen von dem Islandkabel haben, das wegen seiner hohen Bedeutung für die praktische Wetterprognose sich segensreich wie wenige für Deutschlands Handel, Schiffahrt und Volkswohlstand erweisen wird. Die

---

[1]) Th. Zeilau, Fox-Expeditionen i Aaret 1860, Kph. 1861.
[2]) Dr. R. Hennig in: Hamburger Nachrichten. 7. August 1904.

„Grosse Nordische Telegraphen-Gesellschaft", deren Linien nunmehr eine Gesamtlänge von rund 150000 km haben, hat die Anlage, deren Kosten etwa zwei Millionen Kr. betragen, und den Betrieb des Kabels zwischen den Shetlandinseln, den Færöern und Island gegen eine jährliche Unterstützung von 54000 Kr. von Dänemark und 35000 Kr. von Island übernommen.

Auf Island wird das Kabel an der Ostküste und zwar entweder in *Seydisfjördur* oder *Reydarfjördur* landen und von dort mit der Hauptstadt Reykjavik durch eine Landlinie verbunden werden, zu deren Errichtung die Gesellschaft einen einmaligen Beitrag von 300000 Kronen leistet. Die Landlinie auf Island denkt man sich übrigens bald weiter entwickelt und mit einem Telephonnetz, das die hauptsächlichsten Punkte der Insel umfasst, in Verbindung gebracht. Auf den Færöern wird die Kabelstation in der Hauptstadt Thorshavn errichtet werden, auf den Shetlandinseln soll das Kabel in Lerwick enden. In Thorshavn kann eine Verbindung der Kabellinien vorgenommen werden, so dass der telegraphische Verkehr zwischen Island und den Shetlandinseln direkt und ohne Umschaltung möglich sein wird.

Nichtsdestoweniger ist das Projekt gerade auf Island auf hartnäckigen Widerstand gestossen und ist zum Gegenstande des isländischen Parteistreites geworden. Die auf der Insel überwiegende ministerielle Partei suchte das Projekt, eine Frucht langer Bemühungen des Ministers *Hannes Hafstein*, energisch zu fördern, um nur endlich eine telegraphische Verbindung zu erlangen, während die Opposition unter Leitung des Dr. *Valtýr Gudmundsson* das Projekt bekämpfte, wohl in der trügerischen Hoffnung, durch Verwerfung der Regierungsvorlage den Minister stürzen zu können. Die Argumente der Opposition in diesem mit grosser Leidenschaft geführten Kampfe war mannigfacher Art. Man fand die Kosten zu hoch und namentlich die vorgesehenen Leistungen der isländischen Staatskasse übermässig gross und meinte, eine funkentelegraphische Verbindung, die sich wesentlich billiger stellen soll, sei vorzuziehen. Dazu warf man dem Minister vor, eigenmächtig vorgegangen zu sein und Materialienkäufe vorgenommen zu haben, die erst vom Althing bewilligt werden müssten.

Am 1. August 1905 fanden in Reykjavik Strassenkundgebungen statt. Gegen 250 Bauern aus Südisland waren nach der Hauptstadt gekommen, sämtlich zu Pferde und viele von ihnen nach tagelangem Ritt, um gegen das Kabelprojekt und den Minister zu protestieren. Dem imposanten Zuge schlossen sich zahlreiche Städter an. Man entsandte eine Abordnung zum Minister; dieser aber erteilte einen abschlägigen Bescheid. Die Menge brach darauf vor der Wohnung des Ministers in Ausrufe aus: „Nieder mit der Regierung, nieder mit dem Minister!"

Die Opposition legte dem Althing gleichzeitig zwei Anträge der Londoner Marconi-Gesellschaft und der Berliner Firma Siemens & Halske vor, die sich erboten hatten, eine Verbindung der Insel mit dem Festlande durch drahtlose Telegraphie zu errichten. Die Angebote wirkten natürlich verlockend, da sie nicht annähernd die Kosten des dänischen Kabelprojektes erreichten. Dazu hatte die Marconi-Gesellschaft für sich Reklame durch eine versuchsweise angelegte Verbindung Reykjavik mit der englischen Station Poldhu gemacht. Wochenlang vermittelten täglich Marconi-Telegramme den Isländern die neuesten Nachrichten aus aller Welt, brachten aber keine Meldungen von Island nach dem Kontinent. Die Isländer nennen diese Telegramme „Schnellschüsse" (*hradskeyti*), den Telegraphen *ritsími* und *málþráður*, doch wird letztere Bezeichnung jetzt nur noch für Telephon gebraucht.

Die entscheidende Sitzung des Althings fand am 12. August 1905 statt, dauerte von 12 Uhr mittags bis nachts 3½ Uhr und verlief ausserordentlich stürmisch. Der Kontrakt mit der grossen

Nordischen Telegraphen-Gesellschaft wurde mit grosser Majorität gutgeheissen: 8 gegen 5 Stimmen im Oberhaus, und 17 gegen 7 im Unterhaus. Ende September 1906 war auch die ganze Anlage fertig gestellt und dem Verkehr übergeben worden[1]. —

Die *Grimsá*, die im See *Reydarvatn* entspringt, durchströmt, nachdem sie die südliche *Tunguá* aufgenommen hat, den langen, schmalen *Lundareykjadalur* und fliesst in die *Hvítá*. Als wir in das Tal einbogen, war es mit dem guten Wetter und den leidlichen Wegen vorbei. Es regnete in Strömen, und ein eisiger Wind fegte uns ins Gesicht. Der Weg war ganz miserabel, sumpfig und steinig. Bald blieben die armen Pferde im Moraste stecken und konnten nur mit Mühe ihre Füsse aus der zähen, schleimigen Masse herausziehen; bald rutschten sie auf dem durch den Regen glatt und schlüpfrig gewordenen Gestein aus und tasteten sich nur vorsichtig und ängstlich vorwärts. Die Führer stimmten ein Klagelied nach dem andern an: sie brächten ihre Tiere nicht heil nach Hause, diese fänden kein Futter und könnten darum so lange und anstrengende Wege nicht aushalten. Wir atmeten erleichtert auf, als wir, etwa in der Mitte des Tales, den Pfarrhof *Lundur* erreichten, ohne dass uns das Geringste zugestossen war. Der heisse Kaffee brachte unsere erstarrten Lebensgeister wieder in Ordnung, und das Abendessen gab uns neue Kraft, so dass wir uns aufmachten, die Ruinen des Tempels zu besichtigen, die auf der ziemlich steilen Anhöhe liegen, an deren Fuss das Pfarrhaus errichtet ist. Die Länge beträgt 72 Fuss, die Breite 25 1/2 Fuss; man kann einen grösseren Raum unterscheiden, der für die feiernde Menge bestimmt war, das Langhaus, und einen kleinen, mit einem Anbau an der Seite, für den Goden, den Altar und das Götterbild bestimmt. Die Ecken sind abgerundet, der Fussboden im Anbau und teilweise in dem grösseren Raum ist gepflastert, dieser scheint auch innen und aussen Pfosten gehabt zu haben. Ein grosser, scharfkantiger Stein, der halb in die Erde gesunken ist, wird der Opferstein gewesen sein, an dem den zum Tode Verurteilten der Rücken gebrochen wurde (*Sigurdur Vigfússon* in: *Árbók* 1884 85; über den isländischen Tempel vergl. meine Nordische Mythologie S. 467 ff., 515 ff.).

Da das Pfarrhaus ziemlich klein und mit Kindern reich gesegnet war, dachten wir mit einigem Bangen an unser Nachtquartier. Ein paar Mädchen holten Betten aus dem Hause, überzogen sie frisch und verschwanden damit in der Kirche. Neugierig folgten wir ihnen in den netten, reinen Raum und sahen, wie zwei Nachtlager vor dem Altar, eins auf zusammengerückten Bänken angerichtet wurden. Ich

---

[1] Der Landtelegraph geht von *Reykjavík* die *Esja* entlang, als Kabel über den *Hvalfjördur*, dann durch die *Holtavörduheidi* bis *Blönduós*, *Akureyri* und *Seydisfjördur*.

wählte den ersten Platz und packte meine Uhr und sonstige Kleinigkeiten neben mich, so dass ich sie jederzeit bequem erreichen konnte. Auf sauber angestrichenen Bänken wurde das Waschgeräte, Wasser zum Trinken usw. gestellt, die Garderobe über die Lehne gehängt. Als ich dem Pfarrer ein gewisses Befremden äusserte, meinte er am Tage schliefen die Bauern nicht in der Kirche, das käme nur in den grossen Städten des Auslandes vor; sei es nicht humaner, dem Gaste das Gotteshaus einzuräumen, als ihn in Nacht und Wetter wieder fortzuschicken? Würden nicht im Kriege oft genug die Kirchen als Lazarette benutzt? Wie die Verhältnisse auf Island einmal liegen, musste ich ihm unbedingt recht geben, und wir haben so ruhig und warm geschlafen, wie je in unserem Leben. Nur hier zu rauchen habe ich nicht übers Herz gebracht, so leidenschaftlich ich sonst dieser Tugend fröhne; Ögmundur meinte allerdings, zu solchen Bedenken läge nicht der geringste Grund vor; sein Gott sei gross genug, um daran keinen Anstoss zu nehmen.

13. Juni.

Beim Erwachen fiel mein erster Blick auf das Altarbild: Christus legt die Hände segnend auf ein Kind, und das Werk des isländischen Malers machte mir einen besseren Eindruck als am Tage vorher. Gewiss, es ist kein grosses Kunstwerk, Christus ist etwas steif, sein Haar und Bart zu hellgelb, die Beine des Kindes sind entschieden durch Rhachitis gekrümmt — aber der Künstler hat sich bemüht, beide Gestalten den Bauern dadurch nahe zu bringen, dass er sie dem isländischen Volkstypus annäherte. Hat nicht Shakespeare die Römer als Engländer seiner Zeit, Uhde und Gebhardt die Jünger als deutsche Handwerker unserer Zeit dargestellt? Also grundsätzlich lässt sich nichts dagegen einwenden, nur muss die Ausführung auch überzeugend wirken, und das war hier nicht völlig der Fall. Übrigens habe ich später eine Kopie des Bildes in der Kirche von *Hlidarendi* gesehen, nur fehlte dort die Unterschrift: „Wer das Reich Gottes nicht empfänget als ein Kindlein, der wird nicht hineinkommen".

Wir hatten einen langen Tagesmarsch vor uns, und die Führer waren besorgt, ob wir und die Pferde ihn überstehen würden. Der Weg nach dem *Ok* (Joch, 1188 m) war verschneit, dieselbe Route zurück wollten wir auf keinen Fall, so einigten wir uns dahin, über das Hochplateau *Uxahryggir* (412 m) nach der Ebene von *Pingvellir* zu reiten, dort einen Tag zu rasten und dann nach *Reykjavik* zurückzukehren. Auf der Thingstätte zeigte sich denn auch, dass die Pferde, die unterwegs nur einmal hatten weiden können und sonst von Wasser gelebt hatten, völlig ausgepumpt, zum Teil arg gedrückt waren. Da sie aber hier gutes Gras und Ruhe hatten, konnte ihnen der Heimritt ohne Bedenken zugemutet werden.

Weiter die *Grimsa* entlang, zweimal an heissen Quellen vorüber, zogen wir den *Lundareykjadalur* zu Ende bis an den Hof *Pverfell*, am Fusse des Berges gleichen Namens. Bis *Reykjalang*, wo die Bewohner des Westviertels getauft wurden, als sie vom Althing heimritten, war der Weg noch schlechter als am vergangenen Tage. Nur war er nicht so glatt, da der Wind in der Nacht getrocknet hatte. Die Pferde mussten bergauf, bergab wie die Gemsen klettern; zuweilen ging es so jäh in die Tiefe, dass wir uns auf das Sattelende zurückbiegen mussten, um ihnen Halt zu geben; stiegen wir dann wieder in die Höhe, so beugten wir uns weit über die Mähne — zum Absitzen und Führen war keine Zeit. Am Schluss des Tales wurde der Weg besser. Leider begann es wieder zu regnen, als wir das *Pverfell* erreichten, so dass wir die Öljacken anziehen mussten. Übrigens verleiht das steife Zeug dem Rücken einen gewissen Halt, so dass man wie an einer Lehne sitzt. Der weitere Weg führte durch eine grosse Kluft südwestlich von dem Hofe nach den sogenannten *Uxahryggir*. Der Bauer wurde gebeten, uns die Furt zu zeigen; mit seinen leichten Hausschuhen schwang er sich auf eins von unseren ledigen Pferden ohne Sattel und Steigbügel, nur einen Strick legte er dem Pferd ins Maul und geleitete uns den steilen Abhang hinab durch das Flussbett bis an das Hochplateau. Wir erfuhren von ihm, dass er erst kürzlich aus Amerika heimgekehrt war. Er war zwei Jahre in New-York und Chicago gewesen, aber das Heimweh hatte ihn mit solcher Gewalt gepackt, dass er sein gutes Auskommen im Stiche liess und zu seinen Schneebergen und Lavafeldern zurückkehrte. Er war ein Opfer jener gewissenlosen Agenten, die den Isländern Amerika als das gelobte Land priesen, wo man ohne grosse Arbeit in kurzer Zeit Reichtümer sammeln könne.

Die Auswanderung von Island nach Amerika datiert seit der Mitte des vorigen Jahrhunderts. Der lange strenge Winter und die häufigen Verwüstungen der Wiesen durch vulkanische Ausbrüche hinderten manche, selbst bei grösstem Fleisse, sich emporzuarbeiten. Die ersten Auswanderer gingen nach Brasilien. Um sich dem Drucke der Dänenherrschaft zu entziehen, wurde dann anfangs der siebziger Jahre eine Auswanderung nach Nordamerika empfohlen. Aus zwei Bezirken im Norden, die 1870 zusammen etwa 10000 Bewohner zählten, verliessen 254 Personen die Insel; bei einem Agenten in *Reykjavik* allein meldeten sich 420 Personen zur Auswanderung. Diese ging nach Manitoba in Kanada mittelst Dampfschiffen der Allen-Linie ab Glasgow und kostete ca. 8 £ per Kopf Passagegeld. Für jeden Einwanderer wurde von der kanadischen Regierung 1 £ vergütet. 1873 gingen 200, 1874 über 300, 1878 ca. 1000, 1879 ca. 300 Isländer hinüber. Am schlimmsten war es mit der Auswanderung von 1882—1887, seit 1887 ist es immer weniger geworden, doch wanderten 1903 und 1904 zusammen immer noch 750 Personen aus. Die rücksichtslose Jagd nach dem Dollar liegt dem Isländer nicht im Blute; manche bittere Enttäuschung ward ihnen zu teil, und daheim besserten sich die Verhältnisse zusehends. 1884 lebten in Amerika ca. 6000 Isländer, heute soll die Zahl der in den Vereinigten Staaten (Norddakota und Minnesota) und in Kanada (Manitoba, „Neu-Island am Winnipeg-See") ansässigen Isländer 25000 betragen. Treu halten sie an ihrer Sprache und den heimischen Überlieferungen fest, und sitzen sie auf blumiger Halde am brausenden Winnipeg-See, so schweifen ihre Gedanken nach dem uralten Island hinüber, „wo die Sonne zuerst den Himmel vor ihnen aufschloss", wo sie fröhlich einst spielten in lachender Jugendzeit. Keine fremde Sprache dringt an ihr Ohr, nur Isländisch hören sie — und doch fühlen sie sich hier nicht wohl, wie die Schweizer hängen sie mit rührender Liebe an ihrer alten Heimat, und Heimweh tönt aus ihren Liedern:

> Nein, glücklich wird nimmer er hier,
> Noch findet er Ruhe hier je;
> Denn Herz und Gedanken, sie sind
> Nur jenseits der wogenden See.

In Winnipeg erscheinen sechs grosse isländische Zeitungen und Zeitschriften, darunter die Wochenblätter *Heimskringla* und *Lögberg*, die den heimatlichen an Zahl der Leser nicht viel nachstehen; in Selkirk (Manitoba) zwei, in Minnesota gleichfalls zwei, zusammen also zehn. Unter den isländischen Dichtern in Amerika verdienen *Stephán G. Stephánsson*, *Kristinn Stefánsson*, *Jóhann Magnús Bjarnason* und *Hannes Blöndal* genannt zu werden[1]).

Als der Führer uns verliess, begann der schwierigste, aber auch der interessanteste Teil des heutigen Tages. Das war wirklich Island, wie man es sich daheim vorstellt; nicht der lichte Gau mit Forellenbächen, blumigen Auen und blankem Wogenschwall, wie *Jónas Hallgrímsson* seine Heimat preist, und wie wirklich grosse Landstriche sind, sondern das Land des Eises, der Gletscherfirnen, der steilen Wasserfälle, der blauen Felsen und der kalten Winde. Der eisige Sturm peitschte uns ins Gesicht und ging durch Mark und Bein; stapften wir ein paar Schritte zu Fuss, so drohte er uns umzuwerfen. Kein Vogel liess sich sehen noch hören. Ungeheure Blöcke lagen überall umher, und als der Regen aufhörte, wurden die Gletscherriesen des *Ok*, des *Eiríksjökull* (1798 m), des *Langjökull* (1385 m) und des *Skjaldbreiður* (1063 m) nacheinander sichtbar. Ein Bauer, der uns auf der Höhe begegnete, nahm erschreckt vor uns Reissaus, da er uns für Schafdiebe oder Ächter hielt.

---

1) Proben von diesen Dichtern übersetzt bei Poestion, Eislandblüten, S. 215—224.

Ratlos machten wir vor einem grossen See (*Eiriksvatn?*) mit starkem Wellenschlage Halt, orientierten uns nach der Karte, ritten sein östliches Ufer entlang und erreichten glücklich, sieben Stunden nach dem Aufbruch von *Lundur*, die Ruinen einer Schutzhütte, wo wir einige Minuten rasteten und im Stehen Schokolade knabberten. Dieses *seluhús* d. h. Seligkeitshaus, weil man solche in der katholischen Zeit erbaute, um durch dieses gute Werk sich die Seligkeit zu verdienen, war gänzlich zerfallen, denn seitdem der Dampfer die Küste entlang fährt, wird der Weg über die *Uxahryggir* nicht mehr benutzt, das Schutzhaus ist also überflüssig geworden. Die alten Schutzhütten sind völlig verloren gegangen, man weiss nicht einmal mehr, wie sie eigentlich eingerichtet waren. Es scheinen offene Blockhäuser gewesen zu sein, zuweilen an der Küste gelegen, die nur Obdach, trockenes Holz und als Lager Stroh gewährten (Grettis S. 38). An ihre Stelle sind heute zuweilen kleine Erdhütten getreten *(kofi)*, in denen die Schafhirten übernachten, wenn sie das Vieh im Herbst vom Hochgebirge heim treiben.

Am östlichen Ufer des *Uxavatn* hörte der harte, steinige Boden auf, aber der Sumpf und Morast war für die Pferde noch schlimmer. Mit Peitsche und Absatz zwangen wir sie, von einer grünen Insel zur andern zu springen; versuchten wir einmal, die schmalen Gräben zwischen diesen zu durchreiten, so brachen die Pferde bis über die Läufe ein. Die Führer erhoben einen mörderlichen Lärm und gebrauchten erbarmungslos ihre langen Peitschen, um die losen und die Packpferde vorwärts zu treiben. Jetzt sahen wir, was man diesen wackern, zähen Tierchen zumuten kann und erleichterten ihnen ihr schweres Los nach Möglichkeit. Aber nicht einmal auf der Oase *Vidiker* konnten wir ihnen Rast und Weide gönnen. Dafür bekamen sie jetzt leichteren Weg. Von selbst setzten sie sich in Galopp und sprengten einen wildbewegten See entlang, den weder Ögmundur noch die Karte kannten; er vermutete, es sei geschmolzenes Schneewasser, dafür war es aber viel zu breit, etwa 100 m. Die Landschaft wurde geradezu grossartig; gezackte und breite Berge in grünen und roten Schattierungen umrahmten den Weg, bis wir den Fuss des Höhenzuges *Sledaáss* erreichten (*áss* = Hügel), eines südlichen Ausläufers des *Ármannsfell* (701 m). Wir stiegen ab und kletterten durch fürchterliches Geröll, die Pferde sich selbst überlassend, etwa 15 Minuten in die Höhe; noch schlimmer war der Abstieg auf der andern Seite, fortwährend rutschten wir in den unbeholfenen Reiterstiefeln aus und langten schweissgebadet vor dem *Tröllaháls* an[1]). Von neuem begann eine

---

[1]) Über ihn flüchtete der am Althing verurteilte *Skuli* vor seinen Feinden; vergl. die Volkssage bei Maurer, S. 236 und das Gedicht von *Grímur Thomsen* „Skulis Ritt" bei Poestion, Eislandblüten, S. 104.

mühsame Kletterei über Geröll und Grus, dann klapperten wir über harte, hellklingende Lava in einem unglaublichen Tempo dahin und verschnauften ein wenig an dem kleinen See *Sandklettavatn*.

Durch den Pass *Kluptir* hindurch („Spalten") ritten wir am Fusse des *Ármannsfell* entlang. In einer Senkung sollen, wie Ögmundur erzählte, die Bergriesen ihre Ringkämpfe ausgefochten haben; dabei soll einmal ein Bruder dem andern den Oberschenkel gebrochen haben; dieser trug dann das gebrochene Bein in einem Verbande und wurde völlig geheilt. Ich glaube, etwas Ähnliches irgendwo gelesen zu haben, habe aber nicht mehr dahinter kommen können. In einer Höhle des *Ármannsfell* wohnte der Riese *Ármann* und verstarb darin. Als Island christlich geworden war, riefen ihn die Bewohner um Hilfe und Unterstützung an; denen allen wurde er der grösste Schutzgeist. Im Anfange des 12. Jahrhunderts verhalf dieser „Rübezahl" einem Manne zu seinen verlorenen Pferden, bedang sich aber dafür aus, dass er, wenn er einen Sohn bekäme, seinen Namen „unter die Taufe und das Christentum" brächte. Mit dem Namen hoffte man in dem Neugeborenen weiterzuleben[1].

Bald blitzte von weitem der Wasserspiegel des *Pingvallavatn* auf, dann schob sich eine ungeheure schwarze Wand vor, von der ein Wasserfall hernieder brauste, ein stattlicher Birkenwald nahm uns auf, der Weg wurde enger und fester, allzulang zog er sich für unsere Ungeduld noch dahin, wir verschwanden in einer kleinen zerrissenen Schlucht, tauchten wieder empor, ritten abermals eine Schlucht entlang, und mit einem Male lag die alte heilige Thingstätte vor uns in wunderbarer, geisterhafter Abendbeleuchtung. Unwillkürlich kam mir das Walhallmotiv aus dem Rheingold über die Lippen:

> Vollendet das ewige Werk;
> auf Berges Gipfel
> die Götter-Burg . . .
> Stark und schön
> steht er zur Schau:
> hehrer, herrlicher Bau!

Das kleine Hotel *Valhöll* passt freilich nicht recht zu den majestätischen Tönen und den prunkenden Worten, aber uns kam es nach dem ununterbrochenen, strammen zwölfstündigen Ritte wie die Götterhalle vor. Das Hotel war heute erst eröffnet, wir waren die ersten Gäste und konnten uns jeder ein besonderes Zimmer aussuchen. Der Wirt fing schnell ein paar prächtige Forellen, eine grosse Kanne Milch kam zunächst auf den Tisch, dann eine gute Suppe, den Schluss bildeten Marmelade und Ananas. Dass es keinen Wein und nicht einmal Bier gab, tat uns im ersten Augen-

---

[1] Über diese Seelenwanderung und Wiedergeburt vergl. meine Nord. Mythologie, S. 35—37.

blicke wirklich leid, Walhalls selige Helden pflegten Met und Bier wacker zuzusprechen — aber die Konzession würde dem Wirte zu teuer geworden sein, und als die Ansprüche der Nordleute noch bescheiden waren, begnügten sich auch die Helden in den himmlischen Höhen mit der Milch, die ihnen die Ziege Heidrun spendete.

Das einstöckige Hotel, dessen Bau das Althing mit 6000 Kr. unterstützt hat, ist mit dem am *Geysir* gelegenen das einzige seiner Art im Inneren Islands. Es besteht aus Holz mit Wellblechbekleidung und enthält einen grossen Speiseraum in der Mitte. Links liegen die Zimmer zweiter Klasse, für die Führer bestimmt, Küche und Vorratskammern; rechts sind die Räume erster Klasse, jedes der neun Zimmer hat zwei Betten, die kojenartig übereinander stehen. Jedes Wort, das in einer Zelle gesprochen wird, ist auf dem ganzen Seitenflügel vernehmbar. Da wir aber allein waren, störte uns das nicht. Weder der Regen, der auf dem Dache trommelte, noch der Sturm, der um das Häuschen tobte, konnten uns die wohlverdiente Nachtruhe rauben.

14. Juni.

Allen Glanz der Darstellung möchte ich auf diese geschichtlich bedeutsamste und landschaftlich hervorragende Stätte Islands übertragen. Aber ich fühle, dass dazu meine Gaben nicht ausreichen. Jeder, der Island bereist und beschreibt, sieht es als seine Pflicht an, diese Örtlichkeit genauer zu schildern. Der eine, überschwengliche, rechnet es zu den sieben Wundern der alten Welt, der andere, nüchterne, der vielleicht zu viel erwartet hat, ist enttäuscht und schwingt sich mühsam zu einem „ganz nett" auf. Wenn irgendwo, so kommt es hier auf die Stimmung des Beschauers und den Eindruck an, den ein historisch wertvoller Ort auf ein empfängliches Gemüt ausübt. Ich will versuchen, beides miteinander zu vereinigen und bemerke, dass ich durch meinen Freund *Olsen* aufs beste für die in Betracht kommenden topographischen Fragen vorbereitet war[1]. Die beifolgende Skizze möge zur Veranschaulichung dienen (Fig. 48).

In vorgeschichtlicher Zeit haben von Norden her aus verschiedenen Kratern, besonders aus dem jetzt längst ausgebrannten *Skjaldbreiður*, einer Lavakuppel, die sich wie ein breiter Schild mit weissen Schneeflecken über das Hochplateau erhebt, und aus einigen östlicheren Kraterreihen bei *Tindaskagi* gewaltige Lavamassen von

---

[1] Kaalund, Bidrag.. I, S. 90—149. — Gebhardt, Thingvellir in: Beilage zur Allgemeinen Zeitung 1800, Nr. 229. — Olsen, *Sundurlausar hugleidingar* in: Festschrift für Konrad Maurer, Göttingen 1890, S. 137—147. — Bruun, Nordboernes Kulturliv I, Island. Kph. 1897, S. 199—215. — Kaalund, Det islandske Lovbjærg, in: Aarböger f. n. Oldk. og Hist. 1899, S. 1—18.

Nordost nach Südwest ihren Weg gefunden, bis zu der Stelle, wo jetzt Islands grösster See, das *Þingvallavatn*, liegt und dessen nördlichen Teil ausgefüllt; er hat ein Areal von 105 qkm, seine Tiefe im SW. beträgt 111 m (*Bjarni Sæmundsson*, in: Geogr. Tidskrift 1904, S. 175—181), die von der Lava ausgefüllt wurde. Ein grosser Teil der Lava, etwa eine Quadratmeile gross, hat sich dann bedeutend gesenkt:

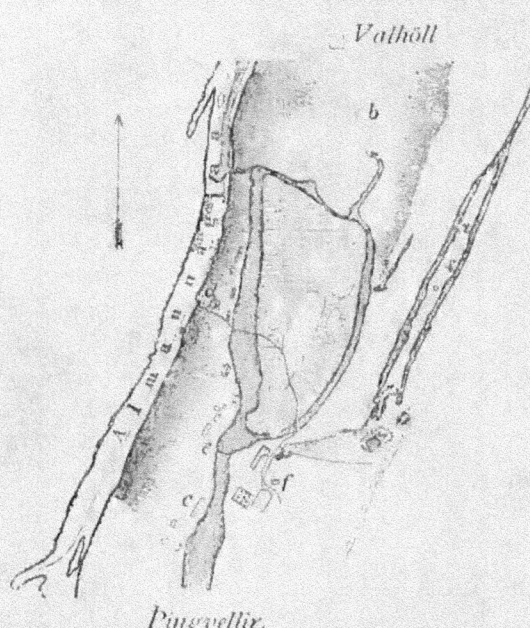

Fig. 48. Der Fluss mit seinen Verzweigungen ist die *Öxará*

a Der früher als „Gesetzesfelsen" angenommene Platz. *b* Platz, wo die gesetzgebende Versammlung (*lögretta*) vermutlich zusammentrat. *c* Njáls Bude. *d* Bude des Goden Snorri. Nördlich davon der vermutliche Gesetzesfelsen. *e* Alte Brücke über die *Öxará*. *f* Kirche.

> Berstend in die hohle Wölbung
> Sank die Lava auf den Grund.

So sind die tiefen Lavarinnen in der Richtung von NO. nach SW. entstanden, die der Landschaft ein eigentümlich wildes, grossartiges Gepräge verleihen, vor allen die beiden ungeheuern Spalten, die die gesenkte Partie gegen O. und W. begrenzen; sie bezeichnen, zunächst einander parallel laufend, die Linien, wo sich die sinkende Lava von der übrigen Masse losgerissen hat.

> Östlich steigt ein Felsengürtel
> Aus der breiten „Rabenkluft",
> Eine and're Wand noch mächt'ger
> Strebt im Westen in die Luft.
>
> (*Jónas Hallgrímsson*, bei Póstion, Eislandblüten, S. 38—40.)

Die letztere, die *Almannagjá*, d. h. Allermännerschlucht, weil in ihr vielleicht einst Volksversammlungen stattfanden, oder weil alle Leute aus dem Westlande durch sie zur Thingebene (*Þingvellir*) ziehen mussten, ist 10 km lang und gegen W von 30 m hohen, senkrechten Basaltwänden eingefasst, deren übereinander angeordnete Bänke deutlich zu unterscheiden sind; die östliche gesenkte Wand hat nur eine Höhe von 10—15 m; der Boden der Schlucht hat eine Tiefe von 40—50 m[1]).

[1] Die älteste deutsche Beschreibung von *Þingvellir* gibt Dithmar Blefken 1607 (wiedergegeben bei Thoroddsen-Gebhardt I, S. 172/73).

Fig. 40. Þingvellir. Die Öxará stürzt in die Almannagjá nieder.

Durch den Fluss *Oxará* (Beilfluss) wird die *Almannagjá* in drei Teile geteilt: er stürzt sich über die westliche Wand in einem tosenden Wasserfall herunter (Fig. 49), strömt dann eine Strecke weit in der Tiefe der Kluft nach Süden und bricht sich brausend und schäumend in prächtigen kleinen Kaskaden durch die östliche Wand einen Weg in die Ebene, verzweigt sich um mehrere kleine Inseln und Sandbänke und fliesst schliesslich an der Kirche vorüber in den See. Das Becken, das die *Oxará* passiert, bevor sie aus der *Almannagjá* tritt, heisst *Drekkingarhylur*; hierin wurden die Frauen ertränkt, die ihre Kinder umgebracht oder die Ehe gebrochen hatten[1]. Aber das Recht des Freistaates wusste nichts von irgend welchen Todesstrafen. Ebensowenig haben die Stätten Anspruch auf Alter und Echtheit, wo die Hexen verbrannt wurden *brennugjá* (eine grasbewachsene Kluft östlich oder nördlich vom *Tún*), die Scheiterhaufen für Zauberer aufflammten (in der *Almannagjá* selbst), die Diebe gehängt wurden, indem über zwei gegenüberstehende Felsblöcke nördlich in der *Almannagjá* ein Balken gelegt wurde, und andere Übeltäter geköpft wurden. Vermutlich hat die *Oxará* früher einen andern Lauf gehabt, westlich von der *Almannagjá*, ohne diese zu berühren; auf dem Hochlande westlich von der Kluft sieht man in der Tat die Spur eines älteren Flussbettes; die Ache soll erst künstlich, nach der Sage, durch einen Hirten, durch diese geleitet sein. Sicher haben früher die verschiedenen kleinen Inseln ein zusammenhängendes, grösseres Eiland gebildet, den *Oxarárhólmr*. Hier war die gewöhnliche Stätte für Zweikämpfe; hier fochten die beiden Skalden *Gunnlaugr* Schlangenzunge und *Hrafn* um der schönen *Helga* willen den letzten gesetzlichen Zweikampf aus. Vor der Einmündung des Flusses in den See war früher eine Brücke; sie ist aber schon seit Jahrhunderten abgebrochen und nicht wieder hergestellt. Unterhalb der Brücke war der Platz, wo sich die Thingleute zu waschen pflegten.

Über den Namen des Flusses „Beil-(Axt)Fluss" gibt es zwei Überlieferungen. Nach der ersten war den Leuten des ersten Ansiedlers *Ketilbjörn* hier ihr Beil (öxi) in den Fluss gefallen (Lnd. V, 2); nach einem ausführlicheren Bericht, der wohl noch auf *Ari* zurückgeht, kam *Ketilbjörn* mit seiner Gattin *Ésa Grjótgardsdóttir* auf seiner Wanderung an einen zugefrorenen Fluss und wollte in das den Fluss bedeckende Eis ein Loch hauen; dabei fiel ihm sein Beil hinein, und so gaben sie dem Fluss den Namen „Beilfluss" (Sturl. I, S. 202). Nach der Volkssage aber hatte ein König von Norwegen einem isländischen Manne eine silberbeschlagene Axt geschenkt, um mit dieser in seiner Heimat die im *Heingill* hausende Riesin *Jóra* zu töten; mit der Axt im Leibe, sagte der König, werde sich die Unholdin in einen Fluss stürzen, der nach ihr benannt werden würde, und an seinen Ufern würde das Volk später seine Thingstätte haben. Diese Vorhersagung ging in Erfüllung; das Axtblatt trieb in den Fluss, der später Axtfluss hiess, da wo die Isländer ihr Althing festsetzten (*Jón*

[1] Vergl. Thoroddsen-Gebhardt II, S. 109.

Arnason, Isl. Þjoðs. I, S. 184 [1]). Diese Erzählung ist alt, denn sie wird bereits 1683 erwähnt (bei Peter Johann Resen). „Wenn aber schon diese ältere Fassung der Sage die Einsetzung des Althings durch König Olaf mit jenem Vorgange in Verbindung bringt, so kann ihre Entstehung nur in eine Zeit fallen, wo einmal alle Bekanntschaft mit den Geschichtsquellen der Insel völlig erloschen war, und wo zweitens der Glaube in unbedingtester Gestalt war, dass der heilige Olaf der Stifter ihres Rechtes und ihrer Verfassung gewesen sei (Maurer, Germ. IX, S. 234).

In der Ebene wie in der Schlucht und an deren Abhängen schlagen die Thingleute ihre Buden auf (bild. f.), und Reste davon kann man noch heute sehen: rechteckige, mauerartige Erhöhungen aus Rasen [2]. Zwei Langwände und zwei giebelförmig gestaltete Querwände wurden aus Stein- oder Lavablöcken und Rasenstücken aufgeschichtet; diese vier Wände (budar-töft) bildeten ein längliches Viereck und standen, wenn unbenutzt, ohne Dach; nur zur Thingzeit erhielten sie eine vorübergehende Bedachung aus grober Leinwand oder einheimischen Wollstoffen (vadmál). Vornehme verhängten auch wohl damit die innere Seite der Budenwände und nahmen am Schluss der Thingzeit diese Decken wieder ab. Am Althing scheinen vorwiegend die Goden ihre Buden gehabt haben, an die sich ihre Thingleute hielten. Die für die Pferde der Thingmänner nötige Weide lieferte eine benachbarte Ahnende, und ebenso den Bedarf an Brennmaterial, einzelne Goden aber besassen in der Nachbarschaft ihren besonderen Wald. Mit Kost musste sich jeder selbst für die Dauer der Tagung versehen. Die Grösse der Buden war verschieden, oft recht ansehnlich. Mancher Gode kam mit einem Gefolge von bis 70 Mann angeritten und konnte bequem für 80 Mann Unterkunft bieten, einige sogar für mehrere Hundert.

Aber auch Gewerbsleute hatten am Althing ihre besonderen Buden, wo sie ihren Geschäften nachgingen. Schuster, Schwertfeger und Spielleute werden erwähnt. Selbst von Bierbuden ist die Rede, und von Biersiedern, die hier ihre Getränke verkauften. Unter den Besuchern einer solchen Kneipe wird einmal *Snorri Sturluson* genannt.

Dieser Eindruck eines belebten, bunten Treibens wurde noch durch mancherlei Spiele und Lustbarkeiten erhöht, die hier vor sich gingen. Ring- und Ballspiele fanden statt, aber auch an ernsten Geschichtserzählungen fehlte es nicht.

Es war ein grossartiger Anblick, den man zur Zeit des Althings vom Gesetzesfelsen aus genoss, d. h. von jener Anhöhe, von der aus der Gesetzsprecher die Gesetze verkündete. Über die schwarzen Klüfte, die den (isländisch das) *lögberg* umgaben und über die

---

[1] Eine Volkssage, nach der sich das Wasser des Flusses jedes Jahr einmal in Wein verwandelt, bei Lehmann-Filhés II, S. 64.

[2] Maurer, Island S. 164 ff.; Rosenberg, Træk af Livet paa Island, Kph. 1871, S. 49—66. Über Gräberfunde, vergl. Kaalund, Islands Fortidslævninger, S. 61 a.

gras- und buschreichen Flächen des Lavafeldes sah man nach Westen und Osten die hohen, schwarzen Wände der *Almannagjá* und der *Hrafnagjá*, hinter denen sich die ferneren grauen Bergrücken erhoben; fern nach Norden ragte der schildförmige, breite Berg *Skjaldbreiður* empor, nach Westen und Süden schweifte der Blick über die Thingebene hin, wo die *Öxará* sich entlang schlängelte, wo die Buden der Thingleute lagen, und wo deren Frauen sich putzten, bis des Sees breite und blanke Fläche den Gesichtskreis abschloss. Und über dem allen wölbte sich der hohe Himmel, oft kalten Regen herniedergiessend, mit jagenden Wolken, aber oft auch klar und blau, strahlend in der Mitternachssonne.

> Dort auf dem Lavagefild,
> > wo die *Öxará* damals, wie heute,
>
> Strömt aus der *Almannagjá*,
> > tagte das Althing dereinst.
>
> Dort riet *Þorgeirr* dem Volke,
> > den Nacken zur Taufe zu beugen.
>
> Dort waren *Gunnarr* und *Njáll*,
> > *Flosi* und *Heðinn*, sein Feind. . . .
>
> *Snorris* Bude ist nun ein Pferch,
> > und der heilige *Lögberg*
>
> Jährlich von Beeren ganz blau,
> > Kindern und Raben zur Lust!
>
> > > (Nach Jónas Hallgrímson.)

Einige Buden können ihrer Lage nach noch ungefähr bestimmt werden. Die des berühmten *Snorri goði* z. B., der eine Raum 11, der andere 18 Schritt lang, beide je 8 Schritt breit, lag nördlich von dem in die Kluft einmündenden Wege (auf der Skizze mit *d* bezeichnet); die eine des *Snorri Sturluson* (*Valhöll* genannt) war östlich vom Fluss, eine andere westlich von der *Öxará*, nördlich vom Gesetzesfelsen[1]), und die Bude des gesetzeskundigen weisen *Njáll* lag südlich von der alten Brücke über die *Öxará* (auf der Skizze: *e*). Hier entdeckt *Njáll* im Jahre 1004 seinen Anhängern den Plan, dem von ihm aufgezogenen *Höskuldr*, dessen Vater *Þráinn Skarphéðinn*, *Njálls* Sohn, getötet hatte, die Stellung und Würde eines Goden zu verschaffen. Hier redet *Njáll* zum Guten, als wegen Ermordung des unschuldigen *Höskuldr* von *Flosi* ein Prozess auf dem Althing eingebracht wird; schon soll die Aussöhnung stattfinden, da reizt *Skarphéðinn* den *Flosi*, alle Friedensbemühungen sind gescheitert. *Flosi* ruft seine Leute in die *Almannagjá* und verabredet den Überfall auf *Bergþórshvoll*, wo *Njáll* mit seinen Söhnen wohnt.

Durch *Njáll* wurde, aus Liebe zu *Höskuldr*, eine Änderung der Gesetzgebung vorgenommen und das fünfte Gericht eingeführt. Im Jahre 930 war, wie wir früher gesehen haben, durch *Úlfljótr*

---

[1]) Sturlunga Saga, Oxforder Ausgabe, I, 235; 291—292.

eine allgemeine Landesversammlung (*Alping*) als oberstes Gericht und gesetzgebende Versammlung für die ganze Insel eingerichtet und das Amt des Gesetzsprechers eingeführt (*lögsögumadr*). Die richterliche und gesetzgebende Tätigkeit war einem Ausschuss (der *lögrétta*) übertragen, wobei den Goden eine Hauptrolle zukam. Eine in der Thingebene gelegene Anhöhe war der Sitz der *lögrétta*, diente dem Gesetzsprecher zu seinen Rechtsvorträgen und zu den öffentlichen Verkündigungen und hiess deshalb Gesetzesfelsen (*lögberg*). Seit der Errichtung der Viertelsgerichte bezieht sich der Name *lögrétta* nur auf die gesetzgeberische Tätigkeit (965); in ihr hatten vor allem nur die Goden Platz; sie bestand, abgesehen von dem Gesetzessprecher (und den später hinzukommenden beiden Landesbischöfen) aus 144 Mitgliedern, die auf 3 hintereinander stehende kreisförmige, aus Rasen und Stein errichtete Bankreihen verteilt waren. Das von *Njáll* eingeführte fünfte Gericht hatte seinen Sitz an derselben Stelle wie die *lögrétta*, also auf deren Bänken, aber sonst bestand keine Verbindung zwischen ihnen.

Der Mittelpunkt des Althings also, der Sitz der von den Goden ernannten Richter (der *lögrétta*) und der amtliche Platz des Gesetzsprechers, war der Gesetzesfelsen (*lögberg*). Von hier aus wurden die Rechtsvorträge des letzteren der Regel nach gehalten und auch die übrigen ihm obliegenden Verkündigungen erlassen; von hier aus richteten aber auch diejenigen Privatleute, welche irgend etwas an die Thingversammlung vorzubringen hatten, ihre Worte an diese, nachdem sie zuvor vom Gesetzessprecher die Erlaubnis, den Ort zu betreten, und allenfalls auch Belehrung über die einzuhaltenden Förmlichkeiten sich erbeten hatten. Die verschiedenartigsten Bekanntmachungen, Aufforderungen, Anfragen konnten am Gesetzesfelsen erlassen und gestellt werden; u. a. muss hier das Domizil und die Thingzugehörigkeit angezeigt werden, welche jemand wählt; hier erfolgt die Bekanntgabe der Rechtssachen, welche entweder sofort oder am nächsten Althinge erledigt werden sollen; hier erkundigt man sich um das Domizil und die Thingzugehörigkeit von Personen, bezüglich deren man ein rechtliches Interesse hat, solche zu erkennen. Auch Ladungen, dann Berufungen von Zeugen und Geschworenen werden unter Umständen hier vorgenommen, die Namen von Ächtern oder Landesverwiesenen bekannt gegeben, Schiedsprüche verkündet, Exekutionsgerichte angesagt, gefundenes Gut wird hier bekannt gegeben, aber auch eine Herausforderung zum Zweikampfe oder eine Einladung zu einem grossartigen Gastmahle hier erlassen u. dergl. m. (Maurer, Island, S. 177-78).

Die *lögrétta* hatte vermutlich ihren Sitz nicht auf dem *lögberg* selbst (vielleicht war das in der ältesten Zeit der Fall), sondern auf der Ebene (auf der Skizze: *b*, nicht weit von dem jetzigen Hotel). Für den Gesetzesfelsen werden zwei Punkte genannt, der eine westlich von der *Öxará* und zwar irgendwo am östlichen Abhange der Ostwand der *Almannagjá* (auf der Skizze: **nördlich von d***; auf Kaalunds Karte I, S. 93: *II*)[1]), der andere östlich vom Flusse auf einer schmalen Zunge zwischen zwei langen tiefen Wasserrinnen, der *Flosagjá* und der *Nikulásargjá* (auf der Skizze: *a*).

Wie muss der Gesetzesfelsen gelegen haben? Nach den Quellen einmal westlich von der *Öxará*, dann so, dass von hier aus leicht zu den Thingleuten gesprochen werden konnte, drittens so, dass ausser dem Gesetzsprecher hier Platz war für die Mitglieder der *lögrétta*, viertens, dass eine grosse Zahl Hörer dem Vortrage des Gesetzsprechers beiwohnen konnte, und endlich, dass der Ort nicht allzuweit von den Thingbuden entfernt war. Die zweite Lokalität entspricht nur der dritten und vierten Forderung, aber ich bezweifle selbst, dass zwischen den beiden Spalten mehr als hundert Personen stehen konnten. Die erste Lokalität aber erfüllt alle Bedingungen. Dazu kommt noch, dass die Angaben der Quellen über den Stand der Sonne hier zutreffen, und dass ihre zentrale Lage die besten akustischen Verhältnisse gewährt, wie Olsen 1880, und 1896 mit Bruun zusammen, ausgeprobt hat.

Trotz der Zähigkeit also, mit der die moderne Tradition den Platz zwischen den beiden wassererfüllten Schluchten als *lögberg* bezeichnet, muss diese Überlieferung als unmöglich und ungeschichtlich bezeichnet werden, und der leicht verständliche Kultus, den man diesem Orte seit dem wiedererwachten Nationalgefühl als einer Akropolis und einem Kapitol im kleinen, oder besser: als dem Berge Sinai des isländischen Volkes geweiht hat, ist unberechtigt. Vielleicht hat hier einmal die *Byrgisbúd* gestanden, d. h. die [durch natürliche Begrenzung] eingeschlossene Bude; wenigstens passt die Schilderung (sie wird auf drei Seiten durch Lavaklüfte und auf der vierten durch einen künstlichen Wall geschützt), ganz gut (Sturl. S. I, 26).

Was die Schönheit dieses Platzes betrifft, so ist sie in der Tat derart, dass der „Treppenwitz der Weltgeschichte" ihn zum Allerheiligsten aussehen konnte. Eine lange, schmale, mit Rauschbeeren bewachsene Lavazunge, an deren Ende sich ein kleiner Hügel erhebt *(lögmannshóll)*, erstreckt sich von Süden nach Norden, eingeschlossen von zwei tiefen, mit klarem, smaragdgrünem Wasser gefüllten Spalten (Fig. 50); da das Wasser von der Lava filtriert wird, ist es in den Spalten köstlich und frisch, klar und rein, und die Farbeneffekte, die es zwischen den grauroten Felsen hervorzaubert, sind wundervoll. Prachtvoll ist auch die Aussicht von hier: im Norden das

---

[1] Eine photographische Aufnahme dieser Stelle gibt es leider noch nicht, unsere ist bei dem trüben Wetter misslungen; das Bild der unechten, von der Tradition so bezeichneten Lokalität (Fig. 50) ist dem farbigen Titelbilde von Collingwoods Pilgrimage, Ulverston 1899, nachgezeichnet.

gewaltige *Ármannsfell* und der „Linnenhelm" des *Skjaldbreiður*, im Westen ragt die höhere Wand der *Almannagjá* über die niedere

Fig. 80. Der „Gesetzesfelsen" und Þingvallavatn.

hervor, so gleich und gerade, dass man meint, nur Menschenkunst könne sie so regelmässig aufgeführt haben; das silberne Band, das sich blendend vom schwarzen Gestein abhebt, ist der Fall der *Öxará*.

der singend rauscht von der Felsenzinne; südwestlich breitet sich vor uns, wie ein Smaragd in prunkloser Fassung, von kahlen, braunen Felsen eingerahmt, im Westen und Süden von steilen Tuff- und Brecciebergen, nach N. und O. von Lavaströmen, der Wasserspiegel des *Þingvallavatn* aus, mit den beiden Inseln *Sandey* und *Nesey*[1]; unter uns dehnt sich die sandige, zum Teil mit Gras bewachsene Tiefebene aus, *Þingvellir* im engern Sinne; am Seegestade erhebt sie sich zu einem Hügel, auf dem die Kirche und die übrigen Gebäude malerisch gelegen sind; zum ersten Bau der Kirche hatte der heilige *Ólafr* das Holz geschickt.

Die östliche Schlucht hat ihren Namen *Nikulásargjá* nach einem *sýslumaður Nikulás Magnússon*, der sich aus Furcht vor dem unglücklichen Ausgang eines Prozesses, in den er verwickelt war, 1742 hier hineingestürzt haben soll. Die westliche *Flosagjá* ist nach *Flosi* benannt, dem Anführer der Mordbrenner, die den edlen *Njáll* mit seinen Söhnen in seinem Hofe verbrannten. In dem Kampfe, der sich 1012 wegen dieses Mordbrandes entspann, soll sich *Flosi* durch einen kühnen Sprung über die Kluft das Leben gerettet haben, und man zeigt noch den „Sprung des *Flosi*" *(Flosahlaup)*. Die Saga, die diesen Kampf sonst sehr genau beschreibt, weiss davon nichts; doch kann die Volkssage immerhin Anspruch auf Selbständigkeit erheben. —

War es der trübe, bewölkte Himmel, der unaufhörlich seine Schleusen öffnete, oder die Erinnerung an die ruhmreiche Vergangenheit, der die Gegenwart, trotz alles sichtbaren Strebens und trotz des neuen Aufschwunges so wenig entspricht — die rechte gehobene Stimmung wollte nicht kommen. Und als wir uns am Abend, durchnässt und fröstelnd in unser Zimmer zurückzogen und zuversichtlich die Hoffnung aussprachen, dass Island, die einstige Hauptstätte nordgermanischer Kultur, bald auch ein modernes, freies, rüstig-reges Kulturland werden möge, da wollten mir die früher angeführten Verse des *Jónas Hallgrímsson* nicht aus dem Sinn:

> Snorris Bude ist nun ein Pferch,
> und der heilige *Lögberg*
> Jährlich von Beeren ganz blau,
> Kindern und Raben zur Lust.

15. Juni.

Nachdem wir am Morgen noch den vor zwei Jahren angelegten „Versuchsgarten" besichtigt und uns über das gute Gedeihen der Anpflanzung gefreut hatten, gingen wir noch einmal, bei hellem

---

[1] Der See ist berühmt durch seine köstlichen Fische. Es gilt als eine Vorbedeutung guten Forellenfanges, wenn man den Ruderschlag der Elfen im Wasser vernimmt (Maurer, Isl. Volkss. S. 3).

Sonnenschein und darum auch in fröhlicherer Stimmung, über die bald mit dürftigen Flechten bewachsene, bald mit einem dichten, sammetweichen Moosteppich geschmückte Lava, durch die sich zahlreiche Erdrisse ziehen, zu den bedeutsamsten Stätten. Kurz nach 2 Uhr erfolgte der Aufbruch, und als die Pferde merkten, dass es heim ging, liefen sie auf der neuen, schönen Fahrstrasse, die über die *Mosfellsheidi* führt, unaufgefordert, so schnell wie sie konnten. An einem kleinen See, 10 km von *Reykjavik* entfernt, wo sich ein zweiter „Versuchsgarten" befindet, machten wir Halt, ordneten unseren Zug und langten nach 5½ Stunden wieder vor „Hotel Island" an, gesund und hochbefriedigt. Als Ögmundur gar erklärte, er trüge keine Bedenken, mit uns den Weg durch die gletscher- und wasserreiche Südküste zu wagen, feierten wir mit den beiden Herren von der „Laura" und den Führern das gute Gelingen der Probetour bei einem frischen Trunke schäumenden Bieres.

Siebentes Kapitel.

Das isländische Haus[1].

Wenn die norwegischen Ansiedler die feierliche Besitznahme auf Island vollzogen hatten, indem sie das neue Grundstück entweder mit einer Reihe brennender Holzstösse einfassten, oder mit brennender Fackel um dasselbe herumritten oder einen brennenden Pfeil darüber hinschossen, bauten sie sich auf dieser Stelle ein Gehöft *(bær)*. Bei dem Mangel an Baumaterial wurden die Wohn- und Wirtschaftsgebäude aus Erde oder Rasen oder aus unbehauenen Steinen mit Erdlagen dazwischen aufgeführt. Nur die Reichen konnten Zimmerholz aus Norwegen beziehen und die Hauswände wenigstens als Fachwerk aufführen. In der Heimat waren die einzelnen Baulichkeiten, Wohnstube, Schlafstube, Küche, Speisekammer usw. lauter einzelne Gebäude für sich gewesen, rings auf dem Hof zerstreut gelegen und voneinander abgesondert. Das rauhe Klima aber und der neue Stoff, Erde und Stein, schob die Wände der einzelnen Gebäude unmittelbar aneinander, so dass sie zusammen ein Haus mit mehreren Dächern bildeten. Dieser Gesamtbau und einzelne Aussengebäude für die Kühe standen ungefähr in der Mitte der gedüngten Hauswiese *(tún)*, und in der ältesten Zeit lagen die einzelnen Teile in einer Reihe nebeneinander. Da sich aber diese Bauart als wenig praktisch erwies, begann man bereits früh, einige von den Häusern hinter die andern zu ordnen, und schliesslich stellte man die einzelnen Häuser in doppelter Reihe auf; sie alle waren durch einen einzigen Gang verbunden, aus dem man in jedes einzelne Haus kommen konnte.

Ein solches Gebäude bestand in der Regel aus Stube *(stofa)*, Schlafkammer *(svefnhús, skáli)*, Küche *(eldhús)* und Speisekammer

---

[1] Hauptwerk: *Valtýr Guðmundsson*, Privatboligen paa Island i Sagatiden, Kph. 1889. Den islandske Bolig i Fristats — Tiden, Kph. 1894. — Stephani, Der älteste deutsche Wohnbau und seine Einrichtung. 2 Bde. Leipzig 1902/3.

Fig. 51. Bauernhof (bær) im Eyjafjörður.

(búr); in der ältesten Zeit aber diente die Küche auch als Schlafraum. Wie der beigefügte Grundriss zeigt (Fig. 52), führte eine Tür (dyrr) auf der Vorderseite in einen die Stubenkomplexe durchschneidenden Gang (ee), und man hatte, wenn man auf diesem Gange weiter schritt, rechts den skáli (b) und die stofa (a), links das eldhús (c) und den búr (d). Da auch der Gang sein eigenes Dach hatte, war das älteste isländische Wohnhaus eine Stubengruppe mit fünf Dächern.

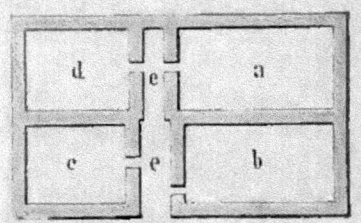

Fig. 52. Grundriss des ältesten isländischen Wohnhauses.

Die Stube diente als Wohn- und Speisezimmer, nicht nur für die Familie selbst, sondern auch für das Gesinde. Hier wurden die Gäste empfangen; hier wurden auch die Gastmähler abgehalten; wir wissen, dass 100, 150, ja 200 Personen bei solchen Gelegenheiten Platz fanden, die Stuben müssen also sehr gross gewesen sein, selbst wenn man in mehreren Reihen zu Tische sass.

Vor der Stube lag der *Skáli*, die Schlafkammer. *Skál* (Schale, vergl. dänisch skaal = Prosit!) bezeichnet ursprünglich ein bienenförmiges Haus, das die Gestalt einer umgekehrten Schale hat, dann eine zu vorübergehendem Aufenthalte errichtete Hütte[1]) und seit dem Jahre 1000 den Schlafraum für alle Leute des Hauses, ohne Unterschied der Geschlechter. Am Ende des *skáli* waren die Bettkammern angebracht *(lokhvíla)*, die der Herrschaft und ihren nächsten Anverwandten vorbehalten blieben. Zuweilen war in der Nähe des Haupteinganges noch ein Hängeboden *(lopt)*; auch er wurde als Schlafraum benutzt, wenn die Familie sehr zahlreich war, oder wenn mehrere Familien zusammen wohnten, z. B. bei *Njáll* in *Bergþórshvoll*. Im *Skáli* hingen die Waffen während der Nacht. Wenn man sich am Abend schlafen legte, trug man sie von der *Stofa* hierher, um sie stets bei der Hand zu haben, da feindliche Überfälle immer zu erwarten waren. In der Regel hingen sie über dem Bett eines jeden Mannes, zuweilen wird ein eigenes Axtholz erwähnt, woran alle Waffen zu hängen pflegten.

Im 9. und 10. Jahrhundert, als ein Gehöft nur aus drei Stuben bestand, diente das *Eldhús* als Küche und Schlafraum. Später versammelte sich hier das Gesinde am Abend um die behagliche Wärme des Herdfeuers, während die Mahlzeit zugerichtet wurde, um die Kleider zu trocknen und sich zu erholen, wenn es müde und durchnässt von der Arbeit kam. Die Mahlzeit selbst nahm man in der Stube ein und verbrachte hier den Rest des Abends, bis man sich zur Schlafenszeit aus der *stofa* in den *skáli* begab, den gemeinsamen Schlafraum des Gehöftes.

[1] *Valtýr Gudmundsson*, Z. d. Vereins f. Volkskunde VI, 240, Anm. 1.

In der Speisekammer *(búr)* wurden die Vorräte aufbewahrt, wie Brot, Butter, Käse, Milch, Skyr. Hierhin wurden die Kessel aus der Küche gebracht, wenn das Essen gekocht war, hier geschah die Verteilung der Mahlzeit und die sonstige Vorbereitung, während das Essen in die Stube gebracht wurde, wo jede Person in der Regel ihre zugeteilte Portion bekam. Männer betraten fast niemals die Speisekammer, und es galt als unwürdig eines Mannes, unter den Weibern während der Speiseverteilung zu stehen.

Als ein fünftes Gebäude kann der Gang angesehen werden, der quer durch die in doppelter Reihe aufgestellten Wohnhäuser führte und ein eigenes Dach hatte.

Schon vor 1000 Jahren bildete jede Gemeinde Islands eine auf Gegenseitigkeit beruhende Versicherungsgesellschaft gegen Brandschaden und Viehseuche: die übrigen Bauern desselben Bezirkes waren verpflichtet, dem, der den Verlust hatte, die Hälfte zu ersetzen. „In jedes Mannes Wohnung sind drei Räume, für die man Ersatz fordern kann, wenn sie abgebrannt sind: die Stube, das *Eldhús* und der *Búr*. Wenn ein Mann ein *Eldhús* und einen *Skáli* hat, so soll er auf der Versammlung der Gemeindevorsteher im Frühjahr wählen, welchen von den beiden Räumen er am liebsten versichert haben will, das *Eldhús* oder den *Skáli* (Grág. Kph. 1879, S. 260)." Diese Bestimmung stammt offenbar aus dem 10. Jahrhundert, da es einen *Skáli* nur auf den grösseren Gehöften gab, während das *Eldhús* meistens als Küche und als Schlafraum diente. Auf vielen Gehöften befand sich eine besondere Badestube *(badstofa)*. Sie war in der Regel eins der aneinander gerückten Häuser und lag meist hinter den übrigen am Ende des Ganges. Zuweilen war sie in die Erde eingegraben oder eine Art Keller unter einem der zusammenstehenden Häuser. In der *Badstofa* stand ein steinerner Ofen; dieser wurde stark erhitzt, so dass die Steine glühend wurden, und dann goss man Wasser darauf, wodurch der Dampf erzeugt wurde. Dieselbe Einrichtung kann man noch heute im nördlichen Schweden, in der Lappmark und in Finnland häufig antreffen.

Nur die grösseren Gehöfte hatten eine von den übrigen Wohnräumen abgesonderte Frauenstube *(dyngja)*. Der Name („Dung") zeigt, dass es ursprünglich trichterförmige, in die Erde eingegrabene und oben mit Dünger bedeckte Gelasse waren. Von den alten Deutschen erzählt Tacitus, dass sie unter dem Boden Höhlen zu öffnen pflegten und sie mit vielem Miste darüber belasteten, ein Zufluchtsort für den Winter und Behältnis für die Früchte (Germania K. 16). Adam von Bremen sagt, dass die Isländer in unterirdischen Höhlen wohnten und mit ihrem Vieh Obdach und Streu teilten (s. oben S. 30). In der *Dyngja* hielten sich die Frauen, die nicht bei der Feldarbeit beschäftigt waren, vom Morgen bis Nachmittag auf; gegen Abend begaben sie sich von hier nach der Stube oder dem *Eldhús* um die Zeit, wenn die Männer von ihrer Arbeit kamen und das Gesinde sich um das Feuer versammelte. Meist lag sie südlich von dem Stubenkomplex, geschützt gegen die kalten Nordstürme und erwärmt von der Sonne; oft waren ihre Wände in die Erde eingegraben. Manches Unheil hat hier seinen Lauf genommen, und mancher Klatsch hier hat zu blutigen Fehden geführt.

Später heisst die *dyngja* auch Webestube *(vefjarstofa)*, Nähstube *(saumstofa)* oder Frauenhaus *(kvennahús)*. Die Webestube auf Njáls Gehöfte *Bergþórshvoll* muss ein grösserer Raum gewesen sein; man findet am Morgen nach der Brandlegung in ihr die verkohlten Leichen von vier Dienstleuten.

Fig. 53   Gehöft im Südlande (Rückseite).

Oberhalb des Gehöftes sieht man auf der Höhe drei Punkte: Warten *(vördur)*. Wenn die Sonne über ihnen steht, ist es Mittag. Rechts ein Pferdestall ausserhalb der Hauswiese, im Hintergrunde links die Þjórsá.

Unter den Aussengebäuden *(útihús)*, im Gegensatze zu den Wohngebäuden, war das wichtigste das Vorratshaus *(skemma)*. Hier hob der Bauer seinen Wintervorrat auf, Fleisch, gedörrten Fisch, Käse, Butter, auch Kisten, Kleider, Zeugstoffe und verschiedene Gerätschaften, Reitzeug, Sättel usw. Die *Skemma* stand in der alten Zeit abgesondert von dem zusammengesetzten Wohnhause, bisweilen nur einige Schritte davon entfernt; später wurde auch sie dem ganzen Komplex einverleibt. Waren mehrere solcher Vorratshäuser auf einem Gehöfte, so diente vereinzelt eins davon im Sommer als Schlafraum. In der *Skemma* oder auch in einem entfernten Schafstalle mündete der unterirdische Gang, der vom Schlafhause oder der Stube ausging, das Erdhaus *(jardhús)*. Denn oft genug fanden nächtliche Überfälle statt, und das umstellte Haus ward mit allem, was darinnen war, den Flammen übergeben.

Ein anderes Aussengebäude, das fast auf jedem Gehöfte vorkam, war die Schmiede *(smidja)*. Hier wurden, im Sommer oft mehrmals an einem Tage, die Sensen geschärft, auch Waffen, Reitzeug und Geräte zum Heuen aufbewahrt.

Eine Retirade fehlte fast nie *(heimilishús, nadahús, salerni, kamarr)*. Der Abort stand im 9. und 10. Jahrhundert gewöhnlich vom Hause abgesondert auf kleinen Pfeilern, mit eigenem Dach, ein paar Stufen führten zu ihm hinauf; im 12. und 13. Jahrhundert war er an die anderen zusammenstehenden Gebäude herangerückt oder stand durch eine Tür mit diesen in Verbindung.

Von den Stallungen stand der Kuhstall bald durch einen Gang in Verbindung mit dem Wohnhause, bald lag er abgetrennt davon, aber doch in der Nähe. Die Schafställe dagegen lagen weiter ab, teils noch auf dem *Tún*, teils ausserhalb. Der Pferdestall stand meist an der Aussenseite des *Tún* und war „ein länglich viereckiges Gebäude, durch dessen Mitte der Länge nach die Krippe lief, verbunden mit einer Raufe; die Pferde standen also, an die Krippe gebunden, in zwei Reihen, die Köpfe einander zugekehrt" (Schönfeld, S. 100).

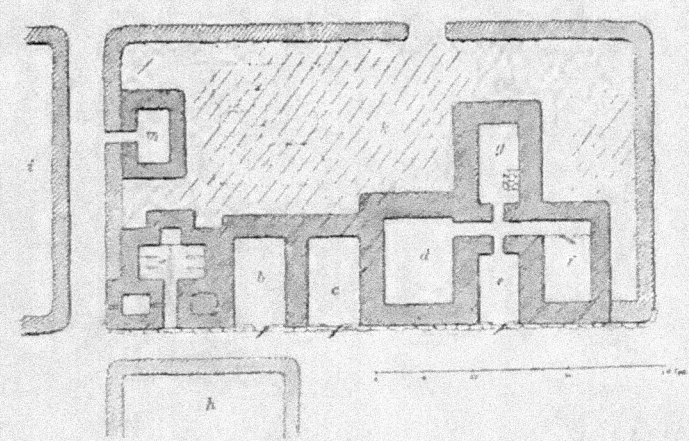

Fig. 54. Dasselbe Gehöft (Grundriss).

a Kuhstall, *b* Schmiede, *c* Gepäckraum, *d* Badstofa, *e* Gang, *f* Speisekammer, *g* Küche, *h, i* Kartoffelfeld, *k* Grasfeld mit Heuschober *(l)*, *m* Pferdestall.

Hinter den Ställen war meist ein Heuschober. Lag das Gehöft in der Nähe des Meeres, so kam auch noch eine Schiffshütte *(naust)* und eine Trockenhalle für die Fische hinzu *(hjallr)*. Ganz abgelegen, oft sogar sehr weit entfernt vom Hofe, waren die Wiesen und Weiden mit den Sennhütten *(sel, sætr)* und noch weiter die für das Galtvieh bestimmten Hochweiden *(afrjettir)*.

Nicht weniger als 30—40 kleinere Hütten gehörten also zu einem isländischen Gehöft, und der Bauer und die Bäurin hatten angestrengt zu tun, um die Bewirtschaftung in allen ihren Teilen zu beaufsichtigen und zu leiten; um so mehr, da auch die Handwerksarbeit auf dem Hofe selbst ausgeführt wurde, und die schwerste Arbeit sich auf die kurzen Sommerwochen zusammendrängte.

Die Buntscheckigkeit und Weitläufigkeit der Räumlichkeiten in ihrer Gesamtheit, sowie die Bauart der einzelnen, nebeneinander liegenden Stuben hat sich durch die Jahrhunderte hindurch bis auf den heutigen Tag im wesentlichen unverändert erhalten. Ich gebe zur deutlicheren Anschauung ausser der Vorderseite eines isländischen Bauernhofes auf dem Vollbilde (Fig. 51) noch ein Gehöft im Südlande wieder, und zwar von der Rückseite (Fig. 53) und im Grundriss (Fig. 54): *a* Kuhstall (eine Rinne in der Mitte, durch die der Urin in eine Tonne läuft, und eine kleine Ausbreitung nach Norden für die Kälber; drei Stände auf jeder Seite; in der Mauer ein kleiner Raum für den Dünger), *b* Schmiede, *c Skemma, d Badstofa, e* Gang, *f Búr* liegen in einer Linie, *g* die Küche liegt in einer anderen Linie, dicht hinter dem Gange; vor der Front des Komplexes liegt ein Kartoffelfeld oder ein Garten *(h)*, ein anderer *(i)* westlich davon. In dem Grasfeld dahinter *(k)* mit den Heuschobern *(l)* liegt ein einzelnes isoliertes Häuschen *(m)*, der Stall für die Reitpferde, die man immer zur Hand haben muss.

Die alte Bauart muss sich also bewährt haben, und die Abneigung des Isländers gegen Neuerungen ist verständlich. Wiederholt hörte ich die Äusserung: „Was wir früher hatten, war gut, das hatte man ausgeprobt; wie es aber mit den neuen Bauten steht, weiss man noch nicht." Jedenfalls waren die dicken Graswände dem Klima angemessen und hielten die Kälte besser ab, als die dünn mit Wellblech beschlagenen Holzhäuser. Nicht selten findet man eine wunderliche Vereinigung der früheren und der modernen Bauart: man hat den alten dunkeln Gang und die dicken Wände beibehalten für den Hinterraum, die Vorderzimmer aber, namentlich die für die Gäste und Fremden bestimmten Stuben, oft modisch hergestellt und mit Sofa, bunten Bildern und Plüschalbums ausgestattet. Ich muss gestehen, wenn ich mich erst durch den langen, finstern Gang zurecht getappt hatte, so fühlte ich mich in der allgemeinen, einfachen Wohnstube meist behaglicher, als vorn, wo doch der rechte Geschmack fehlte und das Meiste wertloser Tand war, wie man ihn auch bei uns auf dem Lande häufig antrifft, und der seine Herkunft aus billigen Warenhäusern deutlich verrät. Die Vorliebe der Isländer für die Photographie und das Album ist ganz auffallend. Die ganze Verwandtschaft findet man im Bilde hübsch beieinander, und da fast alle mehr oder weniger miteinander verwandt oder befreundet sind, kennt man auf einer grossen Reise bald die ganze liebe Familie. Dort fehlen auch gute Bilder selten, wie Benedikt Gröndals Millennialbild oder ein Holzschnitt von *Jón Sigurdsson*.

Der Isländer übersieht leicht, wenn er sich auf die gute, alte Zeit versteift, dass doch ein grosser Unterschied zwischen den früheren und heutigen Bauten besteht. Zur Sagazeit war Islands Kultur und Wohlstand grösser als jetzt, und so ansehnliche, prächtige Gebäude wie damals findet man heute kaum noch auf dem Lande. Diese waren früher sehr solide und hielten sich unglaublich lange. Ein *Skáli*, der im Anfang des elften Jahrhunderts gebaut wurde, hat sich bis 1304 gehalten, also fast 300 Jahre bestanden. Man weiss mit Sicherheit, dass eine Stube auf dem Bischofssitze *Hólar*, die 1316 gebaut wurde, 500 Jahre gestanden hat. Im regenreichen Süden und Südwesten müssen heute die Grasdächer oft nach einem halben Jahre erneuert werden; im Laufe der Zeit senkt sich die Erde der Wände mehr und mehr, diese werden durch den Einfluss des Wassers und der Kälte schief, man bessert sie aus, so gut man kann, aber die Zeit, die ein Haus heute aushält, ist gleichwohl nur sehr kurz. Im allgemeinen stehen die Häuser im Südlande nach Kaalund (I, S. 48, Anm.) selten länger als 20—30 Jahre, im Nordlande, wo das Klima trockener ist, 50—70 Jahre, dann müssen sie erneuert werden.

Früher hatte man ferner auf jedem Hofe ein besonderes Zimmer zum Baden, heute findet man ein solches nirgends mehr. Jeder Hof hatte früher eine Notdurftstätte, heute ist sie noch häufig als „unnötiger Luxus" eine Seltenheit. Doch habe ich ein „Häuschen" (ein *litid hús*) selbst in der *Skaptafells sýsla* wiederholt gefunden, und bei den Pfarrern und Ärzten, bei denen ich einkehrte, fehlte das *litla hús* nur zweimal. Es ist also Besserung vorhanden, und namentlich in dem bewohnteren und besuchteren S.W. und im Nordlande fehlt diese Anstalt selten, allerdings meist aus landwirtschaftlichen Interessen.

Die Gleichgültigkeit der Isländer gegen Reinlichkeit hat früher jedes Gefühl und jedes hygienische Gesetz beleidigt. Das Speisegefäss *(askur)* wurde dem Hunde vorgesetzt, nachdem man daraus gegessen hatte, und, wenn dieser ihn ausgeleckt hatte, nicht weiter gereinigt. Der Fussboden wurde selbst da, wo er gedielt war, nur selten und unvollkommen gereinigt, und eine Frau, die jeden Sonnabend ihn scheuern liess, war im ganzen Distrikt bekannt. Seife kannte man fast gar nicht. Nur in die Kirche wagte niemand ungewaschen und ungekämmt zu gehen. Das ist seit der Mitte des vorigen Jahrhunderts ganz anders geworden! „Wer die Reinlichkeit eines Volkes im Verhältnis zu seinem Wohlstande abschätzt, kann die Isländer nicht zu den unreinlichen Nationen stellen" (Heusler). Ich kann dem Berliner Gelehrten nur bestätigen, dass auch ich bei den Bauern im norwegischen Tromsöamte, die unter ähnlichen Bedingungen und doch im ganzen wohlhabender leben, Stuben und Betten nicht so reinlich vorgefunden habe wie auf Island. Ich wüsste von meiner langen Reise kein einziges Gehöft zu nennen, wo ich nicht mein Haupt kühnlich auf jede Bettstatt gelegt hätte[1]).

[1]) Lehmann-Filhes, Z. d. V. f. V. VI, S. 246—248.

Den grössten Wandel hat die *Badstofa* durchgemacht. Als die Sitte des Badens mehr und mehr abkam, hiess *badstofa* ein heizbares Gemach, das den Bewohnern zum Aufenthalt diente. Heute heisst so der allgemeine, gemeinschaftliche Wohnraum, auch wenn er keinen Ofen hat. Sie liegt entweder nach hinten heraus oder

Fig. 55. Eine Badstofa.

über der Gaststube und der Vorratskammer, eine kleine Hühnersteige führt dann nach diesem Dachboden hinauf. Hier hält sich die ganze Hausgenossenschaft bei Tage wie bei Nacht auf. Am Tage sitzt man auf der Bettkante, des Nachts wird das Bett ausgezogen (vergl. Fig. 55). Die Bettstellen nehmen die beiden Längsseiten ein, so dass in der Mitte ein freier Raum bleibt. Auf der einen Seite schlafen die Männer, auf der anderen die Frauen, ohne Unterschied des Dienstverhältnisses, meist zwei bis drei Personen zusammen, so dass der eine mit den Füssen zu Häupten des anderen ruht; in wohlhabenderen Häusern ist der Schlafraum des Ehepaares durch einen Verschlag getrennt, stets auf den Pfarrhöfen. In der *Skaptafells sýsla* habe ich die alte Sitte, dass Mann und Weib, Kinder und Gesinde beiderlei Geschlechtes in einem Raume beieinander schlafen, fast allgemein angetroffen. Aber soweit ich das beurteilen kann, schadet es der Sittlichkeit nicht nur nichts, sondern scheint im Gegenteil die Sinnlichkeit gar nicht aufkommen zu lassen. Natürlich hat diese patriarchalische Sitte, die übrigens früher im Norden allgemein herrschte und auch in Deutschland noch keineswegs erloschen ist, von jeher die Spottsucht unsauberer Reisender hervorgerufen. Schon Gories Peerse wundert sich darüber, zwei oder vielleicht drei Leute „gegenfüssig" *(andfœtis)* beieinander schlafen zu sehen, und zwar Männer und Weiber in einem Raume.

Im übrigen sind die Gebäude eines Gehöftes noch heute dieselben wie früher: ausser der Wohn- und Schlafstube *(baðstofa)* die Speisekammer *(búr)*, Küche *(eldhús)*, Hausgang *(bæjardyrr)*, häufig eine Schmiede *(smiðja)* und ein Haus für Vorräte und Gerätschaften *(skemma)*; dazu kommt öfters ein besonderes Zimmer oder Haus für das Sattelzeug *(reiðtygjaskemma, söðulabúr)*, ein Trockenhaus, dessen Wände aus Brettern mit grossen Spalten bestehen, damit der Wind durchfegen und das nasse Zeug trocknen kann (vergl. auf S. 280 die Abbildung „Stafholtsey", das äusserste Gebäude rechts) und zuweilen ein Raum für das Arbeitszeug, der aber meist bei den Aussengebäuden liegt. Stuben *(stofa)* besassen noch im Anfange des vorigen Jahrhunderts nur Pfarrer, sehr reiche Bauern und Bezirksvorsteher. Besondere Gastzimmer *(gestastofa)* habe ich stets angetroffen; sie waren in ärmeren Häusern dürftig ausgestattet — ein Tisch, ein paar Stühle oder dafür Kästen, etwas grösser als die Packkoffer, eine Truhe, mit dem Namen des Besitzers darauf gemalt — aber stets sauber und mit bretternen Dielen versehen; in der Ecke stand ein Bett, oder es wurde nach Aufhebung der Abendtafel auf dem Boden ausgebreitet. Viel Spass bereitete mir, als ich einmal am nächsten Morgen entdeckte, dass ich die Nacht über auf den Wäschevorräten der Bäurin geschlafen und sie so gehörig gerollt hatte; ein andermal lag unter dem Deckzeug die gesamte Garderobe des Hausherrn. Ein besonderes Schlafkabinet neben der Gaststube fand ich nur selten, mehrmals aber verschiedene Gaststuben; in *Þorvaldseyri* konnten sogar mehr als ein Dutzend Gäste bequem untergebracht werden, und selbst für durchreisende arme Häusler, Fischer und Knechte fand sich ein besonderer Raum.

Die Räume der einzelnen Häuser sind im allgemeinen recht klein und niedrig, 3—4 Ellen breit und 5 Ellen lang; man kann mit der Hand bequem an die Decke reichen, in dem dunkeln Gang muss man sich sogar bücken, um nicht mit dem Kopfe gegen das Grasdach zu stossen. Glasfenster sind fast überall vorhanden, und die üble Luft, die nach Reisebeschreibungen in den Stuben herrschen soll, muss ich in das Bereich der Fabel verweisen. Allerdings sind an der Südküste die Fenster nicht immer zu öffnen, sondern die Flügel sind mit Nägeln in die Rahmen eingeschlagen, aber es genügte, die Tür nach dem Gange zu öffnen, um der frischen Alpenluft Einlass zu gewähren. Nur auf dem Ritte von *Eyriksstadir* bis *Mödrudalur* sah ich in einigen sehr ärmlichen Fischerhütten anstatt der Glasfenster an der Seite unterhalb des Daches Dachluken (*skjáluggi*), die mit der Eihaut eines Kalbes überzogen und der Dachöffnung angepasst waren (Eihaut = *liknarbelgur*; *likn* = Erbarmen, *belgur* = Balg, Haut). Das sind zweifellos Reste der alten Zeit, und der Hamburger Anderson sagt: „Im Dache lässt man sechs oder sieben kleine Löcher zum Einfallen des Lichtes, in welchen kleine Tonnenreifen, mit einem Pergament straff überzogen, statt der Fenster eingesetzt werden. Sie nehmen hierzu aber eigentlich die tunicas allantoideas von Ochsen oder Kühen." Auf der Nordkapinsel Magerö werden noch heute die Rauchlöcher der Erdhäuser mit einer ausgespannten Fischblase geschlossen.

Über das Rasendach ragen die Schornsteine hinaus, heute meist richtige Röhren aus Blech, oder sie sind aus Rasenstreifen zusammengesetzt, oder ganz aus Holz, oder innen Rasen, aussen mit Holz oder Draht zusammengehalten; an der Südküste verrichtete zuweilen eine Tonne, der Deckel und Boden ausgeschlagen waren, die Dienste eines Schornsteins. In der Küche, die am meisten ihr altertümliches Gepräge bewahrt hat, entweicht der Rauch meist nur durch eine Öffnung im Dache, und durch dieses Abzugsloch erhält die Küche etwas Licht (Fig. 56). Über der Feuerstätte hängt an einem Gerüst ein Kessel, in ärmeren Haushaltungen genügen meist zwei Kessel zur Zubereitung aller Speisen. Ich habe diese Herdanlage immer sehr gemütlich gefunden und auch bei Regen und Wind nichts von beissendem Rauche verspürt. Die Seitenwände waren oft als Vorratsschränke eingerichtet, grosse Kübel standen umher, und Häute zum Trocknen hingen von der Decke herab. Auch die Zubereitung des Kaffees, dessen Güte auf Island fast Weltruf erreicht hat, ist überaus einfach. In die Deckelöffnung eines Kessels wird ein grobleinerner Filtrierbeutel so befestigt, dass sein Ende den Boden berührt. Hier hinein wird der frisch gemahlene Kaffee geschüttet, dann Wasser darüber gegossen und der Kessel aufs offene Feuer gesetzt. Sobald das Wasser kocht, giesst man den fertigen Kaffee in die Kanne oder Tassen. Die ungemein fette Sahne mag den Wohlgeschmack erhöhen, aber der Hauptgrund seiner Trefflichkeit ist doch wohl, dass er immer frisch auf offenem Feuer aufgebrüht wird.

Die übliche Angabe, man erkenne ein isländisches Gehöft von weitem nur an der grösseren Zahl eng aneinander liegender, rasenbewachsener Hügel, trifft im Südwesten heute kaum noch zu. Aus der Ferne fällt zunächst die helle grüne Farbe der gutgedüngten Hauswiese auf, und die dunklere der Kartoffelgärten. Dann gewahrt man einen grösseren Haufen dicht zusammengestellter Häuser, von

Fig. 56. Altertümliche Küche in Grenjaðarstaður.

denen die meisten den Giebel nach derselben Seite wenden und in der Mitte der Hauswiese liegen; diese ist in der Regel von einem Wall aus Rasen oder Steinen umgeben; rings um das *Tún* liegen hier und da dunkelbraune Häuser, einzeln oder zwei und zwei zusammen und zuweilen noch ausserhalb des Walles andere dunkelbraune Häuser. Durch einen schmalen Fussweg reitet oder geht man aus dem „Land ohne Eigentümer" in das *Tún* hinein; „denn ich kann nicht annehmen, daß jemand auf diese einsame, unendliche, unfruchtbare Wildnis, die sich direkt an die Oasen der Farm anschliesst, Anspruch erhebt" (Smith). Die Dächer sind oft mit Blumen und Gras üppig bewachsen, wunderhübsch macht sich die schöne Baldersbraue hier oben, Anthemis cotula, mit ihrer gelben Scheibe und den weissen Strahlen: so dachte man sich einst auch den lichten Gott *Baldr*, schön und glänzend, mit weisser durchsichtiger Hautfarbe, weissen Wimpern und goldgelbem Haar. Im Norden sind die Häuser meist ganz von Cochlearia groenlandica überwachsen, bisweilen kommt auch Saxifraga cernua massenhaft vor, an den Wänden ist zuweilen Rhodiola rosea angepflanzt. Im Südlande sind die Dächer häufig mit Matricaria inodora bewachsen. Gar nicht selten sieht man auch die Haustiere auf den Dächern grasen. Aus solchen idyllischen Szenen stammt wohl auch der romantische Hirsch, der auf dem Dache von Walhall weidet, und schon Bischof Olaus Magnus hat sie 1558 seinen Lesern in einem Holzschnitte vorgeführt[1]).

Zwischen den Gehöften des Nordens und Südens besteht aus klimatischen Rücksichten ein Unterschied: Im Norden sind die zusammengestellten Stuben in mehrere Reihen gruppiert, hintereinander und auf beiden Seiten des Ganges, der quer durch den ganzen Komplex geht bis zum letzten Hause, der *Badstofa*. Das Dachwerk der Aussengebäude ruht zumeist auf horizontalen Dachbalken, da das Dach nicht so steil zu sein braucht wie im Süden, wo es mehr regnet. Ställe für Schafe und Pferde sind seit altersher im Gebrauche, während sie im Süden jüngeren Ursprungs sind. Die Kühe stehen zuweilen im Winter unter oder neben der *Badstofa*, um die Wärme aufzufangen. Im Südlande liegen die Wohnräume mehr in einer Linie, und die *Badstofa* ist meist nach vorn heraus. Die Dachkonstruktion aller Gebäude ist meist das Sparrendach; Dachbalken fehlen, das Dach wird von paarweise gegen den First zusammenlaufenden schrägen Balken getragen. Der Kuhstall steht entweder frei oder ist mit den Wohnräumen zusammengebaut. Heuschober bei den Ställen sind seltener als im Nordlande. In der *Skaptafells sýsla*, wo sich alte Gebräuche und Sitten am längsten erhalten haben, hat man die alten Zäune um die Wohnhäuser beibehalten *(húsagardur* statt des *tungardur)*; man benutzt meist im Sommer ein anderes Haus zum Wohnen *(sumarhús)* wie im Winter *(vetrarhús)*; die Küche ist ein gesondertes, freistehendes Haus, eine eigentliche *Badstofa* gibt es nicht, dafür wohnt man im Sommer auf einem Hängeboden über dem Kuhstalle[2]). Ein grosser Fortschritt ist, dass im ganzen Lande die Schafställe grösser und geräumiger geworden sind; leider hat man noch immer nicht gedeckte

---

[1]) Wiedergegeben bei Ruge, Norwegen, 1899, S. 136.
[2]) Die Angaben bei Olafsen-Povelsen, Reise durch Island, II, S. 111, stimmen für entlegene Gehöfte zum Teil noch heute.

Dungstätten. Im übrigen muss man bedenken, dass die Schwierigkeiten, gute Häuser zu bauen, auf Island weit grösser sind als anderswo, da das Land weder Holz noch Eisen erzeugt, und der Transport im Innern sehr beschwerlich ist. Es ist doch eine ganz achtungswerte Leistung, dass man im Durchschnitt in den letzten fünf Jahren jährlich etwa 300000 Kronen für den Einkauf von Holz und Brettern aufgewendet hat.

Die Kirchen sind in den letzten Jahren entschieden schmucker und stattlicher geworden; es ist allerdings leichter, 150 Kirchen zu bauen als 5000—6000 Gehöfte. Jetzt erheben sich überall, mit Vorliebe auf Anhöhen, ganz ansehnliche Holzkirchen, und die alten Rasenkirchen sind geradezu eine Seltenheit, während früher eine Holzkirche eine Ausnahme war.

Wie in heidnischer Zeit sich jeder seinen Tempel hatte bauen können, der dazu Lust und genügende Mittel hatte, so stellte sich nach Annahme des Christentums jeder, der wollte, eine Kirche her. Der Kirchenbau wie die Dotation der Kirchen nahm also auf Island einen privatrechtlichen Charakter an (Maurer, Island S. 85). Nur dadurch, dass der Klerus den Leuten vorspiegelte, jedermann eröffne sovielen Leuten den Weg zum Himmelreiche, wie in der von ihm gebauten Kirche zu stehen vermöchten, beförderte er den Bau zahlreicher Kirchen.

Die erste Kirche stammt von *Örlygyr* dem Alten, der sie zu *Esjaberg* bauen liess (Lnd. I, 2; vergl. S. 259). Die Kirche, die *Þorvaldr Koðránsson* 984 in *Áss* baute, war, wie ausdrücklich angegeben wird, ganz aus Rasenplatten errichtet[1]. Eine Steinkirche gilt auf Island noch in weit späterer Zeit als eine gewaltige Merkwürdigkeit, und wenn eine solche erwähnt wird, wird ausdrücklich hervorgehoben, dass es sich um eine Steinkirche handle. Noch zu Anfang des 13. Jahrhunderts wird es geradezu als ein Wunder gepriesen, dass die bischöfliche Kirche zu *Hólar* nicht einfällt, als man einmal wagt, mit allen Glocken zugleich zu läuten (Sturl. S. V, K. 49). Im Jahre 1203 zählte Bischof *Páll Jónsson* in *Skálholt* in seiner Diözese 220 Kirchen, und er gebrauchte für diese 290 Priester (Páls Bisk. S. 11). 1877 gab es auf ganz Island 299 Kirchen, darunter 7 Steinkirchen, 217 aus eingeführtem Holz, meist von aussen schwarz beteert, und 75 aus Rasen. Im Beginn des vergangenen Jahrhunderts waren sie bis auf wenige Ausnahmen fast nur aus Rasenplatten oder aus Rasenplatten und Stein aufgeführt. Jetzt sind diese allmählich ganz geschwunden, und nach der Angabe

---

[1] Kahle, Kristnisaga , Altn. S. B. XI, 1905, S. 11, 57.   Die Beschreibung einer Graskirche bei Anderson, Nachrichten von Island, 1746, S. 134 5.

meines Führers ist die in *Sandfell* noch die einzige erhaltene Graskirche (Fig. 57).

Die erste Orgel setzte *Magnús Stephensen* 1800 in der Kirche zu *Leirá (Borgarfjardar sýsla)*.

Das erste Kloster wurde 1113 in *Þingeyrar* von Benediktinern errichtet, das erste Frauenkloster 1186 zu *Kirkjubær* in der Landschaft *Síða*. Das Kloster zu *Þingeyrar* hatte mehrere literarischtätige Männer aufzuweisen, wie die Äbte *Karl Jónsson* (Verfasser

Fig. 57. Alte Kirche bei Sandfell.

der *Sverrissaga*) und *Arngrímr*, dann die Mönche *Oddr Snorrason* und *Gunnlaugr Leifsson* (die Verfasser der *Ólafssaga Tryggvasonar*). Das letzte Kloster wurde 1493 in *Skriða* im *Fljótsdalur* gegründet. Soviel ich weiss, hat man Ausgrabungen in den Klosterruinen noch nicht vorgenommen. Schöne geschnitzte Kruzifixe, Heiligenstatuen, Kirchenstühle und Schränke, Altartafeln mit gemalten Passionsbildern birgt das Museum zu *Reykjavík*. Ausserdem sind dort zu sehen: ein Triptychon, das die Dreieinigkeit vorstellt, mit zwei Engeln, die davor knien, Kirchenteppiche, Taufbecken, Weihwasserkessel, eine Kanzel mit Petrus, der die Schlüssel trägt, und Maria, die der Schlange den Kopf zertritt, Altarantependien mit prachtvollen Arabesken in Gold auf grünem Grunde und dergl. mehr (vergl. Baumgartner, Island und die Faröer S. 225 f.).

Man unterscheidet heute Hauptkirchen (*adalkirkja*) und Neben- oder Filialkirchen (*annexia*). Erstere sind etwa doppelt so gross wie letztere und enthalten 30—32, meist unangestrichene, Bänke für etwa 100 Personen. Das Innere ist ebenso einfach und schmucklos wie das Äussere. Es ist stets gedielt und enthält einen Altar, ein Taufbecken — aber nicht immer, da die Taufe gewöhnlich im Hause der Eltern vorgenommen wird — und eine Art Kanzel; diese ist wegen der Niedrigkeit des Gebäudes öfters so angebracht, dass ihr oberster Rand in gleicher Höhe mit dem Querbalken im Dache steht. Über dem Altar hängt öfters ein Bild. Eigentümlich für Island sind die Gedächtnistafeln an den Wänden mit den Namen berühmter Verstorbener, eine Art Ersatz für Grabdenkmäler, einige Verse schildern ihre Taten und Tugenden. Diese Tafeln sind in den Hauptkirchen auf Holz gemalt oder in Stein gehauen, in ärmeren genügt auch eine einfache Inschrift im Rahmen und unter Glas. Ein Kreuz auf dem Dache bei dem Eingange findet sich nur auf den neusten Holzkirchen, zuweilen sind aussen die Fensterpfosten weiss angestrichen, einmal war auch das Innere mit schreiend bunten Farben aufdringlich bemalt (vergl. die vielen Abbildungen von Kirchen in diesem Buche).

Die Hauptkirche, die meist unmittelbar bei dem Pfarrhofe liegt, und die Nebenkirche, die sich in der Nähe eines Bauernhofes befindet, dienen in der Woche als Aufbewahrungsraum für Garderobe, Wolle, Schlafstätte für Gäste usw.

Oft ist die Kirche wie der *bær* mit einem 3—4 Fuss hohen Erdwall, einer Stein- oder Lavamauer umgeben. Der mit einem kleinen hölzernen Dache versehene Eingang dazu liegt der Kirchtür gegenüber, hier hängen meistens die Glocken.

Der gewöhnlich viereckige und ziemlich kleine Kirchhof macht selten einen erhebenden Eindruck. Kreuze auf den Gräbern findet man nur vereinzelt, und die grünen Hügel gleichen bald dem übrigen flachen Boden. Runensteine trifft man noch heute. Doch hat die Liebe auch kostbare Leichensteine mit vergoldeter Inschrift auf dem Rücken der Pferde herbeigeschafft, und künstliche Blumen sind keineswegs ein seltener Anblick.

Achtes Kapitel.
Zweiter Aufenthalt in Reykjavík.
Ausflüge in die Umgebung.

16. Juni bis 27. Juni.

Die anderthalb Wochen, die zwischen dem Ende der ersten und dem Antritt der zweiten Reise lagen, verstrichen in *Reykjavík* viel zu schnell, ich habe bei weitem nicht alles gesehen, was ich hätte sehen können, und vor allem, ich habe nicht all die Männer kennen gelernt, die ich, mit Grüssen und Empfehlungen versehen, hätte aufsuchen sollen. Daran hinderte mich einmal, dass meine Zeit wirklich zu sehr in Anspruch genommen war, besonders die letzten fünf Tage, wo der kleine Kreuzer „Zieten" angekommen war und Fest auf Fest folgte, und zweitens eine gewisse Scheu, lästig zu fallen. Dass ich aber meinem greisen Kollegen, dem nunmehrigen Rektor *Steingrimur Thorsteinsson*, meine Aufwartung nicht gemacht habe, und zwar lediglich aus falscher Zurückhaltung, kränkt mich noch heute bitter. Die ersten Tage waren durch das Hospitieren am Gymnasium in Anspruch genommen; die meisten Abende opferte mir Rektor *Bj. M. Olsen*, dessen Freundschaft gewonnen zu haben mich mit Glück und Stolz erfüllt, soweit ihm das Abiturientenexamen dazu Zeit liess; und den gewohnten Spaziergang von zwei bis drei Stunden lösten einige grössere Ausflüge ab. Selbstverständlich habe ich auch verschiedene Besuche gemacht und Einladungen zu Gesellschaften erhalten, von einigen will ich denn auch später erzählen.

An dem Ausfluge nach der Insel *Videy*, die als einer der Hauptbrutplätze der Eiderenten bekannt ist (Somateria mollissima, *ædur, ædarfugl*), konnte Dr. Boden noch teilnehmen. Herr stud. Finsen hatte uns dazu eingeladen und ein Boot besorgt. Segel und Ruder brachten uns in einer guten halben Stunde an das südliche Ufer der Insel, vorüber an einer schwarzen, wunderlich geformten Klippe, die wie der Rüssel eines Seeungetüms aussieht, um den ein dunkler Ring gelegt ist.

In den älteren Sagas wird die Insel nicht genannt. Bischof *Þorlákr Þorhallsson*, der Heilige (1187—1193) vertrieb hier einst Mäuse, die in zahlloser Menge dem Korn und den Äckern Schaden zufügten. Hier muss also früh Ackerbau getrieben sein, und auch wir fanden in dem *tun* einen mit Kartoffeln und Getreide bepflanzten Garten. 1226 gründete hier der Vater des bekannten Jarl *Gissurr* ein Augustinerkloster. In ihm war *Styrmir Kárason* Prior (1235—1245), ein Schüler und Anhänger Snorris, dem wir eine Abschrift des *Landnámabók* verdanken. Das Kloster wurde später von Christian III. mit Gewalt eingezogen und geplündert; es wurde zum Hospital eingerichtet, und an dessen Stelle erhebt sich heute der Bauernhof. In der Mitte des 18. Jahrhunderts wurde hier ein stattlicher Bau aus behauenen Steinen für den Landvogt aufgeführt, und auch eine kleine Kirche. Am Anfang des 19. Jahrhunderts wurde die Insel verkauft und ist seitdem in Privatbesitz. Eine Zeit lang war hier die einzige Buchdruckerei des ganzen Landes, und der Aufklärungsapostel *Magnús Stephensen* (1762—1833), Justitiarius am isländischen Landesgericht, der hier wohnte, sorgte dafür, dass von dieser Druckerei nur gute und „nützliche" Bücher gedruckt wurden[1]).

Viðey ist etwa eine halbe Meile lang und eine achtel Meile breit und besteht aus zwei Plateaus, die ungefähr in der Mitte durch eine schmale Niederung getrennt werden. Das Innere dieser Plateaus ist mit üppigem Graswuchs bedeckt und der Brutplatz für Tausende von Eiderenten und blutrotschnäbligen Küstenseeschwalben *(kria, þerna)*. Zahllose Vögel schwirrten krächzend, schreiend, schimpfend, drohend über unseren Köpfen, als wir die Wiese betraten. Zwischen den kleinen Grashügeln waren eine Unmenge Nester. Sobald wir in die Nähe eines Nestes kamen, flog das braune, unscheinbare Weibchen auf und verriet dadurch seinen Versteck; schwerfällig hüpfte es ein Weilchen fort und watschelte wieder ins Nest zurück, wenn wir weitergingen. Der Herr Gemahl war meist nicht zu sehen; aber sein gähnender oder brummender Ruf verriet auch ihn, und wir konnten in Musse sein schönes, weiss und schwarzes Gefieder betrachten. Das Nest der Eiderente ist weniger durch seine Kunstfertigkeit, als durch seine braungraue Auspolsterung wertvoll. Sie ist fast so zahm wie ein Haustier und gestattet, die Eier und Daunen der ersten Brut fortzunehmen. Etwa 10—15 Nester müssen geplündert werden, um ein Kilogramm gut gereinigter Daunen zu bekommen (das Pfund kostet acht bis elf Kronen). Zur Füllung eines Bettes bedarf man etwa 2½ Kilogramm, ein solches Bett hat aber an Weicheit und Wärmehaltung kaum seinesgleichen. Der Gesamtexport Islands an Eiderdunen *(æðardúnn)* beträgt jährlich 5—6000 Pfund, der Besitzer von *Viðey* verkauft jährlich über 100 Pfund. Das Wegnehmen der grünlichen Eier, die

---

[1]) Die Volkssage erzählt, dass ihm einst eine Elfenfrau ein Fass Eier geschenkt habe (Maurer, Isl. Volkss., S. 8). Wenig bekannt dürfte sein, dass von ihm auch das älteste isländische Kochbuch herrührt.

etwas grösser sind als die der Hausente, ist gesetzlich geregelt, und das unbefugte Sammeln durch fremde Leute kann als Diebstahl verfolgt werden. Wer eine Eiderente tötet, wird zu hoher Geldstrafe verurteilt. Ein Gelege enthält ein, zwei, meist drei, oft auch vier bis fünf Eier. Der Hamburger Bürgermeister Anderson erzählt eine höchst drollige Geschichte: „Man hat mir von dem Eydervogel noch diese besondere Eigenschaft erzehlet, dass er nicht nur gemeiniglich viele und zwar längliche, dunkelgrüne Eyer zu legen pflege, sondern, wenn man einen Stecken von einer halben Elle mitten ins Nest stecke (welches einige, weil die Eyer ungemein wohlschmeckend sind, zuweilen thun), gar über Gewohnheit, fortlege und nicht aufhöre, bis die Spitze des Steckens, damit es darüber sitzen könne, mit Eyern bedeckt; wodurch der Vogel aber dermassen sich entkräfte, dass er den Tod davon nimmt" (Herrn Johann Anderson, Nachrichten über Island . . . Hamburg 1746, I, S. 471[1]).

Oft führte mich mein Spaziergang auch nach der *Ellidaá* oder *Hellisá* (Höhlenache, wegen der vielen Löcher und Vertiefungen in ihrem Bett) oder *Laxá* (Lachsfluss, von den Dänen und Fremden wegen ihres Reichtums an Lachsen so benannt). Da wir diesen Weg von unserer Probetour bereits kennen, gebe ich keine Schilderung von ihm. Neugierig sah ich mir die Vorrichtungen an, in denen bei einem Wehr die Fische gefangen werden: der Fluss wird eingedämmt und das Wasser durch einen Seitenkanal abgelassen, so dass die Lachse auf dem Trockenen liegen und nur in Körbe gesammelt zu werden brauchen. Meist aber standen einige Engländer in ihren hohen, bis zu den Hüften reichenden Wasserstiefeln am Rande und angelten; in einem Zelte, das am Ufer aufgeschlagen war, wurde die Beute sogleich zurecht gemacht und verspeist. Am linken Ufer stromaufwärts ist ein hübscher Wasserfall in einer wildromantischen Umgebung. Wunderbarerweise habe ich hier nie einen Menschen angetroffen, obwohl der Ort geradezu zu Ausflügen herausfordert; er scheint also den Städtern wenig bekannt zu sein.

Völlig unbekannt aber, und von ihrem Entdecker sowie dem Besitzer ängstlich geheim gehalten, ist eine Höhle südlich von *Reykjavik*. Rektor *Olsen* hat sie bei seinen Streifzügen aufgefunden und sie zu Ehren der schönsten Frau der Hauptstadt, der Gattin seines besten Freundes *Ragnheiđar-hellir* genannt. Am Tage vor dem Antritt der grossen Reise, als Ögmundur mit den Pferden bereits zur Stelle war, hat er uns dahin geführt, und ich hoffe, er nimmt es mir nicht übel, wenn ich einige Andeutungen über die Lage der Höhle mache. An der *skólavarđa* vorbei ritten wir auf der Strasse nach *Hafnarfjörđur* bis zum *Hraunsholtslækur*. Bei der Brücke bogen wir ab, ritten

---

[1] Ein schönes Gedicht „Die Eidergans" von *Sigurđur Breiđfjörđ* bei Poestion, Isl. Dichter der Neuzeit, S. 391—393.

den Bach entlang beim Gehöft *Hofstadir* vorüber, durch den Hof *Vifilstadir* und das Flüsschen hindurch und erreichten nach etwa einer Viertelstunde die Höhle (Fig. 58). Es ist ursprünglich eine einzige grosse Höhle gewesen, die Mitte ist aber eingestürzt, und in der Senkung wächst üppiges Gras; hier können wir die Pferde, wie in einer Einfriedigung, sorglos weiden lassen. Die Grotte rechts ist etwa 7 m tief, in der Mitte $1^1/_2$ m hoch, der Eingang ist durch einen Steinwall verschlossen, durch dessen Öffnung in der Mitte die Schafe im Winter getrieben werden; denn die Höhle dient dann als Schafstall. Die Grotte links ist etwas höher und weist interessante

Fig. 58. Ragnheidar-hellir.

Steingebilde an der Decke auf. Eine Momentmagnesiumlichtblitz-aufnahme von ihr, die Herr Eberhardt gemacht hat, ist leider nicht ganz gelungen; übrigens „ein ziemlich langes Wort für einen Knipps" sagt Wilhelmine Buchholz. Hinter der Höhle erhebt sich eine kleine Anhöhe, etwa 90 m hoch, auf der eine Steinpyramide steht. Man hat von hier eine hübsche Aussicht über das grosse Lavafeld, in dem die hellen Spiegel des *Vifilstadavatn* und *Urridakots-vatn* aufleuchten, bis zum *Vifilsfell* und *Helgafell* im Süden, und über den blauen *Hafnarfjördur*. *Vifilstadir* hat seinen Namen von Ingólfs freigelassenem Knechte *Vifill*, der sich hier niederliess (Lnd. I, 9). Bei der Rückkehr sprachen wir hier vor, und die Bäuerin bewirtete uns mit trefflichem Kaffee, statt des Zuckers gab es Kandis.

Keiner aber sollte versäumen, einen Ausflug nach *Hafnarfjördur* zu machen. Zwar die Schilderung eines Engländers, der mir zuerst davon erzählte, ist übertrieben: man brauche nicht nach *Pingvellir* zu reiten, um die ganze furchtbare Majestät eines Lavafeldes kennen zu lernen, das *Hafnafjardarhraun* sei viel wilder und grossartiger. Aber sehr sehenswert und lohnend und für einen rüstigen Fussgänger nicht zu anstrengend ist dieser Ausflug. Die Offiziere des „Zieten", denen ich ihn warm empfohlen hatte, waren gleichfalls hochbefriedigt davon. An dem Tage, als „Alt-Heidelberg" zum dritten Male aufgeführt wurde, begegnete ich Ögmundur mit seiner Frau in den Strassen, und als ich die Äusserung fallen liess, gern einmal wieder zu reiten, lud er uns für den nächsten Tag nach seinem Wohnorte *Hafnarfjördur* ein und versprach uns abzuholen. Pünktlich war er auf seinem Pferde zur Stelle, mit zwei gesattelten Gäulen an der Hand.

Den Weg bis an den *Hraunsholtslækur* kennen wir bereits, hier beginnt das *Hafnarfjardarhraun*. Es ist zumeist Plattenlava, Kaalund vergleicht das Feld mit einem ungeheuern Platz, der mit Abfällen eines Schmelzofens bedeckt ist (I, S. 28). Die Lava ist bald in Schollen aufeinander getürmt, bald „in teigartigen Fliessen erstarrt mit runzeliger Oberfläche", bald plötzliche kesselartige Vertiefungen aufweisend, wo die Kruste geborsten und hineingesunken ist, nicht selten durch scharfe Spalten zerrissen, wie ein Gletscher. Trotz der unendlichen Mannigfaltigkeit eine grossartige blaugraue Einförmigkeit! In den Vertiefungen hat sich eine üppige Vegetation entwickelt, namentlich von Farrenkräutern *(Burkni)*, und die Lavawüste hier ist wegen ihres Reichtums an seltenen Pflanzen berühmt. Zwischen dem Gehöft *Gardar* und dem Hafenplatz berührt der Lavastrom unmittelbar das Meer, und viele Häuser und Hütten sind in Lavahöhlen errichtet und zwischen Lavarücken eingekeilt. Die Stadt mit ihren 800 Einw. wird von der hohen Lava so verborgen, dass man von der Landseite aus die Häuser nicht eher sieht, als bis man dicht vor ihnen steht. Aber die hohe Lavawand schützt den Ort auch vor Ostwinden. Vom Meere nimmt er sich mit seinen sauberen weissen Häuschen, die eins neben dem andern den Strand entlang aufgebaut sind, recht malerisch aus. Der Hafen ist zwar kleiner als der von *Reykjavik*, aber weit geschützter; er wird durch die Halbinsel *Hvaleyri* gebildet, die eine schmale Landzunge abzweigt. Auf dieser, dem sogenannten *Hvaleyrargrandi* (*grandi* „Isthmus"), standen die Häuser in der „deutschen" Zeit, also südlich vom Fjord; aber die Landzunge wurde später vom Meere so stark mitgenommen, dass bei Flut die See sie überspülte. Darum wurden die Handelshäuser nach der nördlichen Seite der Hafenbucht verlegt, wo sie jetzt noch stehen. *Hafnarfjördur* ist mit *Reykjavik* durch einen sehr guten Fahrweg und durch Telephon verbunden.

Wir machten hier aber noch nicht Halt, sondern bogen am Eingange des Ortes auf guter Strasse nordwestlich ab, ritten an der Kirche *Gardar* vorüber, bis die Strasse am Hof *Svidholt* aufhörte, den Blick nach Osten, Westen und Norden immer auf das glatte Meer gerichtet, wandten uns dann nach der nordöstlichen Spitze, kreuzten eine langausgestreckte Wiese und stiegen in *Bessastadir* ab.

Das steinerne Wohnhaus ist die ehemalige Lateinschule, die von *Reykjavik* hierher während der Jahre 1805—1846 verlegt war. Aber nur der untere Teil der alten Schule ist benutzt, der obere, höchst elegante, ist ganz modern umgebaut, das Gebäude macht den Eindruck eines gediegenen alten Herrensitzes. Der Direktor und die übrigen Lehrer wohnten nicht im Schulhause, sondern ausserhalb in kleinen Häusern[1]. Hier ist *Grímur Thomsen* geboren und begraben, Islands Balladendichter (1820—1896), und hier hat *Benedikt Gröndal* das Licht der Welt erblickt (1826), dessen Vater *Sveinbjörn Egilsson* hier Lehrer war. In *Bessastadir* „vornehmlich wurde die Saat gestreut, die einerseits in der frischen literarischen und politischen Bewegung der dreissiger und vierziger Jahre und auch später noch, andererseits in den vorzüglichen Arbeiten der isländischen Altmeister der nordischen Philologie, Rechtsgeschichte usw. so glänzende Früchte trug" (Pöstion, Isl. Dichter der Neuzeit, S. 321). Übrigens stammt das Schulhaus aus dem Jahre 1760, wo für den damaligen Amtmann ein neues Gebäude nötig wurde.

Auch die Kirche ist ein steinerner Bau und für isländische Verhältnisse recht ansehnlich. Das Altarbild stellt Jesus im Garten Gethsemane dar und trägt die Unterschrift: „Ist es möglich, so gehe dieser Kelch von mir", das Bild links zeigt ebenfalls Christus, das rechte Maria, bei den Seitenbildern ist sogar die Rückseite noch bemalt: ein katholischer Bischof und Petrus mit den Schlüsseln. Aus katholischer Zeit stammen noch ein Oblatenkästchen und einige Messgewänder. Etwas jünger sind einige Leichensteine, darunter einer aus Marmor des Befehlshabers Paul Stigssön († 1566) mit seinem Bilde, eine gepanzerte Rittergestalt in Lebensgrösse.

Nördlich von *Bessastadir* ist eine kleine Bucht, *Seila*, früher als Hafen benutzt, wo die Schiffe landeten, die den königlichen „Befehlshaber" nach Island brachten. Der Hafen ist gut, aber die Einfahrt schwierig, und dieser Umstand schützte den Befehlshaber im Jahre 1627 vor den algierischen Seeräubern; 1422/23 aber hatten die Engländer hier wüst geplündert. Südlich vor der Bucht sind die Überreste einer kleinen Schanze, die in der zweiten Hälfte des

---

[1] Vergl. Henderson, Island, I, S. 389 ff.

17. Jahrhunderts zur Verteidigung des Hafens und des Königshofes angelegt war[1]).

Bessastadir ist aber nicht nur für die neuere Zeit ein interessanter Ort, sondern er ist auch seit der Sturlungenzeit klassischer Boden. Hier erhob sich einst der Hof des berühmten *Snorri Sturluson*, und als er sich einmal auf *Reykholt* bedroht fühlte, flüchtete er mit Familie und Gesinde hierher. Nach seiner Ermordung kam *Bessastadir* in König Hákons Besitz, der *Snorri* als Hochverräter ansah und seine Güter als Eigentum der norwegischen Krone einzog. *Bessastadir* ist also eine der ersten Stätten auf Island, wo die Königsmacht festen Fuss fasste. Später wohnten hier gewöhnlich der königliche „Befehlshaber" während seines sommerlichen Besuches, und dessen Vogt das ganze Jahr hindurch; darauf vom Ende des 17. Jahrhunderts an der Amtmann mit dem Landvogte, endlich der Stiftsamtmann, der höchste Beamte der Insel. Dieser gab seine Residenz hier erst auf, als sie zur Schule umgebaut wurde. Als das Gymnasium wieder nach *Reykjavik* verlegt wurde, ging das Gebäude in Privatbesitz über.

Wir ritten auf demselben Wege zurück, besahen die Kirche zu *Gardar*, die durch grosse helle Kirchenfenster, einen blauen Sternenhimmel über dem Altar und einen altertümlichen Kronleuchter aus katholischer Zeit ausgezeichnet ist, und kehrten dann in Ögmundurs blitzblankem Hause zu *Hafnarfjördur* ein. Ögmundur ist, wie ich schon auf der Reise gemerkt hatte, ein guter, fürsorglicher Gatte und zärtlicher Vater seiner drei Kinder, und diese Erkenntnis hat nicht wenig dazu beigetragen, dass ich ihm rückhaltlos vertraute. Um seine Bibliothek, die zumeist aus englischen und amerikanischen Büchern philosophisch-pädagogischer Art bestand, würde ihn mancher Kollege bei uns beneiden. Vor dem Aufbruche zeigte er mir noch die Sehenswürdigkeiten des freundlichen Städtchens, vor allem ein grosses Holzsägewerk, das einem Norweger gehörte, das Haus des Arztes, Pfarrers und die Realschule, an der er selbst Lehrer ist; sie ist mit einer Art Seminar verbunden; *Þórarinn Böðvarsson* hat sie zum Andenken an einen geliebten Sohn gegründet.

Hafnarfjördur ist im 15. und 16. Jahrhundert der am meisten besuchte Handelsplatz auf ganz Island gewesen, er wurde im 15. Jahrhundert meist von Engländern, im 16. Jahrhundert meist von Deutschen angelaufen. Im Jahre 1578 wurden die Engländer von den Hamburgern aus dem Hafen vertrieben, nach einem harten Seegefechte, in dem die Deutschen 40 Mann verloren. Bis zum Jahre 1602 war dann hier der Hauptstapelplatz der Hamburger.

---

[1]) Eine Volkssage, die „auf der Schanze" spielt: ein Mädchen sieht die „Folgegeister" von 16 Schiffern, die nachher ertrinken, bei *Jón Árnason*, *Isl. Þjóðs.* I, S. 360; deutsch bei Lehmann-Filhés, Isl. Volkssagen I, S. 169.

Damit hatten die Deutschen auch auf materiellem Gebiete Beziehungen mit Island angeknüpft, nachdem sie schon lange auf geistigem Gebiete den Isländern nahe getreten waren. Von diesen Beziehungen zwischen Island und Deutschland soll im folgenden die Rede sein.

Island und Deutschland.

Die geistigen Interessen, die Island mit Deutschland verbinden, gehen bis auf die Anfänge des Christentums auf der Insel zurück, sie sind zuerst religiöser, dann wissenschaftlicher Art gewesen.

Schon der Entdecker Winlands, *Leifr*, hatte einen Deutschen *Tyrkir* bei sich (ca. 1000) und unter *Snorris* Dienstleuten wird ein Deutscher, *Herbert*, genannt (1178—1241). Dass in der Mitte des 11. und 12. Jahrhunderts Beziehungen zwischen Utrecht und Island bestanden, bestätigt ein deutsches Zeugnis, das in einer Handschrift des 11./12. Jahrhunderts erhaltene althochdeutsche Gedicht Merigarto (vergl. S. 85); der Verfasser erzählt, er habe zu Utrecht einen Priester Reginprecht angetroffen, der einst nach Island gefahren sei, von diesem erfuhr er allerlei Fabeleien von Island. Viel reicher fliessen die nordischen Quellen.

Der erste christliche Geistliche überhaupt, von dem wir wissen, dass er an die Bekehrung Islands die Hand angelegt hat, war Bischof Friedrich aus dem Sachsenlande, vermutlich ein lediglich für die Mission geweihter Bischof (981); er gab aber die Hoffnung auf, in Island etwas auszurichten und kehrte 985 nach Sachsen zurück.

Den dritten Missionsversuch unternahm, da auch der zweite erfolglos verlaufen zu sein schien, der gewalttätige Priester Dankbrand *(Þangbrandr)*, der deutsche Hofkaplan des Königs *Ólafr Tryggvason*, der sich nicht scheute, zu Ehren seines Gottes das Schwert zu ziehen und selbst auf dem Althing das Evangelium zu verkündigen. Er hat den gesetzeskundigen *Njáll* bekehrt und getauft; als er 998 in *Bergþórshvoll* erschien, nahm *Njáll* den Glauben an und alle seine Leute; *Njáll* schützte ihn auch auf dem Althing gegen die Heiden.

Da es schwer hielt, die zur Versehung des Gottesdienstes nötigen Priester unter den Isländern zu bekommen, sah man sich auf Männer von ausländischer Abkunft angewiesen, auf Deutsche zumal, oder wie die isländischen Quellen sie nennen, auf Sachsen, ferner auf Engländer oder auf Irländer.

Auch die ersten Bischöfe waren Ausländer, u. a. wird neben Bischof Friedrich als Missionsbischof genannt Heinrich, vermutlich ein Deutscher oder Engländer, der wenigstens zwei Jahre auf Island war, und Bernhard der Sachse, ein Freund des Königs *Magnús* des Guten (1035—47). Neben ihnen werden noch andere genannt, die sich fälschlich für Bischöfe ausgaben; darunter waren, wie es scheint, auch einige Deutsche.

Der erste einheimische Bischof von ganz Island *Ísleifr Gissurarson* (1055—80) wurde auf ausdrücklichen Befehl des Papstes vom Erzbischof Adalbert von Bremen geweiht; er war in Herford bei einer Äbtissin erzogen, besuchte nach seiner Wahl den deutschen Kaiser Heinrich Konrádsson, dem er ein Eisbärenfell als Geschenk mitbrachte. Auch der zweite Bischof *Gissurr Ísleifsson* (1082 bis 1106) suchte seine Weihe in Bremen, wurde aber, da Erzbischof Liemar im Banne war, von Erzbischof Hartwig von Magdeburg geweiht. Der Begründer des Ordenslebens auf Island, *Jón Ögmundarson*, erster Bischof von *Hólar* (1106—21), hatte ebenfalls grosse Reisen nach Deutschland unternommen.

Da der Norden bis 1103 unter dem Erzbistum Bremen und Hamburg stand, suchten sich die Geistlichen hier auch das Wissen ihrer Zeit anzueignen und lagen hier gelehrten Studien ob; Bremen und Herford in Westfalen werden namentlich als Bildungsorte isländischer Priester genannt; andere gingen gern zum Studium nach England (z. B. Lincoln) und nach Paris. *Sæmundr Sigfússon* in *Oddi* reiste durch Deutschland und Frankreich und studierte in Paris. Die Schulen in *Skálholt*, im *Haukadalr* und zum Teil auch zu *Hólar* waren zumeist auf deutscher Kultur begründet[1]).

Ein Papst schrieb nach dem Norden, die dortigen Völker müssten besonders eifrig nach Rom trachten, da sie dem Erdrande am nächsten wohnten und vom Weltuntergange am ersten bedroht seien. Daher fanden zahlreiche Pilgerschaften aus Island statt, mit Vorliebe wurde dabei der Weg über die Abtei Reichenau eingeschlagen. Denn in dem Reichenauer Totenbuche sind die Namen von 39 Wallfahrern aus „Hislant terra" verzeichnet. Nach dem Diktat des *Nikulás Bergsson* († 1159 als Abt von *Munkaþverá*) ist ein „Reiseführer nach Rom und dem gelobten Lande" und eine „Städtebeschreibung" verfasst, auf Grund der Erfahrungen, die er auf einer eigenen, drei Jahre dauernden Pilgerfahrt gesammelt hat *(Leiðarvísir og Borgaskipan)*.

<small>Sein Wegweiser setzt auf Island ein. Die Fahrt geht über Norwegen nach Dänemark, bis Aalborg, wo die Pilger an Land steigen. Von hier geht es nach den Rheinlanden, entweder auf dem Wasserwege bis Utrecht und von da über Deventer nach Köln, oder auf dem Festlande nach Mainz über Itzehoe und Stade. An der Elbe scheiden sich wieder zwei Wege: der eine führt über Verden, Nienburg, Minden und</small>

<small>1) Im 14. Jahrhundert dringt das deutsche Wort „stracks" ins Isländische ein. Schon im 13. Jahrhundert aber kommt in einer durch ihre reine Sprache ausgezeichneten Saga (Eyrb. S.) das deutsche Wort „stolz" vor: ist es über Norwegen durch die Hansa nach Island gedrungen? aber warum dann in hochdeutscher Gestalt? (Maurer, Germ. X, S. 494).</small>

Paderborn, der andere, weitere, über Harsefeld, Walsrode, Hannover, Hildesheim und Fritzlar. Von Mainz geht es weiter nach Speier, Selz, Strassburg, Basel, Reichenau, die Alpen werden auf dem grossen St. Bernhard (*Mundio* = frz. Montgiu = Mons Jovis) überschritten, wo im 11. Jahrhundert das berühmte Augustinerhospiz gegründet war. Die Namen der Städte werden teils etymologisch gedeutet (z. B. Vercelli = *Fridsæla*, Venedig = *Feneyjar*, teils übersetzt (Aqua pendente = *Hangandaborg*) oder isländisiert (Antiochia = *Anpekja*)[1]. Ein zweiter Übergang führt von St. Gilles her über den Mont Genèvre nach Piacenza; ein dritter, die strata teutonica, der Brennerweg, wird in einem anderen, kleineren Reiseführer von Lübeck nach Rom genannt, der auf eine deutsche Vorlage zurückzugehen scheint[2].

Aus Deutschland brachten einige isländische und Hamburger Kaufleute Luthers Lehre mit nach der Insel, und die Reformation hat sich in überraschend kurzer Zeit hier verbreitet. In *Skálholt* befand sich 1530 ein förmlicher Geheimbund von Lutheranern, zu dessen Häuptern der in Deutschland erzogene und spätere erste lutherische Bischof von *Skálholt, Gissur Einarsson* gehörten und *Oddur Gottskálksson*, der das Neue Testament nach Luther in einem Kuhstall ins Isländische übersetzte. *Gissur* konnte sich mit Christian III. so gut deutsch unterhalten, dass die Königin anfangs gar nicht glauben wollte, dass er ein Isländer wäre. „Er war in der deutschen Sprache so geschickt und gewandt, dass Deutsche oftmals sagten, wer ihn nicht kennte, möchte glauben, er sei geborener Deutscher" (*Safn til sögu Íslands* I, S. 676)[3]. Während um 1500 das Geistesleben auf Island völlig zerfallen war, begannen zu Anfang des 16. Jahrhunderts wieder jüngere und auch ältere Isländer ins Ausland, zumal nach Deutschland (Bremen, Hamburg, Rostock) zu reisen. Viele Isländer lernten damals deutsch und konnten es sogar gut sprechen, daneben verstanden sie englisch, dänisch und lateinisch. Durch den Verkehr mit den Hanseaten kamen auch die geistigen Strömungen Europas direkt nach Island. 1584 erschien die „Bibel, das ist die ganze heilige Schrift" ins Isländische übersetzt von *Gudbrandur Þorláksson*, sie bildet den Markstein für den Beginn der neuisländischen Literatur; 1589 gab er eine Übersetzung von ca. 346 geistlichen Liedern aus dem Deutschen und Lateinischen heraus, 1594 ein „Graduale", das ebenfalls zumeist aus Übersetzungen bestand, und 1610 Luthers Grossen Katechismus. „In seinen Tagen gehörte es zur allgemeinen Bildung, deutsch zu können, und darum liess er seine Tochter diese Sprache lernen" (Árb. Esp. V, S. 72)[4].

Deutschland besass damals bedeutenden unmittelbaren Einfluss auf die isländische Kultur und hat zweifellos das Wiederaufleben

---

[1] Meissner, Z. f. deutsch. Altertum, 47, 192 ff.; Finnur Jónsson, Oldn. Lit. Hist. II, S. 948, 116.

[2] Finnur Jónsson, Hauksbók, S. 302.

[3] u. [4] Thoroddsen-Gebhardt I, S. 155.

der isländischen Literatur nach der Reformation sehr gefördert. Damals studierten verschiedene Isländer an den deutschen Hochschulen[1]).

Bischof *Þorður Þorlaksson,* der Island noch mit Thule identifizierte, „disputierte" in Wittenberg und studierte in Deutschland. Deutsche siedelten sich selbst auf Island an, einer hat es sogar zum *sýslumaður* gebracht. Der Dichter *Páll Jónsson,* dem wir die beste erotische Dichtung des 16. Jahrh. verdanken, verstand gut deutsch (1535—1598). Die erste deutsche Beschreibung von Island des Hamburgers Gories Peerse hat doch, so lächerlich sie ist, das Verdienst, dass *Arngrímur Jónsson* sein erstes Buch über Island schrieb (vergl. S. 31). Sein Enkel *Þórður Vidalín* hat Bartholins Physik und mehrere medizinische deutsche Schriften übersetzt, und ein Verwandter von ihm, *Páll Bjarnason Vidalín* († 1757), der in Leipzig studierte, hat seine Schrift über isländische Gletscher übersetzt (vergl. S. 69). *Oddur Oddson* zu *Reynivellir* (1565—1649) übersetzte deutsche Arzneibücher[2]). *Jón Guðmundsson,* seinerzeit einer der besten Sagenkenner († 1650), hat „etwas Deutsch verstanden".

Im 17. Jahrhundert wurden die Studienreisen durch das Elend, das der dänische Monopolhandel hervorrief, seltener; doch besuchten immerhin noch die Söhne reicherer Familien deutsche Hochschulen, dagegen kam die Universität Kopenhagen mehr in Aufschwung. Aus Deutschland drang die „Hirnseuche" des Hexen- und Teufelswahns nach Island; aber man muss den Isländern das Lob erteilen, dass sie im Verhältnis weniger verbrannten als andere Völker, und dass sie auch mit dieser Scheusslichkeit eher aufhörten als andere.

Anfangs des 18. Jahrhunderts bauten deutsche Kaufleute eine Brücke über die *Jökulsá á brú.* Das seinerzeit viel benutzte deutsche Geographiebuch von J. Hübner (9. Aufl. Hamburg 1736) sagt, dass viele Fremde, Dänen, Norweger und Deutsche nach *Hafnarfjörður* kämen, besonders gern bei den Frauen seien die Deutschen gesehen, doch sei durchaus nicht das zu glauben, was den Isländern Schlechtes nachgesagt werde. 1779 übersetzte der Geistliche *Gunnlaugur Snorrason* eine veraltete deutsche Erdbeschreibung, nach berühmten Muster unter dem Titel *Heimskringla* (Kreis der Welt). *Árni Magnússon,* der grosse Sammler isländischer Handschriften, hielt sich zwei Jahre in Deutschland auf, vor allem in Leipzig und Jena (1694—96) und erlernte das Deutsche so gründlich, dass er es nach seiner Muttersprache am besten sprach, „wozu ja bei den Isländern eine besondere Inklination zu bemerken war". J. G. Fischers Physik wurde 1852 von *Magnús Grímsson* übersetzt (*Edlisfrædi*), Ursins Astronomie von *Jónas Hallgrímsson.* 1751 kam auf Befehl des dänischen Königs ein Deutscher nach Island, der verschiedene Wollstoffe herstellen sollte, er liess sich im Kirchspiele *Leirá* (*Borgarfjörður*) nieder.

Den stärksten unmittelbaren Einfluss durch Deutschland erhielt Island in der II. Hälfte des 18. Jahrhunderts. Friedrich III. hatte das Deutsche als Hofsprache eingeführt, unter Christian V. kam ein zahlreicher deutscher Hofadel in Kopenhagen auf, Friedrich V. berief Klopstock nach Dänemark, Struensee war geradezu ein Verächter

---

[1]) Belege im einzelnen bei Thoroddsen-Gebhardt I, S. 154 f., S. 157.
[2]) Pöstion, Isl. Dichter der Neuzeit, S. 118/9. Dieses Buch ist mir überhaupt für diesen Abschnitt eine grosse Hilfe gewesen.

alles Dänischen. Hagedorn, Uz, v. Cronegk, Klopstocks Oden und Messias, Gellerts Fabeln, Lessings kritische Schriften, Wielands erzählende Dichtungen, Goethes Werther waren in Dänemark ebenso bekannt wie in Deutschland. Durch die in Kopenhagen lebenden Isländer drangen diese Dichtungen auch nach Island. Der erste deutsche Dichter, der in die isländische Literatur eingeführt wurde, war Gellert, und er blieb in den ersten Jahrzehnten des 19. Jahrhunderts der deutsche Liebling der Isländer. *Jón Þorláksson* übersetzte neben Miltons Verlorenem Paradiese auch Klopstocks Messias (1744—1819), 20 Lieder von Gellert, einige Gedichte von Hagedorn und Bürgers „Lenardo und Blandine". Seine Nachdichtung des Messias im eddischen Versmasse soll durch ihre altisländische Kraft das deutsche Werk übertreffen und auch heben[1]. *Þorvaldur Böðvarsson* (1758—1836) übersetzte den „Christ", ein Lehrgedicht von Gellert und auch Klopstocks Messias (nach Hendersons Angabe, II, S. 112): „er ist vorzüglich geraten, ich besitze davon eine vom Verfasser selbst besorgte Abschrift". *Sveinbjörn Egilsson*, der Begründer der neuisländischen Kunstprosa, der geniale Übersetzer der Odyssee und Ilias (*Odysseifs Drápa, Ilíons kviða*), hat von Paul Gerhardt „Befiehl du deine Wege" übersetzt, drei Gedichte von Gellert, Schillers Teilung der Erde und Hektors Abschied, Uhlands „Weissen Hirsch"[2].

Der isländische Psalmendichter *Hallgrímur Pjetursson* dichtete Paul Gerhardts Osterlied nach „Auf, auf mein Herz mit Freuden[3]. Sein Lied „Von der ungewissen Todesstunde", das ich früher erwähnt habe (S. 172), enthält fast wörtlich anklingende Erinnerungen von Gerhardts Grablied „Ich weiss, dass mein Erlöser lebt". In der Form einer Nachdichtung scheinen *Hallgríms* Passionslieder auch in Deutschland nicht ganz unbekannt zu sein; Pöstion wurde von dem ausgezeichneten Kenner der isländischen Sprache und Literatur, Prof. Willard Fiske, erzählt, dass ihm einmal in Deutschland eine handschriftliche Sammlung von religiösen Liedern gezeigt und gerühmt wurde, die er als *Hallgríms* Passionslieder erkannte. Sie haben den Weg zu uns durch die lateinischen Übersetzungen gefunden. Auch *Grímur Thomsen* deutet in der Vorrede zu seiner Ausgabe der Psalmen und Gedichte *Hallgríms* auf die handschriftliche Verbreitung einer deutschen Bearbeitung der Passionslieder hin (Pöstion, a. a. O. 217).

Goethe wurde von *Grímur Thomsen* in die neuisländische Literatur eingeführt, indem dieser 1844 den „Fischer" übersetzte und

---

[1] Henderson hat ihn besucht, Island I, S. 144—147.
[2] Pöstion, Isl. Dichter der Neuzeit, S. 327.
[3] Eine hübsche Sage über die Entstehung dieses Liedes bei Pöstion, S. 31, 214.

dann andere Gedichte folgen liess „Wer nie sein Brot . . .", „Trost in Tränen", „König in Thule"; als Lehrer in *Bessastadir* unterrichtete er privatim einige Schüler in der deutschen Sprache. Goethe hat nur langsam einzelne Freunde unter den gebildetsten Isländern gefunden. Nicht einmal *Bjarni Thórarensen* vermochte sich für Goethe zu erwärmen. Goethes „Nähe des Geliebten", übrigens auch von *Matthias Jochumsson* übersetzt, gab *Jónas Hallgrímsson* die Anregung zu einem seiner schönsten Gedichte „Sehnsucht" (Übersetzung bei Pöstion, Isländische Dichter der Neuzeit S. 364, 365; Eislandblüten S. 48, 49). *Gísli Brynjúlfsson* (1827—1888) übersetzte neben zwei Liedern von Heine Goethes „Freudvoll und leidvoll" sowie „Sah ein Knab' ein Röslein stehn". *Benedikt Gröndal* übersetzte „Mignon", *Steingrímur Thorsteinsson*: „Der Sänger", „Der Gott und die Bajadere", „Der du von dem Himmel bist", „Ich ging im Walde", „Sakontala", „Legende vom Hufeisen", „Die Braut von Korinth", „Erlkönig", „Der König in Thule", „Trost in Tränen", „Über allen Gipfeln", „Mignon", „Nähe des Geliebten". *Hannes Hafsteinn* übertrug „Vanitas, vanitatum vanitas", „Römische Elegieen" V. Nach Pöstion (Isländische Dichter der Neuzeit S. 442 ff.), dem ich diese Zusammenstellung von Übersetzungen Goethescher Gedichte verdanke, ist Goethe auf Island auch heute noch nicht sonderlich bekannt und geschätzt. Ich glaube die Erfahrung gemacht zu haben, dass das jetzt bedeutend besser geworden ist und meine, sie verdanken das dem erhöhten Betriebe des deutschen Unterrichtes am Gymnasium in *Reykjavík*. Ich traf auf meiner grossen Reise einen Studenten der Medizin, der Goethes Faust in der Reclam-Ausgabe stets bei sich führte, wie er lächelnd meinte, „wie Alexander den Homer". Er wusste grosse Stücke daraus auswendig, jedenfalls viel, viel mehr als der Durchschnitt unserer Abiturienten. „Wir alle bewundern ihn", rief er aus. Ich habe auch sonst den Eindruck gewonnen, dass Goethe heute weit mehr bekannt und beliebt ist als Heine, natürlich kommen nur die gebildeten Kreise in Betracht. „Tasso" und „Iphigenie" sind aus leicht erklärlichen Gründen fast unbekannt, selbst bei Männern, von denen ich es nimmermehr erwartet hätte.

Bjarni Thórarensen, der die deutsche Romantik nach Island verpflanzte, war auch der Erste, der Schillers Gedichte übertrug, der neben Shakespeare sein Liebling war (Goethe fand er „zu kühl und geschliffen"), und zwar „Wohlauf, Kameraden . . ." und ein Bruchstück aus „Elysium". Ihm folgten *Sveinbjörn Egilsson* und *Jónas Hallgrímsson*. *Jón Þorleifsson* (1825—60) übersetzte neben Tiecks „Der Becher" Schillers „Spaziergang unter den Linden". Welche Bedeutung *Jónas* Schiller und der deutschen Sprache überhaupt beilegt, geht aus seiner Bemerkung in der Novelle „Auf der Moossuche" hervor: „Wie glücklich bist du doch, dass du die deutsche Sprache kannst, und du tätest gut daran, auch mich ein wenig in ihr zu unterrichten. Es quält mich, nichts von dem zu verstehen, das Schiller und andere in Deutschland geschrieben haben". Dieses Bekenntnis legt *Jónas* einem Bauernkinde in den Mund! Er hat die „Kindesmörderin" nachgedichtet und in das eddische Versmass umgegossen, „doch soll sie wie das Original wirken". *Benedikt Gröndal*, der das Deutsche sich ohne Lehrer angeeignet hat und es so meisterhaft beherrscht, dass ich in der Unterredung mit ihm ganz vergass, einem Nichtdeutschen gegenüber zu sitzen, und der selbst deutsche Aufsätze in der französischen Zeitschrift „Ornis" veröffentlicht, hat neben Körners „Kynast" und Goethes „Kennst du das Land" das sehr schwierige Gedicht Schillers „Die Ideale" nachgedichtet *(Sólhvörf)*. Er ist überhaupt ein gründlicher Kenner unserer Literaten und ist auch in Heine, Jean Paul, Tieck, Kleist, Lenau und Humboldts Kosmos zu Hause. Interessant ist das Urteil von *Matthías Jochumsson*: „Schiller sagt unserem Geiste ohne Zweifel weit mehr zu, als der romantisch bizarre Jude (Heine) oder der grosse klassische Kosmopolit". *Matthías* übersetzte Schillers „An die Freude", Uhlands „Des Sängers Fluch", ein Gedicht von Vitalis, sechs Lieder von Gerok. *Sigurdur Breidfjörd* (1798—1846) übersetzte „Teilung der Erde" im Versmasse des Originals. Aber das Hauptverdienst gebührt *Steingrímur Thorsteinsson*, er übersetzte: „Das Mädchen aus der Fremde", „Der Taucher", „Drei Worte des Glaubens", „Der Graf von Habsburg", „Das Lied von der Glocke", „Klage der Ceres", „Ritter Toggenburg", „Der Jüngling am Bache", „Sehnsucht", „Der Pilgrim", „Die Götter Griechenlands", „Der Spaziergang". *Kristján Jónsson* endlich (1842—1869), übersetzte ein Gedicht von Wieland, drei von Heine und von Schiller „Thekla", „Amalia", „Entzückung an Laura".

Magnús Stephensen (1762—1832), Islands literarischer Bannerträger am Anfange des 19. Jahrhunderts, hat eine unglaublich vielseitig schriftstellerische Tätigkeit entfaltet, aber sein Isländisch war schwülstig und voller Danismen und Germanismen; er war Kosmopolit und krasser Rationalist und wollte sogar das eigene Volkstum preisgeben. Gegen ihn erhob sich *Bjarni Thórarensen*, der alles Ausländische hasste und durch Wiederbelebung der eigenen glanzvollen Vorzeit das Nationalgefühl der Isländer neu beleben wollte. Er führte die Romantik in die isländische Literatur ein. Die mondbeglänzte Zaubernacht, die den Sinn gefangen hält, leuchtete durch ihn auch über Island empor, und die wundervolle Märchenwelt stieg auch auf dem abgelegenen Eilande in alter Pracht auf. Dieses „Zeitalter der Wiedergeburt", das etwa von 1830—1880 währte, beginnt nach mancherlei Vorzeichen mit dem Erscheinen der Zeitschrift *Fjölnir* („der Vielseitige", ein Beiname Odins), die von vier jungen Isländern herausgegeben wurde: dem Theologen *Tómas*

Sæmundsson, der auf seinen Reisen Stettin, Berlin, Leipzig, Dresden, München und Wien besucht hatte, dem Dichter und Naturforscher *Jónas Hallgrimsson*, dem Sprachforscher *Konrád Gíslason* und dem Juristen *Brynjúlfur Pjetursson*, denen sich auch der Dichter *Bjarni Thórarensen* anschloss. Sie wollten die isländische Literatur erneuern, die Sprache reinigen, den künstlerischen Sinn wachrufen und das Nationalgefühl anfachen, indem sie vor allem Bewunderung für die grosse Vorzeit des Volkes und für Einrichtungen, Schrifttum und Sprache des alten Freistaates zu wecken suchten[1]. Unter den Übersetzungen findet sich auch ein Stück aus Heines „Reisebildern" und Tiecks Märchen „Der blonde Eckbert", von *Jónas* übersetzt. Schon vorher hatte *Finnur Magnússon*, der berühmte Sammler isländischer Handschriften, in deutscher Sprache 15 Strophen „Thules Gruss an Friedrich Freiherrn von la Motte Fouqué" verfasst:

  Heil dir, hehrer   Meister-Sänger
  Held und Weiser,   Meiner Taten! —
  Herrscher der Vorzeit,   Dank und Gruss
  Frommer Barde,   Dir von Thule!

Fouqué hatte nämlich seinen Roman „Die Sage von dem Gunnlaugur, genannt Drachenzunge und Rafn, dem Skalden" (Wien 1826, 3 Bde.) mit einem Widmungsgedichte der isländischen Literaturgesellschaft überreicht und ausserdem isländische Stoffe in „Sigurd Schlangentöter", „Sigurds Rache", den Baldur- und Helgidramen, und den „Fahrten Thiodulfs des Isländers" behandelt. Die Gesellschaft hatte ihn 1820 zu ihrem Ehrenmitgliede ernannt. Seine herzliche Antwort kleidete Fouqué in ein Lied von 21 Strophen, das die Gesellschaft dann in einem heute fast verschollenen Sonderabdruck veröffentlichte. Ein isländischer Freund hat mir diesen zur Verfügung gestellt, und ich teile wenigstens den Eingang und Schluss mit. Der Titel lautet: „Island. Ein Skaldengruss. (Geweihet der Isländischen Gelehrtengesellschaft)"[2].

  Hoch oben im herrlichen
    Heldenberühmten Nordland, —
    Wie winkt herab ein weisses Wundergebild!
  Schneeige Schleier
  Umschweben die Jungfrau, —
  Doch unter den Schleiern, da blitzen ihre Augen voll Glut!

  Island, du innige
    Inseljungfrau,
  Du Schneegebilde voll schauerlich holder Glut, —
  Nun bin ich, nun bleib' ich
  Kühnbrennenden Herzens
  Dein Ritter, und rühmlich schmücket dein Kranz mir den Helm!

[1] Valtýr-Palleske, S. 69—71.
[2] Von *Steingrímur Thorsteinsson* neuerdings übersetzt und eingeleitet: *Skírnir*, 1905, 79. Jahrg., S. 332—339.

Später hat *Steingrimur Thorsteinsson* Fouqués Undine übersetzt, allerdings gekürzt und in den sentimentalen Stellen stark abgeschwächt.

Kein deutscher Dichter aber hat eine solche Aufnahme in Island gefunden wie Heinrich Heine, nach Pöstion ist er im ganzen mit 40 Gedichten übersetzt. *Jónas Hallgrimsson* begeisterte sich so sehr für ihn, dass er ihn nachahmte und nicht weniger als 11 Gedichte von ihm übertrug[1]. Seine Nachdichtungen von „Leise zieht durch mein Gemüt" und „Durch den Wald im Mondenscheine" sind fast Volkslieder auf Island geworden. Andere Gedichte Heines, z. B. „Ich weiss nicht, was soll es bedeuten", soeben auch „Zwei Nachtigallen" (*Skirnir*, 1906, S. 181), sind von *Steingrimur* übersetzt, der, nebenbei bemerkt, auch Stolls bekanntes „Handbuch der Religion und Mythologie" für die isländischen Schulen bearbeitet hat, ferner von *Gisli Brynjúlfsson, Kristján Jónsson*, der als einfacher Knecht deutsch gelernt hat, und *Jón Ólafsson* (geb. 1850). Die meisten Gedichte Heines hat jedoch *Hannes Hafsteinn* nachgedichtet, der jetzige Minister, und an dem gemütlichen Festabend, zu dem mich *Bj. M. Olsen* eingeladen hatte, zitierte er unaufhörlich Gedichte von ihm in deutscher Sprache und beschämte durch seinen unerschöpflichen Vorrat sogar die beiden anwesenden Deutschen. Im übrigen hebe ich noch einmal hervor, dass nach meinen Beobachtungen Heines Ansehen bei dem jüngeren Nachwuchse bedeutend nachlässt, und dass neben Ibsen vor allem Goethe, und zwar sein Faust, aufkommt.

Nur kurz will ich erwähnen, dass *Benedikt Gröndal* der ältere „Die Rose", *Grimur Thomsen* ein Gedicht von Gaudenz von Salis, *Steingrimur* Dichtungen von Hölderlin, Tiedge und Geibel übertragen hat, und dass jetzt soeben eine Übersetzung von Gustav Freytags „Ingo" unter dem Titel *Yngvi Konungur, skáldsaga* von *Bjarni Jónsson* erschienen ist (R. 1906) — die erste wohlgeglückte Probe fand ich im *Ingólfur* 29. Mai 1904, Isanbarts Rede, Ges. W. 2. Aufl. VIII, S. 53—55 —, es ist also klar, dass die deutsche Literatur auf Island wohl bekannt und gewürdigt ist, und die Äusserung, die *Síra Jónas Jónasson* in *Hrafnagil* mir gegenüber tat, wird richtig sein: „Die Deutschen stehen uns in ihrer Lebens- und Kunstauffassung am nächsten." In anderem Zusammenhange werde ich auf den nächsten Seiten die stattliche Anzahl deutscher Dramen namhaft machen, die in Island zur Aufführung gelangt sind. Dass auch das isländische Gesang- und Choralbuch viele Texte und Melodien aus dem Deutschen hat, ist schon erwähnt worden. Von

---

[1] *Hannes Hafsteinn* erklärt diese Neigung durch eine Gemütsverwandtschaft der beiden Dichter, vergl. Pöstion, Isl. Dichter der Neuzeit, S. 341.

prosaischen Erzählern sind noch übersetzt: Sacher Masoch, Paul Heyse, Spielhagen, Rosegger, Ossip Schubin.

Ich kann aber diesen Abschnitt, der von den geistigen Beziehungen zwischen Island und Deutschland handelt, nicht schliessen, ohne dankbar des Mannes zu gedenken, der nach Konrad Maurer sich um Island in neuester Zeit die grössten Verdienste erworben hat: Joseph Calasanz Pöstion (geb. am 7. Juni 1853 in Aussee, k. k. Regierungsrat, lebt in Wien als Bibliotheksdirektor).

Ausser einer „Einleitung in das Studium des Altnordischen" (Hagen I, 1882, II, 1885), einer Übersetzung der *Hervararsaga* (u. d. T. „Das Tyrfingschwert" Hagen 1883) und „Isländischer Märchen" (Wien 1884) hat er das erste Nachschlagebuch über das Island der Gegenwart geschrieben „Island. Das Land und seine Bewohner" (Wien 1885). Das Werk ist für jeden, der sich irgendwie mit dem heutigen Island beschäftigen will, unentbehrlich und in seinen Angaben bis zum Jahre seines Erscheinens durchaus zuverlässig. Das Wunderbare ist, dass, obwohl der Verfasser niemals seinen Fuss auf das ferne Eiland gesetzt hat, dennoch alles den Eindruck eigener Anschauung macht: so gut ist es ihm gelungen, sich ein Bild von dem Lande seiner Sehnsucht auf Grund des gedruckten und schriftlichen Materials zu machen[1]). Sein Hauptwerk aber ist „Isländische Dichter der Neuzeit in Charakteristiken und übersetzten Proben ihrer Dichtung. Mit einer Übersicht des Geisteslebens auf Island seit der Reformation" (Leipzig 1897). Er hat mit diesem Haupt- und Standwerke die erste und einzige Darstellung der neuisländischen Dichtung geliefert, mit den sorgfältigsten bibliographischen Angaben und zahlreichen musterhaften Nachdichtungen. Dr. *Valtýr Guđmundsson* sagt darum mit vollem Recht (*Eimreiđin* IV, S. 70 ff.): „Wir Isländer müssen dem Verfasser sehr dankbar sein für dieses Buch. Er hat uns damit nicht wenig beschämt; denn wenn nun Ausländer, die sich mit unserer neuen poetischen Literatur bekannt machen wollen, uns fragen, welches die beste isländische Literaturgeschichte sei, so müssen wir mit Schamröte erwidern, dass sie jetzt in deutscher Sprache vorliegt und einen Ausländer unten im Süden, in Wien, zum Verfasser hat. Fortan muss jeder Isländer, der sich ohne grosse Anstrengung mit der Geschichte der neueren isländischen Literatur vertraut machen will, Belehrung in diesem Buche suchen." Kein Ausländer ist auch heute, abgesehen natürlich von Konrad Maurer, unter den gebildeten Isländern so bekannt wie Pöstion. Jeder Isländer von irgend welcher literarischer Bedeutung hat Briefe von ihm erhalten, wenn die gedruckten Angaben nicht ausreichten, die Auskunft erbaten über dies und jenes Datum, über ein Gedicht, irgend eine Schwierigkeit des Zusammenhanges oder der Auffassung. Zeitungen und Zeitschriften, die längst eingegangen sind, hat er aufgespürt und darin nach Notizen gesucht, die lange in Vergessenheit geraten zu sein schienen. Wertvolle Ergänzungen zu diesem monumentalen Werke bilden Pöstions Schriften „Zur Geschichte des isländischen Dramas und Theaterwesens" (Wien 1903), worin er die gleiche Gründlichkeit und Zuverlässigkeit zeigt, und „Eislandblüten. Ein Sammelbuch neuisländischer Lyrik" (Leipzig 1904); dieses Werk enthält 92 Proben der modernen Lyrik mehr als sein Hauptbuch und ist gewissermassen ein poetisches Bilderbuch zu seinem geographisch-ethnographischen Werke über Island. —

Hafnarfjörđur war, wie wir gehört haben, im 15. und 16. Jahrhundert der bekannteste Handelsplatz auf Island, *Haneford* meist auf älteren Karten genannt. Die Engländer scheinen schon damals

---

[1]) *Korrekturnote*: Aus isl. Zeitungen sehe ich soeben, dass Pöstion diesen Sommer (1906) zwei Monate auf Island geweilt hat, und dass er in *Reykjavík* gefeiert ist wie kein Ausländer vor ihm.

die würdigen Vorfahren der heutigen räuberischen Trawler gewesen zu sein; sie werden als händelsüchtig und unverträglich geschildert, sie schritten ohne weiteres sogleich zu Tätlichkeiten, mussten aber öfter von den Isländern gehörige Schläge einstecken. Die Pest oder der schwarze Tod (*svarti daudi, plágan mikla* „grosse Plage"), die schon 1402—14 zwei Drittel der ganzen Bevölkerung hingerafft hatte, wurde 1493 in *Hafnarfjördur* eingeschleppt und zwar, wie man sagt, mit englischem Tuche. Als die englischen Kaufleute einen Tuchballen auseinanderwickelten, stieg ein bläulicher Dunst daraus auf, wie wenn ein Vogel aus dem blauen Tuche käme. Der blaue Dunst breitete sich geschwind aus, und überall, wohin er zog, folgte ihm eine grosse, menschenmordende Seuche. Man fand Frauen, die auf den Melkplätzen tot bei ihren Milchgefässen unter den Kühen sassen oder auch vor den Fässern in den Speisekammern, und Säuglinge an der Brust ihrer toten Mutter saugend[1]. Ein Chirurg „natione Germanus", namens Lazarus leistete damals segensreiche Hilfe, verheiratete sich mit einer Isländerin und liess sich auf der Insel nieder.

Bald bekamen die Engländer einen gefährlichen Nebenbuhler an den Deutschen, ja, sie wurden schliesslich von diesen vollständig verdrängt[2]. Um die Mitte des 15. Jahrhunderts begannen die regelmässigen Fahrten der Deutschen nach Island. Eine Art Nordpolexpedition hatten freilich schon um 1040 Friesen unternommen und dabei auch Island angelaufen. Sie waren mit einem muntern Schnellsegler von Bremen abgefahren, kamen über Dänemark und England nach den Orkaden und fuhren, „nachdem sie darauf diese linker Hand liegen gelassen, während sie Nordmannien zur rechten Hand hatten, in weiter Vorüberfahrt das eisige Island entlang". (Adam von Bremen IV, 39.) Die Hansestädte, aus denen uns zuerst Bürger als Islandfahrer namentlich bekannt sind, sind merkwürdigerweise Ostseestädte: Danzig und Lübeck (1430—40). Die Teilnahme der Hamburger am isländischen Handel beginnt erst 1475, und die ersten drei Fahrten waren sogar auf Rechnung der Stadt gemacht worden. Auf dem Hansetag in Antwerpen klagten die Engländer (1491) bitter darüber, dass sie von der Hanse auf Island bedrückt und vergewaltigt wurden, umgekehrt wissen wir aber, dass die Deutschen den bedrängten Isländern gegen die Engländer Hilfe leisteten. Trotz aller Anfeindungen, und obwohl der dänische König auf verschiedene Weise die Handelsfahrten der Hamburger nach Island zu verhindern suchte — er wollte den isländischen Handel

---

[1] Lehmann-Filhes, Isl. Volkssagen II, S. 92.3.

[2] Hauptwerk: Dr. Ernst Baasch, Die Islandfahrt der Deutschen. Hamburg 1889. Vergl. ferner: Thoroddsen-Gebhardt, I, 102 ff., 147 ff.; Thoroddsen, Geogr. Tidskrift 1903, XVII, S. 124. — Seelmann, Jahrbuch des Vereins für niederdeutsche Sprachforschung IX, S. 110—125.

über England leiten und eine |direkte Handelsverbindung zwischen Island und den deutschen Seestädten verhindern, darum gebot er 1513, die Hansen sollten mit dem isländischen Fisch nur nach England, nicht aber in die deutschen Städte fahren — erblühte der Handel der Hamburger mehr und mehr. Auch Lübeck, Bremen, Rostock, Wismar, Danzig, Stralsund und selbst Lüneburg beteiligten sich daran. Im April 1500 gründeten die Islandfahrer in Hamburg eine besondere Gesellschaft (Sunte Annen Broderscop der Islandesvarer), deren Rechnungsbücher und Siegel noch heute in Hamburg aufbewahrt werden (Fig. 59; links unten ein Stockfisch, wie auch der gekrönte Fisch früher im Wappen Islands war). Bei der Nebenbuhlerschaft und der Handelseifersucht zwischen Engländern und Deutschen konnte es nicht ausbleiben, dass der isländische Strand zuweilen der Herd politischer Verwickelungen und der Schauplatz erbitterter Kämpfe, ja förmlicher Schlachten wurde. Die englischen Islandfahrer warfen den Hamburgischen und Bremischen Vergewaltigungen vor, also müssen die Hansischen Islandfahrer an Zahl weit stärker gewesen sein; und die Deutschen wiederum beschweren sich zusammen mit den Isländern über die englischen „Vorfang treibenden" Fischer, d. h. sie fischten in grösserer Entfernung von der Insel und hielten so die Annäherung des Fisches von den näher am Lande gelegenen Fangplätzen der Isländer ab; also ganz wie heutzutage. Im Jahre 1518 wurden die Engländer schliesslich aus dem *Hafnarfjördur* vertrieben, nach einem blutigen Seegefechte. Von Anfang des 16. Jahrhunderts an werden die Deutschen fast jedes Jahr in den isländischen Jahrbüchern und Annalen erwähnt, in die dreissiger Jahre fällt der Höhepunkt der hansischen Islandfahrt, damals kamen jährlich etwa 25 deutsche Schiffe nach Island. Sie waren auch die einzigen, die im 16. Jahrhundert über Island schrieben, leider waren, wie wir bei Gories Peerse, Blefkenius und Fabricius gesehen haben, ihre Berichte voll von Lügen, Märchen und Legenden. Graf Christian von Oldenburg gab sogar einem hanseatischen Kapitän Markus Meyer Island zum Lehen! *Hafnarfjördur* blieb dann einer der Hauptstapelplätze der Hamburger, bis sie bei der Einführung des dänischen Monopolhandels von der ganzen Insel vertrieben wurden, nachdem ihnen vom dänischen König schon 1567 die Ausfuhr von Schwefel untersagt, und 1562 den Isländern der Ver-

Fig. 59. Siegel der Islandfahrerbrüderschaft in Hamburg. (Es ist aus Silber angefertigt und befindet sich in der Kunsthalle zu Hamburg.)

kauf von Tran an fremde Kaufleute verboten war. 1608 wurden die noch stehenden Speicher der Deutschen abgebrochen oder eingelegt. Das war das Ende des deutschen Handels auf Island. Aber der Energie des Hamburger Kaufmannsstandes, der diplomatisch unterstützt wurde von den klugen Herren des Rates, gelang es dennoch, im 17. Jahrhundert durch umsichtige Verbindungen, Hamburg für lange Zeit zum Mittelpunkte des Zwischenhandels mit isländischen Produkten zu machen, und noch im 18. Jahrhundert schlossen Hamburger Kaufleute grosse Kontrakte für isländische Fischlieferungen mit der Kopenhagener isländischen Kompagnie, und ein grosser Teil der isländischen Erzeugnisse ist im 18. Jahrhundert von Hamburg aus über Mitteleuropa verbreitet worden.

Mit den Islandfahrern, den „Kopmanni observantes reisas in Islandiam" kamen auch hin und wieder Geistliche mit nach Island, meist jedoch Barbiergesellen, die zugleich den Arzt und Pfarrer auf dem Schiffe vertraten. Aus den noch erhaltenen Rechnungen geht hervor, dass sie eine gute Schulbildung genossen hatten. Nach einer Bemerkung von 1522 scheinen der Schiffsmannschaft Spielkarten zum Zeitvertreib mitgegeben zu sein. Ein solcher Barbier war wohl auch Gories Peerse. Während die Bremer im Anfang des 16. Jahrhunderts zu *Budir* in der *Snæfellsnes sýsla* und an vielen Orten der Westküste handelten, hatten die Hamburger ihre Hauptniederlassung in *Hafnarfjördur*. Hier überwinterten sie oft, ohne dass die Regierung ihnen Schwierigkeiten gemacht hätte, und bereiteten sich zum Fischfang vor. Den Barbieren erlaubte das Althing ausdrücklich, den Winter über auf Island zu bleiben, setzte aber voraus, dass sie den Bewohnern gegen geringe Bezahlung Hilfe leisteten (*Safn til sögu Islands* II, S. 687). Blefken sagt: „Die Deutschen pflegten früher ihre Bediensteten den Winter über auf Island zu lassen, aber 1561 überwinterte ein gewisser Konrad Bloem aus Hamburg auf Island und schwindelte dem Bischof von *Skálholt* das Horn eines Einhornes ab und verkaufte es in Antwerpen für viele 1000 Gulden; aber als der König von Dänemark dies in Erfahrung brachte, verbot er den Deutschen fernerhin den Winteraufenthalt auf Island."

Die Hamburger hatten wenig Deckschifffahrt, hielten sich vielmehr zumeist in Ruderbooten auf den Fischgründen, bis dies 1544 verboten wurde. Um den Isländern den Fang zu erleichtern, liessen die Hamburger auf ihre eigenen Kosten für diese Fischerboote bauen und schafften selbst das Holz zur Erbauung dieser Schiffe nach Island. Regelmässig jedes Jahr wird seit 1537 ein Teil des Fanges als zum Besten der dortigen deutschen Kirche verkauft notiert. Für die Unterhaltung der Kirche steuerte die Hamburger Islandfahrerbrüderschaft treulich bei, bald für Papier zu einem Messbuche, bald für Kupfer und Nägel. 1608 wurde die deutsche Kirche in *Hafnarfjördur* zerstört, die Erinnerung an sie ist gänzlich erloschen. Daneben war *Akranes*, überhaupt der *Faxafjördur*, der Haupttummelplatz der Hamburger, nur wenige fuhren nach West- und Nordisland[1]). Olaus Olavius sagt in seiner „Ökonomische Reise durch Island" (deutsche Übersetzung, S. 186, § 120) von *Selvig* (am westlichen Ufer des *Skagafjördur*): „Die Nachricht, dass in früheren Zeiten, als die Deutschen hier handelten, *Selvig* von ihnen befahren sei, ist sehr glaublich; denn man findet daselbst noch Spuren von neun alten Kaufmannshäusern und von einer Grabstätte, die „Pydska- oder Tydskemands-Leide genannt wird [soll wohl heissen *Pýzka* (Deutscher) *leidi*, *leidi* Leichenhügel, Grabstätte am Wege]: das auf derselben stehende hölzerne Kreuz aber muss erst später aufgerichtet oder wenigstens erneuert worden sein."

---

[1]) Eine Liste der Häfen bei Baasch, a. a. O. S. 106 7.

Die eigentliche Bedeutung der deutschen Islandfahrt, sagt Baasch (S. 70), liegt im Handel; nicht der Fischerei wegen unternahmen die Hamburger, Bremer und Lübecker diese Fahrt, die im 15. und noch tief hinein ins 16. Jahrhundert ihre längste und gefahrvollste Seereise überhaupt war; sie wurde unternommen, um auf jener fernen Insel Tauschhandel zu treiben, gegen deutsche Waren isländische Produkte einzutauschen.

Der Hauptexportartikel Islands war schon damals der Fisch und der Tran. Die Fische wurden teils in Tonnen gepackt, teils unverpackt und lose nach Deutschland transportiert; im Durchschnitt kostete der einzelne Fisch auf dem Hamburger Markte 10,77 Pfg. Zuweilen wurden auch Lachse ausgeführt, von 1532—61 Schwefel aus *Husavik*; bei der grossen Beliebtheit des isländischen Falken für die Falkenjagd und Reiherbeize war dieser kühne Vogel ein begehrter Handelsartikel, für gewöhnlich wurden 6 Taler gezahlt, für einen ganz weissen 20. Eiderdunen werden bereits Ende des 15. Jahrhunderts als Exportware erwähnt, haben aber erst im 18. Jahrhundert grössere Bedeutung für Deutschland gewonnen. Sehr beliebt waren isländische Ochsen-, Lamm- und Schaffelle, Schaffleisch, Fuchsbälge, Tran und Butter, sowie verarbeitete Wollwaren *(vaåmal)*; aus Island hat sich mit dieser Ware auch der Name Watmal, Vadmel über das ganze hansische Gebiet· verbreitet und ist sogar in die hansische Warenterminologie eingedrungen.

Eingeführt wurden: Korn, Malz, Zucker, Leinwand, Holz (einmal sogar ein ganzes Haus!), Eisen, Teer, Pech und vor allem Bier, das die Isländer sehr liebten. Gories Peerse drückt diese Liebhaberei so aus: „Wenn sie Bier bekommen, so trinken sie, so lange noch etwas da ist und sitzen dabei so fest, dass sie sich nicht Zeit nehmen, aufzustehen, sondern die Hausfrau muss ihnen das Geschirr hinreichen, wenn einen die Notdurft ankommt."

> Wert en dar Beer mit Schepen hen gebracht
> Se drincken, de woyle ydt wart, mit macht.
> Over achte dagle laten se ydt nicht duren,
> Se fürchten, ydt möchte sûs versuren.

Etwa 60 Last können wir als die Durchschnittstragfähigkeit eines deutschen Islandfahrers annehmen und eine Besatzung durchschnittlich von 36 Mann (heute etwa 6—8 Mann), wozu noch 2—3 Kaufleute auf jedes Schiff kommen; zur Sicherung auf der Fahrt gegen Seeräuber und in Island gegen Angriffe streitsüchtiger Konkurrenten war die Schiffsbemannung so stark. Diese Hamburgischen Schiffe vermittelten auch den Personenverkehr mit und von Island Bischof *Ögmundur* reiste mit ihnen 1533 nach Norwegen, sein Nachfolger *Gissurr* 1539 von Island über Hamburg nach Kopenhagen) und stellten selbst eine Postverbindung zwischen Hamburg und der Insel her.

Es ist wunderbar, wie dürftig die Erinnerung an diese glanzvolle Zeit der Hamburger auf Island ist; nur auf isländischen kunstindustriellen Erzeugnissen des 16. Jahrhunderts sind deutsche Inschriften keineswegs selten.

Konrad Maurer fand im Hofe von *Hitardalur* einen Leuchter in der Kirche, der die Inschrift trug: „In Gottes Namen bin | ich geflossen | Michael Lin | ni hat mich gegossen", darüber die Jahreszahl: „Im Jar 1616" (Baasch, S. 110, Anm. 3). Baumgartner wurde in der Kirche von *Hruni* ein metallenes Taufbecken deutschen Ursprunges gezeigt, mit einer Darstellung der „Verkündigung Mariae" geziert; am äusseren wie am inneren Rande war eine Inschrift viermal wiederholt. Die äussere hiess: ICH . BART . GELVK . ALZEJT. Die innere lautet: RAHE . WJSKNBJ (Island und die Färoer S. 165). Kahle erwähnt, dass *Havsteen*, der frühere Amtmann von

Reykjavik, eine schöne Sammlung alter Taufbecken aus der katholischen Zeit, meist deutscher Herkunft, habe, Delfter Krüge und anderes (S. 126). Dessen Bruder, *J. V. Havsteen*, der norwegische Konsul in *Oddeyri*, hat ebenfalls eine Sammlung alter Taufbecken, die ich bewundert habe; sie stammen meist aus Wisby und Nürnberg und haben süddeutsche und niederdeutsche Umschriften, einige auch lateinische Inschriften[1]. Sie sind jedenfalls in den Tagen der Hansa nach Island gekommen, auf Island dann in Vergessenheit geraten, unter altes Kirchengerümpel versteckt oder als Futterbehälter in Viehställen verwendet, bis sie der Sammeleifer des Herrn *Havsteen* wieder ans Tageslicht geholt hat.

Interessant ist, dass in dieser Zeit auch das deutsche Volksbuch von Ahasver, dem ewigen Juden, nach Island gekommen ist. Die isländische Überlieferung stützt sich auf einen Dr. theol. Paul von Eitzen, der, 1522 in Hamburg geboren, in Wittenberg studiert hat und als Oberhofprediger 1598 in Schleswig gestorben ist (Maurer, Germania IX, S. 231). Zwei besonders hübsche Erinnerungen an den Handel der Hamburger mit Island sind ein Pfänderspiel und ein späteres isländisches Volkslied[2]. In dem Pfänderspiel „Die Frau" oder „Königin von Hamburg" fragt der eine der Spieler den andern: Wie hast du das Geld gebraucht, das die Frau von Hamburg dir schenkte, indem sie sagte, dass du dafür was du auch wolltest kaufen dürfest, ohne „ja" und „nein", „ja doch" und „nein doch" zu sagen. Der andere gibt nun irgend eine Antwort. Der erste setzt dann seine Fragen fort, aber gibt darauf acht, sie so einzurichten, dass dem anderen schwer wird, die Wörter „ja" und „nein" zu vermeiden. Sobald der Gefragte sich verspricht, verliert er das ganze Geld, das die Frau von Hamburg ihm gegeben hat. — Wir haben ein ähnliches Pfänderspiel „Der Sultan liebt die Ehe nicht", in dem es darauf ankommt, Worte ohne e zu gebrauchen, sonst zahlt man ein Pfand.

Das Volkslied „Die Handelsreise nach Hamburg" lautet:

> Heut reit' ich nach Hamburg, und nicht im Schritt.
> „Mein lieber Vater, was bringst du mir mit?"
> Seide, mein Töchterlein!
> „Nein, mein liebes Väterlein,
> Lass das Seidekaufen sein!"
>
> Heut reit' ich nach Hamburg, und nicht im Schritt.
> „Mein lieber Vater, was bringst du mir mit?"
> Tuch, mein Töchterlein!
> „Nein, mein liebes Väterlein,
> Lass das Tücherkaufen sein!"

---

[1] Frau Konsul Thora Havsteen hatte die Liebenswürdigkeit, mich brieflich auf das Buch von F. A. L. Thienemann und B. G. Günther „Reise im Norden Europas, vorzüglich in Island" aufmerksam zu machen (Leipzig 1827, C. H. Reclam), in dem viele Taufbecken besprochen seien. Es ist mir leider nicht möglich gewesen, dieses Buch einzusehen.

[2] *Olafur Davidsson, Íslenzkar skemtanir*, Kph. 1888—92, S. 190 f.; Zeitschrift d. Ver. f. Volksk. 1894, IV, S. 408—12. Die Übersetzung des Gedichtes ist von mir.

> Heut reit' ich nach Hamburg, und nicht im Schritt.
> „Mein lieber Vater, was bringst du mir mit?"
> Einen Hut für Frauen fein!
> „Nein, mein liebes Väterlein,
> Lass das Hütekaufen sein."
>
> Heut reit' ich nach Hamburg, und nicht im Schritt.
> „Mein lieber Vater, was bringst du mir mit?"
> Kleider, mein Töchterlein!
> „Nein, mein liebes Väterlein,
> Lass das Kleiderkaufen sein."

Darauf erbietet sich der Vater, der Tochter einen Sattel, dann einen silbernen Frauenschmuck, und endlich einen goldenen Ring mitzubringen. Aber jedesmal wehrt das Mädchen ab.

> Heut reit' ich nach Hamburg, und nicht im Schritt.
> „Mein lieber Vater, was bringst du mir mit?"
> Einen Burschen, schmuck und flink!
> „Ja, mein lieber Vater, spring!
> Deren drei mir bring!"

Nach isländischer Sitte reitet der Vater nach Hamburg, und ein hübscher Damensattel ist das Sehnen jeder Isländerin. Das Kolorit ist also gut isländisch, aber die Handlung, der Dialog und die Pointe stammen aus deutschen Liedern (Erk-Böhme, Deutscher Liederhort, 1893, Bd. II, S. 640, Nr. 838a; S. 641, Nr. 838b).

> Spinn, spinn, meine liebe Tochter,
> Ich kauf dir a paar Schuh.
> Ach ja, meine liebe Mutter,
> Auch Schnallen dazu.
> Ich kann ja nicht spinnen,
> Es schmerzt mich mein Finger,
> Und tut und tut mir so weh.

Die Mutter verspricht der Tochter Strümpfe und Kleider — aber der Finger tut so weh, dass das Mädchen nicht spinnen kann. Erst als die Mutter sagt: „Ich kauf dir einen Mann," schmerzt der Finger nicht mehr.

Ein anderes weitverbreitetes Lied lautet:

> Tanz Liebchen tanz!
> Ich kauf dir eine Kapp'.
> Da sprach das lose Liebchen:
> „E Kapp ist mir zu knapp!"
> Vor unserm Pfarrer tanz ich nicht,
> Denn solches ist die Regel nicht, die Regel nicht.

Das Anerbieten geht so fort: Rock, Biskuit, Halstuch, Fürtuch, Schuhe werden geboten, aber das Mädchen lehnt ab. Erst als es heisst: „Ich kauf dir einen Mann", spricht das lose Liebchen:

> „Jetzt tanz ich, was ich kann,
> Vor unserm Pfarrer tanz ich jetzt,
> Denn solches ist die Regel jetzt!"

In hohem Masse kulturgeschichtlich, und für uns Deutsche besonders interessant ist das *Barbarossa-Kvædi*, auch *Fridreks-Kvædi* genannt, das Lied von Kaiser Friedrich Rotbart. Konrad

Maurer hat es während seines Aufenthaltes in Island 1858 gehört[1]). Herr Prof. *Olsen* und *Bjarni Jónsson* aus *Unnarholt* teilten mir mit, dass sie sich dunkel erinnern, ihre Mutter habe es ihnen in ihrer Kindheit oft vorgesungen; es sei ausserdem in zwei Manuskripten der Handschriftensammlung der Isländischen Literaturgesellschaft Fol. Mns. No. 183, und Quart Mns. No. 392 aufgezeichnet. Die beiden Melodien hat Maurer mitgebracht; die Übersetzung habe ich versucht und sie absichtlich etwas altertümlich gehalten.

Melodie von *Sigurdur Jónasson*.

Melodie von *Pjetur Gudjónsson*.

Das Lied ist, wie die Sprache zeigt, nach der Reformation nach Island gekommen und entweder schon in Deutschland, oder erst auf Island im Volksmund arg entstellt worden. Maurer macht darauf aufmerksam, dass *Sefedwum* als ein Sohn Barbarossas nicht bekannt sei, aber das Lied scheint ihn als solchen aufzufassen,

---

[1]) Sitzungs-Berichte der Kgl. Bayer. Akademie der Wissenschaften, München 1867, S. 132—142.

[2]) Diese Übertragung ist nur dazu bestimmt, den deutschen Text mit dem isländischen und mit der Melodie in genaue Übereinstimmung zu bringen.

obwohl der Name im Akkusativ steht. Das Wort *pá* in derselben Strophe[1]) scheint sich auf das Vorhergehende „die Türken" zu beziehen, wiewohl es grammatisch unrichtig ist. „Der Fluss Rhein" ist ein arger Irrtum, des fehlenden Stabreimes wegen wäre vielleicht an „Nil" zu denken. Ich vermag nicht anzugeben, ob das isländische Lied auf ein deutsches Original zurückgeht, trotz eifrigen Nachforschens habe ich nichts entdecken können. Die kirchliche Verbindung, in die Island durch die Reformation mit Deutschland kam, der lebhafte Handel der Hamburger im 16. und 17. Jahrhundert, die Einführung deutscher Lieder und Bücher zu dieser Zeit, das alles macht wahrscheinlich, dass das Barbarossa-Lied damals nach Island eingeführt ist. Auf der andern Seite halte ich es nicht für unmöglich, dass ein isländischer Pilger das Gedicht im deutschen Heere in Palästina oder auch in Deutschland gehört und nach seiner fernen Heimat mitgebracht hat; aufgezeichnet muss es allerdings weit, weit später sein.

> Ein Kaiser, der war ein herrlicher Mann,
> Laut ihn die Bücher preisen.
> Die Herrschaft von Tyrus er gewann,
> Sidon eroberte er sodann —
> Friedrich Barbarossa war er geheissen.
>
> Er glaubte an den, der am Kreuze litt,
> Die Heiden er bekriegte;
> Im Klirren der Schwerter stürmte er mit,
> Mit den Türken er unaufhörlich stritt,
> Sein Heer den Feind besiegte
>
> Ein Sohn von ihm „Sefedäum" benannt,
> Der tät die Schlacht entscheiden,
> Der Rheinstrom fliesst dort durch das Land,
> Das Schloss dabei wird „Sidon" genannt,
> Stracks[2]) flohen davon die Heiden.
>
> Das rettende Ufer erreichten sie nicht,
> Im Rhein ertranken die meisten;
> Der Kaiser schonte sich selber nicht,
> Dem Hengst er den Sporn in die Seiten sticht
> Kann keiner im Beistand leisten?
>
> Schäumend der Rhein seine Wirbel jagt,
> Der Kaiser kann sich kaum halten;
> Ross und Reiter die Strömung packt,
> „Zu Hilfe mir!" laut der Kaiser klagt,
> „Vor des Stromes wilden Gewalten!"
>
> Zusammenschlagen die Wasser um ihn,
> Doch im Sattel bleibt er ohn' Zagen,
> Und Gott erbarmet sich über ihn,
> Schwimmend sie ihn aus den Fluten zieh'n,
> Halbtot wird an's Land er getragen.
>
> Alle weinten, die das sah'n,
> Alte sowohl wie junge,

---

[1]) *Sefedárum son hans pá — seinast rak a flötta, — fljótid Rín par nyrri lá, — nefudist Sidon slotid hjú, — heidnid par á hlupu strax af ótta.* — Dass der Name „Seif Eddin", der offenbar dem „Sefedaeum" zu Grunde liegt, irrtümlich auf Friedrich, den Sohn Barbarossas, hat übertragen werden können, erklärt sich vielleicht daraus, dass das Lied ursprünglich von Kämpfen Friedrichs g e g e n Seif Eddin, den Verteidiger Akkons, erzählte.

[2]) So auch im Original.

Sie suchten dem Kaiser mit Stärkung zu nah'n,
Sie fingen das Wams ihm zu lösen an,
Dass wieder atme die Lunge.

Alles bemüht sich und zaudert nicht,
Wasser herbei zu tragen.
Man spritzt es dem Kaiser ins Angesicht,
Totwund erwacht er, dann leise er spricht,
Die Augen weit aufgeschlagen:

„Lieber Jesus, an Dich ich mich wend',
Seinen Stachel der Tod hat verloren,
Nimm meine Seele in Deine Händ',
Die durch Wasser und Geist Du, durchs Sakrament
Der Taufe, hast wiedergeboren.

Schliess auf des Himmelreiches Tor!
Aus dem Strom gebracht auf das Eiland,
Nimm gnädig mich in Dein Reich empor,
Dem Sünder neig' in Gnaden Dein Ohr,
Mein Erlöser und mein Heiland!"

Als guter Christ der Kaiser starb,
Die Gläubigen alle trauern;
Statt Sorgen er sich Ruh' erwarb,
Der Ruhm seiner Tugend bis heut nicht verdarb,
Wird ewiglich fortdauern.

Das Volk legt Pracht und Freude ab
Und rang voll Schmerz die Hände;
In Tyrus[1]) warf man ihm dann das Grab,
Die höchsten Ehren dem Toten man gab: —
Das ist des Liedes Ende.

„Alt-Heidelberg" auf Island. Das isländische Drama.

Das hatte ich mir nicht träumen lassen, dass ich nach Island reisen müsste, um Wilhelm Meyer-Försters „Alt-Heidelberg" aufgeführt zu sehen. Diese frische Darstellung studentischen Jugendübermutes ging zum Besten eines geplanten Denkmals für *Jónas Hallgrímsson*, den zweitgrössten isländischen Dichter des 19. Jahrhunderts, unter Mitwirkung der von Kopenhagen in die Heimat zurückgekehrten Studenten dreimal über die Bretter (den 12., 16. und 19. Juni 1904), und jedesmal war das Theater im Handwerkerhaus ausverkauft. Das Schauspiel ist von *Bjarni Jónsson*, dem Lehrer des Deutschen am Gymnasium, übersetzt und von *Indridi Einarsson* einstudiert, der die Rolle des Dr. Jüttner übernommen hatte.

Der erste Akt brachte den Gegensatz zwischen dem steifen, zeremoniösen Herrn von Haugh und dem jovialen Dr. Jüttner gut zur Geltung, der Kammerdiener Lutz war sogar ausgezeichnet. Uns

---

[1] Wenn ich nicht irre, hat Prutz vor einigen Jahren nachgewiesen, dass sich in Tyrus wirklich der Sarkophag Barbarossas befindet.

als Ausländern fiel zunächst das Lispeln und Fispeln der isländischen Aussprache noch mehr als sonst auf, sowie die anfängliche Gedämpftheit, fast möchte ich sagen, Leidenschaftslosigkeit des Spiels. Eine gewisse Schüchternheit und leise Befangenheit stand dem Darsteller des jungen, weltunkundigen Karl Heinrich vorzüglich, und doch liess er niemals ausser Acht, dass er ein Prinz war. Die Darstellung des studentischen Treibens auf der Kneipe mit dem Blick auf den Neckar und das Heidelberger Schloss, der kecke Jugendübermut, der den zweiten Akt erfüllt, rief wahre Beifallsstürme hervor, die nach den grossartig gesungenen Studentenliedern am lebhaftesten waren. Uns berührte eigentümlich, dass das *u* der Endung in den lateinischen Wörtern wie *ü* gesprochen wurde: gaudeam*ü*s igit*ü*r. Die Studenten benahmen sich bei dem ihnen so ungewohnten Kneipen und Kommersieren recht geschickt, manches unwahre Sentimentale war durch ihre harmlose Fröhlichkeit gemildert, und der wüste Radau, in den die eine oder andere Szene, namentlich im dritten Akte, ausarten kann, war glücklich gemieden. Unter ihnen ragte Graf Detlev hervor; das Flotte, Burschikose standen ihm, dem überzeugten Temperenzler, recht hübsch, und in der Keilszene zeichnet er sich durch einfache Natürlichkeit aus; meine beiden Begleiter behaupteten, die Rolle so fein nicht in Deutschland gesehen zu haben. Alle Darsteller aber übertraf Fräulein *Gudrún Indridadóttir;* sie fand aufs glücklichste den Ton frischer, übersprudelnder Jugend, die doch zugleich still und in sich gekehrt und ein wenig schwärmerisch-sentimental ist. Ihr verzweifelter Aufschrei am Ende des dritten Aktes „Kaddl Hênz, du kommst nicht wieder!" wirkte überaus lebenswahr und riss die Hörer zu lauten Beifallsäusserungen hin. Wirklich prächtig war die von einem dänischen Künstler für 200 Kronen gemalte Dekoration, namentlich im zweiten Akte; der Neckar mit dem Schloss im Hintergrunde, das allmähliche Aufflammen der Lichter in den Häusern waren wunderhübsch.

Einige Tage später machte ich Herrn *Indridi Einarsson* meinen Besuch, nachdem ich ihm zuvor durch stud. Finsen Henzens Drama „Isländisch Blut" zugestellt hatte. Der Dichter empfing mich aufs liebenswürdigste. Er ist von mittlerer Grösse und verrät schon im Äussern, mit den hellen Locken, dem lebhaften Auge und den raschen Gebärden, den Jünger Apolls (Fig. 60). Bescheiden sprach er weder von seinen Leistungen als Schauspieler und Regisseur, noch von seinen dichterischen Schöpfungen. Er äusserte sich über „Isländisch Blut" günstig, meinte aber, die Fülle der auftretenden Personen mache eine Aufführung in Island unmöglich, und ausserdem wollten seine Landsleute lieber moderne Stoffe auf der Bühne sehen. Er hat Ibsens „Nordische Heerfahrt" übersetzt und denkt an Aufführungen von den Kronprätendenten, wenn nicht zuviel Personen darin wären, von Nora und selbst den Gespenstern. „Kaiser und Galiläer", das ich selbst übersetzt habe, hielt er in gewisser Beziehung für Ibsens bedeutendstes Werk, und meine Mitteilung, dass auch Schiller an ein Drama „Julian Apostata" gedacht habe, interessierte ihn sehr. Augenblicklich studierte er Otto Ludwigs Shakespeare-Studien und Gustav Freytags Technik des Dramas, auf die ihn der Islandforscher Küchler aufmerksam gemacht hatte. Die Gretchen-Tragödie hielt er für das Wunderbarste, was je ein Dichter geschaffen; Schiller war ihm zu philosophisch; neben Faust stellte er „Käthchen von Heilbronn", Lear und Macbeth. Für meinen Hinweis auf Grillparzer war er dankbar, er kannte ihn noch nicht, hatte aber mit gutem Verständnis sich in Hebbel, Hauptmanns „Einsame Menschen", „Die Weber" und „Hanneles Himmelfahrt", sowie Sudermanns „Ehre" und „Heimat" versenkt und auch einiges von Fulda gelesen. Charakteristisch war seine Angabe, dass

Fig. 60. Indridi Einarsson.

das, was Dänemark über Island weiss, meist aus Deutschland stammt. Er hatte einen Vortrag über die Frage gehalten „Wieviel Menschen können auf Island leben?" Dieser war dann in der Reykjavíker Zeitung *Isafold* abgedruckt, darin hatte ihn August Gebhardts scharfes Auge entdeckt und ihn im „Globus" übersetzt (1895, Bd. 67, No. 24, S. 384/5), aus dem „Globus" ging er in die Kopenhagener Zeitungen über.

Indridi ist 1851 geboren, kam 1866 auf das Gymnasium, erhielt die erste dichterische Anregung noch auf der Schule durch eine Aufführung von *Matthias Jochumssons* Drama „Die Ächter", spielte selbst mit und schrieb ein Drama *Nýársnóttin* (Neujahrsnacht), das 1871 zum ersten Male aufgeführt wurde und in Island und Kanada 70—80 mal über die Bretter gegangen ist; ferner ein fünfaktiges Schauspiel *Hellismenn* (Höhlenmänner = Ächter, die Volkssage bei Maurer, Isl. Volkssagen, S. 269—275) unter dem Einflusse von Schillers Räubern. Er ging 1872 nach Kopenhagen und studierte Staatswissenschaften, seit 1880 ist er Landesrevisor und zugleich der einzige Statistiker auf Island. 1882 verfasste er *Systkinin i Fremstadal* (Die Geschwister auf Fremstadalur, ein Zweiakter, 1895 6 mal aufgeführt), 1899 *Sverd og bagall* (Schwert und Krummstab, Historisches Schauspiel in 5 Akten, deutsch von Küchler, Berlin 1900), 1902 erschien sein bis jetzt bedeutendstes, modernes, vieraktiges Drama *Skipið sekkur* (Das Schiff sinkt). 1881—86 leitete er die Schauspielergesellschaft in *Reykjavik*, ebenso 1889—97, und ist jetzt noch ihr führendes und eifrigstes Mitglied[1]. Es muss noch hervorgehoben werden, dass die beiden Balladen, die in dem letzten Drama vorkommen, zu den ganz vereinzelten Vertretern dieser Gattung auf Island gehören.

Ich gebe zunächst eine Inhaltsangabe und Kritik des Schauspiels „Das Schiff sinkt", weil es mir das bedeutendste isländische Drama zu sein scheint und bisher nicht recht gewürdigt ist, sodann einen Überblick über das isländische Drama und Theaterwesen.

Frau *Sigridur* ist seit 20 Jahren mit *Johnsen*, dem Faktor eines dänischen Handlungshauses in *Reyjavik*, vermählt. Ihr Herz hatte einem andern gehört, einem jungen Kaufmann, *Hjálmar*. Aber ohne ihr einen Grund zu sagen, hatte sich *Hjálmar* von ihr gewendet, und enttäuscht und gekränkt war sie *Johnsen* gefolgt. Obwohl die Ehe mit einer charaktervollen Tochter, *Brynhildur* oder *Hadda*, gesegnet war, war sie doch höchst unglücklich: *Sigridur* konnte ihre erste Liebe nicht vergessen, und *Johnsen* war ein roher Patron, ein Säufer und Prasser, der Sigrids ganze Mitgift verschwendet hatte. Auch im Geschäft hat er sich als wenig zuverlässig erwiesen und steht, als das Drama einsetzt, vor dem Bankerott. In der ersten Szene schenkt ihm sein Buchhalter *Einar* darüber reinen Wein ein, aber *Johnsen* weist ihn zurück: er sei der Herr, *Einar* nur der Buchhalter; um allen Unannehmlichkeiten zu entfliehen, will er acht Tage auf die Jagd gehen und 12 Flaschen Whisky und Kognak mitnehmen. Mutter und Tochter, für die *Johnsen* doch etwas warmes Empfinden hat („Danke Gott, dass Du mir nicht ähnlich bist, *Brynhildur*"), schickt er auf den Ball, der am Abend um 7 Uhr im Klub stattfindet. *Einar* hält es für seine Pflicht, Frau *Sigridur*, die noch dazu seine Stiefschwester ist, über den drohenden Konkurs zu verständigen, und doppelt schwer empfindet diese das Unglück, da sie weiss, *Brynhildur* liebt einen jungen tüchtigen Mediziner *Kristján*, der mit dem nächsten Postdampfer nach Kopenhagen reisen will, um dort seine Studien abzuschliessen. Als das junge Paar ihr mitteilt, dass es sich bereits verlobt habe, weiht sie ihn in ihre traurigen Familien- und Vermögensverhältnisse ein, und der Bräutigam verspricht ihr aus freien Stücken, da er nie auf Geld gesehen habe, dass sie ihm stets willkommen sein soll. Der im Verlauf des Dramas schon dreimal angekündigte Besuch erscheint, es ist *Hjálmar Pálsson*, Frau Sigrids Jugendliebe, Gutsbesitzer im Nordviertel und Bezirksvorsteher. Der feinfühlende *Kristján* empfindet, dass es Frau *Sigridur* schwer ums Herz ist, und da Musik das beste Mittel ist, lösend und lindernd wie Öl auf die bewegte See zu wirken, bittet er seine Braut, etwas zu singen, und sie singt das Lied von *Þórdur Andrésson* „Islands Freiheit geht verloren": Gissur tummelt froh den Renner[2]. *Hjálmar* taut auf, er erzählt, dass er um seiner Mutter willen alle „Karriere" aufgegeben habe; sie war so schwach geworden, dass sie nimmermehr allein sein konnte, und dem feinen Stadtfräulein glaubte er die Pflege der alten Bauernfrau nicht zumuten zu dürfen — so zog er sich still zurück. Aber wie wenig hatte er die Geliebte gekannt! Wie gern hätte sie ihn begleitet, wohin es auch gewesen wäre! Die lang verhaltene Glut glimmt wieder auf, und es ist gut, dass zwei „Freundinnen" kommen, die natürlich feine Nasen haben und merken, dass etwas Besonderes vorgeht. Kaum ist ihnen die Verlobung *Kristjáns* mit *Brynhildur* mitgeteilt, da erscheint der würdige Herr *Johnsen* wieder, betrunken, den Hut auf dem Kopfe, die Büchse auf der Schulter; sein Pferd ist gestürzt, die 12 Flaschen

---

[1] Die Zahlen nach Pöstion, dessen Angaben, wie mir der Dichter schreibt, durchaus zuverlässig sind, da sie von ihm selbst herrühren.

[2] Das Gedicht wird in dem Kapitel „Reise durch die *Vestur Skaptafells sýsla*" gelegentlich meines Aufenthaltes in *Kirkjubær* mitgeteilt werden.

sind zerschellt, seine Stimmung ist fürchterlich gereizt, er ist ungezogen zu den Damen, und als er von der Verlobung hört, packt er seine Frau an der Schulter, drückt sie auf den Sessel nieder und brüllt: „*Hadda* soll sich niemals verloben!" Bei diesem öffentlichen Schimpf empfindet *Sigridur*, dass ein Zusammenleben in Zukunft unmöglich sei.

Der zweite Akt spielt im Vorzimmer des Klubsaales und schildert sehr ergötzlich das Treiben auf einem Balle, wie die einen nicht am Tanzen teilnehmen, die andern klagen, dass die Festlichkeit so früh — um Mitternacht — ihr Ende finden soll. *Johnsen* erfährt jetzt, wer eigentlich der Verlobte seiner Tochter ist; er klopft *Kristjan* auf die Schulter: „Gott segne dich, mein Junge! Halte *Brynhildur* gut!" Weitere Gefühlsausbrüche verhindert *Einar*; trotz Johnsens Einwand: „Der isländische Handel ist konservativ", macht er ihm nochmals klar, dass das Geschäft zugrunde gehe; er ist bereit, von den 6000 Kronen Schulden 4000 zu übernehmen, die übrigen 2000 soll er versuchen von einem Freunde zu erhalten. *Johnsen* bemüht sich, in einer sehr hübschen Kneipszene einen alterprobten Freund durch reichliche Spenden von Arrak-Toddy und Champagner gefügig zu machen; leider hat er vorhin durch sein taktloses Benehmen dessen Ehefrau aufs äusserste gereizt, und diese verhindert das Geschäft: „Mein Mann borgt niemals." Ein junger Student, *Sigurdur*, voll des süssen Weines, hält eine weitausholende Rede — worin die Isländer allzeit Meister sind — dass die jungen Mädchen immer nur nach dem „Ring am Finger" trachten. *Brynhildur* sieht darin eine höchst unziemliche Anspielung und verlässt empört den Ballsaal. *Johnsen* bricht auf, um von neuem auf die Jagd zu gehen, der Saal leert sich schnell, *Hjálmar* und Frau *Sigridur* treffen sich im Vorzimmer. Lockend ertönt die Stimme des immer Geliebten und nimmer Vergessenen, dazu wurmt sie die ihr zugefügte Schmach, und der Gedanke, mit ihm zu fliehen, erscheint ihr nicht mehr so ungeheuerlich: „Ich danke dir für den heutigen Abend, ich bin wieder jung gewesen nach so langer Zeit." Weitere Verabredung verhindern die hereinstürmenden jungen Leute: man schlägt eine Bootfahrt auf dem Fjord vor, und während auf dem Klavier „Napoleons Kriegsmarsch beim Überschreiten der Alpen" gespielt wird, stürzt die Jugend, darunter *Kristjan*, davon.

Dritter Akt. *Hjálmar* besucht *Sigridur* noch in derselben Nacht in ihrer Wohnung, um Abschied zu nehmen: der Boden des Südlandes ist ihm zu heiss, er wagt nicht länger zu bleiben. Von *Einar* hören wir, dass das Wetter umgeschlagen ist, und dass *Kristjan* sich draussen auf dem Fjord befindet. Sigrids Anerkennung: „Das ist ein Freund, der sich in der Prüfung bewährt" bescheiden abwehrend, will auch er das Boot besteigen, obwohl der Sturm immer mehr anwächst. Das Gespräch der beiden dreht sich anfänglich um harmlose Dinge, um das Leben in *Reykjavik*, um die paar Diners und zwei bis drei Tanzfestlichkeiten, die die „Gesellschaft" biete, und geht dann auf Sigrids eigenes Leben ein, das nicht auf Rosen gebettet war. Man hört, wie der Orkan immer wilder heult, die Wogen am Strande donnern, und wie auf der Strasse ein lebhaftes Hasten und Rennen beginnt. Frau *Sigridur* jedoch ist nicht abergläubisch; in den vielen Stunden, da sie ihr Mann einsam zurückgelassen, hat sie am Fenster gesessen, der unendlichen Melodie des Meeres gelauscht und im Sang der Wogen Heilung gefunden, aber wenn *Hadda* verheiratet ist, will sie zu ihr ziehen und bei ihr ausruhen. Die alte Liebe *Hjálmars* bricht wieder hervor; er bittet sie, mit ihm zu gehen und ihn niemals wieder zu verlassen. *Sigridur* vermag ihm nicht zu widerstehen und ist bereit, mit ihm zu entfliehen; aber als er zu ungestüm wird, weist sie ihn ab: „Nein, nein! nicht in meiner eigenen Stube! Zerstöre mir nicht das einzige Ideal, das ich mir noch gerettet habe!" Der Lärm auf der Strasse schwillt immer mehr an, man sieht Leute in Seekleidern am Fenster vorübereilen, *Hjálmar* verspürt ein ungewisses Grauen, da kommt *Einar*, ernst und feierlich: „Seid ruhig, aber auf das Schlimmste gefasst!" In demselben Augenblicke bringt man den ertrunkenen *Kristjan* herein, der Arzt erklärt, alle Hilfe sei vergebens. *Brynhildur* hat die Unruhe vom Lager aufgestört, auf ihre angstvolle Frage „Was ist geschehen?" antwortet die Mutter: „Das Allerfurchtbarste", und die kaum den

Geliebten gefunden, hat ihn dem tückischen Meere überlassen müssen, eine wohltätige Ohnmacht umfängt ihre Sinne.

Vierter Akt. Was soll nun werden? Bedarf die unglückliche *Brynhildur* nicht mehr als je des Trostes und der Liebe ihrer Mutter? Kann sie allein bei dem wüsten Vater zurückbleiben? Soll sie mitziehen zu dem fremden Mann und ihn Vater nennen? Hat nicht die Mutter, nach so vielen Jahren des Leides, noch Anrecht an das Leben und die Liebe? Freilich, wie stellen sich Sitte und Gesellschaft dazu? Werden sie dem Einzelnen das Recht zugestehen, sich selbst sein Glück zu zimmern, unbekümmert um die Mitwelt, und ohne darauf zu achten, was unter seinen Füssen grausam zertreten wird? Und ist denn jede Möglichkeit ausgeschlossen, dass *Johnsen* sich ändert?

„Tränenloser Jammer ist der schwerste." Aber als endlich die erlösenden Tränen bei *Brynhildur* geflossen sind, siegt auch ihre gesunde, glückliche Natur. Bei einer Freundin *Gudridur* will *Sigridur* ihre Tochter zurücklassen, dort weiss sie ihr Kind wohlgeborgen; diese versteht, dass die Freundin sich von *Johnsen* trennen will, wagt aber nicht der Mutter das Versprechen zu geben, dass die Tochter sie nie vergessen werde. Von *Einar* hört *Sigridur* näheres über den Unglücksfall, und dass mit einem englischen Dampfer ein Brief für *Johnsen* von seinem dänischen Kaufherrn angekommen sei. *Johnsen* selbst ist auf die Nachricht, dass das Boot gekentert sei, umgekehrt und erfährt erst jetzt von *Einar*, dass der Grosskaufmann ihn entlassen will, wenn nicht binnen 14 Tagen alle Schulden beglichen seien, und dass ihm keiner seiner Freunde, mit denen er 20 und 25 Jahre zusammen gekneipt hat, helfen will. Den Revolver, mit dem er sich erschiessen will, entreisst ihm *Einar*, und als er auf den Knieen um die Waffe bettelt: „Siehst du nicht, dass ich ehrlos geworden bin?", weist ihn *Einar* darauf hin, dass dann die kaum dem Tode entrissene *Brynhildur* ihren Verstand verlieren werde. *Hjálmar* will sich Bescheid holen, ob *Sigridur* trotz allem, das vorgefallen, ihn begleiten will. Tief erschüttert stehen sich die Liebenden gegenüber, Sigrids erste Bemerkung gilt der Tochter: „Gott sei Dank! sie sitzt oben in ihrer Stube und kann weinen." *Hjálmar* übersieht vollkommen die Lage und will ihr schweren Herzens ihr Wort zurückgeben: „Ihr verlasst das Schiff nicht, das sinken will." Eindringlich wiederholt er: „Ihr verlasst das sinkende Schiff nicht", und *Sigridur* will mit ihrer Tochter alles offen besprechen: „Wenn ich mitkomme, findet Ihr meinen Sattel auf der Bank vor dem Hause; liegt er dort nicht, so begleite ich Euch nicht, und dann kommt nicht wieder, denn es ist alles aus." *Sigridur* stützt ihr Haupt in die Hände und kämpft einen stummen, schweren Kampf. So findet sie *Brynhildur*, die das Verlangen nicht ruhen lässt, den toten Geliebten noch einmal zu sehen. Die Liebe zur Mutter und die Liebe zu *Kristján* öffnen ihr die Augen darüber, dass im Herzen der Mutter etwas vorgeht. Die Frage vollends „Glaubst Du, dass Du Schmerz empfinden würdest, wenn Du mich jetzt verlörst?" macht sie stutzig. Aber das Schamgefühl verhindert die Mutter, der Tochter ihre Liebe zu gestehen. In einer eindrucksvollen Szene fordert sie *Brynhildur* auf, etwas zu spielen und zu singen — vielleicht findet sie dabei den Mut zur Beichte. Diese zwingt sich gewaltsam dazu und fragt, ob sie singen solle, wie Jesus den Sturm stillt. *Sigridur*, den Reithut schon in der Hand, erwidert mechanisch: „wie Jesus den Sturm stillt." *Brynhildur* wiederholt bedeutungsvoll: „Gott stillt alle Stürme", singt aber dann folgende Ballade:

> Kühn war er wie ein Löwe, an Stärke gleich dem Tod,
> Den Feinden seiner Heimat schuf keiner grössre Not.
> Und doch fiel er in Ungnad, nur Undank er genoss,
> Das Vaterland verliess er, ging fort von Braut und Schloss.
>
> Auf unbekannten Wegen — ihn kannte jedermann,
> Für seine alten Feinde er oft den Sieg gewann.
> Sie grüssten ihn beim Becher, sie priesen ihn beim Sang,
> Und jeder Tag war heiter, doch jede Nacht so lang.

Sein Schloss ist Schutt und Moder, die heissgeliebte Braut
Niemals die teuren Züge des längst Verschollnen schaut.
Ein bleicher Ritter aber — so kündet uns das Lied —
In seines Schlosses Trümmer die Nacht am Freitag zieht.

Sigridur teilt jetzt der Tochter mit, dass sie fort will. „Mein armer Vater", ist Brynhilds Antwort; dann redet sie von der göttlichen Einsetzung der Ehe, wiederholt noch einmal schmerzlich: „Mein armer Vater" und fährt dann fort: „Was soll aus mir werden?" „Sei Deinem Vater eine gute Tochter," entgegnet *Sigridur*, „meine Freundin *Gudridur* will sich Deiner annehmen". Man hört draussen *Hjalmars* Pferde ankommen; „Er kommt!" ruft sie freudig, und da die Mutter Sitte und Gesellschaft für nichts achtet, gibt die Tochter sie frei, so dass dieser jetzt keine Hindernisse und Bedenken mehr im Wege stehen. „Trage meinen Sattel draussen auf die Bank!" ruft *Sigridur* fröhlich, und *Brynhildur* ist dazu bereit, obwohl sie soeben erst den Sattel hereingeholt hat. *Sigridur* stutzt bei diesem wunderbaren Zusammentreffen, das wie eine höhere Fügung aussieht. „Und Du willst hier in diesem Hause das Leben weiterführen, das ich hier gelebt habe?" Und die Antwort der klugen und starken Tochter ist: „Ja, liebe Mutter, was es mich auch kostet, und was ich auch durchzumachen haben werde." Da kommt in Frau *Sigridur* alles zum Schweigen, überwältigt ruft sie aus: „Nein! ich habe nicht versprochen zu kommen. Ich verlasse nicht das sinkende Schiff ... Aber Du hast nichts damit gewonnen, dass ich bleibe. *Johnsen* hat die Wahrscheinlichkeit verloren, ein Weib zu bekommen, das besser für ihn passte als ich. Für mich gibt es fortan kein Glück mehr auf Erden! Die Gesellschaft aber, die hat sicherlich alles gewonnen, was wir drei verloren haben, sie kann sich jetzt die Hände reiben!" *Einar* hat inzwischen nicht wie ein Halbbruder, sondern wie ein echter Bruder an *Sigridur* gehandelt, er hat *Brynhildur* eine Stelle als Buchhalterin verschafft und *Johnsen* einen Platz auf dem englischen Dampfer besorgt: da drüben, im Westen, in Amerika, da soll er arbeiten, und Whisky und Kognak sollen für ihn unerreichbar werden. *Johnsen* ist durch die Erschütterung der letzten Stunden ein anderer geworden, er sieht ein, wie schwer er an *Sigridur* gefrevelt hat; sobald er in Amerika angekommen ist, will er die Scheidung betreiben, und sie selbst soll das Gleiche in Island tun; so, hofft er, trennen sie sich als Freunde. Da bricht ihm *Sigridur* eine Rose von ihrem Rosenstock im Zimmer ab und überreicht sie ihm mit einem herzlichen „Lebe wohl!" „Vergib alles", stammelt *Johnsen*, und schweigend nickt *Sigridur*. „Gott schütze Dich", ruft ihm *Brynhildur* zu, dann umarmt sie innig die Mutter, während *Einar* und *Johnsen* an Bord eilen, und man die Schiffsglocken läuten hört, und sagt: „O Mutter, wir wollen fest zusammenhalten!" „Und vereint den kommenden Tag grüssen", fällt Frau *Sigridur* ein. Die Sonne geht auf, und die Glocke des Dampfers schlägt zum dritten Male an.

„Das Schiff sinkt" ist das erste grössere isländische Gesellschaftsdrama und steht, wie auch die neuere Dichtung bei uns, unter der Beeinflussung Henrik Ibsens. Der grosse Magier des Nordens hat seinen Siegeszug auch auf Island gehalten. „Nordische Heerfahrt" (*Vikingarnir á Hálogalandi*) ist in *Reykjavik* aufgeführt und von *Eggert O. Briem* und *Indridi* übersetzt worden. Brand (*Brandur*) ist von *Matthias Jochumsson* übertragen und Peer Gynt (*Pjetur Gautur*) von *Einar Benediktsson* nachgedichtet, leider nur in 30 Exemplaren gedruckt. Schon der symbolische Titel „Das Schiff sinkt" erinnert an Ibsens Art, seine Dramen zu benennen, denn gemeint ist: ein Heim, ein Familienleben droht zugrunde zu gehen. Der Stoff ist dem modernen Leben entnommen und zwar seinen Schattenseiten: eine unglückliche Ehe, eine gescheiterte Existenz wird geschildert. Ein Problem wird aufgeworfen: Darf eine verheiratete Frau nach zwanzigjähriger Ehe ihren Mann verlassen und dem Jugendgeliebten folgen, ohne Rücksicht auf die Tochter, die Gesellschaft und die allgemein gültige Moral? Wie bei Ibsen kommt nicht ein einziger Monolog vor, dafür aber zwei grosse lyrische Einlagen (eine einzelne Strophe wird ausserdem noch im III. Akt gesungen), geheimnisvolle Anspielungen fehlen nicht, der anbrechende Tag kündet auch den Personen des Dramas ein neues Leben an, und das Schiffe tragende Meer rauscht und raunt der unglücklichen Frau tröstende Melodien zu, begräbt in seinem Schosse den jungen Bräutigam und trägt auf seinem Rücken den einst so gehassten Ehgemahl fort, Frau *Sigridur* so die Freiheit verschaffend. Doch kann von einer direkten Nachahmung in keiner Weise die Rede sein: an Björnsons Fallissement ist, abgesehen von dem Bankerott, der in beiden Dramen vorkommt, gar nicht zu denken; an Nora erinnert vielleicht manches in der Stellung des Problems, an die Frau vom Meer das Hineinspielen des Meeres und seine symbolische Macht, sowie ein Teil der Lösung: Als die Entscheidung kurz vor dem sehnsüchtig erstrebten, endlich erreichten Ziele bei der Heldin allein liegt, als sie selbst die Verantwortung ihrer Handlungsweise tragen soll, selbst entscheiden soll, ob sie gehen oder bleiben will, folgt sie nicht den Lockungen des Geliebten, sondern bleibt; Ellida, die Frau vom Meer, verlässt den Gatten und dessen Tochter nicht, Frau *Sigridur* hält bei ihrer Tochter aus, und die Scheidung zwischen ihr und *Johnsen* wird zwar erwähnt, aber nach der Wandlung, die in ihr und dem Gatten vorgeht, erscheint eine spätere Aussöhnung nicht undenkbar. Durchaus selbständig aber ist der Konflikt und seine Lösung: die bisher so schwache *Sigridur* will, als sie öffentlich von ihrem Manne beschimpft ist, den Forderungen der Religion und Moral trotzend, die Mutterliebe aus dem Herzen reissend, mit dem Jugendgeliebten fliehen, von dem sie ein Missverständnis getrennt hat; doch die tapfere Tat ihrer Tochter, die die Mutter frei lässt, aber selbst treu bei dem von allen gemiedenen Vater ausharrt, zeigt ihr, dass die Pflicht gegen die Mitmenschen, das Aushalten auf dem Posten, auf dem man gestellt ist, höher steht, als die schrankenlose Befriedigung des eigenen Ichs.

Das isländische Drama ist recht jungen Ursprungs[1]). Es stammt aus dem letzten Jahrzehnt des 18. Jahrhunderts und ist aus den dramatischen Aufführungen im Gymnasium zu *Reykjavik* hervorgegangen. Der isländische Arzt *Sveinn Pálsson*, bekannt als Verfasser der ersten bemerkenswerten Abhandlungen über Vulkane

---

[1]) Um seine Geschichte haben sich Küchler (Leipzig 1902) und Pöstion (Wien 1903) sehr verdient gemacht. Herr *Indridi* hat die Güte gehabt, mir das Repertoire von 1897—1904 zusammenzustellen.

und Gletscher der Insel, erzählt: „Am 18. Oktober 1791 war ich abends bei der „Herrennacht" in der Reykjavíker Schule. So nennen die Schüler diese Unterhaltung. Sie ist eine Art Schauspiel, das die Knaben jedes Jahr einmal aufführen. Sie laden den Direktor und die Lehrer ein, sowie alle Beamten und angesehenen Leute aus der Nachbarschaft mit ihren Frauen. Das Spiel besteht in einer Krönung, und der Oberste der Schule ist immer der König. Einige spielen Bischof und Priester, andere weltliche Herrschaften. . . . Der König wird gekrönt und nimmt das Szepter entgegen. Gleichzeitig wird eine kurze Rede in lateinischer Sprache gehalten, die für diese Gelegenheit passt. Sodann treten die Würdenträger des Königs einer nach dem andern vor diesen hin, und jeder liest seine Glückwünsche in lateinischen Versen vor. Die ganze Heerschar geht dann einige Male im Zimmer auf und ab, verlässt hierauf das Schulhaus und zieht um dieses herum. Sodann wird gesungen und auf einem Musikinstrument gespielt, wenn ein solches vorhanden ist, auch einige Schüsse werden abgefeuert. Einzelnen wurde die Aufgabe zuteil, Szenen aus Lustspielen darzustellen." Diese Veranstaltung ist nach Pöstion eine kombinierte Form des weltlichen und kirchlichen „Festum stultorum", eines uralten scherzhaften Unfuges, der an den mittelalterlichen Universitäten und Klosterschulen getrieben wurde. Das erste Lustspiel, das in der Lateinschule zwischen 1791 und 1796 gespielt wurde, ein Einakter, ist von *Geir Jónsson Vidalín* (1761—1823) verfasst und heisst *Brandur*. 1796 fand eine Aufführung des Lustspieles *Hrólfur* von *Sigurdur Pjetursson* statt, der, wie *Geir*, in diesem und in seinem andern Drama *Narfi* den Stoff dem heimischen Volksleben seiner Zeit entnahm, also volkstümliche Typen und das Leben und Treiben der Isländer am Ende des 18. Jahrhunderts vor Augen führte. 1796 erschien ebenfalls das erste in isländischer Sprache gedruckte Drama, eine übersetzte Kinderkomödie.

Wie die dramatische Dichtung Islands ihren Ursprung in der Reykjavíker Schulkomödie hat, so erweckten auch die ersten Aufführungen im neuen Gebäude der Lateinschule zu *Reykjavík* das Interesse der Isländer für das Drama und das Komödienspiel. Besonders nahm sich der talentvolle Maler *Sigurdur Gudmundsson* (geb. 1833), der Schöpfer der modernen isländischen Frauentracht und Gründer des Altertumsmuseums, des Theaters an; er veranstaltete die Darstellung „lebender Bilder" aus den alten Sagas auf der Bühne, malte die Dekoration und liess auch Waffen, Kostüme und dergl. nach seinen Angaben herstellen. Zwei Gymnasiasten-Dramen waren es dann, die für die Weiterentwickelung von grösstem Einflusse wurden: „Die Ächter", das Erstlingswerk des *Matthías Jochumsson* (1861, gedruckt 1864) und „Die Höhlenmänner" von *Indridi Einarsson* (1863, ebenfalls eine Ächtersage). Besonders das zuerst genannte „Volksstück mit Gesang" bildet den Markstein für die neuere isländische Dramatik: es ist das erste, von fremden Vorbildern ganz unabhängige isländische Drama, hat ganz ausserordentlich auf die Isländer gewirkt — es ist einige hundert Male aufgeführt, und eine grosse Anzahl von Sätzen und Repliken daraus sind zum Eigentum des ganzen Volkes geworden — und hat dadurch andere zu dramatischen Schöpfungen angeregt. Neben diesen beiden sind als Dramatiker noch besonders zu nennen: *Þorsteinn Egilsson*, der seine Stoffe dem ländlichen Gemeindeleben auf Island entnommen und sie mit starker Satire und treffender Komik behandelt hat (*Prestskosningen*, Pfarrerswahl, R., 1894, und *Útsvarið*, Kommunalsteuer, R., 1893); *Eggert Ó. Briem*, dessen Drama *Gissur Þorvaldsson* (1893) jenen Mann zum Helden hat, der Island unter die norwegische Königsmacht gebracht hat. Ausser *Indriðis* modernem Gesellschaftsdrama „Das Schiff sinkt" sind heute besonders Stoffe aus der vaterländischen Geschichte beliebt: *Matthías' Helgi hinn magri* (R., 1890) ist der erste Versuch eines Sagadramas, sein Drama *Jón Arason* (*Ísafjörður* 1900) hat das tragische Ende des letzten katholischen Bischofs zum Vorwurf, und *Indriðis* „Schwert und Krummstab" behandelt eine Episode aus der Sturlungenzeit; *Ingimundur gamli* (Der alte Ingimundur) von *Halldór Eggertsson Briem* (R., 1901) liegt die *Vatnsdæla Saga* zugrunde (die Sage ist verdeutscht von Lenck, Reclam). Es scheint, dass die isländischen Dramatiker durch die geschichtlichen Schauspiele Ibsens beeinflusst sind.

Nicht nur von Ibsen, sondern auch von anderen dramatischen Dichtern sind zahlreiche Werke ins Isländische übersetzt, und zum Teil auch aufgeführt. *Matthías* hat Macbeth, Hamlet, Othello, Lear, Byrons Manfred, *Steingrímur* ebenfalls Lear, *Eiríkur Magnússon* den Sturm übertragen. Dazu kommen dänische Komödien von Holberg, J. L. Heiberg, Hostrup und Bøgh, auch französische (Molière, Labiche, Scribe), englische („Charleys Tante" hat es in *Seyðisfjörður* zu 15 Aufführungen gebracht; Jäger, Die nordische Atlantis, Wien 1905, S. 161) und deutsche.

Nach dem von *Indriði* mir zur Verfügung gestellten Spielplane des Theaters im Handwerkerhause, *Iðnó*, den ich nach Verfassern, Ländern, Zahl und Jahr zu ordnen versuche, gelangten zur Aufführung:

Dänische Stücke:

Holberg (1684—1754), Henrik og Pernille, 1903 2 mal[1]).
Paul Arnesen, Et Rejseeventyr, 1897 1 mal.
Joh. Ludwig Heiberg, Et Eventyr i Rosenborg Have.
    Aprilsnarrene.
    Nej, 1900 6 mal, 1901 6 mal.
    Emilies Hjertebanken, 1900, 4 mal.
    Ja, 1901 6 mal.

[1] Holbergs Jeppe vom Berge wurde 1905 im *Iðnó* zu Ehren des Althings aufgeführt; Küchler, Unter der Mitternachtssonne, S. 170.

Johannna Luise Heiberg (1812—80), Abekatten, 1903 5 mal.
G. L. Heiberg, Supplikanten, 1903 2 mal.
Hostrup (1818—92), Soldaterlöjer, 1899 5 mal, 1903 4 mal.
　　　　　　　Eventyr paa Fodrejsen, 1900 4 mal.
　　　　　　　Tordenvejr, 1901 5 mal.
Erik Bögh (geb. 1822) Ægtemandens Repräsentant, 1899 3 mal.
　　　　　　　Et Uhyre, 1899 4 mal, 1904 2 mal.
　　　　　　　Fra Asken i Ilden, 1904 2 mal.
Paul Nielsen, Et ungt Par, 1900 4 mal.
Th. Overskou, Pak, 1900 7 mal.
Benzon, En Skandale, 1902 1 mal, 1903 5 mal.
Olufsen (Ende des 18. Jahrh.), Guldaasen, 1901 6 mal.
Emma Gad, Et Sölvbryllop, 1901 3 mal.
Peter Sörensen, Barn i Kirke, 1902 4 mal.
Edgar Hoyer, Dristig vovet, 1902 5 mal.
Unbekannte Verfasser, Trine i Stuearrest, Einakter, 1899 2 mal, 1900 1 mal,
　　　　　　　1901 3 mal.
　　　　　　　Hjertedame, 1900 1 mal, 1901 2 mal.
　　　　　　　Hun vil spille Komödie, 1903 2 mal.

Norwegische Stücke:

Björnson, Zwischen den Schlachten (*Milli bardaganna*) 1900 6 mal.
　　　　Ein Fallissement (*Gjaldprotid*), 1903 1 mal, 1904 8 mal.
Ibsen, Nordische Heerfahrt (*Vikingarnir á Hálogalandi*), 1903 5 mal.

Englische Stücke[1]:

Pinero, Sweet Lavender, 1903 6 mal.
Unbekannter Verfasser, Einakter (isl. Titel *Böndabeygjan* = Eine unbehagliche,
　　　　　　　schwierige Situation), 1903 1 mal.

Amerikanische Stücke:

Verfasser unbekannt, Esmeralda, 1899 6 mal.

Isländische Stücke:

Indridi Einarsson, *Skipid sekkur*, 1902 8 mal, 1903 1 mal (das einzige isl.
　　　　　　　Drama, das im Handwerkerhaus aufgeführt ist).

Deutsche Stücke:

L'Arronge, Mein Leopold (*Drengurinn minn*), 1898 8 mal, 1899 2 mal.
Sudermann, Die Ehre (*Heimkoman*), 1900 7 mal, 1901 2 mal.
　　　　　　Heimat (*Heimilid*), 1902 5 mal, 1904 4 mal.
Fulda, Die Sklavin (*Ambáttin*), 1904 3 mal.
　　　　Das verlorene Paradies (*hin týnda Paradís*), 1901 3 mal, 1902 5 mal,
　　　　　　　1903 1 mal.
Meyer-Förster, Alt-Heidelberg, 1904 3 mal.

Aus diesem Repertoire geht also hervor: In einer Spielzeit finden durchschnittlich 30 Aufführungen statt. An der Spitze der Aufführungen steht das kleinere dänische Lustspiel und Vaudeville (17 Dichter, 25 Stücke), dann kommt das deutsche Schauspiel (vier Dichter, sechs Stücke), dann Norwegen (zwei Dichter, drei

---

[1] Die Nachricht, dass Hall Caines „Verlorener Sohn" (*Glataði sonurinn*) durch *Indriði* auch in *Reykjavík* zur Aufführung gelangt, und dass die Isländer so das Vergnügen haben würden, ihr eigenes Land und noch lebende Mitmenschen in der Darstellung eines englischen Dramatikers zu bewundern, hat sich zum Glück bis jetzt nicht bewahrheitet.

Stücke), dann England (zwei Dichter, zwei Stücke), und schliesslich Amerika und Island selbst mit nur je einem Werke[1]).

Eine Schauspielerzunft gibt es bis heute auf Island überhaupt nicht, sondern die Pflege der Schauspielkunst liegt ganz in den Händen von Dilettanten, von Theatergesellschaften, und ebenso wenig gibt es, bis auf *Reykjavík* und *Akureyri*, stehende Bühnen, die nur zu diesem Zwecke da sind; sondern man muss sich, wie bei uns in kleinen Städten, mit Sälen begnügen und einem Raume, der zu einer Bühne eingerichtet werden kann. Die Kulissen und die ganze Ausstattung sind dürftig, denn die Liebhabergesellschaften können sich natürlich keine grossen Ausgaben gestatten. Noch vor 20 Jahren konnte Philipp Schweitzer, ein gründlicher Kenner Islands, schreiben: „Es gehen Island alle Vorbedingungen für eine Komödiendichtung ab. Das weit verstreute, auf Einzelhöfen wohnende Volk ist kaum so zahlreich wie die Einwohnerschaft einer mittleren deutschen Stadt; bedeutende Orte gibt es nicht. Das Leben der Bauern, Landhändler und Beamten bietet wenig dramatische Bewegung" (Geschichte der skandinavischen Literatur, II, S. 220 f.). Wieviel hat sich seitdem geändert! Pöstion schliesst sein Buch mit den Worten: „Die Isländer sind für die dramatische Kunst nicht weniger veranlagt als andere gebildete Völker, und es ist somit im Hinblicke auf die Fortschritte in der neuesten Zeit die Hoffnung berechtigt, dass die Schauspielerei auf Island in nicht zu ferner Zeit sich zu einer wirklichen und zwar **nationalen Schauspielkunst** entwickeln werde."

Dramatische Aufführungen finden jetzt in fast allen grösseren Kaufstädten statt, und selbst die Bauern auf dem Lande veranstalten solche, z. B. im Frühjahr 1895 zu *Grund*, *Saurbær* und *Akureyri* oder im Nordviertel am ersten Sommertage, der auf Island durch allerlei Beschenkungen gefeiert wird[2]).

Ein eigenes Schauspielhaus *(leikhús)* besitzen nur *Reykjavík* und *Akureyri*, die Hauptstadt hat sogar zwei: Kaufmann *W. O. Breidfjörd* baute 1893 ein kleineres Theater und der Handwerkerverein 1897 ein etwas grösseres, hübsch am See gelegenes Haus *(Idnadarmannahús, Idnó)*. In letzterem fand auch die Aufführung von Alt-Heidelberg statt. Der Zuschauerraum und die Einrichtung des Theaters entsprechen etwa dem, was man bei uns in kleineren Städten, von 10—15 000 Einwohnern, gewohnt ist; etwa 400 Personen haben Platz. In der Mitte hängt ein schöner, grosser Kronleuchter,

---

[1]) Nordau, der eine weniger wahre als witzige Schilderung des Reykjaviker Theaterwesens gibt, erzählt, dass auch der Freischütz und die schöne Helena aufgeführt seien (Vom Kreml zur Alhambra, I, S. 285/6).

[2]) Der zwischen dem 18 und 25. April liegende Donnerstag; vergl. Lehmann-Filhés, Isl. Volkssagen II, S. 263 und das Gedicht von *Sveinbjörn Egilsson* bei Pöstion, Eislandblüten, S. 64—66.

an den Wänden Petroleumlampen; um den Raum während der Vorstellung zu verdunkeln, waren die Fenster mit Holzjalousien geschlossen und die Lampen ausgelöscht, leider herrschte infolge dessen Petroleumgestank, und die Luft war miserabel; doch wird das bald mit der Einführung des elektrischen Lichtes in *Reykjavík* besser werden. In den ziemlich langen Pausen geht man, fast hätte ich geschrieben: wie in Bayreuth, draussen promenieren, erquickt sich an der wundervollen Luft und dem herrlichen Panorama oder man geht auch ins Hotel, um zu essen und zu trinken. Anfangs (bis 1897) war *Indridi* Dramaturg und Regisseur am *Idnó*, dann *Einar Hjörleifsson*, *Jón Jónsson*, jetzt *Jens B. Waage*.

Das zweite Schauspielhaus hat seit 1897 *Akureyri*. Der norwegische Konsul *J. V. Hafsteen* hat sich besonders um dessen Bau verdient gemacht und ist selbst oft als Schauspieler aufgetreten; der künstlerische Berater ist der Dichter *Matthías Jochumsson*. Das Theater, ein mässig grosser Holzbau, liegt am Strande, wenige Minuten von *Matthías* Wohnhaus und von *Oddeyri* entfernt; der Zuschauerraum fast etwa 200 Personen. Da im Sommer nicht gespielt wird, kann ich kein Urteil über die Darsteller abgeben; die Bilder aber, die ich von einzelnen Szenen und Personen gesehen habe, lassen vermuten, dass im Norden nicht weniger geboten wird als in *Reykjavík*; nach ihnen zu urteilen, haben die Schauspieler unleugbar ein Talent für das Komische; und ganz grossstädtisch mutete es mich an, diese Bilder in den Schauläden der Photographen ausgestellt zu sehen.

Endlich mag erwähnt werden, dass die Schauspieler kein Honorar bekommen, zuweilen 10 Kronen Entschädigung für den Abend, dass aber die Schauspielergesellschaft *(Leikfjelag)* in *Reykjavík* jährlich vom Gemeinderat und vom Althing mit je 500 Kr. unterstützt wird. Das gesamte Budget des Theaters belief sich im letzten Jahre auf 8415 Kr.

Geselliges Leben in Reykjavík.

Benedikt Gröndal war ich auf der Strasse begegnet, und gern folgte ich seiner Aufforderung, ihm einen Besuch zu machen. Er wohnt gegenüber dem „Hôtel Reykjavík" in einem schmucken Häuschen. Niemand sieht ihm an, dass er fast achtzig Jahre alt ist (geb. 6. Okt. 1826), so stramm und stattlich steht und geht er, die Haare haben kaum einen silbernen Schimmer und starren noch trotzig empor. Als ich vorsichtig fragte, weshalb seine Muse so lange geschwiegen hätte, meinte er: „Wer interessiert sich dafür?" Er lässt überhaupt nichts mehr drucken; für das, was ihn jetzt interessiere, gäbe es keine Zeitschriften auf Island, und dänische wolle er nicht benützen. Dabei rostet seine Feder durchaus nicht.

Seit vielen Jahren arbeitet er täglich in der Frühe von 5—10 Uhr an einem grossen, vielbändigen naturwissenschaftlichen Werke, das die Vögel, Fische, Seesäugetiere und Crustaceen Islands behandelt. Die Abbildungen hat er selbst gezeichnet und mit künstlerischem Geschmack naturgetreu koloriert. Es war eine Lust in den grossen Folianten zu blättern, jedes Bild legt dafür Zeugnis ab, dass die Hand, die 1874 das prächtige „Gedenkblatt an die tausendjährige Jubelfeier der Besiedlung Islands" entworfen hat, noch heute nach 30 Jahren ihre Geschicklichkeit nicht im geringsten eingebüsst hat.

Benedikt (Sohn des Rektors *Sveinbjörn Egilsson*, 1846 Abiturient, Staatsexamen 1863/4 in Kopenhagen, von 1874—83 Lehrer am Gymnasium, seitdem pensioniert) geniesst hierzu eine jährliche Unterstützung von 800 Kr., dafür werden seine fertigen und im Todesfall unvollendeten Manuskripte Eigentum des Landes (*Fjárlög fyrir árin* 1906 og 1907, § 14). Seine Neigung für die Naturwissenschaften stammt aus seiner Kopenhagener Studienzeit und seiner Lehrertätigkeit, damals hat er verschiedene Lehrbücher dieser Art verfasst und bearbeitet.

Ornithologen wird seine Mitteilung interessieren, dass vor einigen Jahren auf den *Vestmanna eyjar* im Frühjahr 18 Rauchschwalben gesehen worden sind (Hirundo rustica), und dass der Kiebitz zuweilen hierher kommt, aber nicht hier nistet.

Seine Bibliothek gehört zu den grössten Büchersammlungen, die ich in Privatbesitz angetroffen habe. Sie weist eine ältere und eine neuere Auflage von Meyer's Konversationslexikon, Goethe, Schiller, den „Deutschen Hausschatz", Brehms Tierleben, eine wertvolle Sammlung alter Sagas und Schriften aus dem Gebiete der nordischen Philologie sowie vor allem griechische und lateinische Dichter und Schriftsteller auf. „Wer liest die noch?" meinte er resigniert. Er machte überhaupt einen verbitterten Eindruck, in mancher Beziehung erschien er mir wie ein Märtyrer, der ein Ideal nach dem andern hat begraben müssen.

Er ist ein Mann von ungewöhnlich vielseitigen Interessen und Anlagen und hat in den verschiedensten Fächern eine bedeutende schriftstellerische Tätigkeit entfaltet, auf dem Gebiete der Poesie, der verschiedenen Wissenschaften, auf die seine Bibliothek hinweist, und in populären Darstellungen. Und dennoch „wenn ich Grimms Märchen lese oder dänische Volkssagen oder Musäus oder 1001 Nacht, so glaube ich das alles, während ich es lese"[1]. Ausser zahlreichen kleineren Gedichten, von denen viele in der Sammlung *Sváva* enthalten (Kph. 1860) und von Pöstion verdolmetscht sind, verdienen hervorgehoben zu werden ein grösseres — das erste isländische — Epos *Drápa um Örvar-Odd* (R. 1851), eine dramatische Dichtung *Ragnarökkur* (Kph. 1868), die den Mythus von Baldrs Tod behandelt, und zwei in Prosa geschriebene, ganz eigenartige Schöpfungen *Sagan af Heljarslóðar orrustu* (Kph. 1861, 2. Aufl., R. 1891) und *Gandreið* („Geisterritt" 1866, eine dialogisierte Satire von reichlich weitgehender, persönlicher Art). „Die Schlacht auf *Heljarslóð* („Weg ins Totenreich", gemeint ist die Schlacht bei Solferino) erzählt im Stile der abenteuerlichen isländischen Geschichten der Vorzeit *(Fornaldarsögur)* vom Kriege zwischen Frankreich und Oesterreich 1859, in dem Kaiser Napoleon, Königin Viktoria, Alexan-

---

[1] Vergl. das geistreiche Buch von Olaf Hansen, Ny-islandsk Lyrik, Kph. 1901, S. 81.

der Dumas, der Graf von Monte Christo, Marmier, Thiers, in Panzer gekleidet, Trollenpack und Drachen miteinander kämpfen. „Ich bin fertig", sagt Kaiserin Eugenie," „aber dir fehlt noch ein Hosenknopf an deiner Hose, warte einen Augenblick, ich will ihn gleich annähen." „Weiss der Teufel, wie lange das dauert, Eugenie", erwidert Napoleon. Diese *Saga* ist vielleicht Benedikts köstlichste Schöpfung, seine burlesken, unberechenbaren Einfälle und seine zügellose Phantasie sind hier trefflich am Platze, die Darstellung ist meist unwiderstehlich komisch. Gegen das Gedicht von *Hannes Hafsteinn* „Sturm", das den Einzug der realistischen Dichtung auf Island verkündet, veröffentlichte er 1892 das Gedicht „Windstille" (beide übersetzt bei Pöstion, Eislandblüten, S. 124, 192). Er hat ferner Teile der Odyssee und einen Band aus 1001 Nacht übersetzt. Als nordischer Philologe hat er verschiedene tüchtige Abhandlungen verfasst und vor allem eine nützliche Übersicht über den im „Lexicon poeticum" seines Vaters enthaltenen Stoff „Clavis poetica antiquae linguae septentrionalis" (Kph. 1864). 1870—74 gab er *Gefn* heraus, eine Zeitschrift für Wissenschaft, Literatur und Poesie, die er ausschliesslich allein schrieb. Dazu kommen endlich einige Aufsätze über Fragen der Ästhetik und Philosophie, bis heute so ziemlich das einzige, was auf diesem Gebiete in Island erschienen ist. —

Leider bin ich in der Kunst des Schachspiels *(skáktafl)*, die auf Island sehr beliebt und verbreitet ist, gänzlich unerfahren, sonst hätte ich im Hotel mit einigen Studenten der Medizin und bei Rektor *Ólsen*, der sogar einige alte Figuren besass, damit manchen Abend hinbringen können. Die Namen der Figuren sind: *konungur* (König), *drotning* oder *frú* (Königin), *biskup* (Läufer), *riddari* (Soldat), *hrókur* (Turm), *ped* (Bauer), *menn* (Offiziere). Das Brettspiel *(tafl)* ist uralt im Norden. Aber in der Wickingerzeit bekam es, da es mit geschnitzten Figuren in Menschengestalt gespielt wurde, einige Ähnlichkeit mit dem Schachspiele, das die Nordleute vermutlich in Irland kennen gelernt hatten. Der am 17. September 1904 plötzlich verstorbene Amerikaner Prof. Willard Fiske, ein warmer Freund der isländischen Sprache und Literatur, hat das Schachspiel auf Island eingehend studiert und wenigstens einen Band seines auf zwei Bände berechneten Werkes druckfertig hinterlassen[1]).

Fiske führt mehrere nordische Sagen an, die Bezugnahmen auf Schach und Schachtafeln enthalten; von besonderer Bedeutung ist die Beschreibung einer Schachpartie zwischen dem dänischen König *Knútr* dem Grossen und seinem Lehnsmann *Úlfr Þorgilsson*, die *Snorri Sturluson* in der *Heimskringla* (II. Bd., S. 369—372, Ausgabe von *Finnur Jónsson*, Kph. 1893—1900) gibt, weil dies im Jahre 1027 geschah und den Beweis liefert, dass das Schachspiel im ersten Viertel des 11. Jahrhunderts in Skandinavien mit Inbegriff von Island bereits im Schwange war und gern geübt wurde. Auch in der nordischen Version der Tristansage spielt das Schach eine verhängnisvolle Rolle, indem es zu der listigen Entführung und langjährigen Wanderschaft des jugendlichen Helden führt. Eine an-

---

[1]) Chess in Iceland and in Icelandic Literature with Historical Notes on other Table-Games. By Willard Fiske. Florence, The Florentine Typographical Society 1905. p. IX, 400

nähernde Vorstellung von der allgemeinen Bekanntschaft mit diesem Spiel und dessen Beliebtheit in Island gibt die folgende alte Erzählung:

> Ein vierzehnjähriger Knabe kam mit seinem Vater von der ungefähr 60 Seemeilen weiter nördlich liegenden Insel *Grimsey* nach *Hólar*, dem damaligen Bischofssitze. Eines Tages stand er mit anderen Leuten im Hofe des bischöflichen Palastes, als der Hochwürdige vorbeiging, schaute ihn an, nahm aber den Hut nicht ab. „Wer ist der Herr?" fragte er einen Zuschauer. „Der Bischof, der grösste Geistliche in Island, du Dummkopf", war die Antwort. „Kann er Schach spielen?" fragte er; „aber gewiss," fügte er hinzu, „denn unser Pfarrer ist der zweitbeste Spieler in *Grimsey*." Dieses Gespräch wurde dem Bischof mitgeteilt, der den Jungen zu sich einlud und fragte: „Was hast du im Hofe gesagt?" „Ich habe bloss wissen wollen," erwiderte er, „ob Sie Schach spielen, und wenn dies der Fall ist, möchte ich eine Partie mit Ihnen machen." In der Tat war der Bischof auf seine Tüchtigkeit und anerkannte Überlegenheit als Schachspieler ungemein stolz; er nahm also die Aufforderung lächelnd an und setzte sich sogleich an das Brett, wurde aber dreimal nacheinander geschlagen. Erstaunt und verdrossen fragte er den jungen Gegner: „Wo hast du Schach gelernt?" „Von meinem Vater und unseren Freunden in *Grimsey*," war die Antwort, „denn im Winter spielen wir den ganzen Tag von frühmorgens bis in die späte Nacht." „Ich möchte lieber glauben, du hast es vom Teufel gelernt und versäumt, deine Gebete zu verrichten," schrie in seiner Bestürzung und Demütigung der hohe geistliche Würdenträger. Dazu sagte in aller Ruhe der Jüngling: „Wenn dem so ist, so wäre ich gewiss imstande, den von Ihnen erwähnten Kerl auch schachmatt zu machen, denn ich kann den sehr guten und frommen Pfarrer, und der Pfarrer kann jeden anderen schlagen." Diese Bemerkung setzte den Bischof wieder in gute Laune; er erkannte die ausserordentlichen Fähigkeiten des Knaben und liess ihn in der Stiftsschule zu *Hólar* erziehen, aus der er als Geistlicher und berufsmässiger Bekämpfer und Besieger des Teufels hervorging. Aus mehreren anderen von Fiske angeführten Legenden und Überlieferungen ist gleichfalls zu ersehen, mit welch glühendem Eifer und gründlichem Verständnis die Isländer schon in der alten Zeit sich dem Schachspiel widmeten; heutzutage, wenn sie einen Fremden kennen lernen, ist gewöhnlich ihre erste Frage, ob er gut Schach spiele, und sie sind bereit, seine Geschicklichkeit darin unverzüglich auf die Probe zu stellen. —

Das gesellige und gesellschaftliche Leben bewegt sich genau in denselben Formen wie bei uns. Während man auf dem Lande stets zu Kaffee und Kuchen eingeladen wird, erhält man in der Stadt Sherry oder Portwein, auch wohl Champagner und Zigarren vorgesetzt. Die Gegenbesuche werden meist noch an demselben Tage gemacht, oft noch abends gegen 9 Uhr, da es ja immer hell ist. Ja, Rektor *Olsen* liess es sich nicht nehmen, mir im September 1906 einen „Gegenbesuch" in Torgau abzustatten! Ich habe während der wenigen Tage meines zweiten Aufenthaltes in *Reykjavik* mehr geschwelgt als während einer „Saison" zu Haus, und ich war schliesslich, als zu den letzten Besuchen, die ich abstattete, noch verschiedene grössere Festlichkeiten hinzukamen, ordentlich froh, dass mein Magen sich auf der grossen Reise erholen konnte. Rektor *Olsen*, der Junggeselle ist, hatte Herrn Eberhard und mich einmal zu einem Diner in der Kochschule eingeladen, zu dem noch Exzellenz *Hannes Hafstein* und der Landessekretär *Klemens Jónsson*, der Bruder von

Prof. *Finnur Jónsson*, hinzugezogen waren. Weder in der Ausschmückung der Tafel, noch der Wahl uud Zubereitung der Speisen, noch der Darreichung der Weine, Sekte, Liköre u. dgl. unterschied sich das Festmahl von den bei uns üblichen, und da mit Rücksicht auf meinen Begleiter nur deutsch gesprochen wurde, das die drei Herren völlig beherrschten, konnte man vollends glauben, daheim zu tafeln. Nachher gingen wir in die gemütliche Amtswohnung des Rektors, um bei Whisky und Sodawasser, Bier und einer guten Hamburger Zigarre zu plaudern. Ich wusste aus Prof. Kahles Buch, dass *Olsen* sogar ein deutsches Kommersbuch in seiner sehr reichhaltigen Bücherei hatte und schlug vor, da wir sehr vergnügt waren, einige deutsche Lieder zu singen. Sogleich fiel auch parodierend einer der Herren ein und sang auf meinen Begleiter, der damals in Jena studierte:

> Es war ein Studio in Jene
> Besoffen Tag und Nacht,
> Dem sterbend seine Lene
> Ein grosses Glas vermacht.

Leider fand sich das deutsche Kommersbuch nicht, dafür überreichte mir der Rektor listig schmunzelnd ein anderes und fragte, ob ich das bereits studiert hätte. Es war ein isländisches, *Söngbók hins íslenzka Stúdentafjelags* (Liederbuch des isländischen Studentenvereins, R., 1894) und trug in deutscher Sprache das Motto:

> Wer nicht liebt Wein, Weib und Gesang,
> Der bleibt ein Narr sein Leben lang. (Luther.)

Und nun hub ein gemütliches Bechern und fröhliches Singen an. Die Trinksitten sind die bei uns üblichen, man kommt einander vor und nach und hebt hinterher das Glas empor zum Zeugnis, dass man es gut gemeint hat. Das Wetttrinken, worin die alten Isländer einst gross gewesen waren, machten wir ihnen nicht nach, ebensowenig das Leeren des Strafhornes *(vítishorn)*, das pro poena Trinken, das man gleichfalls schon in der alten Zeit geübt hatte, sondern als verständige Männer schlürften wir mit Behagen nach eigenem Belieben das gute dänische Bier.

Das isländische Kommersbuch, das entschieden nach deutschem Muster angelegt ist, enthält 174 Lieder, an die sich 69 Melodien anschliessen, meist dänische, norwegische, schwedische und deutsche, aber auch einige altertümliche Zwiegesänge *(tvísöngur)*. Es sind nicht nur Kneiplieder, sondern auch ernste Gesänge; die Nationalhymne *Eldgamla Ísafold* steht natürlich an der Spitze; eigentümlich berührt mich, auch den Anfang des tiefsinnigsten Eddaliedes, der *Völuspá*, darin zu finden. Solchen Stumpfsinn, wie er eine Zeitlang bei uns aufgenommen war, sucht man allerdings in ihm vergebens. Auch die übermütigsten Lieder haben doch immer noch Verstand und können auch nüchtern genossen werden. Die Lieder mit politischen Anspielungen arten niemals in Ungezogenheiten aus, und wenn in den eigentlichen Kommersliedern auch mancher Hieb auf die Abstinenzler und Guttempler fällt, so wird doch immer eine gewisse Grenze innegehalten. Um auch vom akademischen Treiben und vom Kommerslied auf Island einige Proben zu geben, habe ich drei Gedichte zu übersetzen versucht. Das „Trinklied" könnte auch in unserem Kommersbuche Aufnahme finden; „Die Entdeckung von Vinland dem guten" steht offenbar unter dem Einflusse der Kneippoesie Viktor von Scheffels; um das Verständnis dieses Gedichtes deutschen Lesern zu erleichtern, habe ich im dritten Kapitel, „Geschichte Islands", die Entdeckung von Neu-Schottland ausführlicher erzählt (S. 106); das dritte „Mittwinteropfer" bezieht sich auf die in jüngster Zeit veranstalteten Trinkgelage zur Erinnerung eines altheidnischen Opferfestes.

I. Trinklied.

Gedicht von *Hannes Hafsteinn*.

(Mel.: Gott erhalte Franz den Kaiser, Haydn.)

Gott der Herr liess Trauben reifen,
Wollt' erfreu'n die trübe Welt.
Heerden liess im Land er schweifen,
Ähren gab er, Gut und Geld;
Doch zur Arbeit immer greifen
Keinem Menschenkind gefällt:
Da liess Gott die Weinbeer'n reifen,
Wollt' erfreu'n die trübe Welt.

Reben ranken ihre Glieder,
Wie Gott will in seiner Macht.
Schwere Büschel hangen nieder,
Und die Sonne strahlt und lacht.
Von Gesang hallt alles wieder,
Rot erglänzt der Traube Pracht
Reben schlingen ihre Glieder,
Wie Gott will in seiner Macht.

„Freut euch!" sprach er, „Saft der Reben
Machet leicht und rot das Blut,
Dass sich fort die Sorgen heben,
Wenn man weise trinkt und gut.
Angst und Sorge, Furcht und Beben
Scheuchet seine goldne Flut."
„Freut euch!" sprach er, „Saft der Reben
Machet leicht und rot das Blut."

„Du sollst keinen Wein geniessen," —
Das hat niemals Gott gesagt.
Seine Güt' und Milde fliessen
Überreichlich Tag und Nacht.

Nur Guttempler weg ihn giessen,
Säufern sei er stets versagt.
Doch „du sollst nicht Wein geniessen,"
Das hat niemals Gott gesagt.

Reben grünen noch und blühen,
Noch erglänzt wie Gold die Beer'.
Noch die Sonnenstrahlen glühen
Auf dem Weinberg hin und her.
Vor dem Klang des Liedes fliehen
Angst und Furcht ins Nebelmeer.
Reben grünen noch und blühen,
Noch erglänzt wie Gold die Beer'.

II. Die Entdeckung von Vínland dem guten.

Gedicht von *Björn Magnússon Olsen*.

Romas Weingott[1] jeder kennt,
Einen andern mein Lied nennt.
Leifur, der nach Westen fuhr,
Vinland fand, ihn mein' ich nur.

Chor: Humm! Humm! Humm!
    Kein Gesumm!
    Füllt die Gläser Reih herum!
    Schmiert den Schlund!
    S'ist gesund!
    Leifur hoch all' Stund'!

Grönlands Küste ist sein Ziel,
Aber Sturm ihn überfiel.
Ängstlich die Matrosen schau'n,
Leifur nur, der spürt kein Grau'n.

Chor: Humm! Humm! Humm! usw.

Umzuwenden man ihn drängt.
„Seid ihr toll, dass ihr das denkt?"
Leifur ruft: „Hinaus aufs Meer!
Langt mir mal 'nen Kognak her!"

Chor: Humm! Humm! Humm! usw.

Vorn am Steven stand der Held,
Starrte auf der Wogen Feld.
Hin und her das Schiff sich wand,
Da brüllt *Leifur*: „Seht da! Land!!"

Chor: Humm! Humm! Humm! usw.

In den Hafen steuern sie,
Froh der überstandnen Müh':
O wie weht die Luft so mild!
Alles ist von Wald erfüllt.

Chor: Humm! Humm! Humm! usw.

---

[1] Liber, Dionysos.

Staunend steh'n sie und perplex
Vor 'nem seltsamen Gewächs:
Zapfen sind es, daran schwer
Reifet manche blaue Beer'.

Chor: Humm! Humm! Humm! usw.

Tyrkir sprach, der Deutsche, laut:
„Baum und Beer' sind mir vertraut.
Fern im Süd', am schönen Rhein,
Keltert man daraus den Wein."

Chor: Humm! Humm! Humm! usw.

Von den Beeren alles isst:
Tyrkir bei der Arbeit ist,
Stampft und keltert, füllt das Fass,
Alles schlürft das edle Nass.

Chor: Humm! Humm! Humm! usw.

Leifur schmeckt's am besten doch,
Volle Fässer hebt er hoch,
Setzt sie dicht an seinen Mund
Und zieht kräftig an dem Spund.

Chor: Humm! Humm! Humm! usw.

Wenn ein Fass geleeret ist,
Ruft: „ein andres!" er ohn' Frist.
Kaum ist *Tyrkir* schnell genug,
Um zu füllen seinen Krug.

Chor: Humm! Humm! Humm! usw.

So lebt man in süsser Ruh
Und trinkt Tag und Nacht dazu.
Aber als der Wein zu End',
Man sich heim nach Grönland wend't.

Chor: Humm! Humm! Humm! usw.

Und er sprach zu Haus kein Wort,
Rühmet *Vinland* allen dort,
Für den Neuen Erdteil so
Macht Reklam' er comme il faut.

Chor: Humm! Humm! Humm! usw.

Leifur-Liber: der Linguist
Sagt, dass beides ein Stamm ist.
Evoë! *Leifur!* Dein Traubenhain
Soll uns stets willkommen sein!

Chor: Humm! Humm! Humm!
    Kein Gesumm!
    Füllt die Gläser Reih herum!
    Schmiert den Schlund!
    S'ist gesund!
    Leifur hoch all' Stund!

III. Mittwinteropfer.

(Þorrablót)[1].

Gedicht von *Björn Magnusson Olsen.*

Im Winter ist's so trüb und traurig,
Denn Dunkel deckt das Land, die Flut,
Und bei dem Hagel kalt und schaurig
Gerinnt das Blut.
Die Sonnenstrahlen schwächlich fallen
Durchs Fenster und den Strand entlang —
Zur Winterszeit schmeckt drum vor allen
Ein guter Trank.

Mit Teppichen war bedeckt der Boden,
Und Schilde schmückten rings die Wänd'.
Aus hohen Kesseln stieg der Broden
Der Pferdelend'.
So „tief war man herabgesunken",
So weit schritt die Verderbnis vor:
Auf alle Götter ward getrunken,
Achtmal auf Thor.

Das wussten vormals unsre Zecher:
Mittwinter muss gefeiert sein.
Dann ging von Bank zu Bank der Becher,
Gefüllt mit Wein.
Beim *Þorra*-Opfer ward getrunken
Das Horn, geschmückt mit goldner Zier,
Und mancher war dahingesunken
Vom reinen Bier.

Mit *Þorr* hat keiner noch 'ne Wette[2])
Gewagt, er hätte bald genug:
Er trinkt ihn unter'n Tisch, ins Bette,
Mit einem Zug.
Er kann gehörig 'was vertragen,
Und wenn man in ein Meer ihn stellt
Von Bier, so wächst nur sein Behagen,
Der wackre Held!

---

[1] Der *Þorri*-Monat beginnt etwa den 20. Januar. Bilfinger, Untersuchungen zur Zeitrechnung der Germanen I, Stuttgart 1899, S. 33, bringt das Wort mit norw. *torre* zusammen = „trockener, hartgefrorener Schnee"; vielleicht gehört es zu *þverra* „abnehmen" — *þvarr-þorrinn* = Opfer, um die strenge Macht des Winters zu mildern; mit dem Namen des Gottes *Þorr* hat es nichts zu tun. Eine neuere isl. Volkssage und ein daran sich anknüpfender Volksbrauch bei Jón Árnason, *Þjóðs.* II, 572 = Lehmann-Filhés, Isl. Volkssagen II, 259. *Þorrablótsvísur* haben auch Matthías Jochumsson, Hannes Hafsteinn (Söngbók Nr. 63, 64) und Páll Jónsson gedichtet (Pöstion, Eislandblüten S. 180 f).

[2] Thor trinkt bei dem Riesen Thrym drei Tonnen Met aus, und bei Utgarda-Loki trinkt er aus einem Horne, dessen Spitze im Meere liegt, das halbe Weltmeer aus; sein Zug ist so gewaltig, dass davon die Ebbe entsteht (Herrmann, Nordische Mythologie 343).

Und die wir schüchtern uns bestreben,
Zu werden wie die Ahnen gut,
Wir bitten ihn, er möge geben
Uns Kraft und Mut!
Zerbrechlich Spielzeug ist geworden,
Was einst man gross und stark besass,
Die Schilde — Spiegel, Teller, Borden,
Das Horn — ein Glas.

Da ist es wahrlich sehr vonnöten,
Dass wir nicht werden feig und tot,
Dass wir zu *Þórr* um Hilfe beten
Beim *Þorrablot*:
Gib, *Þórr*, zu schenchen unsern Jammer,
Ein Fass, wie's Dir genügend ist,
Wir weih'n es gläubig mit dem Hammer
Als Heid' und Christ.

Dem deutschen Konsul in *Reykjavik*, Herrn Ditlev Thomsen, hatte ich bereits in Kopenhagen meinen Besuch gemacht, wo er seinen Urlaub zubrachte. Ich wiederholte diesen, als „Kong Tryggve", der neue Dampfer der Thulinius-Linie, eingelaufen war. Herr Thomsen ist nicht nur ein reicher Kaufmann, sondern ein wahrer Wohltäter der Schiffer, besonders der deutschen Schiffer. Die isländischen Zeitungen brachten am Abend seiner Ankunft die Nachricht, dass er wegen seiner Verdienste um die Rettung der Schiffbrüchigen des „Friedrich Albert" den Kronenorden erhalten hätte. Wieder klang mir der Name „Friedrich Albert" entgegen, aber ich verstand jetzt auch, warum mir Herr Thomsen mit aller Gewalt meine Durchquerung der Südküste abzuraten suchte; denn dabei musste ich auch die Stätte der Strandung passieren. Ausserdem erzählte er mir soviel von den gefährlichen Flussübergängen und von den vielen Menschenopfern, die sie gefordert hätten, dass ich, wenn ich nicht schon fest entschlossen gewesen wäre, vielleicht doch nachgegeben hätte. Er drohte mir auch, die Hilfe der Offiziere des kleinen Kreuzers „Zieten" anzurufen, der am Nachmittag erwartet wurde. Das war wieder einer jener grossen Glücksfälle, die mich auf meiner ganzen Reise begleitet haben! Wie freudig und stolz schlägt dem Deutschen im Auslande das Herz, wenn er unsere schmucken, strammen blauen Jungen sieht! Über ihr musterhaftes Benehmen herrschte in der ganzen Stadt nur eine Stimme des Lobes, und der Vergleich mit den Soldaten der übrigen Kriegsschiffe fiel allgemein zu unseren Gunsten aus, nur die Mannschaften des dänischen Kriegsschiffes „Hekla" benahmen sich gleich anständig und ruhig. Am Nachmittag des 22. Juni lief der „Zieten" in die Reede von *Reykjavik* ein, ungeduldig vom Konsul und von mir erwartet. Allzulange dauerte es uns, bis all die Förmlichkeiten und Höflichkeitsbezeugungen vorüber waren, bis der „Zieten" seinen Besuch an Bord des englischen Kriegsschiffes „Bellona" gemacht hatte, und bis dieser von den Engländern erwidert war, bis sich das Boot abermals in Bewegung setzte und einen Offizier an Land brachte. Der Herr war nicht wenig erstaunt, als er unvermutet auf deutsch angeredet wurde — einen deutschen Reisenden auf Island vorzufinden hatte er nicht erwartet. Noch an demselben Tage fuhr Herr Thomsen mit den Offizieren auf seinem Automobil spazieren. Fahrräder kannte man in *Revkjavik* wohl, aber eine *bifreid* (f) oder, wörtlich übersetzt, ein *sjálfhreyfi* (n) war den meisten ein neuer Anblick. Das Automobil hatte der Konsul selbst mitgebracht, er hatte vom Althing 2000 Kr. Zuschuss erhalten, um dessen Gebrauchsfähigkeit und Nützlichkeit auf Island zu erproben. Die Strassen nach *Hafnarfjördur*, *Pingvellir* und *Eyrarbakki* erwiesen sich als geeignet, und die klugen Pferdchen scheuten wunderbarerweise nicht. Der „Zieten", der fast dreissig Jahre im Gebrauch ist (er ist 1876 erbaut), ist ein alter Kreuzer, der nur 13 Knoten in der Stunde läuft, und ist jetzt ein Schutzschiff für die deutsche Fischerei. Ihm war für dieses Jahr auch die Aufgabe der Erkundung der Südküste von Island gestellt, und der Aufenthalt in *Revkjavik* diente dazu, diese Aufgabe vorzubereiten und mit dem Konsul Thomsen und dem *Sýslumadur* der *Skaptafells sýsla*, Herren *Gudlaugur Gudmundsson*, Besprechungen abzuhalten. Namentlich Herr *Gudlaugur*, der schon lange in diesem Bezirk ansässig ist, kannte die Verhältnisse des gefährlichsten Teiles der Südküste, des *Skeidarársandur*, sehr genau. Auch Herr Thomsen war in allen Fragen, die die Fischerei an der isländischen Küste betreffen, gut unterrichtet, zeigte für die Interessen der deutschen Fischer warmes Interesse und kannte aus Mitteilungen, die ihm in Island und Kopenhagen geworden waren, auch die geographischen und navigatorischen Verhältnisse an der Südküste sehr gut. Das Ergebnis der Besprechungen war leider, dass es wegen der natürlichen Beschaffenheit dieser Küste, mit ihrem ganz flachen, sumpfigen Strande, ohne Baum und Strauch, ohne jede Erhebung und menschliche Wohnung auf meilenweit ins Land hinein, unmöglich ist, an der Küste irgendwelche Marken zu bezeichnen, die den deutschen Fischdampfern die Navigierung erleichtern könnten. Dankbar wurde der Versuch des Konsuls begrüsst, durch Errichtung einer Schutzhütte am *Skeidarársandur* den Schiffbrüchigen Hilfe zu gewähren. Es gelang dem „Zieten" nicht einmal, eine mit den Verhältnissen der Südküste vertraute Person für seine Fahrten zu gewinnen, da diese Strecke von den Isländern selbst nur so weit aufgesucht wird, wie dies bei den Dampferverbindungen nach Dänemark notwendig ist; die einzigen Orte, die bei geeignetem Wetter angelaufen werden, sind die *Vestmannaeyjar* und, wenn das Glück sehr, sehr günstig ist, *Vik* bei Portland. Ausserdem kommt hier soviel Magneteisen vor, dass der Kompass fortwährend abgelenkt wird. Die Besorgnisse des Konsuls wegen meiner Reise hierhin teilten sich auch den Offizieren mit, und auch sie bemühten sich, sie mir auszureden. Als ich festblieb und sagte, ein Schulmeister müsse zeigen, dass auch er Mut und Furchtlosigkeit kenne und der Wissenschaft ein Opfer bringen könne, bot der sehr liebenswürdige Kapitän, Herr von Herrklotsch, mir an, mich bis *Vik*, und wenn dort eine Landung unmöglich sei, bis *Djúpivogur* mitzunehmen; dort könne ich Führer und Pferde mieten und reisen, wohin ich wollte. Aber auch dann wäre ich ja um das eigentliche Neue meiner Reise gekommen und hätte mich, wie bei der Hinfahrt, gleich Mose vom Berge Nebo mit dem Blick vom Schiff aus begnügen müssen. Dankbar aber nahm ich das Anerbieten an, mich von den Vorräten des „Zieten" zu verproviantieren; Zigarren und Zigaretten, Schinken, Speck und Würste, Konserven, Kognak und Arrak, Schiffszwieback, Sardinen und Anchovis brachten mir zwei Matrosen ins Hotel.

Und nun begann für mich eine neue Reihe von Festtagen, die mich ganz vergessen liess, dass ich hoch oben im Norden dicht an dem Polarkreise weilte. Ich hatte ordentlich Mühe, mich meinen isländischen Freunden nicht völlig zu entziehen, um nicht treulos und undankbar zu erscheinen. Am ersten Tage machten wir beim Konsul einen Dämmerschoppen in vorzüglichem Münchener Spatenbräu, hinterher war „Bierabend" an Bord. Vom Kapitän bis zum jüngsten Leutnant wetteiferten die Herren, uns den Aufenthalt so behaglich wie möglich zu machen, und immer aufs Neue bewunderte ich ihren weiten Blick, ihre strenge Pflichtauffassung und ihr reizendes Wesen. Als wir uns verabschiedeten, lag der *Snæfellsjökull* weit draussen schlohweiss da, bis er auf einmal ganz in Gold getaucht wurde. Als ich am nächsten Mittag im Hotel mit dem Schweden und einem französischen Maler zu Tisch sass, kam eine Ordonanz, stand stramm und überbrachte mir eine Einladung zum Diner an Bord. Der Franzose war zuerst sprachlos über diese militärische Ehrenbezeugung, dann rief er begeistert: „Ihre Soldaten macht Ihnen keiner nach!" Von den Genüssen, die uns am Abend beschieden waren, will ich schweigen, um nicht zu sehr den Neid hervorzurufen. Einen solchen militärischen Empfang, wie er mir beim Betreten des Schiffes zu teil wurde, werde ich ganz gewiss in meinem Leben nicht wieder haben: ein eigenes Boot holte mich vom Lande ab, und als ich die Treppe hinaufkletterte, standen am Steuerbordfallreep vier Matrosen, der wachthabende Bootsmannsmaat pfiff einen langen, trillernden Pfiff, und die Herren in Gala begrüssten den Touristen in seinem bescheidenen Touristenfähnchen.

Noch peinlicher war mir freilich mein einfacher Anzug bei dem Festessen, das Konsul Thomsen am nächsten Tage den Offizieren gab. Es war eine offizielle, „parlamentarische" Festlichkeit, zu der ausserdem der Minister, der Bürgermeister, der ehemalige Gouverneur und Amtmann eingeladen waren. Es glitzerte und glänzte von Gold an den blauen Uniformen, und die Tische bogen sich unter der Fülle der Delikatessen — frische Erdbeeren auf Island! — und der auserlesenen Weine. Der Konsul hatte die Liebenswürdigkeit gehabt, mir meinen Platz neben dem *Syslumadur* Herrn *Gudlaugur Gudmundsson* anzuweisen, um mir von ihm nähere Auskunft über meine Reise zu holen. Herr *Gudlaugur* ist wegen seines tatkräftigen Anteiles an der Behandlung und Pflege der mit dem Geestemünder Fischerdampfer „Friedrich Albert" Gestrandeten mit dem Roten Adler-Orden dritter Klasse ausgezeichnet worden. Als er hörte, dass Ögmundur mein Führer wäre, riet er mir, getrost die Reise zu wagen, nur bei den schlimmsten Flussübergängen müsste ich mir besondere Lokalführer verschaffen.

Am anderen Morgen brachen die Herren zu einem viertägigen Ausfluge nach *Pingvellir* und dem *Geysir* auf, nur der Kapitänleutnant, mit dem mich noch besondere Beziehungen verbanden, blieb zurück. Seine Einladung zu einer Segelpartie musste ich leider ausschlagen, denn jede Minute war jetzt für mich kostbar. Die „Ceres" kam, und zwar einen Tag eher, als sie erwartet wurde, und brachte die sehnsüchtig erwarteten Briefe. Nun galt es, Abschied zu nehmen, Abschied vielleicht für immer, von Männern, die mir wahre Freunde geworden waren, es galt, die Koffer zu packen, um sie nach *Akureyri* vorauszusenden, von wo ich nach sechs Wochen die Heimreise anzutreten gedachte, und die letzten Einkäufe zu besorgen. Ögmundur war auch schon gekommen, um nach dem Rechten zu sehen und beim Packen der roten Kisten behilflich zu sein, die den Packpferden auf den Rücken geschnallt werden. Ängstlich gab er acht, dass ja nicht zuviel mitgeschleppt wurde, er selbst hatte sich auf das äusserste beschränkt. Noch einmal fuhr ich spät am Nachmittag an Bord des gastlichen Schiffes, wo ich so köstliche Stunden verlebt hatte. Noch einen Abend verlebte ich bei Rektor *Olsen*, dem vor allen ich es verdanke, dass mir mein Aufenthalt in *Reykjavik* so unvergesslich geworden ist. Herr Jörgensen vom Hotel Island liess es sich nicht nehmen, nach alter isländischer Sitte mir ein Abschiedsgeschenk zu machen, eine prächtige Reitpeitsche und einen ausgestopften isländischen Falken. Noch einmal besuchte ich am letzten Sonntage die drei deutschen Damen, die mit mir zusammen auf der „Laura" gewesen waren. Ein glücklicher Zufall machte es in letzter Stunde Rektor *Olsen* möglich, noch einmal mit uns zusammen zu sein und uns nach *Ragnheidarhellir* zu führen, und als wir zurückkamen, drangen scharf und deutlich die schnarrenden Trommelwirbel und die langgezogenen Horntöne des Zapfenstreiches vom „Zieten" her zum Lande hinüber. Die Entscheidung ist gefallen! Morgen, Montag den 27. Juni, um 10 Uhr soll die Hauptreise angetreten werden. Möge Gott *Freyr* uns lichten Sonnenschein spenden, Odin uns die rechten Wege weisen, und mögen die Elfen und Riesen des Wassers uns gnädig sein!

Reprint Publishing

Für Menschen, Die Auf Originale Stehen.

Bei diesem Buch handelt es sich um einen Faksimile-Nachdruck der Originalausgabe. Unter einem Faksimile versteht man die mit einem Original in Größe und Ausführung genau übereinstimmende Nachbildung als fotografische oder gescannte Reproduktion.

Faksimile-Ausgaben eröffnen uns die Möglichkeit, in die Bibliothek der geschichtlichen, kulturellen und wissenschaftlichen Vergangenheit der Menschheit einzutreten und neu zu entdecken.

Die Bücher der Faksimile-Edition können Gebrauchsspuren, Anmerkungen, Marginalien und andere Randbemerkungen aufweisen sowie fehlerhafte Seiten, die im Originalband enthalten sind. Diese Spuren der Vergangenheit verweisen auf die historische Reise, die das Buch zurückgelegt hat.

ISBN 978-3-95940-020-6

Faksimile-Nachdruck der Originalausgabe
Copyright © 2015 Reprint Publishing
Alle Rechte vorbehalten.

www.reprintpublishing.com

www.ingramcontent.com/pod-product-compliance
Lightning Source LLC
Chambersburg PA
CBHW080237170426
43192CB00014BA/2472